Richard David Precht
Die Kunst, kein Egoist zu sein

Richard David Precht

Die Kunst, kein Egoist zu sein

Warum wir gerne
gut sein wollen und
was uns davon abhält

Goldmann Verlag

Originalausgabe

Verlagsgruppe Random House FSC-DEU-0100
Das für dieses Buch verwendete FSC-zertifizierte Papier
EOS liefert Salzer, St. Pölten, Austria.

1. Auflage
Copyright © 2010 by Wilhelm Goldmann Verlag, München,
in der Verlagsgruppe Random House GmbH
Satz: Buch-Werkstatt GmbH, Bad Aibling
Druck und Einband: GGP Media GmbH, Pößneck
Printed in Germany
ISBN 978-3-442-31218-4

www.goldmann-verlag.de

Für Matthieu
auf dem Weg in ein selbstbestimmtes Leben

Der Mensch ist guat, nur die Leut san a Gsindl.
Johann Nepomuk Nestroy

Inhalt

Einleitung 13

Gut und Böse 23

Platons Talkshow 25
Was ist das Gute?

Rivalen der Tugend 38
Das Gute gegen das Gute

Wolf unter Wölfen 51
Das sogenannte Schlechte

*Der Fürst, der Anarchist,
der Naturforscher und sein Erbe* 65
Wie wir miteinander kooperieren

Die Evolution der Absicht 75
Warum wir uns verstehen

Das Tier, das weinen kann 87
Die Natur der Psychologie

Kreischende Kapuziner 101
Ist Fairness angeboren?

Gefühl gegen Vernunft 111
Wer trifft unsere Entscheidungen?

Natur und Kultur 126
Wie wir Moral lernen

Soziales Schach 140
Wie viel Egoismus steckt im Menschen?

Gute Gefühle 153
Warum wir gerne nett sind

Das Gute & Ich 163
Wie unser Selbstbild uns verpflichtet

Freund meiner selbst 174
Was ein gutes Leben sein könnte

Die Katze des Yogis 186
Ist Moral überall gleich?

Ausflug nach Shangri-La 196
Warum Kriege nicht sein müssen

Wollen und Tun 209

Der moralische Tunnelblick 211
Tierische Gefühle,
menschliche Verantwortung

Die Moral der Horde 222
Warum Kopieren vor Kapieren kommt

Engstirniges Pfarrvolk 234
Wir, die anderen und die ganz anderen

Ganz normale Mörder 244
Auf dem Rangierbahnhof der Moral

Das Milgram-Experiment 254
Wie wir Grenzen verschieben

Nicht persönlich nehmen 266
Wie wir uns vor uns selbst verstecken

Der kategorische Komparativ 279
Warum wir nie verantwortlich sind

Moralische Buchführung 289
Wie wir uns unser Selbstbild zurechtlügen

*Der Broker, der Kakao und
die Kinder in Ghana* 302
Warum wir nie zuständig sind

Im Netz der Spinne 314
Was Geld mit Moral macht

Mord im Kleingarten 326
Warum moralische Regeln nie
ganz ernst zu nehmen sind

Moral und Gesellschaft 339

Im Reich der Roten Königin 341
Woran unsere Gesellschaft krankt

Vom Glück, ein Bhutaner zu sein 353
Warum wir unseren Wohlstand
falsch messen

Grüße von der Osterinsel 363
Warum unser Wohlstand
nicht mehr wächst

Mythen, Märkte, Wirtschaftsmenschen 375
Was die Wirtschaft antreibt …

Die Rückfahrt nach Freiburg 385
… und was sie antreiben sollte

Der Ackermann und die Armen 397
Wie Verantwortung
in die Wirtschaft kommt

Die Wiederkehr der Tugend 412
Wie sich Bürgersinn fördern lässt

Glückliche Steuerzahler 425
Vom Umgang mit Belohnungen

Stadt, Land, Staat 438
Welchen Horizont brauchen wir?

Die entfremdete Republik 449
Woran unsere Demokratie leidet

Die Konkordanz der Bürger 461
Wie die Demokratie reformiert
werden könnte

Speakers' Corner 472
Der Verlust der öffentlichen
Verantwortung – und wie
wir sie zurückgewinnen müssen

Nachwort 487

Anhang 491

Einleitung 493
Gut und Böse 493
Wollen und Tun 517
Moral und Gesellschaft 528
Personenregister 542

Einleitung

Als der österreichische Journalist und Fernsehautor Josef Kirschner im Jahr 1976 seinen sehr erfolgreichen Ratgeber mit dem Titel schrieb: »Die Kunst, ein Egoist zu sein«, ahnte er nicht, wie sehr ihn die gesellschaftliche Wirklichkeit fünfunddreißig Jahre später überholt haben würde. Kirschner meinte damals, dass unsere Gesellschaft krank sei, weil sich die meisten Menschen zu sehr anpassten und dabei versäumten, ihren eigenen Weg zu gehen.[1] »Schonungslos werden uns jene Schwächen vor Augen geführt, die uns an der Selbstverwirklichung hindern«, verkündete der Klappentext. Statt nach Liebe, Lob und Anerkennung zu gieren, sollten wir es lieber wagen, uns ohne allzu viel Rücksicht durchzusetzen, befreit von den Meinungen anderer Menschen. Lieber ein erfolgreicher Egoist als ein duckmäuserischer Anpasser, lautete die frohe Botschaft.

Im Deutschland des Jahres 2010 beschäftigen uns andere Sorgen. Die Idee der Selbstverwirklichung ist heute kein ferner Traum mehr, sondern eine tägliche Sorge. In dem Anspruch, anders zu sein als die anderen, sind sich alle gleich. Das Wort Egoismus aber hat seinen verbotenen Zauber verloren. Die »Schwächen«, die Kirschner ausmerzen wollte, werden heute allenthalben schmerzlich vermisst: die Rücksicht und die Scham, die Hilfsbereitschaft und die Bescheidenheit. Als »egoistisch« gebrandmarkte Banker gelten heute als die Urheber der jüngsten Finanzkrise. Wirtschaftswissenschaftler und Politiker zweifeln öffentlich an den Segnungen eines Wirtschaftssystems, das auf den Prinzipien des Egoismus und des Eigennutzes beruht. Unternehmensberater und Consultants unterrichten Manager in kooperativem Verhalten. Ungezählte Festredner beklagen hoch bezahlt den Verlust der Werte. Und kaum eine Talkshow vergeht ohne den diffusen Ruf nach einer »neuen Moral«. Die Kunst, kein Egoist zu sein, so scheint es, steht heute höher im Kurs.

An die Moral zu appellieren fällt dabei niemandem schwer. Und es hat viele Vorteile. Es kostet nichts, und es lässt einen selbst in gutem Licht erscheinen. Doch so nötig ein neuer Blick auf die Moral im Zeitalter der Weltgesellschaft tatsächlich ist – eine Moral nach dem Ende der Systemkonkurrenz von Sozialismus und Kapitalismus, eine Moral in den Zeiten des Klimawandels, des Gefahrenindustrialismus und der Ökokatastrophe, eine Moral der Informationsgesellschaft und der Multikulturalität, eine Moral der globalen Umverteilung und des gerechten Krieges –, so wenig scheinen wir bis heute zu wissen, wie Menschen tatsächlich moralisch funktionieren.

In diesem Buch soll versucht werden, dieser Frage näherzukommen. Was wissen wir heute über die moralische Natur des Menschen? Was hat Moral mit unserem Selbstverständnis zu tun? Wann handeln wir moralisch und wann nicht? Warum sind wir nicht alle gut, wo wir es doch eigentlich ganz gerne wären? Und was könnte man in unserer Gesellschaft ändern, um sie langfristig »besser« zu machen?

Was ist das überhaupt – die Moral? Es ist die Art, wie wir miteinander umgehen. Wer moralisch urteilt, teilt die Welt in zwei Bereiche: in das, was er achtet, und in das, was er ächtet. Tag für Tag, manchmal Stunde um Stunde beurteilen wir etwas nach gut und schlecht, akzeptabel und nicht akzeptabel. Und was der Inhalt des moralisch Guten sein soll, darin sind sich die allermeisten Menschen erstaunlich einig. Es sind die Werte der Ehrlichkeit und der Wahrheitsliebe, der Freundschaft, der Treue und der Loyalität, der Fürsorge und Hilfsbereitschaft, des Mitgefühls und der Barmherzigkeit, der Freundlichkeit, der Höflichkeit und des Respekts, des Muts und der Zivilcourage. All das ist irgendwie gut. Aber gleichwohl gibt es keine absolut sichere Definition des Guten. Mutig zu sein ist eine gute Eigenschaft – aber nicht in jedem Fall. Loyalität ehrt den Loyalen, aber nicht immer. Und konsequente Ehrlichkeit führt nicht ins Paradies, sondern stiftet vermutlich vielfachen Unfrieden.

Um das Gute zu verstehen, reicht es nicht aus zu wissen, was es sein soll. Vielmehr müssen wir unsere komplizierte und oft verquere Natur verstehen. Aber was ist das, »unsere Natur«? Für den schottischen Philosophen David Hume gab es zwei mögliche Betrachtungsweisen.[2] Einmal kann man sie studieren wie ein Anatom. Man fragt nach ihren »geheimsten Ursprüngen und Prinzipien«. Diese Arbeit erledigen heute die Hirnforscher, die Evolutionsbiologen, die Verhaltensökonomen und Sozialpsychologen. Die zweite Perspektive ist die eines Malers, der die »Anmut und Schönheit« des menschlichen Handelns vor Augen führt. Diese Aufgabe fällt heute ins Ressort der Theologen und Moralphilosophen. Doch wie ein guter Maler die Anatomie des Menschen studiert, so muss sich der Philosoph heute auch in die Skizzen der Hirnforscher, Evolutionsbiologen, Verhaltensökonomen und Sozialpsychologen vertiefen. Denn das Studium unserer Natur sollte uns nicht nur etwas über unsere guten Absichten sagen. Sondern auch dazu, warum wir uns so selten nach ihnen richten. Und vielleicht einen Hinweis darauf geben, was man dagegen tun kann.

Was der Mensch »von Natur aus« ist, ist nicht einfach zu sagen. Jede Erklärung kleidet sich in die Gewänder der Zeit, in der der Schneider ihrer Ideen lebt. Für einen Denker des Mittelalters, wie Thomas von Aquin, war die *natura humana* der eingehauchte Geist Gottes. Was Gut und Böse ist, wissen wir deshalb, weil Gott uns einen inneren Gerichtshof geschenkt hat – das Gewissen. Im 18. Jahrhundert änderte der Gerichtshof seinen Urheber. Was vorher das Werk Gottes sein sollte, war für die

Philosophen der Aufklärung die Leistung unserer Rationalität. Unsere klare Vernunft gäbe uns verbindlich Auskunft darüber, welche Grundsätze und Verhaltensweisen gut sind und welche schlecht. Nach Ansicht vieler Naturwissenschaftler der Gegenwart ist das »Gewissen« dagegen weder eine Sache Gottes noch eine Sache der Vernunft, sondern eine Versammlung biologisch uralter sozialer Instinkte.

Für Moral, so scheint es, sind heute zunehmend Biologen zuständig. Und es scheint erfolgreich, vielleicht allzu erfolgreich zu sein, was der Evolutionsbiologe Edward O. Wilson bereits im Jahr 1975 einforderte: dass man die Ethik vorübergehend den Philosophen aus den Händen nehmen und »biologisieren« sollte.[3] Die Deutungshoheit in der Öffentlichkeit, im Fernsehen, in Zeitungen und in Zeitschriften aller Couleur haben heute tatsächlich die Naturwissenschaftler. Selbstgewiss weisen sie darauf hin, »dass es schon vor der Kirche eine Moral gab, Handel vor dem Staat, Tausch vor Geld, Gesellschaftsverträge vor Hobbes, Wohlfahrt vor den Menschenrechten, Kultur vor Babylon, Gesellschaft vor Griechenland, Selbstinteresse vor Adam Smith und Gier vor dem Kapitalismus. All diese Aspekte sind Ausdruck der menschlichen Natur, und das seit dem tiefsten Pleistozän der Jäger und Sammler.«[4]

Am Ursprung unserer Moralfähigkeit aus dem Tierreich besteht kein Zweifel. Die offene Frage ist allerdings, wie zielstrebig und sinnvoll sich unsere Moral biologisch und kulturell entwickelt hat. Ganz offensichtlich hatten unsere Gehirne im Lauf der Evolution eine unglaubliche Fülle an neuen Herausforderungen zu bewältigen. Und je klüger sie wurden, umso komplizierter, so scheint es, wurde die schwierige und unübersichtliche Frage der Moral. So wie wir zur Kooperation neigen, so neigen wir zu Misstrauen und Vorurteilen. Und so wie wir uns nach Frieden und Harmonie sehnen, so überkommen uns Aggressionen und Hass.

Die gleitende Logik der Moral, nach der die Philosophen zweitausend Jahre suchten, wurde auch den Biologen bislang nicht offenbart. Allzu schnell hatten sie sich von Anfang an auf das Prinzip »Eigennutz« versteift. Nichts anderes als das Vorteilsstreben sei der vermeintliche Motor unseres Soziallebens. Und so wie der Eigennutz im Kapitalismus am Ende zum Wohl aller führen soll, so sollte auch der Eigennutz in der Natur den kooperativen Affen »Mensch« hervorbringen. Das ist leicht zu verstehen. Und bis vor einigen Jahren passte es auch gut in den Geist der Zeit. Doch das Bild, das viele Wissenschaftler noch in den 1980er und 1990er Jahren vom Menschen entwarfen, ist heute verblasst. Wo wir vor wenigen Jahren kühl kalkulierende Egoisten sein sollten, sind wir nach Ansicht zahlreicher Biologen, Psychologen und Verhaltensökonomen heute ein ziemlich nettes und kooperatives Wesen. Und unser Gehirn belohnt uns mit Freude, wenn wir Gutes tun.

Auch die Ansichten über den Einfluss der Gene auf unser Verhalten haben sich innerhalb des letzten Jahrzehnts dramatisch verändert. Doch die wichtigsten Annahmen über die Evolution der menschlichen Kultur sind nach wie vor spekulativ: ob bei der Entwicklung unseres Gehirns, dem Entstehen der Lautsprache, dem Zusammenhang zwischen unserer Sexualität und unserem Bindungsverhalten, dem Beginn der menschlichen Kooperation und Hilfsbereitschaft – nirgendwo stehen wir tatsächlich auf sicherem Boden.

Die Erforschung unserer Biologie ist eine wichtige Quelle für die Erkenntnis unserer Fähigkeit, »gut« zu sein. Aber sie ist nur eine unter anderen. Warum auch sollten Tiere wie wir, die widersprüchliche Absichten haben, weinen können und Schadenfreude empfinden, sich in ihrer Entwicklung streng an mathematische Theorien und präzise kalkulierte Modelle ihrer Natur und Moral halten? Gerade der irrationale Gebrauch, den wir von unserer Fähigkeit zur Vernunft machen, ist der Grund dafür, dass wir etwas sehr Besonderes sind: Jeder von uns fühlt, denkt und handelt verschieden.

Was in diesem Buch zum Thema Moral versammelt ist, verteilt sich in der Welt der Universitäten auf zahlreiche Fächer und Fakultäten. Von der Soziobiologie zur transzendentalphilosophischen Moralbegründung, vom englischen Empirismus zur Kognitionsforschung, von Aristoteles zur Verhaltensökonomik, von der Primatenforschung zur Ethnologie, von der Anthropologie zur Soziolinguistik und von der Hirnforschung zur Sozialpsychologie.

Die meisten Wissenschaftler dieser Fächer nehmen die Forschungen aus anderen Bereichen eher selten wahr. In dieser Praxis zerfällt die Moral des Menschen in Theorieschulen und Denkrichtungen, fachliche Domänen, Teilaspekte und Perspektiven. Einen Reiseführer für die Moral zu schreiben wird dadurch nicht leicht. Der Pfad durch das Dickicht der Fakultäten ist oft nur mühselig zu schlagen. Auch bleibt manche Sehenswürdigkeit der Wissenschaft zwangsläufig unberücksichtigt und die eine oder andere klare Quelle ungenutzt.

Der erste Teil des Buches widmet sich dem Wesen und den Grundregeln unseres moralischen Verhaltens. Ist der Mensch von Natur aus gut, böse oder gar nichts? Die Arbeit an einem realistischen Menschenbild ist noch lange nicht beendet. Ich möchte versuchen, einige wichtige alte Gedanken der Philosophie mit vielen neuen und ganz neuen Forschungsergebnissen zu verknüpfen. Wird der Mensch in der Tiefe seines Herzens getrieben von Egoismus, Gier, Machtinstinkt und Eigeninteresse, wie in Zeiten der Finanzkrise (und nicht nur in diesen) allerorten zu hören und zu lesen ist? Und sind seine Instinkte, die viel zitierten *animal spirits*, nur etwas Schlechtes und Verderbliches? Oder ist doch irgendetwas am Menschen edel, hilfreich und gut, wie Goethe einforderte? Und wenn ja, was? Und unter welchen Bedingungen tritt es zutage?

Von Platons Idee des Guten geht es zunächst zu den klaren Weltanschauungen. Zu den Ideen, der Mensch könnte von Natur aus gut sein oder schlecht. Aus Studien an Affen und Menschenaffen lernen wir, wie stark der Sinn für Kooperation in uns verankert ist. Aber auch, warum wir uns oft so unberechenbar benehmen. Unser Mitgefühl hat ebenso biologische Wurzeln wie unser Gefühl, unfair behandelt zu werden. Moralisch zu sein ist ein ganz normales menschliches Bedürfnis – schon deshalb, weil es sich zumeist ziemlich gut anfühlt, Gutes zu tun. Ein unmoralisches Leben hingegen, das uns selbst als solches bewusst ist, wird uns kaum dauerhaft glücklich machen. Denn der Mensch ist das einzige Lebewesen, das seine Taten vor sich selbst rechtfertigt. Und die Mittel der Rechtfertigung nennt man Gründe. Das Universum unserer Moral besteht nicht aus Genen oder Interessen, sondern aus Gründen.

So weit, so schön. Doch warum läuft so vieles schief in der Welt, wenn wir fast alle immer das Gute wollen? Unsere Suche nach Gründen, unsere Abwägungen und Rechtfertigungen machen uns nicht unbedingt zu besseren Tieren oder Menschen. Als gefährliche Mitgift rüstet sie uns zugleich mit kaum kontrollierbaren Waffen aus, die wir gegen uns selbst einsetzen wie gegen andere. Warum sonst sind wir fast immer im Recht? Warum haben wir so selten Schuld? Wie schaffen wir es, unsere guten Vorsätze zu vertagen und zu verdrängen?

Der zweite Teil des Buches beschäftigt sich mit diesen Tücken: mit dem Unterschied zwischen der Psychologie unseres Selbstanspruchs und der Psychologie unseres alltäglichen Verhaltens. Mit dem Widerspruch zwischen dem *Programm* und der *Ausführung* der Moral.

Unser Dilemma ist nicht schwer zu benennen: Auf der einen Seite tragen wir in uns das uralte Erbe unserer moralischen Instinkte. Häufig weisen sie uns beim Handeln in unserer modernen Welt den richtigen Weg; häufig aber auch nicht. Auf der anderen Seite rettet uns die Vernunft nicht unbedingt aus dieser Misere. Je länger der Weg wird zwischen unseren sozialen Instinkten und unserem Denken, unserem Denken und unserem Handeln, umso tiefer wird auch die Kluft zwischen Wollen und

Tun. Erst dieser Graben ermöglicht die vielen moralischen Skrupel im Nachhinein: dass wir hadern, verzweifeln und bereuen.

Vermutlich ist dies die Antwort darauf, warum sich fast alle Menschen, die ich kenne, irgendwie für die Guten halten und es trotzdem so viel Ungerechtigkeit und Niedertracht in der Welt gibt. Weil wir es als einzige Tierart schaffen, gute Vorsätze zu hegen und sie zugleich unberücksichtigt zu lassen. Weil wir es fertigbringen, bei uns und anderen mit zweierlei Maß zu messen. Weil wir selten um eine Ausrede verlegen sind. Weil wir gerne geneigt sind, unser Selbstbild schönzufärben. Und weil wir uns frühzeitig darin üben, Verantwortung abzuwälzen.

Der dritte Teil stellt die Frage, was wir aus all dem lernen können für unser zukünftiges Zusammenleben. Wenn Bertolt Brecht – der große Soziobiologe unter den Dichtern – Recht haben sollte, dann kommt »erst das Fressen und dann die Moral«. Folgerichtig müsste es in einem Land wie Deutschland, in dem es so viel Fressen im Überfluss gibt, auch sehr viel Moral geben. Tatsächlich leben wir in einem sehr liberalen Land, der wohl freiheitlichsten und tolerantesten Kultur der Geschichte. Doch dagegen steht die nicht ganz unberechtigte Klage über den Werteverlust. Tugenden und öffentliche Moral schmelzen derzeit dramatisch dahin. Kirche, Vaterland, Heimatmilieu, Weltanschauung – die Altbauten aus der bürgerlichen Gründerzeit, in denen unsere Moral früher recht oder schlecht hauste, bröckeln und verfallen. Wer will sich darüber wundern? Ein außerirdischer Beobachter, der auch nur einen einzigen Tag lang die Werbung in Fernsehen, Radio, Zeitung und Internet studierte, würde wohl kaum ein Indiz dafür finden, dass wir in einer Demokratie leben; einer Gesellschaftsordnung, die auf Kooperation, Solidarität und Zusammenhalt beruht. Was er wahrnähme, wäre eine Propaganda, die mit finanziellem Milliardenaufwand nichts anderes betreibt als die unausgesetzte Förderung des Egoismus.

Ich möchte in diesem Buch einige Anregungen geben, was wir in Wirtschaft, Gesellschaft und Politik möglicherweise besser machen können. Es geht dabei nicht nur um gute oder schlechte Gesinnung. Es geht darum, wie sich unser Engagement für andere fördern lässt – in Zeiten, in denen unsere Gesellschaft auf dem Spiel steht wie seit vielen Jahrzehnten nicht mehr. Und um Vorschläge, wie wir die sozialen Institutionen so umbauen könnten, dass sie das Gute leichter und das Schlechte schwerer machen.

Mein besonderer Dank gilt dabei all den Menschen, die dieses Buch als Erste gelesen und mit ihrem klugen Rat kommentiert und verbessert haben. Den scharfen Blick des Biologen warf Prof. Dr. Jens Krause von der Humboldt-Universität Berlin auf das Buch. Prof. Dr. Thomas Mussweiler von der Universität Köln studierte es als Sozialpsychologe. Prof. Dr. Christoph Menke von der Universität Frankfurt am Main las es als Philosoph. Prof. Dr. Hans Werner Ingensiep von der Universität Duisburg-Essen begutachtete es als Biologe und Philosoph. Prof. Dr. Achim Peters von der Universität Lübeck beurteilte es aus der Sicht eines Neurobiologen. Prof. Dr. Jürg Helbling von der Universität Luzern inspizierte es aus der Warte eines Sozialanthropologen und Ethnologen. Ihre Anregungen und ihre Kritik waren mir sehr wertvoll. Ich danke Dr. Torsten Albig für seine Ausführungen über Kommunalpolitik, Martin Möller und Hans-Jürgen Precht für ihre kritischen und hilfreichen Anmerkungen. Mein besonderer Dank gilt Matthieu, David und Juliette für ihre wertvollen Lektüren. Und ganz besonders meiner Frau Caroline, ohne die dieses Buch niemals geworden wäre, was es ist.

Und nicht zuletzt danke ich der Deutschen Bahn. Ein Großteil der Arbeit an diesem Buch wurde in vollen Zügen genossen, in Speisewagen und an turbulenten 4er-Tischen. Viel häufiger aber noch in der melancholischen Morgenstille der Mosellandschaft auf einer völlig unrentablen Nebenstrecke unter Einkaufsnomaden, Arbeitsmigranten und Kegelklubs zwischen Köln, Cochem, Wittlich, Wasserbillig und Luxemburg. Ich danke den ungezählten Gesprächen, deren unfreiwilliger Zeuge ich war. Sie bestärkten mich immer neu in der Ansicht, dass das Wesen des

Menschen von Philosophen oft nur unzulänglich erfasst wird. Und ich danke dem unbekannten Bistrokellner, der mit mir so oft den Morgen geteilt hat und dessen Maximen und Reflexionen meine Arbeit so oft begleiteten. Möge der deutsche Wähler und Steuerzahler nicht nur in meinem Interesse den Börsengang der Deutschen Bahn auch weiterhin erfolgreich verhindern.

Ville de Luxembourg, im August 2010
Richard David Precht

Gut und Böse

Platons Talkshow
Was ist das Gute?

Was eine Talkshow ist, darauf kann man sich leicht verständigen. Eine Talkshow ist eine Unterhaltungssendung in Form eines Gesprächs in Hörfunk und Fernsehen. Ein Gastgeber versammelt seine Gäste an einem ausgewählten Ort, meistens einem Studio, interviewt sie und eröffnet ein von den Moderatoren gelenktes Gespräch unter den Teilnehmern.

So weit, so klar. Aber wer hat's erfunden? Glaubt man Wikipedia, so kommt die Talkshow aus den USA, erfunden in den 1950er Jahren. Und in Deutschland geht es 1973 los mit – erinnern Sie sich? – Dietmar Schönherrs *Je später der Abend*. Aber der eigentliche Urheber der Talkshow ist – Platon.

Etwa 400 Jahre vor Christus beginnt der griechische Philosoph mit der Konzeption eines gelehrten Talks über die großen Fragen dieser Welt: Wie soll ich leben? Was ist das Glück? Was ist das Gute? Wozu brauchen wir die Kunst? Und warum passen Frauen und Männer nicht zusammen?

Der Produzent der Show heißt Platon – und sein Gastgeber ist Sokrates. Und er ist wirklich ein abgekochter Profi. Nonchalant hält er das Gespräch zusammen, leitet die Runde, gibt wichtige Impulse und stellt mehr oder weniger vergiftete Fragen. Fast immer legt er die anderen dabei rhetorisch aufs Kreuz. So sicher sich die anderen Gäste zu Beginn des Gesprächs mit ihren Ansichten sind, am Ende müssen sie einsehen, dass Sokrates selbst mal wieder der Klügste von ihnen ist. Mehr oder weniger überzeugt stimmen sie seiner Meinung zu. Dabei sind die zwei, drei oder vier Gesprächsteilnehmer stets hochkarätige Gäste, Politprofis, Poeten, Propheten und Pädagogen – ausgewiesene Experten der Staatskunst, der Kriegsführung, der Rhetorik oder der Künste. Als Kulisse dienen unterschiedliche Settings. Mal versammeln sich die Gäste in der Villa eines Prominenten, mal machen sie einen Spaziergang in der Umgebung Athens, mal diskutieren sie beim Abendessen. Und ein anderes Mal treffen sie sich sogar im Knast. Die Schauplätze wirken so echt und authentisch wie die Gäste. Der einzige Haken ist – alles ist abgesprochen und inszeniert. Und aus Mangel an elektronischen Ausstrahlungsmöglichkeiten begnügt sich der Produzent mit Papier.

Aber immerhin: Als erster Denker des Abendlandes entscheidet sich Platon dazu, den Widerstreit der Vorstellungen, Ansichten und Ideen nicht wegzureden, sondern ihn auszudiskutieren. Fast alles, was wir von Platons Schriften haben, sind solche Diskussionen und Streitgespräche. Doch was ist der Sinn des Ganzen? Wer war dieser Platon?

Der Junge hatte ein beneidenswertes Leben, aufgewachsen mit einem goldenen Löffel im Mund.[1] Seine Familie war so reich wie einflussreich. Doch die Chancen für ein ruhiges Leben standen schlecht. Zu bewegt waren die Zeiten. Als Platon geboren wird, im Jahr 428 vor Christus, ist Perikles, Athens politischer Superstar, gerade gestorben. Eine Zeitenwende. Der lange blutige Krieg mit den Rivalen aus Sparta hat begonnen; am Ende wird er Athen vernichten.

Platon selbst aber geht es gut. Während die Soldaten Athens in Sizilien scheitern und umkommen, das spartanische Heer marodierend durchs Umland zieht, während die Demokratie in der Stadt durch eine Wirtschaftselite ausgehebelt wird, die Flotte untergeht und die attische Demokratie schließlich vollends zusammenbricht, erhält er eine vorzügliche Ausbildung. Man darf vermuten, dass er Karriere machen will, ein mustergültiges Beispiel geben für seine Familie.

In der Stadt dagegen herrscht Anarchie. Die Ordnung verfällt im Eiltempo. Ein Menschenleben ist nicht mehr viel wert. Eines Tages in dieser Zeit trifft Platon in den Straßen einen merkwürdigen Menschen, einen Herumtreiber ohne Geld und Gut, einen, wenn man so will, blitzgescheiten Obdachlosen. Die jungen Nachwuchsintellektuellen der Stadt sind fasziniert. Konsequent verzichtet der Aussteiger auf alles Hab und Gut. Ein Revoluzzer, bewaffnet allein mit seiner gefährlichen Rhetorik, der die Herrschenden auslacht. Ein Spötter, der ihre Werte veralbert, ihre Weltweisheiten entzaubert. Der Name dieses Mannes ist: Sokrates.

Hunderte von Geschichten ranken sich um Sokrates. Doch wer dieser Mensch in Wirklichkeit war, darüber wissen wir fast nichts. Wie Jesus Christus ist er vor allem eine Sagenfigur. So wie es keine Schriftzeugnisse aus der Feder von Jesus gibt, so gibt es auch keine von Sokrates. Was immer wir wissen, wissen wir aus den wenigen Schriftstücken seiner Gegner und aus den umfangreichen Elogen seiner Anhänger und Bewunderer. Wie bei Jesus, so lässt sich auch bei Sokrates vermuten, dass er tatsächlich gelebt hat. Und auf einige wenige Fans hatte er eine ausgesprochen nachhaltige Wirkung.

Der begeistertste dieser Enthusiasten aber war Platon. Hätte sich der 20-Jährige dem alten Herrn nicht angeschlossen, wer weiß, was von ihm geblieben wäre. Platon ist Sokrates' Evangelist. Er macht ihn zum Superstar der antiken Welt, zu einem Universalgenie der Logik und der Vernunft. Sokrates weiß, was den Menschen im Innersten zusammenhält. Er ist der einzige Kenner der Weltformel.

Die Begegnung mit Sokrates hinterlässt Spuren. Binnen kurzer Zeit gibt Platon seine politischen Ambitionen auf. Er will nichts mehr werden, jedenfalls nichts, was in den Augen der Gesellschaft viel zählt. Sokrates öffnet dem jungen Mann die Augen für die Verlogenheit und Korruption in der Gesellschaft, für Lug und Trug und die Selbstsüchtigkeit der Herrschenden. Die beste Demokratie wird wertlos, wenn das gesamte politische System verrottet ist und nur noch aus egoistischen Cliquen besteht, aus Seilschaften, Privilegien und Willkür.

Im Jahr 399 vor Christus, so scheint es, haben die Regierenden in Athen die Faxen dicke. Sie zerren Sokrates vor Gericht und machen ihm den Prozess. Das Todesurteil ist schnell gefällt, der Tatbestand offensichtlich. Sokrates, so heißt es, »verderbe die Jugend« – aus Sicht der herrschenden Oligarchen ein durchaus berechtigter Vorwurf. 430 Jahre später wird die römisch-jüdische Obrigkeit in Jerusalem den Wanderprediger Jesus aus ähnlichen Gründen zum Tode verurteilen: wegen Nestbeschmutzung. In beiden Fällen belegt vor allem der letzte Prozess, dass diese Menschen tatsächlich existierten. Und gemeinsam sind sie, Sokrates und Jesus, die Großväter der abendländischen Kultur.

Der Tod des Sokrates hält die Entwicklung nicht auf. Er schafft nur einen Märtyrer. Und nun schlägt Platons Stunde. Er setzt das Projekt seines Lehrmeisters fort, allerdings mit ganz anderen finanziellen Mitteln. Zwölf Jahre nach Sokrates' Tod kauft er ein Grundstück und eröffnet dort eine Schule – die Akademie. Die Einrichtung ist ohne Beispiel. Unentgeltlich haben junge Männer die Chance, für mehrere Jahre in einer Art philosophischer Kommune zu leben. Der Lehrplan umfasst die Fächer Mathematik, Astronomie, Zoologie, Botanik, Logik, Rhetorik, Politik und Ethik. Am Ende, so wünscht es sich Platon, werden hochgebildete Männer die Schule verlassen. Sie sollen die Welt besser machen. Feingeistige Intellektuelle und politische Kader sollen sie sein, von allen falschen persönlichen Antrieben befreit. Eine philosophische Heilsarmee für eine kranke Gesellschaft. Tatsächlich werden viele Absolventen in unterschiedliche Teile der Welt aufbrechen als Missionare der Akademie und Ratgeber der Mächtigen.

Die wichtigste Voraussetzung für diesen Job ist die Kenntnis des guten Lebens. Es ist die Hauptfrage, die Platon mehr interessiert als alles andere. Das ganze Denken in der Akademie ist diesem Ziel untergeordnet: das Gute zu erkennen und zu leben.

Nur dafür hinterfragen die Akademiker die überkommenen Mythen und Konventionen und kritisieren falsche Wahrheiten und Lebensentwürfe. Für Platon sind Philosophen Krisenhelfer und Scouts für Sinndefizite. Der Bedarf an solchen Männern – Frauen spielen in Platons Welt keine Rolle – ist groß. Der Niedergang der öffentlichen und der privaten Moral, die kriegerischen Wirren und die allgemeine Verwahrlosung schreien geradezu nach einer Neuordnung der Verhältnisse, einer Revolution der Seelen.

Was also ist ein gutes, ein besseres Leben? An welchem moralischen Wesen soll Athen genesen? Platons frühe Schriften verraten, wie angeregt und erbittert über die Frage diskutiert und gestritten wurde.[2] Die Suche ist allgegenwärtig. Die Gesellschaft steht auf der Kippe. Und auf den öffentlichen Plätzen der Stadt, den Foren und in den Privathäusern kreuzen vor allem jüngere Menschen rhetorisch ihre Klingen.

Man wird sich aus heutiger Sicht darüber vielleicht wundern. Denn die Frage ist nicht mehr sehr modern. Und »das Gute« scheint uns sehr viel abstrakter zu sein als den alten Griechen. Aber auch in Deutschland ist es noch gar nicht lange her, dass sich junge Menschen die Köpfe über diese Frage heiß redeten. Von Mitte der 1960er bis Mitte der 1970er Jahre galt das Private vielen jungen Intellektuellen als das Politische. Und auch die Ökobewegung der frühen 1980er Jahre forderte von sich und der Gesellschaft: »Du musst dein Leben ändern!« Erst der erneut starke Anstieg des Wohlstandes in den 1980er und 1990er Jahren ließ die Diskussionen um ein alternatives Leben, alternative Werte und ein alternatives Wirtschaften für längere Zeit wieder weitgehend verstummen.

Die Frage nach dem guten Leben entzündet sich in Krisenzeiten. In Platons Zeit ging es um nichts weniger als das Ganze. Wenn man sich die Situation vorstellt, in der er philosophiert, so erscheint unsere heutige Zeit auch eingedenk der Weltwirtschaftskrise dagegen ruhig und harmlos. Nie zuvor erlebte das Abendland eine solche Blüte der Kunst und einen solchen Sturm bahnbrechender Ideen wie im antiken Athen. Doch die Supermacht steht kurz vor dem totalen Kollaps.

Platons Rezept gegen den Verfall ist die Idee einer Reinigung. Die Menschen, so meint er, müssten wieder ganz neu lernen, mit sich selbst richtig umzugehen. Statt Forderungen an den Staat und die Gemeinschaft zu stellen, sollten sie bei sich selbst anfangen. Denn nur ein sehr tugendhafter Mensch sei auch ein guter Bürger.

So weit die Idee. Die Probleme eines solchen Programms aber sind groß. Auch Platon weiß, dass reale Menschen nicht in einer Idealwelt leben, und zwar weder in einer äußeren noch in einer inneren. Äußerlich bestimmen die Wechselfälle des Lebens, die Einflüsse, der Zufall und das Schicksal sehr weitgehend über mein Verhalten. Und auch innerlich segeln die allermeisten Menschen nicht in ruhigem Gewässer. Ihre Ängste und Sorgen, ihre Neigungen und Wünsche, ihre Bedürfnisse und Begehren lassen sie hin und her schaukeln.

Wie lässt sich in einer solchen Situation ein positives Selbstbewusstsein gewinnen? Wie wird man zum Regisseur eines guten, moralisch sauberen Lebens? Wie gewinne ich die nötige Selbstbeherrschung und Selbstkontrolle? Um diese Fragen zu klären, inszeniert Platon seine handgeschriebenen Talkshows. Mit seinem Talkmaster Sokrates, einem Alter Ego des Autors, lotst er den Leser durch den Parcours der Ansichten und Argumente. Für Platon ist dies ein wunderbares Spiel. Er ist Regisseur und Moderator zugleich. Und am Ende gewinnt in diesem Gedankenkasino immer das Haus, also Sokrates/Platon. Nur in dem einen oder anderen seltenen Fall wird die Entscheidung vertagt. Auf diese Weise gelingt es Platon, den Leser dort abzuholen, wo er normalerweise steht. Nach und nach thematisiert er alle denkbaren Haltungen zum Leben und spielt die Vorzüge gegen die Einwände aus. Begriffliche Unschärfen werden geklärt und Widersprüche freigelegt. Am Schluss ist die Spreu vom Weizen getrennt und Ordnung in die Vielfalt gebracht. Die Gesprächspartner des Sokrates lernen ihre falschen Vorstellungen aufzugeben. Und es wird ihnen klar, wie ein Leben aussehen könnte, das für jedermann gut und richtig ist.

Platons Talkshow ist ein Erfolgsformat, ohne jeden Zweifel. Die Forschung allerdings hat oft darüber gerätselt, für welches Publikum sie gedacht war. Denn der gebildete Leser wusste natürlich ganz genau, dass dieser Sokrates nicht der echte Sokrates war. Der war ja bekanntlich bereits tot. Was aber ist dann der Sinn dabei, dass Platon sich hinter Sokrates versteckt? Möglicherweise sind Platons frühe Dialoge tatsächlich von authentischen Gedankengängen des historischen Sokrates inspiriert. Aber eben nur die frühen. Was das Publikum anbelangt, so sollten die Talkshows ganz offensichtlich der Volksbildung dienen – aber welchen Volkes? Für den Breitengeschmack waren die Dialoge zu schwer verständlich. Wahrscheinlich las letztlich mal wieder nur ein ziemlich kleiner Kreis die Schriften. Oder er hörte ihnen, gemäß einer richtigen Talkshow, zu, wenn sie von anderen vorgelesen wurden, möglicherweise sogar mit verteilten Rollen.

Und was war die Moral der Texte? So nett und mitunter sogar humorvoll sie auch verpackt sind, so autoritär sind Platons Vorstellungen zugleich. Eisern fordert Sokrates seine Gesprächspartner auf, ihr Leben hart zu prüfen und nahezu alles umzukrempeln. Ein jeder soll so leben, als ob einem der Philosoph ständig streng über die Schulter blickte. Noch besser wäre es, sie würden selbst weise Philosophen werden. Denn genau darin sieht Platon des Menschen höchstes Ziel. Ein ziemlich merkwürdiges Ansinnen allerdings. Welcher Mensch hat dazu schon Lust und vor allem Zeit? Würde ein jeder Platons Rat befolgen, so würde vermutlich das Wirtschaftssystem dabei zusammenbrechen. Und machen wir uns nichts vor: Die Idee, dass alle Männer Philosophen werden sollen, konnte nur in einer Zeit entstehen, in der Frauen und Sklaven die meiste Arbeit erledigten.

Man mag auch daran denken, dass jede Suche nach Wahrheit immer etwas langweilig ist, wenn es einen – nämlich Platon –

gibt, der diese Wahrheit schon kennt und alles besser weiß. Es ist die immer gleiche Crux mit den Erleuchteten, von Platon und Buddha bis zu Bhagwan oder dem Dalai Lama. Aber ganz offensichtlich scheint es viele Wahrheitssucher bis in die heutige Zeit nicht zu stören, dass jemand auf dem heiligen Weg mit ihnen das Spiel von Hase und Igel spielt und auf wundersame Weise immer schon vorher angekommen ist.

Von dieser Warte betrachtet hat Platons Philosophie von vornherein einen etwas »esoterischen« Einschlag. Und dieser Eindruck verstärkt sich noch dadurch, dass Sokrates' Schüler von seinen Anhängern und Lesern tatsächlich eine klare Entscheidung verlangt: Sie sollen sich dazu verpflichten, gut zu sein, und allen anderen Verlockungen abschwören. Ein radikaler Lebensweg steht ihnen bevor, trainiert durch den eisernen Zuchtmeister Platon.

Wie aber sieht dieser Weg aus? Die alte, im Griechentum weit verbreitete Streitfrage lautet: Wie halte ich es im Leben mit den sinnlichen Genüssen? Machen sie das Leben gut? Oder stören sie das gute Leben? Auch für Platon ist diese Frage eine Kernfrage: Vernunft oder Lust – was macht auf lange Sicht glücklicher? Die Antwort darauf ist ziemlich eindeutig: Federleicht wiegen die flüchtigen Annehmlichkeiten der Lust gegen die dauerhafte Zufriedenheit durch ein gutes und rechtschaffenes Leben. Geht es nach Platon, so hält uns der Leib mit seinen starken Trieben und Bedürfnissen bei der Glückssuche eigentlich nur auf. Immer wieder führt er uns in Versuchungen und auf Irrwege. Und nur wer sich davon frei macht, ist tatsächlich frei. Ein wahrhaft glückliches Leben – Platons Wort dafür ist *eudaimonia* – befreit davon, das Leben auf billige Weise stets nach Lust und Unlust zu beurteilen. Denn wer das tut, der bleibt in Bezug auf seine geistige Reife ein Leben lang in der Pubertät. Der wahre Philosoph aber steht über seinen sinnlichen Bedürfnissen.

Da alle Sinnengenüsse zeitlich begrenzt sind und da jedes sinnliche Glück schnell in sein Gegenteil umschlagen kann, wählt

Platon eine Lebensform mit eingebauter Risikoversicherung: Leidvermeidung statt Lustgewinnung. Die enormen Folgen für die europäische Kulturgeschichte können gar nicht hoch genug bewertet werden. Als Platons Philosophie im Mittelalter wieder belebt wird, inspiriert sein asketisches und leibfeindliches Ideal auf verheerende Weise das Christentum und wandert von hier aus schließlich auch wieder in die Philosophie. Selbst die bewusst antireligiöse Aufklärung wird sich an diesem alkoholfreien Bier betrinken: dass das Ziel des Lebens darin liegt, die primitive Sinnlichkeit so weit wie möglich zu überwinden.

Der Fairness halber muss man sagen, dass Platon an einigen Stellen seiner Dialoge ganz offensichtlich stark mit sich selbst ringt, ob er bei dieser radikalen Aussage wirklich bleiben soll.[3] Doch die Quintessenz lässt sich in keinem Fall abstreiten: Das Lustprinzip ist nicht nachhaltig. Und so fällt die Lust bei Platon der Abrechnung mit ihren Risiken und Nebenwirkungen zum Opfer.

Platons Antwort auf die Kernfrage ist also: so wenig Genüsse wie unbedingt nötig! Wer die Wahrheit und das Gute liebt, lässt sich von seinen niederen Instinkten nicht verwirren. Nicht Sexualität, Geld, Essen oder sonstige Vergnügen machen dauerhaft glücklich, sondern nur die enthaltsam-philosophische Lebensführung. Alles andere ist alles andere. Und wer sein Leben nach dem Kriterium der Lust und Unlust bemisst, wählt einen falschen Maßstab.

Doch welcher ist richtig? Die Kunst, sein Leben schlau zu bemessen, ist eine ziemlich schwierige Sache. So klar Platons Kritik am falschen Bemessen ausfällt, so schwer tut er sich zugleich damit, einen besseren Maßstab zu liefern. Macht man es sich leicht, so könnte man sagen, der Maßstab wäre Wissen und Erkenntnis. Aber macht das Messen des Lebens am Maßstab der Wahrheit wirklich glücklich? Selbst wenn die Freuden der Erkenntnis manchmal groß sein mögen, dauerhaft anhaltend sind sie nicht. Wie viele miese Erkenntnisse können mir den Tag verhageln?

Und ist ein raffiniert aufgelöstes Integral tatsächlich langfristig erfüllender als eine tolle Liebesnacht?

Besonders kritisch aber ist der folgende Einwand: Selbst wenn es stimmen sollte, dass nichts so sehr erfüllt wie Wissen und Erkenntnis – muss man dann nicht sagen, dass Lernen und Erkennen »lustvoll« sind? Dass also Lust und Erkenntnis schon deshalb zusammengehören, weil anders gar nicht erklärt werden könnte, wieso ein lernendes und nach Wahrheit strebendes Leben überhaupt glücklich machen soll? Ganz ohne Lust geht es also wohl doch nicht. Platon ist ein so schlauer Fuchs, dass er auch über diesen Einwand selbst nachgrübelt. Natürlich, so folgert er, braucht der Mensch zum Glück einen Lustgewinn – es fragt sich nur: von welcher Qualität?

Nach Platon ist die Lust nicht das Kriterium, sondern eher so etwas wie eine spätere Belohnung. Doch damit beginnt sogleich wieder die Frage nach dem nun wirklich gültigen Kriterium. Und um diese Frage zu beantworten, kommt Platon zu seinem Hauptthema. Das Maß aller Dinge nämlich ist – das Gute! Was Platon von seinen Schülern fordert, ist das Bekenntnis zu einer klaren Hierarchie: Alles Tun und Wollen soll so geordnet sein, dass es dem Streben nach dem Guten unterworfen ist. Nur ein guter Mensch sei ein wahrhaft glücklicher Mensch. Und so bleibt eigentlich nur noch die schwierigste aller Fragen übrig: Was ist denn eigentlich »das Gute«?

Man kann es sich natürlich einfach machen und den umgekehrten Weg einschlagen und herausfinden, was das Schlechte ist – frei nach Wilhelm Busch: »Das Gute, dieser Satz steht fest, ist stets das Böse, das man lässt.« Aber hat Wilhelm Busch Recht?

Während ich dies schreibe, erschüttert der Fall eines couragierten Mannes die Republik, der an einer Münchner S-Bahn-Station zwei Schulkindern zu Hilfe kam und dafür von Schlägern zu Tode geprügelt wurde. Wer würde diesen beherzten Einsatz, diese mutige Zivilcourage, nicht »gut« nennen? Die Hände in den Hosentaschen zu lassen und sich wegzustehlen wäre weniger gut gewesen. Unterlassene Hilfeleistung ist zwar »das Gute, das man lässt«, aber nach Buschs Kriterium wäre es nichts Schlechtes. Das Böse zu lassen reicht also nicht immer ganz aus.

Die berühmteste Passage über das Gute findet sich in Platons Hauptwerk *Politeia,* zu Deutsch: »Der Staat«.[4] Das Gute, so heißt es hier, ist etwas ganz Besonderes, die größte und tollste Sache der Welt. Etwas schwammig formuliert lässt sie sich leicht beschreiben: Das Gute ist viel mehr als die Lust und auch mehr als das Wissen. Aber wie drückt man das präzise aus?

Die Antwort ist: gar nicht! Statt eine positive Definition des Guten zu geben, lässt Platon seinen Sokrates ein Gleichnis erzählen, das wahrscheinlich berühmteste Bild der Philosophiegeschichte:[5] Schaut euch die herrliche Sonne an! Sie spendet Licht und Wärme zugleich. Allein die Sonne ermöglicht es uns, zu sehen und zu erkennen. Und zugleich lässt sie auf der Erde alles wachsen und gedeihen. Und ist es mit dem Guten nicht genauso? Es inspiriert und erhellt unser Denken und bringt uns näher an die Wahrheit. Und je mehr wir erkennen, umso mehr nehmen wir wahr. Unser scharfer Geist verleiht den Dingen um uns herum ihre Kontur und damit ihre Existenz. So wie die Sonne, über allen Dingen stehend, alles durchwirkt, so durchwirkt das Gute – ebenfalls über den Dingen stehend – unsere menschliche Existenz. Mit anderen Worten: So wie die Sonne das Leben schenkt, so verleiht das Gute unserem Dasein Wert und Sinn.

So weit Platons »Sonnengleichnis«, ein hübsches und sehr berühmtes Bild. Aber wieso eigentlich ein Bild? Warum greift ein messerscharfer und kühler Analytiker des Geistes wie Platon an einer solchen Schlüsselstelle seines Werkes auf ein Gleichnis zurück? Nüchtern betrachtet ist der Vergleich doch im Grunde nur eine Behauptung! Dass die Sonne dem Leben auf der Erde seine Existenz ermöglicht, daran besteht heute kein Zweifel. Aber was spricht dafür, dass es tatsächlich ein Gutes gibt mit sonnengleichen Eigenschaften? Wo ist der Beweis?

Und in der Tat: Auch die Gesprächspartner des Sokrates sind *not amused*. Das Bild befriedigt nicht wirklich. Und der große unfehlbare Guru sieht sich gezwungen, die genauere Beleuchtung des Guten freundlich zu vertagen: »Allein, ihr Herrlichen, was das Gute selbst ist, wollen wir für jetzt doch lassen ...«[6] Was ist vorgefallen? War sich Platon bei der Frage nach dem Guten tatsächlich so unsicher? Oder hatte er strategische Gründe, das Gute trotz Sonnengleichnis so unbeleuchtet zu lassen? Die Platonkenner sind sich nicht einig. Auch eine Schrift über Platons späte Lehrveranstaltungen scheint das Problem nicht zu lösen. In dieser Schrift nämlich setzt Platon das Gute mit »dem Einen« gleich – also mit Gott. So betrachtet würde das Bild funktionieren: Die gleiche Kraft, die mit der Sonne die Natur durchwirkt, durchwirkt mit dem Guten unser Dasein. Genau auf diesen Zug springen die frühen christlichen Denker später auf und definieren Gott als das Wahre und das Gute zugleich: »Ich bin das Licht, die Wahrheit und das Leben!« Der Wahrheit halber aber sollte man hinzufügen, dass die »ungeschriebene Lehre« von Platons Vorlesungen in der Akademie nicht vom Meister selbst stammt. Ob Platon das Gute tatsächlich mit dem Einen gleichgesetzt hat, bleibt spekulativ.[7]

Ein Fazit bleibt auf jeden Fall das gleiche: Das Gute bleibt unaussprechlich. Das »größte Lehrstück«, wie Platon das Gute nennt, ist zugleich das größte Leerstück. Und so kreisen die Dialoge unentwegt um eine große Unbekannte. An einer Stelle beschreibt Platon das Gute als unverzichtbaren Nährstoff für das »Gefieder der Seele« – was für ein wunderschönes Bild![8] Aber wie alle wunderschönen Bilder auch arg schillernd. Ohne das Gute, so könnte man immerhin folgern, ist der Mensch ein gerupftes Huhn. Aber erst Platons hochbegabter Schüler Aristoteles, der bedeutendste Naturwissenschaftler seiner Zeit, wird sich die Mühe machen, das Seelen-Gefieder zoologisch näher zu bestimmen. Doch davon später.

Platons große Leistung ist es, dass er die verlogene und arrogante Moral vieler seiner Zeitgenossen entlarvte. Die »Herrenmoral« und ihr unhinterfragtes »Recht des Stärkeren« hielten seiner Prüfung nicht stand. Stattdessen zwang er die Gesprächsteilnehmer des Sokrates, sich für ihre Einstellung und ihre Taten zu *rechtfertigen*. Doch was hatte er selbst anzubieten? Für Platon ist das Gute eine letztlich unerklärbare Essenz, die unser Leben »von oben herab« durchwirkt; eine übergeordnete Größe, erhabener als die menschliche Existenz. Das Gute gäbe es auch dann, wenn es keine Menschen gäbe. Es ist unsichtbar, im Großen und Ganzen unbegreiflich, aber ohne Zweifel objektiv vorhanden. Mit meiner persönlichen Meinung hat das Gute so wenig zu tun wie mit meiner Meinung über die Sonne oder ein ungesalzenes Radieschen. Die Aufgabe lautet: Wie kann ich mich in der Erkenntnis des Guten so schulen, dass ich ein durchweg gutes Leben führe? Denn wenn mir dies gelingt, wenn ich das Gute bei mir trage wie einen gut geeichten moralischen Kompass, dann habe ich das Zeug zum Vorbild für alle anderen, mithin zum »Philosophenherrscher«.

Nach Platon ist es das höchste Ziel, ein Mensch zu werden, der immer weiß, was er tun soll, der jede Situation moralisch richtig gewichtet und sich mit traumwandlerischer Sicherheit zwischen Alternativen entscheidet.

Tja, wenn man das nur immer könnte … Klingt das nicht viel zu schön, um wahr zu sein? Oder sollte man nicht lieber seufzen: wie langweilig! In jedem Fall heißt die Frage: Ist solch ein Leben überhaupt möglich?

- *Rivalen der Tugend.* Das Gute gegen das Gute

Rivalen der Tugend
Das Gute gegen das Gute

Gutmensch m., Besessener, der sein Leben verpasst, indem er immer nur das Gute denkt und tut. Weil das Gute zugleich auch das Richtige sein soll, geraten die Gutmenschen frühzeitig in eine bedrohliche Schlingerbewegung: Das Richtige verfällt fortwährend, aber das Gute muss jedem Verfall standhalten. Beim immer bedenklicheren Spagat zwischen dem Richtigen und dem Guten erleiden viele Gutmenschen einen Beckenbruch.

Guy Rewenig

Lassen Sie uns ein kleines Spiel machen: Stellen Sie sich einmal vor, Sie besäßen ein unermessliches Vermögen. Sagen wir zum Beispiel zehn Milliarden Euro. Eine unvorstellbar große Summe (wenn man sie nicht gerade zur Rettung einer Bank ausgibt). Dieses viele Geld braucht kein Mensch, und auch Ihre materiellen Bedürfnisse sind vollends befriedigt. Sie können das Geld also ausgeben, und zwar für einen guten Zweck. Und jetzt sind Sie an der Reihe.

Was kommt Ihnen als Erstes in den Sinn? Vielleicht denken Sie an die Millionen hungernden Kinder in der Sahelzone, in Äthiopien oder in Indien. Oder der Regenwald in Brasilien und in Indonesien fällt Ihnen ein, von dem jeden Tag mehrere Quadratkilometer in Flammen aufgehen. Sie denken an die vielen zum Teil noch unbekannten Tierarten, die ausgerottet werden, oder an die enorme Bedeutung des Regenwaldes für das Klima. Auch die Meere bedürfen dringend unseres Schutzes. Und wegen des Klimas kann man das Geld natürlich auch den Chinesen schenken, damit sie ihre Kraftwerke mit moderner Filtertechnik ausstatten. Eine andere Idee wäre, Ihr Geld für Wirtschaftshilfe auszugeben, um aktuelle oder drohende Bürgerkriege zu vermeiden, etwa in Ruanda oder in Somalia.

Alle diese Ideen sind ohne Zweifel richtig. Es gibt so viel Gutes zu tun. Und zehn Milliarden Euro können dabei ohne Frage helfen. Also, wofür entscheiden Sie sich? Je länger Sie darüber nachdenken, umso klarer dürfte Ihnen werden, dass eine solche Entscheidung nicht leicht ist. Der Bereich des Guten ist schwer abzuschätzen und zu vermessen. Und ein moralischer Zollstock ist niemandem zur Hand.

Man könnte dem Spiel zudem auch noch eine ganz pessimistische Note geben, nämlich indem man die möglichen Folgen Ihrer Investition durchdenkt. Stellen Sie sich zum Beispiel vor, Sie geben Ihr Geld einigen brasilianischen Indianern, damit diese nicht länger brandroden und keine seltenen Tiere jagen oder verkaufen. Was passiert? Vielleicht ziehen sich die Indianer untereinander in kürzester Zeit über den Tisch. Am Ende gibt es ein paar Superreiche. Und der Rest fackelt wieder den Regenwald ab. Die Superreichen bauen sich Haziendas und vernichten ebenfalls den Wald. Vielleicht haben Sie aber auch Glück, und das mit den Indianern klappt ganz vorbildlich. Aber wie lange? Immerhin gibt es ja auch Nachbarn, die Sie nicht begünstigen konnten. Eifersucht und Neid breiten sich aus. Unruhen kommen auf, am Ende vielleicht sogar ein Bürgerkrieg. In Ruanda oder in Somalia wird es Ihnen mit den Folgen Ihres Geldes mit Sicherheit noch schlechter gehen. Also alles nach China? Nun, die Chinesen montieren mit Ihrem Geld die modernste Filtertechnik ein. Und dann? Als aufstrebende Industrienation bauen sie noch mehr Kraftwerke, die Sie nicht alle ausrüsten können. Und in Deutschland meckern die Stromkonzerne, wenn über die neuen, überall geplanten kontinentübergreifenden Stromnetze billiger Strom aus China auf unseren Markt fließt ...

Man muss dieses Szenario nicht in allen Einzelheiten durchdenken. Und man muss auch nicht zwingend zu dem bösen Schluss kommen, dass jede gute Großtat am Ende doch nur ins Chaos führt. Aber zumindest eine Frage bleibt: Wenn es so viele unterschiedliche gute Ziele gibt und damit so verschiedene Wege, Gutes zu tun, wo liegt dann die Instanz, die mir sagt, was gut und was besser ist? Auch Platon wusste, dass dies ein empfindlicher Punkt in seiner Theorie des Guten ist. Und er hat es sich mit dieser Frage auch nicht ganz einfach gemacht. Im *Hippias Maior*, einer seiner späten Schriften, diskutiert auch er, dass das Gute gemeinhin eine ziemlich relative Sache ist.[1] Was für mich gut und erstrebenswert ist, muss nicht für jeden anderen gut und erstrebenswert sein. Der Held Achilles zum Beispiel, ein geborener Abenteurer und Kämpfer, wäre ohne Zweifel ein denkbar ungeeigneter Familienvater. Für ihn ist gut, ein Krieger zu sein, und ein Familienvater zu sein, schlecht. Obwohl ein guter Familienvater zu sein grundsätzlich nichts Schlechteres ist als ein Krieger.

Platon sieht also *einen* Widerspruch. Nämlich den zwischen einer *persönlichen* Neigung und dem, was *allgemein* gut ist. Wer etwas Gutes will, der tut dies, weil er ein erfülltes Leben führen will. Erfüllung aber kann ich sowohl in dem finden, was meinen Neigungen vorteilhaft *(agathon)* zu sein scheint, als auch in dem, was allgemein und grundsätzlich sittlich gut ist *(kalon)*.

Dieser Spagat bleibt Platons ungelöste Aufgabe. Wie passen *das* Gute und *mein* Gutes zusammen? Aber gibt es tatsächlich nur diesen einen Konflikt? Am Beispiel unserer Zehn-Milliarden-Euro-Spende haben wir gesehen, dass die Sache selbst dann völlig unübersichtlich werden kann, wenn ich ausschließlich das Gute und gar nicht mein Gutes im Auge habe. Wer hilft mir, das Gute vom etwas weniger Guten und vom Besseren zu unterscheiden? Und brauche ich diese Unterscheidungsmöglichkeit nicht ganz zwingend, wenn ich ein optimales Leben führen will?

Diese Frage hat auch mich in meinem Leben stark beschäftigt. Als Abiturient schloss ich mich im Jahr 1984 der Solinger Arbeitsgruppe von *amnesty international* an, um Gutes zu tun. Das

Ziel von *amnesty*, sich für politische Gefangene in aller Welt einzusetzen, überzeugte mich sofort. Zu meiner Enttäuschung bekam ich den »Fall« eines Gefangenen in Jugoslawien zugeteilt; ein bosnischer Maschinenbauingenieur, der auf einem Flugblatt dafür geworben hatte, die Verhältnisse in Khomeinis Iran auf Jugoslawien zu übertragen. Das Ergebnis: elf Jahre Haft. Besonders motiviert war ich zunächst nicht. Weder sah ich in Jugoslawien zu diesem Zeitpunkt einen Schurkenstaat, noch identifizierte ich mich auch nur ansatzweise mit dem Islamismus. Um wie vieles lieber hätte ich einem aufrechten sozialistischen Chilenen in Pinochets Folterkammer geholfen! Aber ich lernte meine Lektion: Das Eintreten gegen Unrecht folgt keiner Hitparade und auch keinen weltanschaulichen Präferenzen. Nach der Logik und Ethik von *amnesty international* ist jede starke Menschenrechtsverletzung ein Fall zum Eingreifen, egal, wo und warum.

Und gilt ein ähnliches Prinzip nicht auch für das Leben? Mit einer Moral, die stets allein nach einer Hierarchie des Üblen und des Guten gewichtet, kommt man wahrscheinlich nicht sehr weit. Abgesehen davon, dass vielleicht nicht jede moralische Abwägung vor einem inneren internationalen Gerichtshof vollzogen werden muss. Ob ich einem in Not geratenen Bekannten Geld leihe oder nicht, ob ich meine Kinder taufen lasse oder ob ich einer wohltätigen Organisation hundert Euro mehr oder weniger spende – all dies sind Fragen, die nicht unbedingt vor einem höchsten Tribunal der Moral entschieden werden müssen.

Mit der Idee des Guten als höchster Instanz, um sich zu orientieren, ist es im Alltag so eine Sache. Nach Platon nämlich gibt es eine strenge Hierarchie der Tugenden. Eine Skala, auf der sich immer genau ablesen lässt, was eine bestimmte Haltung oder Eigenschaft moralisch wert ist. Und weil das so sein soll, gibt es auch keine Konkurrenz zwischen den Tugenden. Gerechtigkeit und Wahrheit, Ehrlichkeit und Vaterlandsliebe, Tapferkeit und Familiensinn – all dies steht, nach Platon, von Natur aus nicht miteinander in Konflikt. Der weise Mensch, der die Idee des Guten in sich aufgenommen hat und danach lebt, weiß das alles so gut zu sortieren, dass niemals ein Problem entsteht. Allenfalls gibt es Scheinkonflikte.

Aus heutiger Sicht ist dies eine ziemlich merkwürdige Idee. Und eigentlich war sie es auch schon zu Platons Zeit. Im Dionysostheater von Athen feierte das Publikum die Schauspiele des Aischylos, des Euripides und des Sophokles. Die beiden Letztgenannten lebten noch als hoch geehrte Greise, als Platon ein junger Mann war. Und wovon handelten ihre Tragödien? Von nichts anderem als von den Konflikten der Tugenden und ihrer gelegentlichen Unvereinbarkeit. Denn genau dies ist der »tragische« Konflikt: dass man eine Entscheidung zwischen zwei Gütern, zwei Pflichten, zwei Gefühlen oder zwei Zielen treffen muss, die augenscheinlich gleich wichtig, aber absolut unvereinbar sind. Bei Sophokles ist dies das Leitmotiv aller seiner Stücke. Die Gesetze der Menschen und die Gebote der Götter geraten miteinander in Konflikt. Und ebenso ist es mit den rivalisierenden Treuepflichten der Menschen gegenüber unvereinbaren Gütern.

In der Welt der Tragödie sind die Tugenden nicht mehr sauber geordnet. Die alten überlieferten Hierarchien überzeugen nicht mehr, und neue sind nicht zur Hand. Was in einer bestimmten Situation gut oder falsch ist, ist sehr schwer zu sagen. Und auch das, was höher gewichtet werden muss. Treue, Ehre, Freundschaft, Familie, Tapferkeit, Gerechtigkeit, Gesetzesfurcht – die Begriffe purzeln nur so durcheinander und stiften überall Tote, Verwirrung und Trauer.

Für Platon ist die Tragödie ein Gräuel, eine Gefahr, ein Ort der Unmoral. Zu schockierend müssen seine Theatererlebnisse gewesen sein, als dass er der Kunst des Sophokles oder des Euripides etwas abgewinnen kann. Wer die Verwirrung der Tugenden in einem solchen Maß vorführt, so meint Platon, der vergrößert das Chaos unter den Menschen nur noch zusätzlich. Von allen Künsten sei das Drama deshalb die moralisch fragwürdigste. Wie bestürzend zu sehen, dass sich Menschen an der Darbietung von charakterlich fragwürdigen oder schlechten Personen ergötzten. Gar nicht zu reden von den Schauspielern, die möglicherweise auch noch Spaß an solchen Darbietungen hätten. Kein Wunder, dass die Regierung in Platons idealem Staat das Programm des Theaters streng reglementieren soll und vieles verbieten …

Platons Idee des Guten mit ihrem moralisch geordneten Kosmos ist ein Abwehrversuch gegen die Welt, die das Theater vorführt. Aber ist es nicht zugleich ein Abwehrversuch gegen die Realität?

Nehmen wir zum Beispiel die Sparsamkeit. Sie ist eine Tugend insofern, als das Verprassen und Verschleudern von Geld weithin als schlecht gilt. Aber kann man nicht auch so sparsam sein, dass man knauserig, geizig, vielleicht sogar grausam wird? Das Gleiche gilt im umgekehrten Sinn von der Freigiebigkeit. Auch Tapferkeit mag eine Tugend sein, aber ein tapferer SS-Mann, der sich in Erfüllung seiner Pflicht in ein Partisanengebiet begibt und dort Kinder aufhängt, nötigt uns keinen Respekt, sondern Widerwillen und Verachtung ab. Wahrheitsliebe ist eine gute Eigenschaft. Aber soll man tatsächlich immer und überall die Wahrheit sagen? Soll man seinem Chef ungeschminkt darlegen, was man von ihm hält? Wer so handelt, handelt zumeist völlig unnötig tollkühn. Und was sollen wir von einem Menschen halten, der *jede* seiner Entscheidungen *immer* an dem Grundsatz überprüft, ob sie gerecht ist?

Eine jede Tugend wird auffallend schnell zum Problem, wenn man sie radikal ernst nimmt. Und noch problematischer ist, dass sich die Tugenden im Leben häufig auch noch gegenseitig auf den Füßen stehen. Ein Mensch, der unter Folter gezwungen werden soll, seine Mitstreiter zu verraten, wem ist er verpflichtet? Der Wahrheit – wohl kaum! Der Pflicht, seine Freunde zu schützen – schon eher. Seinem Selbsterhaltungstrieb? Auf jeden Fall auch.

Nicht nur in Extremsituationen, auch im Alltag geraten unsere Tugenden immer wieder leicht durcheinander. Und nicht jede gute Absicht passt zu einer anderen. Der liberale britischjüdisch-russische Philosoph Sir Isaiah Berlin (1909–1997), der sich mit dieser Frage beschäftigte wie mit keiner anderen, meinte dazu: »In der Welt, auf die wir in der gewöhnlichen Erfahrung stoßen, haben wir es mit Entscheidungen zwischen gleich endgültigen Zielen und gleich absoluten Ansprüchen zu tun, von denen sich einige nur verwirklichen lassen, wenn man andere dafür opfert.«[2]

Was lässt sich daraus lernen? Platon hatte die Idee des Guten über alles andere gesetzt. Aber das Gute ist eine sehr neblige Sache, wenn es konkret wird. Wichtige Werte und Ideale geraten im alltäglichen Leben manchmal in einen kaum entscheidbaren Konflikt. Deshalb kann man sicher nicht davon reden, dass sie »von Natur aus« in einem ordentlichen Verhältnis zueinander stehen.

Auch Platon hatte gesehen, dass es viele denkbare Lebensformen gibt, die auf ihre je unterschiedliche Weise Anteil am Guten haben. Aber was er nicht wahrhaben wollte, war, dass sich diese Entscheidungen mitunter nicht einfach ergänzen, sondern widersprechen. Jede Entscheidung *für* etwas ist auch immer zugleich eine Entscheidung *gegen* etwas. Und jede Entscheidung für einen Wert geschieht häufig auf Kosten anderer Werte. Im Fall unseres Spiels mit den zehn Milliarden Euro können wir zwar bestenfalls etwas für den Erhalt des Regenwaldes in Brasilien tun. Zugleich aber nehmen wir damit in Kauf, dass Tausende Kinder in Äthiopien sterben müssen, weil wir ihnen nicht geholfen haben. Der australische Philosoph Peter Singer (*1946), heute Professor an der US-amerikanischen Universität Princeton in New Jersey, diskutierte in den 1970er Jahren diesen Umkehrschluss: Wer sich dazu entscheidet, an Weihnachten kein Geld in den Klingelbeutel zu tun oder sonst wie für vom Hungertod bedrohte Menschen zu spenden, könnte der nicht genauso gut nach Äthiopien reisen, um dort eigenhändig ein paar Bauern zu erschießen? Zumindest das Resultat sei in beiden Fällen das gleiche.[3]

Wäre dies richtig, müssten wir nicht nur alle Folgen unserer

Handlungen, sondern immer auch alle denkbaren Folgen unserer Nicht-Handlungen berücksichtigen. Doch wer das in vollem Umfang tut, traut sich am Ende wahrscheinlich gar nichts mehr zu entscheiden. Er gerät in völlig unauflösbare Dilemmata, wie die Helden des Euripides und des Sophokles. Oder er wird verrückt.

Das Gute, so darf man folgern, gibt es nicht. Jedenfalls nicht in Form einer übergeordneten kosmischen Ordnung. Die Idee des Guten ist keine besonders gute Idee. Man sollte das Gute eher ein »Ideal« nennen, etwas, das es zwar nicht gibt, aber dem man als eine Art innerem Leitstern folgt. Manche Freunde der platonischen Philosophie haben die Idee des Guten auch tatsächlich so ausgelegt. Sie schränken ein, dass es ja auch für Platon das ideale Leben niemals in Reinform geben kann. In jedem Leben treffen Menschen falsche Entscheidungen, geht etwas Wertvolles verloren, müssen edle Ideen zugunsten anderer zurückgestellt oder aufgegeben werden. Während ich an diesem Buch arbeite, kann ich die Zeit nicht mit meiner Frau verbringen oder mit meinen Kindern. Und ich rufe auch meine Freunde nicht an, die schon lange auf ein Zeichen der Aufmerksamkeit warten.

Das Ideal des Guten ist also einerseits unerreichbar hoch und andererseits häufig widersprüchlich. Mag das Gute im abstrakten Sinne auch immer das Gute bleiben, was die richtige Entscheidung ist, dürfte sich von Situation zu Situation oft ändern. Insofern passen das Gute und das Richtige selten dauerhaft zusammen, wie man dem Zitat von Guy Rewenig, das diesem Kapitel vorangestellt ist, entnehmen kann.

Nur wenn man wenig erlebt, hat man es halbwegs einfach, mit seinen Entscheidungen immer gut und richtig zu leben. Je weniger Chaos und Sozialleben um mich ist, umso leichter ist es mit dem Guten. Vielleicht ist gerade dies der Grund, warum so viele Prediger des Guten zugleich das Einfache loben. Jesus, Buddha und Franz von Assisi haben nicht nur die Moral aufgeräumt, sondern auch ihr Privatleben von allem Komplizierten befreit. Und auch Platons Ethik ist eine Ethik für Klosterbrüder. Wie bereits gesagt, war sein Urteil über das politische Leben im Allgemeinen nicht sehr positiv. Und seine Schüler, die zukünftigen »Philosophenherrscher«, wurden ihrer Ausbildung nach eigentlich ziemlich »asozial« erzogen. Als Staatenlenker in spe glichen sie erleuchteten Gurus, die die Ideen schauen sollten wie die Sterndeuter die Sterne.

Dass damit im Zweifelsfall nicht viel anzufangen ist, musste Platon am eigenen Leib erfahren. Im Alter von vierzig Jahren erhielt er ein denkwürdiges Stellenangebot. Möglicherweise war es die erste richtige Stellenausschreibung für einen Philosophen überhaupt. Und Platon griff sofort zu. Über die Vermittlung eines Freundes geriet er an den Hof des Tyrannen Dionysios I. in Sizilien. Was der Tyrann mit Platons Engagement bezweckt haben mag, liegt im Dunkeln. Wahrscheinlich wollte er sein zweifelhaftes Image in Athen aufpolieren, indem er sich mit einem der dortigen Superstars umgab. Platon selbst allerdings glaubte wohl eine Zeitlang, dass Dionysios sich von ihm in der Staats- und Lebenskunst unterrichten lassen wollte. Doch je mehr sich der Philosoph tatsächlich einmischte, umso ungehaltener wurde der König. Man kann sich die Situation kaum beklemmend genug vorstellen. Auf jeden Fall endete Platons Spagat zwischen der Poesie des Herzens und der Prosa der Machtverhältnisse schon nach recht kurzer Zeit. Auch zwei weitere Versuche mit Dionysios' Sohn und Nachfolger schlugen 20 und 25 Jahre später kläglich fehl. Nur mit Mühe gelang Platon in beiden Fällen die Flucht zurück nach Athen.

Doch sein Erfolg in der Heimatstadt war ebenfalls nicht der erwünschte. In hohem Alter wandte er sich noch einmal an die Athener Bürger, um ihnen mit einem Vortrag *Über das Gute* seine Einsichten nahezubringen.[4] Die Resonanz war Desinteresse und Ablehnung. Als der größte Philosoph des Abendlandes hochbetagt im Alter von achtzig Jahren starb, war seine moralische Revolution in Sizilien ebenso fehlgeschlagen wie in Athen.

Die Supermacht, überschuldet in sinnlosen Feldzügen, hatte abgedankt. Der attische Seebund, die NATO der antiken Welt, war zerfallen. Die makedonische Fremdherrschaft hatte begonnen, die Demokratie war abgeschafft. Statt des Geistes regierte die schnöde militärische Macht.

Platons Idee des Guten jedoch lebte weiter fort. Und mit ihr der gewiss nicht ganz unheilvolle Gedanke, dass das Leben die Frage einer großen Wahl ist, der zufolge man sich »dem Guten« verschreiben soll. Wer das Gute wählt, der habe die Chance, ein vollkommenes Leben zu führen. Und wer diese Möglichkeit ausschlägt, der bleibt dumm, unmündig und sittlich unreif. Das Christentum wird diesen Gedanken von Platon übernehmen und den Menschen erneut vor eine moralische Wahl stellen. Glaubt er an Gott und hat er damit Teil an Gottes Güte, so lebt er ein gottgefälliges Leben. Tut er es nicht, so nimmt er die Verdammnis in Kauf. Es ist diese rigorose Wahl, die das Christentum (und in gleichem Maße den Islam) für viele Menschen heute so wenig akzeptabel macht: Ein gläubiger Verbrecher wird höher bewertet und belohnt als ein vorbildlich handelnder Ungläubiger.

Die moralische Gleichgültigkeit der höchsten Instanz, der es am meisten schmeichelt, dass man an sie glaubt, ist selbst für den Gläubigen eine bittere Pille. Wie soll er leben? Kann es tatsächlich sein, dass er Gott in gleichem Maße dient, wenn er ins Kloster geht und dort die Bibliothek betreut, wie wenn er sich um die Straßenkinder in São Paulo oder in Kalkutta kümmert? Selbst wenn es richtig sein sollte, dass, wie viele Religionen meinen, das Leben die Frage *einer* richtigen Wahl ist, so verschwindet damit noch lange nicht die schwierige Entscheidung zwischen Alternativen.

Wahrscheinlich sollte man dies alles positiv sehen. Ist es nicht gut so, dass es nicht nur auf *eine* Wahl ankommt? Wir brauchen uns nur eine Gesellschaft vorzustellen, in der alle Mitglieder eine einzige große Wahl treffen und damit alle ihre Entscheidungsnöte verlieren würden. Es wäre eine Gesinnungsdiktatur, eine moralische Monokultur. Der Stalinismus, der Nationalsozialismus und viele religiöse Diktaturen haben sich an solchen Modellen versucht. Und das Ergebnis war in jedem Fall fürchterlich. Wenn alles durch *eine* Wahl wohlgeordnet sein soll (Kommunist oder Nicht-Kommunist, Nazi oder Nicht-Nazi, Gläubiger oder Ungläubiger), so rüttelt jeder Widerspruch und jede Uneinigkeit an den Grundfesten des Systems und muss sofort bekämpft werden. Von der Idee einer optimalen Gesellschaft zur brutalen Unterdrückung ist es nur ein kleiner Schritt. Nichts in der Geschichte der Menschheit legitimiert so unendliches Leid und Elend wie die gute Absicht.

Eine Gesellschaft unter dem Diktat des (wie auch immer definierten) Guten ist so tot wie eine jener vielen totalitären Idealstädte, von denen die Architekten jahrhundertelang geträumt haben. Das Paris der Zukunft, das der Schweizer Architekt Le Corbusier entwarf, ist eine geometrische Wüste aus Planquadraten und Wohnsilos. Hier gibt es keine Überraschungen, keine Unwägbarkeiten und keine Zufälle. Mit anderen Worten – kein Leben!

Das Gute an sich gibt es nicht. Mit Albert Einstein gesagt: »Das Moralische ist keine göttliche, sondern eine rein menschliche Angelegenheit.«[5] Das Gute ist eine hübsche Idee der Menschen, ein Abstraktum, das es im Tierreich sonst vermutlich nicht gibt. Wir haben wenig Grund anzunehmen, dass Schimpansen oder Gorillas »das Gute« vom Bösen unterscheiden. Für sie reicht es offensichtlich aus, dass sie eine Situation als positiv oder negativ einschätzen. Ein Spiel des Affenjungen mit seiner Mutter fühlt sich gut an und erweckt Freude und Heiterkeit; dass ein Geschwisterkind ihm die Banane aus der Hand reißt und auffisst, fühlt sich schlecht an und weckt Aggression oder Verzweiflung. Ein abstraktes Gutes oder Schlechtes, mithin eine daraus abgeleitete Norm, ist allen Tieren mit Ausnahme des Menschen höchstwahrscheinlich fremd.

Da Menschen fast überall in der Welt dazu in der Lage waren

und sind, das Wort »gut« zu formen, ist es heute in der Welt. Aber es ist kein Geheimnis, dass es zwar mehr als hunderttausend bedruckte Seiten zu diesem Thema gibt – aber keine gute Definition dessen, was das Gute eigentlich sein soll. Der englische Sprachphilosoph Gilbert Ryle (1900–1976) war sogar der Ansicht, dass man einen solch unscharfen, undefinierten und verwirrenden Ausdruck lieber gar nicht gebrauchen sollte.[6] Gut Gemeintes kann böse enden. Und aus Bösem können gute Nebenfolgen entstehen. Das Gute ist also keine Tatsache, sondern eine *Interpretation*. Alle politischen Parteien in Deutschland zum Beispiel glauben sich vermutlich selbst, wenn sie sagen, dass sie »das Beste« für Deutschland wollen. Aber was das Beste ist, darüber kann man sich anschreien, streiten und auslachen. Und um für das Gute zu kämpfen, scheinen selbst Unehrlichkeit, Gehässigkeit und Denunziation legitime Mittel zu sein.

Dagegen ließe sich einwenden: Was gut für mich ist, muss nicht unbedingt gut für andere sein. Doch wenn die Idee des Guten auf diese Weise zertrümmert wird, geht dabei nicht auch etwas sehr Wichtiges verloren? Ist das Gute denn tatsächlich völlig relativ? Und jeder Mensch darf zu jeder Zeit für gut halten, was ihm gerade in den Sinn kommt? Wenn uns ein Ratingsystem der Tugenden, wie Platon es vorschlug, verlorengeht, was tritt an dessen Stelle?

Hier müssen wir Platon also etwas in Schutz nehmen. Eine Moral ganz ohne Hierarchie, ohne eine vorgegebene Wertung und Bewertung kann es nicht geben. Und genau hier haben wir einen entscheidenden Punkt getroffen – unser modernes Dilemma. Auf der einen Seite glauben die meisten Menschen in Westeuropa schon lange nicht mehr an eine kosmische Ordnung der Moral. Sie bezweifeln, dass Gott oder die Natur eine Hierarchie der Werte vorgegeben haben. Und auf der anderen Seite brauchen wir in unserem täglichen Leben und Zusammenleben einen Halt, der uns hilft, moralische Entscheidungen zu treffen und die Entscheidungen anderer zu beurteilen. Wie konnte es passieren, dass die SS-Leute in den Konzentrationslagern der Nationalsozialisten ihre Arbeit als »in Ordnung« einstuften? Wie leben Menschen in den reichen Industrienationen damit, dass jedes Jahr sieben Millionen Kinder in der sogenannten Dritten Welt verhungern? Wie beurteilen wir die Handlungsweise von Bankern, die im Jahr 2008 weltweit mehrere Billionen Dollar verbrannt haben?

Was wir aus Platons Irrtum von der Idee des Guten lernen können, ist, dass es kein »Gutes« gibt jenseits anderer Menschen. Kein Gutes also, das nicht von dieser Welt sein soll. Das Gute ist eine relative Sache. Aber das sehr Eigentümliche daran ist: eine *relative* Sache mit einem oftmals *absoluten* Anspruch. Und dieses Paradox ist unvermeidbar. Denn wenn es auch richtig ist, dass es jenseits des menschlichen Lebens und Zusammenlebens kein Gutes in der Welt gibt, so behandeln wir das Gute notwendigerweise doch häufig so, *als ob* es absolut und objektiv wäre.

Warum das so ist und wie wir diesen Spagat anstellen, davon wird noch ausführlich die Rede sein. Zuvor aber sollten wir uns der Kehrseite des Guten zuwenden, von der bislang kaum die Rede war – dem Schlechten. Wenn wir uns moralisch entscheiden, das wusste auch Platon, entscheiden wir uns nach zwei Gesichtspunkten: Was ist *gut,* und was ist *gut für mich?* Man denke an Achilles, der ein Held wurde, weil dies als einziger Lebensweg seinen Neigungen entsprach. Aber sind diese Neigungen in unserem Leben nicht viel dominanter als etwa die Idee des Guten? Handele ich in Wirklichkeit nicht fast immer nach der Richtschnur: Was ist *für mich vorteilhaft?* Gieren wir nicht unentwegt nach unserem Vorteil? Mit anderen Worten: Sind wir, Gutes hin, Schlechtes her, im Grunde nicht alle – Egoisten?

- *Wolf unter Wölfen.* Das sogenannte Schlechte

Wolf unter Wölfen
Das sogenannte Schlechte

Ein Tag genügt, um festzustellen, dass ein Mensch böse ist; man braucht ein Leben, um festzustellen, dass er gut ist.
Théodore Jouffroy

Die Leipziger Buchmesse ist die schönere der beiden großen Buchmessen in Deutschland. Überall in der Stadt gibt es gut besuchte Lesungen und Buchpräsentationen. Und in den hellen luftigen Messehallen vor den Toren Leipzigs ist öffentlicher Zutritt gestattet und erwünscht. Für Autoren ergeben sich so viele Gelegenheiten, mit Lesern zu reden und zu diskutieren. Im Frühjahr 2009 kam ein Mann an den Messestand meines Verlages und erklärte mir in einem leicht aufgebrachten Ton: Mein Buch *Wer bin ich?* hätte ihm durchaus gut gefallen, aber bei meinem Buch über die *Liebe*, das damals gerade erschienen war, läge ich falsch. Der Grund für seine so unterschiedlichen Urteile war schnell benannt. Am ersten Buch schätzte er den Versuch, die biologischen Grundlagen unseres Denkens und Verhaltens mit einzubeziehen und manches philosophische Luftschloss damit zu entzaubern. Umso enttäuschter war er, dass ich im zweiten Buch den biologischen Erklärungen der Liebe misstraute. Ich war (und bin immer noch) der Meinung, dass sich die Liebe nicht aus der Sexualität und damit eben auch nicht durch biologische Mechanismen, etwa durch Fortpflanzungsstrategien, erklären ließe. Stattdessen meinte ich, dass die Kultur durchaus die Kraft hätte, beim Menschen etwas so Unvergleichliches hervorzuzaubern wie die romantische Liebe zwischen Frau und Mann.

Das Bild, das ich damit von der kulturellen Natur des Menschen entwarf, war meinem Kritiker viel zu harmlos und wohlmeinend. »Wissen Sie was«, sagte er zu mir, »die Menschen sind nicht gut, und ihre Natur ist nicht kultiviert. Wenn Sie die Decke der Zivilisation wegziehen, wenn es also wirklich hart auf hart kommt, dann sind wir alle wieder reine Naturwesen, egoistische Bestien, rücksichtslos und brutal. Und dann regiert nur noch unsere Biologie und nicht mehr die Kultur.«

Im Trubel einer Buchmesse bleibt wenig Zeit, über so etwas nachzudenken. Aber zuhause am Schreibtisch sammelte ich meine Gedanken und versuchte sie zu ordnen. Hatte der Mann Recht? Ist der Mensch von Natur aus eine Bestie? Lauert unter der zivilisatorischen Tünche das Raubtier? Ist das Böse *eigentlicher* als das Gute? Und kann man auf diese Weise die so oft desaströs verlaufende Weltgeschichte erklären?

Die Frage ist ausgesprochen schwierig. Denn sie ist von vielen Missverständnissen gleichsam umstellt: Wie egoistisch ist der Mensch? Ziemlich unterschiedlich, würden wir spontan sagen. Aber der Adressat einer solchen Frage ist ja nicht jeder einzelne Mensch, also Sie, Ihre Freunde, Ihre Feinde oder ich, sondern der »Mensch an sich«. Philosophen wüssten gerne, wie egoistisch der Mensch von Natur aus ist. Mit anderen Worten: Wie viel unveränderliche egoistische Substanz steckt in jedem *Homo sapiens?*

Schaut man in die Geschichte der Philosophie, so wird man feststellen, dass die meisten Philosophen ein eher optimistisches Bild von der menschlichen Natur zeichnen. Die Zahl derjenigen, die den Menschen von Natur aus für gut halten, ist größer als die Zahl derjenigen, die meinen, er sei von Natur schlecht. Aber Philosophen, speziell Moralphilosophen, sind eben Berufsoptimisten. Wer den Menschen von Natur aus für schlecht hält, verbaut sich von vornherein den Weg, ihn zum Besseren erziehen zu können. Ist also nur der mehr oder weniger fromme Wunsch Vater dieser Gedanken?

Immerhin, auch die Pessimisten werden in der Geschichte der

Philosophie fündig. Als beliebter Kronzeuge für die böse Natur des Menschen gilt gemeinhin der Engländer Thomas Hobbes.[1] Er wurde im Jahr 1588 in Westport in der Grafschaft Wiltshire geboren. Sein Leben fiel in eine äußerst bewegte und kriegerische Zeit. Im Jahr seiner Geburt attackierte die spanische Armada, die bis dahin größte Seestreitmacht der Geschichte, England. Hobbes selbst sollte das Ereignis mit englischem Humor in seinen Memoiren festhalten: »Meine Mutter brachte Zwillinge zur Welt: mich und die Angst.«[2] Als Wunderkind beginnt er schon mit vierzehn Jahren sein Studium der Logik und Physik in Oxford. Anschließend wird er Hauslehrer der adeligen Familie Cavendish, den Grafen von Devonshire, und bleibt es zeit seines Lebens. Die Stelle ermöglicht ihm ein ruhiges Leben, den Zugriff auf eine gewaltige Privatbibliothek und einen leichten Zugang zu einflussreichen Kreisen.

Hobbes unternimmt große Reisen und trifft Koryphäen wie die Philosophen René Descartes, Pierre Gassendi und den Naturforscher Galileo Galilei. Und er trägt sich mit einem ehrgeizigen Plan: das Wesen des Menschen zu ergründen. Ein vollständiges Haus will er bauen von der Biologie über die Soziologie zur Politik. Die bewegten Zeitläufte allerdings bringen ihn immer wieder davon ab. Unaufhaltsam steuert die englische Gesellschaft seiner Zeit auf den Zusammenbruch zu. Die Zwistigkeiten zwischen Land- und Stadtbevölkerung, zwischen Adel und Bürgertum, Landbesitzern und Manufakturbesitzern eskalieren. Verschärft wird der Konflikt durch das ideologische Bollwerk des Katholizismus und die vielen neuen protestantischen Sekten. Zu Anfang des 17. Jahrhunderts gibt es in England mehr verschiedene christliche Religionsgemeinschaften als heute weltweit. Hobbes ist 54 Jahre alt, als 1642 der Bürgerkrieg ausbricht. Nachdem er schon zuvor die Partei des Königs ergriffen hat, wagt er sich nun erneut aus der Deckung. In zwei Werken, *De Cive* (Vom Bürger) und *Leviathan,* verkündet er seine Vorstellung von einem gerechten Staat und dem getreuen Betragen seiner Bürger.

Statt, wie geplant, mit einem genauen Studium der Biologie des Menschen anzufangen, stolpert Hobbes direkt in die Politik. Entsprechend kurios ist sein Ausgangspunkt. Ursprünglich lebten alle Menschen in einer Wildnis, dem sogenannten »Naturzustand«. Hier herrschte ein »Krieg aller gegen alle«. Hobbes hatte nicht die geringste Ahnung von realen Urmenschen. Aber er kannte und sammelte die vielen zeitgenössischen Erzählungen über das Leben der »Indianer«. Er stellte sich vor, dass im Naturzustand alles drunter und drüber ging. Jeder stand für sich allein, getrieben von Angst und Misstrauen gegen den anderen. Ein solcher Zustand war so unerträglich, dass sich die Menschen schließlich zusammenrauften. Sie entwarfen einen »Vertrag« zur Verbesserung ihrer Lebenssituation. Von nun an sollte ein absoluter Herrscher über alle anderen regieren und ihr Leben regeln, notfalls auch mit Strafe und Gewalt. Die Menschen im Urzustand tauschten ihre alte Freiheit gegen die neue Sicherheit. Und alles war auf einmal viel besser.

Viel Zuspruch erhielt Hobbes für seine beiden Bücher nicht. Die meisten seiner Kritiker vermissten in der Geschichte vom Naturzustand den lieben Gott. König Karl II. maulte, weil Hobbes die Katholiken nicht gegenüber den Protestanten bevorzugte. Herrscher war für Hobbes eben Herrscher, egal welcher Konfession. In den Zeiten eines erbittert geführten Religionskriegs galt Unparteilichkeit auf beiden Seiten als Verrat. Das Gute hatte entweder katholisch oder protestantisch zu sein. Eine Vollmacht auf Basis eines frei erfundenen Vertrages dagegen war viel zu neutral und inhaltlich zu dürftig.

Dass sein Modell vom Naturzustand vermutlich nicht historisch korrekt war, wusste Hobbes auch. Worum es ihm ging, war, zu zeigen, dass es grundsätzlich *vernünftig* ist, wenn ein strenger Herrscher über ein Volk regiert. So gesehen kam er mit dem König genauso gut zurecht wie mit dessen protestantischem Gegenspieler Oliver Cromwell. Religion interessierte Hobbes überhaupt nicht. Gerade deswegen aber geriet er wiederholt ins Visier religiöser Eiferer und fürchtete mehrfach um sein Leben. Dass er schließlich auch noch die lange geplanten Bücher zur »Biologie« und zur »Soziologie« des Menschen veröffentlichte, machte die Situation nicht besser. Gerade die Anatomie des Menschen galt vielen Klerikern als Geheimnis Gottes, das der Mensch nicht enthüllen dürfe. Gleichwohl erreichte Hobbes das biblische Alter von neunzig Jahren und starb 1679 als wohlhabender und geachteter Mann.

Das Wort vom »Krieg aller gegen alle« und mehr noch der Satz »Der Mensch ist des Menschen Wolf« machten Hobbes zum viel zitierten Stichwortgeber dafür, dass der Mensch von Natur aus schlecht sei. Aber hatte er das wirklich sagen wollen?

Nun, zunächst einmal muss man feststellen, dass der Spruch *Homo homini lupus* gar nicht von Hobbes stammt, sondern von dem römischen Komödiendichter Plautus. Hobbes zitiert den Satz in der Widmung von *De Cive,* um zu erklären, warum die Staaten sich untereinander bekämpfen. Tatsächlich war Hobbes der Ansicht, dass Platons Idee des Guten nicht viel taugte. Als nüchterner Pragmatiker konnte er mit einer solchen Spekulation nichts anfangen. Eine von Gott oder von der Natur vorgegebene sittliche Ordnung hielt Hobbes für blanken Unsinn. Gut und Böse schwebten nicht im Himmel, sondern sie waren sehr subjektive Interpretationen unseres Verhaltens: Jedermann nenne »das, was ihm gefällt und Vergnügen bereitet, gut, und das, was ihm missfällt, schlecht«. Und weil das so ist, ist der Mensch auch für Hobbes »von Natur aus« gar nichts, also weder gut noch schlecht. Der Mensch ist also nicht deshalb den anderen ein Wolf, weil er böse ist. Die vermeintliche Schlechtigkeit entsteht nur aus dem Widerstreit der Interessen.[3] Wenn die Ressourcen im Naturzustand knapp sind, gerät der Selbsterhaltungstrieb des einen Menschen mit dem Selbsterhaltungstrieb eines anderen Menschen in Konflikt. Und es wird zwangsläufig übel. Nicht anders verhielten und verhalten sich die Staaten untereinander.

Von Natur aus, meinte Hobbes, ist der Mensch ein unbeschriebenes Blatt. Erst die Erziehung, die Lebensumstände und Einflüsse treiben ihn in die eine oder andere Richtung. Dass der Mensch seiner *Gesinnung* nach ein böser Wolf sei, hatte Hobbes gar nicht behaupten wollen. Es beleidigt übrigens die Wölfe, die ausgesprochen soziale Tiere sind und ihr Zusammenleben im Rudel sehr präzise aufeinander abstimmen.

Um einen strengen Herrscher in einem absolutistischen Staat zu fordern, braucht man kein schlechtes Menschenbild. Es reicht völlig aus, zu zeigen, dass ein Staat ohne Herrschaft und Organisation in eine fürchterliche Anarchie führt. Und nichts anderes war Hobbes' Absicht. Wer mit seiner Hilfe beweisen will, dass der Mensch von Natur aus moralisch schlecht sei, ist an der falschen Adresse.

Aber gibt es nicht noch andere kluge Kronzeugen? Geeigneter für diese Rolle, so scheint es, ist Hobbes' Landsmann Thomas Henry Huxley. Er war gelernter Arzt, ein Naturforscher von Rang, und als kämpferischer Mitstreiter des großen Charles Darwin verdiente er sich den Spitznamen, dessen »Bulldogge« zu sein. Mit unseren Vorfahren, mit Affen, ja mit Tieren überhaupt, kannte Huxley sich besser aus als Hobbes. Wie Darwin, so war auch er überzeugt davon, dass unser Verhalten tief im Tierreich wurzelte. Wo Hobbes einen künstlichen »Naturzustand« erfand, fahndete Huxley nach echten Spuren unserer Herkunft bei unseren nächsten Verwandten, den Affen. Huxleys Naturzustand sollte der tatsächliche Zustand des Menschen in der Vorvergangenheit sein. Als erster Wissenschaftler überhaupt sortierte Huxley den Menschen 1860 unter die Menschenaffen ein. Er stellte ihn neben den soeben erst entdeckten Gorilla, von dem er annahm, er sei unser nächster Verwandter.[4]

Die ersten Nachrichten, die aus Westafrika über den Gorilla kamen, waren allerdings extrem widersprüchlich. Zumeist erschien er als ein blutgieriges Riesenmonster, eine wilde Bestie mit unstillbarem Appetit auf Menschenfleisch und einem sexuellen Faible für Menschenfrauen. Doch es gab auch anders lautende

Berichte. Der englische Forscher Winwood Reade zum Beispiel berichtete von sanften Vegetariern, scheu und zurückhaltend und ohne jedes Interesse an Menschen.[5] Nach drei Jahrzehnten hatte sich Reades Sicht des Gorillas in der Wissenschaft durchgesetzt. Während die Öffentlichkeit sich noch bis weit ins 20. Jahrhundert an King-Kong-Märchen ergötzte, wusste es die Fachwelt längst besser.

Umso erstaunlicher erscheint die folgende Begebenheit. Im Jahr 1893 nämlich hält Huxley einen verhängnisvollen Vortrag im brechend vollen Hörsaal der Universität Oxford. Das Thema: »Evolution und Ethik«. Die Pointe: Der Mensch ist von Natur aus schlecht. Er ist eine unmoralische Bestie wie alle anderen Lebewesen auch. Sein natürliches Interesse ist der Kampf ums Überleben ohne Rücksicht auf Verluste. Erst zu einer sehr späten Stufe seiner Entwicklung kam der Mensch auf die Moral. Sie ist eine Erfindung nicht der Natur, sondern der Kultur, ein »scharf geschmiedetes Schwert« des Menschen, »um den Drachen seiner tierischen Herkunft zu schlachten«.[6] Natur und Moral, so Huxley, stehen zueinander in einem tiefen Widerspruch. Kein Wunder, dass der Mensch sich ständig mit seinen dunklen Trieben und Antrieben auseinandersetzen muss. Er müht sich, das ganz natürliche Böse in sich zu unterdrücken. Wie ein Gärtner, der täglich seinen Garten kultiviert, so liege auch der Mensch in ständigem Kampf mit dem Unkraut seiner wildwüchsigen Natur.

Mein Kritiker von der Leipziger Buchmesse darf sich freuen. In Huxley findet er einen wackeren Mitstreiter im Geiste. Haben sie beide Recht, so wäre der Mensch kein moralisches Wesen, sondern nur notdürftig moralisch lackiert. In seinem Inneren aber lauerte auch heute noch die kaum gezähmte Bestie.

Könnte diese Sicht des Menschen stimmen? Sind wir von Natur aus grausam, rücksichtslos, egoistisch und brutal? Gehen wir noch einmal zu Huxley zurück. Er war einer der bedeutendsten Vertreter der Evolutionstheorie im 19. Jahrhundert. Und eines seiner wichtigsten Ziele war zu zeigen, wie der Mensch sich ganz allmählich entwickelt hat: von den Protozoen zu den Wirbeltieren, von den Affen zu seiner heutigen Gestalt. Huxley war der Überzeugung, dass wir so sind, wie wir sind, weil der Druck der Umweltbedingungen, der auf unseren Vorfahren lastete, uns geformt hat. Unser heutiger Zuschnitt, unser Aussehen und unser Verhalten sind also das Produkt der Evolution. Und so wie unsere Körperhaare noch den Affen erkennen lassen, so auch unser Verhalten. Wir sind gesellig, wir leben in Sozialverbänden, wir sind mehr oder weniger machtlüstern, weil wir Menschenaffen sind. Doch warum in aller Welt sollte einzig und allein unsere Fähigkeit zur Moral, unsere Fürsorge, unsere Freundlichkeit, unsere Hilfsbereitschaft und unsere Kooperation hierbei eine Ausnahme machen? Warum sollte alles aus der Natur kommen, nur dies nicht? Wenn Huxley Reades Bericht las – und er hat ihn gelesen –, lernte er da nicht, dass auch Gorillas soziale Wesen sind, fürsorglich und kooperativ?

Um es einfach zu sagen: In seinem Vortrag über »Evolution und Ethik« widersprach Huxley sich selbst. Ohne es zu merken, so scheint es, stellte er sich gegen die zentrale Schlussfolgerung seines eigenen Lebenswerkes: dass unser *ganzes* Verhalten seinen Keim in der Natur hat. So schrieb er tatsächlich in einem seiner Briefe: »In der Frage der Moral sehe ich keine Spur in der Natur. Es ist dies ein Produkt exklusiv hergestellt vom Menschen.«[7] Wie war Huxley zu einer solchen Sicht gekommen? Man kann vermuten, dass es dafür zwei Gründe gibt. Der erste dürfte in der Theorie Darwins liegen; der zweite in Huxleys Biografie.[8]

Darwin selbst war der Ansicht, dass unsere Fähigkeit zur Moral aus unseren natürlichen Anlagen kommt. So schreibt er 1871 in seinem Buch über die »Abstammung des Menschen«: »Es scheint mir im hohen Grade wahrscheinlich zu sein, dass jedwedes Tier mit wohlausgebildeten sozialen Instinkten (Eltern- und Kindesliebe eingeschlossen) unausbleiblich ein moralisches Gefühl oder Gewissen erlangen würde, sobald sich seine intellektuellen Kräfte so weit oder nahezu so weit wie beim Menschen entwickelt hätten.«[9] Die Moral geht also als eine zwangsläufige Folge aus der Evolution des Menschen hervor. Andererseits war Darwin, wie Huxley, der Ansicht, dass sie ausschließlich beim Menschen vorzufinden sei: »Das moralische Gefühl ... bildet vielleicht die beste und höchste Unterscheidung zwischen dem Menschen und den niederen Tieren.«[10] Die Zusammenstellung dieser beiden Zitate ergibt ein merkwürdiges Bild. Einmal ist Darwin der Ansicht, dass die Fähigkeit zur Moral sich aus den natürlichen Anlagen des Menschen zwangsläufig entwickeln musste. Und zum anderen schließt er sie bei anderen Tieren (wenn auch mit einem vorsichtigen »vielleicht«) aus. Für Huxley, der darauf brannte, Darwins Weltsicht zu einer Philosophie auszubauen, war das eine äußerst unklare Vorlage. Man konnte nun entweder die Gemeinsamkeit mit den Tieren oder aber den Unterschied betonen. Je länger Huxley sich mit der Moral beschäftigte, umso stärker legte er sich schließlich auf die menschliche Sonderstellung fest. Und umso oberflächlicher und dünner erschien ihm der moralische Anstrich.

Ein wichtiger Umstand, der Huxleys Weltsicht dabei beeinflusst haben könnte, liegt in seiner Familiengeschichte. Sein Vater lebte lange in einem Zustand geistiger Umnachtung und starb vollkommen dement. Zwei von Huxleys Brüdern, George und James, waren psychisch schwer krank; der eine starb früh, der andere galt als geistesgestört. Huxley selbst litt zeit seines Lebens unter sehr schweren Depressionsschüben. Und auch seine Lieblingstochter Marion, die Frau des Malers John Collier, war psychisch überaus labil. Nach der Geburt ihrer Tochter verfiel sie in eine schwere postnatale Depression, von der sie sich nicht mehr erholte. Sie starb 1887 an einer Lungenentzündung. Huxley war tief erschüttert und verzweifelt. Ein halbes Jahr später veröffentlichte er seinen Aufsatz *Struggle for Existence and its Bearing upon Man* (»Der Kampf ums Dasein und dessen Bedeutung für den Menschen«). Unerbittlich und radikal beschrieb er die Grausamkeit auch der menschlichen Natur. Die Evolution, so Huxley, sei ein Kampf von Gladiatoren in der Arena. Nur der Stärkere, der Klügere und der Schnellere überlebt. Und am nächsten Tag geht es hinaus in den Kampf, um sich wieder mit anderen Gegnern zu messen. Fünf Jahre später folgte der berühmt-berüchtigte Vortrag in Oxford.

Huxleys Sicht der Moral als einer fremden Zutat zur eigentlich bösen Menschennatur dürfte tief verwurzelt sein in seiner persönlichen Erfahrung. Gleichwohl war sie nicht ganz überraschend. Das Bild des Menschen hatte sich zu seiner Zeit zunehmend verfinstert. Auch die Aufklärung des späten 18. Jahrhunderts kannte die Trennung von der rohen Tiernatur des Menschen und der dünnen Tünche der Zivilisation. Selbst der freundliche und optimistische deutsche Aufklärer Johann Gottfried Herder (1744–1803) hielt die Moralität des Menschen wesentlich für eine Erziehungsfrage. Die Bildung zur »Menschlichkeit« sei »ein Werk, das unablässig fortgesetzt werden muss, oder wir sinken ... zur rohen Tierheit, zur Brutalität zurück«. Im 19. Jahrhundert kippte der Optimismus in Bezug auf die Bildungsfähigkeit des Menschen in einen flächendeckenden Pessimismus. So etwa schrieb der Schriftsteller Robert Musil nach der Lektüre von Huxleys Zeitgenossen, dem Philosophen Friedrich Nietzsche: »Wer auf Stein bauen will im Menschen, darf sich nur der niedrigen Eigenschaften und Leidenschaften bedienen, denn bloß, was aufs Engste mit der Ichsucht zusammenhängt, hat Bestand und kann überall in Rechnung gestellt werden; die höheren Absichten sind unverlässlich, widerspruchsvoll und flüchtig wie der Wind.«

Ist der Mensch von Natur aus schlecht? Der wichtigste Kritiker dieser Sicht der menschlichen Natur ist heute der niederländische Primatenforscher Frans de Waal, Professor für Psychologie an der Emory University in Atlanta. Immer wieder hat er diese Sicht des Menschen kritisiert. Er nennt sie die »Fassadentheorie«: »Die menschliche Moral wird als eine dünne Kruste dargestellt, unter der antisoziale, amoralische und egoistische Leidenschaften brodeln.«[11] Das Merkwürdige ist, dass die Fassadentheorie vor allem bei Biologen sehr beliebt ist. Die gleichen Forscher, die richtigerweise darlegen, dass sich unsere höheren geistigen Fähigkeiten aus dem Tierreich entwickelt haben, halten die Moral im biologischen Sinne gerne für »uneigentlich«.

Das in Deutschland berühmteste Beispiel dieser Ansicht von der Moral als einer dünnen Fassade ist der österreichische Verhaltensforscher Konrad Lorenz (1903–1989). In seiner Theorie der »Gen-Kultur-Koevolution« hält Lorenz die menschliche Fähigkeit zur Moral zwar für natürlich, aber er beurteilt sie gegenüber anderen tierisch-menschlichen Verhaltensweisen als aufgesetzt und unterlegen.[12] Im Lichte einer solchen Theorie sind Selbstsucht, Aggressivität, Hass und Totschlag viel »eigentlicher« als Fürsorge, Hingabe, Sympathie und Liebe. Je älter eine Eigenschaft des Menschen ist, je weiter man sie zurückverfolgen kann in die Welt der Reptilien oder der Fische, umso stärker soll sie das Wesen des Menschen bestimmen. Unser ganzes Verhalten gehorche »*all* jenen Gesetzlichkeiten … die in *allem* phylogenetisch entstandenen instinktiven Verhalten obwalten«.[13]

Eine überzeugende Erklärung dafür, warum das Ältere unweigerlich das Dominantere sein soll, liefert Lorenz allerdings nicht. Warum sollte die Evolution in ihrer Kraft so nachgelassen haben, dass sie beim Menschen nur noch schwache Eigenschaften hinzugefügt hat? Könnte es nicht auch umgekehrt sein? Die kulturelle Evolution, die uns in die Lage versetzt, Menschenrechte zu verkünden, Wolkenkratzer zu bauen und Computer zu programmieren, und den Menschen nahezu einzigartig erscheinen lässt – sollte sie nicht auch starke und dominante Spuren in unserem Sozialverhalten hinterlassen haben?

Nicht wissenschaftliche Erkenntnis, sondern Weltanschauung diktiert hier die Spielregeln. Es ist dabei durchaus nicht nötig, vom Nationalsozialismus inspiriert zu sein, wie Lorenz es war. Gnadenloser noch treibt der US-amerikanische Evolutionsbiologe Michael T. Ghiselin (*1939), heute Forschungsprofessor an der California Acadamy of Science, diese Weltsicht auf die Spitze. Sein Urteil über die brutale Menschennatur findet sich in dem Buch: *The Economy of Nature and the Evolution of Sex* (Die Ökonomie der Natur und die Entwicklung der Sexualität) aus dem Jahr 1974. Ghiselins Position ist so radikal, dass sein berüchtigtster Satz hier einmal im ganzen Kontext wiedergegeben werden soll. Nicht zuletzt deshalb, weil mein Kritiker von der Buchmesse hier die schärfste Munition für seine Kanonen gegen die Macht der Zivilisation findet:»Die Evolution der Gesellschaft entspricht dem Darwinismus auf der höchsten Ebene des Individualismus. Nichts in ihr verlangt danach, auf andere Weise erklärt zu werden. Wenn man ihre Ökonomie versteht und wie sie funktioniert, so sieht man, was allen Phänomenen zu Grunde liegt. Hier finden sich die Mittel und Wege, wie ein jeder Organismus versucht, gegenüber den anderen einen Vorteil zu ergattern. Kein einziges Indiz auf eine ursprüngliche Fürsorge stützt unsere Vision der Gesellschaft, wenn man alle Sentimentalitäten einmal beiseitelässt. Was uns wie Kooperation erscheint, erweist sich als eine Mischung aus Opportunismus und Ausbeutung. Auch die Antriebe, die ein Tier dazu bewegen, sich für ein anderes zu opfern, haben ihre letzte Vernunft darin, sich gegenüber Dritten Vorteile zu verschaffen. Und Taten ›für das Gute‹ der einen Gesellschaft sind immer gegen eine andere gerichtet. Wo es seinen eigenen Interessen entspricht, unterstützt ein Lebewesen verständlicherweise seine Angehörigen. Wenn es keine andere Möglichkeit sieht, ordnet es sich der Gemeinschaft unter. Aber gib ihm die Chance, gemäß seinem eigenen Interesse zu leben, so wird es nichts als Zweckdienlichkeit davon abhalten, gewalttätig zu sein, zu verstümmeln und zu morden – seinen Bruder, seinen Ehepartner, seine Eltern oder seine Kinder. *Kratz einen ›Altruisten‹, und du siehst einen Heuchler bluten.*«[14]

Diese Passage ist sehr eindrucksvoll. Die kindliche Spielverderberei, mit der auch heute noch vor allem naturwissenschaftlich interessierte Männer allen sozialen Instinkten und aller feinfühligen Moral eine Absage erteilen, findet hier ihren radikalsten Ton. Doch auf engstem Raum so viel durcheinanderzubringen ist ohne Zweifel eine Kunst. Erstaunlich ist auch, dass dieser Text im Jahr 1974 veröffentlicht wurde; zu einer Zeit also, als die Primatenforscherin Jane Goodall schon seit Jahren Gegenteiliges von den Schimpansen in Tansania berichtete: von »freundlichen« und »unfreundlichen« Charakteren, von Liebesbindungen von Müttern und Kindern weit über jede biologische Abhängigkeit hinaus und von der Anteilnahme verschiedener Tiere füreinander ohne jeden ersichtlichen Vorteil oder Zweck.[15]

Ich vermute überdies, der eine oder andere Leser wird es für unwahrscheinlich halten, dass der einzige Grund, der ihn von der Ermordung seiner Eltern und Geschwister abhält, die »Zweckmäßigkeit« ist. Und er wird annehmen, dass die Frage nach der egoistischen Natur des Menschen und seiner biologischen Schlechtigkeit wohl doch noch einer etwas genaueren Prüfung bedarf als jener von Ghiselin. Die Antwort aber, so viel sei schon vorweggenommen, ist nicht einfach. Und sie fällt in sich verblüffend widersprüchlich aus.

In Extremsituationen reagieren viele – wenn auch nicht alle – Menschen extrem. Sie können brutal sein, rücksichtslos oder panisch. Und diese Reaktionen haben durchaus etwas mit unserem instinktiven biologischen Erbe zu tun. Doch warum soll dieses Krisenfall-Verhalten »eigentlicher« sein als all unsere anderen Verhaltensweisen? Was sollte uns nach heutigem Stand des Wissens in der Annahme bestärken, dass unser »böses« Verhalten aus dem Tierreich, das »gute« hingegen aus der menschlichen Kultur stammt? Ist unser tierisches Erbe tatsächlich nur »bestialisch«? Und ist unser »menschliches« Verhalten tatsächlich immer edel, hilfreich und gut für alle?

Diese Zweifel sind nicht neu. Schon zu Huxleys Zeiten weckten sie den Widerspruch eines Mannes, der zu den schillerndsten Persönlichkeiten des 19. Jahrhunderts gehörte und dessen philosophische Gedanken Huxley und wohl auch Lorenz und Ghiselin überlegen waren ...

- *Der Fürst, der Anarchist, der Naturforscher und sein Erbe.* Wie wir miteinander kooperieren

Der Fürst, der Anarchist,
der Naturforscher und sein Erbe
Wie wir miteinander kooperieren

Wer ein guter Anarchist werden will, der sollte in die Schweiz reisen. Nicht nur der junge Genfer Philosoph Jean-Jacques Rousseau, der Berner Komödiendichter Friedrich Dürrenmatt, der Züricher Graffitisprayer Harald Naegeli oder der österreichische Philosoph Paul Feyerabend, der seine Karriere in Zürich beendete, bekannten sich als Anarchisten. Selbst dem elitären Spross einer russischen Hochadelsfamilie konnte es passieren, im Land der Eidgenossen bekehrt zu werden: »Als ich die Berge nach einer guten Woche Aufenthalt bei den Uhrmachern wieder hinter mir ließ, standen meine sozialistischen Ansichten fest: Ich war ein *Anarchist*.«[1]

Pjotr Alexejewitsch Kropotkin wurde 1842 in Moskau geboren, ein Zeitgenosse des Philosophen Friedrich Nietzsche, des Hirnforschers Santiago Ramón y Cajal und des Psychoanalytikers Sigmund Freud. Er war ein Teil der Generation nach Charles Darwin und Karl Marx, die das neue Wissen über den Menschen und über die realen gesellschaftlichen Verhältnisse sehr ernst nahm. Auf eigenen Pfaden wollten ihre Vertreter nun näher an die Natur des Menschen herankommen.

Kropotkin schien zu Höherem berufen, schon durch seine Abkunft aus einer der vornehmsten Familien Russlands. Aber sein Lebensweg verlief völlig anders, als sein Vater, ein strenger Großgrundbesitzer, sich erhofft hatte. Wer aus seinen Sprösslingen etwas machen wollte, schickte sie in Russland in das Pagenkorps von St. Petersburg, *die* Kaderschmiede der Elite, vergleichbar etwa mit der *École Nationale d'Administration* (ENA) im heutigen Frankreich. In seiner Autobiografie beschwert sich Kropotkin laut über die rüden Sitten. Aber er absolviert die Militärakademie mit Bravour. Seine neu geweckten Interessen gelten nicht dem überkommenen Geist des Zarismus, sondern der Französischen Revolution, dem englischen Liberalismus und den neuen republikanischen Ideen in Westeuropa. Als Offizier treibt es den jungen Fürsten nach Sibirien. Sein rastloser Geist studiert die Natur der Taiga, die Tiere und die Menschen in den abgeschiedenen Dörfern auf der Suche nach neuen Gedanken und Erkenntnissen. Er beginnt die Bauern »unter einem ganz neuen Licht zu sehen« und genießt das »unabhängige« Leben »mit ein paar Pfund Brot und einigen Unzen Tee im Lederbeutel, einem Kessel und einem Beil am Sattelknauf und unterm Sattel eine Decke, die am Lagerfeuer über ein Bett aus frischgeschnittenen Tannenzweigen gebreitet wird«.[2]

Im Alter von 25 Jahren kehrt Kropotkin zurück nach St. Petersburg. Seine erstaunlichen Beobachtungen der sibirischen Natur machen ihn zu einem gefragten Mann in der Fachwelt. Aber der Fürstensohn will keine Koryphäe der Naturforschung werden. Er möchte sein Wissen anwenden, um die erbärmlichen Lebensverhältnisse der russischen Landbevölkerung zu verbessern. Auf seiner Reise in die Schweiz verkehrt er unter dortigen Revolutionären und den noch viel radikaleren Flüchtlingen aus Frankreich. Dort hat die Staatsmacht soeben die Pariser *Kommune* zerschlagen. Als überzeugter Anarchist irrt Kropotkin in den Folgejahren zwischen Russland, England, Frankreich und der Schweiz hin und her. Er wird verhaftet, in St. Petersburg eingekerkert, bricht aus dem Gefängnis aus, flieht in die Schweiz, wird ausgeliefert und in Frankreich zu fünf Jahren Haft verurteilt. Durch internationalen Druck vorzeitig entlassen, geht der nun 44-Jährige nach London.

In England wird Kropotkin freundlich aufgenommen. Mittlerweile sieht er aus wie sein Zeitgenosse Leo Tolstoj, mit einem gewaltigen Rauschebart, aber mit Nickelbrille und viel freundlicher als der Literat. Auch Kropotkin entfacht nun eine rege schriftstellerische Tätigkeit. Von russischen Spitzeln belauscht und beobachtet schreibt er ungezählte Zeitungsartikel über soziale Fragen und staatliche Organisation und fasst seine Vorstellungen in Büchern zusammen. Sein wichtigstes veröffentlicht er im Jahr 1902. Mit wachsendem Unbehagen hatte Kropotkin sehen müssen, wie die von ihm begeistert verfochtenen Ideen Darwins von den Herrschenden missbraucht wurden. Der »Kampf ums Dasein« und das »Überleben der Tauglichsten«, Begriffe, die Darwin aus fremden Quellen in sein Buch *Über die Entstehung der Arten* eingearbeitet hatte, fanden sich nun überall in einer konservativen Gesellschaftstheorie wieder. Der »Sozialdarwinismus« machte die Runde, eine völlig unlautere Verfremdung von Darwins Gedanken mit denkbar schrecklichen Folgen für die Gesellschaft.

Kropotkin protestiert. Viele Passagen in Darwins Buch waren ohne Zweifel dunkel und missverständlich geraten. Wie funktionierte das »Überleben der Tauglichsten«? War das tatsächlich ein »Kampf aller gegen alle« wie bei Thomas Hobbes? Konnte man seine Tauglichkeit fürs Überleben denn nicht auch dadurch steigern, dass man zusammenhielt und sich wechselseitig half? Die sibirischen Dörfer waren voll mit Menschen, die nur deshalb überlebten, weil sie geschickt miteinander kooperierten. Wer den russischen Winter kannte, der sah den »Kampf ums Dasein« nicht so sehr unter den Menschen. Sondern er sah vielmehr das »Überleben der tauglichsten Gemeinschaften« im Kampf gegen die raue Natur.

Gegenseitige Hilfe in der Tier- und Menschenwelt, so der Titel des Buches, sei ein zentrales Naturgesetz. Angeregt durch einen Vortrag von Karl Kessler, dem Dekan der St. Petersburger Universität, hat Kropotkin den Gedanken immer weiter verfolgt. Im Jahr 1887 wagt er sich in Manchester an einen Vortrag mit dem Thema »Gerechtigkeit und Sittlichkeit«. Der Kontrahent, an dem er sich abarbeitet, ist kein Geringerer als Thomas Henry Huxley. Man kann sich die Situation kaum prekär genug vorstellen. Ein russischer Adeliger, der sich zum Anarchismus bekennt, verbessert vor den Engländern in ihrem Heimatland deren größte Leistung der jüngeren Wissenschaft – die Evolutionstheorie. Die wichtigste Nachricht des Russen lautet: Auch Tiere besitzen elementare Voraussetzungen zur Moral. Und unsere Vorfahren in der Frühgeschichte seien gewiss nicht roh und amoralisch gewesen, sondern kooperativ.

Kropotkin schreibt eine Serie von Artikeln gegen die »völlige Entstellung« der Evolutionsgesetze durch Huxley. Er berichtet von Ameisen und Bienen, von Möwen und Krähen, von Kranichen und Papageien, Füchsen und Wölfen, von Löwen, Eichhörnchen und Murmeltieren. Überall entdeckt er nicht nur Kooperation, sondern auch Zugeständnisse an das Gemeinwohl der Schwärme, Rudel, Rotten, Gruppen, Herden und Horden. Er sieht eigennützigen Gemeinsinn ebenso wie uneigennützigen. Ob bei der Brutpflege, beim Jagen, beim Vermeiden von Konflikten oder beim Schutz von Artgenossen – Zusammenarbeit und Teamgeist, Selbstlosigkeit und Fürsorge, wohin das Forscherauge blickt. »Fit« in Darwins Sinne müssen nicht nur die einzelnen Tiere sein, sondern die Fitness einer Tierart zeigt sich zumeist vor allem in ihrem Zusammenhalt gegen äußere Gefahren. Hier, so Kropotkin, findet der wahre »Kampf ums Dasein« statt: in der Auseinandersetzung der Tiergruppen mit ihrer Umwelt. Nicht Egoismus, Rücksichtslosigkeit und Gewalt sichern das Überleben, sondern Zusammenarbeit und Zusammenhalt.

Die Theorie, dass es in der Natur insgesamt mehr auf Zusammenhalt ankommt als auf einen Verdrängungskampf, war ein ketzerischer Gedanke. Er widersprach ganz entschieden der vorherrschenden Ideologie des späten 19. Jahrhunderts. Im England der Königin Victoria, dem Frankreich Napoleons III. und im Deutschen Reich Wilhelms I. passte der »Kampf aller gegen alle« nur allzu willkommen in den Zeitgeist. Auf genau dieser Grundlage beuteten die Fabrikherren ihre Arbeiter aus, mobilisierten die Staaten ihre Soldaten gegen die Nachbarländer, eroberte und plünderte die weiße Herrenrasse ihre Kolonien. Wer anderes behauptete als das natürliche Recht des Stärkeren, machte sich schnell verdächtig.

Der preußische Jurist Julius Hermann von Kirchmann (1802–1884), weder ein Umstürzler noch ein Sozialist, brachte sich um Schlips und Kragen, als er 1866 in einem Vortrag vor dem Berliner Arbeiter-Verein *Ueber den Communismus der Natur* referierte.[3] Er bezeichnete es als ein Gesetz der Natur, dass das Streben nach mehr Macht und Besitz den Menschen nicht dauerhaft erfüllt. Umgehend setzte das Obertribunal in Berlin eine Disziplinaruntersuchung an. Es enthob den Vizepräsidenten beim Oberlandesgericht in Ratibor wegen »verwerflicher und unsittlicher Ausführungen« seines Amtes. Der grausame Kampf ums Dasein, wie der preußische Staat ihn sah, schien offensichtlich sittlicher zu sein als der Gedanke an die kooperative Natur des Menschen.

Auch Kropotkin weitet sein Studium der Kooperation von den Tieren auf die Menschen aus. Dabei ist ihm völlig klar, dass »ein Geschöpf, das so wehrlos ist, wie es der Mensch in seinen Anfängen war, seinen Schutz und seinen Weg zum Fortschritt ... in gegenseitigem Beistand gefunden« hat »gleich anderen Tieren«, und nicht »in rücksichtslosem Kampf um persönliche Vorteile, ohne sich um die Interessen der Art zu kümmern«.[4] Doch genau so hatte Huxley den frühen Menschen beschrieben. Hatte er nicht Hobbes' rein hypothetischen »Naturzustand« mit seinem »Kampf aller gegen alle« viel zu ernst genommen? Wie konnte ein Biologe, der sich mit unseren Vorfahren befasste, allen Ernstes einen solchen Unsinn schreiben wie Huxley, wenn er in seinem Essay von 1888 schrieb: »Abgesehen von den beschränkten und nur zeitweiligen Beziehungen der Familie war der Hobbes'sche Krieg aller gegen alle der normale Zustand zu existieren.«[5]

Für Kropotkin ist dieses Menschenbild fahrlässig, falsch und gefährlich. In seinen Kapiteln über die Entwicklung der gegenseitigen Hilfe in der Menschenwelt zeichnet er den Weg nach von unseren frühesten Vorfahren über heutige Naturvölker zu den Sitten der »Barbaren«, des Mittelalters bis zur Kultur der Gegenwart.

Mit Darwin nimmt Kropotkin an, dass unser nächster Verwandter der Schimpanse sei und nicht, wie Huxley meint, der Gorilla. Schimpansen aber bilden größere Horden. Sie sind in hohem Maße gesellig. Nicht anders leben die meisten Naturvölker. Sie bilden Clans aus Familien und Großfamilien. Der Anteil des Gemeineigentums, beschreibt Kropotkin, sei größer als der Privatbesitz. Naturvölker leben »primitiv kommunistisch«. Ob bei Buschmännern oder Hottentotten, Australiern und Papuas, Eskimos oder Aleuten – überall diagnostiziert er »Stammessolidarität« und »Gemeinsinn«. Obwohl die Gesetze des Zusammenlebens ungeschrieben sind, werden sie doch als Normen, Sitten und Gebräuche befolgt. Nicht Regierungen, Gesetze und Gerichte nötigen die Menschen zum freundlichen Umgang miteinander, wie bei Hobbes, sondern die Anerkennung durch den jeweils anderen.[6] Der Verlust dieser Anerkennung durch eine schlechte öffentliche Meinung ist die höchstmögliche Strafe für das Fehlverhalten. Ein hübsches Beispiel für die öffentliche Meinung als moralische Instanz ist der Handel beim Eskimovolk der Aleuten. Wer etwas verkaufen will, bestimmt den Preis nicht selbst. Vielmehr einigt er sich mit dem Käufer auf einen neutralen Dritten, der den Preis festsetzt, einen Tarifschlichter. Die Fairness ist damit gewahrt und allen anderen sichtbar demonstriert.

Das Bild, das Kropotkin von der Kultur der »Wilden« zeichnet, ist liebevoll und freundlich. Aber natürlich kannte auch er die Berichte vieler zeitgenössischer Forschungsreisender und Völkerkundler, die von ausgesetzten Greisen, getöteten Kindern und von Kannibalismus bei den Naturvölkern erzählten. Doch all dies, so Kropotkin, sei eher die Ausnahme als die Regel. Und selbst ein Volk von Kopfjägern, wie die Dayak in Borneo, verhalte sich jenseits dieses befremdlichen rituellen Brauchs untereinander fürsorglich und sozial.

Hat Kropotkin Recht, so ist die ursprüngliche Lebensgemeinschaft des Menschen die Horde oder der Clan. Wieder einmal ist Huxley der Gegenspieler. Für Darwins Mitstreiter steht am Anfang der menschlichen Evolution die Kleinfamilie. Und alle anderen Sozialgemeinschaften seien erst viel später entstanden. Für Kropotkin aber steht am Anfang die Großfamilie der Horde. Die Kleinfamilie dagegen sei eine sehr späte Entwicklung des Menschen, genau genommen sei sie sogar nur eine europäische Erfindung der letzten Jahrhunderte.

Der Mensch, so Kropotkin, sei von Natur aus gesellig und weitgehend friedlich. Mag der »pessimistische Philosoph« auch »triumphierend« Krieg und Unterdrückung zur wahren Menschennatur verklären – »wenn wir die vorgefassten Meinungen der meisten Historiker und ihre ausgesprochene Vorliebe für die dramatischen Momente der Geschichte beiseitelassen«, dann sehen wir, dass das Zusammenleben der Menschen meistens doch irgendwie gelingt. »Die hellen und sonnigen Tage« sind die Regel, »die Stürme und Orkane« die Ausnahme.[7] Auch die sesshaften »Barbaren«, zu denen sich viele »Wilde« entwickelten, zeigen vielfältige Formen der gegenseitigen Hilfe. Sie halten Versammlungen ab, feiern Feste und teilen große Teile ihres Besitzes. Im Verhältnis zur Welt des späten 19. Jahrhunderts in Westeuropa spielt der Privatbesitz kaum eine Rolle. Alles Wesentliche gehört dem Dorf und wird nach einiger Zeit neu verteilt.

Im Mittelalter garantierten die Zünfte den geregelten Ablauf der gegenseitigen Hilfe. Nicht nur Kaufleute und Handwerker hatten Zünfte, selbst die Bettler schlossen sich zusammen. Mächtige Bünde verhelfen den italienischen Städten zu Reichtum, in Nordeuropa ist es die Hanse. Erst der Aufschwung der Zentralstaaten zerstört diese blühende Infrastruktur.

Hat Kropotkin Recht, so ist der kommunistische Anteil in der

Natur des Menschen größer als der egoistische. Und kein Egoist zu sein ist demnach eigentlich keine Kunst, sondern das Wesen der Menschennatur. Die Freude am geteilten Leben, am geteilten Geld und am geteilten Erfolg wiegt schwerer als die Missgunst, der Eigensinn und das Triumphgefühl des Egoismus. Mit Kopfschütteln quittiert Kropotkin die politische Situation Ende des 19. Jahrhunderts, die es den Arbeitern in England, Deutschland und Russland verbietet, sich gemeinschaftlich zu organisieren. Ein Verhalten, das noch wenige hundert Jahre zuvor als völlig normal angesehen worden war.

Was war das bloß für eine schreckliche Ideologie, die den Menschen so unhistorisch und falsch zum Raubtier erklärt? Die ihn unausgesetzt nach Privatbesitz gieren lässt, obschon ihm das kaum dauerhaftes Glück bringt? Die ihn nach Vorteilen streben lässt, die letztlich gar keine sind? Eine Ideologie ist dies, so meint Kropotkin, die es zu überwinden gilt, weil sie auf einem schiefen Menschenbild basiert. Denn in »der Betätigung gegenseitiger Hilfe ... finden wir den positiven und unzweifelhaften Ursprung unserer Moralvorstellungen; und wir können behaupten, dass in dem ethischen Fortschritt des Menschen der gegenseitige Beistand – nicht gegenseitiger Kampf – den Hauptanteil gehabt hat. In seiner umfassenden Betätigung auch in unserer Zeit«, so schließt Kropotkin sein Buch, »erblicken wir die beste Bürgschaft für eine noch stolzere Entwicklung des Menschengeschlechts«.[8]

Dieser stolzen Entwicklung des Menschengeschlechts sollte Kropotkin noch zwei Jahrzehnte als scharfer Beobachter beiwohnen. Als die russische Revolution ausbrach, kehrte er nach langer Abwesenheit aus dem Londoner Exil nach St. Petersburg zurück. Eine sechzigtausendköpfige Menge feierte ihn bei seiner Ankunft wie einen Messias. Und die bürgerliche Übergangsregierung bot ihm sofort einen Ministersessel an. Der 85-Jährige lehnte dankend ab. Doch auch unter den Kommunisten fand er keine Heimat. Ein Treffen mit Lenin endete enttäuschend. Die rigide Diktatur der bolschewistischen Partei war gewiss nicht das, was sich ein kommunistischer Idealist unter der selbstbestimmten und freien Herrschaft des Volkes vorstellte.

Im Februar 1921 starb der Mann, der Großfürst, Anarchist und Naturforscher in einer Person war, an einer Lungenentzündung. Lenins Regierung würdigte den ihr fremd gewordenen Pionier eines herrschaftsfreien Kommunismus, indem sie die Gefängnistore öffnete. Einige inhaftierte russische Anarchisten erhielten Freigang zum Begräbnis. Der Trauerzug geriet zu einer bis zum Ende der Sowjetunion beispiellosen Demonstration: Zehntausende folgten Kropotkins Sarg, darunter zahlreiche entschiedene Gegner des bolschewistischen Regimes.

Was hatte Kropotkin in unserer Frage geleistet? Hat seine freundliche Betrachtung des Menschen als eines von Natur aus kooperativen Wesens Bestand? Was sagen die Experten der Gegenwart dazu? Kropotkins Kenntnisse über unsere tierischen und menschlichen Vorfahren waren notgedrungen begrenzt gewesen: ein paar ausgegrabene Knochen von Vormenschen, ein paar bedauernswerte Kreaturen von Menschenaffen im Londoner Zoo – auf dieser Grundlage konnte man über die Menschennatur nur spekulieren.

Im selben Jahr freilich, in dem Kropotkin starb, veröffentlichte der Berliner Psychologe Wolfgang Köhler seine *Intelligenzprüfungen an Menschenaffen*, die er in der Primatenstation der Preußischen Akademie der Wissenschaften auf Teneriffa gemacht hatte. Auch eine erste *Psychologie des Schimpansen* schrieb Köhler im gleichen Jahr, ein Aufsatz von gerade einmal acht Seiten.[9]

Heute dagegen ist die Forschungsliteratur über moralisches oder »moralanaloges« Verhalten von Menschenaffen nahezu unüberschaubar geworden. Und die Einschätzungen der Forscher gehen in manchen Fragen mitunter stark auseinander. Gleichwohl darf man sagen, dass wir unsere nächsten Verwandten und damit wichtige Aspekte unseres tierischen Erbes ziemlich gut kennen. Sie sind nicht nur »egoistisch«, sondern zugleich kooperativ. Aber woran liegt das eigentlich? Und wie weit reicht die Kooperation? Wenn wir die moralische Natur des Menschen verstehen wollen, dieses seltsam rätselhafte Mischungsverhältnis von Egoismus und Kooperation, müssen wir uns dazu die Anforderungen vorstellen, denen unsere Vorfahren durch ihre Umwelt und in ihrem sozialen Miteinander ausgesetzt waren. Anders gefragt: In welchem Erfahrungsraum entstand unsere Fähigkeit zur Moral?

Sie entstand ohne Zweifel in einer Welt, in der es für unsere Vorfahren notwendig und sinnvoll war, sich miteinander auszutauschen. Und das Mittel dazu war die Sprache, also Gesten und Laute. Ohne Sprache, so darf man folgern, keine Moral. Doch wie muss man sich diese Verständigung vorstellen, die neben eigensinnigem auch freundliches Verhalten hervorbrachte und förderte?

- *Die Evolution der Absicht.* Warum wir uns verstehen

Die Evolution der Absicht
Warum wir uns verstehen

Man sagt mehr über die Welt, wenn man nicht nur die geradlinige Ausbreitung der Wörter und Sätze benutzt, sondern auch ihre Ablenkbarkeit einkalkuliert.

Max Bense

Ein frostkalter Wintertag im Kölner Zoo kann eine schöne Sache sein; jedenfalls wenn man ihn mit seinem dreijährigen Sohn verbringt, der vor Neugier und Wissensdurst unter seiner dicken Wollmütze nur so übersprudelt. Irgendwann im fahlen Licht des Nachmittags kamen wir am alten Affenhaus vorbei. Das Gebäude ist ein Denkmal, einer russisch-orthodoxen Kirche nachempfunden im historisierenden Stil der vorletzten Jahrhundertwende. Pjotr Kropotkin, wenn er je nach Köln gekommen wäre, hätte noch seine Freude daran haben können. Nun wurde das Haus gerade renoviert und um einen Käfig erweitert für Kapuzineraffen. Was Kapuziner sind, wusste Oskar schon. Heute interessierte er sich viel mehr dafür, wie man eigentlich Käfige baute. Ich erklärte es, so gut es ging, die kalten Hände in den Hosentaschen vergraben. Irgendwann meinte ich, dass man zum Käfigbau auch einen Hammer brauchte.

»Papa, wie geht ein Hammer?«

Ich fing an zu erklären, die Hände noch immer in den Hosentaschen. Also, dass ein Hammer einen Stiel hat, meistens aus Holz, und ein Stück Eisen darauf ist und dass man, wenn man mit der einen Hand einen Nagel zwischen Daumen und Zeigefinger nimmt und mit der rechten Hand mit dem Hammer so ausholt, dass ...

Ich sah in Oskars Gesicht und brach ab. Es war klar, dass er nichts von dem, was ich sagte, verstand. Jedenfalls nicht, solange ich die Hände weiter in den Hosentaschen ließ. Auf einmal wurde ich sehr nachdenklich. Unsere Menschensprache ist doch eine merkwürdige Sache! Glaubt man den Verhaltensforschern, den Anthropologen, den Kognitionsexperten und Sprachwissenschaftlern, so ist sie die vielfältigste, ausdrucksstärkste, präziseste und beste Sprache im Tierreich. – Aber wieso taugt sie überhaupt nicht dafür, einem dreijährigen Kind allein mit Worten zu erklären, wie man mit einem Hammer einen Nagel in die Wand schlägt?

Unsere Sprache ist einzigartig in der Tierwelt, aber für alles ist sie nicht zu gebrauchen. Manchmal sagt ein Blick »mehr als tausend Worte«. Man kann »bedeutungsschwer« schauen und »vielsagende« Gesten machen. Zudem ist das menschliche Leben ganz offensichtlich voll mit Situationen, in denen man besser den Mund hält. Der souveräne Gebrauch der Sprache schließt die Kunst des Schweigens mit ein.

Woran liegt das? Warum ist es den Menschen in ihrer Kultur und Geschichte nicht gelungen, für alles Worte zu finden? Warum ist unsere Sprache nicht ganz präzise und exakt? Warum gibt es überall Grauzonen und Grautöne?

Der berühmteste aller Philosophen, der sich mit dieser Frage beschäftigte, war der Österreicher Ludwig Wittgenstein (1889–1951). Als gelernten Flugzeugingenieur störte es ihn gewaltig, dass die menschliche Sprache kein Präzisionsinstrument war. Viele Jahre mühte er sich mit dem Versuch ab, das Unbestimmte der Sprache zu säubern und ihre Mehrdeutigkeiten zu beseitigen. Als er das Unterfangen schließlich aufgab, setzten einige seiner Wiener Freunde und Schüler den Versuch einer »Präzisionssprache« fort. Vierzehn Jahre lang trafen sie sich einmal die Woche zu Arbeit und Austausch. Das Projekt des »Wiener Kreises« war kühn. Nicht nur die Sprache sollte entrümpelt, sondern alle Philosophie sollte logisch, klar und verständlich werden.[1]

Das Ziel war eine exakte Wissenschaft vom Leben und von der Wahrheit. Seit den Tagen des Barockphilosophen René Descartes (1596–1650) hatte es wohl kein ehrgeizigeres Unterfangen in der Philosophie gegeben. Alle Probleme sollten gelöst oder als Scheinprobleme enttarnt werden. Als Moritz Schlick, der Leiter des Kreises, 1936 von einem seiner ehemaligen Studenten ermordet wurde, löste sich der Kreis auf. Gescheitert aber waren die Präzisionshandwerker der Philosophie schon lange zuvor.

Warum war die ersehnte Präzisionssprache so unmöglich? Ein erster Grund dafür könnte sein, dass man eine solche exakte Sprache im Alltag gar nicht braucht. Sie wäre, wenn überhaupt, nur etwas für die Wissenschaft. Aber auch hier gibt es bis heute nirgendwo eine echte Präzisionssprache. Ginge es nach den Sprachingenieuren des Wiener Kreises, so sollte sich die Sprache nach den Beobachtungen richten, die wir in der Realität machen. Aber die Realität, so scheint es, ist nicht immer eindeutig. Einen mathematischen Satz kann ich definieren und ein Protein und einen Elefanten-Rüsselfisch wissenschaftlich exakt benennen. Aber ist das, was ich bei meinen Stiefkindern wahrzunehmen glaube, tatsächlich Liebe? Wie messe ich hier die Richtigkeit meiner Beobachtung? Und wie eindeutig und zuverlässig ist mein Beobachtungsobjekt, meine Stiefkinder? Und was passiert eigentlich mit der Exaktheit, wenn ich meine Sätze in eine Fremdsprache übersetze? Oder wenn ich umgekehrt ein fremdes Wort übersetzen will? Warum gibt es für »Bewusstsein« im Englischen zwei Worte *(consciousness* und *awareness)?* Und warum kein deutsches Wort für das englische *mind?*

Die Antwort auf all diese Fragen ist überraschend schlicht: weil Sprache kein Instrument der Wahrheit ist! Zu diesem Zweck wurde sie nicht erfunden. Die Frage nach der Wahrheit war in der Evolution des Menschen und seiner Kultur nicht das wichtigste Problem. Wer als Primat gesellig in der Savanne lebt, muss sich verstehen. Und zwar in der doppelten Bedeutung des Wortes »verstehen«. Aber er gerät äußerst selten in die Verlegenheit, exakte Bestimmungen zu treffen oder absolute Wahrheiten präzise zu beschreiben. Für diese Aufgabe wurde er von der Natur und seiner Umwelt kaum ausgerüstet.

Diese Erkenntnis blieb auch Wittgenstein nicht fern. Zur gleichen Zeit, als sich der Wiener Kreis auflöste, arbeitete er in Cambridge an einem nie veröffentlichten Werk, später berühmt als *The Big Typoscript*. Von dem Gedanken an eine Präzisionssprache wollte er nichts mehr wissen. Im Gegenteil: Ihn interessierte nun, warum die Idee einer exakten Sprache scheitern musste. Offensichtlich ging sie am Wesen der menschlichen Kommunikation völlig vorbei. Die Beobachtung einer Sache und ihr Ausdruck in der Sprache standen sehr häufig nicht in einem Entsprechungsverhältnis. Ich wüsste »nicht, worauf ich als Korrelat (Entsprechung) des Wortes ›küssen‹ zeigen sollte«. Wenn zwei Menschen ihren Mund aufeinanderlegen, kann es sich ebenso gut um eine Form der Beatmungshilfe handeln wie um einen Zärtlichkeitsaustausch. Und bei einigen Naturvölkern werden auf diese Weise Kleinkinder ernährt. Verständlich ist das, was ich sehe, nicht allein durch die Beobachtung. Mindestens ebenso wichtig ist, dass ich den Kontext verstehe.

Wittgenstein selbst konnte die Erforschung des Kontextes nicht mehr abschließen. Sie wurde später das Lebenswerk des englischen Sprachphilosophen Herbert Paul Grice (1913–1988). Wer miteinander redet, so Grice, der sagt immer mehr, als aus dem Wortlaut hervorgeht.[2] Denn zu dem, was jemand mit Worten sagt, kommt immer noch eine Menge anderes: eine ganze Reihe mitgedachter und mit eingeplanter Signale.[3]

Auf dem Nachhauseweg von der Schule fällt meinem inzwischen 6-jährigen Sohn auf, dass er sein Heft in der Schule vergessen hat. Meine erste Reaktion ist: »Großartig!« Im Alter von sechs Jahren weiß Oskar inzwischen nicht nur, wie ein Hammer funktioniert, sondern auch, dass dieses »großartig« kein Lob ist, sondern eine Kritik. Wir müssen nun umkehren und zurückgehen. Nicht die Bedeutung des Wortes »großartig« gibt dafür den Ausschlag, sondern seine ironische Verwendung. Und dass es sich dabei um Ironie handelt, wird klar durch den Kontext. Interessanterweise gilt die Bedeutung des Kontextes nicht nur für den Gebrauch von Worten und Sätzen, sondern auch für Körpersprache und Gesten. Stellen Sie sich vor, Sie sitzen in einem Restaurant, und ein Gast am Nebentisch schmatzt ungebührlich laut beim Essen. Da steht ein anderer Gast auf, um auf die Toilette zu gehen. Er schaut den schmatzenden Gast an, dann schaut er zu Ihnen, macht einen schiefen Mund und hebt die Augenbrauen. Sie nicken ihm lächelnd zu.

In der ganzen Szene ist kein Wort gefallen. Aber es ist klar, was der Gast, der aufgestanden ist, Ihnen sagen will. Mit seinen Blicken und seinem Gesichtsausdruck macht er Ihnen klar: 1. dass auch er das Schmatzen mitbekommen hat. 2. dass es ihn stört. 3. dass er davon ausgeht, dass es Sie auch stört. Und an Ihrem Lächeln erkennt er, dass Sie ihn verstanden haben und dass er mit seiner Einschätzung richtigliegt. Kein einziges dieser Signale ist klar definiert. Ein Blick kann vieles bedeuten, eine hochgezogene Augenbraue auch. Und trotzdem werden sie sich höchstwahrscheinlich verstehen – über den gemeinsamen Erfahrungsraum und den mitgedachten Kontext.

Die Bedeutung der Körpersprache und der Gesten für die menschliche Verständigung kann kaum hoch genug eingeschätzt werden. Auch hier hatte Wittgenstein den richtigen Riecher, als er im *Big Typoscript* schrieb: »Was wir Bedeutung nennen, muss mit der primitiven Gebärdensprache (Zeigesprache) zusammenhängen.« Viele Wissenschaftler, wie etwa Michael Tomasello (*1950), Kodirektor am Max-Planck-Institut für Evolutionäre Anthropologie in Leipzig, gehen heute davon aus, dass am Anfang der besonderen Sprachentwicklung des Menschen nicht die Lautsprache stand, sondern die Zeichen- und Gebärdensprache.[4]

Hat Tomasello Recht, so entwickelten unsere Vorfahren in der Savanne zunächst eine enorm komplexe Sprache aus Grimassen, Zeigen und Gesten. Vermutlich gingen sie dabei viel weiter als etwa Schimpansen oder Gorillas. Je intelligenter sie wurden, umso komplizierter wurden die mitgedachten Kontexte. Ein Schimpanse, der auf eine Wasserstelle zeigt, signalisiert damit das Vorkommen von Wasser. Ein menschlicher Vorfahre aber könnte damit bereits viel mehr gemeint haben. Zum Beispiel: »Ich bin durstig!« Oder: »Ich brauche Wasser, könnt ihr mir vielleicht welches holen?«

Nach Tomasello bildet das Gebärdenspiel die psychologische Plattform, auf der unsere heutigen 6000 Sprachen entstanden. Nicht die Lautsprache brachte danach die Bedeutungsfülle unseres Denkens hervor, sondern die Bedeutungsfülle unseres Denkens bediente sich der Lautsprache als zusätzlichem Mittel. Erst wurde auf etwas gezeigt, und dann wurden später die Laute dazu festgelegt. Dass wir aus den etwa fünfzig Klängen, die wir mit Gaumen und Zunge formen können, einen Wortschatz von über 100000 Wörtern bilden können, ist natürlich eine großartige Sache, die das Denken weiterhin enorm beflügelte. Doch wir sollten das menschliche Gebärdenspiel gleichwohl nicht unterschätzen. Noch heute ist es ungleich komplexer und komplizierter als das von Affen. Wer einen Artisten beim Luftgitarren-Wettbewerb auf der Bühne verfolgt, kann leicht sehen: Menschen äffen viel besser nach als Affen!

Die besondere Pointe des Gebärdenspiels ist eine Unterstellung: dass eine Mimik oder eine Geste nicht zufällig sind, sondern *absichtlich* gemacht werden. Sprache verstehen bedeutet immer, eine Intention zu verstehen. Ob es sich um eine hochgezogene Augenbraue handelt, einen ausgestreckten Zeigefinger, ein Lachen oder einen Satz – stets kommt es auf die Frage an: Welche Absicht steckt dahinter?

Der möglicherweise größte Unterschied bei den Absichten von Menschenaffen und Menschen liegt im Ausmaß von Hilfestellungen. Wenn ein Schimpansenkind durstig ist, wird ihm eine unbeteiligte Schimpansin vermutlich nicht den Weg zur Wasserstelle zeigen. Mit Tomasello gesagt: »Schimpansen helfen anderen nicht, indem sie Hinweise auf etwas geben, was jemand wissen möchte. Die Schimpansin wird es dem Kind nicht sagen, weil es einfach nicht zu ihren Kommunikationsmotiven gehört, andere auf hilfreiche Weise über etwas zu informieren. Menschliche Kommunikationsmotive sind im Gegensatz dazu grundlegend kooperativ angelegt.«[5]

Wer, wie der Mensch, das Bedürfnis hat, eine Fülle von Absichten mitzuteilen, kann dies nicht, ohne zugleich kooperativ zu sein. Um meine eigenen Absichten zu erreichen, muss ich die Absichten der anderen kennen und verstehen. So etwa kann es mitunter völlig ausreichen, einen Wunsch zu äußern, um andere dazu zu bringen, etwas für mich zu tun. Darüber hinaus können Menschen etwas so Grandioses erzeugen wie ein bewusstes »Wir-Gefühl«. Menschen formulieren gemeinsame Absichten, gemeinsame Ziele, gemeinsame Überzeugungen und Weltanschauungen.

Die Erkenntnisse der Sprachanthropologen könnten einen Pjotr Kropotkin posthum frohlocken lassen – ein kooperativeres Tier als der Mensch ist kaum denkbar. Schon indem wir uns so komplex verständigen, sind wir gezwungen, uns zumeist auch weitgehend zu verstehen, wobei Ausnahmen diese Regel nur bestätigen.

Viele Dinge in unserem Leben erhalten ihren Wert ausschließlich durch sprachliche Verabredungen. Was wäre unser Papiergeld wert, wenn man sich nicht über seine symbolische Bedeutung verständigt hätte? Und was ist eine Ehe anderes als eine sprachliche Verabredung? Manche Gemeinschaften, die offiziell eine »Familie« bilden, verhalten sich nicht so, wie man es von einer Familie erwartet. Andere, die juristisch keine Familie sind, erfüllen eine Familienerwartung. Wir fühlen uns Menschen verbunden, die die gleichen Werte und die gleiche politische Überzeugung haben wie wir. Obwohl wir sie möglicherweise überhaupt nicht leiden könnten, wenn wir sie besser kennen würden.

Bei all diesen Konventionen und Institutionen tun wir so, als ob es diese Dinge wirklich gäbe. Geld, Ehe, Familie oder Weltanschauung – sie bilden rein sprachlich erzeugte Systeme mit eigenen, zum Teil höchst verbindlichen Spielregeln.

Durch die Sprache spielen Menschen miteinander ein hochkompliziertes soziales Schach. Und Kommunikation, Kooperation und Moral sind hiermit auf untrennbare Art und Weise miteinander verbunden. Selbst der größte Egomane kann sich dem nicht entziehen. Wie auch immer er sich in seinen Lebenssituationen entscheidet, er nimmt notgedrungen an diesem Spiel teil. Mit dem Philosophen Paul Watzlawick gesagt: »Man kann nicht nicht kommunizieren.«

In der Entwicklung des Menschen dürfte die Ausbildung einer komplexen Sprache eng verbunden sein mit den Anfordernissen des Sozialverhaltens in der Gruppe oder Horde. Moral und Sprache sind auf diese Weise kaum trennbar miteinander verbunden. Je abstrakter die Sprache werden konnte, umso abstrakter konnte auch die Moral werden. Es konnten Regeln aufgestellt werden, Sitten etabliert und Normen formuliert. Bereits vor vierzig Jahren vermutete der US-amerikanische Paläo-Neurologe Harry Jerison von der University of California in Los Angeles, dass genau dieser Zusammenhang dem Menschen zu seiner beispiellosen Intelligenz verholfen haben könnte.[6] Das enorme Wachstum des menschlichen Gehirns, so Jerison, sei mit keinem anderen Umstand so eng verknüpft wie mit den Anforderungen des Sozialverhaltens und der damit einhergehenden Explosion sprachlicher Differenzierungen.

Aus primitiven wechselseitigen Hilfestellungen entwickelte sich ein vielfältiger gemeinsamer Erfahrungsraum. Dieser machte eine komplexe Sprache notwendig. Und die Sprache wiederum beeinflusste maßgeblich unser Sozialverhalten und förderte unser Gehirnwachstum.

Jerisons Hypothese wird heute von vielen (wenn auch nicht von allen) Wissenschaftlern geteilt. Ihre ausführlichste Ausarbeitung fand sie in den 1990er Jahren durch Terrence Deacon, heute Professor für biologische Anthropologie und Neurowissenschaften an der University of California in Berkeley.[7] Die älteren Theorien, wonach das Gehirnwachstum unserer Vorfahren vor allem auf den Werkzeuggebrauch oder auf den Verzehr von Fleisch zurückzuführen sei, sind inzwischen in den Hintergrund getreten. Sie müssen nicht völlig falsch sein. Aber möglicherweise spielten Technik, Jagd und Nahrungsumstellung nicht ganz die Hauptrolle, die man ihnen früher gerne zuschrieb.

Alles in allem bleibt es auch heute noch ein Rätsel, warum sich die Größe des menschlichen Gehirns in der Zeit von vor zwei Millionen bis vor etwa 400 000 Jahren ungefähr verdreifachte. Doch unter den vielen Umständen, die dies begünstigten, könnten unser Sozialverhalten, unsere Sprache und Moral tatsächlich eine wichtige Bedeutung haben. Aus dieser Sicht betrachtet hat das Wort »Menschlichkeit« einen ganz besonderen Sinn. Es bringt unsere biologische Gattungsbezeichnung und unsere Fähigkeit zur Moral untrennbar zusammen. Ein Mensch zu sein bedeutet demnach tatsächlich, ein grundsätzlich moralisches Lebewesen zu sein.

Die Entwicklung der menschlichen Intelligenz und die Entwicklung unseres Sozialverhaltens lassen sich nicht trennen. Je mehr unterschiedliche Absichten und Interessen unsere Vorfahren entwickelten, umso kooperativer scheinen sie geworden zu sein. Von einem bestimmten Punkt an regelte die Lautsprache dieses komplizierte Spiel, indem sie bestimmte Typen von Botschaften festlegte. Wann und wo dieser Punkt lag, ist bis heute unbekannt.

Bis vor etwa 15 Jahren hatten viele Sprachforscher angenommen, die Lautsprache sei eine sehr junge Errungenschaft des Menschen. Ihr Anhaltspunkt waren die Erkenntnisse des englischen Sprach- und Neurowissenschaftlers Philip Lieberman.[8] Dieser hatte in den späten 1960er Jahren erklärt, dass Neandertaler noch ebenso unbegabt zum Sprechen gewesen seien wie Schimpansen. Die Lage des Kehlkopfes und der Zunge blockierten demnach jede differenzierte Lautäußerung. Doch Liebermans Vermutungen sind inzwischen widerlegt. Kehlkopf und Zunge verhindern nicht, dass Schimpansen differenziert sprechen. Als wichtigstes Indiz für den menschlichen Vorteil gilt heute die Technik, mit der wir beim Sprechen unseren Atem kontrollieren.[9] Eine Kunst, die anderen Affen ganz offensichtlich nicht zur Verfügung steht. Doch wann genau wir solche Atemkünstler geworden sind – darüber müssen wir bis heute spekulieren.

Ob schon seit zwei Millionen Jahren oder erst seit einigen zehntausend – mit ihrer differenzierten Sprache können Menschen nicht nur Meinungen äußern, sondern sie können sie auch wechseln. Dass Tiere unterschiedliche Perspektiven auf ein und denselben Gegenstand (von Ansichten nicht zu reden) werfen, wird selbst von jenen Wissenschaftlern nicht angenommen, die die Intelligenz von Tieren eher optimistisch bewerten. Auch Lügen wird durch die Lautsprache ungemein erleichtert. Es ist gemeinhin viel leichter, mit Worten zu lügen als mit Gesten. Ob das Lügen allerdings erst durch den Menschen in die Welt kam, wie etwa Tomasello vermutet, lässt sich bezweifeln. Andere Verhaltensforscher halten dagegen, dass sich Krähen bewusst gegenseitig täuschen und Schimpansen einander durchaus mit Gesten »belügen«.

Die Sprache verschafft uns die ausgezeichnetsten Möglichkeiten, uns auszudrücken und Meinungen zu bilden bis hin zu den speziellen Künsten der Selbstdarstellung, der Täuschung und der Selbsttäuschung. Unsere Vorfahren benötigten Jahrmillionen, um diese Fertigkeiten auszubilden. Ein menschlicher Säugling dagegen braucht heute nur noch etwa zwei Jahre, in denen er all das intuitiv lernt, was er später für seine vielen differenzierten Ausdrucksmöglichkeiten braucht. Die Kunst, die dem zugrunde liegt, ist in höchstem Maße beeindruckend. In der zweiten Hälfte des ersten Lebensjahres und im zweiten Lebensjahr lernen wir, unsere frühkindlichen Emotionen in Denkleistungen zu übersetzen.

Die Voraussetzung dafür ist der geteilte Erfahrungsraum eines Säuglings mit seinen nächsten Bezugspersonen. Nicht anders war es schon zum Zusammenspiel des Lernens bei unseren Vorfahren in Wald und Savanne gekommen. Reichen bei Insekten vielfältige Duftstoffe aus, um sich instinktiv zu »verstehen«, so beginnt die menschliche Kommunikation dort, wo der Instinkt allein nicht ausreicht. Aus physiologischen Signalen wurden körpersprachliche und lautsprachliche Symbole, also Gesten und Laute. Dabei ist Sprache durchaus nichts Technisches, das jedem Menschen aufgrund seiner genetischen Ausstattung automatisch zuwächst. Diese von Biologen sehr geschätzte Ansicht des US-amerikanischen Sprachwissenschaftlers Noam Chomsky (*1928) gilt heute als von der Entwicklungspsychologie weitgehend widerlegt.[10] Die Ausbildung der Sprache und des Denkens in jedem Säugling oder Kleinkind sind zu einem hohen Maß eine Frage von Intimität, Zuwendung und Mitgefühl. Ein grob vernachlässigtes Kind wird sich ein Leben lang schwerer damit tun als ein Kind, das emotional gut umsorgt wurde.

Fühlen, Denken und Sprechen und – wie ich im Weiteren zeigen möchte – auch die Moral sind eine Folge unseres Sozialverhaltens und damit unseres Erfahrungsraums in der Primatenhorde. Am Anfang der Entwicklung unserer sozialen Intelligenz steht die Beobachtung und das Wechselspiel emotionaler Signale, etwa ein Lächeln, das ein Lächeln auslöst. Noch bei Erwachsenen spielen diese Signale eine enorme Rolle: Sie fühlen sich gut an oder schlecht. Nicht wesentlich anders bewerten wir komplexe soziale Situationen.

Moral ist die Folge einer Gruppenkommunikation auf einem geteilten Hintergrund. Unsere soziale Intelligenz und unsere Sprache gehen dabei Hand in Hand. Unsere differenzierte Lautsprache entstand dabei vermutlich aus einer enorm differenzierten Gebärdensprache. Als sozial intelligente Lebewesen können Menschen Absichten anderer erkennen und sich an ihnen orientieren. Wir können uns sprachlich abstimmen und uns gemeinsam auf Absichten und Wahrnehmungen beziehen.

Doch wie muss man sich diesen Zusammenhang aus Horde, Sprache und Sozialverhalten genau vorstellen, damit sich beim Menschen etwas so Spektakuläres entwickeln konnte wie die Erklärung der Menschenrechte, das Bürgerliche Gesetzbuch, die Straßenverkehrsordnung oder das Einkommenssteuergesetz? Um diese Frage zu beantworten, müssen wir mehr über unser tierisches Erbe wissen, über die Wurzeln allen Übels und alles Guten bei unseren nächsten Verwandten. Mit anderen Worten gefragt: Sind Affen gut, böse oder gar nichts?

- *Das Tier, das weinen kann.* Die Natur der Psychologie

Das Tier, das weinen kann
Die Natur der Psychologie

> Als die Natur den Menschen für die Gesellschaft bildete, da gab sie ihm zur Aussteuer ein ursprüngliches Verlangen mit, seinen Brüdern zu gefallen, und eine ebenso ursprüngliche Abneigung, ihnen wehe zu tun. Sie lehrte ihn, Freude über deren freundliche Gesinnung und Schmerz über ihre unfreundliche Gesinnung zu empfinden.
>
> Adam Smith

Was haben der *Homo sapiens* und das Heilige Römische Reich miteinander zu tun? Auf den ersten Blick nicht viel, möchte man meinen. Und doch sind beide auf eine gewisse Weise miteinander verbunden – durch ihre falschen Namen! Das Heilige Römische Reich nämlich war (nach einer genialen Bemerkung des Philosophen Voltaire) weder heilig noch römisch noch ein Reich, sondern ein ziemlich profanes Gebilde aus deutschen Kleinstaaten.

Und ist es beim *Homo sapiens* nicht im Grunde ähnlich? Sind wir wirklich auf einsichtige Weise einsichtige Menschen, wie der schwedische Naturforscher Carl von Linné 1766 in der zwölften Auflage seines Natursystems vorschlug? Immerhin sind wir, wenn schon nicht allzu weise, alle Angehörige der Gattung *Homo*, das heißt: Menschen. Doch was das bedeutet, ein Mensch zu sein – das ist gar nicht so leicht zu sagen.

Den Menschen gibt es nicht. Jedenfalls nicht, wie es *den* Hirschkäfer oder *die* Pfeilnatter gibt. Als Linné uns unter die Affen, speziell unter die Trockennasenaffen, einreihte, hatte er kein bestimmtes Individuum im Blick. Der Mensch sei dem Menschen hinreichend bekannt (»*Homo nosce te ipsum*«), bemerkte er nüchtern. Der englische Botaniker William Thomas Stearn, ein berühmter Experte für Lilien, behob diesen Mangel an einem zoologischen Anschauungsexemplar. Er erklärte Linnés Skelett im Dom von Uppsala 1959 zum Lectotypus, also zum wissenschaftlichen Paradebeispiel unserer Art. Linnés Leben ist gut dokumentiert. Aber als Prototyp für die menschliche Gesinnung als solche taugt er sicher nur eingeschränkt. Um zu bestimmen, wie unser arttypisches Verhalten ist, müssen wir andere Wege suchen. Mein Vorschlag etwa wäre zu sagen: Der Mensch ist das einzige Tier, das sich bewusst dazu entscheiden kann, unmoralisch zu handeln! Er ist nicht das einzige Tier, das lacht – auch Schimpansen können lachen. Aber er ist das vermutlich einzige Tier, das andere auslacht. Und es ist anzunehmen, dass Menschen auch die einzigen Tiere sind, die andere Angehörige der eigenen Art hassen können: Menschen, die anders sind als sie, Menschen, die eine andere Hautfarbe haben, Menschen, die an etwas anderes glauben, Menschen, die mehr besitzen als sie, Menschen, die in anderen Ländern oder Kulturkreisen leben.

Warum das so ist, ist nicht leicht zu sagen. Ein Hinweis könnte sein, dass der Mensch das Tier mit der wahrscheinlich geringsten dauerhaften Glücksfähigkeit ist. Ein Tier, das von seinem enormen Gehirn und dessen unaufhaltsamen und nicht-abstellbaren Gedanken tyrannisiert wird. Er ist das einzige Tier, das weint. Das einzige Tier, das neidet, missgönnt und bereut. Das einzige Tier, das sich schuldig fühlt. Das einzige Tier, das an sich selbst verzweifeln kann. Das einzige Tier, das sich selbst tötet.[1]

Auf der Gegenseite ist der Mensch das vermutlich einzige Tier, das sich bewusst dafür entscheiden kann, moralisch zu sein. »Menschlichkeit« – objektiv betrachtet schließt das Wort alle Eigenschaften des Menschen mit ein, seine Liebe ebenso wie seinen Hass, seine Fürsorge wie seine Selbstsucht, sein Mitgefühl wie seine Teilnahmslosigkeit am Schicksal der anderen. Subjektiv dagegen verwandelten schon die Gelehrten des 15. Jahrhunderts die *Humanitas* in eine positive Wertung. Nur der soziale Anteil unserer Fähigkeiten sollte ausmachen, was es heißt, ein wahrer Mensch zu sein. Von nun an konnte man sogar mehr oder weniger Mensch sein, je nachdem, wie viel Güte man in seinem Herzen versammelte. Wer die anderen achtete und liebte, sie förderte und unterstützte, war menschlicher als der, der dies nicht tat.

Dass »Menschlichkeit« immer beides sein soll – die Definition unserer Art und die Fähigkeit, moralisch freundlich zu sein –, ist eine ziemlich angestrengte Idee. Und vielen erscheint sie geradezu bizarr angesichts der blutigen Menschheitsgeschichte. Andererseits kommen Menschen im Alltag zumeist erstaunlich gut miteinander klar. Wann haben Sie das letzte Mal jemanden geschlagen? Wie oft sind Sie in den letzten Monaten überfallen worden? Wann hat Ihnen das letzte Mal jemand das Essen geklaut oder Ihnen gewaltsam den Sexualpartner entrissen?

Wir sind in der Tat eine merkwürdige Spezies: Auf der einen Seite ist der Mensch das Lebewesen, das am brutalsten und grausamsten überhaupt sein kann. Zu fast allen Zeiten gab es Folter und Mord, Pogrome und Genozid, Massaker und Krieg. Auf der anderen Seite halten es dieselben Lebewesen normalerweise recht gut miteinander aus. Sie grüßen sich, rempeln sich nicht an, sind meistens recht freundlich zueinander, und sie lachen gerne zusammen. Und sie tun all dies nicht etwa, weil sie Strafen fürchten. Fast jeder von uns bleibt gerne vor einer roten Ampel stehen, wenn kleine Kinder in der Nähe sind. Und was uns daran hindert, das Signal zu ignorieren, ist nicht die Angst vor dem Gefängnis.

Den Menschen und seine Moral wissenschaftlich objektiv zu beschreiben ist kaum möglich. Natürlich stellen wir unter den Menschen und Kulturen ein enormes Maß an Übereinstimmungen und Ähnlichkeiten fest. Doch was daran genetisch fixiert und was kulturell überliefert ist, können wir fast nie sicher mit dem Skalpell trennen. Nicht alles, was allen gemeinsam scheint, muss biologisch codiert sein. Es wäre auch möglich, dass es sich aus psychologisch naheliegenden Gründen parallel entwickelt hat. In solcher Lage schlägt die US-amerikanische Philosophin Martha Nussbaum (*1947) von der Chicago Law School vor, dass es vielleicht nur ein einziges Kriterium gibt, das tatsächlich festlegt, was ein Mensch ist. Es ist, »dass wir uns über viele Unterschiede der Zeit und des Ortes hinweg gegenseitig als Menschen *anerkennen*«.[2]

Was ein Mensch ist, besagt also seine Wahrnehmung im Auge anderer Menschen. Für eine allgemeine Definition der menschlichen Natur, besonders seiner »Moralität«, ist dies eine schwierige Hypothek. Menschen sind kulturell geprägt und charakterlich individuell. Keiner ist genau wie der andere. Gleichwohl darf man annehmen, dass es einige Strukturen gibt, woran Menschen einander als Menschen erkennen. Strukturen, die möglicherweise Teil unseres biologischen Erbes sind.

Doch wie erkennt man das biologische Erbe? Um diese Frage zu beantworten, wählen Forscher gemeinhin zwei Wege. Sie untersuchen verschiedene Kulturen und versuchen herauszufinden, was in ihnen gleich oder sehr ähnlich ist. Der zweite Weg ist das Studium unserer nächsten Verwandten, der Affen, insbesondere der Menschenaffen, und hier vor allem von Schimpansen und Bonobos. Tiere sind zwar keine Menschen, aber Menschen sind immerhin Tiere. Irgendwann vor vielleicht sechs Millionen Jahren hatten wir mit ihnen unseren letzten gemeinsamen Vorfahren. Selbst wenn wir bei Schimpansen und Bonobos keine Moral finden sollten, die der unseren vergleichbar ist, könnten sie uns doch einige wertvolle Hinweise liefern.

Natürlich begegnen wir bei Menschenaffen der gleichen Schwierigkeit, die wir von Menschen kennen. *Den* Schimpansen und *den* Bonobo gibt es nicht. Jeder ist anders, hat einen eigenen Charakter. Wer die Bücher von Jane Goodall liest, die seit mehr als vierzig Jahren viel Zeit bei den Schimpansen am Gombe-Strom in Tansania verbracht hat, der kennt den »weisen« *David Greybeard*, die »neurotische« *Merlin* und den »streitsüchtigen«

Mr McGregor. Affen, deren »Gesichtsausdruck oder ihr Gehabe an irgendwelche Menschen« erinnerten.[3] Gleichwohl kennen wir auch bei Schimpansen und Bonobos so etwas wie ein aus unserer Erfahrung mit ihnen abstrahiertes Durchschnittsverhalten. Affen betreiben keine Krankenhäuser, gründen keine wohltätigen Organisationen und folgen keinen Spendenaufrufen. Und doch kennen sie Hilfsbereitschaft, Fürsorge und Gemeinschaftsgeist. Die Beobachtungen, welche die Primatologen dazu in den letzten dreißig Jahren zusammengetragen haben, sind frappierend: Meerkatzen senden Warnrufe aus, wenn sie Raubtiere entdecken, auch wenn sie sich dadurch selbst in Gefahr bringen. Gibbons, Kapuzineraffen und Schimpansen erlauben manchen Artgenossen, mit ihnen das Futter zu teilen. Makakenweibchen umsorgen fremde Jungtiere, die von anderen Hordenmitgliedern attackiert worden sind. Auch Languren und Brüllaffen verbringen viel Zeit damit, sich um die Kinder anderer Mütter zu kümmern. Bonobos wurden dabei beobachtet, wie sie verletzte Artgenossen pflegten. In Gefangenschaft gehaltene Schimpansen helfen ihren Pflegern, ohne dafür eine Gegenleistung zu erwarten.[4]

Kropotkin wäre also sehr erfreut. Was ihm allerdings Schwierigkeiten bereitet hätte, ist die dazugehörige Interpretation vieler Biologen. Warum sind Affen hilfsbereit? Warum benehmen sie sich zuweilen altruistisch?

Altruismus im biologischen Sinn ist ein Verhalten, das dem Akteur mehr Kosten als Nutzen verursacht und stattdessen dem Adressaten nützt. Für Biologen ist solches Verhalten auf den ersten Blick rätselhaft. Seit den 1960er Jahren nämlich nehmen viele Evolutionsbiologen an, dass alles Verhalten, das ein Tier an den Tag legt, ihm einen *Vorteil* bringen muss.[5] Angetrieben von der dunklen Macht seiner Gene drängt es das Tier vor allem anderen zur Paarung. Nur so kann es seinen eigentlichen biologischen Auftrag erfüllen und sein Erbgut weitergeben. Altruistisches Verhalten dagegen ist in dieser Welt nicht vorgesehen – es sei denn, der Altruismus bringt letztlich doch einen Vorteil.

Dabei sind zwei Möglichkeiten denkbar. Der erste Vorteil wäre das Prinzip der Wechselseitigkeit: »Ich tue dir Gutes, damit du mir Gutes tust!« Der US-amerikanische Evolutionsbiologe Robert Trivers (*1943), heute Professor an der Rutgers University in New Jersey, benannte dieses Prinzip 1971 als »reziproken (wechselseitigen) Altruismus«.[6]

Affen erfüllen alle Voraussetzungen dafür, einen solchen »reziproken Altruismus« zu praktizieren. Aber wie oft tun sie das? Die Antwort kennt niemand. Kaum ein Forscher konnte Affen im Freiland so detailliert studieren, dass er immer mitbekam, ob ein gebender Affe von seinem Gegenüber tatsächlich eine Gegenleistung einforderte und bekam. Ein geeignetes Beispiel für die wechselseitige Hilfe ist auf den ersten Blick das Lausen. Affen verbringen zehn bis zwanzig Prozent des Tages damit, einander zu lausen und von Parasiten zu befreien. Von einem Leistungs-Gegenleistungsverhältnis aber kann offensichtlich nicht immer die Rede sein. Nicht jeder Affe, der einen anderen laust, wird von diesem ebenfalls gelaust. Manchmal, so meinen einige Forscher, besteht die Gegenleistung in der Duldung, in körperlichem Schutz oder Sex. Doch ganz sicher behaupten lässt sich auch dies nicht.[7]

Der zweite Vorteil wäre ein Nutzen für die Gemeinschaft. Die Meerkatze, die andere vor Gefahr warnt, erhöht zwar das eigene Lebensrisiko, aber sie mindert zugleich die Gefahr für die anderen Meerkatzen. Bei Tieren, die in Gemeinschaften leben, gibt es fast immer enge verwandtschaftliche Verhältnisse. Die Meerkatze, die ihre Eltern, Geschwister und Kinder warnt, warnt damit zugleich einen Teil ihrer eigenen Gene.

Die Theorie, wonach unsere Anteilnahme an anderen proportional ist zum Verwandtschaftsgrad, stammt von dem bedeutenden Evolutionsbiologen John Burdon Sanderson Haldane (1892–1964). Der pfiffige Forscher war ein berühmtes Unikum, legendär wegen seines Scharfsinns und seines Witzes. Sein Freund Aldous Huxley erwies ihm dafür die Ehre, unter dem

Namen »Shearwater« Held seines Romans *Antic Hay* zu sein. Haldane erkannte die enorme Bedeutung der Verwandtschaft im Tierreich. Aber er war auch klug genug zu wissen, dass sich die Zuneigung zu Verwandten bei Menschen und Tieren nicht mathematisch präzise vorhersagen lässt. So malte er einmal in einer Kneipe ein Verwandtschaftsdiagramm auf einen Briefumschlag und erklärte, er würde nicht sein Leben opfern, um das Leben seines Bruders zu retten. Die genetische Verwandtschaft betrage ja nur 50 Prozent. Dagegen aber würde er es sofort opfern, um zwei Brüder oder acht Vettern (genetische Verwandtschaft: 12,5 Prozent) zu retten. Diese Gleichungen ergäben 100 Prozent. Und damit ließe sich der Verlust der eigenen Gene kompensieren.[8]

Erstaunlicherweise fand sich nur wenige Jahre später ein Mann bereit, diese lustige mathematische Kalkulation der Verwandtschaft bierernst zu nehmen. Kurz vor Haldanes Tod im Jahr 1964 begründete William Donald Hamilton (1936–2000) die nach ihm benannte Regel der Verwandtschaftsselektion und die damit einhergehende Theorie der »Gesamtfitness«.[9] Tiere, so lässt sich die Theorie zusammenfassen, sorgen sich nicht nur um sich selbst, sondern auch um den Fortbestand ihrer Gene bei ihren nächsten Verwandten, und zwar streng nach Haldanes Briefumschlag-Rechnung.

Was nun geschah, war gespenstisch. Drei Jahrzehnte lang suchten die Forscher nach den immer gleichen beiden Erklärungen. Entdeckten sie altruistisches Verhalten bei Affen und anderen Tieren, so schlossen sie postwendend: Entweder das altruistische Verhalten nutzt umgekehrt auch dem Tier, das hilft. Oder aber – wenn ein solcher Nutzen nicht sichtbar ist – nutzt es der Gesamtfitness der Gruppe.

Auf diese Weise untersuchten die Primatologen vor allem den Zusammenhang zwischen Altruismus und Verwandtschaft. Was nicht in diesen Zusammenhang passte, wurde häufig ignoriert oder abgestritten. Erst in den letzten Jahren gelang es einigen Forschern, sich aus der Verengung ihrer Dogmen zu lösen. Sie entwickelten neue Modelle und räumten ein, dass es vermutlich mehr Kooperationsmotive unter Affen gibt als nur den direkten Vorteil oder den indirekten Vorteil für die Verwandten.

Ein schwerer Einwand gegen Hamiltons Regel von der genetisch exakt kalkulierten Bevorzugung von Verwandten ist: Sie gilt häufig nicht! Das Verhalten von Lebewesen lässt sich nicht mathematisch exakt vorhersagen. Affen praktizieren eine Vielzahl von Verhaltensweisen, die definitiv nicht fitnessmaximierend für den gemeinsamen Genpool der Horde ist. Manche Affenmütter töten ihre Kinder. Und auch Geschwisterkinder können sich, wenn auch nur in seltenen Fällen, umbringen. Die Konkurrenz auch sehr nahe verwandter Männchen kann ebenfalls zu Schwerverletzten und Toten führen. Futterneid auch gegenüber Eltern und Geschwistern ist unter Affen an der Tagesordnung. Viele Affen leben zudem in Horden, die nicht nur aus Verwandten, sondern auch aus genetisch fremden Tieren bestehen. Ein Affenmännchen, das seine Gruppe verteidigt, macht hierbei aber keinen Unterschied. Für die einen setzt es sich genauso ein wie für die anderen.[10]

Viele soziale Verhaltensweisen in einer Affengruppe haben ohne Zweifel eine fitnessmaximierende Funktion. Affenmütter kümmern sich um ihre Kinder, bei Siamangs und Nachtaffen tun dies auch die Väter. Bei südamerikanischen Krallenäffchen hilft auch der ältere Nachwuchs gerne aus. Für die Entwicklungsgeschichte des Menschen nicht uninteressant ist auch die Kumpanei von Schimpansenmännchen. Viele Tiere verbringen fast den ganzen Tag miteinander, jagen gemeinsam, lausen sich, teilen ihre Nahrung und gehen zusammen auf Streife.[11]

Die ganz besonderen Stars der Szene sind derzeit die Weißbüscheläffchen *(Callithrix jacchus)*. Der niederländische Primatenforscher Carel van Schaik und seine Schweizer Kollegin Judith Burkart von der Universität Zürich entdeckten geradezu Sensationelles.[12] Die kleinen Affen zeigten nicht nur kooperatives, sondern offensichtlich auch selbstloses Verhalten im Dienste der Gesamtfitness der Gruppe. Die Tiere versorgten andere Tiere auch dann mit Futter, wenn sie selbst dabei leer ausgingen. Als *cooperative breeders,* bei denen sich sämtliche Gruppenmitglieder vereint um den Nachwuchs kümmern, läge ihnen, so van Schaik, die selbstlose Fürsorge für die Gruppe offensichtlich in den Genen. Bei anderem Verhalten aber lassen sich Kosten und Nutzen für das Individuum oder die Gruppe nicht so einfach aufrechnen. Ein schönes Beispiel dafür ist das Schlichten von Streit und Konflikten. Weibliche Tiere verschiedener Arten wurden häufig dabei beobachtet, wie sie sich unter Einsatz ihrer Gesundheit in gewalttätige Auseinandersetzungen von Hordenmitgliedern einmischten, und zwar völlig gleich, ob sie mit ihnen verwandt waren oder nicht.[13]

Im Jahr 2009 machten Forscher vom Max-Planck-Institut für evolutionäre Anthropologie in Leipzig eine spektakuläre Entdeckung im Taï-Nationalpark an der Elfenbeinküste.[14] Das Schimpansenmännchen Freddy kümmerte sich dort liebevoll um ein verwaistes Affenkind, mit dem es überhaupt nicht verwandt war. Der Kleine erhielt Futter, wurde beim Ankuscheln liebevoll geduldet und entlaust. Insgesamt endeckten die Forscher achtzehn Fälle, bei denen ein Affenkind von anderen Hordenmitgliedern »adoptiert« wurde.

Ganz offensichtlich verhalten sich unsere nächsten Verwandten aus dem Tierreich nicht immer mit genetischem Kalkül, wie es ihre Verwandten aus der Menschenwelt (und hier vor allem die forschenden Männchen) gerne hätten. Wenn eine Theorie und eine Beobachtung zusammentreffen, und es klingt hohl, dann muss es nicht unbedingt an der Beobachtung liegen. »Die messbare Seite der Welt ist nicht die Welt; sie ist die messbare Seite der Welt«[15], meint auch der Frankfurter Philosoph Martin Seel. Biologen, die das Verhalten von Menschenaffen beobachten, müssen sich nicht nur mit Zahlen, Formeln und Tabellen beschäftigen, sondern auch mit individueller Psychologie.

Affen sind Charaktere. Und ähnlich wie menschliche Charaktere benehmen sie sich nicht immer berechenbar. Denn auch Affen sind ganz offensichtlich dazu in der Lage, das Handeln ihrer Hordenmitglieder zu *bewerten*. Und auch in der Affenwelt, so scheint es, gibt es Werte. Doch wie ist das möglich? Da Affen ihre Werte nicht formulieren können, können sie sie weder sich selbst noch den anderen klar und deutlich machen. Wie aber treffen sie dann ihre Entscheidungen? Wie wägen Affen Situationen ab? Und nach welchen ungeschriebenen Kriterien bewerten sie die Absichten anderer Affen?

Fast alle Primatenforscher sind der Ansicht, dass selbst Menschenaffen nicht in der Lage sind, rational zu kalkulieren. Empfangene Wohltaten werden nicht gezählt und durch eine gleiche Anzahl an Wohltaten abgegolten. Es ist deshalb anzunehmen, dass nicht die *Summe* der Taten eines anderen Tieres verrechnet wird. Bewertet werden vielmehr die vermuteten *Absichten*. Menschenaffen, so scheint es, unterscheiden zwischen wohlgesinnten und übelgesinnten Artgenossen. Sie nehmen eine emotionale Haltung zueinander ein, die offensichtlich viel komplexer ist als die Erbsenzählerei: »Du hast mir dreimal das Fell gekratzt, und nun mache ich das Gleiche dreimal bei dir!« Will man das Kosten-Nutzen-Kalkül der Evolutionsbiologen weiterhin verwenden, so muss man Emotionen und Absichten mit einbeziehen.

Soziales Schach, wie es unter Menschenaffen gespielt wird, besteht nicht nur aus einem schlichten »Wie du mir, so ich dir!«. Man tauscht nicht unausgesetzt Bauer gegen Bauer oder Läufer gegen Läufer. Wichtig ist auch die gefühlte strategische Position der Figuren auf dem Brett. Das Spiel ist langfristig angelegt und berücksichtigt mit jedem neuen Zug (wahrscheinlich ziemlich intuitiv) auch den bisherigen Verlauf der Partie. Dass es dafür nötig ist, die Absichten des anderen Spielers mit einzubeziehen, steht außer Frage.

Gleichwohl ist es unter Primatologen durchaus umstritten, inwieweit Menschenaffen sich eine Vorstellung machen von den Absichten der anderen Gruppenmitglieder. Das stärkste Argument dafür, dass Menschenaffen Absichten lesen, liegt dabei nicht in einem positiven Beweis, sondern in einem negativen. Wie sollen Menschenaffen ihr kompliziertes soziales Schach miteinander spielen können, wenn sie die Absichten der jeweils anderen nicht erkennen, berücksichtigen und mitunter voraussehen? Fast alle Motive im Zusammenleben von Schimpansen, Bonobos, Gorillas und Orang-Utans, die über ein rein zweckdienliches Verhalten hinausgehen, liegen im Dunkeln. Haben Menschenaffenhorden ein »Wir-Gefühl?« Gibt es sichere Beweise, dass Gruppenmitglieder gemaßregelt worden sind, weil sie gegen die Spielregeln der Gemeinschaft verstießen? Gibt es ganz rudimentäre Ansätze für Normen, also ein von mehreren geteiltes Gefühl für Dinge, die man tut oder besser nicht tut? Fragen wie diese werden die Primatologen in Zukunft weit stärker beschäftigen müssen als bisher.

Mit den Affen, spätestens mit Menschenaffen, weicht das strenge Kosten-Nutzen-Kalkül auf, das Biologen dem Zusammenleben im Tierreich grundsätzlich unterstellen. Schon Affen sind keine rücksichtslosen Gen-Bestien. Wie sich die Psychologie entwickelt haben könnte, ist das Thema der beiden einflussreichen Anthropologen Robert Boyd und Peter Richerson von der University of California in Los Angeles und Davis.[16] Seit Mitte der 1980er Jahre korrigieren sie die Vorstellung, dass die Evolution des Menschen nur eine Sache der Gene sei. Die Umwelt eines Menschenaffen oder eines frühen Menschen ist und war nicht nur die Natur. Sie bestand eben auch aus sozialen Anforderungen. Und diese sozialen Anforderungen prägen das Fühlen und Denken und treiben den Entwicklungsprozess voran. Mit der komplizierten Psychologie eines Affengehirns weicht die Strenge jeder biologischen Regel auf. Sie wird unterspült, umgangen, außer Kraft gesetzt. Etwas Neues, nahezu Einmaliges tritt auf den Plan und verändert die Gesetze der Evolution.

Die veränderten Erfahrungsmöglichkeiten im Sozialen wirken sich auch auf das Erbgut aus. Nicht nur die Gene treiben unsere Entwicklung an, sondern unser Verhalten treibt auch unsere Gene an. Obwohl die Indizien dafür frappierend sind, wurde diese Wechselwirkung lange verleugnet. Die US-amerikanische Genetikerin Barbara McClintock (1902–1992) brachte sich fast völlig um ihren Ruf, als sie bereits in den 1940er Jahren an dem Dogma rüttelte, die Umwelt könne sich nicht auf die Gene auswirken.[17] McClintock hatte erkannt, dass viele Gene ihren Ort im menschlichen Erbgut verändern können, und zwar möglicherweise auf Grund von Umwelteinflüssen. Der Weg von den Genen zur Kultur war keine Einbahnstraße mehr. Doch erst Ende der 1980er Jahre erfolgte der endgültige wissenschaftliche Durchbruch. Der berühmte Hirnforscher und Nobelpreisträger Eric Kandel (*1929) wies nach, dass einige regulierende Gene tatsächlich von Lern- und Umwelterfahrungen beeinflusst werden.[18] Doch werden diese Veränderungen auch vererbt? Noch vor zehn Jahren wagte kaum ein Biologe diese Möglichkeit ernsthaft in Betracht zu ziehen. Inzwischen aber gibt es darüber eine spannende und hoch kontroverse Diskussion.[19]

Die Einsicht in die wechselseitige Beeinflussung von Umwelt und Erbmaterial gehört zu den wichtigsten biologischen Erkenntnissen der letzten dreißig Jahre. Ihr Siegeszug allerdings gestaltete sich ausgesprochen mühselig. Viele Biologen weigerten sich, sich auf das schwierige Wechselspiel von Genen und Psychologie einzulassen. Die alte Sichtweise von den Genen als Hauptmotor der Evolution war viel einfacher. Sie versprach eine wissenschaftliche Exaktheit, die nun verlorenzugehen droht.[20]

Gedanken und Kulturleistungen lassen sich daran erkennen, dass sie sich auf völlig andere Weise ausbreiten als unsere Gene. Der Unterschied zwischen biologischer und kultureller Evolution lässt sich in einem Satz benennen: *Lebewesen, die Absichten haben und erkennen können, verhalten sich anders als Lebewesen, die dies nicht tun.* Lebewesen ohne bewusste Absichten mögen weithin »Genmaschinen« sein, wie der englische Wissenschaftsjournalist Richard Dawkins fälschlicherweise für alle

Tiere, einschließlich des Menschen, annimmt.[21] Lebewesen mit bewussten Absichten aber fallen aus diesem Schema. So etwa haben sie deutlich mehr Interessen als nur ihr Überleben und ihre Fortpflanzung. Sie bezahlen einander auch nicht nach festgelegten Tauschregeln, sondern mit einer ganz neuen Währung: mit *Aufmerksamkeit* und *Anerkennung*. Der Lohn für ein geteiltes Mahl kann eine Duldung sein und der Lohn für Sex ein Gefühl der Geborgenheit.

Aus den Freilandbeobachtungen und aus der Verhaltensforschung an Affen zu lernen bedeutet, zu sehen, dass sich das Verhalten psychisch vielfältig begabter Lebewesen der strengen biologischen Gesetzmäßigkeit entzieht. Auch Menschenaffen geben wichtige Teile dessen, was sie zum Überleben und Wohlbefinden benötigen, kulturell weiter und nicht nur genetisch. Orang-Utan-Kinder müssen von ihren Müttern lernen, Hunderte von Pflanzenarten voneinander zu unterscheiden, um die essbaren von den giftigen und schädlichen zu trennen.[22] Auch Versöhnungsverhalten, Kooperation und Austausch werden auf diese Weise kulturell gelernt und nicht einfach vom Erbgut gesteuert. Von Natur aus sind Affen zwar an ihrem Fortbestand und häufig auch an dem ihrer Angehörigen interessiert. Aber schon die Auswahl, wer zu den Angehörigen zählt, ist nicht streng festgelegt. Es sind dies die ersten Anzeichen eines »moralischen« Spielraums.

Bei Rhesusaffen entdeckten Forscher ein völlig unterschiedliches Sozialverhalten in verschiedenen Gruppen.[23] In einer Gruppe bestimmte das aggressive Alphamännchen den Umgang miteinander und beanspruchte alle Weibchen für sich. In einer anderen Gruppe dagegen kümmerte sich das Alphamännchen nur um sein Lieblingsweibchen und überließ den anderen Männchen die anderen Weibchen. Bemerkenswerterweise werden solche Spielregeln bei den Rhesusaffen kulturell vererbt, das heißt: abgeschaut und übernommen. Zehn Jahre später, als die Alphamännchen längst gewechselt hatten, war noch immer alles beim Alten. In der ersten Gruppe regierte ein autoritäres Männchen mit Alleinanspruch auf die Weibchen, in der zweiten Gruppe ging es noch immer freundlicher und »demokratischer« zu.

Die Höherentwicklung der Säugetiere zu Affen, Menschen und Menschenaffen bereicherte die Evolution durch neue Gesetze. Zur genetischen Evolution trat die kulturelle Evolution dazu. Lebewesen, die Absichten erkennen können und auf Absichten reagieren, besitzen in ihrem Verhalten einen psychologischen Spielraum. Und je komplexer dieser Spielraum wird, umso weiter entfernen wir uns von unseren rein biologischen Interessen.

Die Psychologie höher entwickelter Tiere schafft kleinere oder größere Freiheiten der kulturellen Evolution. Mit Moral im umfassenden menschlichen Sinn hat dies freilich noch nicht allzu viel zu tun. Affen sind von Natur aus weder gut noch böse, sondern – nach Maßgabe der Menschenmoral bewertet – wohl gar nichts. Ansätze von Moral im Tierreich zu beobachten bedeutet noch lange nicht, diese auch nach unserem Maßstab moralisch als »gut« oder »böse« zu bewerten.

Umso mehr Aufmerksamkeit verdient ein Buch des Primatenforschers Frans de Waal aus dem Jahr 1996. De Waal nannte sein Werk: *Good Natured. The Origins of Right and Wrong in Humans and other Animals.* Der deutsche Titel nennt die Provokation noch deutlicher beim Namen: »Der gute Affe«. Das Thema, dem de Waal in seinem Buch nachgeht, ist eine der wichtigsten Fragen der Moralphilosophie überhaupt. Um zwischen Gut und Böse trennen zu können, muss ich beides voneinander unterscheiden. In einer konkreten Lebenssituation heißt das: Ich muss wissen, was fair ist und was unfair. Doch woher nehme ich dieses Wissen? Wie brachte die Natur im Menschen ein Gefühl für Fairness hervor?

- *Kreischende Kapuziner.* Ist Fairness angeboren?

Kreischende Kapuziner
Ist Fairness angeboren?

Die Emory University im DeKalb County in der Nähe von Atlanta im US-Bundesstaat Georgia ist eine berühmte Kaderschmiede für Theologen, Juristen und Manager. Von Methodisten 1836 gegründet und groß gemacht von Asa Griggs Candler, dem Gründer der Coca Cola Company, entspringt sie dem amerikanischen Traum aus Big Business und Kirche. Inmitten der vielen schneeweißen neoklassizistischen Gebäude und zwischen blendend gepflegten Parkanlagen steht das *Psychology and Interdisciplinary Science Building,* ein moderner Neubau aus dem Jahr 2009. Als eine von wenigen Fakultäten in der Welt beherbergt es Psychologen, Verhaltensforscher, Kognitionswissenschaftler und Hirnforscher unter einem einzigen Dach. Der Star dieser Fakultät aber ist ein 62-jähriger weißhaariger Niederländer: Frans de Waal – der wohl renommierteste Primatenforscher der Welt.

Wer sich mit Tieren beschäftigt, kommt irgendwann auf den Menschen. Konrad Lorenz ist diesen Weg gegangen, Irenäus Eibl-Eibesfeldt, Julian Huxley, Desmond Morris, Edward O. Wilson, Stephen Jay Gould, Jared Diamond und natürlich – Frans de Waal. Unter all den Genannten ist er dabei am weitesten gekommen, präzise, vorurteilsfrei, umsichtig und mit unbändiger Erkenntnislust.

Am Anfang war der schnauzbärtige Niederländer nur einer von vielen in der Pionierzeit der 1970er Jahre. Obwohl er, anders als etwa Jane Goodall oder Dian Fossey, Menschenaffen nicht in ihrer natürlichen Umgebung studierte, gilt er als einer ihrer besten Beobachter. Seine Untersuchungen im niederländischen Zoo von Arnheim sind Legende. Heute ist de Waal eine Kapazität. Seit zwanzig Jahren ist er Professor in Atlanta und leitet dort das Primatenzentrum. Seine Bücher, in viele Sprachen übersetzt, sind eine publizistische Erfolgsgeschichte. Doch was hat er uns zu sagen?

De Waal ist ein Obdachloser in der Wissenschaft, wie Karl Marx einer war oder Sigmund Freud. Eine Affenpsychologie, die diesen Namen tatsächlich verdiente, gab es vor ihm nicht. Verhaltensforscher untersuchten das Sozialverhalten von Primaten nach dogmatischen biologischen Regeln wie jenen von Trivers und Hamilton. Und Philosophen interessierten sich überhaupt nicht für Affen. »Wer den Pavian versteht, würde mehr zur Metaphysik beitragen als John Locke«, prophezeite einst der junge Darwin in seinem Notizbuch von 1838. De Waal hingegen gilt bis heute nicht als Philosoph. Immer noch trifft ihn das Desinteresse der Hochschulphilosophie, die das Wort »Kant« mit Lust, das Wort »Pavian« dagegen noch immer mit Unlust hört.

Nach seiner Doktorarbeit an der Universität Utrecht über aggressives Verhalten und Allianzen in einer Gruppe von Makaken beobachtete de Waal sechs Jahre lang die Schimpansen von Arnheim.[1] Er studierte Konflikte und Versöhnungsstrategien, das Verteilen von Nahrung und die Sozialstrukturen. Er war einer der ersten Biologen, die verstanden, dass Lebewesen, die Absichten haben und erkennen, sich deutlich anders verhalten als Lebewesen, die dies nicht können. Die Menschenaffen, die er beobachtete, besaßen eine erstaunliche Intelligenz. Sie waren in der Lage, sich auf sehr differenzierte Weise zu verständigen. Sie hatten einen Sinn für soziale Spielregeln. Sie konnten sich als ein »Selbst« von anderen unterscheiden. Und sie hatten ein Gedächtnis, das es ihnen erlaubte, Ereignisse der Gegenwart und der Vergangenheit aufeinander zu beziehen.

Vor zehn Jahren startete de Waal in Atlanta eine Versuchsreihe von richtungsweisender Bedeutung. Sein Studienobjekt waren diesmal keine Schimpansen oder Bonobos, sondern südamerikanische Kapuzineraffen.[2] Bei Affenkennern gelten die Affen der Neuen Welt im Vergleich zu den afrikanischen und asiatischen Affen eher als etwas minderbemittelt. Doch Kapuziner machen eine Ausnahme. Unter den Affen Südamerikas sind sie die Stars. Die flinken Baumbewohner des Amazonas-Regenwaldes sind besonders langlebig. Mit annähernd fünfzig Jahren werden sie in etwa so alt wie Menschenaffen. Die Größe und das Gewicht ihrer Gehirne sind außergewöhnlich. Ihr Sozialleben ist vergleichsweise friedfertig und sehr komplex. Kein Wunder, dass sie bei Menschen seit langer Zeit beliebt sind: als Heimtiere, als Begleiter von Drehorgelspielern, als Filmstars und als Helfer für körperbehinderte Menschen.

De Waal und seine Kollegin Sarah Brosnan teilten ihre Gruppe von Kapuzinern in eine Reihe von Pärchen. Das Versuchsziel war ehrgeizig. Lebewesen, die Absichten erkennen können, hegen *Erwartungen*. Je nachdem, was ich tue, reagiert ein anderer feindselig oder freundlich auf mich. Gemeinhin treffen mich diese Reaktionen nicht wie ein Blitzschlag, sondern ich habe sie vorher erwartet. Wenn ich »bitte« sage, erwarte ich eher, dass mir ein Wunsch erfüllt wird, als wenn ich einen Befehl belle. Doch woher kommen Erwartungen? Haben nur Menschen Erwartungen oder auch Affen? Und kann man die Erwartungshaltung von Affen in einem Versuch sichtbar machen?

Das Thema der Erwartung, das Brosnan und de Waal aussuchten, war besonders anspruchsvoll: Sie wollten herausfinden, ob Kapuziner erwarten, dass es im Umgang mit ihnen *fair* zugeht. Aus diesem Grund provozierten die Forscher die Affen nach allen Regeln der Kunst. Sie behandelten die einzelnen Tiere im Vergleich zueinander ungerecht, zogen das eine vor und speisten das andere billig ab.

Am Anfang war die Welt für die Kapuziner noch in Ordnung. Die Forscher warfen ihnen Spielmarken in den Käfig. Gaben die

Äffchen diese Marken zurück, so erhielten sie dafür ein Stückchen Gurke oder eine Weintraube. Der eine Kapuziner bekam immer genau das Gleiche für sein Zurückreichen der Marke wie der andere.

Doch dann begann die Ungerechtigkeit. In einem zweiten Versuch bekam einer der beiden Affen für seine Marken immer ein Gurkenstück. Der andere dagegen bekam jedes Mal eine viel schmackhaftere Weintraube. Der mit dem Stück Gurke Abgespeiste konnte genau beobachten, wie sein Kumpan für dieselbe Leistung, die Marke zurückzugeben, eine viel größere Belohnung bekam.

Was passierte? Schon nach kurzer Zeit verlor der Affe mit den faden Gurkenstückchen sichtbar die Lust. Er weigerte sich weiter mitzuspielen. Die Marken blieben im Käfig liegen. Noch ungehaltener wurde der Schlechtbehandelte, als er mit ansehen musste, wie der Gefährte seine Weintrauben schließlich sogar »umsonst« bekam, ohne etwas dafür tun zu müssen. An diesem Punkt begann der Zu-kurz-Gekommene ein wildes Gekreische, warf seine Spielmarken aus dem Käfig und verschmähte vollständig seinen Gurkenlohn.

Wie konnte ein Stück Gurke, das vorher noch recht begehrt gewesen war, in so kurzer Zeit seinen Wert verlieren? Ganz offensichtlich verglichen die Tiere ihre eigene Belohnung mit der Belohnung der anderen. Und ihre Erwartungshaltung schien zu sein, dass sie für die gleiche Tätigkeit auch den gleichen Lohn erhalten sollten. Als dies nicht mehr der Fall war, stieg in ihnen ein Gefühl des Unmuts auf – das Gefühl, »unfair« behandelt worden zu sein.

Um sicher zu sein, dass sie das Richtige beobachtet hatten, machten Brosnan und de Waal noch einen Kontrolltest. Könnte es nicht sein, dass die Äffchen einfach nur die Lust verloren, wenn für ihre Arbeit eine höhere Belohnung – also eine Weintraube – in Sicht war? Die Forscher drapierten ein paar Weintrauben in Sichtweite der Tiere und führten ihr Markentausch-Spiel ausschließlich mit Gurken durch. Dieses Mal jedoch spielten die Kapuziner bereitwillig mit. Wenn keiner eine Weintraube bekam, dann konnte man eben auch für Gurken arbeiten.

Bei all den Versuchen konnte keiner der Forscher den Tieren ins Gehirn sehen. Über die Motive der Affen kann man nur spekulieren. Doch de Waal ist sich sicher, »dass Tieraffen – wie Menschen – sich von *sozialen Emotionen* leiten lassen«. Und diese Emotionen »steuern die Reaktionen des Individuums auf die Leistungen, Gewinne, Verluste und Einstellungen von anderen«.[3] Da Kapuziner in der Natur sehr kooperativ leben und auch ihre Nahrung recht gerne teilen, scheinen sie zu erwarten, dass niemand benachteiligt wird.

Kapuzineraffen sind nicht unsere nächsten Verwandten. Dennoch können sie uns einigen Aufschluss geben. Auch Affen, so scheint es, hegen bestimmte soziale Erwartungen. Und sie haben ein Gefühl dafür, wie andere sie behandeln sollten. Von Kapuzineraffen lernen bedeutet, zu sehen, dass Lebewesen, die eine ungefähre Vorstellung von ihrem Selbst haben, Erwartungen und Ansprüche daran stellen, wie mit ihnen umgegangen werden soll. Und es bedeutet zu sehen, wie der hoch ausgebildete Gerechtigkeitssinn des Menschen »irgendwo seinen Anfang genommen haben« könnte »und dass das Selbst der logische Ort ist, wo man nach seinem Ursprung suchen sollte. Wenn es die ichbezogene Form erst einmal gibt, kann sie so ausgebaut werden, dass sie andere Individuen mit einschließt.«[4]

Die Fähigkeit zur Fairness, so die Pointe, ist keine kulturelle Zutat oder exklusiv menschliche Verabredung. Sie wurzelt tief im Tierreich. Doch ist das Gefühl für Unfairness, das den abgespeisten Kapuziner überkam, bereits das Gleiche wie ein Gefühl für Fairness? Auch de Waal hat einigen Zweifel, dass man von einem Gefühl für Fairness bei Affen reden sollte. Ein »fairer« Affe hätte seine Weintrauben vielleicht auch mit dem Zu-kurz-Gekommenen geteilt und seinen Vorteil kompensiert. So gesehen erscheint es besser, nicht von einem Gerechtigkeitssinn bei

Kapuzineraffen zu sprechen – das wäre zu viel –, wohl aber von einem *elementaren Sinn für Unfairness*. Auch bei Menschen ist das Gefühl für eine erlittene Unfairness viel größer als das Gefühl der Fairness gegenüber anderen. Als Stiefvater von drei Kindern, die noch nicht ganz der Pubertät entwachsen sind, hegt man nicht ganz unberechtigte Zweifel daran, dass die menschliche Natur den Sinn für Fairness ebenso tief verwurzelt hat wie jenen für Unfairness. Pubertierende nutzen gerne ihre neu erworbene Vernunft und Rhetorik, um auszuprobieren, wie weit man kommt, wenn man Fairness einseitig auslegt. Für sie ist es die Zeit, in der die Eltern anstrengend werden. Der tiefere Sinn der Scharmützel liegt vermutlich darin, aus dem Scheitern dieses Ego-Programms klug zu werden. Denn ganz offensichtlich vervollkommnet sich das Fairness-Programm erst mit dem Erreichen des Erwachsenenalters – falls es sich überhaupt bei jedem vervollkommnet. Menschen, die genauso sensibel und fair gegenüber anderen sind wie zu sich selbst, sind auch als Erwachsene vermutlich überall in der Welt in der Minderheit.

De Waals Theorie der Moral hat ein freundliches Antlitz: Der Keim zum Guten im Menschen ist eine alte Geschichte aus dem Tierreich, entstanden aus der Geselligkeit. Konfliktlösung stand am Anfang, Mitgefühl und Fairness kamen später dazu. Vom sozialen zum moralischen Tier war es ein kleiner Schritt, oder besser: eine Abfolge von kleinen Schritten. Die Paviane und mehr noch die großen Menschenaffen zu verstehen bedeutet, die Wurzel unserer Moral zu entdecken: in Kooperation und Trösten, Dankbarkeit und Gemeinschaftssinn. Wie eine russische Matroschka schichtet sich de Waals Modell der moralischen Evolution. Im Innersten versteckt ist der emotionale Reflex, ausgelöst durch das Verhalten anderer. Er findet sich nahezu überall bei höheren Tieren. In der Mitte liegt die Empathie, die Fähigkeit, die Emotionen eines anderen einzuschätzen, einschließlich ihrer Gründe. Menschenaffen seien dazu in der Lage und Menschen. Die äußerste Schicht ist die Kunst, in vollem Umfang die Perspektive eines anderen einzunehmen. Nur sie ist exklusiv menschlich.

Ohne uralte »moralische Empfindungen«, die wir mit Menschenaffen oder Kapuzinern teilen, so de Waal, ist die menschliche Moral schlichtweg unerklärlich. Sie kann nicht vom Himmel gefallen sein. Und diesen Weg der Moral können wir an unseren nächsten Verwandten, den Menschenaffen, zurückverfolgen. Wenn Schimpansen, Bonobos, Gorillas und Orang-Utans so handeln, als wären sie gut, warum sollen sie es dann nicht auch sein? Menschen und Menschenaffen teilen so vieles miteinander: die Aufmerksamkeit und die Bindung aneinander, die Kooperation und die Hilfe beim Suchen von Nahrung, Sympathie und Empathie, wechselseitige Hilfe, Altruismus und reziproken Altruismus, Konfliktlösungen und Friedensstiftung, Täuschung und Enttäuschung, Verantwortung für die Angehörigen, die Sorge darüber, was andere über einen denken, und Aufmerksamkeit und Respekt vor den Spielregeln der Gemeinschaft.

Vom Mitgefühl über das Gefühl für Unfairness führt der Weg auch zur menschlichen Moral. Sie ist, folgert de Waal, »natürlich, und sie hat eine emotionale Basis, ist nicht nur Sache des Verstandes. Empathie etwa ist zu schnell, um unter der Kontrolle des bewussten Nachdenkens zu stehen. Sehen, dass jemand Schmerzen empfindet, aktiviert dieselben Hirnregionen, wie selbst Schmerzen zu empfinden. Moralische Dilemmata aktivieren Hirnregionen, die älter sind als unsere Art.«[5]

Hat de Waal Recht, so steht am Anfang der Entwicklung zur Moral die Intuition. Was fühlt sich sozial »richtig« an und was »falsch«? Je intelligenter Affen sind, umso komplizierter werden dabei die Spielregeln des Zusammenlebens. Und umso schwieriger die Spielregeln des Zusammenlebens sind, umso mehr fordern sie die Intelligenz heraus. Aus moralischen Intuitionen werden unausgesprochene moralische Regeln. De Waals lange Erfahrung mit Menschenaffen, seine Sensibilität und Umsicht lassen ihn die Natur des Menschen in einem recht positiven Licht erscheinen. Und sie bewahren ihn davor, uns als schlecht getarnte Bestien zu beschreiben und den Psychopathen als Normalfall. Die Moral ist keine freundliche Tünche auf unserer bösen Natur. Denn was sollte uns dieser widernatürlich alberne Anstrich bringen? Der Schwarm von Piranhas, der freiwillig beschließt, Vegetarier zu werden, muss erst noch gefunden werden.

Mein Sohn Oskar hat noch nie etwas von de Waal gelesen. Und die Kapuzineräffchen im Kölner Zoo schmeißen nicht mit Spielmarken und Gurken. Doch spätestens seit er vier wurde, attackiert er mich mit dem Satz: »Das ist nicht fair!« Fast immer bezieht sich sein Gefühl für erlittene Ungerechtigkeit auf mich. Kissenschlachten sind dann unfair, wenn Oskar das Gefühl hat, dass er unter den gegebenen Umständen nicht gewinnen kann. (Fair sind sie, wenn er gewinnt!) Irgendwann zwischen dem dritten und dem vierten Lebensjahr entwickelt sich bei jedem normalen Menschenkind der Geist der Kapuziner.

Der englische Philosoph John Stuart Mill (1806–1873) nannte diesen Impuls das »Gefühl für Gerechtigkeit« *(sentiment of justice)*. Und seine Kehrseite ist das Bedürfnis, diejenigen zu bestrafen, die dieses Gefühl verletzten: »Es wird uns immer Vergnügen und Genugtuung bereiten, wenn jemand, der sich ungerecht verhalten hat, bestraft werden soll.«[6] Und zwar selbst dann, wenn wir selbst gar nicht die Opfer dieser Ungerechtigkeit sind. Für Mill ist das allerdings äußerst erstaunlich. Denn was haben wir eigentlich davon? Beweist dies nicht, dass unser Gefühl für Unfairness ziemlich unbiologisch und unnatürlich ist?

Die Antwort, die Mill sich selbst gibt, würde unter heutigen Umständen wohl kaum noch als unbiologisch betrachtet. Wir verabscheuen Ungerechtigkeit auch dann, wenn wir nicht selbst betroffen sind, weil wir wissen, dass es allgemein in unserem persönlichen Interesse ist, wenn die Gemeinschaft, in der wir leben, intakt ist. Unser Gehirn aktiviert sogar unser Belohnungszentrum im mesolimbischen System, wenn wir sehen, wie andere Menschen für ihre Unfairness bestraft werden.[7]

Die enorme Verlässlichkeit unseres Gefühls für Unfairness beschäftigt heute nicht nur Philosophen und Verhaltensforscher, sondern vor allem eine ganz andere Zunft – die Wirtschaftspsychologie. Im Jahr 1978 erfand der Kölner Wirtschaftswissenschaftler Werner Güth, heute Professor am Max-Planck-Institut für Ökonomik in Jena, gemeinsam mit seinen Kollegen Rolf Schmittberger und Bernd Schwarze eine berühmte Versuchsanordnung: das *Ultimatumspiel*[8]: Der Versuchsleiter überreicht einem Studenten eine Summe Geld. Der Betrag ist so hoch, dass er für den Studenten einen Wert darstellt, aber keinen überragenden Wert. Ein geeigneter Betrag wäre zum Beispiel fünfzig Euro. Der Student darf dieses Geld behalten, aber er muss es mit einem ihm unbekannten anderen Studenten teilen. Wie er den Betrag splittet, ist seine Sache. Er kann dem anderen so viel oder wenig abgeben, wie er für richtig hält. Der Haken an der Sache aber ist der: Er muss dem anderen sagen, wie viel Geld er insgesamt hat. Und er darf dem anderen nur ein einziges Teilungsangebot machen. Beide wissen zudem, dass der gesamte Betrag an den Versuchsleiter zurückfällt, wenn man sich beim ersten und einzigen Angebot nicht einig wird!

Die Situation ist vertrackt. Der Student könnte nur einen kleinen Betrag für den anderen anbieten, etwa mit dem Argument: »Zehn Euro für dich ist besser als gar nichts.« Aber das Risiko, das er eingeht, ist sehr hoch. Was wird der andere über mich denken, wenn ich ihm so wenig abgebe? Denkt er nicht vielleicht: »Ich lass mich doch nicht verar…? Dann verzichte ich doch lieber auf die lumpigen zehn Euro, bevor du dich derart auf meine Kosten bereicherst!«

Das Ultimatumspiel ist heute ein Klassiker der Wirtschaftspsychologie. Ungezählte Versuchsleiter haben es inzwischen mit Studenten und anderen Versuchsteilnehmern durchgespielt. Und was ist das Ergebnis? Der am häufigsten gemachte Teilungsvorschlag lautet: »fünfzig zu fünfzig«! Aus Angst und Rücksicht vor dem Gefühl der Unfairness bei meinem Gegenüber biete ich im

Zweifelsfall die Hälfte an.⁹ Denn bei unserem Austausch und Handel mit anderen müssen wir das Gefühl für Unfairness bei unserem Gegenüber berücksichtigen.

Für die Erforschung unserer sozialen Natur noch wichtiger ist eine Variante des Spiels, das sogenannte *Diktatorspiel*.¹⁰ Im Unterschied zum Ultimatumspiel darf der andere Spieler mein Teilungsangebot nicht ablehnen. Die Studenten, die das Geld vom Versuchsleiter bekommen – die »Diktatoren« –, gehen nun kein Risiko ein. Geben sie ihrem Gegenüber nun den kleinstmöglichen Betrag? Mitnichten! In allen bisher bekannten Versuchsreihen blieb der Betrag für den Mitspieler im Schnitt zwar etwas unter der Hälfte, aber er war dennoch bemerkenswert hoch. Das Gefühl für Fairness und der Wunsch, nicht als ein unfairer Mensch dazustehen, scheinen – zumindest in unserer westlichen Kultur – tief internalisiert zu sein.

Lebewesen, die Absichten haben, die ihnen bewusst sind, und die Absichten bei anderen erkennen können, hegen soziale Erwartungen. Besonders intelligente Tiere, wie Kapuzineraffen, Menschenaffen und Menschen, haben Ansprüche, wie man sie behandeln soll und wie nicht. Ein wichtiger Anspruch ist das Bedürfnis, nicht unfair behandelt zu werden. Diese Erwartungshaltung ist die Grundlage des menschlichen Anspruchs auf Gerechtigkeit. Als intuitives Bedürfnis ist es fest in der menschlichen Natur verankert.

Unsere Fähigkeit zur Moral und unser Verständnis von Gerechtigkeit haben, wie gesehen, sehr alte Wurzeln. Sie sind keine Tünche der Zivilisation. Doch wie weit reicht unsere moralische Intuition? Bestimmen uns in der Moral tatsächlich nur diese urtümlichen Gefühle und nicht auch die Vernunft?

- *Gefühl gegen Vernunft.* Wer trifft unsere Entscheidungen?

Gefühl gegen Vernunft
Wer trifft unsere Entscheidungen?

Als alles nichts mehr half, beschloss er, sein Buch eben selbst zu rezensieren. Als anonymer Verfasser wollte er auf seine Meisterleistung hinweisen. Aber auch daraus wurde nichts. Sein »Traktat über die menschliche Natur« war ein Flop.[1] Als »Totgeburt« fiel es »aus der Presse und fand nicht einmal so viel Beachtung, um wenigstens unter den Eiferern ein leises Murren zu erregen.«[2] Immerhin, ein einziger Eiferer fand sich schließlich doch, der den Autor – wie erwartet – als einen Atheisten und Amoralisten beschimpfte.[3]

Der schottische Anwaltssohn David Hume, ein »hochgewachsener ungeschickter Junge«, war 29 Jahre alt, als er im Januar 1739 mit zwei schmalen Bändchen an die Öffentlichkeit trat.[4] Bis dahin hatte der abgebrochene Jurastudent ein kärgliches Leben geführt. Eingeschlossen in seiner Studierstube, von Kopfschmerzen und Müdigkeit geplagt, von Skorbut erschöpft, litt er an schweren Depressionen. Sein weniges ererbtes Geld war rasch aufgebraucht, doch eine Anstellung als Kaufmann endete erfolglos nach wenigen Monaten. Wahllos verschlang er, was er an philosophischer Literatur auftreiben konnte, und wälzte es hin und her. Als niemand mehr etwas von ihm erwartete, stanzte er seine Ansichten schließlich in das Traktat.

Was für ein Buch! Gemessen an den Umständen seiner Entstehung ist das Werk sensationell. Ruhig und aufgeräumt, überlegen und selbstbewusst, von bestechender Klarheit. Das Programm: alles Verhalten des Menschen zu erklären, und zwar einzig und allein aufgrund von Erfahrung und sorgfältiger Beobachtung. Keine theologische Überlegung, kein höchstes oder höheres Prinzip – nur das, was sich im gesellschaftlichen Verkehr, in den Alltagsbeschäftigungen und den Vergnügungen der Menschen zeigt, ist von Bedeutung. Mit zoologisch unbestechlichem Blick untersucht Hume die menschliche Natur, die Dynamik ihrer Gefühle, die Regeln ihres Verhaltens und die Gesetze ihrer sogenannten Vernunft.

Zu Beginn der Aufklärungszeit – in England beginnt gerade die Industrielle Revolution der Textilindustrie – analysiert Hume die Menschen so klar, so neutral und so unverwandt, als gehöre er nicht dazu. Er selbst sieht in seinem Werk eine »Revolution«. Doch besonders beliebt macht ihn das nicht. Seine Bewerbung auf den Lehrstuhl für »Ethik und Pneumatische Philosophie« an der Universität von Edinburgh scheitert. Die Professur erhielt ein gewisser William Cleghorn, an den sich heute niemand erinnert. Sein Leben lang wird die akademische Philosophie Hume ablehnen und ausschließen.

Sein weiteres Schicksal bestimmt der Zufall. Mit 34 wird Hume Tutor eines englischen Marquis und bald darauf Sekretär eines Generals. Als dessen Adjutant reist er in Europa herum, betätigt sich als Diplomat, verdient eine Menge Geld und steckt es darein, seinen Traktat weiter auszuarbeiten. In rascher Folge schreibt er »Eine Untersuchung über den menschlichen Verstand« und »Eine Untersuchung über die Prinzipien der Moral«. Doch die Tore der Universität Glasgow, wo er sich nun auf eine Logikprofessur bewirbt, bleiben ihm verschlossen.

Als Bibliothekar der Anwaltskammer in Edinburgh findet er eine neue Anstellung. Inmitten einer prunkvollen Bibliothek von 30 000 Bänden besinnt er sich auf das, was er ohne jeden Zweifel kann: schwierige und verworrene Sachverhalte anschaulich und klar zu formulieren. Kein philosophisches Werk, sondern eine allgemein verständliche »Geschichte von Großbritannien« macht ihn reich und berühmt. Hume verknüpft Geschichte mit

Philosophie und Psychologie mit Wirtschaft. Und er schildert das Geschehen aus vielen verschiedenen Perspektiven. Nach zögerlicher Resonanz am Anfang sorgt das Werk schließlich für Furore: ein Bestseller! »Ungeachtet der wechselhaften Witterung, der meine Schriften ausgesetzt waren«, schreibt Hume über sein Leben, »hatte ihr Absatz solche Fortschritte gemacht, dass die Autorenanteile, die die Buchhändler an mich abführten, bei weitem alles übertrafen, was man bis dahin in England kannte.«[5]

Als Populärwissenschaftler geht Hume in die Zeitgeschichte ein. Die akademische Welt überzieht ihn dafür mit Häme und Spott. Einzig Immanuel Kant zollt ihm seine Anerkennung: »Aber wo ist der ... Schriftsteller, der die Geschichte und die trockensten philosophischen Gegenstände mit Verstand und tiefer Einsicht doch so schön abhandelt wie Hume.«[6] Die Kritiken müssen Hume nicht mehr kümmern. Erfolg macht beliebt. Seine weitere Lebenszeit verbringt er in den Kreisen der vornehmen Gesellschaft, wird zwischenzeitlich Geschäftsträger der britischen Botschaft in Paris und Unterstaatssekretär im Außenministerium. Als er im Jahr 1776 in Edinburgh stirbt, ist er ein umstrittener, aber hochgeachteter Mann.

Heute gilt David Hume als der bedeutendste britische Philosoph des 18. Jahrhunderts. Und er ist der Lieblingsphilosoph vieler Naturwissenschaftler, insbesondere vieler Hirnforscher. Was ihn für heutige Biologen attraktiv macht, ist leicht zu benennen. Anders als viele andere Philosophen bezog Hume die naturwissenschaftlichen Erkenntnisse seiner Zeit mit ein. Er ließ nur gelten, was sich zweifelsfrei beobachten ließ. Und er misstraute allen Annahmen über die Natur des Menschen, die sich nicht überprüfen ließen. Auf diese Weise kam er zu zwei spektakulären Schlussfolgerungen. Die erste ist, dass nicht der Verstand oder die Vernunft den Menschen regieren, sondern seine Gefühle. Und die zweite: Wenn unsere Gefühle den Ton angeben und nicht unsere Überlegungen, so gibt es auch keinen freien Willen. Die Affekte sind die Herren und die Vernunft ihre Sklavin. Moderner ausgedrückt heißt dies: Wie auch immer ich mich in einer moralischen Situation entscheide, stets entscheide ich danach, welcher Affekt in mir am stärksten ist. Das stärkste Gefühl trägt den Sieg davon. Und der Verstand ist nichts als der Pressesprecher des Gehirns, der wortreich rechtfertigt, was unser Kanzler, das Gefühl, längst entschieden hat.

Humes Botschaft ist unmissverständlich und klar: Unsere moralischen Entscheidungen sind nicht überlegt, sondern sie werden intuitiv gefällt. Ein unbewusster *Moralsinn* (»moral sense«) leitet uns durch die Welt und trennt das Angenehme vom Unangenehmen, das Nützliche vom Unnützen. Der Begriff war unter den britischen Philosophen seiner Zeit sehr in Mode. Die Kollegen Francis Hutcheson (1694–1746) und später Adam Smith (1723–1790) sahen die Grundlage aller ethischen Entscheidungen in einem angeborenen und instinktiven Sinn für Moral.[7]

Die Idee, dass unsere Moral intuitiv ist und unserer Vernunft damit weitgehend entzogen, ist gegenwärtig beliebter, als sie es je war. Zweihundert Jahre lang führte sie eher ein bescheidenes Schattendasein in der Philosophie. Heute dagegen ist sie gleichsam die Modephilosophie unserer Zeit. Eine Gesellschaft, die ihre Gefühle nicht mehr versteckt, sondern in jedem Satz thematisiert, die alles »liebt« oder »hasst« – eine Angewohnheit, einen Frühstückssaft, eine Fernsehserie –, glaubt allzu gerne, dass es im Leben vor allem auf die richtigen Gefühle ankommt. Von »Bauchgefühlen« ist in unserer Umgangssprache die Rede und von »gefühlten Wahrheiten«. Sie sind die Grundlage ungezählter Lebens- und Glücksratgeber. Emotionale Intelligenz ist das Schlüsselwort der Sozial- und der Wirtschaftspsychologen. »Bauchentscheidungen« nennt der Psychologe Gerd Gigerenzer sein überaus erfolgreiches Sachbuch. Mit vielen Experimenten führt der US-amerikanische Psychologe Marc Hauser von der Harvard University vor, wie wir uns in moralischen Konfliktsituationen nur auf unser Gefühl verlassen. Und zahlreiche Hirnforscher versuchen uns am Computerbildschirm zu demonstrieren, dass Hume völlig Recht hatte: Der dunkle Impuls unseres Willens gehe unseren hellen und bewussten Überlegungen zeitlich voraus.[8]

Humes überzeugendster Anwalt aber ist ein charmanter junger US-Amerikaner. Im Jahr 2001 veröffentlichte Jonathan Haidt, Professor für Psychologie an der Virginia University, einen spektakulären Aufsatz in einer angesehenen psychologischen Fachzeitschrift: »Der emotionale Hund und sein rationaler Schwanz«.[9] Wie der schottische Philosoph 250 Jahre zuvor, so meint auch Haidt, dass unsere Gefühle unserem Verstand vorausgehen. Nicht der Verstand wedele beim moralischen Urteil mit dem Gefühl, sondern das Gefühl wedele mit dem Verstand.

Haidts These ist provozierend. Hat er Recht, so haben wir für unsere moralischen Überzeugungen, unsere Haltungen und Weltanschauungen keine Gründe. Sondern die Lage wäre genau umgekehrt. Weil wir bestimmte gefühlte Überzeugungen, Haltungen und Weltanschauungen haben, suchen wir uns die dazu passenden vernünftigen Argumente. Abtreibungsgegner seien zumeist nicht deshalb gegen Abtreibung, weil vernünftige Argumente sie überzeugen. Sondern sie suchen sich mehr oder weniger vernünftige Argumente, weil sie gegen Abtreibung sind.

Um seine These zu überprüfen, untersuchte Haidt die Werte von US-amerikanischen Wählern. Er erstellte eine Liste und forderte die Befragten auf, eine Hierarchie zu bilden. Welcher Wert ist ihnen am wichtigsten und welcher weniger wichtig? Diejenigen, die angaben, »liberal« zu sein (also für US-amerikanische Verhältnisse »links«), bewerteten »Fairness« und »Fürsorge« am höchsten. »Loyalität«, »Respekt« und »Stolz« schnitten schlechter ab. Befragte, die sich selbst als »konservativ« einschätzen, bewerten zwar die Fürsorge hoch, nicht aber die Fairness. Sie landete auf dem letzten Platz.

Geht es nach Haidt, so passen wir unsere Werte unserer Weltanschauung an und nicht umgekehrt. Anders ausgedrückt: Vernünftige Argumente dafür, ob etwas gut, richtig, wertvoll oder wertlos, akzeptabel oder inakzeptabel ist, sind stets nachgeschoben. Für einen schlagenden Beweis konstruierte Haidt eine ganze Reihe drastischer Beispiele und fragte Tausende von Menschen in den USA und in Brasilien, was sie davon hielten: Wäre es in Ordnung, wenn zwei Geschwister miteinander schlafen? Gesetzt den Fall, sie verhüten sorgfältig und finden es beide aufregend und wunderbar? Finden Sie es unbedenklich, wenn jemand seinen verstorbenen Hund isst? Haben Sie etwas dagegen, wenn einer seine Toilette mit der Nationalflagge putzt? Würde es Sie verstören, wenn jemand ein totes Huhn, bevor er es isst, zum Onanieren gebraucht?[10]

Die Pointe all dieser Beispiele ist offensichtlich. Sie sind so konstruiert, dass niemandem ein Schaden entsteht. Keiner wird unfair behandelt, und es gibt keine Opfer. Und trotzdem, so vermute ich, wird Ihnen bei den meisten dieser Beispiele mindestens unbehaglich. Die Toilettenreinigung mit der Nationalflagge, die in Deutschland nicht die pathetische Symbolik hat wie in den USA, würden Sie möglicherweise noch als Marotte akzeptieren. Den Inzest aber lehnen Sie vermutlich ab, obwohl die vernünftigen Argumente dagegen – das Risiko einer Schwangerschaft, ein großer seelischer Schaden – hier nicht greifen. Wenn etwas in Ihnen gegen all diese Unsitten rebelliert, ist es nicht Ihr Sinn für Fairness. Und es ist wohl auch nicht das Mitgefühl mit toten Hunden und toten Hühnern.

Aber was entrüstet oder pikiert Sie dann? Vermutlich ist es bei den genannten Beispielen nicht unbedingt das Gleiche. Unser Unbehagen gegenüber Inzest ist biologisch vermutlich sehr alt, er findet sich auch bei vielen anderen höheren Wirbeltieren. Unser Unbehagen daran, dass jemand seinen eigenen Hund isst, mag daran liegen, dass wir in unseren Haustieren so etwas sehen wie entfernte Angehörige. Wen man liebt oder geliebt hat, den verspeist man nicht. Und den Mann, der sich an einem toten Huhn vergeht, halten wir vermutlich für psychisch gestört.

Gleichwohl gibt es bei all den Fällen etwas Gemeinsames.

Wir sind moralisch verstört oder entrüstet, ohne dass jemand zu Schaden gekommen ist. In seinen Schriften über das »epische Theater« erklärt der Schriftsteller Bertolt Brecht einen wichtigen Unterschied zwischen einem Sprechen »im Namen der Moral« oder »im Namen der Geschädigten«: »Das sind wirklich zweierlei Dinge. ... Die Menschen sind für solche Moralisten für die Moral da, nicht die Moral für die Menschen.« Für Brecht ist das Sprechen »im Namen der Moral« falsch. Allerdings bezieht er es einzig und allein auf den Missbrauch der Moral im politischen Kontext. In unserem Alltag aber, so scheint es, gibt es auch dann einen wichtigen »gefühlten Grund«, eine Handlung abzulehnen, wenn es keine Geschädigten oder Opfer gibt.

Die gefühlten Gründe nennt Haidt *soziale Intuitionen*. Fast immer richten wir uns nach unserer Intuition und entscheiden nach Gefühl. (Nur Philosophieprofessoren, so Haidt, machen dabei vielleicht eine kleine Ausnahme.) Das Schlechte an der Macht der Intuition ist, dass wir weit weniger vernünftig und selbstbestimmt sind, als wir gemeinhin glauben. Das Gute ist, dass auch unsere Intuitionen lernfähig sind: durch Bestätigungen oder durch Enttäuschungen und vor allem durch die Anregungen und Meinungen anderer. Unsere Gefühle lassen sich demnach verschieben und passen sich mitunter den Umständen an.

Haidts Erkenntnisse knüpfen an Hume ebenso an wie an de Waal. Unsere Moral sei keine alleinige Errungenschaft der Zivilisation, sondern ein Ensemble von unterschiedlich alten und sehr nützlichen instinktiven Handlungen und Haltungen. Vernunft alleine gebiert dagegen keine Moral. Denn ohne soziale Gefühle wie Liebe, Zuneigung, Respekt, Mitleid, Furcht, Unbehagen, Ablehnung, Ekel, Scham und so weiter weiß auch unsere Vernunft nicht, was Gut und Böse ist.

So weit, so unwidersprochen. Doch wie weit reicht unsere Intuition? Hatte Hume tatsächlich Recht, als er meinte, dass bei unseren moralischen Handlungen immer und allein das stärkste Gefühl den Ausschlag gibt? Und stimmt es, dass, wie Haidt, viele Hirnforscher und manche Psychologen glauben, der Verstand nur eine Werbeabteilung ist, die die Entscheidungen des Gefühls im Nachhinein rechtfertigt?

Der vermutlich wichtigste Unterschied zwischen Menschenaffen und Menschen lässt sich leicht benennen: Es ist die Fähigkeit des Menschen, *Normen* aufzustellen. Affen unterscheiden nach akzeptiert und nicht-akzeptiert. Sie unterscheiden aber ganz offensichtlich nicht nach akzeptier*bar* und nicht akzeptier*bar*. Kurz gesagt: Sie erheben ihr Urteil nicht in den Rang einer Norm, einer Sitte oder einer Vorschrift. Soweit wir wissen, leiten Affen aus ihrem konkreten Verhalten keine abstrakte Verhaltensanweisung ab. Sie legen also nicht gegenüber anderen fest, wie *man* sich allgemein zu verhalten habe.

Die Fähigkeit zu allgemeinen Normen, Regeln und Handlungsmaximen ist eine beeindruckende menschliche Leistung. Aus etwas Individuellem wird etwas Generelles. Doch wo kommt sie her? Wenn unser Gefühl, unsere soziale Intuition unser Handeln leitet, wozu bedarf es dann einer vernünftigen Maxime? Warum prägte die Evolution in unseren Köpfen die Fähigkeit aus, abstrakte Wertmaßstäbe zu formulieren und uns selbst und andere daran zu messen? Mit anderen Worten: Wie kam in einem Imperium des Wollens das *Sollen* in die Welt?

Bei der Erklärung dieser Frage sind sich viele Biologen, Psychologen und Philosophen erstaunlich einig. Um das soziale Schach in einer Primatengesellschaft gut zu spielen, muss ich lernen, mich in andere hineinzuversetzen. Nur so kann ich ahnen, was sie vorhaben. Auf diese Weise dürfte es unseren Vorfahren möglich gewesen sein, zu der Regel zu kommen: »Was du nicht willst, dass man dir tu, das füg auch keinem anderen zu.« Aus der Fähigkeit zum Mitgefühl und dem elementaren Sinn für Unfairness entwickelte sich eine erst unausgesprochene und später ausgesprochene Regel. Wenn man den Schutz vor unfairer Behandlung weiter ausspinnt, so kommt man zudem auf ein Gefühl für Anstand, für Scham und für Tabus – Gefühle, die für das Zusammenleben in der Gemeinschaft unverzichtbar sind.

In dieser Sicht stimmen viele überein. Am Anfang unserer Moralentwicklung standen soziale Intuitionen. Die Normen folgten später nach. Doch sind die Probleme damit gelöst? Geht es nach Psychologen wie Hauser oder Haidt, dann ist alles ganz einfach. Die alten Intuitionen sagen uns, was wir tun sollen. Und die neuen Handlungsmaximen und Normen wedeln dazu mit dem Schwanz. Aber ist das wirklich so schlicht? Eine Frage zumindest bleibt damit völlig unbeantwortet: Wenn in uns allen die *gleichen* sozialen Intuitionen unserer Vorfahren regieren, warum handeln Menschen dann individuell häufig *verschieden?* Warum haben wir nicht alle die gleichen moralischen Reflexe? Warum fühlen sich manche Menschen in unserem Umfeld für fast alles verantwortlich und andere für fast nichts? Warum hangelt sich mancher mit Lügen, Tricksen und Ausreden durch die Welt? Und ein anderer verzweifelt bereits an einer kleinen Notlüge?

Ein ähnliches Bild ergibt sich beim Blick auf verschiedene Kulturen. Wenn alle Menschen einen Sinn für Unfairness haben, warum wurden dann in der abendländischen Kultur die Frauen jahrtausendelang unterdrückt? Und in vielen islamisch geprägten Ländern werden sie es noch heute. Warum war es den Griechen und Römern unanständiger, einen Hund zu essen, als sich Sklaven zu halten? Und wo blieb beim Wachpersonal in den Konzentrationslagern der intuitive Sinn für Anstand und Scham?

Ein paar sehr krasse Fälle von moralischer Asozialität lassen sich heute mithilfe der Hirnforschung lösen. Menschen, die keinerlei moralische Intuition haben, weisen häufig Schädigungen im Stirnhirn auf, vor allem in der ventromedialen Region des Schläfenlappens, wie der berühmte Eisenbahnarbeiter Phineas Gage.[11] Auch andere Verletzungen und Beeinträchtigungen des Gehirns können sich auf unser Verhalten schädlich auswirken. Besonders auffällig sind Anomalitäten in der Funktion der Amygdala, einer Emotionszentrale, die für Gefühle zuständig ist wie Sympathie oder Antipathie, Zutrauen und Furcht. Oder es handelt sich um Funktionsstörungen in den Spitzen der Temporallappen und in einigen anderen Regionen mehr.

Doch nur die wenigsten moralischen Verhaltensabweichungen im Alltag weisen tatsächlich auf eine Schädigung im Gehirn hin. Der Taxifahrer, der mir in einer fremden Stadt auf freundliche Nachfrage nicht hilft, eine Straße zu finden, muss keinen Hirnschaden haben. Und wer trotz eines Rauchverbots in der Bahn eine Zigarette anzündet, benötigt zur Erforschung seines Fehlverhaltens keinen Hirnscanner. Einem aufgebrachten Fußballspieler reicht zur Tätlichkeit gegenüber einem anderen Spieler ein hoher Ausstoß an Adrenalin. Und selbst das Wachpersonal in den Konzentrationslagern dürfte nicht durchgängig als hirngeschädigt entlastet sein.

Der weitaus größere Teil des moralischen Fehlverhaltens hat nichts mit medizinischen Schäden zu tun, sondern mit unseren Urteilen. Ich beschließe, dass das Rauchverbot im Zug für mich nicht gelten soll, weil ich es partout nicht einsehe. Gesundheitliche Schädigung der anderen hin oder her – mein Freiheitsrecht ist mir wichtiger. Ein anderes Mal setze ich mich über eine Norm hinweg, weil andere es auch tun. Wer spielt schon als Einziger richtig, wenn die anderen falschspielen? In diesem Fall komme ich mir wie ein Idiot vor.

Moralische Urteile werden dann wichtig, wenn unsere Intuition allein nicht ausreicht. Komplizierte soziale Situationen lassen sich nicht einfach im Vertrauen auf das richtige Gefühl lösen, selbst wenn es dabei immer eine Rolle spielt. In dem schönen Film »Brügge sehen ... und sterben?« von Martin McDonagh wird der Auftragskiller Ken dazu gezwungen, seinen Kumpel Ray zu töten. Unbemerkt schleicht sich Ken, die Waffe mit Schalldämpfer in der Hand, im Königin-Astrid-Park an sein Opfer heran. Gerade in dem Moment, als er abdrücken will, sieht er, dass der völlig verzweifelte Ray sich eine Waffe an den Kopf hält, um sich zu töten. Ken schreckt zurück. Er wäre in der Lage gewesen, einen guten Kumpel zu töten. Aber nicht einen weinenden Menschen, der dabei ist, Selbstmord zu begehen.

Die Szene – wie übrigens der ganze Film – ist ein zynisches Lehrstück über die menschliche Moral. Siegen beim Entschluss, dem Befehl des Auftraggebers zu folgen, Killerehre und Kalkül über das Mitgefühl, so siegt andererseits das Mitleid und der Reflex, einem Selbstmordkandidaten zu helfen, über die Killerehre. Die Strafe folgt auf dem Fuß. Die soziale Intuition, dem Verzweifelten zu helfen, führt Ken und Ray am Ende beide in den Untergang.

Auch der Neuropsychologe Joshua D. Greene von der Harvard University liebt drastische Beispiele. Schon in seinem Text mit dem originellen Titel: »Die schreckliche, fürchterliche, sehr böse Wahrheit über die Moral und was wir damit anfangen sollten«[12] hatte er sich damit beschäftigt, wie unsere vorzeitlichen sozialen Intuitionen unserer Vernunft ständig im Weg stehen. Anders als Jonathan Haidt sieht Greene keinen emotionalen Hund, der mit dem rationalen Schwanz wedelt, sondern er sieht zwei Hunde, die sich ankläffen. Im Jahr 2004 befragte Greene seine Studenten, wie sie sich in der folgenden Situation entscheiden würden: Stellt euch vor, es ist Krieg. Während draußen die Soldaten alle Menschen auf der Straße töten, versteckt ihr euch in einem Keller. Da fängt neben euch ein Baby laut an zu schreien. Wenn nichts geschieht, werden die Soldaten euch in Sekundenschnelle aufgespürt haben. Würdet ihr das Baby schnell ersticken, um euer Leben und das Leben der anderen zu retten?[13]

Die Gefühle und die Vernunft der Studenten gerieten in ein heilloses Durcheinander. Die uralten sozialen Intuitionen schrien »Nein!« und die neuere Vernunft »Ja!«. Kann man Greenes Versuch trauen, so sahen die Hirnforscher auf ihren Computerbildschirmen, wie sich verschiedene Hirnareale gleichsam bekämpften.

Greenes Lektion hat drei klare Pointen. Die erste richtet sich gegen Huxley: Unsere Gefühle sind nicht böser als unsere Vernunft! Tatsächlich ist es oft kaum zu sagen, wer von uns für das »Gute« steht – unsere Intuitionen oder unsere Überlegungen. Die zweite Pointe lautet: Unsere vernünftigen Urteile sind niemals frei von Gefühlen, aber sie sind auch nicht immer nur deren Erfüllungsgehilfen. An diesem Punkt irrt Hume. Und drittens: Was bei uns am Ende den Ausschlag gibt, unsere Intuition oder unsere Vernunft – das ist von Mensch zu Mensch sehr verschieden!

Hat Greene Recht, so neigen die Anwälte der sozialen Intuitionen heute gerne zu Übertreibungen. Wenn vor uns in einem See ein Ertrinkender um Hilfe ruft, so dürfte es für die meisten Menschen völlig gleich sein, wie stark ihr *Mitleid* ist. Fast jeder von uns spürt eine sofortige *innere Verpflichtung* zur schnellen Hilfe. Vernunftbegabte Menschen sind nicht die Vollzugsbeamten ihrer Intuitionen, sondern auch ihrer Selbstachtung. Und sie hören nicht nur auf ihren Willen, sondern sie sind auch in der Lage, diesen Willen zu *bewerten*. Ist das, was ich gerade will, wirklich gut für mich? Ist es gut für andere? Ist es tatsächlich moralisch richtig? Die Fähigkeit, den eigenen Willen zu bewerten, nennt man autonome Vernunft. Für Immanuel Kant war diese Leistung so großartig, dass er sie zum alles entscheidenden Merkmal der Spezies Mensch erhob. Wir folgen nicht immer und unbedingt den Einflüsterungen unseres Willens. Wir müssen diesen Willen vor uns selbst (und einem imaginären Weltgericht, das uns dabei zuschaut) *rechtfertigen*.

Der Unterschied zwischen den eigenen Bedürfnissen und den Ansprüchen unseres moralischen Urteils lässt sich an einem Beispiel verdeutlichen. Stellen Sie sich vor, Sie lebten in einer Diktatur. Um einen unliebsamen Menschen loszuwerden, braucht das Gericht einen Zeugen. Man fordert Sie auf, einen unschuldigen, aufrechten und sympathischen Menschen völlig zu Unrecht eines Verbrechens zu beschuldigen, um ihn hinzurichten. Wenn Sie es tun, geschieht Ihnen nichts. Weigern Sie sich hingegen, so wird man Sie an seiner statt ermorden.

Was würden Sie tun? Bereits die Tatsache, dass Sie ins Zögern geraten, ist bemerkenswert. Ihr vielleicht stärkstes Interesse, Ihr Überlebenstrieb, gerät in Konflikt mit Ihrer Moralität. Eine falsche Aussage mit einem schrecklichen Ausgang für einen Unschuldigen ist nicht zu rechtfertigen. Selbst wenn die meisten Menschen vermutlich als falsche Zeugen auftreten werden, so gibt es doch den einen oder anderen, der dies nicht tut. Und der, der als Zeuge auftritt, hat sehr wahrscheinlich ein Leben lang mit seinen moralischen Skrupeln zu kämpfen.

Sich die Frage stellen zu können, ob das, was man tut, auch gerechtfertigt ist, zeigt unserer sozialen Intuition mitunter eine Grenze auf. Ohne Zweifel: In unserem täglichen Leben folgen wir meistens unseren schnellen moralischen Eingebungen. Wir urteilen viel schneller nach Sympathie und Antipathie als nach moralischen Maximen. Wir lügen für einen Freund, mogeln für unsere Kinder, verzeihen netten Menschen leichter als unfreundlichen. Für unsere großen moralischen Entscheidungen aber brauchen wir *gute Gründe*. Ist es gerechtfertigt, meine Familie zu verlassen, weil ich mich in jemand anderen verliebt habe? Ist es richtig, den Kontakt zu meinen Eltern abzubrechen? Kann ich es vor mir selbst verantworten, das unlautere Verhalten meines Chefs zu decken?

In unserem Gehirn spielen Irrationalität und Rationalität kaum unterscheidbar zusammen. Beim Ultimatumspiel überkreuzt sich unsere Gier auf das Geld mit dem Gefühl für Fairness gegenüber dem anderen, unser Egoismus mit unserem Sympathiebedürfnis. Und wer in diesem wilden Zusammenspiel die Entscheidungsgewalt trägt, ist schwer zu bestimmen. Schon unsere Intuitionen können sich widersprechen. Sie können auf den Vorteil schielen oder auch auf den Lohn, sich nett zu fühlen. Und auch unsere Vernunft muss sich mit sich selbst nicht einig sein und zu einer klaren Entscheidung kommen.

Humes »Kampfmodell«, wonach unsere Gefühle unseren Verstand unterwerfen, ist viel zu schlicht. Bereits unsere Gefühle tragen einen Bürgerkrieg untereinander aus, ebenso wie unsere vernünftigen Argumente. Mit der US-amerikanischen Philosophin Christine Korsgaard (*1952) von der Harvard University gesagt: »Dem Kampfmodell zufolge werden Vernunft und Gefühl als zwei Seelenkräfte betrachtet, von denen eine ein Handeln auslöst. Dies verschafft uns keine plausible Erklärung für das Zustandekommen eines Handelns. ... Das Handeln darf nicht nur von irgendeiner Kraft in der Person, sondern muss von der ganzen Person ausgehen. Um also zu erklären, was ein Handeln ist, brauchen wir eine Vorstellung von der gesamten Person als handelndem Subjekt.«[14]

Ob wir nach Gründen entscheiden oder nicht doch nach der Stärke des damit verbundenen Gefühls, ist eine Frage, die wir nie genau beantworten können. Der Grund dafür ist klar: Unser Bewusstsein selbst unterscheidet gar nicht sauber zwischen Gefühlen und Gedanken. Gefühle können uns *nachdenklich* stimmen. Und Gedanken *fühlen* sich gut an oder schlecht. Was Philosophen und Psychologen mit dem Skalpell der Sprache auseinanderschneiden, ist in uns und vor uns selbst fast immer unzertrennlich.

Die Moral des Menschen wurzelt in sozialen Intuitionen aus der Zeit unserer Vorfahren. Aus diesem Grund entscheiden wir zumeist schnell und unbewusst, was wir für richtig halten und für falsch. Unsere Gefühle nehmen dabei einen großen Einfluss. Uns überkommt ein Mitgefühl, wir ärgern uns über Unfairness, und wir haben Reflexe der Scham und Respekt vor Tabus. So wichtig diese Gefühle sind, so wenig sind wir ihnen hilflos ausgeliefert. Unsere Vernunft versetzt uns in die Lage, unsere sozialen Gefühle zu *bewerten,* selbst wenn wir davon nicht immer Gebrauch machen. Der Mensch ist das einzige Tier, das seine Absichten (zumindest potentiell) vor sich selbst *rechtfertigen* muss. Dabei entsprechen unsere moralischen Ansichten nicht zwangsläufig unseren Interessen.

Wir folgen nicht blind unseren Genen und unseren sozialen Intuitionen, sondern manchmal auch unserer Vernunft. Sie ist etwas anderes als unsere biologischen und persönlichen Interessen. Das Verhältnis von Vernunft und Gefühl ist zwar bei jedem Menschen verschieden, doch prinzipiell sind wir dazu fähig, dass beides in unsere Entscheidungen einfließt. Jedenfalls insofern wir »normale« Erwachsene sind. Doch wie entwickelt sich unsere emotional-rationale Moralfähigkeit? Wie viel Moral besitzen Kleinkinder? Was passiert in der Pubertät? Und wovon hängt es ab, ob wir verantwortungsbewusste Menschen werden oder nicht?

- *Natur und Kultur. Wie wir Moral lernen*

Natur und Kultur
Wie wir Moral lernen

Die Kinder unterschieden genau zwischen dem Guten und dem Bösewicht. Zweimal hatte die rosafarbene runde Holzfigur mit den Kulleraugen versucht, den steilen Berg hinaufzukommen. Und beide Male war sie gescheitert. Da traten die beiden anderen auf den Plan. Das gelbe Dreieck, ebenfalls mit aufgeklebten Augen, kam helfend hinzu und schob die rosafarbene Figur freundlich bis zum Gipfel. Der blaue Würfel, auch er mit Augen, aber schubste die rosafarbene Figur böswillig in den Abgrund.

Die Kinder, die das Schauspiel beobachtet hatten, durften nun wählen, wonach sie greifen wollten. Wen wollten sie haben? Das gelbe Dreieck oder den blauen Würfel? Das Ergebnis war eindeutig: Fast alle Kinder, Mädchen wie Jungen, griffen nach dem gelben Dreieck.

Die besondere Pointe der Geschichte: Die Kinder waren noch nicht in der Schule, nicht mal im Kindergarten. Sie saßen auf dem Schoß ihrer Eltern und waren Babys, zwischen sechs und zehn Monate alt. Und trotzdem fühlten sie sich intuitiv zum »Guten« hingezogen. Bereits in einem so frühen Alter, belegt die US-amerikanische Psychologin Kiley Hamlin vom Kinderforschungszentrum der Yale University in New Haven (Connecticut), unterscheiden Kleinkinder zwischen »gut« und »böse«, zwischen dem, was ihr Vertrauen weckt oder was sie abstößt.[1]

Doch Hamlin und ihre Mitarbeiterinnen wollten noch mehr wissen. In einem zweiten Versuch legten sie den rosafarbenen Kreis direkt neben das freundliche Dreieck und ließen die Kinder dabei zuschauen. Die Babys zeigten dabei keine auffallende Reaktion. Legten die Forscherinnen den rosafarbenen Kreis aber neben den bösen blauen Würfel, so blickten die älteren, zehnmonatigen Babys das merkwürdige Paar aus Gut und Böse auffallend lange an, eine Art »ungläubiges Staunen«. Für Hamlin ein Indiz dafür, dass Babys möglicherweise schon im Alter von zehn Monaten in der Lage sind, ihre Wahrnehmung zu überprüfen und gegebenenfalls zu korrigieren.

Bezeichnenderweise funktionierten die Versuche nur, wenn Kreis, Dreieck und Würfel mit aufgeklebten Augen versehen und vermenschlicht wurden. Blieben die Gegenstände in der Wahrnehmung der Babys unbelebt, so maßen sie ihnen auch keine emotionale Bedeutung bei. In Bezug auf »lebendige« Gegenstände aber scheinen bereits Kleinkinder im Alter von sechs bis zehn Monaten Bewertungen vorzunehmen – ein spannendes Anzeichen dafür, wie früh Babys durch das Verhalten der Menschen beeinflusst werden, die mit ihnen intensiv umgehen. Doch während die Bewertungen der Babys im Experiment fast genau gleich ausfielen, wird sich ihre Moral im Laufe der Entwicklung langsam auseinanderentwickeln. Und aus einigen von ihnen werden einmal nette, freundliche und hilfsbereite Menschen, aus anderen vielleicht nicht.

Der Mensch ist das einzige Lebewesen, das sich selbst beim Leben zuschauen kann. Doch der Maßstab für die Bewertung dessen, was er an sich und anderen findet, ist ihm nicht vorgegeben. Er muss ihn lernen. Aber wie? Das gegenwärtig vielleicht am breitesten akzeptierte Modell zur Entwicklungspsychologie liefert der US-Amerikaner Martin Hoffman, Professor für Psychologie an der New York University.[2] In ungezählten Studien überprüfte er über vier Jahrzehnte Theorien, Annahmen und Spekulationen über die moralische Entwicklung von Babys und Kleinkindern, Kindern und Jugendlichen. Ältere Theorien, wie jene des bedeutenden Schweizer Entwicklungspsychologen Jean Piaget (1896–1980) und seines US-amerikanischen Schülers Lawrence Kohlberg (1927–1987) von der Harvard University, wurden von Hoffman experimentell überprüft, verfeinert und korrigiert.[3]

Wie Piaget und Kohlberg, so geht auch Hoffman von einer mehrstufigen Entwicklung aus: von der Nachahmung über die Einfühlung zum Mitgefühl. Und vom Mitgefühl über die Selbstkorrektur zu Verantwortung und Gerechtigkeitsvorstellungen.

Babys lernen von ihren Bezugspersonen durch Beobachtung und Nachahmung. Je stärker die emotionale Bindung ist, umso wichtiger wird zwangsläufig die Bezugsperson, von der sich das Baby etwas abschaut. (Solchermaßen gut informiert, buhlen heute bei modernen Eltern Vater und Mutter oft gleichzeitig um die zentrale Rolle). Mit etwa einem Jahr wird nicht nur das Handeln, sondern auch das Mienenspiel der Bezugspersonen für das Kind lesbar – die erste Voraussetzung für das Mitgefühl. Mimik und Laute werden nun zu Vorlagen, auf die das Kind reagiert. Ein plötzlicher Schreck der Mutter kann auch das Baby erschrecken, selbst wenn die Mutter ihr Kind in diesem Moment nicht auf dem Arm hält. Mit etwa ein bis eineinhalb Jahren verknüpfen Kleinkinder ihre Erfahrungen mit früheren Erlebnissen. Mit dieser Fähigkeit sind sie in der Lage, auch auf die Gefühle anderer zu reagieren. Merken sie, dass jemand anders traurig ist, so werden sie selbst traurig und fangen möglicherweise sogar an zu weinen. Freilich nicht, weil sie sich in den anderen hineinversetzen können. Sondern weil sie die Gefühlsäußerungen des anderen unbewusst mit den eigenen vermischen.

Erst mit etwa 18 Monaten lernen Kleinkinder ihr eigenes Bewusstsein von dem der anderen zu unterscheiden. Sie entwickeln nun »echtes« Mitgefühl, wenn auch einzig und allein auf der Grundlage der eigenen Erfahrungen – die von Hoffman so genannte »egozentrische Empathie«. Wenn jemand anderes weint, weint das Kleinkind nicht mehr unbedingt mit, sondern versucht den anderen mit Dingen zu trösten, die es selbst trösten würden.

Es holt die Mutter herbei, ein Stofftier oder etwas anderes, das beruhigt.[4]

Je älter das Kleinkind wird, umso flexibler werden seine Verhaltensmuster (und umso unsicherer werden die Experten). Im gleichen Alter, in dem Kinder sich das erste Mal im Spiegel erkennen, werden aus den anderen eigenständige Lebewesen mit einem *eigenen* Innenleben. Die Gefühle, Wünsche und Gedanken der anderen müssen nicht die eigenen sein, sondern sind möglicherweise verschieden. Die Entwicklung, die nun einsetzt, ist zwiespältig. Einerseits lässt sich vermutlich erst jetzt, im Alter von zwei bis drei Jahren, von »echtem« Mitgefühl sprechen. Andererseits lässt das Mitfühlen im Allgemeinen eher nach. So etwa weist die Psychologin Dale Hay von der Cardiff School of Psychology darauf hin, dass Kinder ihr Mitgefühl nun auswählen und dosieren.[5] Bestimmte Dinge verlieren ihre Traurigkeit oder verändern ihren Wert durch das, was die Eltern darüber sagen. Sätze wie »Das ist nicht schlimm« oder »Du musst deswegen nicht traurig sein« beginnen die Psyche des Kindes zu beeinflussen. Das Einfühlungsvermögen des Kindes wird solchermaßen geschult und darauf gelenkt, was sein Mitgefühl *verdient* oder eben nicht. Im Alter von etwa vier Jahren sind die meisten Kinder in der Lage, sowohl verschärfende wie mildernde Umstände zu verstehen. So etwa sehen sie bei einer Erklärung durch die Eltern oder durch die Kindergärtnerin ein, dass ein jüngeres Kind ihr Spielzeug nicht *absichtlich* kaputt gemacht hat.

Im Alter zwischen vier und sieben Jahren setzt das sein, was man den menschlichen »Sinn für Gerechtigkeit« genannt hat. Kinder weiten nun ihr Gefühl für Unfairness ihnen gegenüber auch auf andere aus. Wenn etwas für mich unfair ist, dann dürften andere dies in Bezug auf sich möglicherweise ähnlich empfinden.

Der große Vordenker der Fairness-Forschung in Europa ist der Österreicher Ernst Fehr (*1956), Professor für Mikroökonomik und experimentelle Wirtschaftsforschung an der Universität Zürich und ständiger Gastprofessor am Massachusetts Institute of Technology (MIT), der führenden Technikschmiede der USA. Seit zwei Jahrzehnten beschäftigt sich Fehr mit der Frage, wie tief das Gefühl der Gerechtigkeit im Menschen verankert ist. Ist es Teil seiner Natur oder später anerzogen? Und wie weit reicht unser Gerechtigkeitssinn? Schon in seiner Studienzeit an der Universität Wien ging es Fehr um die Gerechtigkeit in der Welt. Er begeisterte sich für die Befreiungstheologie in Lateinamerika, liebäugelte mit einem Theologiestudium und gründete eine Gruppe namens »Roter Börsenkrach«.[6] Als Professor ersann Fehr mit seinen Mitarbeitern zahlreiche Experimente, um dem Phänomen und den Tücken unseres Gerechtigkeitssinns auf die Schliche zu kommen.

Bei einem ihrer Versuche verteilten die Forscher Süßigkeiten an 229 Kinder im Alter zwischen drei und acht Jahren.[7] Sie forderten die Kinder auf, ihre Portionen mit jeweils einem anderen Kind zu teilen. Dieses andere Kind war dabei nicht im Raum, sondern nur auf einem Foto zu sehen. Wie würden die Kinder teilen? Würden sie alles oder das meiste für sich behalten? Oder würden sie »gerecht« teilen und dem abwesenden Kind die Hälfte abgeben? Nun, das Ergebnis war auffallend verschieden. Die drei- bis vierjährigen Kinder behielten ihre Süßigkeiten fast ausnahmslos »selbstsüchtig« für sich. In der Gruppe der Fünf- bis Sechsjährigen teilte etwa jeder Fünfte seine Schätze mit dem Kind auf dem Foto. Mit sieben bis acht Jahren dagegen teilte fast die Hälfte der Kinder gerecht und machte mit dem abwesenden Kind »halbe-halbe« – ein Ergebnis, das auch mit dem bei Erwachsenen übereinstimmt.

So weit das Ergebnis. Doch was ist die Schlussfolgerung? Bedeutet Fehrs Experiment, dass sich mit der allmählichen Zunahme des Gerechtigkeitssinns zwischen vier und acht Jahren ein gleichsam natürliches Programm abspult? Oder haben wir es hier mit den starken Einflüssen der Erziehung zu tun? Die Antwort ist vermutlich kein »Entweder-oder«, sondern ein »Sowohl-als-auch«. Ein Sinn für Gerechtigkeit findet sich in vermutlich jeder menschlichen Kultur, selbst wenn die Vorstellungen davon, was gerecht ist, nicht unbedingt identisch sein müssen. In manchen Kulturen werden für fast sämtliche Dienste Belohnungen erwartet, in anderen dagegen nur für manche. In manchen Kulturen werden geleistete Dienste vor allem mit Geld beglichen, in anderen durch Freundschaftsbeweise. In manchen Kulturen gilt es als gerecht, Männer und Frauen prinzipiell gleichgestellt zu sehen, in anderen nicht, und so weiter.

Wenn alle Kulturen der Gerechtigkeit einen Wert beimessen, so ist dies vermutlich mehr als ein Zufall. Doch auf welche Weise hat die Natur den Gerechtigkeitssinn bei uns implementiert? Die Frage ist gegenwärtig hoch umstritten. Die Vorstellungen der Experten umfassen die Idee von »altruistischen« Genen, von Belohnungssystemen für Gerechtigkeit im Gehirn und der Vorstellung einer »moralischen Grammatik«, die sich im Laufe unserer kindlichen Entwicklung nach und nach zu einer lebenden Sprache entwickelt.

Doch auch der Anteil der Erziehung dürfte nicht zu unterschätzen sein. Wenn Eltern, Kindergärtnerinnen und Lehrer Kinder frühzeitig für ein bestimmtes Verhalten loben oder tadeln, so bleibt dies selten ohne Wirkung. Ein durchschnittliches achtjähriges Kind weiß längst, dass Teilen etwas Gutes ist und dass gerechtes Verhalten fast immer geschätzt wird. Einflüsse dieser Art wirken darauf ein, wie ein Kind sich entscheidet. Zwar ist das komplizierte Zusammenspiel unserer Bewertungssysteme im Gehirn, unsere *emotionalen Reflexe*, unsere *Gewohnheiten* und unser *zielgerichtetes Verhalten,* schwer durchschaubar. Aber ohne jeden Zweifel wird all dies maßgeblich durch andere Menschen stimuliert, geprägt und trainiert. Autoritäten beeindrucken uns, schüchtern uns ein oder rufen unseren Widerspruchsgeist hervor. Geliebte Menschen haben einen anderen Einfluss auf unsere Psyche als ungeliebte. Und wer seinem Kind unermüdlich eindrillt, sich die Zähne zu putzen, »bitte« zu sagen oder etwas von seinem Besitz abzugeben, hat eine gute Chance, dass der Schützling später als Gewohnheit erledigt, was anderen Menschen immer wieder neu einen mühsamen Willensbeschluss abnötigt.

Bei aller großen Bedeutung der Erziehung aber ist klar: Sie kann nur dort greifen, wo unser Gehirn eine entsprechende Struktur bereithält. Besonders die Frage nach dem Gerechtigkeitssinn gibt dabei große Rätsel auf. Warum ist er so unterschiedlich ausgeprägt? Wieso gibt es Kinder, denen schon im Alter von vier Jahren das Teilen leichtfällt? Und warum lernen es andere – trotz Zureden der Eltern – nie?

Auf der einen Seite schauen sich Kinder ihr Verhalten von ihren nächsten Bezugspersonen ab. Die Gesten, die sie beobachten, sind dabei mindestens ebenso wichtig wie Worte, was angesichts der im 4. Kapitel (vgl. *Der Fürst, der Anarchist, der Naturforscher und sein Erbe. Wie wir miteinander kooperieren*) beschriebenen Entwicklung des Menschen nicht verwundert. Nicht selten erkennen wir die Zusammengehörigkeit von Eltern und Kindern an der Körpersprache, selbst wenn die Sprösslinge ihren Eltern nicht besonders ähneln. Die Überzeugungen eines Menschen bekunden sich in seinem Tun klarer als in seinen Worten; ein Umstand, der bereits Kindern evident scheint. Gespürte Wärme wirkt sich gewiss nachhaltiger aus als eine verbale Liebeserklärung. Und vorgeführtes Mitgefühl ist wirkungsmächtiger als der abstrakte Appell, sich gefälligst zu kümmern oder etwas abzugeben.

Doch so wichtig emotionale Geborgenheit, Zuwendung und fördernder Einfluss sind – sie führen noch lange nicht zwangsläufig zu einem »guten« Menschen. Selbst die liebevollste und umsichtigste Erziehung ist keine Garantie. Der Grund dafür dürfte sein, dass unsere Gehirne von Geburt an nicht identisch sind und folglich auch nicht sicher programmierbar. Doch bevor wir jeden individuellen Unterschied berücksichtigen – wäre es nicht schön zu wissen, was ganz allgemein sich in unseren Gehirnen abspielt, wenn wir meinen, »gerechte« Entscheidungen zu treffen?

Wissenschaftliche Bücher über die Gerechtigkeit füllen ganze Bibliotheken. Aber was tatsächlich in unseren Köpfen vorgeht, wenn wir glauben gerecht zu sein, ist bis heute kaum erforscht. Umso mehr Aufmerksamkeit erregte im Jahr 2008 ein Experiment des Hirnforschers Ming Hsu, Professor für kognitive Neurowissenschaften an der University of Illinois in Urbana-Champaign. Seine Versuchspersonen waren 26 Männer im Alter zwischen 29 und 55 Jahren. Allesamt wurden sie mit einer schwierigen Entscheidung konfrontiert, einem moralischen Dilemma.[8]

Die Aufgabe lautete wie folgt: Stellen Sie sich vor, Sie befinden sich in Uganda und kümmern sich dort um Waisen. Ihre Aufgabe ist die Versorgung der Kinder mit Lebensmitteln. Eines Tages kommen Sie in eine besondere Situation. Ein Lieferengpass führt dazu, dass die Gesamtmenge des Essens reduziert wird. Da die Entfernungen zwischen den Dörfern riesig sind und Ihre Lebensmittel leicht verderben, bleibt Ihnen spontan nur die Wahl zwischen zwei Möglichkeiten. Entweder Sie kürzen einem einzelnen Kind in dem einen Dorf 15 Mahlzeiten. Oder Sie kürzen insgesamt 18 Mahlzeiten bei zwei Kindern, die noch etwas entfernter wohnen, so dass jedes auf 9 Mahlzeiten verzichten muss.

Bevor Sie jetzt lautstark protestieren – Sie haben völlig Recht: An der Realität gemessen ist die Versuchsanordnung konstruiert und befremdlich. Was sollen das für Lebensmittel sein, die portionsweise verderben? Und warum dürfen Sie nur eines oder zwei Kinder auswählen, die zu kurz kommen müssen? Aber wir sollten zur Ehrenrettung des Experiments den Versuch nicht an einer realistischen Situation messen. Die Frage, um die es hier geht, lautet schlicht: Ist es gerechter, dass einer stärker »bestraft« wird oder zwei etwas weniger stark? Im ersten Fall ist die Zumutung brutaler, im zweiten Fall trifft es zwei hungrige Mägen statt einem.

Das Ergebnis unter den Versuchspersonen war eindeutig. Die meisten entschieden sich für die zweite Variante. Ganz offensichtlich schien es ihnen gerechter zu sein, zwei Kinder in Mitleidenschaft zu ziehen, als eines die volle Last tragen zu lassen. Das Besondere an dem Versuch aber war, dass die Forscher den Männern bei ihrer Entscheidung mithilfe der Magnetresonanztomografie ins Gehirn sahen. Ming Hsu und seine Kollegen meinten dabei, etwas Bahnbrechendes zu erkennen. Männer, die sich für die Variante mit 15 stornierten Mahlzeiten für ein Kind entschieden, kalkulierten offensichtlich den Gesamtnutzen. Der Kernspintomograf zeigte dabei eine starke Aktivität des Putamen, eines Areals in den Basalganglien, das eigentlich für Bewegungsmotorik, aber möglicherweise darüber hinaus auch für einfaches zielgerichtetes Denken zuständig ist. Bei den Männern, die sich für die Verteilungsgerechtigkeit entschieden und die größere Last von 18 stornierten Mahlzeiten für zwei Kinder in Kauf nahmen, leuchtete dagegen eine Region in der Großhirnrinde auf, die in etwa so groß ist wie ein Zwei-Euro-Stück: die Inselrinde.

Bezeichnenderweise ist die Inselrinde kein Stammplatz der Logik oder der Vernunft. Ihre Aufgaben sind bis heute erst unzureichend erforscht. Aber ohne Zweifel ist sie eine Region höchster Sensibilität. Die Inselrinde verarbeitet körperliche Empfindungen und spielt eine wichtige Rolle dabei, Emotionen hervorzurufen. Der Geruchs- und Geschmackssinn haben hier ebenso ihren Ort wie das akustische Denken, die emotionale Bewertung von Schmerzen und wohl auch der Gleichgewichtssinn.

Entwickelte sich der Gerechtigkeitssinn aus dem Gleichgewichtssinn? Die Annahme erscheint denkbar. Und ist er ein sinnlicher Reflex, hoch intuitiv und emotional? Anwälte der sozialen Intuitionen, wie Altmeister David Hume oder sein geistiger Nachfahre Jonathan Haidt, hätten allen Grund zu frohlocken: Auch die Gerechtigkeit ist kein vernünftiges Handeln, sondern spontan und emotionsgetrieben.

Ob Ming Hsus Experiment für eine solche Schlussfolgerung ausreicht, sei allerdings sanft bezweifelt. Weder wissen wir alles über die Inselrinde, was es über sie zu wissen gibt. Noch dürfen wir davon ausgehen, dass die meisten Kernspintomografen der heutigen Generation tatsächlich ausreichen, um alle relevanten Vorgänge im Gehirn abzubilden. In jedem Fall aber öffnet der Versuch das Tor zu weiteren Experimenten der Hirnforschung auf diesem Gebiet. Auch die Wirtschaftspsychologie setzt auf eine neue Generation von Kernspintomografen, die es ermöglichen, den Fluss der Hormone und Neurotransmitter auf dem Computerbildschirm zu zeigen.

Eine geeignete Anordnung für eine solche Untersuchung wäre zum Beispiel das von Fehr professionalisierte *Vertrauensspiel*.[9] Zwei Spieler, die sich nach diesem Spiel nie wiederbegegnen werden, erhalten je zehn Euro. Gibt der eine Spieler dem anderen sein Geld, so verdoppelt der Spielleiter den Betrag. Der eine Spieler hat nun vierzig Euro, und der andere hat gar nichts. Der Spielleiter stellt dem Spieler mit dem Geld frei, dem anderen, wenn er es will, etwas zurückzugeben oder nicht. Was wird der Spieler mit den vierzig Euro machen? Nun, fast alle Spieler gaben ihrem Gegenüber Geld zurück, viele sogar die Hälfte.

Die Frage an die Hirnforscher ist: Welche Gehirnregionen werden bei »Fairness« aktiviert? Antwort: in einem besonderen Maße der orbitofrontale Cortex im rechten Stirnhirn. In einer Versuchsserie zum Ultimatumspiel (vgl. *Kreischende Kapuziner. Ist Fairness angeboren?*) bestrahlten die Forscher an der Universität Zürich die Köpfe ihrer Versuchspersonen mit starken Magnetfeldern. Trafen die Strahlen das rechte Stirnhirn und blockierten so seine Funktion, ließen sich die Mitspieler des Ultimatumspiels bedenkenlos mit den geringsten Beträgen abspeisen.[10]

Noch spektakulärer als die Frage nach dem Hirnareal ist die Suche nach der *neurochemischen* Basis unseres Gerechtigkeitssinns. Welche Stoffe beeinflussen unser Fairnessgefühl? Elektrisiert für diese Frage wurde Fehr, als er feststellte, dass man das Gefühl für Fairness durch eine direkte chemische Einwirkung im Gehirn beeinflussen kann. In einer Versuchsreihe zum Vertrauensspiel ließ er einigen Spielern Oxytocin in die Nase sprühen. Oxytocin ist ein Hormon, das unsere Bindungsgefühle stark intensiviert.[11] Normalerweise wird es freigesetzt beim Stillen, beim Streicheln, beim Kuscheln und beim Sex. Andere Spieler dagegen erhielten statt des Oxytocins ein Placebospray. Was war das Ergebnis? Die Vertrauensseligkeit, die Nettigkeit und Freigiebigkeit stiegen unter dem Einfluss von Oxytocin deutlich an.

Die hohe Bedeutung des »Wohlfühlhormons« Oxytocin für unser Vertrauen zeigt, wie unser Sozialverhalten von unserer Hirnchemie beeinflusst wird. Und diese wiederum prägt sich in wesentlichen Teilen schon bei Babys und Kleinkindern aus. Ob bei Erwachsenen in bestimmten sozialen Situationen Schaltkreise aktiviert oder Hormone ausgeschüttet werden, hängt also sehr wesentlich davon ab, welche Erfahrungen sie mit ihren nächsten Bezugspersonen in der Kindheit gemacht haben. Doch so allgemein diese Regel gilt, so speziell ist die Hirnchemie jedes einzelnen Menschen. Eine angeborene Veranlagung für eine starke Produktion von Sexualhormonen, Testosteron oder Östradiole, wirkt sich ohne Zweifel ebenfalls auf unser Sozialverhalten aus. Dominante Kinder, so eine oft wiederholte Beobachtung, zeigen im Schnitt eine geringere soziale Sensibilität als weniger dominante. Und auch ihr Gerechtigkeitsempfinden scheint oft schwächer entwickelt zu sein.

Etwa im Alter von zehn bis zwölf Jahren beginnen Kinder sich ein Bild davon zu machen, wer sie sind. So können sie sich nun fragen, ob sie ein »guter« Mensch sind und sich allgemein »gut« verhalten oder nicht. Sie gewinnen eine Vorstellung davon, was ein »normales« Verhalten ist, und empfinden im Zweifelsfall starke Schuldgefühle. Auch die Widersprüchlichkeit von sozialen Intuitionen wird plötzlich zum Thema. Man freut sich über einen Sieg, obwohl es zugleich an einem nagt, dass er unfair errungen wurde. Oder man lästert vergnügt über einen Freund, obgleich es einen durchzuckt, dass dies illoyal ist. Und man trennt Schein und Sein, wenn man die Gefühlszustände anderer Menschen enträtselt.

Ein Buch zu diesem Thema, das vor zwanzig Jahren erschienen wäre, würde an dieser Stelle enden. Mit etwa zwölf Jahren, so die damalige Sicht der Entwicklungspsychologie, ist der moralische Mensch fertig. Der Rest ist Übung und Erfahrung. Eltern, die sich über ihre pubertierenden Kinder aufregten, durften getrost davon ausgehen, dass ihre Kinder sie nicht nur im vollen Umfang verstehen, sondern auch ihr Verhalten ändern könnten, wenn sie nur wollten. Da Pubertierende häufig bereits über das versammelte Arsenal an Argumenten und perfiden Gemeinheiten eines Erwachsenen verfügen, lag diese Sicht in gewisser Weise auch nahe.

Die Hirnforschung der letzten beiden Jahrzehnte revolutionierte dieses Bild gewaltig. Renommierte Wissenschaftler wie der Hirnforscher und Kinderpsychiater Jay Giedd von den National Institutes of Mental Health in Washington und Maryland zeichnen heute ein ganz anderes Bild vom Teenagergehirn.[12] Für sie ist es kein fertiges Haus, sondern eine Großbaustelle. In der Pubertät bilden sich Millionen neuer Verknüpfungen im Gehirn, wogegen andere verschwinden. In einer Großstudie im Zeitraum von 15 Jahren fanden die Forscher heraus, dass das Gehirn der Teenager geradezu explodiert, die graue Substanz wächst sprunghaft an. Gleich mehrere wichtige Areale sind davon betroffen. Im Parietallappen wachsen das räumliche Vorstellungsvermögen und die Fähigkeit zur Logik. Im Temporallappen hinter der Schläfe bildet sich das sensorische Sprachzentrum weiter aus, wodurch sich das Verständnis für Sprache verbessert.

Die größten Veränderungen aber geschehen im Frontallappen unmittelbar hinter unserer Stirn. Hier liegen Areale wie die orbitofrontale und die ventromediale Region – Bereiche, die für Verständnis, Abwägen, strategische Planung und Meinungsbildung und damit ganz wesentlich auch für Moral zuständig sind. Gerade hier befindet sich das Gehirn eines pubertierenden Menschen in einem ständigen Zustand der Überforderung.

Alle Zutaten eines Erwachsenen sind bereits vorhanden, aber sie liegen wie Kraut und Rüben durcheinander. Der Stirnlappen eines Teenagers ist mindestens so unaufgeräumt wie sein Zimmer, in dem alles durcheinanderfliegt. Heranwachsende zwischen 11 und 15 befinden sich in einem permanenten Ausnahmezustand. Hypersensibilität, aufblitzende Intelligenz, Maßlosigkeit und die Unfähigkeit, einmal eingenommene Haltungen zu wechseln, sind Kennzeichen dieses neurochemischen Blitzeinschlags.

Von der Menge der Nervenverbindungen her betrachtet ist kein Mensch jemals wieder so intelligent wie in der Pubertät. Nur sind wir in dieser Zeit so orientierungslos, dass wir oft nur wenig Vernünftiges damit anfangen können. Der Hirnforscher Robert McGivern von der San Diego State University dokumentierte, welche Schwierigkeiten Jugendliche oftmals damit haben, die Mimik anderer Menschen präzise zu lesen und deren Emotionsdynamik richtig einzuschätzen.[13] Teenager empfänden vieles als unfair, weil sie gegenüber den Gefühlen anderer unsicher sind. Der Natur sei Dank entwickelt sich die ungeheure Menge an grauen Zellen nach der Pubertät wieder zurück. Unser Gehirn schrumpft sich gesund und leistet dabei eine große Aufräumaktion. Nervenverbindungen, die »nichts bringen«, werden gekappt, andere Schaltkreise verstärken und automatisieren sich.

Die positive Kehrseite des Aufruhrs im Gehirn während der Pubertät liegt auf der Hand: Nie wieder sind wir so offen und neugierig wie in dieser Lebensphase. Bereits Anfang der 1990er Jahre zeigte der Psychologe Yasuko Minoura von der Universität Tokio, wie schnell Jugendliche sich anpassten.[14] Japanische Kinder im Alter von 9–15 Jahren, die mit ihren Familien für mehrere Jahre in Kalifornien lebten, verwandelten sich in Windeseile in waschechte US-Amerikaner. Waren die Kinder jünger als neun oder älter als 15, so blieb dieser schnelle und starke Anpassungsprozess meistens aus.

Die Entwicklung des orbitofrontalen Cortexes allerdings zieht sich in abnehmendem Tempo bis ins dritte Lebensjahrzehnt. Erst mit Anfang zwanzig ist der Mensch neurochemisch ausgereift. Die Weichenstellung ist fertig, von nun an werden nur noch die Gleise erneuert.

Die Fähigkeit des Menschen zur Moral ist angeboren. Schritt für Schritt spulen wir ein »Programm« ab, das von der Nachahmung über das Mitgefühl bis zu einem Sinn für Gerechtigkeit reicht. Dabei sind wir in der gesamten Spanne starken erzieherischen Einflüssen ausgesetzt. Intensive Bindungen, das Gefühl der Geborgenheit und das Wissen, verstanden zu werden, wirken positiv auf unsere Entwicklung ein. Aus dem Zusammenspiel zwischen individuell verschiedenen natürlichen Anlagen und Einflüssen der Erziehung kommt es zu unterschiedlichen Ausprägungen von Charakteren. Die Fähigkeit zum Mitgefühl und das Empfinden von Gerechtigkeit sind jedem normalen gesunden Menschen gegeben, ihre Reichweite und ihr Zuschnitt sind allerdings individuell verschieden.

Der Mensch ist von Natur aus nicht nur auf Rivalität ausgelegt, sondern auch – und in weit stärkerem Maße – auf Kooperation. Mitgefühl und Gerechtigkeitssinn belegen dies auf eindrückliche Weise. Mit diesem Wissen im Hinterkopf erscheint es sinnvoll, auf das Thema des 3. Kapitels (vgl. *Wolf unter Wölfen. Das sogenannte Schlechte*) zurückzukommen und es weiterzuführen. Nach all dem, was wir inzwischen über unsere sozialen Intuitionen und unsere zielgerichteten Überlegungen wissen, stellen wir noch einmal die Frage: Wie hoch ist die Dosis der Selbstsucht in unserem Verhalten? Wie viel Egoismus treibt uns tagtäglich an?

• *Soziales Schach.* Wie viel Egoismus steckt im Menschen?

Soziales Schach
Wie viel Egoismus steckt im Menschen?

Mein *Leben* besteht darin, dass ich mich mit manchem zufriedengebe. Ludwig Wittgenstein

Heute Morgen sind Sie aufgestanden und haben sich angezogen. Und wenn Sie jetzt nicht gerade im Bett liegen und im Schein einer Nachttischlampe diese Sätze lesen, dann sind Sie vermutlich bekleidet. Wahrscheinlich haben Sie sich nicht die ganze Nacht auf das Anziehen am Morgen gefreut. Sie haben dem nicht entgegengefiebert, sich ein Hemd, eine Bluse, eine Hose oder einen Rock anzuziehen. Es war Ihnen kein Verlangen und nicht die Erfüllung eines selbstsüchtigen Wunsches. Als Sie sich die Zähne geputzt haben, haben Sie möglicherweise keine Lust und keine tiefe Befriedigung verspürt. Trotzdem haben Sie es getan.

Sie haben heute Dinge gemacht und Vorrichtungen getroffen, zu denen Sie kein Bedürfnis getrieben hat. Und Sie haben dabei vermutlich kein Augenmerk darauf gerichtet, was Sie davon Großartiges haben. Denn wenn Sie sich nun fragen: »Wie oft habe ich heute auf meinen direkten Vorteil geschaut?«, dann könnte es sein, dass es tatsächlich selten war.

Wahrscheinlich haben Sie den ganzen Tag lang eher Nachteile vermieden. Oder Sie haben, wenn überhaupt, sehr indirekte Vorteile kalkuliert. Sie haben zum Beispiel gewusst, dass Sie dumm auffallen würden, wenn Sie unbekleidet zur Arbeit gegangen wären. Sie mussten noch nicht einmal darüber nachdenken. Es war Ihnen ganz selbstverständlich. Im Büro haben Sie ohne größere Empfindungen mehr oder weniger ordentlich Ihre Arbeit gemacht. Obwohl Ihr stärkstes Gefühl zwischendurch vielleicht der Ärger über einen Kollegen war oder eine sexuelle Phantasie. Sie haben dem nicht lange nachgegeben und sich schnell wieder auf Ihre Pflicht konzentriert. Ihr emotionaler Hund hat nicht entschieden, sondern Ihr rationaler Schwanz. Kurz gesagt: Sie haben nicht Lust gesucht, sondern Leid vermieden. Das ist unser normales Leben.

Für einen kühl kalkulierenden Genegoisten war Ihr Tag allerdings ein Fiasko. Jedenfalls wenn Sie als Frau heute nicht von einem tollen Mann schwanger geworden sind. Oder wenn Sie als Mann nicht mindestens zwei oder drei Frauen geschwängert haben. Warum haben Sie heute nicht mindestens einen Nebenbuhler oder eine Nebenbuhlerin kaltgestellt? Warum haben Sie Ihre Mitmenschen nicht konsequent zu Werkzeugen Ihrer Interessen gemacht? Warum haben Sie nicht gelogen, was das Zeug hält, um sich vor anderen wichtig zu tun? Und warum, zum Teufel, war Ihnen nicht alles, was andere heute von Ihnen dachten, völlig egal?

Stellen wir uns einen außerirdischen Verhaltensforscher vor, der einen Menschen in einem westlichen Industrieland über ein paar Monate in seinem Biotop beobachtet. Er käme zu einem denkwürdigen Ergebnis. Sein Bericht läse sich vermutlich so: »Menschen verbringen ihre Stunden und Tage damit, ihren Routinen nachzugehen. Dabei haben sie immer wieder launische Neigungen. Sie suchen Zerstreuung und Ablenkung, geben sich kleinen und seltener großen Gefühlsaufwallungen hin, flüchten in angenehme Einbildungen, ergehen sich in Ängsten und Befürchtungen. Doch alles in allem bewegen sie sich in festen Bahnen. Ihre Gefühle motivieren sie fast nie zu großen Entscheidungen. Auch die Vertiefung in längere vernünftige Abwägungen ist nur selten zu beobachten. So verbringt das intelligenteste Tier der Welt seinen Tag. Dabei tut es erstaunlicherweise immer wieder Dinge, die scheinbar seinem biologischen Wohl widersprechen, etwa rauchen, Alkohol trinken, fett essen und sich zu wenig bewegen.«

So in etwa sieht unsere Lebensrealität aus. Umso erstaunlicher ist, dass seit Ende der 1980er Jahre eine ganze Generation angelsächsischer Biophilosophen, Verhaltensökonomen und Wissenschaftsautoren (und auch einige deutsche Sympathisanten) mit einer äußerst simplen These auf den Plan tritt: Der Antrieb all unseres Handelns sei nichts als Vorteilsstreben und Egoismus. Wer Bücher liest wie etwa die von Richard Alexander *(The Biology of Moral Systems)*, Robert Frank *(Passions within Reason)*, Robert Wright *(The Moral Animal)* oder Matt Ridley *(The Origins of Virtue)*, der erfährt zwei grundlegende Einsichten in die menschliche Natur.[1] Die erste Einsicht lautet: Unsere Moral ist nicht bewusst, sondern intuitiv. Die zweite Einsicht lautet: Unsere Moral ist nicht (oder nur in einem sehr geringen Maß) kulturell bedingt, sondern sie folgt dem logischen Kalkül unserer Gene. Wer die Tragweite dieser Gedanken ermessen will, der braucht sich nur vorzustellen, was zwei Jahrtausende lang zuvor gedacht worden war: Erstens: Die Moral ist sehr weitgehend eine Frage bewusster Einsichten. Und zweitens: Sie ist überwiegend eine Kulturleistung, die exklusiv dem Menschen vorbehalten ist.

Dass unsere Fähigkeit zur Moral ihre Wurzeln im Tierreich hat, davon war ausführlich die Rede. Die Ansicht von einer Sonderstellung des Menschen ist falsch. Es gibt moralische Instinkte, die sehr alt sind, vermutlich älter als unsere Sprache und Kultur. In dieser Frage besteht zu den genannten Biophilosophen und Wissenschaftsautoren kein Widerspruch. Aber wie sieht es mit der zweiten Einsicht aus? Spiegelt sich in unserem moralischen Verhalten tatsächlich das egoistische Kalkül unserer Gene?

Erinnern wir uns an William Hamiltons Spekulation, dass alle Tiere einschließlich des Menschen von ihren Genen gesteuert werden. Auf die Moral angewendet heißt das bei Alexander, Ridley und Wright: Unsere Psyche wird beherrscht von einer genetischen Vorteilskalkulation, auch wenn wir es selbst nicht merken. Doch dafür, dass wir solche Bestien sind, sind wir erstaunlich oft nett zueinander. Die enorme Kooperationsfähigkeit des Menschen lässt sich kaum übersehen. Wie ist sie möglich, und warum ist sie sinnvoll? Diese Frage versuchen die Autoren auf nahezu identische Weise zu beantworten. Ihr Kunststück lautet: Arbeite den biologischen Vorteil der Kooperation heraus, ohne dabei an der menschlichen Natur auch nur einen Funken an Gutem zu lassen.

Der Ausgangspunkt all dieser Überlegungen ist Robert Trivers' Einsicht in den »reziproken Altruismus«: »Ich gebe dir nur, wenn du mir auch gibst!« Nach Ansicht der Autoren beherrscht diese Maxime unser ganzes Leben. Altruismus ist »eine Investition in ein Kapital, das sich Vertrauenswürdigkeit nennt und später einmal ganz nette Dividenden in der Form anderer Leute Großzügigkeit auszahlt. Daher ist der kooperative Mensch alles andere als wahrhaft altruistisch; er hat nur stärker sein langfristiges Eigeninteresse im Blick als das kurzzeitige.«[2]

Hat Trivers Recht? Sind wir alle Egoisten, eingeteilt in die kurzfristigen und die langfristigen? Dem Wortsinn nach bedeutet Egoismus »Eigennützigkeit«. Fasst man das Wort so allgemein, dann sind wir sicher alle Egoisten. Zwar sind wir im Alltag nur selten rücksichtslos und brutal, zwar schielen wir vergleichsweise selten auf unseren direkten Vorteil, zwar handeln wir beileibe nicht immer nach unserem wohlverstandenen Eigeninteresse – aber *einen Nutzen im weitesten Sinne* möchten wir schon haben. Und sei es auch nur den Nutzen eines kurzfristigen Lustgewinns: sich zu entspannen, sich abzulenken, Streit zu vermeiden, sich wohl zu fühlen oder nicht unangenehm aufzufallen. All das also, womit wir unsere Tage verbringen.

Dass ich von meinen Taten etwas haben möchte, ist allerdings noch nichts Schlechtes. »Wer sich selbst nicht auf die rechte Art liebt«, meinte Robert Musil, »kann auch andere nicht lieben. Denn die rechte Liebe zu sich ist auch das natürliche Gutsein zu anderen. Selbstliebe ist also nicht Ichsucht, sondern Gutsein.« Hinter jeder guten Tat steckt ein (wie auch immer gearteter) Eigennutz. Selbst Mutter Teresa, so darf man annehmen, belohnte sich für ihre aufopfernde Hilfe für die Sterbenden in Kalkutta mit einem guten Gefühl und vielleicht auch mit der Aussicht auf einen Platz im Paradies. Doch wäre es deshalb eine gute Idee, sie als »Egoistin« zu charakterisieren? Kein einziger Philosoph des Abendlandes, der den Menschen für »gut« erklärte, kam jemals auf die Idee, dass man von seinen Handlungen nicht auch etwas haben dürfe. Der rein selbstlose Altruismus ist so utopisch, dass es völlig sinnlos ist, die Menschheit vor dem Hintergrund dieser Spukidee als egoistisch zu beschreiben. Nur weil die Welt nicht weiß ist, müssen nicht alle Menschen schwarz sein.

Wenn jeder Altruismus mit einem persönlichen Nutzen oder Gewinn verbunden ist, macht das Wort »Egoismus« in diesem Zusammenhang nicht mehr viel Sinn. Egoistisches Verhalten ist ein Verhalten, das wir zumeist (wenn auch nicht immer) als falsch und unanständig brandmarken. Freundliche Hilfe, aufopfernde Pflege und nette Nachbarschaftshilfe nennen wir aus guten Gründen nicht egoistisch. Ein Mensch, der sich in einer Krisensituation zunächst einmal selbst hilft oder in Sicherheit bringt, erscheint uns ebenfalls nicht unweigerlich als ein Egoist. Wir finden dieses Verhalten gesund – außer jemand tut dies ohne Rücksicht auf seine Kinder oder andere schutzbedürftige Angehörige. Und selbst die Aufforderung Jesu im Markusevangelium (12,29) »Du sollst deinen Nächsten lieben wie dich selbst« setzt zunächst die Eigenliebe voraus.

Egoismus, so wie wir den Begriff im Alltag gebrauchen, meint demnach mehr als diese allgemeine und »weiche« Form. Ansonsten taugte das Wort ja noch nicht einmal dazu, jemanden gehörig zu beschimpfen. Wenn alle Egoisten sind, wird die Bezeichnung sinnlos. Auch der Duden spricht bei Egoismus nicht nur von Selbstliebe, sondern von »Ichbezogenheit«, »Ichsucht« und »Selbstsucht«.

Gemeint ist also nicht das grundsätzliche Schielen nach einem Nutzen, sondern das offensichtliche Vorteilsstreben in jeder Lebenslage. Doch Menschen, deren Leben einzig und allein davon bestimmt wird, sind eine ziemlich seltene Ausnahme. Man kann sie zudem recht einfach erkennen. Egoisten im Sinne der Selbstsucht sind Menschen, die von anderen um nichts in der Welt so behandelt werden möchten, wie sie andere behandeln. Die anderen Menschen werden nicht als gleichberechtigt wahrgenommen und behandelt, sondern ausschließlich als Mittel zu ihrem persönlichen Vorteil. Dass solches Verhalten gelegentlich bei vielen Menschen aufflackert, ist sicher richtig. Ausnahmslos und dauerhaft jedoch bringt es uns gar nichts. Ein knallharter Egoist hat keine Freunde. Er stolpert durch ein Leben voller Nachteile. Die Rolle des harten Egoismus im Zusammenleben der Menschen wird gerne dramatisch überschätzt. Und auch für die so oft schiefgehende Weltgeschichte gibt es vermutlich eine ganze Reihe wichtigerer Motive als harten Egoismus. Den Egoismus »des Menschen« zu geißeln ist ein ziemlich sinnloses Unterfangen. Gerade dies allerdings macht die Egoismusschelte zu einem beliebten Motiv von Sonntagsreden. Sie wird umso lauter beklatscht, als sich das Publikum, meistens sogar zu Recht, nicht angesprochen fühlt. Wer von uns hält sich schon selbst dafür? Sie etwa? Oder ich? Egoist ist man nicht selbst. Es sind immer die anderen.

Weil sich der knallharte Egoismus meistens nicht lohnt, sind die Menschen lieber freundlich und kooperativ. Eigentlich ist das eine nette Botschaft. Doch für die genannten Biophilosophen steckt dahinter der Teufel des versteckten Egoismus. Schielen wir nicht auch in unseren Nettigkeiten stets auf Lohn und Vorteil?

Der Insektenspezialist Richard Alexander von der University of Michigan in Ann Arbor bezweifelt grundsätzlich, dass wir irgendetwas tun, was uns keinen persönlichen Vorteil bringt. Man nehme nur einen Blutspender. Vordergründig hat er von seiner Tat überhaupt nichts. Er bekommt kein Geld, keinen Orden und nicht einmal eine Vorzugsbehandlung, falls er selbst eine Bluttransfusion benötigen sollte. Aber, so Alexander, was soll das heißen? »Wer von uns wird nicht ein bisschen kleinlaut in der Gegenwart von jemandem, der beiläufig bemerkt, er käme gerade vom Blutspenden?« Zweck des Blutspendens ist also Angeberei und das Triumphgefühl, andere »kleinlaut« werden zu lassen. Damit wäre auch dies geklärt.

Vor der Einsicht in das unbedingte Vorteilsstreben aller Menschen zu jeder Zeit bleibt an unserem Wesen kein gutes Haar. Und wer anders als egoistisch handelt, so der Ökonom Robert Frank von der Cornell University in Ithaca im US-Bundesstaat New York, ist nicht etwa eine rühmliche Ausnahme. Nein, hat einen Hau! Was sind das zum Beispiel für seltsame Menschen, die in einer fremden Stadt einem Kellner Trinkgeld geben? Wer spendet anonym oder opfert sein Leben für Waisenkinder in Ruanda auf? Für solche Hardcorealtruisten gibt es nur eine denkbare Erklärung: Sie haben eine Fehlzündung und sind Opfer ihrer unkontrollierten Gefühle. Ihr gesunder Sinn für den reziproken Altruismus ist gestört. Verhaltensweisen, die eigentlich der Anerkennung dienen, haben sich so verselbständigt, dass sie ziellos und unbedacht ins Leere laufen.

Man müsste sich mit diesen Ansichten nicht befassen, wenn sie in den letzten zwanzig Jahren nicht so ungeheuer einflussreich gewesen wären. Dass unser ganzes komplexes, kompliziertes und oft widersprüchliches Verhalten immer nur auf unseren Vorteil aus ist, ist *die* große Erzählung der Verhaltensbiologie unserer Zeit. Und wer anders handelt, ist entweder ein Heuchler, oder er ist falsch gepolt: all die vielen Menschen, die sich in Menschen verlieben, die nicht gut für sie sind, die Millionen Menschen, die sich ausnutzen lassen, all die netten Menschen, die Geld spenden oder ihrer gebrechlichen Nachbarin beim Einkaufen helfen.

In den Listen der deutschen Krebshilfe finden sich mehr als drei Millionen Menschen, die sich bereiterklärt haben, ihr Knochenmark für einen unbekannten Leukämiekranken unentgeltlich zur Verfügung zu stellen. In buddhistisch geprägten Ländern ordnen Hunderttausende ihr privates Wohl dem Dienst an der

Allgemeinheit unter. Und wonach suchen in den reichen Entwicklungsländern die knallharten Egoisten, die sich mit Esoterik und Sinnsuche beschäftigen und sich von ihren falschen Bedürfnissen reinigen lassen wollen?

Haben Ridley, Alexander, Wright, Frank und viele andere Recht, so handeln all diese Menschen entgegen ihrer Natur. Ein rechter *Homo sapiens* dagegen ist ein Kapitalist westlicher Prägung: Jede seiner Handlungen ist eine Investition – seine Freundschaft, seine Liebe, seine Freundlichkeit. Und das Einzige, was zählt, sind Zinsen, Rendite und Profit.

Sollte diese Sicht stimmen, so wären Philosophen von nun an nicht mehr nötig. Im Licht der neuen Lehre erscheinen sie wie ein anachronistischer Haufen von Idealisten, die sich schützend über ihr Fach beugen wie Paläontologen über ein paar seltene Dinosaurier und ihre Eier. Wir täten auch gut daran, die psychologischen Fakultäten zu schließen und die Biologie des menschlichen Verhaltens dort anzusiedeln, wo sie hingehört: zu den Wirtschaftswissenschaften. Ihr Thema wäre die Geburt des *Homo sapiens* aus dem Geist des Kapitalismus. Und anschließend die Wiedergeburt des Kapitalismus aus dem Geist des *Homo sapiens*.

Ihre Lehre wäre wie folgt: Irgendwann, an einem ganz bestimmten Punkt der Evolution, erkannten unsere egoistischen Vorfahren, dass es nicht weiter sinnvoll ist, sich nur die Köpfe einzuschlagen. In diesem Augenblick entdeckten sie die Kooperation, mit ihr die Arbeitsteilung und das Teilen im Allgemeinen. Sie erkannten, dass kein Mensch allein ein Mammut aufessen kann und man deshalb ohne Verlust auch mal was abgeben darf. Etwas Fürchterliches und Fruchtbares entstand: der perfide Egoismus, der sich als Altruismus tarnt, weil sich der *lonesome-cowboy*-Egoismus nicht mehr lohnte. Denn wer einem begehrten Weibchen möglichst viel von seinem Mammutfleisch abgibt, der kriegt zum Lohn bald darauf viel mehr Kinder. Die Abgebe-Muffel dagegen starben aus.

Einen kühl kalkulierenden Egoisten erkennt der Biologe präzise an der Zahl seiner Kinder. Hat er viele, war er erfolgreich. Hat er keine oder wenige, war er in seinem sozialen Schach zu schlecht. Da unsere Vorfahren schon genauso dachten, wurde der Mensch notgedrungen sozial, obwohl es dabei gar nicht um die anderen ging, sondern nur um die Gene. Ein Spielverderber wie der Soziologe und FAZ-Journalist Jürgen Kaube wundert sich amüsiert über derlei soziobiologische Schnellerklärungen: »Eine Soziobiologie von etwas zu schreiben, macht so gut wie gar keine Mühe. Man nehme einfach einen Tatbestand, der im Ruf steht, eine besondere, variantenreiche, geistvolle oder nur historisch erschließbare Erscheinung zu sein – das Naturschöne, Religion, Großmütter oder die Monogamie –, und denke sich einen Mechanismus im Kampf ums Dasein und um mehr Nachkommen aus, der sie dermaleinst vor ein paar Millionen Jahren befördert haben könnte. Was immer wir tun, sagt die Theorie, tun wir, um unsere Chancen zu erhöhen, das eigene Erbgut reproduzieren zu können. Darauf hat uns die Evolution programmiert, denn nur solche Wesen, die diesem Programm folgten, konnten sich über Jahrtausende hinweg im Naturreich durchsetzen. Das führt dann zu so lustigen Thesen wie der, soziale Verbände seien entstanden, weil Kooperationsgewinne die Individuen für ihren Zusammenschluss belohnten. Lustig ist sie, weil ihr die Vorstellung zugrunde liegt, dass Menschen als Individuen und wie Pilze nebeneinander aus dem Boden schießen und hernach herausfinden, wie nützlich es doch ist, sich zusammenzutun.«[3]

Vermutlich müssen wir uns also weiterhin Mühe machen und die Menschen und ihre Kultur in all ihrer schwer auflösbaren Widersprüchlichkeit betrachten. Die Evolution ist keine Frage von spontanen Gesinnungswandeln und praktischen Verabredungen. Sie siebt noch nicht einmal zwingend nach Vorteilen aus. Merkmale und Eigenschaften können auch entstehen und erhalten bleiben, solange sie keinen unmittelbaren tödlichen *Nach-*

teil bringen. Und andere Fähigkeiten, die ursprünglich einmal einen Vorteil beim Überleben bedeutet haben könnten, können auch dann übrig bleiben, wenn sie nicht mehr gebraucht werden. Als überschüssiges Potential können sie ein Eigenleben führen und neue Entwicklungen hervorbringen. So sind Menschen allgemein dazu fähig, an Gott zu glauben, ohne dass dies biologisch einen Sinn macht. Was nützt es einem Affen beim Überleben, dass er gläubig ist? Und wieso begünstigte die Evolution die Liebe zu Computerspielen, Haarfrisuren, Autos, Schuhen, Daily Soaps und Fußball, aber nicht das Verantwortungsgefühl für die Menschheit?

Vorteile im Kampf um einen Geschlechtspartner sind nur ein Aspekt unter vielen anderen. Auch die hübsche Idee einiger Biologen, dass sich die Nettigkeit des Menschen in der Evolution durchgesetzt habe, weil Weibchen nette Männchen zur Paarung bevorzugen, ist ganz sicher eine arge Verkürzung. So freundlich und einfach sich die Idee des *survival of the nicest* anhört, so eindimensional ist sie.[4] Denn erstens dürfte es ein Gerücht sein, dass Frauen rein sexuell betrachtet sich immer von den nettesten Männchen angezogen fühlen und nicht etwa von den schönsten, den coolsten, den verwegensten und den intelligentesten. Und zweitens haben Lebewesen, die Absichten haben und erkennen, noch eine Menge anderer Absichten als nur die Weitergabe ihrer Gene.

Die Wahrheit dürfte sein: Menschen werden in ihrem wirklichen Leben vermutlich stärker von ihren Ängsten, ihren Skrupeln und Bedenken, ihren flüchtigen Eitelkeiten und kurzfristigen Eingebungen geleitet als von ihrem wohlverstandenen Vorteilsstreben. Denn wäre der Mensch ein rücksichtsloser Gen-Egoist, so wäre er der dümmste und fehlgesteuertste Gen-Egoist, den man sich vorstellen kann. Während unsere Umwelt in atemberaubendem Tempo zerstört wird, unsere Lebensgrundlagen und natürlichen Ressourcen vernichtet werden, ärgern wir uns über unseren Chef oder Nachbarn, schießen Moorenten am Bildschirm ab oder gucken *Greys Anatomy* und *Desperate Housewifes*. »Die Vorstellung, was Menschen in Wirklichkeit machten, bestünde darin, ihre wohlverstandenen Eigeninteressen zu verfolgen«, schreibt die Philosophin Christine Korsgaard, »ist lächerlich«.[5]

Der Fehler hinter der Weltsicht der genannten Biophilosophen ist leicht benannt: nämlich dass sie der weichen Form des Egoismus, die jeden von uns kennzeichnet, die *Motive des harten Egoismus* unterstellt. Doch dass alles, was ich tue, mir irgendeinen Nutzen bringen soll, heißt noch lange nicht, dass es damit unweigerlich gegen andere gerichtet ist! Nicht jede Entscheidung, meine Freunde sehen zu wollen oder ins Kino zu gehen, folgt den Gesetzen des »Kampfes ums Dasein« oder des *survival of the fittest*. Einen Nutzen von etwas zu haben oder sich Vorteile gegenüber anderen zu verschaffen sind zwei völlig verschiedene Dinge, die sich im Leben nur gelegentlich überlappen.

Schon vor mehr als hundert Jahren erkannte der scharfsichtige Berliner Philosoph Georg Simmel (1858–1918) die Schwachstelle jener Biologen, die die Menschennatur als rücksichtslos und grausam beschrieben: »Es gibt nur wenige Begriffe, mit denen so viel Missbrauch getrieben, so viel Scheinerkenntnis hervorgerufen ist wie mit dem des ›Natürlichen‹. Kein Mensch weiß zu bestimmen, was damit eigentlich gesagt werden soll, dass der Egoismus ein natürlicher Trieb und der Altruismus etwas anderes ist.«[6] Für Simmel gibt es eigentlich nur zwei Möglichkeiten. Entweder ist alles am Menschen *Natur,* dann entspringen Egoismus und Altruismus untrennbar aus der gleichen Wurzel. Oder ich definiere alles menschliche Tun als Produkt des Bewusstseins. In diesem Fall wäre der Egoismus genauso *Kultur* wie der Altruismus. Dass eines von beiden »eigentlicher« sein soll als das andere, sei Unsinn.

Böse und Gut, Egoismus und Altruismus lassen sich nicht nach Natur und Kultur trennen! Wäre dies möglich, so wären die kultiviertesten Menschen notwendig auch die charakterlich edelsten. Und die ungebildeten, einfachen Menschen die böseren. Ein kurzer Blick ins Leben und ein flüchtiger Seitenblick auf die gebildeten Philologen und Menschenschlächter Dr. Joseph Goebbels und Dr. Radovan Karadzic belehren uns schnell eines Besseren.

Ein Fazit? Unser egoistisches Handeln ist ein Teil unserer Natur. Unser altruistisches auch. Ebenso ist beides ein Teil unserer Kultur.[7] Des Weiteren gilt: Egoismus ist nicht immer schlecht. Und Altruismus ist nicht immer gut. Wie viel Gutes kommt in die Welt, motiviert möglicherweise nur durch die Eitelkeit der Wohltäter? Wie viel Böses geschieht im Namen einer guten, edlen Absicht? Und wie will man die Motive überhaupt genau feststellen und unterscheiden? Wer weiß von seinen eigenen Absichten zu sagen, dass man sie immer genau durchschaut und auf gut und böse hinreichend überprüft hat? Auch hier leistete Georg Simmel eine präzise Vorarbeit, indem er schrieb: »Sehr erschwert wird die Entscheidung, ob Egoismus oder Altruismus vorliegt, oft dadurch, dass das Bewusstsein des Handelnden selbst nicht die richtige Auskunft über seine Motive zu geben vermag. Es gibt genug unklare Menschen, die in der Meinung, dass Güte eine Schwäche sei, egoistisch zu handeln glauben, während sie unbewusst von lauter Motiven der Gutmütigkeit und des Altruismus bestimmt werden; andere, die, um ihren fundamentalen Egoismus nicht nur vor anderen, sondern auch vor sich selbst zu verbergen, ihm auf altruistischen Umwegen genügen.«[8]

Für edle und niedere Absichten gibt es keinen Maßstab. Wir alle haben in unserem Bekanntenkreis Menschen, die sich aus vergleichsweise harmlosen Gründen schnell moralisch schlecht fühlen und bei vielem, was sie tun, von Skrupeln erfüllt sind. Andere, die wir gewiss nicht für die besseren Menschen halten, zerbrechen sich über ihre Handlungen kaum den Kopf. Die Instanz dieser gefühlten Moralität unseres Gutseins sind wir zunächst einmal selbst.

Menschen leben so, dass sie von all ihrem Handeln etwas haben wollen. Ein anderes Leben ist grundsätzlich nicht möglich. Doch es macht uns noch nicht zu harten Egoisten. Unser »Habenwollen« betrifft nicht nur Waren, Güter oder Vorteile im Konkurrenzkampf um Sexualpartner und Macht, sondern vor allem emotionale Qualitäten. Wichtige Werte unseres Habenwollens sind Zufriedenheit, Geborgenheit, Vertrauen, Zuneigung und Liebe.

Doch wenn es tatsächlich stimmt, dass uns die Sehnsucht nach Zufriedenheit, Vertrauen oder Liebe stärker bestimmt als jeder harte Egoismus – warum sind wir selbst dann manchmal nett, wenn es uns im Auge der anderen gar keine große oder sichtbare Anerkennung bringt?

- *Gute Gefühle.* Warum wir gerne nett sind

Gute Gefühle
Warum wir gerne nett sind

Es gibt ein Lebewesen auf unserem Planeten, das allen anderen überlegen ist. Ein einsames Gebilde, im Durchschnitt gerade einmal 1,3 Kilo schwer. Es ist schnell, geschmeidig, aufmerksam und lauernd. Was immer ihm vor das Visier kommt, wird beobachtet, studiert, analysiert, bewertet und gespeichert. Hellwach, unermüdlich und unerschöpflich ist es Tag und Nacht aktiv. Dieses Lebewesen ist unser Gehirn.

Ein Fünftel unserer gesamten Nahrungsenergie fließt ins Oberstübchen. Unausgesetzt ist es im Einsatz und schafft sich seine eigene Welt. Denn unser Gehirn ist absolut einmalig. Keines gleicht dem anderen. Was sich in Ihrem Kopf abspielt, spielt sich genauso in keinem anderen Kopf ab. Obwohl Sie und ich über die gleichen Hirnareale verfügen und die gleiche Ausstattung mit Nervenzellen, Verschaltungen und elektrochemischen Übertragungswegen, sind unsere Gehirne verschieden. Gleicht Ihr Gehirn dem Stadtplan von München, so bildet meines die Straßen von Hamburg ab.

Wie kommen solche unterschiedlichen Hochleistungsmaschinen im Alltag zwischen Menschen miteinander klar? Einerseits sind sie einander fremd, in jedem Sinne unzugänglich. Unsere Gehirne sind isoliert und autonom. Andererseits aber sind sie nicht gerne allein. Langfristig ohne Austausch kümmern sie vor sich hin oder werden verrückt. Sie brauchen andere Gehirne zum Leben, benötigen die Mimik anderer Gesichter, den Reiz von Gesten und Worten, die an sie gerichtet sind. Aber wer sind die anderen für uns? Was lieben wir an ihnen, und was schreckt uns ab? Was hebt unsere Laune, und was bereitet uns Verdruss? Die Evolution hat ein Sortier- und Bewertungssystem für all dies gefunden – bei jedem Menschen ähnlich, aber niemals identisch. Es ist unsere Psyche.

Lebewesen mit einer so komplexen Psyche wie der Mensch verhalten sich auf eine besondere, sehr schwer zu enträtselnde Weise. Sie können lieben und hassen, sind schutzbedürftig und unabhängig, vertrauensselig und skeptisch, aufrichtig und unaufrichtig, offenherzig und verschlossen, ehrgeizig und faul. Kurz gesagt: Sie sind zutiefst widersprüchlich – von Mensch zu Mensch und sehr häufig auch in sich selbst. Und wenn psychisch begabte Wesen eines ganz gewiss nicht sind, dann sind sie keine kühlen Logiker ihres Lebens, keine scharfsinnigen Rechenkünstler ihrer Handlungsfolgen, keine Großmeister ihrer Absichten. Sie sind keine weit vorausplanenden Architekten ihrer sozialen Umwelten. Lebewesen mit einer Psyche überschauen sich nicht völlig selbst.

Das Leben jedes Menschen besteht aus dem, was er haben will, und aus dem, wie er sich selbst empfindet und sieht. Unser Selbstbild und unser Habenwollen tanzen einen furiosen Stepptanz mit uns durch den Tag wie Fred Astaire und Ginger Rogers. Wer führt, und wer wird geführt? Wie viel Geld gibt Ginger Rogers in der Boutique aus, bis Fred Astaire sie hinaustanzt? Nach wie viel Alkoholgenuss bringt er sie nach Hause? An welchem Punkt hindert er sie daran, zu schlecht über vermeintlich gute Freunde zu reden?

Die Trennung von Begehren und Selbstbild ist ein alter Hut der abendländischen Philosophie. Ihren pointiertesten Ausdruck fand sie bei Sigmund Freud in seiner berühmten Unterscheidung vom *Es* und vom *Über-Ich*.[1] Bedauerlicherweise allerdings verstellte sich Freud selbst eine genauere Erkenntnis der Psyche, indem er mit Huxley annahm, das *Es* sei von Natur aus ein mörderisches, tabuloses Raubtier. Die Idee war eben gerade überall in Mode.

Mit der Verteufelung des Begehrens bediente Freud die Idee, dass man seine Affekte unterdrücken müsse. Prekärerweise war es genau das Verhalten, das er in seiner Kritik an der abendländischen Kultur zu Recht überall entlarvte. Die Folge dieses Denkens war ein sehr melancholisches Menschenbild, was angesichts des Zirkelschlusses nicht verwundert. Menschen waren entweder durch ihren Trieb gestraft oder durch dessen Unterdrückung. Psychisch gesunde Menschen waren unter dieser Voraussetzung eigentlich gar nicht mehr möglich. Huxleys Enkel, der Schriftsteller Aldous Huxley, revanchierte sich für diese Weltsicht, indem er die Menschen in seinem Roman *Schöne neue Welt* (1932) nicht mehr »Oh, Gott!«, sondern »Oh, Freud!« seufzen ließ.

Die Crux daran ist, dass Theologen und Philosophen das Begehren seit jeher verteufeln – so, als ob es per se niedrig, dumm und schlecht sei. Doch mit welchem Recht sehen wir das so? Gewiss, unsere instinkthaften Seiten haben häufig etwas mit ungebändigtem Verlangen, ungedrosselter Wut und ungezähmter Abwehr zu tun. Es gibt sadistische Veranlagungen in vielen Menschen. Es gibt Neid, Gier, Schadenfreude und Rücksichtslosigkeit. Aber unser Begehren verlangt ebenso nach Liebe, Zuneigung, Sorge und dem Gefühl, gebraucht zu werden. Das eine wurzelt offensichtlich ebenso tief in unserer Biologie wie das andere.

Zu unseren wichtigsten Bedürfnissen gehört es, *sich gut zu fühlen*. Menschen fühlen sich gerne gut, und zwar köperlich ebenso wie moralisch. Sehr gerne halten sie sich selbst für »die Guten«. Ein kleiner Blick in den Bekanntenkreis genügt. Wer von Ihren Freunden, Bekannten oder Arbeitskollegen hält sich selbst im moralischen Sinne überwiegend für schlecht? Doch eine biologische Theorie, die dieses Bedürfnis nach einer guten Gesinnung erklärte, gibt es nicht. Jedenfalls bekommt keiner von uns dadurch mehr Kinder. Wir sind häufig einfach deshalb nett, weil es sich gut anfühlt, nett zu sein. Nicht immer, aber oft.

»Der Egoist fühlt sich von fremden und feindlichen Erscheinungen umgeben, und alle seine Hoffnung ruht auf dem eigenen Wohl«, meinte Arthur Schopenhauer. Der Gute dagegen »lebt in einer Welt befreundeter Erscheinungen: Das Wohl einer jeden derselben ist sein eigenes«. Es ist im Normalfall nicht schwer zu sagen, welche der beiden Lebensformen wir vorziehen. Lieber als von einer feindlichen sind wir von einer freundlichen Mitwelt umgeben. Nicht weil es zwingend unseren praktischen und genetischen Interessen nützt, sondern deshalb, weil es unserer Psyche guttut.

Die wichtigsten Dinge im Leben, sagt man, kann man nicht kaufen: Freundschaft und Liebe. Und man erwirbt sie noch nicht einmal durch reziproken Altruismus: »Ich liebe dich, also liebst du mich auch!« Mit nüchternem Kalkül und klarem Vorteilsdenken werden wir nicht glücklich, sondern unglücklich.

Ein Freund von mir – der heute keiner mehr ist – besuchte vor einigen Jahren ein Managerseminar. Der US-amerikanische Trainer erklärte dort seinen Zuhörern, worauf es im Leben ankommen sollte. Er führte ihnen vor, wie viel Zeit wir unnötig verplempern, indem wir nicht zielstrebig genug sind. Wir geben zu viel Geld aus, tun zu viele unnütze Dinge und vergeuden unsere Energie in fruchtlosen sozialen Beziehungen. Stattdessen aber komme es darauf an, sein Leben strategisch klug zu kalkulieren: Was zahlt sich aus und was nicht. Möglicherweise hatte der Trainer viel soziobiologische Literatur gelesen. Jedenfalls riet er den Managern, so zu leben, wie es nach Trivers, Ridley, Wright, Alexander und Frank unserer Natur entspricht.

Mein Freund, ein lebenslanger Sinnsucher, nahm diese Worte sehr ernst. Wenn ich mit ihm essen gehen wollte, lehnte er ab, weil ihm dies zu teuer sei, obwohl er als Einkäufer eines Automobilkonzerns deutlich mehr Geld verdiente als ich. Sein ohnehin schon überschaubarer Freundeskreis schrumpfte weiter zusammen, und irgendwann traf es auch mich. Er sparte jeden Pfennig und später jeden Cent und gab dieses Geld – unsicher und verzweifelt, wie er war – später für ein völlig unsinniges Projekt aus. Er war unglücklich und stellte alle seine Grundsätze wieder auf den Kopf. Nun wollte er, mit seinen eigenen Worten, »endlich leben«, berichteten mir gemeinsame Freunde.

Sein Leben bewusst durchzukalkulieren und »endlich zu leben« ist, so scheint es, ungefähr das Gegenteil voneinander. Doch wenn dies stimmt, so heißt das, dass ein völlig durchkalkuliertes Leben keines ist, das für die allermeisten Menschen großen Wert hat. Das ganze Lebensglück scheint deutlich mehr zu sein als die Summe aufgegangener Kalküle und erwirtschafteter Vorteile.

Der Psychologe und Nobelpreisträger Daniel Kahneman (*1934) von der Princeton University liefert dazu ein schönes Beispiel.[2] Die meisten US-Amerikaner geben bei Umfragen an, dass kaum etwas so glücklich macht wie ihre Kinder. Doch wie verträgt sich diese Selbsteinschätzung mit all den schlecht gelaunten Muttis und Papis, die man mit ihren unzufriedenen Kindern im Supermarkt sieht? Oder mit den ewigen Auseinandersetzungen zwischen Eltern und nörgelnden, desinteressierten Teenagern? Kahneman forderte Tausende von Eltern auf, ein »Glückstagebuch« zu führen. Jede Stunde gaben sie ihrem Glücksgefühl im Zusammensein mit ihren Kindern eine Zensur. Das Ergebnis: In der Summe machte der Umgang mit ihren Kindern die durchschnittlichen US-Amerikaner etwa so glücklich wie Einkaufen oder Putzen. Gleichwohl aber beharrten die gleichen Menschen – aus ihrer gefühlten Sicht völlig zu Recht – darauf, dass ihre Kinder sie glücklich machten. Glück, so das Fazit, ist weit mehr als die Summe seiner Teile. Und die Qualität bemisst sich nicht allein nach der Quantität.

Das menschliche Gehirn mag das erstaunlichste Lebewesen im Universum sein, aber es ist keine Rechenmaschine. Und Moral ist nicht die Summe einer Kalkulation. Wer, wie viele Soziobiologen, die Verantwortung für unser Handeln sozialen Intuitionen zuschreibt, der kann nicht gleichzeitig davon sprechen, dass wir unsere Moral exakt kalkulieren. Für diese Fähigkeit nämlich müsste das Gehirn mit dem schweren Diesel Vernunft angetrieben werden und nicht mit der leichteren Essenz des Gefühls. Tatsächlich aber geht in unserem Gehirn Tag für Tag alles durcheinander. Gefühle und Vernunft durchkreuzen sich wechselseitig, motivieren und bekämpfen sich. Wir mögen noch so nüchtern über einen Menschen urteilen wollen, empfinden wir ein starkes Mitgefühl mit ihm, so ändert dies unsere Haltung. Kein Mensch ist ein absoluter Herr über sein Mitgefühl.

Unsere Gefühle, unsere Entscheidungen und moralischen Zwiespältigkeiten schlagen sich im Gehirn nieder. Was wir »Gefühl« nennen, wird ebenso elektrochemisch erzeugt wie das, was wir »Vernunft« nennen. Vielleicht kann der Verweis auf unser Gehirn uns die Frage beantworten, warum wir nicht immer kühl kalkulierende »reziproke Altruisten« sind, sondern auch einer fremden Katze aus einer Mausefalle helfen oder einem Unbekannten den Weg zeigen. Könnte es nicht etwa sein, dass der Lohn, den wir für eine gute Tat erwarten, viel mehr mit einer Belohnung im Gehirn zu tun hat als mit einer Belohnung durch jemand anderen?

Die Fülle an Beweisen, die Hirnforscher im letzten Jahrzehnt gesammelt haben, ist erdrückend: Unser Motivationssystem im Gehirn giert nach Belohnungen durch unsere soziale Umwelt. Für Koryphäen wie den Esten Jaak Panksepp (*1943) von der Washington State University und den US-Amerikaner Thomas Insel, Direktor des *National Institute of Mental Health,* sind soziale Anerkennung und positive Zuwendung der Stoff, aus dem unser Belohnungszentrum im Gehirn seinen nachhaltigsten Nektar zieht.

Panksepps eigentliches Forschungsgebiet war über mehr als zwei Jahrzehnte die Psychologie der Tiere. Er wollte ihre sozialen Emotionen erforschen. Besonders spannend erschien ihm das, was man sich nicht leichter Hand mit einer bestimmten Funktion erklären konnte. Er erforschte, warum Ratten lachen und was das mit dem Lachen von Menschen zu tun haben könnte.[3] Auf diese Weise brachte er es zu einer Veröffentlichung in

Science, einer der renommiertesten naturwissenschaftlichen Fachzeitschriften, mit dem schönen Titel: »Jenseits des Witzes: Vom Lachen der Tiere zur menschlichen Freude«.[4]

Alle höher entwickelten Tiere, so Panksepp, unterscheiden in ihrem Gehirn sechs wesentliche Gefühlszustände: Wollust/Sexualität, Panik/Trennung, Fürsorge/Pflege, Streben/Erwartung, Wut/Ärger und Spiel/Freude.[5] An ihnen entscheidet sich, ob ein höher entwickeltes Tier sich wohl fühlt oder nicht. Besonders interessant in unserem Zusammenhang ist, wie stark viele soziale Tiere darunter leiden, wenn sie von anderen getrennt und isoliert werden. Ein Jungtier, das von seinen Eltern verlassen wird, empfindet den Trennungsschmerz in seinem Gehirn nahezu ununterscheidbar wie einen körperlichen Schmerz. Nicht anders ist es beim Menschen. Auch Menschen erleben Trennungsschmerz körperlich. Zuneigung, Beachtung und Anerkennung dagegen sind die Lebensmittel unserer Psyche.

Das soziale Leben von höher entwickelten Tieren beeinflusst nicht nur ihre Psyche, sondern auch ihre Physis. Schon bei Fischen lässt sich beobachten, dass unterlegene Tiere, die ihr Territorium an Artgenossen verlieren, ihr Wachstum einstellen und sogar schrumpfen können.[6] In meinem Kölner Aquarium leben seit einigen Monaten zwei westafrikanische Schmetterlingsfische. Als Oberflächenfische teilen sie sich ein eineinhalb Quadratmeter großes Terrain mit vielen Schwimmpflanzen. Eigentlich müsste dies für die beiden unverträglichen Gefährten reichen. Doch der eine Fisch unterdrückt mit Macht den anderen. Und obwohl beide Tiere die gleiche Menge an Nahrung aufnehmen, entwickelt sich ihre Größe zusehends auseinander.

Was für das Dominanzverhalten von Fischen gilt, gilt in noch weit größerem Maße für das Sozialverhalten von höher entwickelten Tieren und Menschen. Thomas Insel und sein Kollege Russell Fernald von der Stanford University sprechen in diesem Zusammenhang vom *social brain* – dem »sozialen Gehirn«.[7] Wenn wir uns sozial wohl fühlen, erleben Tiere und Menschen

Ausschüttungen von Neuropeptiden wie Oxytocin und Vasopressin. Als Wohlfühlhormone sind sie Balsam für unsere Seele. Geraten wir jedoch sozial unter Stress, weckt dies Stresshormone wie Cortisol.

Schon in den 1950er bis 1970er Jahren machte der US-amerikanische Psychologe und Verhaltensforscher Harry Harlow eine Reihe grausamer Experimente.[8] Er isolierte neugeborene Rhesusäffchen von ihrer Mutter und ihren Angehörigen und entzog ihnen jeglichen sozialen Kontakt. Wie nicht anders zu erwarten, verkümmerten die Tiere psychisch und körperlich, sie wurden verhaltensgestört und sexuell anormal.

Unser Gehirn, so scheint es, ist durch und durch sozial programmiert. So etwa konnten Ernst Fehr und seine Mitarbeiter in Zürich zeigen, dass es für uns einen gewaltigen Unterschied macht, ob wir mit Computern kooperieren oder mit realen Menschen.[9] Spiele wie das Ultimatumspiel und das Vertrauensspiel zeigen in beiden Fällen ein unterschiedliches Ergebnis. Gehen wir mit Simulationen am Computer um, so handeln wir wesentlich rationaler und egoistischer. Haben wir es dagegen mit echten Menschen zu tun, bemühen wir uns viel mehr darum, fair zu sein. Bereits der Anblick von menschlichen Gesichtern stimuliert merklich unser Gehirn, und zwar sowohl von vertrauten Gesichtern wie von fremden. So gesehen ist es vermutlich kein biologisches Wunder mehr, dass wir auch beim Umgang mit Fremden die Spielregeln der Fairness einhalten, und zwar selbst dann, wenn wir annehmen dürfen, ihnen nicht wieder zu begegnen.

Der deutsche Hirnforscher und Spezialist für psychosomatische Medizin Joachim Bauer (*1951) von der Universität Freiburg sieht hierin die Grundlagen für ein völlig neues Menschenbild: »Nichts aktiviert die Motivationssysteme im Gehirn so sehr wie der Wunsch, von anderen gesehen zu werden, die Aussicht auf soziale Anerkennung, das Erleben positiver Zuwendung und – erst recht – die Erfahrung von Liebe.«[10] Unsere Motivationsstruktur ist also keineswegs in erster Linie darauf ausgerichtet, dass wir uns durchsetzen und uns Vorteile gegenüber anderen verschaffen. »Alle Ziele, die wir im Rahmen unseres normalen Alltags verfolgen, die Ausbildung oder den Beruf betreffend, finanzielle Ziele, Anschaffungen etc., haben aus der Sicht unseres Gehirns ihren tiefen, uns meist unbewussten ›Sinn‹ dadurch, dass wir damit letztlich auf zwischenmenschliche Beziehungen zielen, das heißt, diese erwerben oder erhalten wollen. Das Bemühen des Menschen, als Person gesehen zu werden, steht noch über dem, was landläufig als Selbsterhaltungstrieb bezeichnet wird.«[11]

Schon der römische Philosoph Seneca hatte dies sehr genau erkannt: »Es kann niemand ethisch verantwortungsvoll leben, der nur an sich denkt und alles seinem persönlichen Vorteil unterstellt. Du musst für den anderen leben, wenn du für dich selbst leben willst.« Unterstützung für seine Sicht erhält er heute von den Hirnforschern Jorge Moll und Jordan Grafman von den *National Institutes of Health*. Sie sind sich ziemlich sicher, den Schlüssel zum »Guten« gefunden zu haben. Im Jahr 2006 veröffentlichten sie die Ergebnisse ihrer Experimente.[12] Sie hatten Studenten in den Kernspintomografen geschoben und sie aufgefordert, sich vorzustellen, sie erhielten einen großen Geldbetrag. Wie nicht anders erwartet, erhöhte sich die Blutzufuhr der Studenten im mesolimbischen System, dem sogenannten »Belohnungszentrum«. Es leuchtet auch dann auf, wenn jemand sich über Essen freut oder über Sex. In einer zweiten Versuchsreihe forderten die Forscher die Studenten auf, sich vorzustellen, sie spendeten den gleichen Betrag für einen wohltätigen Zweck. Auch diesmal erhöhte sich die Blutzufuhr im mesolimbischen System. Im Unterschied zum ersten Experiment aber kam noch eine zweite Region dazu: der subgenuale Cortex. Als Teil des präfrontalen Cortex ist er eine viel höher entwickelte Region des Gehirns, die nicht nur bei Menschen, sondern auch bei Affen für soziale Aufmerksamkeit zuständig ist und für Zuneigung.

Wenn es sich für Menschen gut anfühlt, Gutes zu tun, so die

Forscher, dann sei das völlig natürlich. Altruismus ist keine nachträgliche Zutat in einem egoistisch veranlagten Gehirn, sondern ein zwingender Bestandteil unserer Grundausstattung, fest verdrahtet und ziemlich angenehm. Und selbst wenn Geben sich nicht notwendig seliger anfühlt als Nehmen – so fühlt es sich doch immerhin selig an.

Lebewesen, die bewusste Absichten haben und erkennen können, handeln nicht notgedrungen nach *Kalkül*. Menschen sind manchmal egoistisch und berechnend, aber sie sind auch oft unkalkuliert im Guten wie im Bösen. Es gibt einen zweckgebundenen und ebenso auch einen nicht-zweckgebundenen Altruismus. Gute Taten ohne Gegenleistung sind dabei nur selten eine Spekulation in die Zukunft oder gar eine moralische Verirrung. Sie erhalten ihren Lohn durch das *gute Gefühl, gut zu sein*.

Für Menschen ohne starke geistige oder psychische Beeinträchtigung gilt, dass sie sich gut fühlen, wenn sie Gutes tun. Dieses Gute muss sich im sozialen Sinn nicht lohnen. Wenn es sich lohnt, so lohnt es sich für uns selbst: für unser gutes Gefühl und mehr noch für das gute Bild, das wir von uns selbst haben möchten. Doch was ist das eigentlich, ein Bild von uns selbst?

- *Das Gute & Ich*. Wie unser Selbstbild uns verpflichtet

Das Gute & Ich
Wie unser Selbstbild uns verpflichtet

Ich sehe, dass nicht das falsch ist, was man tut,
sondern das, was man wird.   Oscar Wilde

Ich habe keine Metzgerei von meinem Großvater geerbt, sondern die Liebe zu den Tieren.

Mein Opa war der Mensch, den ich als Kind am meisten liebte. Und obwohl er gewiss kein Heiliger war, war er mir heilig. Mein Großvater beschäftigte sich mit mir. Wenn ich als Kind meine Ferien in Hannover verbrachte, gingen wir jedes Mal in den Zoo. Von der bescheidenen Genossenschaftswohnung über den schmalen Siedlungsweg durch die Eilenriede führte der halbstündige Fußweg. Genauso hatte es mein Großvater schon mit meinem Vater gemacht, dreißig Jahre zuvor. Mein Großvater war kein Tiernarr. Vielleicht ging er alles in allem ganz gerne in den Zoo. Aber vielleicht ging er auch nur deshalb dorthin, weil er nicht gewusst hätte, was er mit seinem Enkel sonst hätte tun sollen. Der Zoo war nah. Der Weg ging durchs Grüne. Der Zoo war nicht teuer.

Seit meiner Kindheit sind Tiere für mich etwas Besonderes. So besonders, wie es mein Opa war, durch den ich mit ihnen in Berührung kam. Wenn ich an meinen Großvater denke, denke ich an den warm-feuchten Geruch von Antilopenheu und an tapsende Großkatzen. Und seit ich umfassender denken kann, beschäftigt mich die Frage, wie wir mit den Tieren umgehen sollen. Was können sie fühlen? Können sie denken? Haben sie eine Würde?

Hätte mir mein Großvater eine Metzgerei vererbt, hätten sich mir diese Fragen vermutlich nie gestellt. Wäre er Landwirt gewesen, Legebatteriebetreiber oder Besitzer einer Pelztierfarm, wahrscheinlich auch nicht. Vielleicht würde ich heute den Geruch und die Textur von Pelzmänteln lieben statt der Nerze.

Die Achtung vor den Tieren ist für mich heute ein fester Wert. Ich halte es für richtig, Tiere zu achten, so wie ich es für richtig halte, dass die Erde eine Kugel oder Schnee weiß ist. Die Achtung vor den Tieren ist ein Teil meines Selbst- und Weltverständnisses. Mit anderen Worten: Sie entspricht meinem Selbstbild. Sie ist ein Teil von mir.

In diesem Kapitel geht es aber nicht um Tiere. Und auch nicht um den Austausch von Argumenten für oder gegen das Fleischessen, für oder gegen Tierversuche, Haustiere und Tiergärten. Es geht um die Frage, warum etwas für uns überhaupt einen *Wert* hat. Einen solchen Wert sogar, dass es ein Teil unseres Selbstbildes wird. Einen so großen Wert, dass wir unser Handeln danach ausrichten, weil es ansonsten unserem Selbstverständnis widerspräche. Einen Wert, der mitunter sogar unserem unmittelbaren Begehren oder unseren praktischen Interessen entgegensteht. Einen Wert, den vermutlich nur Menschen kennen.

Der Wert, den wir Dingen, Menschen, Situationen, Gelegenheiten, Stimmungen und Erinnerungen beimessen, verhindert, dass wir Genmaschinen sind. Er beeinflusst und korrigiert unsere Interessen, färbt unsere Wünsche, zügelt unser Begehren oder lenkt es in andere Bahnen. Es gibt Menschen, die vermutlich auch dann keine Banken überfallen würden, wenn sie dafür nicht bestraft würden. Es gibt Menschen, die zu anderen Menschen freundlich sind, die ihnen nie mehr begegnen werden. Davon gibt es viele. Darüber hinaus gibt es sogar noch Menschen, die sich für die Rechte der Tiere einsetzen, obwohl diese es ihnen niemals vergelten können. Es gibt Menschen, die unentgeltlich und liebevoll ältere Menschen pflegen, die weder blutsverwandt sind noch ihnen irgendetwas nützen. Es gibt Menschen, die so etwas tun. Und es gibt Menschen, die es nicht tun und auch niemals tun würden. All dies hat etwas mit unserem Selbstbild zu tun.

Lebewesen, die Absichten haben und die Absichten anderer erkennen können, kann der Blick der anderen auf das eigene Leben nicht egal sein. Im Gegenteil sind sie hochgradig davon abhängig. Der Blick der anderen ist ein zentrales Lebenselixier unseres Selbst. Auch das, was wir achten und was wir ächten, entspringt nicht nur unserer Natur, sondern auch unseren Prägungen durch andere und unseren Gedanken dazu. Und aus alledem entsteht unser Selbst- und Weltverständnis.

Woraus sich dieses Bild speist, ist allerdings alles andere als ein Lieblingsthema der jüngeren Moralphilosophie. Philosophen, die sich mit Moral befassen, wollen meistens lieber darüber entscheiden, was wir tun sollen und was wir besser lassen. Wir sollen andere achten und ihnen die gleichen Rechte zugestehen wie uns selbst. Und wir sollen nicht stehlen und morden. Die wenigsten aber stellen sich die Frage, was ein gutes Leben ist.

Der Unterschied zwischen beidem ist leicht benannt: Andere Menschen zu achten und keine Verbrechen zu begehen macht mein Leben noch lange nicht zu einem erfüllten Leben für mich selbst. Ich kann trotzdem zu dem Urteil kommen, dass mein Leben nicht gut war oder ist. Zum Beispiel, weil ich zu oft einsam bin, einen langweiligen Beruf habe, meine Zeit nicht gut genutzt habe, meine Interessen vernachlässigt oder nichts von Wert in meinem Leben geschaffen habe. Auch diese Fragen sind indirekte moralische Fragen, denn sie beeinflussen mein Selbstbild. Sie entscheiden mit darüber, als was für einen Menschen ich mich selbst betrachte. Mein Selbstverhältnis bestimmt mein Selbstbild, und dieses bestimmt mein Handeln.

Eine Moralphilosophie ohne Moralpsychologie bleibt blass. Wenn wir von einem guten Leben reden, so reden wir eben nicht nur von einem *korrekten* Leben, sondern auch von einem *erfüllten* Leben. Und selbst wenn das eine mit dem anderen manches zu tun hat, so geht ein erfülltes Leben noch lange nicht in einem korrekten Leben auf. Das Netto unseres Handelns – die richtige oder falsche Gesinnung – reicht nicht aus, um uns selbst zu verstehen. Stattdessen müssen wir das Brutto in den Blick nehmen, einschließlich der vielfältigen Motive, Gelegenheiten und Selbstverständnisse, die unser Verhalten tatsächlich bestimmen. Der Mangel an diesem Brutto macht etwa Immanuel Kants Moralphilosophie zwar nicht falsch, aber doch ziemlich unsexy. Den Inhalt meiner Pflichten zu kennen macht mein Leben noch nicht gut.

Doch können Moralphilosophen über ein erfülltes Leben überhaupt etwas sagen? Vielleicht schon. So etwa können sie den Hintergrund beleuchten, vor dem ich meine moralischen Entscheidungen fälle. Sie können etwas über die moralischen Ziele erfahren, die ich mir setze. Und sie können versuchen herauszufinden, wie und warum wir in unserem Leben etwas moralisch sinnvoll finden oder eben nicht. All dies wäre nicht wenig. Denn je genauer ich diesen Hintergrund kenne, umso besser kann ich die moralischen Forderungen und Selbstansprüche auf meine Bedürfnisse abstimmen. Und möglicherweise hält mich dies von überzogenen und einseitigen Zumutungen ab wie die Aufforderung, in allen Belangen »vernünftig« oder »gut« sein zu müssen.

Wer erfolgreich an die Moral des Menschen appellieren will, muss diese sehr genau kennen. Einfach ist das nicht. Unsere moralischen Überzeugungen liegen keineswegs wohlgeordnet in ihren Schubladen oder folgen einer klaren Hierarchie. Mitunter sind sie dunkel und verborgen, uns selbst unklar, von Zufällen getragen, vorläufig und unbedacht. Häufig spielen biografische Ereignisse eine Rolle, wie etwa bei meiner Liebe zu den Tieren. Diese Ereignisse sind oft mit starken Gefühlen verbunden wie Liebe oder Bindung, Strafe und Angst. Sie hängen ab von besonderer Aufmerksamkeit oder von Menschen, die uns mit ihrem starken Willen absichtlich oder unfreiwillig beeindruckt und geformt haben.

Unser moralisches Selbstbild ist eine Folge starker Wertungen. Denn Lebewesen, die Absichten haben und erkennen können, neigen dazu, diese zu bewerten. Unsere Werte und unser Umgang mit ihnen entscheiden maßgeblich darüber, was wir von uns selbst halten. Werden wir unseren eigenen moralischen Ansprüchen gerecht? Regt sich als Ausdruck des Zweifels unser schlechtes Gewissen? Können wir immer und nach allen unseren Handlungen beruhigt in den Spiegel schauen? Ein wichtiger Teil der Frage, ob unser Leben ein erfülltes Leben ist, wird auf diesem Feld beantwortet. Denn was nützen uns die größten Vergnügungen und Genüsse, wenn wir sie später bitter bereuen? Unsere Selbstachtung und unsere Ideale sind ein nicht zu unterschätzender Teil unseres Selbst. Auch wenn sie nicht der einzige sind.

Unsere Selbstachtung trägt entscheidend dazu bei, dass wir unser Leben als lebenswert erachten. Ist sie beschädigt oder verloren, ist im Leben vermutlich nicht mehr viel zu gewinnen. Nur wenn wir zumindest halbwegs im Einklang mit dem leben, was wir für richtig und falsch, besser und schlechter, höher und niedriger halten, haben wir eine Chance auf ein glückendes Leben. Stärker als alle Lebensumstände, Zufälle und Schicksalsschläge kommt es darauf an: dass man sich selbst als Mensch für wertvoll hält. Und dass man sich seiner selbst als würdig erweist.

Das Spannende an starken moralischen Wertungen ist, dass sie sich nicht, oder nur zum Teil, nach unserem Begehren und unseren Interessen richten. Unsere Triebe und Neigungen geben uns die Werte nicht vor. Aus der Sicht eines Soziobiologen ist das eigentlich eine sehr merkwürdige Sache. Denn sollten wir von Natur aus Egoisten sein und sonst nichts, so müssten unsere Triebe unsere Wünsche bestimmen, unsere Wünsche unsere Interessen und unsere Interessen unsere Werte. Doch davon kann oft nicht die Rede sein. Unsere Werte, so scheint es, führen ein sehr merkwürdiges Eigenleben. Statt Erfüllungsgehilfen unseres Begehrens zu sein, formulieren sie Maßstäbe, um unsere Neigungen und Wünsche zu beurteilen. So etwa ist es möglich, dass ich meine Triebe und mein Verlangen als »falsch« oder »schlecht« beurteile. Ich verurteile meine Faulheit, ärgere mich über meinen Neid, halte meine Ess- und Trinkgewohnheiten für falsch oder bereue im Nachhinein die üble Nachrede über jemand anderen, zu der ich mich habe hinreißen lassen.

Nun gut, könnte ein Soziobiologe einwenden, meine Werte dienen vielleicht nicht zwangsläufig meinem kurzfristigen Begehren. Aber zahlen sie sich nicht am Ende langfristig aus? Doch auch hier ist Skepsis angesagt. Ginge es nach meinen Genen, so ist jedes Treue- und Eheversprechen bitterer Verrat. Biologisch betrachtet zahlt sich die Monogamie – ein hoher Wert in unserer Kultur – weder kurzfristig noch langfristig aus. Ganz im Gegenteil torpediert sie meinen biologischen Lebenssinn, der darin bestehen soll, mein Erbgut so breit wie möglich zu streuen (zumindest für Männer). Der Vorteil, den ich aus der Treue gewinnen kann, ist also rein psychologischer und sozialer Natur.

Ein moralisches Selbstbild mit starken Werten ist nicht notwendigerweise ein Lebensvorteil. So etwa befürchtet meine Frau zuweilen, dass das skeptische und kritische Selbst- und Weltbild unserer Kinder ihnen das Leben wohl nicht leichtmachen wird. Aber hatte sie eine andere Wahl, als jene Werte weiterzugeben, die sie ihnen tagtäglich vorlebt? So wichtig ihr das Wohl der Kinder ist, so alternativlos ist es zugleich, die Werte zu vermitteln, die man selbst für wichtig hält. Die Auswahl der Werte erfolgt also nicht vorrangig am Maßstab der mutmaßlichen Interessen der Kinder. Sondern das Wohl der Kinder wird integriert in das moralische Selbstbild.

Unser moralischer Maßstab ist nicht identisch mit unseren praktischen Interessen. Es gibt gut verdienende Mittelständler, die gleichwohl die Linkspartei wählen, obgleich diese vor jeder Wahl ankündigt, den Spitzensteuersatz deutlich zu erhöhen. Ein anderes Beispiel sind überzeugte Katholiken, die die Forschung mit embryonalen Stammzellen ablehnen, obwohl sie ein erbkrankes Kind haben, das davon möglicherweise einmal profitieren könnte. Gewiss, beide Beispiele sind heute eher Ausnahmen – zumal die Bindungen an Weltanschauungen in der westlichen Welt seit Jahrzehnten dramatisch nachlassen. Doch etwas davon findet sich vermutlich in jedem von uns. Die Zahl der Menschen, die in bestimmten Situationen ehrlich sind, obgleich sie von einer Lüge mehr profitieren würden, ist gar nicht so klein. Die Werte, die unser Selbstbild formen, sind zwar nicht unbeeindruckt von unseren Lebensumständen, aber sie sind gleichwohl keine stets getreuen Diener unseres Kalküls.

Dass unsere Werte und unsere Interessen auseinanderklaffen können, ist soziobiologisch nicht erklärbar. Und unsere Achtung vor dem Menschenleben im Allgemeinen ist eben gerade nicht auf Grundlage eines evolutionär vorteilhaften Beschlusses zustande gekommen. Denn welchen praktischen Vorteil soll es bringen, Lebewesen außerhalb meiner Verwandtschaft und Horde zu achten? Meinen Genen tue ich damit gewiss keinen Gefallen. Profiteur ist nicht meine Biologie, sondern mein Selbstwertgefühl.

Menschen überlebten vielleicht nicht wegen, sondern möglicherweise trotz der Fähigkeit, tiefgreifend über sich selbst nachzudenken. Was auch immer der Grund war – ein Vorteil, ein Zufall oder eine unbeabsichtigte Nebenfolge –, wir sind vermutlich die einzigen Tiere, die in der Lage sind, Behauptungen darüber anzustellen, was sie sind und wie sie sein sollten. Nicht nur unser gefühltes Wollen treibt uns deshalb an, sondern auch unser ebenso gefühltes Sollen.

Jeder Mensch hat eine moralische Identität aus Antrieben, kulturellem Wissen und verinnerlichten Verhaltenscodes. Diese Macht des moralischen Selbstbildes ist von Mensch zu Mensch verschieden, aber sie ist gemeinhin gewaltig. Ob edler Geist oder Verbrecher, vor dem Tribunal seiner Selbstachtung und seinem Selbstwertgefühl ist niemand dauerhaft gefeit. Darüber hinaus leitet uns unser Selbstbild dabei, Menschen und Situationen zu beurteilen. Wir fragen danach, ob ein bestimmter Mensch oder ein bestimmter Konflikt unsere Anteilnahme, unsere Zustimmung, unsere Bewunderung oder unsere Ablehnung *verdient*.

Unser Selbstbild und unser Selbstverhältnis werden dabei durch vieles beeinflusst. Wichtig ist die soziale Rolle, die wir spielen. Unsere Stellung in der Familie, im Beruf und im Alltag. Sind wir Chef oder Untergebener? Beides wirkt sich zwangsläufig auf unser Selbstbild und damit auf unser Verhalten aus. Sind wir Teil einer bestimmten sozialen Gruppe, einer Clique, eines Kreises? Sind wir Sportler, Computerfreak, Zen-Buddhist, Heavy-Metal-Fan, Anthroposoph, Fashionvictim, Nudist, Christ oder Schützenkönig? Oder definieren wir uns gerade umgekehrt als *free spirit*, der nirgends dazugehören will? Fühlen wir uns als Deutscher, Türke, Bayer, Kölner oder Düsseldorfer?

Eine andere wichtige Farbe in unserem Selbstbild ist die Position, die wir innerhalb dieser Gemeinschaften innehaben. Wie viel Aufmerksamkeit brauchen wir und fordern wir ein? Definieren wir uns stärker über die Liebe, Zuneigung und Zugehörigkeit zu anderen? Oder ist es uns wichtig, im Zentrum der Aufmerksamkeit zu stehen?

Auf den Respekt der anderen, wie auch immer er ausfällt, ist jeder angewiesen. Wir pochen auf unsere Würde und fürchten um unseren Ruf. Selbst der brutalste Killer zielt auf die Anerkennung seines Auftraggebers oder seiner Kumpane. Der Amokläufer will negative Zuwendung und den Respekt, den er zuvor nicht gekriegt hat. Selbst wenn es Menschen gibt, die *gehasst* werden wollen, weil sie an das Geliebtwerden nicht glauben wollen oder können, so handelt doch niemand zu dem Zweck, *belanglos* gefunden zu werden. Auch die fürchterlichsten Diktatoren und Verbrecher machen darin keine Ausnahme.

Unser Bild im Auge der anderen leitet unser Handeln mindestens ebenso stark wie jedes harte egoistische Motiv. Wer etwa glaubt nicht, dass der ehemalige Post-Chef Klaus Zumwinkel unter dem Verlust seines Ansehens weit mehr leidet als unter dem

Verlust einiger Millionen Euro, die er als Strafe für seine Steuerhinterziehung zahlen muss?

Die lockere Maxime »Ist der Ruf erst ruiniert, lebt sich's völlig ungeniert« erscheint nur den allerwenigsten Menschen erstrebenswert. Ein ruinierter Ruf, ein geringes Ansehen und ein Mangel an Respekt, mit dem man uns begegnet, setzen fast jedem Menschen zu. Kaum etwas anderes dürfte eine solche Plage sein wie der Minderwertigkeitskomplex von Menschen, die um ihre Achtung fürchten und deren mangelnde Selbstachtung sie zum Äußersten verleitet. Viel mehr als jeder schnöde Egoismus tyrannisiert er die Menschheit.

Man denke nur an all die vielen, vor allem Männer, die erwarten, dass andere von ihnen Erfolg erwarten. Im Falle ihres offensichtlichen Misserfolgs werden sie häufig zu einer gefährlichen Spezies. Neid, Hass, Missgunst, Aggression und billige Feindbilder sind viel seltener die Folge von hartem Egoismus als von einem gestörten Selbstwert. Nicht selten paart er sich mit einem übersteigerten Ehrgefühl. Auf je weniger sich meine Ehre stützt, umso schräger und pathetischer spreizt sie sich auf und umso leichter wird sie provoziert: durch einen Blick, eine Bemerkung, ein Lachen im falschen Moment. Eine Ehre, die auf nichts gründet als auf sich selbst, ist eines der gefährlichsten Gifte der Welt. Die Ehre ist das Geld der Armen; die maßlose Ehre der Großgrundbesitz der Armseligen.

Zusammenfassend gesagt besteht unsere Moral also aus vier Komponenten: aus dem intuitiven Moralgefühl, unseren Grundsätzen und Überzeugungen, aus der Sehnsucht nach einem erfüllten Leben und aus der Sorge um die Achtung, die man uns entgegenbringt. Diese Komponenten sind kein Kennzeichen nur unserer westlichen Kultur. Sie existieren überall, wo Menschen leben und gelebt haben. Die Gewichtung allerdings kann von Kultur zu Kultur sehr unterschiedlich ausfallen. Denn die inhaltlichen Vorstellungen von einem erfüllen Leben variieren stark. Und der vorherrschende Ehrbegriff in unserer westlichen Gesellschaft muss nicht dem Ehrbegriff in Senegal entsprechen, in Afghanistan oder auf Samoa. Gleichwohl, so scheint es, kennt jede menschliche Kultur eine Vorstellung von Ehre. Prostitution zum Beispiel gilt in nahezu jedem Land gemeinhin als ehrlos (außer vielleicht in religiösen Kontexten wie den babylonischen »Tempelhuren« oder den japanischen Geishas).

In einigen Gesellschaften, wie bei den Helden der nordischen Sagenwelt, der japanischen Samuraikultur oder dem archaischen Griechenland des Dichters Homer, zählte die Ehre mehr als alles andere. Die vierte Stufe verschlang gleichsam die dritte, indem sie das erfüllte Leben gleichsetzte mit dem ehrenhaften. Ersetzt man die Ehre in der westlichen Welt zeitgeistgemäß mit Prominenz, so gilt diese Krieger- und Ehrenethik vielfach auch heute. Für Germany's Next Topmodel, die Superstaraspiranten und viele ihrer Bewunderer erscheint das erfüllte Leben als das prominente: viel Sieg, viel Ehr. Ihre ständige Heimat findet die Kriegerehrenethik überdies in Diktaturen, vom Dritten Reich bis Nordkorea. Und natürlich auch in der Finanzwelt der Banker und Bankiers: Das erfüllte Leben ist das ehrenhafte Leben. Und die Ehre bemisst sich nahezu ausschließlich am Geld.

Genau diese Gleichsetzung der Stufen war es, die Platon, wir erinnern uns, gegen die Oligarchen seiner Zeit aufbrachte. Das Gute, so Platon, liegt nicht in kriegerischer Ehre und schnödem materiellem Verdienst. Das gute Leben ist eine *Haltung,* gespeist aus der genauen Kenntnis von der richtigen Rangfolge der Werte. Doch an ein solches auf ewig festgelegtes und unmissverständliches Ranking vermögen die meisten Menschen heute allerdings nicht mehr zu glauben. Geschweige denn, dass es all ihre Handlungen anleitete. Es gibt keine eindeutige Hierarchie und keinen festen Entwurf. Sie existieren weder in der Welt noch im Menschen.

Unsere Interessen, unsere Meinungen, unsere Werte und unser Verhalten müssen Tag für Tag vor unserem Selbstbild neu koordiniert werden. Unsere Ansichten und Bewertungen über uns selbst und die Welt können sich stündlich ändern. Ein Kompliment lässt uns erstrahlen. Eine Kritik zieht uns runter. Eine Stimmung trübt unser Selbstbild. Eine andere lässt es in den schönsten Farben erstrahlen. Ein Mensch, der glücklich verliebt ist, verhält sich zumeist anders als sonst. Er fällt andere Entscheidungen und bewertet das Leben oft deutlich verändert. Die Umstände, die unser Leben bestimmen, sind so vielfältig und kompliziert, dass wir uns ständig neu orientieren müssen. Nur Tiere können immer ihrem Instinkt folgen, einem vernünftigen Menschen ist dies nicht möglich. Oder, mit dem Frankfurter Philosophen Martin Seel (*1954) gesagt: »Mit sich im Reinen sind nur die Doofen«.[1]

Menschen sind die einzigen Tiere, die abstrakten Dingen einen Wert verleihen können und um diesen Wert wissen. Was wir erleben, ordnen wir nicht nur in einen Zusammenhang mit unseren Interessen, sondern wir beziehen es auch auf uns selbst. Unser Selbstbild zwingt uns dazu, unsere Handlungen zu begründen. Dabei liegen unsere Gründe nicht im Außen, sondern sie sind ein Teil dessen, was uns im Inneren zusammenhält. Sie sind der Klebstoff unseres Handelns. Indem wir uns unsere Gründe erzählen, sortieren wir unser Handeln zu einer Geschichte unseres Selbst.

Wenn es richtig ist, dass Menschen ihrem Selbstbild verpflichtet sind, was sagt mir das dann darüber, wie ich leben soll? Wie führe ich ein optimales Leben in einer unüberschaubaren Welt? Was könnte meine Richtschnur sein oder mein Leitbild?

- *Freund meiner selbst.* Was ein gutes Leben sein könnte

Freund meiner selbst
Was ein gutes Leben sein könnte

Er war ein Titan seiner Zeit. Der Erfinder der Biologie und der Psychologie. Ein Mann, der die Ethik aus dem Himmel holte und in den Herzen der Menschen verankerte. Ein Mann des unbegrenzten Wissensdurstes, ein Physiker, Logiker, Philologe und Politologe. Ein Mensch, der immer alles zugleich wissen wollte: wie das Gehirn denkt, nach welchen Regeln und was es vielleicht besser und anders denken sollte. Was ihn interessierte, was er begründete und vorbereitete, umfasst heute alle Fakultäten einer Universität.

Umso erstaunlicher ist es, wie wenig wir über sein Leben wissen.[1] Ein paar Briefe, ein Testament, Gedichte und Ehrenbekundungen sind alles, was aus seinen Lebzeiten über ihn selbst erhalten ist. Aristoteles wurde 384 vor Christus geboren, in der nordgriechischen Stadt Stageira auf der Halbinsel Chalkidiki. Sein Vater Nikomachos, der Leibarzt des makedonischen Königs, stirbt früh. Schon mit 17 betritt Aristoteles das erste Mal Platons Akademie. Obwohl die Athener ihn als »Ausländer« geringschätzen und ihm alle politischen Rechte verweigern, wird er ihr mit Abstand berühmtester Schüler und neben Platon selbst ihr bedeutendster Lehrer. Ein zweifelhaftes Dokument, sechshundert Jahre später verfasst, beschreibt ihn dabei ziemlich unvorteilhaft. Danach war er von schwächlicher Statur, hatte kleine Augen und stieß beim Sprechen mit der Zunge an. Gekleidet und gepflegt aber sei er gewesen wie ein Dandy.

Aristoteles' Interessen sind noch breiter als diejenigen Platons.

Besonders die Naturwissenschaften faszinieren ihn. Er schreibt Texte über Naturphilosophie, Logik und Wissenschaftstheorie und beginnt früh, sich von dem Schatten seines 45 Jahre älteren Mentors zu befreien. Was Platon über den eigenständigsten und kritischsten seiner Schüler dachte, wissen wir nicht. Was Aristoteles über Platon denkt, fasst er in den berühmten Satz: »Ich liebe Platon, aber noch mehr liebe ich die Wahrheit.«

Als Platon 347 stirbt, ist Aristoteles 38 Jahre alt und ein weit über Athen hinaus berühmter Mann. Doch weder wird er Platons Nachfolger in der Akademie, noch kann er weiterhin in Athen bleiben. Im Norden Griechenlands beginnt Makedoniens König Philipp II. seinen Expansionskrieg nach Süden. Die Athener fühlen sich, nicht zu Unrecht, bedroht. Für den als Freund der Makedonen bekannten Aristoteles eine schwierige Situation. Gemeinsam mit einigen Schülern findet er Unterschlupf in Kleinasien, der heutigen Türkei. In der Stadt Assos, gegenüber der Insel Lesbos, lebt er in einer komfortablen Philosophenenklave, lernt seine Frau kennen und bekommt einen Sohn, den er nach seinem Vater nennt: Nikomachos. Zwei Jahre später siedelt er nach Lesbos über und unternimmt ausgedehnte Studien der Natur, unterstützt von seinem Schüler Theophrastos.

In dieser Lage erhält Aristoteles ein verstörendes Angebot, das er nicht ablehnen kann. Philipp II. sucht einen Erzieher für seinen 13-jährigen Sohn Alexander. Der größte Philosoph seiner Zeit wird Lehrer des dereinst größten Feldherrn seiner Epoche. Drei Jahre lang plagt sich Aristoteles im makedonischen Mieza mit der Erziehung des ungestümen Prinzen herum. Details sind nicht bekannt. Aristoteles erwähnt seine Lehrtätigkeit und seinen berühmten Schüler an keiner Stelle.

Während Aristoteles sich mit Alexander abmüht, erobert dessen Vater Philipp die rebellische Stadt Theben und dehnt sein Herrschaftsgebiet bis nach Athen aus. Im Alter von fünfzig Jahren kehrt Aristoteles an den Ort seines Studiums und der Lehre zurück. Mit der neuen Führung der Akademie aber scheint er sich nicht zu verstehen. Am Lykeion, einem Gymnasium, schafft sich der Heimkehrer eine neue Wirkungsstätte. Hier findet er Zeit und Ruhe für eine Generalinventur seiner Gedanken, schreibt neue Texte und unterrichtet seine Schüler.

Als Alexander der Große 323 stirbt, ist diese schöne Zeit vorbei. Das Reich des Makedonen zerbricht, und in Athen sammeln sich neue Kräfte. Und wieder ist Aristoteles der feindliche Ausländer, der Freund der Makedonen. Stärker noch als bei seiner ersten Flucht muss er nun um sein Leben fürchten. Er gerät unter die Anklage der Gottlosigkeit, die schon bei Sokrates zum Todesurteil geführt hatte. Hastig verlässt der 61-Jährige die Stadt und zieht sich zurück nach Chalkis auf die Insel Euboia. Ein Jahr später ist Aristoteles tot.

Warum ist dieser Mann so bedeutend? Im Hinblick auf unser Thema fällt die Antwort leicht: Er war der erste Philosoph mit einem frappierend realistischen Bild des Menschen. Als Biologe erforschte er das Zusammenspiel unserer Emotionen, unseres Willens und unserer Vernunft. Als Philosoph legte er fest, warum wir nicht nur gut sein sollen, sondern warum es auch verführerisch ist, es sein zu *wollen*. Und als Psychologe setzte er sich zugleich mit den vielen Problemen auseinander, mit denen wir uns – mal nötig und mal unnötig – selbst im Weg stehen.

Umso erstaunlicher ist es, dass der modernste aller klassischen Philosophen in der Moraldiskussion längere Zeit ein wenig in der Geschichte versenkt war, bis er vor etwa dreißig Jahren vielfach wiederbelebt wurde. Ein zeitgenössisches verhaltensökonomisches Standardwerk zur »Theorie der Entscheidung« kommt auf vierhundert Seiten vollständig ohne seinen Namen aus.[2] Mit leisem Schmunzeln nimmt man wahr, dass das Rad von jeder neu benannten Forschungsdisziplin offensichtlich immer wieder neu erfunden wird. Die Philosophie des menschlichen Verhaltens hat eine lange Tradition, aber ein kurzes Gedächtnis. Und die Probleme, so scheint es, wechseln weniger als das Vokabular, mit dem sie betrachtet werden.

Was Aristoteles an seinem Meister Platon störte, war die systematische Verquickung von Wahrheit und Moral. Für den rebellischen Schüler gehörte beides definitiv nicht zusammen. Was Wahrheit ist, ist eine Frage der Erkenntnis. Was Moral ist, eine Frage der Erfahrung. Und während es für die Fragen der Wahrheit einen objektiven Maßstab gibt, einen Maßstab der Logik, der Mathematik und der Physik, haben wir es bei der Moral immer mit einem subjektiven Maßstab zu tun. Den Himmel »an sich« gibt es, das Gute »an sich« aber gibt es nicht. Und während die Wissenschaft auf *die* Wahrheit zielt, lässt sich bei der Moral nur davon sprechen, dass uns etwas *plausibel* zu sein scheint. Und dass es *sinnvoll* ist, sich danach zu richten.

Aristoteles-Kenner weisen gerne darauf hin, dass auch er nicht völlig frei davon war, das menschliche Verhalten in einen harmonischen Kosmos einzusortieren. Aber die Verknüpfung zwischen der Ordnung der Natur und der Ordnung der menschlichen Moral ist viel weniger streng als bei Platon. Allein das Ziel der »Harmonie« verbindet die idealisierte Vorstellung von Platon und Aristoteles. Ein gutes Leben sollte harmonisch, ausbalanciert und ausgeglichen sein wie der Himmel und das Universum. Doch Aristoteles verstand zu viel von Tieren, um die Natur des Menschen nicht mit der hitzigen, lauten Natur der anderen Tiere zu vergleichen, statt mit dem kalten stummen Lauf der Planeten. Und es ist ein Treppenwitz der Philosophie, dass Moral und Himmel in ihr gleichwohl zweitausend Jahre miteinander verquickt blieben; durch das Christentum ebenso wie durch Immanuel Kant, wenn er in einem Atemzug über den bestirnten Himmel staunt und das moralische Gesetz in ihm. Und alles das vermutlich nur, weil der Kosmos zunächst viel schneller erforscht wurde als unsere Biologie.

Die Frage, die Aristoteles beschäftigt, ist: Was könnte ein gutes Leben sein? In mehreren Texten beschäftigt er sich deshalb mit der Moral. Als wichtigster gilt die »Nikomachische Ethik«, benannt entweder nach seinem Vater oder nach seinem Sohn oder nach beiden. Gleich im ersten Satz legt Aristoteles fest, worum es bei unserem Handeln geht: Ist es das Ausleben unserer biologischen Natur? Nein, es ist unser Bedürfnis nach Erfüllung und Sinn. Lebewesen, die Absichten haben und erkennen können und sich mit diesen eigenen und fremden Absichten auseinandersetzen, geht es um ein glückendes Leben, die *eudaimonia*. Wir wollen, dass es uns gutgeht.

Was ist das, die *eudaimonia*? Schwer zu sagen! Denn so einfach wie bei Platon ist das mit dem menschlichen Glück nicht. Es ist nicht vorgegeben. Und zu seiner Erkenntnis bedarf es mehr als nur eines scharfen, erleuchteten Verstandes. Nicht anders ist es mit dem Guten. Es geht Aristoteles hier wie dem obersten Bundesrichter im Prozess gegen den *Hustler*-Herausgeber Larry Flint. »Können Sie mir definieren, was Pornografie ist?«, fragt Flint provozierend. »Nein, das kann ich nicht«, antwortet der Richter gelassen, »aber ich erkenne sie, wenn ich sie sehe!« Und ist es mit dem Guten nicht genauso? Man kann nicht genau sagen, was es ist. Aber man erkennt es, wenn man es sieht.

Aristoteles ist ein Kenner der Menschen und ein scharfsichtiger Psychologe. Und so fällt ihm auch noch gleich ein zweites Problem auf. Mit der Moral ist es wie mit einem Matheschüler, einem Liebhaber oder dem Fernsehzuschauer bei einem Fußballspiel: Zu wissen, wie es geht, bedeutet noch lange nicht, es zu können!³ Erst aus der Erfahrung heraus lernen wir, was uns langfristig guttut und was uns wirklich erfüllt. Durch manchmal mühsames Lernen üben wir uns darin, unsere Gefühle und unsere Vernunft auszubalancieren. Beides brauchen wir zu einem guten Leben. Doch die Feinabstimmung ist nicht leicht. Wer seine Gefühle verdrängt, erlegt sich »unmenschliche« Regeln auf und überfordert sich psychologisch. Und wer die Vernunft geringschätzt, wird zu Regeln erst gar nicht kommen. Wenn wir schlau sind, lernen wir unsere Begierden und unsere Einsichten in Einklang miteinander zu bringen. Und wir lernen, gut mit anderen Menschen umzugehen. Ein erfülltes Leben ohne Ansehen ist kaum möglich. Die Bestätigung von innen und die Bestätigung von außen sind zwei Seiten einer Medaille.

Für Aristoteles besteht der praktische Weg zu einem guten Leben darin, dass man gute Eigenschaften ausbildet, die *Tugenden*. An dem Tag, an dem wir aus dem Geburtskanal kommen, bringen wir bereits die Anlagen dazu mit, ein guter Mensch zu sein. Was Marc Hauser und Jonathan Haidt »soziale Intuitionen« nennen, ist auch für Aristoteles eine Selbstverständlichkeit. Aber ebenso klar ist, dass diese Anlagen gefördert werden müssen, durch Erziehung und Training. Aus guten Anlagen sollen bewusst gewählte Charaktereigenschaften werden. Die Crux, die alle Eltern dabei kennen, ist auch Aristoteles bewusst: Worauf soll man den meisten Wert legen? Welche Tugenden sind die wichtigsten? Ist es wichtiger, dass unsere Kinder mitfühlend und hilfsbereit sind? Oder ist der Sinn für Gerechtigkeit das höhere Ziel? Bringen wir ihnen bei, immer und in jeder Situation aufrichtig zu sein? Sollen sie zurückschlagen, wenn sie von anderen Kindern geohrfeigt werden? Oder lehren wir sie den unbedingten Gewaltverzicht? Eine feste Rangordnung dieser Tugenden, wie bei Platon, gibt es für Aristoteles nicht.

Die besondere Pointe ist, dass Tugenden nicht im luftleeren Raum existieren. Ihre einzige Bedeutung liegt im Zwischenmenschlichen. So sind wir gezwungen, von Lebenssituation zu Lebenssituation neu abzuwägen und zu entscheiden, was moralisch betrachtet das Beste ist. Auch wenn wir selbst das anders sehen mögen – für die anderen sind wir nicht die Guten, die Tapferen, die Gerechten, sondern wir sind *ihnen gegenüber* gut, tapfer oder gerecht. Unter bestimmten Umständen in einer bestimmten Situation. Und erst wenn andere uns als gerecht, tapfer oder gut empfinden, haben wir einen berechtigten Anlass, uns diese Federn auch tatsächlich an den Hut zu stecken. Ein Mensch, der sich selbst als gerecht betrachtet, obwohl kaum jemand in seiner Mitwelt das so sieht, ist nicht gerecht, sondern selbstgerecht.

Die beiden wichtigsten Ideen des Aristoteles haben uns bislang schon durch dieses Buch begleitet, ohne dass ihr eigentlicher Urheber erwähnt worden ist. Erstens, dass unsere Moral auf natürlichen Anlagen fußt. Und zweitens, dass wir in letzter Instanz nicht unseren Begierden oder Interessen verpflichtet sind, sondern unserem Selbstbild. Deswegen ist es für uns nur halb so schlimm, wenn wir einen bestimmten Wunsch nicht erfüllt bekommen oder eine Absicht misslingt. Viel schlimmer ist es, wenn wir uns als Person angegriffen fühlen. Wenn man uns als Mensch infrage stellt. Wenn man unser Selbstwertgefühl verletzt oder zerstört. Unser Sein – anders lässt sich diese Empfindlichkeit kaum erklären – ist immer mehr als unser Wollen, unsere Reden und unser Tun.

Im Unterschied zu vielen Moralpsychologen der Gegenwart hielt Aristoteles den Charakter des Menschen gleichwohl alles in allem für etwas Einheitliches. Er sah uns nicht als flüchtige Opportunisten des Augenblicks, verführbare Zeitgeistsurfer und durch Tausende Umstände manipulierbar. Er glaubte, dass wir uns so etwas erarbeiten können wie eine charakterfeste Identität. Oder mit Paul Simon in *The Boxer* gesagt: »*After changes upon changes, we are more or less the same.*« Aber Aristoteles kannte auch noch keine Experimente, bei denen Menschen das Stirnhirn bestrahlt oder Oxytocin in die Nase gesprüht wird, so dass sie ihr Verhalten völlig verändern. Oder Versuche, bei denen Menschen ihre Hilfsbereitschaft verlieren, wenn man den Lärmpegel um sie herum stark erhöht.[4]

Der enorme Rang, den Aristoteles den Tugenden beimisst, wenn es darum geht, unseren Charakter zu formen, birgt auch noch ein weiteres Problem. Wie verführerisch ist es eigentlich, ein durch und durch tugendhafter Mensch zu sein? Was soll mich an diesem Ziel überzeugen? Und selbst wenn, ist es überhaupt realistisch? Welcher Mensch kann schon im vollen Umfang von sich selbst sagen, dass er gut ist? Wohl kaum jemand. Vielleicht ist man halbwegs zufrieden mit sich, oder man kann sagen, dass man im Großen und Ganzen im Reinen mit sich ist. Das absolute Gutsein dagegen gibt es nicht, oder wenn ja, dann unterstellen wir es vielleicht Mahatma Gandhi oder Mutter Teresa im fernen Indien. Menschen, denen wir nie begegnet sind. Am besten ist es, wenn sie überdies schon lange tot sind, wie Jesus, Buddha und andere Heilige. Die Klatschpresse kann bei ihnen jedenfalls kein Doppelleben mehr aufzeigen und keine Widersprüche.

Unverwechselbar gute oder schlechte Menschen gibt es eigentlich nur im Märchen. Im wirklichen Leben dagegen haben selbst die übelsten Gestalten ein paar gute Seiten. Kambodschas großer Massenmörder Pol Pot erschien unwissenden westlichen Besuchern als feiner Mensch. Stalin schrieb zartfühlende Liebesgedichte. Und Hitler war gut zu seinem Hund und Eva Braun.

Wenn es keine absolut guten Menschen gibt, so sollte man über sie auch nicht allzu viel reden. Außerdem haben wir meist gute Gründe, mit zu guten Menschen nicht befreundet zu sein. Wahrscheinlich trinken sie keinen Alkohol, essen keine Tiere, tragen keine Lederschuhe, lügen nicht, reden niemals schlecht über andere und spenden fast ihr ganzes Geld für gute Zwecke. Wäre ich ein reiner Tugendbold, würde ich meine Kinder bestürzen und meine Freunde verlieren. Denn meistens können wir solche Leute nicht leiden. Auch unsere Volkswirtschaft mag sie nicht: Millionenfach multipliziert würden sie unser Wirtschaftssystem vollständig ruinieren. Das Gute in Reinform ist ebenso wenig verführerisch wie das absolut Schlechte.

Ein durch und durch tugendhaftes Leben ist so langweilig, wie ein durch und durch lasterhaftes Leben öde ist. Ganz offensichtlich entsteht der Reiz von Gut und Böse erst aus dem Spannungsverhältnis der beiden. Oder anders gesagt: Unser Leben lebt durch den Kontrast. Auch Aristoteles war sich dieses Problems bewusst. Das gute Leben ist nicht gleich dem perfekten und entsagenden Gutsein, sondern es ist der Versuch, eine gute Balance zu finden: »Wer alles flieht und fürchtet und nirgends standhält, wird feige, wer aber nichts fürchtet und auf alles losgeht, wird tollkühn. Ebenso wird, wer jede Lust genießt und sich keiner Lust enthält, unmäßig, wer aber jede Lust meidet wie ein ungehobelter Bauer, wird unempfindlich.« Die Kunst des Lebens besteht nicht darin, etwas so Unmenschliches wie das völlige moralische Gutsein erreichen zu wollen, sondern darin, seine Emotionen so zu schulen, dass wir in unserem Leben angemessen reagieren können. Und selbst wenn Aristoteles noch nicht alle Aspekte dessen kannte, was wir heute zu unserem Selbstbild brauchen – wenn er das Bewusstsein noch nicht vom Unterbewusstsein schied und auch die sozialen Rollen nicht ahnte, die wir in unserer heutigen Arbeitswelt spielen –, so erkannte er doch völlig richtig, dass ein gutes Leben darin besteht, mit seinem Selbstbild zufrieden oder gar glücklich zu sein. In Aristoteles' schöner Formulierung lautet dies: Man sollte, soweit man kann, »mit sich selbst befreundet« sein.[5]

Wer sich, ohne sich selbst etwas vorzumachen, aus auch für andere nachvollziehbaren Gründen selbst schätzt, hat beste Voraussetzungen für ein gutes Leben: sich selbst gegenüber und gegenüber anderen. Ein bisschen Wohlstand, ein paar gute Freunde und ein wenig Einfluss dürften dabei nicht schaden. Und wer das Glück hat, nicht arm zu sein, nicht krank, versehrt oder gebrechlich und auch nicht unter missratenen Kindern zu leiden hat – der hat eigentlich alles, was es zum guten Leben braucht.[6]

Ein gutes Leben, so das Fazit des Aristoteles, ist deshalb gut, weil es uns langfristig guttut. Es ist alles in allem nachhaltig lustvoll.[7] Diese kluge Einsicht lässt sich leicht unterschreiben: Unser moralisches Handeln soll aus dem Wunsch entspringen, dass man sich selbst als wertvoll empfindet. Es soll aber nicht verschwiegen werden, dass diese Haltung im 18. Jahrhundert in einen Strudel der Kritik geriet, der sie fast in den Abgrund zog. Immanuel Kant, der Aristoteles alles in allem schätzte, vermisste schmerzlich die *Verbindlichkeit,* die »vernünftigen Gründe« einer solchen Moral. Denn ohne Zweifel: Aristoteles' Ethik ist eine Ethik des *Wollens,* nicht des *Sollens.*

Ist Aristoteles' Ethik nicht viel zu privat? Wie überzeuge ich einen Menschen, der das Gute nicht will? Wo bleiben die Regeln? Und wo die für alle verbindlichen – also vernünftigen – Normen? Es ist das große Unterfangen Kants, die Einsicht des Aristoteles umzuformulieren. Aus dem Grundsatz, dass unser *moralisches Handeln* aus dem *Wunsch* entspringen soll, dass man *sich selbst* als wertvoll empfindet, wird der Grundsatz: dass die *moralische Pflicht* aus der *Tatsache* entspringt, dass man sich *aufgrund seines Menschseins* als wertvoll empfindet. Aus einer Empfehlung zum guten Leben für kluge Zeitgenossen wurde eine Grundlegung der Moral für jeden Menschen.

Es ist an dieser Stelle nicht der Platz, die Leistung Kants in vollem Umfang zu würdigen. Nicht einmal, um das Kleingedruckte in seiner Ethik mit der des Aristoteles zu vergleichen. Ohne Zweifel hatte Kant eine Schwachstelle erkannt. Aber die aufwändige Reparatur, so der Verdacht, verbessert das Objekt nicht wirklich. Kant machte seine Ethik verbindlicher als jeder – nicht religiöse – Philosoph vor ihm. Und er machte sie logischer. Seine Nachfolger besserten weiter an der Logik herum. Und so wurde die Ethik im 20. Jahrhundert immer logischer, aber leider nicht psychologischer. Man darf sogar sagen: Je mehr Logik die Moral gewann, umso stärker verlor sie ihre psychologische Überzeugungskraft. Denn je logischer eine moralische Regel sein soll, umso mehr geht sie an der natürlichen Unlogik des realen menschlichen Verhaltens vorbei.

Was auf dem Weg von Aristoteles zu Kant und seinen Nachfolgern auf der Strecke blieb, ist die *Motivation*. Es ist nicht das Gleiche, wenn ich von Kant höre, dass es guttut, vernunftgemäß zu leben. (Tut es das wirklich?) Oder wenn Aristoteles mich damit ködert, dass Gutes zu tun mir dabei hilft, ein glückliches und erfülltes Leben zu leben. Noch der Staatssozialismus des 20. Jahrhunderts ist daran gescheitert, dass er für den Wert des Kollektiven keine starke individuelle Motivation finden konnte. Was – außer einem erfüllten Leben – soll mich dazu bringen, der Gemeinschaft einen hohen Wert beizumessen? Mich vernünftig zu fühlen, mein Pflichtgefühl zu bestätigen oder einer Idee zu dienen, das ist – zumindest für die meisten heutigen Menschen in unserem Kulturkreis – zu wenig Zucker im Kuchen.

Seine Menschenpflicht zu lieben anstatt sein erfülltes Leben klingt vielleicht vernünftig. Aber es bedeutet, sich an alkoholfreiem Bier zu berauschen. Selbstverständlich ist es richtig, dass wir unser Handeln mit unserer Selbstinterpretation vereinbaren müssen.[8] Aber unser Selbstbild braucht meistens doch mehr zum Leben, als nur der Diener einer hohen Aufgabe zu sein. Wir identifizieren uns nicht mit unserer Vernunft, sondern mit unserem vielfältigen und schillernden Selbstverständnis: mit unserer Biografie, unseren Gewohnheiten, unseren Fähigkeiten und Unfähigkeiten, unseren Wünschen und Ängsten, unseren Neigungen und Abneigungen und unseren Erfolgen und Misserfolgen. Und unser Weltbild ist selten mehr als ein ins Leben gestrecktes Selbstbild.

Doch wenn es richtig ist, dass unser Selbstbild diffus ist, widersprüchlich und provisorisch, wie sollte es unsere Moral dann nicht sein? Wie uns die Hirnforschung zeigt, verteilt sich unser moralisches Empfinden auf ganz unterschiedliche Areale im Gehirn. Manches davon ist bewusst, anderes unbewusst. Manches davon scheint miteinander zu harmonieren, anderes nicht. Die Arbeit unseres Gehirns, all dies in einem Selbstbild zu empfinden, zu verstehen und zum Ausgleich zu bringen, ist eine unabschließbare Aufgabe.

Menschen sind Lebewesen, die auf die Aufmerksamkeit und Anerkennung anderer angewiesen sind. Um Anerkennung zu bekommen, sind wir oft altruistisch. Unser Gehirn belohnt uns dafür, wir fühlen uns »gut«. Aus der Summe der Erfahrungen, die wir auf diese und andere Weise positiv oder negativ machen, formen wir unser Selbstbild. Die größte Gefahr für dieses Selbstbild ist der Anerkennungsverlust, denn er gefährdet unser Selbstwertgefühl. Deshalb sollten wir so leben, dass es unserem Selbstwertgefühl – und damit dem der anderen – guttut.

In einer traditionellen philosophischen Ethik könnte an dieser Stelle nun Schluss sein. Sind alle Probleme damit gelöst? Eher nicht. Ich fürchte, jetzt fangen sie erst richtig an. Zuvor jedoch sollten wir einen Blick auf die Fülle der Kulturen werfen. Wie leben Menschen eigentlich tatsächlich seit Jahrtausenden miteinander? Und was verbindet uns alle? Gibt es eine Moral der Anthropologen und Völkerkundler?

• *Die Katze des Yogis.* Ist Moral überall gleich?

Die Katze des Yogis
Ist Moral überall gleich?

»Ein Guru hielt mit seinen Jüngern täglich eine Abendmeditation. Als eines Tages die Hauskatze während dieser Zeit in den Meditationsraum lief und störte, ordnete er an, sie solle während dieser Zeit draußen festgebunden werden. So konnte man von da an wieder ungestört meditieren. Aber die Zeit verging. Der Guru starb und bekam einen Nachfolger. Dieser hielt sich streng an die Tradition, dass während der Abendmeditation draußen ›eine Katze‹ angebunden sein müsse. Als schließlich auch die Katze starb, wurde eine neue Katze angeschafft, um sie während der Abendmeditation anbinden zu können. Weil die einfachen Leute den Sinn dieser Maßnahme nicht verstanden, traten Theologen auf den Plan und schrieben ein zweibändiges Werk mit vielen Fußnoten über die Heilsnotwendigkeit einer angebundenen Katze während der Abendmeditation. Mit der Zeit jedoch kam die Abendmeditation selbst ganz außer Gebrauch; niemand mehr interessierte sich dafür. Aber mit größter Treue wurde wenigstens der Ritus des Katzenanbindens beibehalten.«[1]

Diese hübsche Geschichte des indischen Theologen Francis X. D'Sa, Leiter des »Institute for the Study of Religion« in der westindischen Millionenstadt Pune, bringt es auf den Punkt: Wie viel von dem, was die Moral und Religion der Völker und Kulturen voneinander unterscheidet, könnte nicht mehr sein als eine angebundene Katze: das Ergebnis von Zufällen, überlebten Ideen und langwierigen Missverständnissen?

Selbst da, wo solche Regeln nicht zufällig sind, müssen sie ihren Ursprung nicht in völlig verschiedenen Moralvorstellungen haben. Wie häufig dienten sie nur der Praxis der alltäglichen Lebensbewältigung? Nicht wenige religiöse und moralische Regeln haben ihren Ursprung in konkreten Problemlösungen. Dass das Judentum und der Islam Schweinefleisch als »unrein« ansehen, ist kein sinnloses religiöses Dogma. Vielmehr war es ein einstmals sinnvolles Gebot der semitischen Völker, ihre Wirtschaft lieber auf die ökonomisch und hygienisch sinnvollere Schafzucht zu gründen. Auch die Ehemoral des Juden- und des Christentums war einst eine kluge Idee, um die Ausbreitung von Seuchen einzudämmen. Zudem half sie, die Erbfolge klarer zu regeln. Der gegenwärtig heftig diskutierte Zölibat der katholischen Kirche mit seinem Dogma aus dem Jahr 1022 hatte eigentlich eine ganz profane Funktion: Man wollte verhindern, dass Priester Kinder bekommen und ihnen etwas vererben. Nicht ohne Grund fürchtete man, dass die Kirche dadurch Stück für Stück enteignet werden könnte. Und dass christliche Kirchen sonntags in die Morgenstille läuten, ist keine Anordnung Jesu, sondern das skurrile Überbleibsel einer Zeit, in der niemand eine Uhr hatte.

Vieles von dem, was Völker und Kulturen trennt, hat seinen Ursprung offensichtlich nicht in einer völlig anderen Sicht der Moral. Ließe man all unsere Riten und Gebräuche, unsere zufälligen, umstandsbedingten und historischen Kriterien für richtig und falsch beiseite, wären sich die Menschen dann nicht im Kern ihrer moralischen Vorstellungen sehr nahe?[2]

Wo auch immer es Menschen gibt, gibt es stark empfundene Verpflichtungen gegenüber dem Selbstbild. Und überall unterscheiden Menschen das, was sie achten, von dem, was sie ächten. Das Gute wird geschätzt, das Schlechte verurteilt. In jeder Kultur gibt es Mitgefühl und auch die Idee der Gerechtigkeit. Es gibt Normen, und es gibt Strafen für denjenigen, der gegen sie verstößt. Es gibt Erlaubnisse, Verbote und Tabus. Fürsorge, Barmherzigkeit, Ehrlichkeit und Friedfertigkeit werden gepriesen, Aggressionen, Mord, Stehlen, Betrügen und Lügen verdammt. Und ähnliche moralische Probleme werden in unterschiedlichen Kulturen ziemlich häufig ähnlich gelöst. Die großen Abweichungen sind die Ausnahme. Haben wir es also überall mit den gleichen Konstanten zu tun, nur in unterschiedlicher Verkleidung?

Vielleicht kann man es so sehen. Vielleicht aber auch ganz anders. Denn was den einen anthropologische Konstanten sind, sind den anderen ziemlich austauschbare Variablen. Einer der radikalsten Vertreter dieser Sicht war ein finnischer Anthropologe. Ein sehr bedeutender Mann, auch wenn er heute ein wenig in Vergessenheit geraten ist. Für ihn ging es bei der Moral nicht um übergreifende moralische Prinzipien, sondern schlicht um Verabredungen und Gewohnheiten.

Edward Westermarck (1862–1939) war 29 Jahre alt, als er 1891 mit seiner Doktorarbeit berühmt wurde. Ein Buch über den Ursprung und die Geschichte der menschlichen Ehe.[3] Der junge Wissenschaftler entzauberte einen Mythos: die weit verbreitete Vorstellung, dass frühere menschliche Gesellschaften Matriarchate gewesen und von Frauen regiert worden seien. Außerdem fand er überall in der Kulturgeschichte Hinweise auf die Monogamie. Dafür hatte es also, nach Westermarck, nicht erst der in seinen Augen albernen Ideen des Juden- und des Christentums gebraucht. Das Buch sorgte für Furore und stand für eine vorurteilsfreie und moderne Sicht der Moral. In der Komödie *Mensch und Übermensch* aus dem Jahr 1903 illustrierte der irische Dramatiker Bernhard Shaw, dass seine Heldin Violet eine moderne Frau sei, mit dem Hinweis, sie habe Westermarck gelesen.

Sein Hauptwerk aber war *The Origin and Development of Moral Ideas* (Der Ursprung und die Entwicklung moralischer Ideen) aus den Jahren 1906–1908. Der Ehrgeiz des Buches ist gewaltig. Etwa zeitgleich mit Georg Simmel in Berlin begründet Westermarck in Marokko, wo er lange Zeit lebte, die »Moralwissenschaft«: eine Philosophie der Moral auf naturwissenschaftlicher und kulturwissenschaftlicher Grundlage. Die radikale Pointe ist leicht formuliert: Moral ist ein biologisches Phänomen, ein Ensemble von widersprüchlichen Instinkten, die von Gesellschaft zu Gesellschaft völlig unterschiedlich normiert werden können. Einen absoluten Haltepunkt gibt es dabei nicht. Kein moralisches »Gesetz« in uns, keine verbindliche Maxime und keine goldene Regel höherer Ordnung macht den Menschen zum Menschen.

Was wir seit Kant unsere Handlungsmaximen nennen, beruhe nicht auf unserer inneren Verfassung. Es sei schlichtweg sozial antrainiert. Und unsere Urteile – in diesem Punkt folgt Westermarck Hume – sind nicht mehr als der Ausdruck unserer Gefühle des Gefallens und des Missfallens. Um es schonungslos zu sagen: Unsere moralischen Prinzipien seien eben keine Konstanten, sondern Variablen. Und einen objektiven Maßstab, um sie zu bewerten, gibt es nicht. Wenn wir dies endlich begreifen, so Westermarck, würde nicht viel verloren gehen. Im Gegenteil würden wir an Verständnis und Großzügigkeit dazugewinnen: »Könnte den Menschen wieder klargemacht werden, dass es keinen moralischen Standard gibt, dann würden sie wahrscheinlich eher toleranter in ihren Urteilen werden und besser darauf hören, was ihr Verstand ihnen eingibt.«[4]

Westermarcks Grundsatz, dass die Moral keine Grundsätze braucht, um erfolgreich zu wirken, ist eine zeitlose Provokation.[5] Originell wie sie ist, erinnert sie auf den ersten Blick an den Vorschlag des berühmten Verkehrsplaners Johannes Monderman (1945–2008). Dem pfiffigen Niederländer war aufgefallen, dass die zunehmende Flut an Verkehrsschildern offensichtlich nicht dazu führte, den Verkehr reibungsloser zu gestalten. Je mehr Regulierungen vorgeschrieben sind, so Monderman, umso verantwortungsloser würden die Verkehrsteilnehmer. Aus diesem Grund entwickelte er in den 1980er Jahren sein Konzept des *Shared Space*. Die Pointe besteht aus zwei Ideen: die Zahl der Verkehrsschilder auf ein Minimum zu beschränken. Und die Straßen so schmal und unübersichtlich zu machen, dass die

Wachsamkeit der Autofahrer zwangsläufig geschärft wird. Wer auf jeden Meter selbst achtgeben muss und sich auf nichts verlassen kann, so Monderman, ist ein besserer Verkehrsteilnehmer.

Was Monderman für die Verkehrsplanung war, war Westermarck für die Moral. Er misstraute den Regeln, Normen und Maximen und setzte stattdessen auf die ganz persönliche Eigenverantwortung. Als er am Vorabend des Zweiten Weltkrieges 1939 im marokkanischen Tenhola starb, konnte er sicher sein, dass er die Anthropologie nachhaltig beeinflusst hatte. Sein berühmter französischer Nachfolger Claude Lévi-Strauss (1908–2009) bedachte den Finnen mit großem Lob. Westermarck habe unser Verständnis des Sozialen und Moralischen erneuert – hin zu einer umfassenden Beschreibung der Menschheit.[6]

Hundert Jahre hatten Anthropologen und Völkerkundler inzwischen Zeit, Westermarcks Sicht der Menschen und ihrer Moral zu prüfen. Ungezählte Studien bei indigenen Völkern und Wildbeutergesellschaften haben ein enormes Datenmaterial angehäuft. Gibt es moralische Konstanten, die bei allen Völkern gleich sind? Oder haben wir es tatsächlich nur mit Variablen zu tun?

Nun, ein ganz klares Ergebnis haben wir bis heute nicht. Noch immer gibt es unter Völkerkundlern einen mal mehr, mal minder heftigen Streit über die Frage, was allen Kulturen gemeinsam ist. Im Jahr 1945 veröffentlichte der US-amerikanische Anthropologe George Peter Murdock (1897–1985) von der Yale University eine erste Liste dieser Gemeinsamkeiten. Er nominierte dafür 73 Kandidaten. In Bezug auf unser moralisches Verhalten nannte er »Ethik«, »Etikette«, »Gastfreundschaft«, »Geburtshilfe«, »gesellschaftliche Ordnung«, »Gesetze«, »Inzesttabu«, »nachgeburtliche Versorgung«, »politische Führung«, »Schenken«, »Schwangerschaftsregeln«, »sexuelle Beschränkungen« und »Strafen«.[7]

Heutige Listen fallen selbstverständlich weitaus detaillierter und präziser aus. Aber können sie uns wirklich weiterhelfen? Die

Tatsache, dass jede Kultur eine Vorstellung von Gut und Böse hat, sagt noch nichts über die Qualität des Guten und Bösen aus. Für manche Kultur und Religion ist ein Schwangerschaftsabbruch »böse«, für andere dagegen nicht. Und die Vorstellungen von einem »guten« Nazi im Dritten Reich lassen uns heute moralisch erschauern. Hatte Westermarck also nicht doch Recht?

Die Wahrheit liegt, wie so oft, gut verteilt auf beiden Seiten. Manche Sitten, Verhaltensmuster und Vorstellungen gibt es in allen Kulturen, andere nicht. Es gibt Witze, die vermutlich überall in der Welt lustig gefunden werden, und andere, die keine fremde Kultur verstehen kann. Überall in der Welt gibt es die Liebe zwischen Mann und Frau. Es gibt Flirten, Werben, Umgarnen und Liebeslieder. Aber die »romantische« Liebe der westlichen Kultur mit ihrem hochkomplizierten Gespinst von Erwartungen ist trotzdem etwas ganz anderes als die Liebe der Yanomani am Amazonas oder der Aborigines in Australien. Wer sich voraussetzungslos auf eine Liebesbeziehung mit einem Menschen aus einer ganz anderen Kultur einlässt, wird sich sehr schnell fragen müssen, ob dieser mit »Liebe« tatsächlich das Gleiche meint wie man selbst.[8]

Warum sollte es in der Moral anders sein? Ein guter Vermittlungsvorschlag zwischen den Fundamentalisten und den Relativisten der Moral stammt von Michael Sandel (*1953), Professor für Philosophie an der Harvard University. Als Protagonist einer philosophischen Fernsehshow ist Sandel heute der Superstar unter den US-amerikanischen Philosophen. Sandels Karriere begann mit einer Kritik an dem wohl berühmtesten angelsächsischen Moralphilosophen der zweiten Hälfte des 20. Jahrhunderts – an John Rawls (1921–2002).

Als moderner Verfechter der Ethik Kants hatte Rawls versucht zu beweisen, warum es für *alle* Menschen *vernünftig* sein soll, einander zu achten. Wie Hobbes konstruiert er dafür einen ausgedachten Naturzustand. Eine Gruppe von Menschen, die »unter dem Schleier der Unwissenheit« lebt, muss versuchen, so gut wie möglich miteinander klarzukommen. Niemand in der Gemeinschaft weiß, welche Talente in ihm schlummern. Niemand kennt seine Möglichkeiten und Grenzen. Wie Rawls zeigt, einigt man sich schnell auf eine gemeinsame Regel des Umgangs miteinander: dass man niemanden übervorteilt aus Angst, selbst übervorteilt zu werden. Man ist also deshalb gerecht, weil man sich (notgedrungen) bemüht, fair zu sein.

Als Rawls' »Theorie der Gerechtigkeit« 1971 erschien, war das Buch eine Sensation. Ein gewaltiger Wurf, überzeugend geschrieben und messerscharf im Detail. Doch Michael Sandel versuchte gleichwohl, die neue Bibel des freundlichen Liberalismus auseinanderzunehmen. Seine Kritik entzündet sich an der Frage: Welchen Sinn macht es eigentlich, sich einen Naturzustand mit Menschen unter dem »Schleier der Unwissenheit« auszudenken, wenn niemand so lebt? Die universellen Spielregeln der Moral, von denen Rawls spricht, sind nur in der Fiktion logisch, nicht in der Realität. Die tatsächliche Moral der Menschen aber, so Sandel, hängt genau von alldem ab, was Rawls unter dem »Schleier der Unwissenheit« versteckt.

In seinem Buch *Liberalism and the Limits of Justice* (»Der Liberalismus und die Grenzen der Gerechtigkeit«) aus dem Jahr 1982 geht er mit Rawls hart ins Gericht. Wieso kann Rawls Formulierungen benutzen wie »Es ist ja klar, dass ...«, »Es ist offensichtlich ...« und so weiter, wenn das, was klar und offensichtlich ist, nur Menschen klar und offensichtlich sein kann, die gerade nicht »unter dem Schleier der Unwissenheit« leben? Nur Menschen also, die vergleichen können, abschätzen und bewerten? Vergleichen, Abschätzen und Bewerten aber lernen wir nicht unter dem Schleier der Unwissenheit, sondern durch unser Umfeld und unsere Erziehung. Statt unter dem Schleier der Unwissenheit entsteht unser Wissen von Gut und Böse, Richtig und Falsch in unserer Kultur.

Bezeichnenderweise sind Sandels Lehrmeister, die Philosophen Charles Taylor (*1931) und Alasdair MacIntyre (*1929), glühende Anhänger der Philosophie des Aristoteles. Und der Kernsatz ihrer Lehre ist unmissverständlich: Man ist das, was man ist, weil man in einem Umfeld lebt, in dem man sich durch permanenten Austausch zu dem macht, wer man ist. Von »sich aus«, als »Mensch«, als »Mitglied der Menschheit« oder als »vernünftiges Wesen« sei man zu nichts verpflichtet.

Haben Taylor, MacIntyre und Sandel Recht, so entstehen unsere Moralvorstellungen immer in einer Gemeinschaft. Sie sind sprachlich geprägt, ethnisch, kulturell und mehr oder weniger stark religiös. Mit anderen Worten: Sie sind abhängig von Wertvorstellungen, die wir uns nicht im luftleeren Raum aussuchen können, sondern die uns in unserem Umfeld prägen. Und wenn schon nicht direkt, dann eben indirekt. Wir können sie aufnehmen oder nicht, akzeptieren oder bekämpfen – aber wir bleiben immer gefangen in ihrem Kontext. Aus diesem Grund ist das »Gute« nie eine prinzipielle Frage, sondern immer eine Frage der Umstände in einer Gemeinschaft. Mit Westermarck gesagt: »Die Gesellschaft ist der Geburtsort des moralischen Bewusstseins.«[9]

Ein Beispiel: Ich frage mich, ob es richtig ist, meinen Bruder zu verraten, der eine ziemlich gemeine Straftat begangen hat. Ich wäge ab. Aber nicht nur, ob ich dem Gesetz stärker verpflichtet bin oder der Liebe zu meinem Bruder. Ich muss auch in Erwägung ziehen, wie die Gesellschaft die Tat bewertet. Wie hoch ist die Strafe, die er zu erwarten hat? Wie sehen die Gefängnisse aus? In Saudi-Arabien vermutlich anders als in Liechtenstein. Wird ihm die Hand abgehackt, werde ich mich vielleicht anders entscheiden als bei einer Geldstrafe.

In dieser Frage landen die Relativisten ohne Zweifel einen Punktsieg. Denn wer wollte bestreiten, dass wir uns in der Moral nach den gegebenen Umständen entscheiden. Und dass wir uns im Leben überhaupt keine anderen Werte zu eigen machen können als die, die wir kennen. Andere Kulturen, andere Spielregeln. Aber in zwei Punkten neigen selbst Relativisten wie Taylor,

MacIntyre und Sandel zum Prinzipiellen: In der von Aristoteles übernommenen Vorstellung, dass jeder Mensch in jeder Kultur, wie auch immer sie sei, nach einem erfüllten Leben strebt. Und dass ein erfülltes Leben bei allen Menschen an ein und dieselbe Bedingung gebunden ist: an ein positives Selbstbild.

Das Streben nach einem erfüllten Leben und nach einem positiven Selbstbild wären die beiden anthropologischen Konstanten der Moral, auf die man sich vielleicht einigen kann. Wenn auch in einer sehr weiten Interpretation. Für einen Bauern im Mittelalter mochte ein erfülltes Leben bereits in der Abwesenheit von Hunger und Krankheit liegen. Und das positive Selbstbild in der Hoffnung, dass Gott zufrieden auf ihn hinunterlächelt. Und Ähnliches dürfte für viele Menschen in der Welt auch heute noch gelten. Doch dass ein erfülltes Leben für die allermeisten Menschen nur dann möglich ist, wenn man sich selbst zumindest halbwegs schätzt, daran, so scheint es, führt tatsächlich kein Weg vorbei.

Man kann erfüllt leben, ohne viel zu besitzen. Und unerfüllt, obwohl man über so vieles verfügt. Zu einem guten Leben tragen viele Dinge bei, die vermutlich für jede Kultur und Gesellschaft gelten. Für den US-amerikanischen Philosophen Kwame Anthony Appiah (*1954) von der Princeton University sind es sowohl körperliche wie geistige Bedürfnisse »nach Liebe, nach Schönheit, nach Wahrheit, nach Sinn«. Und viele dieser Bedürfnisse »haben mit Bedürfnissen zu tun, die wir mit anderen teilen. Sie machen unser Leben besser, indem sie uns zu besseren Liebes- und Ehepartnern, Brüdern oder Schwestern, zu besseren Freunden oder besseren Bürgern machen oder indem sie unsere Bereitschaft erhöhen, anderen dabei zu helfen, ihre Interessen zu verfolgen und ihre Ziele zu erreichen. Und wir alle haben legitime Ziele, die zu erreichen Geliebte und Ehepartner, Brüder und Schwestern, Kinder und Eltern, Freunde und Mitbürger uns helfen können.«[10]

Ob unsere Bedürfnisse einen stärker egoistischen oder einen

stärker altruistischen Zug tragen, hängt nicht nur von uns selbst, sondern auch von unserer Kultur ab. Kulturen, die den Egoismus als einen Wert hochhalten wie die Yanomani-Indianer am Amazonas oder die Industriegesellschaften des Westens, hinterlassen andere Spuren in der Psyche als die buddhistisch orientierten Kulturen Asiens oder kooperative Naturvölker wie die Semai in Malaysia. Ein starker Egoismus ist also nicht einfach schlicht unsere Natur, sondern eine Anpassungsleistung an unsere jeweilige Kultur. Oder anders gesagt: Jede Kultur hat die Egoisten, die sie verdient.

Wir leben heute in Deutschland in einer Kultur, die zu den egoistischsten *und* fürsorglichsten der Menschheitsgeschichte zugleich zählt. Dabei wird der Egoismus vom Einzelnen erwartet, die Fürsorge dagegen vom Staat. Diese Situation wird uns im dritten Teil des Buches noch näher beschäftigen.

Menschen aller Kulturen streben im Normalfall eher nach dem »Guten« als nach dem »Bösen«. Unsere sozialen Instinkte sind sich dabei kulturübergreifend sehr ähnlich – nicht aber die Form, in der Moral in einer Gesellschaft normiert wird. Selbst die abstrakten Prinzipien der Fairness und der Gerechtigkeit müssen antrainiert werden und unterliegen starken kulturellen Einflüssen.

Doch wenn es richtig sein sollte, dass nahezu alle Menschen aller Kulturen nach dem »Guten« streben und die wichtigen Grundwerte der Hilfsbereitschaft, der Gerechtigkeit und der Friedfertigkeit teilen – warum gibt und gab es dann überall in der Welt Kriege? Und warum scheinen wir es nicht zu schaffen, sie überall und dauerhaft zu vermeiden?

• *Ausflug nach Shangri-La.* Warum Kriege nicht sein müssen

Ausflug nach Shangri-La
Warum Kriege nicht sein müssen

Der Krieg ist darin schlimm, dass er mehr böse Leute
macht, als er deren wegnimmt. *Immanuel Kant*

Welke Blätter, leichte Vögel, dahingetrieben vom Wind. Die Insel Mindoro im Nordwesten der Philippinen ist halb so groß wie Hessen und beherbergt so viele Einwohner wie München. Der ursprüngliche Regenwald ist nahezu abgeholzt, und die wenigen verbliebenen Reste sind durch Brandrodung bedroht. Es gibt ein paar schöne Strände aus feinem weißem Sand, ein unter Tauchern bekanntes Riff und einen vom Aussterben bedrohten Zwergbüffel. Eigentlich ist Mindoro nicht sehr berühmt.

Für Jürg Helbling (*1954), Professor für Kultur- und Sozialanthropologie an der Universität Luzern, ist die Insel ein Hotspot. Denn in den Bergwäldern von Mindoro gibt es den Hauch eines irdischen Paradieses – eines realen Shangri-La friedfertiger Menschen.[1] Was der US-amerikanische Bestsellerautor James Hilton in den 1920er Jahren in den Himalaya verlegte, existiert tatsächlich: eine Kultur der Friedfertigkeit, eine Gesellschaft ohne Mord, Totschlag und Krieg; eine Idylle zwischen grünem Dschungel und Bergen.[2] 75 000 Menschen vom Volk der Mangyan leben hier, zurückgezogen im grünen Hochland. Sie sind die ursprüngliche Bevölkerung der Insel. Durch die Spanier und die Piraten von den Küsten ins Inland vertrieben, streifen sie halbnomadisch umher, roden den Wald und bauen Süßkartoffeln an, Wurzelgemüse und Hochlandreis.[3]

Was machen die Mangyan so anders als alle anderen Völker?

Ihr Leben kreist um die Familie und die Großfamilie. Männer und Frauen sind weitgehend gleichberechtigt. Man lebt eng aufeinander, redet viel und hilft sich. Die Häuser aus Bambus und Dschungelgras werden gemeinsam errichtet, der Acker gemeinsam bestellt, das Essen, mehrmals am Tag, gemeinsam zubereitet. Ihre Kultur erscheint schlicht, aber sie hat es in sich. Ein Teil der Mangyan schreibt Sanskrit in einer ganz eigenen Variante. 18 Schriftzeichen, drei Vokale und 15 andere Zeichen, werden mit einem kegelförmigen Messer in den Bambus geritzt. Doch ihre Gesetze sind ungeschrieben. Trotz ihrer alten Schrift leben die Mangyan in einer Gesellschaft aus mündlichen Überlieferungen. Die Ältesten, die den Dörfern vorstehen, treffen die wichtigen Entscheidungen der Gemeinschaft, wahren die Sitten und sprechen Recht.

All dies macht die Mangyan zu einer interessanten Kultur, aber nicht zu einer besonderen. Familienclans, gemeinsames Jagen, Arbeiten und Essen gibt es bei vielen indigenen Völkern – das Besondere an den Mangyan ist, was es bei ihnen *nicht* gibt.

Warum existiert in den Gesellschaften der Mangyan so wenig Gewalt und Aggression? Und warum haben sie, so weit die Überlieferung zurückreicht, nie Kriege geführt? Weder untereinander noch gegen andere Völker? Wenn es richtig ist, dass der Mensch ein Tier mit eingeschränkter Glücksfähigkeit ist, wenn wir über eine mehr oder weniger starke Aggressionsdynamik verfügen, leicht zu reizen sind und auch ein enormes Frustpotential besitzen – warum nicht die Mangyan?

Menschen nicht nur im westlichen Kulturkreis verbringen viel Freizeit damit, Filme zu schauen, die ihren Kick aus Mord und Totschlag ziehen, aus Sex and Crime. 200 000 Spieler spielen zu jeder Minute des Tages gleichzeitig das Ego-Shooter-Ballerspiel *Counter-Strike*. Rund elf Millionen Spieler begeistern sich für *World of Warcraft*. Es wird mit Freude geschossen, virtuell gemordet, aufgespürt und getötet.[4] Und von den rund 7000 Gesellschaften der Menschheit kennen die Völkerkundler nur etwa siebzig, die nie Krieg führen oder geführt haben.[5]

Müssen Menschen Krieg führen? Liegt der Krieg in unserer aggressiven Natur? Erinnern wir uns an den Mann auf der Leipziger Buchmesse (vgl. *Wolf unter Wölfen. Das sogenannte Schlechte*). An seine Theorie, dass unter der dünnen Tünche unserer Zivilisation das Raubtier lauert. Gewiss hätte er ein etwas zweifelhaftes Gefallen an der Sicht, dass Menschen von Natur aus zum Krieg verdammt sind. Diese Theorie gibt es tatsächlich. Sie keimte auf im letzten Drittel des 19. Jahrhunderts als ein eiliges Fazit aus den Theorien Darwins und Huxleys. Und diese Ansicht hat heute erneut eine große Fangemeinde. Konrad Lorenz und Irenäus Eibl-Eibesfeldt haben sie in Deutschland schon in den 1960er und 1970er Jahren popularisiert. Und angelsächsische Biophilosophen sorgen damit noch immer für Schlagzeilen in Zeitungen und Zeitschriften.

Ihr Gedankengang geht etwa so: Von Natur aus drängt es jeden Menschen dazu, seine Gene weiterzugeben. Oft genügen dafür friedliche Mittel. Vor allem dann, wenn genügend fruchtbare Weibchen für alle Männchen bereitstehen. Doch in schwierigen Zeiten, bei knappen Ressourcen oder starken Bedrohungen, benötigt man dafür schon etwas Gewalt. Man muss um die Weibchen kämpfen, notfalls auch gegen Konkurrenten von außen. In einer solchen Lage begünstigte die Natur die Männer mit einem starken Aggressionstrieb. Im Gegensatz zu den Schlaffis kamen sie besser zum Schuss und setzten sich durch. Das aggressivere Erbgut überlebte, das friedliche blieb auf der Strecke. Auf diese Weise wurde der Mensch, zumindest die Männchen, ziemlich aggressiv.

Doch zu viel Aggression können sich menschliche Horden auch nicht leisten. Immerhin müssen Menschen selbst nach Ansicht von Soziobiologen miteinander kooperieren, bei der Jagd, bei der Nahrungssuche und bei der Kinderaufzucht. Viel zu oft müssen die Männer ihre Aggressionen dabei unterdrücken. Und wo schlägt sich der Druck des Aggressionsüberschusses nieder? Richtig – im Kampf gegen andere Horden. Es kommt zum Krieg, eine wunderbare Sache. Denn nun können die Männer nicht nur Druck ablassen, sondern auch zusätzliche Weibchen erobern und befruchten. Da der Mensch von Natur aus zudem territorial veranlagt ist, drängte es ihn zur Sesshaftigkeit, begünstigt durch den Ackerbau. Die Kriege nahmen nun weiter zu. Jetzt konnte man nämlich nicht mehr ausweichen, wenn man angegriffen wurde. Und was ein kriegerischer Akt, eine Provokation war, war klar geregelt: der Übergriff auf ein fremdes Territorium. Der moderne Krieg nahm seinen Anfang ...

In dieser Sicht sind sich fast alle Soziobiologen einig. Eine völlig plausible Geschichte. Es gibt allerdings ein paar unterschiedliche Nuancen in der Frage, ob der Aggressionstrieb wichtiger ist oder das Streuen der Gene durch Frauenraub. Und es gibt ein paar heikle Fragen. Warum zum Beispiel opfern sich Krieger in der Schlacht für ihre Horden oder Völker auf? Ihren Genen nützt dies beim besten Willen nichts. Aber für solche Kniffeligkeiten steht ja noch Hamiltons Regel zur Verfügung. Danach geht es schließlich nicht nur um meine Gene, sondern auch um die Gene meiner Verwandten. Wahre Helden müssten demnach immer viele Geschwister oder viele Kinder haben, eine These, die noch zur Überprüfung aussteht. Und wenn mein Tod schon nicht meinen genetisch Verwandten dient, so hilft er meiner Horde zumindest darin, wieder biologisch fitter zu werden. Denn wäre ich ein tolles starkes Männchen, so würde ich den Krieg überleben. Die Schwächlinge fallen hingegen bekanntlich als Erste. Die Quintessenz ist klar: Krieg ist ein Mittel der Fortpflanzung und der genetischen Säuberung. Und das Mittel dazu ist die männliche Aggression.[6]

So weit, so abenteuerlich. Und so ernüchternd für die Philosophen. Wo bleiben die Vernunft, das Selbstbild und die Reflexion auf das mehr oder weniger erfüllte Leben in dieser Betrachtungsweise? Alles, was wir im Anschluss an Aristoteles aufgefahren haben, um auf das Gute im Menschen zu verweisen, kippt in den Orkus.

Zum großen Glück liegt die Wahrheit dieser Theorie von der menschlich-männlichen Kriegsnatur nur zwischen Buchdeckeln und nicht im wirklichen Leben. Denn müsste die Theorie nicht gerade andersherum lauten? Weil starke und aggressive Männer besonders nützlich für kriegerische Auseinandersetzungen sind, werden sie dort dringender benötigt als die netten und schwachen. Ihr Risiko zu sterben ist viel größer als das der anderen. Wenn aggressive junge Männer aufgrund ihrer Kriegstauglichkeit im Schnitt früher sterben, haben sie aber keine *besseren,* sondern *schlechtere* Chancen, ihr Erbgut lange und oft weiterzugeben. Je kriegerischer der Mann, umso geringer ist seine Reproduktionschance!

Tatsächlich gibt es keine Statistik darüber, wer in der Geschichte der Menschheit mehr Nachkommen zeugte: die aggressiven oder die netten Männer. Aber Anthropologen und Völkerkundler haben in Tausenden von Studien das reale Verhalten menschlicher Gesellschaften dokumentiert und untersucht. Und die meisten von ihnen können über die simplen biologischen Kriegsgründe nur schmunzeln. Etwa über die Idee, dass der Krieg gegen andere Gruppen oder Völker der Preis ist, um dessentwillen sich die aggressiven Männchen in ihren Horden und Clans untereinander vertragen, weil sich der Aggressionstrieb ja schließlich irgendwo ausleben muss.[7] Denn dass diese These etwas wild ist, wird deutlich, wenn man sie ernst nimmt. Dann müsste die Regel gelten: Je friedlicher Gesellschaften untereinander sind, umso kriegerischer treten sie – zumindest die Männer – gegenüber anderen Völkern und Kulturen auf. Und die Gesellschaften, die besonders viele Konflikte untereinander austragen, müssten besonders friedlich gegen andere sein. Sie toben sich ja zuhause aus.

Ein Konfliktforscher, der die Geschichte der Kriege in den letzten zwei Jahrtausenden untersuchte, schüttelte über diesen Unsinn nur den Kopf. So einfach kann man es sich nicht machen.

Sollte der Aggressionstrieb des Menschen eine Rolle für kriegerische Auseinandersetzungen zwischen Gesellschaften und Völkern spielen, so ist es gewiss nur eine unter vielen. Und wahrscheinlich nicht einmal eine besonders wichtige.

Nicht ohne Komik ist auch die Idee, dass Männer von Natur aus aggressiv sein müssen, Frauen dagegen nicht. Vielleicht sind Frauen im Schnitt weniger gewalttätig als Männer. Aber dass sie weniger aggressiv sind, ist eine kühne und nicht belegte Behauptung, die sich sanft anzweifeln lässt.

Ebenso spekulativ ist die Idee, dass Menschen im Laufe ihrer Entwicklung immer aggressiver geworden sind. Woher will man das wissen? Für eine solche These fehlt uns jede Vergleichsbasis. Von unseren beiden nächsten Verwandten ist der Schimpanse viel aggressiver als der Mensch.[8] Während es bei Menschenmännchen vorkommen soll, dass sich tausend von ihnen in einem Raum versammeln können, ohne dass es zu Wutausbrüchen und Toten kommt, wäre dergleichen mit Schimpansen niemals möglich. Das Blut flösse in Strömen. Die mit uns ebenso nahe verwandten Bonobos dagegen sind im Freiland ziemlich gewaltlos und lösen ihre Spannungen durch Sex. Es sind Hippieaffen, bei denen sich jeder mit jedem sexuell austoben kann. Auch das gilt nur für sehr wenige menschliche Gruppen und vermutlich für keine größere Gesellschaft.

Um vermeintlich zwingende Parallelen mit Tieren zu finden, muss man schon weit ausholen und Lebewesen heranziehen, mit denen wir kaum verwandt sind. Der Militärhistoriker Richard Gabriel, emeritierter Professor für Geschichte und Politik am U.S. Army War College und Professor für Gesellschaftswissenschaften und Ethik am Daniel Webster College in Nahua, New Hampshire, vertritt zum Beispiel die Ansicht, dass unser Verhalten nicht dem von Affen, sondern von Wölfen gleicht. Die Art, wie wir Nahrung teilen, unsere schwächeren Gruppenmitglieder integrieren, wie unsere Frauen sesshafter sind als unsere herumstreunenden Männer, sei typisches Wolfsverhalten.[9]

Entgegen aller Spekulation von Biologen haben die Frühgeschichtler und Völkerkundler heute keinen wirklich sicheren Beleg, dass unsere Vorfahren vor einigen zehntausend Jahren tatsächlich Kriege geführt haben. Zwar besteht kein Zweifel daran, dass es Gewalt gab und auch Totschlag. Aber all dies macht noch keinen Krieg. Pjotr Kropotkin, der friedliche Anarchist, darf sich also freuen.

In seiner Wohnung in der Altstadt von Zürich, zwischen zehntausend Büchern, erklärt Jürg Helbling, warum das so ist. Ein hochgewachsener, schlanker Mann in Schwarz gekleidet und mit silbergrauem Haar. Helbling ist mehr als ein Ethnologe. Wenn er über die Biologie des menschlichen Verhaltens redet, weiß er genau, wovon er spricht. Und ob Soziologie oder Philosophie – mit scharfem Blick analysiert er die Gesellschaft der Gegenwart so wie jene der Mangyan. Nach dreißig Jahren Forschung ist Helbling sicher, »dass interne Kriege in Wildbeutergesellschaften nicht vorkommen. ... Die Kriege, in die Wildbeuter allenfalls verwickelt sein können, sind externe, defensive Kriege gegen Gruppen nicht nur einer anderen Ethnie, sondern auch eines anderen Gesellschaftstyps.«[10]

Der Grund dafür ist recht schlicht. Um einen Krieg vom Zaum zu brechen – der immer eine riskante und schreckliche Sache ist –, braucht man schon sehr gute Gründe. Wenn Helbling erklärt, verengt er die Augen und redet mit beiden Händen, dreht und wendet sie, öffnet und schließt die Finger, als verfertige er gerade eine Präzisionsarbeit. Die nomadische Lebensweise von Wildbeutern, meißelt er heraus, mache den Krieg »unnötig«, da man sich ohne wirtschaftliche Nachteile gut aus dem Weg gehen kann.[11] Und das war in früheren Zeiten vermutlich ebenso wie heute. Auch von der Idee, dass es beim Krieg um das Streuen der Gene gehe, bleibt nicht viel übrig. Viele Wildbeutergesellschaften haben einen so starken friedlichen Austausch von Männern und Frauen, dass solche Mittel vermutlich kaum jemals nötig waren.

Wenn die Theorie vom Genaustausch als biologischer Kriegsgrund nicht stimmt, erspart uns dies viele lustige Erklärungen auch für moderne Kriege. Der Sinn des Irakkrieges ist also nicht der Fortpflanzungserfolg von US-amerikanischen Soldaten. Und auch die Bundeswehr ist nicht in Afghanistan, um sich zu vermehren. Wie wir nun wissen, gilt dies nicht nur für die Logik und Motivation moderner Kriege. Auch bei Wildbeutergesellschaften gibt es so gut wie keinen Streit und keine Auseinandersetzungen mit anderen Gruppen, um Frauen zu erobern oder zu befruchten. Die Theorie, dass Kriege letztlich dazu dienen, damit eine Gruppe, ein Stamm oder eine Gesellschaft genetisch fitter werden, ist haltlos.

Die Soziobiologie kann den Krieg zwischen Bevölkerungsgruppen nicht erklären. Fast immer setzen sie den Krieg als ein natürliches Phänomen bei Menschen bereits voraus. Weil Menschen kriegerisch veranlagt seien, setzten sich die besten Krieger durch. Doch dass Menschen »kriegerisch veranlagt« sind, ist eine Spekulation. Gewiss, nahezu alle Menschen sind zu Aggressionen gegen andere fähig und viele Menschen auch zur Gewalt. Aber eine Veranlagung zum Krieg ist das noch lange nicht. Krieg – und das ist die Pointe – ist nämlich nicht einfach die Ausweitung von Aggression mit stärkeren Mitteln!

Wer aggressiv ist, ist nicht zwangsläufig gewalttätig. Viele Menschen richten ihre Aggressionen gegen sich selbst und werden zum Beispiel depressiv. Die meisten Aggressionen werden zudem verdeckt herausgelassen, durch böse Bemerkungen, Hinterlist und übles Gerede. Umgekehrt geht nicht jede gewalttätige Handlung mit Aggressionen einher. Auch Angst und Notwehrreaktionen können mich gewalttätig machen, ohne dass ich dafür wütend sein muss. Überdies richtet sich der größte Teil unserer Aggressionen gegen Menschen in unserem unmittelbaren Umfeld und nicht gegen andere Gesellschaften oder Völker. Allein aus einem Aggressionstrieb heraus ließe sich wohl auch kaum ein richtiger Krieg führen. Denn dazu bedarf es ja der kühlen Planung, der nüchternen Kalkulation und Strategie, der besonnenen Organisation, der Disziplin und Kooperation.

Um einen Krieg zu führen, muss man seine Feinde nicht einmal hassen. Erst recht nicht bei den bezahlten Söldnerheeren des Abendlandes: Der Hass spielt mitunter gar keine Rolle! Und der Erste Weltkrieg, der von einer großen Kriegsbegeisterung der Soldaten getragen war, war nicht schrecklicher als der Zweite, bei dem die Begeisterung, an die Front zu ziehen, auf allen Seiten viel geringer gewesen ist. Nicht Aggressionen lösen den Krieg aus; allenfalls löst der Krieg Aggressionen aus.

Krieg ist nicht einfach die Eskalation der biologisch dunklen Seite unseres Charakters. Kein Aggressionstrieb und keine genetische Fitnessstrategie zwingen uns dazu, unsere Nachbarvölker zu überfallen. Das ist die gute Nachricht. Doch warum gibt es dann trotzdem Kriege?

Die Antwort darauf hatte vielleicht tatsächlich schon Thomas Hobbes. In seiner Zürcher Wohnung geht Jürg Helbling zu einem seiner vielen Regale. Er zieht ein Buch hervor, einen prächtigen, in Leder gebundenen Quartband. Eine Erstausgabe von Thomas Hobbes' *Leviathan* aus dem Jahr 1651. Der englische Philosoph der Barockzeit hatte den Menschen nicht für schlecht gehalten. Und er hatte die Schuld für die Kriege zwischen den Völkern nicht in einem unbezähmbaren Aggressionstrieb gesehen. Zwar ist Aggression ein von Mensch zu Mensch unterschiedlich ausgeprägtes Naturprodukt – Krieg dagegen ist es nicht. Krieg ist eine Sache der menschlichen Kultur und deswegen mal häufiger und mal seltener, abhängig von den Umständen. Für Hobbes ist es vor allem *ein* Umstand, der die Gruppen und Völker in den Krieg treibt: das Fehlen einer Zentralgewalt.

Für Helbling ist dieser Gedanke bis heute plausibel: »Die biologische ›Hardware‹ und die biologisch bedingte Disposition der Menschen zu gewalttätigem Verhalten ermöglichen zwar gewalttätiges, aber auch friedliches Verhalten; es hängt von der sozialen und kulturellen ›Software‹ ab, wie sich Menschen tatsächlich verhalten.«[12] Wenn Völker Kriege führen, dann meist aus zwei Gründen: einmal das von Hobbes angesprochene Fehlen einer übergeordneten Zentralgewalt, die die Streithähne zur Ordnung ruft. Und zum anderen – in diesem Punkt liegen die Biologen richtig – die Territorialität. Wer in einem bestimmten Gebiet sesshaft ist, kann den Krieg häufig nicht vermeiden. Siedelt ein Volk zum Beispiel an einem Fluss, umgeben von unfruchtbarem Land, so kann es im Streitfall nicht ausweichen.

Der Mangel an Ausweichmöglichkeit und das Fehlen eines Richters und Schlichters sind die Hauptbedingungen von Kriegen unter indigenen Völkern. In unsicheren Situationen heizt sich die Situation wechselseitig auf. Da beide Parteien nicht wissen, was die jeweils andere vorhat, aber mit dem Schlimmsten rechnen, sind der Eskalation mitunter keine Grenzen gesetzt.[13] Dabei ist es sogar vergleichsweise unwichtig, ob die Lebensräume viele oder wenige Ressourcen bieten. Auch hier gibt es keine feste Regel. Man kann nicht sagen, dass es mehr Kriege in fruchtbaren Gegenden gibt als in unfruchtbaren. Völker, die in Gegenden mit sehr knappen Ressourcen leben, wie die Inuits in der Arktis oder die Aborigines in Zentralaustralien, führen gleichwohl keine Kriege.

Seiner Grundstruktur nach ist Krieg nicht besonders sinnvoll, um Gene zu optimieren, um Aggressionen herauszulassen oder um zu diesem hohen Preis Ressourcen zu erobern. Gerade die tapfersten und erfahrensten Krieger, so Helbling, lehnen den Krieg gemeinhin ab. Wichtiger als alle mehr oder weniger kalkulierbaren Vorteile dürfte deshalb etwas ganz anderes sein: Misstrauen, Vorurteil und Angst. Die allermeisten Kriege in der Geschichte der Menschheit haben sich für die Mehrheit der Bevölkerung nicht »gelohnt«, allenfalls für einige profitierende Eliten. Sowohl die irrationalen vorteilslosen Kriege für alle wie die gezielten Raubkriege der Führungseliten sind eng verknüpft mit dem bewussten oder unbewussten Einjagen von Angst. Und all dies lässt den Schluss zu, dass Furcht »generell die wichtigere Emotion im Kontext des Krieges« ist als Aggressivität.[14]

Wenn wir uns streiten und bekämpfen, dann eher aus Sorge

um unser Selbstbild oder unser Selbstwertgefühl, als deshalb, weil es uns egal wäre. Mit anderen Worten: Das gestörte Selbstwertgefühl ist eine schlimmere Bedrohung für die Menschheit als jede egoistische Absicht. Denn die Mutter aller Aggressionen ist nicht das Streben nach dem Bösen und auch nicht das rücksichtslose Durchsetzen von Interessen – es ist die Angst um unser Leib und Leben und die gefühlte Bedrohung unseres Selbstwertgefühls.

In diesem Punkt unterscheiden sich primitive Kriege nur unwesentlich von modernen Kriegen: Ohne die Furcht und ohne die Dämonisierung des Gegners ist kaum eine Armee zu mobilisieren. Ein Blick etwa auf den Zweiten Weltkrieg belehrt unmissverständlich darüber. Der Grund seines Zustandekommens war kein Nahrungsmangel, nicht die Suche nach geeigneten Frauen zur Paarung, kein Territorium, das tatsächlich verteidigt werden musste, und auch kein Aggressionsüberschuss in der vergleichsweise friedlichen Weimarer Republik. Seine Gründe lagen vielmehr in der – biologisch unnötigen – Gier nach Bodenschätzen im Osten, dem gezielt geschürten Revanchismus und einer irrationalen Angst, angefeuert durch den Wahn rücksichtsloser Führungseliten.

Ihrer Natur nach sind Menschen zu vielen Emotionen fähig, darunter auch zur Aggressivität. Aggressives Verhalten kann zur Gewalt führen, zu Mord, Totschlag, Rache usw. Als Erklärungsgrund dafür, dass es in der Geschichte der Menschheit zu ungezählten Kriegen gekommen ist, taugt der Hinweis auf die unter anderem aggressive Natur des Menschen eher wenig. Krieg ist nicht die Verlängerung des Aggressionstriebs ins Gesellschaftliche und Politische. Aus dieser Sicht betrachtet steht dem friedlichen Umgang der Völker miteinander *prinzipiell* nichts entgegen. Auch wenn viele schwierige Umstände und gezielte Manipulationen noch immer dafür sorgen, dass es in vielen Teilen der Welt zu kriegerischen Auseinandersetzungen kommt.

In Bezug auf die Weltbevölkerung ist die *relative* Anzahl der Kriegstoten seit längerer Zeit stark rückläufig. Ein Grund dafür dürfte sein, dass heute weit mehr Menschen unter dem Einfluss von Zentralgewalten stehen als früher. Betrachtet man die Geschichte und die Bedingungen von Kriegen, so findet man auch hier keine grundsätzliche Bestätigung dafür, dass Menschen allgemein schlecht sind oder von starkem Egoismus getrieben werden. Nicht Aggressionsüberschuss oder das unbedingte Durchsetzen von Interessen verursachen die meisten Kriege, sondern irrationale und manipulierte Angstgefühle. Um die Welt zu einem Ort kriegerischer Konflikte zu machen, bedarf es weder zwingend einer bösen Absicht noch eines genetischen Interessenkalküls. Das ist insofern nicht verwunderlich, als dass böse Absichten und genetische Interessen auch sonst eher wenig Einfluss auf unser Sozialverhalten haben. Wie ausführlich gezeigt, bemühen sich die allermeisten Menschen ziemlich intensiv darum, vor sich selbst gut dazustehen.

Doch warum tut sich zwischen Selbstbild und Handeln oft eine so große Kluft auf? Wie kommt es zu der allmählichen Verflüchtigung des Guten im Handeln? Bislang habe ich Ihnen vor allem viele gute Nachrichten über unsere moralische Natur erzählt. Nun, so fürchte ich, kommen die schlechten.

Wollen und Tun

Der moralische Tunnelblick
**Tierische Gefühle,
menschliche Verantwortung**

Mein Exschwager ist ein Glückspilz. Er ist im Besitz der Wahrheit. Was auch immer er sagt, was er denkt und tut – es ist richtig. Zweifel werden nicht zugelassen, Skrupel und Bedenken sind ihm unbekannt. So wie er lebt, so lebt sich das optimale Leben. An seinem Wesen könnte die Welt genesen. Dabei ist er wenig mitfühlend, hat kaum Freunde und geht vielen mit seiner kompromisslosen Haltung nachhaltig auf den Geist. Aber immerhin: Er schläft gut.

Glückspilze wie mein Exschwager sind selten. Im Allgemeinen nämlich sind sich die Menschen in ihrem Sosein nicht so sicher. Und wer die Wahrheit liebt, bildet sich niemals ein, sie zu besitzen. Sich seiner Sache sicher zu sein ist selten ein Zeichen von Aufrichtigkeit oder von Intelligenz. Eher von Arroganz, und deren Kehrseite ist die Naivität. Erinnern wir uns an Martin Seel, der meinte, dass nur die Doofen mit sich selbst im Reinen sind.

Doch woran liegt das eigentlich? »Der Mensch«, meinte der Sozialphilosoph Günther Anders (1902–1992) vor fünfzig Jahren, »ist kleiner als er selbst.«[1] Wir sind zu vielem in der Lage, aber zu viel weniger fähig. Was ist damit gemeint? Fragt man einen modernen Philosophen wie Thomas Metzinger (*1958), Professor an der Universität Mainz, so gibt es dafür eine schlichte, aber eindrucksvolle Erklärung: Wir sind deshalb kleiner als wir selbst, weil es uns gar nicht gibt!

Der Reihe nach: Alles, was wir über die Welt wissen, wissen

wir durch unser Gehirn. Es erzeugt uns die Farben und Bilder, die Gerüche und Gefühle, die Vorstellungen und Gedanken. Eine dieser Vorstellungen und Gedanken hat es dabei auf ganz besondere Weise in sich: Es ist die Vorstellung von uns selbst. Wie sie genau entsteht, ist bis heute ein Geheimnis, das unser Gehirn nur ungern preiszugeben scheint. Ganz offensichtlich sind mehrere Areale in unserem Kopf für unser Selbst zuständig. Sie befruchten sich wechselseitig, sie beeinflussen, ergänzen und bespiegeln sich. Und am Ende kommt, zumindest bei jedem gesunden Menschen, ein »Ich« dabei heraus. Sieben Milliarden Menschen auf der Welt, die zu sich »Ich« sagen, können nicht irren. Das Ich ist eine gefühlte Realität.

Aber eben: nur eine *gefühlte* Realität, erzeugt von unserem Gehirn. Unser Ich, unser Selbst, unser Selbstbild und unser Selbstwertgefühl existieren nur als Hokuspokus im Gehirn. Und was andere von uns wahrnehmen, ist nur eine Hülle: unser Körper, unsere Blicke, Bewegungen und Worte – aber niemals unser Ich. Vielmehr bilden sich die anderen ein eigenes Bild von unserem Ich. Manchmal erkennen wir uns in den Beschreibungen, die andere von uns geben, wieder; manchmal weniger und manchmal überhaupt nicht. Doch eine objektive Instanz, die den Schiedsrichter spielen könnte, gibt es nicht. Denn sehen wir uns nicht auch selbst von einem Moment auf den anderen unterschiedlich? Sind unser Selbstbild und unser Selbstwertgefühl nicht ständig abhängig von Situationen und Stimmungen? Unser »Ich« ist ein sehr flüchtiger Stoff. Und ob nun von uns selbst oder von anderen entworfen – stets bleibt es eine Idee, die wir uns machen.

Der Grund dafür ist nicht schwer zu finden. Ein festes, unverrückbares Ich war in der Entwicklungsgeschichte des Menschen nicht nötig. Und so ist es nicht entstanden. Ebenso wenig wie ein Sinn für objektive Wahrheit. Um in der Savanne zu überleben, war es gewiss wichtig, dass andere Hordenmitglieder ungefähr verstanden, was wir meinten. Und es war wichtig, dass sie uns glauben konnten, wenn wir am Horizont auf eine entfernte

Wasserstelle deuteten. Aber das Universum zu begreifen oder den Sinn des Lebens – dafür sind unsere Gehirne nicht gemacht. Von Prachtexemplaren wie meinem Exschwager abgesehen, sehen wir uns ständig von Fragen umzingelt, die eigentlich eine Nummer zu groß für uns sind. Fragen, wie etwa jene von Woody Allen: »Gibt es ein Leben nach dem Tod? Und gibt es dort jemanden, der in der Lage ist, einen Zwanzig-Dollar-Schein zu wechseln?«

Unser Bewusstsein ist das wahrscheinlich faszinierendste im Tierreich. Aber alles in allem bleibt für uns trotzdem oder gerade deshalb vieles im Dunkeln. Für Metzinger leben wir eigentlich in einem Tunnel: »Was wir sehen und hören oder ertasten und erfühlen, was wir riechen und schmecken, ist nur ein kleiner Bruchteil dessen, was tatsächlich existiert. Unser bewusstes Wirklichkeitsmodell ist eine niedrigdimensionale Projektion der unvorstellbar reicheren und gehaltvolleren physikalischen Wirklichkeit, die uns umgibt und uns trägt. ... Aus diesem Grund ist der kontinuierlich ablaufende Vorgang des bewussten Erlebens weniger ein Abbild der Wirklichkeit als vielmehr ein Tunnel *durch* die Wirklichkeit.«[2]

Die Grenzen unserer Sinneserlebnisse und die Vorstellungen, die wir uns aufgrund unserer Erfahrungen machen können, sind die Grenzen unserer Welt. Wir nehmen nur bestimmte Kontraste wahr, andere nicht. Wir sehen nur manche Ähnlichkeiten, andere nicht. Und was wir nicht wahrnehmen, was uns nicht »nahe«-geht, ficht uns nicht an. Wir sehen kein ultraviolettes Licht wie viele Vögel und Insekten. Und wir spüren auch keine elektromagnetischen Schwingungen im Wasser wie Haie oder Wale. Unsere Sinne und unser Gehirn wählen gnadenlos aus: Was nehmen wir auf, und was bleibt draußen. Und nur mit Hilfe solcher Hochleistungsfilter können wir uns den Weg durch die Welt bahnen. Hätten wir sie nicht, die Reizüberflutung würde uns hilflos machen, orientierungslos und entscheidungsunfähig.

Was wir wahrnehmen, ist immer nur eine bestimmte Perspektive auf die Dinge. Schon der Philosoph Edmund Husserl

(1859–1938) zeigte auf, dass unsere Erkenntnis der Welt und unser Handeln immer *relativ* sind. Den Sinn, den die Dinge, die Worte und Handlungen für uns haben, haben sie nicht von sich aus. Sondern Sinn ist etwas, das wir in sie hineininterpretieren. Unser ganzes Leben besteht aus solchen Interpretationen. So nehmen wir etwas mit Freude, mit Gleichgültigkeit, mit Bedauern, mit Interesse, mit Wut, mit Liebe oder einfach ganz nebenbei wahr. Doch nie haben wir die Chance, die Dinge ganz und gar zu erfassen. Wir betrachten sie stattdessen von *einer* Seite, wie den Mond. Und während uns die eine Seite hell leuchtet, bleibt die erdabgewandte Seite im Dunkeln. »Abschattungen« nannte Husserl die begrenzte Sichtbarkeit der Phänomene durch unsere eingeschränkte Perspektive.

Auch in der Moral, so kann man im Anschluss an Husserl hinzufügen, haben wir es mit solchen Abschattungen zu tun. Unser Licht fällt nur begrenzt, situativ und relativ auf eine Idee, eine Entscheidung, eine Handlung. Wie unsere Vorfahren in der Savanne, deren Gehirne wir geerbt haben, stellen wir uns auf einen »Standpunkt« und nicht auf einen anderen. Wir »nehmen« etwas wahr, »erfassen« und »begreifen« es, aber nie in seiner Gesamtheit. Und wir »vertreten« eine Meinung und stoßen andere damit zur Seite.

Zu der großen Besonderheit des Menschen unter den Tieren gehört, dass unsere Sinne und unsere Intelligenz zwar begrenzt sind – gleichwohl aber sind wir in der Lage, uns Vorstellungen zu machen, die unsere Sinne weit überschreiten. Wir können uns Dinge vergegenwärtigen, die weit in der Vergangenheit liegen. Wir können uns Vorstellungen von der Zukunft machen. Und wir können uns Dinge ausdenken, die es definitiv nicht gibt. Jean-Paul Sartre war davon so fasziniert, dass er den Menschen über genau diese Eigenschaften definierte: Der Mensch, so meinte er im Anschluss an einen Ausdruck Nietzsches, sei das »nichtfestgestellte Tier«. Gemeint ist: das einzige Tier, das in seiner Vorstellungswelt nicht im Hier und Jetzt leben muss.

Doch was hat all dies mit Moral zu tun? Nun, im Prinzip gilt all dies auch für unsere sozialen Fähigkeiten. Wir können über etwas nachdenken, das wir nie mit eigenen Augen gesehen haben. Wir können uns um jemanden sorgen, der Tausende von Kilometern entfernt lebt. Wir können uns moralische Grundsätze wie »die Gerechtigkeit«, »die Fairness« oder »die Verantwortung« ausdenken, die man weder sehen noch anfassen noch messen und berechnen kann. Wie gesagt: Wir können das alles – *im Prinzip*.

Geht es nach den Anwälten der Vernunft, wie etwa Immanuel Kant, so kann man sich auf die Fähigkeit, all dies im Prinzip zu können, verlassen. Man kann sogar ein ganzes Vernunftgebäude auf diesem Fundament errichten und sagen: Wenn ihr von diesen prinzipiellen Fähigkeiten ausreichend Gebrauch macht oder lernt, ausreichend Gebrauch davon zu machen, dann ist die Welt ein besserer Ort. Doch diese Gewissheit ist heute geschwunden. Wo Kant in seiner Zeit noch hoffen durfte, betreiben die Moralprediger der Gegenwart ein eher müßiges Geschäft, wenn sie anderen Menschen »ins Gewissen« reden und an deren Einsichtsfähigkeit und Vernunft appellieren.

Denn wie wir wissen: Es nützt nicht viel! Und damit kommen wir zurück zu Metzingers Ego-Tunnel. Unser »moralisches Ich« ist genauso wenig real wie der ganze übrige Teil unseres Ichs. Vielmehr ist es eine Vorstellung, wenn nicht gar ein ganzes Ensemble einander widerstreitender Vorstellungen. Wie gezeigt, sitzt unser Gerechtigkeitssinn vermutlich im Scheitellappen unseres Großhirns. Und unser Mitgefühl weitgehend im Stirnhirn. Manchmal spielen sie sich die Bälle zu, ein anderes Mal nicht. Eine feste Instanz, die unsere moralischen Urteile fällt, gibt es also gar nicht. Und unserem Selbstbild verpflichtet zu sein – eine Idee, von der ich nach wie vor fest überzeugt bin – bedeutet immer, unserem *momentanen* Selbstbild verpflichtet zu sein.

Ein Selbstbild zu haben und ihm verpflichtet zu sein bedeutet nicht, dass dieses Selbstbild konstant ist, unbeirrbar und unbestechlich. Gerade diese Unterstellung jedoch gehört zu den zähesten Legenden unserer Kulturgeschichte. Homers Helden des klassischen Altertums waren unverrückbare Charaktere. Achilles war tapfer und zornig, Odysseus listig und smart. Auch die Märchengestalten der Gebrüder Grimm kennen keine Zwischentöne, keine Mischfarben, keine Stimmungswechsel und keine Mehrdeutigkeiten. Die Hexe bei Hänsel und Gretel kennt keine Skrupel, kleine Kinder zu essen – einmal böse Hexe, immer böse Hexe. Die Stiefmütter von Schneewittchen und Aschenputtel sind ebenso frei von netten Regungen, wie Schneewittchen und Aschenputtel zu bösen fähig sind.

In der Welt aber, in der wir tatsächlich leben, gibt es Christen, die in der Kirche einen Gott der Liebe verehren und zuhause ihre Kinder schlagen. Es gibt Menschen, die im Beruf routiniert lügen, aber größte Skrupel haben, das Gleiche gegenüber ihrer Frau zu tun. Es gibt Menschen, die in kleinem Kreis mutig sind und öffentlich wegschauen und schweigen. Der Philosoph Jean-Jacques Rousseau hatte offensichtlich kein Problem damit, das Gute im Menschen zu preisen und seine zahlreichen Kinder ins Findelhaus zu geben. Und auch der große Sigmund Freud, der mehr über die sensible Psyche von Kindern wusste als viele seiner Zeitgenossen, zog eines seiner Kinder den anderen vor und zeigte sich bei familiären Aufgaben oft als Ausfall.

Was wir Charakter nennen, ist nicht die Illustration *einer* Eigenschaft, sondern ein Ensemble von Widersprüchen. Für das Bild, das wir von uns haben, die Moralagentur unseres Selbst, spielen Gefühle, Überlegungen und Umstände kaum zuverlässig berechenbar zusammen. Gute Laune lässt uns zum Beispiel oft großzügiger sein als schlechte, ohne dass wir deswegen sagen können, ob wir ein *großzügiger Charakter* sind oder nicht. »In diesem Spannungsfeld anziehender und abstoßender, entdeckter und verdeckter, genutzter und vertaner Möglichkeiten bewegt sich die bewusste Steuerung des eigenen Lebens. Durch diese nehmen wir Gelegenheiten zu uns selbst wahr. Wir bejahen einige der Möglichkeiten, die uns gegeben sind, und richten uns von hier aus an solchen aus, die wir nach bester Überlegung erreichen oder erhalten wollen. Indem wir uns bestimmen, lassen wir uns bestimmen.«³

So kühn, großartig, vernünftig und weitfliegend unsere Gedanken auch sein können, immer stehen sie in einem Zusammenhang mit unserer begrenzten Sinnlichkeit. Was ich im Augenblick nicht spüre, nehme ich nicht auf. Oder mit Arthur Schopenhauer gesagt: »Was das Herz nicht fühlt, lässt der Verstand nicht rein.« Doch was sind die Gesetze und Regeln unseres Herzens? Hat unsere moralische Intuition, die allem anderen vorausgeht, eine Logik? Fragen wie diese beschäftigen die Psychologie meist nur am Rande. Und erst seit kurzer Zeit gibt es einen kleinen Boom dabei, die seltsamen Intuitionen des Menschentieres in seinem Ego-Tunnel zu erforschen. Wie funktioniert unser moralischer Tastsinn? Einer der bekanntesten deutschen Forscher auf diesem Gebiet ist Gerd Gigerenzer (*1947), Direktor am Max-Planck-Institut für Bildungsforschung in Berlin. Für Gigerenzer bestimmt uns die Intuition weit mehr als etwa die Vernunft oder gar die Logik. Kein Mensch funktioniere wie eine Rechenmaschine. Weder wollen wir den maximalen Nutzen unserer Taten ausrechnen, noch sind wir überhaupt dazu in der Lage. Die Idee der Soziobiologen, wonach Menschentiere in ihrem Sozialleben immer ihren Nutzen kalkulieren, ist demnach nicht nur biologisch falsch. Sie widerspricht allen Einsichten in unsere Psychologie.

Auch für Gigerenzer haben Menschen uralte Filter, die ihnen helfen, die unübersichtliche Wirklichkeit kleiner und überschaubarer zu machen. Sie bieten Orientierungshilfen. Eine Gebrauchsanweisung für Tunnelbewohner sozusagen. Wir vergessen, schieben beiseite, konzentrieren uns auf das, was wir kennen, und verlassen uns auf Wiedererkennungseffekte. »Rekognitionsheuristik« nennt Gigerenzer diesen Mechanismus. Was wir kennen, darauf verlassen wir uns auch. Und was uns unbekannt ist, dem begegnen wir eher mit Skepsis.

»Lass das Denken, wenn du geübt bist – diese Lektion kann man getrost beherzigen«, meint Gigerenzer. Denn nur so können wir »uns auf die wenigen wichtigen Informationen konzentrieren«.[4] Auf diese Weise gibt uns unser Gehirn die Richtung vor. Wir entscheiden uns schnell, wenn wir wenig Auswahl haben. Und wir sind mit unseren Entscheidungen zufriedener, als wenn die Wahlmöglichkeit groß ist. Wir lesen Absichten in den Gesichtern anderer Menschen daraus, wie lange sie wohin schauen. Und wir schließen auf die Raumtiefe eines Objektes anhand der Länge seiner Schatten. Wenn Intelligenz das ist, was wir einsetzen, wenn wir nicht wissen, was wir tun sollen, dann benötigen wir für all dies wenig Intelligenz.

So weit, so richtig. Nur mit der positiven Bewertung, die Gigerenzer unseren Intuitionen gibt, sollte man vielleicht etwas vorsichtiger sein. Was uns beim Sport, beim Orientieren in einer fremden Stadt und bei Entscheidungen im Supermarkt weiterhilft, muss in unserem Sozialleben durchaus nicht immer vorteilhaft sein. Konzentrieren wir uns denn tatsächlich immer instinktsicher »auf die wenigen wichtigen Informationen«? Mitunter, so steht zu befürchten, richten wir unser Augenmerk gerade auf die unwichtigen.

Unsere ganze Klatschpresse und unsere Boulevardmagazine – leben sie nicht davon, dass Menschen sich auf völlig Unwesentliches konzentrieren? Gehört zu unseren Instinkten nicht auch die für unser Leben häufig völlig unfruchtbare Sensationslust? Sind Tratsch, Missgunst, Neid und Schadenfreude nicht auch Instinkte und Intuitionen? Unsere Werbemedien bedienen sich solcher Instinkte und rauben damit gezielt unsere Aufmerksamkeit, um uns am Ende Versicherungen oder Schokoriegel zu verkaufen. Der durchschnittliche Deutsche kennt mehr Automarken als heimische Pflanzen, mehr Vorabendseriendarsteller als Philosophen. Und er weiß mehr über die Scharmützel zwischen Brad Pitt und Angelina Jolie als über die Zusammenhänge der Weltwirtschaft oder des Klimawandels.

Das Erschreckende daran ist, dass unsere Instinkte mehr zu unseren Urteilen über das Leben beizutragen scheinen als sorgfältig abgewogenes Wissen. So etwa wussten die Wähler in den USA 1992 über ihren Präsidentschaftskandidaten George Bush sen. vor allem eines: dass er Broccoli hasste. Und an zweiter Stelle? Den Namen seines Hundes Millie.[5]

Auch unsere Wahlentscheidungen sind, wie Gigerenzer feststellt, nicht das Ergebnis eines sorgfältigen Abwägens von Information. Die gefühlte Zugehörigkeit zu einer Partei ist wichtiger als ihr Programm, die Ablehnung von bestimmten Personen wichtiger als ein umfassendes Pro und Contra. Erinnern wir uns an Jonathan Haidt, der meinte, dass wir unsere Werte (und wohl auch unsere Argumente) unseren Weltanschauungen anpassen und nicht umgekehrt. Wie sonst wäre es erklärlich, dass durchaus intelligente Menschen häufig mehr Ehrgeiz darauf verwenden, eine irrige Hypothese, eine falsche Annahme oder eine impraktikable Ideologie zu verteidigen, als schlichtweg einzusehen, dass sie sich geirrt haben? Ob in der Wissenschaft, der Wirtschaft oder in der Politik – immer wieder versuchen Menschen lieber einen toten Gaul durchs Ziel zu reiten, statt ein anderes Pferd zu satteln.

All dies macht die Frage nach unseren moralischen Entscheidungen im Leben zu einer ziemlich heiklen Angelegenheit. Wir überschauen unser Leben nicht, geschweige denn all die Folgen unseres Handelns. Und weil wir dies wissen, oder zumindest ahnen, machen wir uns meist auch nur wenig Mühe: Die meisten Entscheidungen sind schneller gefällt, als wir denken können. Und über viele moralische Urteile legen wir uns selbst kaum Rechenschaft ab. Wir alle wissen, dass es nicht gerade zu den edlen Charakterzügen gehört, über andere Menschen schlecht zu reden. Und dennoch machen die meisten von uns reichhaltig Gebrauch davon; reichhaltiger sogar, als uns selbst oft bewusst ist.

Immanuel Kant ging davon aus, dass wir uns selbst in unseren Entscheidungen und in unserem Handeln reflektieren. Tatsächlich sind Menschen dazu – in ziemlich unterschiedlichem Maß –

in der Lage. Nur, wie oft tun wir das? Und was machen wir mit den vielen Umständen, die unsere Stimmung beeinflussen und unsere Aufmerksamkeit? Sind wir im Stress, sind wir viel weniger sensibel für die Probleme der anderen. Der Obdachlose, der auf der Straße bettelt, hat eine bessere Chance darauf, dass ich ihm eine Münze in den Korb lege, wenn ich gute Laune habe als schlechte. Und er bekommt mit Sicherheit nichts, wenn ich Angst habe, den Zug zu verpassen.[6]

Einen eindrucksvollen Beleg dafür lieferten die beiden US-amerikanischen Sozialpsychologen Daniel Batson (*1943) und John Darley (*1938) von der Princeton University. Das *Gute-Samariter-Experiment*, das sie 1970 durchführten, wurde weltberühmt. Sie baten 47 Theologiestudenten, einen Vortrag zu halten. Die einen über Karrierechancen von Theologen, die anderen über das Bibelthema »Der barmherzige Samariter«. In beiden Fällen wurden die Studenten zu höchster Eile angetrieben, um rechtzeitig zum Vortrag im Hörsaal zu sein. Dabei stießen sie vor dem Vortragsgebäude auf einen zusammengesunkenen und offenbar hilfsbedürftigen Mann, der laut aufstöhnte. Würden die gehetzten Studenten anhalten und ihm helfen? Das Ergebnis: Nur zehn Prozent der Studenten ließen den Vortrag Vortrag sein und kümmerten sich um den Mann – und zwar völlig gleich, ob ihr Thema die Karriere war oder der barmherzige Samariter. Die intensive Beschäftigung mit dem Thema Barmherzigkeit verhinderte nicht, dass sie den hilfsbedürftigen Mann ignorierten oder schlichtweg übersahen.

Wenn wir moralisch handeln, dann handeln wir nicht in der Welt der Prinzipien, sondern der Situationen. Wir müssen uns oft schnell entscheiden, zum Abwägen fehlt meist die Zeit. Und die erstbeste Eingebung erscheint uns deshalb oft als die beste. Unsere Wahrnehmung und unsere Sensibilität für die Welt ist diejenige von Tieren. Von klugen Tieren gewiss, aber der Fokus ist doch sehr begrenzt. Unser Vorstellungsvermögen dagegen ist zu Höhenflügen in der Lage, die Spektakuläres möglich machen. So etwa können wir Phantasien ausbrüten wie eine »Verantwortlichkeit für die Menschheit«, eine »globale Ethik«, eine »universelle Moral«. Nur steht all dies in keinerlei Verhältnis zu dem, was wir in unserem Leben tatsächlich spüren, begreifen und folglich umsetzen können. Unsere Ideen, so könnten wir in Erinnerung an Günther Anders sagen, sind kleiner als sie selbst.

Vermutlich können wir davon ausgehen, dass wir entgegen jedem evolutionären Sinn zu Gedanken fähig sind, die uns sinnlich überfordern. Aber eben: Weder sucht die Evolution alles unter dem Gesichtspunkt des Vorteils aus, noch ist »Sinn« eine Kategorie der Natur oder der Welt. Vielmehr ist Sinn, wie Husserl zeigen konnte, eine Folge unserer typisch menschlichen Wahrnehmung. Sinn entsteht, wie feinfühlig und intelligent auch immer, durch die bewusste oder unbewusste Vernachlässigung des ganzen Rests.

Unsere sozialen Instinkte und moralischen Intuitionen helfen uns im Leben oft weiter, aber manchmal eben auch nicht. Wenn es ums große Ganze geht, um Abstraktionen und weitreichende Verantwortung, sind wir sinnlich überfordert. Auf der anderen Seite verfügen wir über eine schlaue, aber ziemlich instinktlose und unsensible Vernunft. Verlässt man sich allein auf die Waffen der Vernunft, so wird man zwar große Maximen und Prinzipien formulieren können – aber ein guter Mensch ist man damit noch lange nicht. Weder unsere Intuition noch unsere Vernunft allein machen uns zu guten Menschen.

In den folgenden Kapiteln möchte ich versuchen, die verschiedenen Aspekte unserer Beschränktheit näher vorzustellen. Sie erklären uns den Widerspruch zwischen unserem Selbstgefühl und unseren Taten, die Kluft zwischen Denken und Tun. Und wie es sein kann, dass so viele von uns lieber gute Menschen sein *wollen*, als es zu *sein*.

• *Die Moral der Horde*. Warum Kopieren vor Kapieren kommt

Die Moral der Horde
Warum Kopieren vor Kapieren kommt

> Ein Strom des organischen Lebens wälzt sich von den schicksalhaft verbundenen Gruppen zu ihren Ornamenten, die als magischer Zwang erscheinen. ... Als Massenglieder allein, nicht als Individuen, die von innen her geformt zu sein glauben, sind die Menschen Bruchteile einer Figur.
>
> Siegfried Kracauer

Als Fußgänger in Berlin über eine rote Ampel zu gehen ist gefährlich. Nicht nur, weil Sie sich selbst gefährden. Und auch nicht nur, weil die Polizei Sie dabei erwischen könnte und Ihnen zehn Euro für die Stadtkasse abknöpft. Es könnte sein, dass noch jemand ganz anderes Sie beobachtet: Jens Krause (*1965), Professor für Biologie und Ökologie der Fische am Berliner Leibniz-Institut für Gewässerökologie und Binnenfischerei.

Schon an seiner früheren Wirkungsstätte in Leeds hat Krause Fußgänger an Ampeln beobachtet. Unter welchen Bedingungen geht jemand bei Rot über die Straße? Die Antwort ist verblüffend einfach: Wenn es unser unmittelbarer Nebenmann tut! Aus dem Augenwinkel, der auf solche Situationen trainiert ist, registrieren wir das Verhalten derjenigen, die uns körperlich nahe stehen. Hat unser Nebenmann oder unsere Nebenfrau noch ungefähr unsere Größe und marschiert beherzt vorwärts, so zieht uns ein unmerklicher Sog mit über die Straße. Auch etwas weiter entfernte Passanten können uns mitreißen, allerdings eher dann, wenn es mindestens zwei sind. Nur wenn es sich bei unseren Nachbarn an der Ampel um Kinder handelt oder um jemanden, dessen Aussehen oder Verhalten uns auffällig erscheint, greift dieser Mechanismus nicht.

Kaum hatte Krause seine Beobachtungen abgeschlossen, wäre er fast von einem Auto überfahren worden. Gemeinsam mit seinem Team – die Ausrüstung für die Beobachtungen unter dem Arm – hatte er im Sog der anderen eine rote Ampel ignoriert. Die Verblüffung darüber ist bis heute nicht gewichen. »Obwohl wir das alles ganz genau wussten«, lacht er, »ist es uns selbst passiert!«

Krause sitzt in seinem Büro in einem großen weißen Gründerzeitbau direkt am Müggelsee im äußersten Osten Berlins. 1893 wurde das Institut gegründet, zur Kontrolle der Wasserqualität und zur Überwachung des Fischfangs. Doch Krauses Forschungsobjekt ist nicht der See. Ihn interessieren Schwärme. Der jungenhafte, schlaksige Mann ist einer der bedeutendsten Schwarmforscher der Welt.

Schwärme – das sind mehr als die Stichlinge, Plötzen, Karpfen, Aale und Störe in den Aquarien, Wassertanks und Zuchtteichen des Instituts. Schwärme sind auch die Konstellationen der Vögel am Himmel, die Herden der Huftiere, die Rotten der Raubtiere und die Horden der Primaten. Ob Säbelantilopen, Hausschafe, Zebrafinken, Wölfe, Kühe, Schimpansen oder Gorillas – in all diesen Gruppen gibt es typisches Schwarmverhalten, einschließlich beim Menschen. Wenn wir auf einem unbekannten Flughafen den Weg zum Schalter oder zum Baggage Claim suchen, gehen wir einfach anderen hinterher. Je zielgerichteter jemand anderes in eine bestimmte Richtung marschiert, umso eher sind wir geneigt, ihm zu folgen. Intuitiv orientieren wir uns an den Führern unseres unreflektierten Vertrauens. Wir verlassen uns auf Gesten und Blicke. Und wir kopieren, ohne zu kapieren.

Die Erforschung des menschlichen Schwarmverhaltens ist eine junge, faszinierende Wissenschaft. Und Krause gehört zu ihren Pionieren. Unausgesetzt denken sein Team und er sich neue Experimente und Versuchsanordnungen aus. Im Jahr 2007 versammelten sie in Köln zweihundert Freiwillige in einer großen Halle.[1] Niemand von ihnen wusste, worum es geht. Der Auftrag bestand in nichts anderem, als fortwährend zu gehen und sich nicht weiter als eine Armlänge vom Nebenmann zu entfernen. Die Menge setzte sich in Bewegung. Niemand hatte ein Ziel oder einen Plan. Doch schon nach kurzer Zeit hatte sich der »Schwarm« zu einer erstaunlichen Formation geordnet: zu zwei Kreisen. Etwa die Hälfte der Versuchsteilnehmer ging in einem inneren Kreis in eine bestimmte Richtung. Und die andere Hälfte in einem äußeren Kreis in die entgegengesetzte Richtung.

So interessant das Phänomen war, so wenig allerdings hat es mit dem normalen Verhalten von Menschen zu tun. In jeder menschlichen Gemeinschaft nämlich gibt es im Regelfall Führer. Manchmal sind es die dominanten Personen einer Gruppe. Und manchmal ergibt sich die Führerschaft schlicht aus den Umständen oder durch Zufall. In ihrem Kölner Experiment wählten Krause und seine Mitarbeiter heimlich zwei Führer aus. Der Auftrag des einen bestand darin, nach rechts aus der Gruppe auszuscheren. Der andere sollte sich nach links bewegen. Wie würde sich der Menschenschwarm verhalten? Das Ergebnis war überraschend. Anders als Fische im Aquarium sich in einer solchen Situation verhalten, teilte sich die Gruppe nicht in zwei Hälften. Die Versuchsteilnehmer blieben zusammen und rochierten zwischen links und rechts hin und her. Offensichtlich prüften sie intuitiv, welche der beiden Richtungen die vermutlich bessere sein könnte.

Die spannendste Erkenntnis aber brachte eine dritte Versuchsreihe. Was passiert, wenn man unbemerkt mehrere Führer in der Gruppe platziert? Krause probierte es mit fünf heimlichen Führern. Das Resultat war gleich null. In einem zweiten Versuch erhöhte er die Zahl auf zehn Führer. Und diesmal passierte etwas. Die Führer schafften es, die Laufrichtung der Gruppe zu manipulieren. Scherten sie aus dem Kreis aus, so folgten die anderen ihnen ohne größere Umstände nach. Zehn Führer auf

200 Menschen ergibt eine Relation von eins zu zwanzig. Das Ergebnis ist faszinierend: Fünf Prozent des Schwarms reicht aus, um die Gruppe zu führen, ohne dass sich die anderen dessen bewusst sind!

Krauses Forschungen führen zu einer ganz neuen Betrachtung des menschlichen Gruppenverhaltens. Schwarmforschung – das ist mehr als das schräge Hobby leidenschaftlicher Aquarianer. Vielmehr verrät sie einen tiefen Blick in die kollektive Psyche auch von anderen Wirbeltieren wie dem Menschen. Zwölf Jahre lang hat Krause in seinem Labor in Leeds die Grundlagen dafür erforscht, nach Aufenthalten an den Elite-Universitäten in Cambridge und Princeton. Seinen Kollegen aus anderen Disziplinen galt er als der Herausgeber eines Fachbuches über das Denken und Verhalten von Fischen.[2] Heute ist er der Experte, der Militärs, Polizei, Sicherheitsunternehmen und Architekten berät. Auch die Wirtschaft, allen voran die großen IT-Unternehmen, interessieren sich sehr für seine Forschungen.

Wenn Menschen sich in manchen Situationen nicht anders verhalten als Fische – werden dadurch die Menschen abgewertet oder die Fische aufgewertet? Für einen Fischfreund wie Krause gilt zunächst einmal Letzteres. Fische haben ein erstaunlich gutes Langzeitgedächtnis. Einige Arten erinnern sich monatelang an bestimmte Futterplätze und speichern Schwimmrouten von mehreren tausend Kilometern. Instinktiv meiden sie Gefahren und richten ihr Schwarmverhalten danach aus.[3]

Schwarmbildung bringt viele Vorteile. Sie hilft bei der Nahrungssuche, erhöht die Wachsamkeit und bietet Schutz vor möglichen Fressfeinden. Doch auch Schwarmverhalten will eingeübt sein. Ein Schwarm von Guppys, der schon lange zusammen ist, findet leichter Futter als eine Gruppe von neu zusammengesetzten Tieren. Die Art und Weise, wie sich die Tiere aneinander ausrichten, Signale aufnehmen und weitergeben, ist allerdings erst in Umrissen bekannt. Mithilfe eines kleinen Roboterfisches konnte Krause zeigen, dass ein beherzter Führerfisch ausreicht, um eine Gruppe von Stichlingen hinter sich herzuziehen. Jeder Richtungswechsel des Führers wurde von den anderen nahezu zwanghaft kopiert.

Was dabei in den Fischen vorgeht, ist bis heute unbekannt. Nach welchen versteckten Signalen orientieren sie sich? Einer von Krauses Berliner Kollegen hat seinen Karpfen Chips eingepflanzt, um aus ihrer Physiologie zu lesen, wie es um ihr Wohlbefinden steht. Sehr viel ist das noch nicht. »Ich wüsste gerne, wie sich die Fische während meiner Experimente fühlen«, sagt Krause und klopft gegen ein Aquarium. Wie ein einziger empfindlicher Organismus zuckt der Schwarm der Plötzen zusammen. Was macht einzelne Fische kecker und wagemutiger als andere? Ist es nur ihr erhöhter Stoffwechsel? Für Krause sind seine Versuchsfische »Persönlichkeiten« von unterschiedlichem Temperament. Schwarmverhalten und individuelle Persönlichkeit schließen sich nicht aus. Gerade das macht die Beobachtungen an Schwärmen von Fischen und Vögeln bis zu einem gewissen Grad übertragbar auf den Menschen. Man muss nicht primitiv sein wie eine Mücke, um sich am Schwarm zu orientieren.

Der jüdisch-deutsche Hirnforscher Hugo Karl Liepmann (1863–1925) machte dazu Anfang des 20. Jahrhunderts eine bahnbrechende Entdeckung. Sein Forschungsthema in Breslau und an der Berliner Charité war das Planen von Handlungen im Gehirn. Mit Verwunderung stellte er fest, dass Menschen mit Hirnschäden im Scheitellappen und im Stirnhirn nicht mehr in der Lage dazu waren, die einfachsten Bewegungen zu imitieren. Das war umso erstaunlicher, als für solche einfachen Gesten nach Ansicht damaliger Hirnforscher keine höheren Hirnfunktionen nötig waren. Doch Liepmann entdeckte, dass wir auch in unseren bewussten Hirnregionen unbewusste Prozesse vollziehen. Mit ihrer Hilfe imitieren wir die Mimik, die Gesten, die Töne, Laute und Worte der anderen, ohne dass wir es merken.[4]

Wenn wir jemand anderem über die rote Ampel folgen, ohne uns dessen tatsächlich bewusst zu sein, so greifen ganz offensichtlich solche unbewussten Imitationen. Was einem Säugling dazu dient, das Lächeln seiner Mutter aufzunehmen und zu erwidern, einem Kleinkind dabei hilft, Worte nachzusprechen, zieht uns auch im Sog des Schwarms. Seit Anfang der 1990er Jahre sprechen Wissenschaftler in diesem Zusammenhang von *Spiegelneuronen.* 1992 entdeckte eine Gruppe von Hirnforschern um Giacomo Rizzolatti an der Universität Parma solche spektakulären Nervenzellen im Gehirn. Ein Affe, der nach einer Nuss griff, zeigte die genau gleiche Hirnaktivität, als wenn er sich nur *vorstellte,* die Nuss zu ergreifen. In beiden Fällen feuerten dieselben Neuronen.[5]

Wenn Sie sich bislang gefragt haben sollten, warum Gähnen ansteckend wirkt oder warum wir lächeln, wenn jemand anderes uns anlächelt, so scheint dies das Werk unserer Spiegelneuronen zu sein. Es sind jene Nervenzellen, die uns im Bruchteil einer Sekunde dazu bringen, emotionale Signale eines anderen aufzunehmen und dabei mitunter auch zu übernehmen. Als scharfe Beobachter dechiffrieren sie die Körpersprache unseres Gegenübers und sorgen dafür, dass dieser uns mit seinen Lauten und Gesten »ansteckt«.

Die Existenz von Spiegelneuronen bei anderen Tierarten als bei Affen und Menschen ist freilich wenig erforscht. Sollten Fische über Spiegelneuronen verfügen, so müssen sich diese zudem in anderen Gehirnregionen befinden als bei Menschen. Obwohl beides Wirbeltiergehirne sind, unterscheiden sie sich gewaltig. Ein weiterer Kandidat für Imitationsreflexe könnte überdies das Kleinhirn sein, das hierfür offensichtlich auch beim Menschen eine Rolle spielt.[6]

Ob Spiegelneuronen oder Reflexe aus dem Kleinhirn – in jedem Fall imitieren Menschen häufig unbewusst das Verhalten von anderen und neigen somit zum Schwarmverhalten. Was aber ist ein natürlicher Menschen-Schwarm? Unsere nächsten Verwandten, die Schimpansen und Bonobos, leben in Gruppen von etwa fünfzig bis achtzig Tieren. Dabei tauschen sich die Horden eines Lebensraums ziemlich regelmäßig miteinander aus. Männchen oder Weibchen verlassen im geschlechtsreifen Alter die Gruppe und schließen sich einer anderen an, in der sie dann zeit ihres weiteren Lebens bleiben. War das bei unseren Vorfahren genauso?

Wahrscheinlich ja. Aber wie groß waren die Horden unserer Vorfahren ganz genau? Für Aufsehen sorgte Anfang der 1990er Jahre der Engländer Robin Dunbar (*1947), heute Professor für evolutionäre Psychologie an der University of Oxford. Dunbar lieferte der Evolutionsbiologie, worauf sie gemeinhin am meisten anspringt: eine mathematisch exakte Formel. Könnte es nicht sein, mutmaßte er, dass die Größe des Gehirns – und hier vor allem des Großhirns – in einem direkten Zusammenhang steht mit der Größe des sozialen Umfeldes? Natürlich nicht bei Mücken oder Sardinen, aber zumindest bei Säugetieren? Wenn Schimpansen und Bonobos in Gruppen von fünfzig bis achtzig Tieren leben und ihr Großhirn halb so groß ist wie das von Menschen, bedeute das nicht, dass Menschen in doppelt so großen Gruppen gelebt hätten? Die doppelte Größe unseres Großhirns wäre dann die Folge der in etwa doppelten Komplexität unseres sozialen Lebens.[7]

Als zusätzlichen Beweis seiner These bemüht Dunbar heutige Wildbeutergesellschaften, die seiner Ansicht nach in Gruppen von bis zu 150 Mitgliedern leben. 150 – genau diese Zahl nämlich sei die Kapazitätsgrenze für jede echte menschliche Gemeinschaft. Für mehr, so Dunbar, sei unser Gehirn nicht gemacht.

Sympathisch an Dunbars Theorie ist, dass sie die Größe unserer Gehirne – ähnlich wie Harry Jerison und Terrence Deacon (vgl. *Die Evolution der Absicht. Warum wir uns verstehen*) – aus den sozialen Ansprüchen an unsere Vorfahren erklärt. Und könnte es nicht tatsächlich sein, dass die Grenze für unsere soziale Reichweite irgendwo in der Nähe von 150 liegt?

Aber man sollte die »Dunbar-Zahl« gleichwohl nicht bierernst nehmen. Die Erfahrung lehrt uns, dass die Reichweite des sozialen Mitgefühls bei Menschen sehr verschieden ist. Der eine hat ein Herz für viele, der andere nur für sehr wenige. Und manche Menschen interessieren sich für fast alles, und andere für fast nichts. Auch biologisch ist die These von dem direkten, gleichsam mathematischen Verhältnis von Großhirn und sozialem Umfeld durchaus fragwürdig. Orang-Utans und Gibbons zum Beispiel gehören als Menschenaffen zu unseren näheren Verwandten. Ihre Großhirne erreichen mindestens ein Drittel von unserem. Ginge es nach Dunbar, so müssten sie in Gruppen von bis zu fünfzig Tieren leben. Stattdessen aber ziehen Orang-Utans einzelgängerisch oder in Kleingruppen von wenigen Müttern mit Kindern durch den Wald. Und Gibbons leben als geschlechtliche Paare getrennt von allen anderen Artgenossen. Die etwas weniger schlauen Paviane hingegen bilden große Gruppen mit bis zu 250 Mitgliedern.

Mit gleichem Recht, wie Dunbar die Zahl unserer Gruppenmitglieder gegenüber Schimpansen und Bonobos verdoppelt, könnte man sie übrigens auch halbieren. Denn je komplizierter unsere Gehirne wurden, umso leichter waren sie auch zu überfordern. Die enormen Ansprüche an unser Sozialverhalten kennen im Tierreich nicht ihresgleichen. Mit gleichem Recht wie Dunbar könnte man auch sagen, dass uns bereits dreißig Gefährten in unserem engeren Dunstkreis sozial völlig in Anspruch nehmen.

Auch wenn man sich über die exakte Zahl der Hordenmitglieder in unserem sozialen Nahbereich streiten kann, an der Tatsache, dass wir Hordentiere sind, besteht kein Zweifel. Auch Menschen verlassen sich in vielen Entscheidungen darauf, was andere tun. Manchmal, so scheint es, gerät uns dieser Instinkt durchaus zum Vorteil. Die sogenannte »Weisheit der Menge« ist ein Boom-Thema in Zeitungen und Zeitschriften. Wem etwa fiele nicht auf, dass der Telefonjoker (65 Prozent richtige Antworten) bei Günter Jauchs »Wer wird Millionär?« alles andere als ein Experte ist im Vergleich zum Publikumsjoker (zu 91 Prozent richtig)?[8]

Die Crux an der Schwarmintelligenz allerdings ist, dass sie durchaus nicht immer weiser ist als das Wissen der Experten. Denn die Menge speichert nicht nur Wissen, sondern auch Legenden, Missverständnisse und Vorurteile. Mit wie vielen Stichen kann eine Hornisse ein Pferd töten? Mit drei, fünf, sieben oder zehn? Umfragen dieser Art kämen sicher zu dem Ergebnis fünf oder sieben. Tatsächlich aber sind Hornissen keinen Deut gefährlicher als Wespen. Und nicht einmal hundert Stiche reichen dafür, ein Pferd zu vergiften. Mit welch unglaublicher Beharrlichkeit speichert das kollektive Wissen der Völker Vorurteile gegen andere Nationen? Jahrhundertelang hasste die Weisheit des Schwarms in Deutschland die Franzosen. Und die Männerschwärme der westlichen Kultur waren sich ohne größeren Austausch zwei Jahrtausende einig, dass Frauen kein Wahlrecht zusteht.

In der Tat hat die nahezu unmerkliche Weitergabe von Urteilen und Vorurteilen durchaus etwas von Schwarmverhalten. Wenn fast jeder sich an den Meinungen seines nahen Umfeldes orientiert, entstehen Meinungsströme. Und was richtig ist oder falsch, entscheidet der Schwarm. Die Parallelen sind so naheliegend, dass es durchaus sinnvoll erscheint, dafür Begriffe wie »soziales Schwarmverhalten« oder auch »moralisches Schwarmverhalten« zu prägen. Die drei Kriterien des Schwarms, die der IT-Experte Craig Reynolds (*1953) im Jahr 1986 aufstellte und die von der Forschung allgemein akzeptiert werden, gelten jedenfalls auch im Sozialen: Bewege dich in Richtung des Mittelpunkts derer, die du in deinem Umfeld siehst! Bewege dich weg, sobald dir jemand zu nahe kommt! Bewege dich in etwa in dieselbe Richtung wie deine Nachbarn![9]

Ein großer Teil unseres körperlichen, unseres sozialen und unseres moralischen Entscheidens ist uns im Alltag meist gar nicht bewusst. Unbewusst erkennen wir mit Hilfe unserer Spiegelneuronen die Muster im Verhalten der anderen. Wenn Sie sich in einer Fußgängerzone am Samstag durch eine Menschenmenge schlängeln, ist es viel besser, dass Sie nicht allzu lange darüber nachdenken, ob Sie rechts oder links ausweichen. Wenn Sie es nicht tun, wird Ihr Schwarminstinkt es schon wissen. Mit an Sicherheit grenzender Wahrscheinlichkeit gehen Sie rechts vorbei. Und nichts anderes wird auch von Ihnen erwartet.

Kants berühmter Satz: »Habe Mut, dich deines eigenen Verstandes zu bedienen!«, gilt nicht für jede Lebenssituation. Sie könnten, wenn Sie es jederzeit täten, an der Welt irre werden und nicht mehr verstanden werden. Und auch Goethes Weisheit: »Ursprünglich eigenen Sinn, lass dir nicht rauben / Woran die Menge glaubt, ist leicht zu glauben!«, hilft uns nicht immer weiter. Zum einen haben wir aus guten Gründen nicht immer einen eigenen, von der Menge verschiedenen Sinn. Und zum anderen scheint Goethes Ermahnung ja nur deshalb sinnvoll zu sein, weil wir von unserem eigenen Sinn im Alltag normalerweise eben nicht unausgesetzt Gebrauch machen.

Dass wir uns auch in unseren Urteilen und Überzeugungen durch andere leiten lassen, ist ebenfalls nicht erstaunlich. Unser soziales Terrain ist ein unübersichtliches Gelände. So bietet es sich häufiger an, dem Schwarm zu folgen, als sich »seines eigenen Verstandes zu bedienen«. Die Crux beginnt schon damit, dass wir nicht einmal unseren eigenen Verstand überschauen. In den Worten von Martin Seel gesagt: »Wir kennen das Gefüge unserer Überzeugungen so wenig wie alle Winkel einer größeren Stadt – mögen wir diese noch so gut kennen. Genau genommen kennen wir den Lageplan unserer Überzeugungen noch sehr viel weniger als irgendeine Lage in der weiteren Welt.«[10] Denn »›Geh deine Überzeugungen durch!‹ – so eine Bitte ließe uns ratlos zurück. Wo anfangen?, wo aufhören?, welcher Ordnung folgen? Überzeugungen haben weder ein bleibendes Zentrum noch eine freistehende Peripherie.«[11]

In solcher Lage kommen wir um Beeinflussungen von außen gar nicht herum. Natürlich steht es uns in gewissem Maße frei, uns Einflüssen zu entziehen. Nicht jeder Mensch in der Straßenbahn lächelt zurück, nur weil wir ihn anlächeln. Und wir können beschließen, Vegetarier zu werden, auch wenn niemand in unserem Umfeld dies vorlebt oder sich anschließt. Doch wer sich völlig und jederzeit gegen die intuitive oder bewusste Beeinflussung aus seinem Umfeld wehrt, wird kein moralischer Held, sondern ein sozialer Autist! Neueren Forschungen zufolge laufen wir sogar Gefahr, unsere Fähigkeit, die Empfindungen anderer zu spiegeln, zu verlieren. Und zwar dann, wenn wir dauerhaft darauf verzichten, sie zu nutzen. Was für unsere Muskeln gilt, davon machen Nervenzellen wie Spiegelneuronen offensichtlich keine Ausnahme: »Use it or lose it!«[12]

Auch die dunkle Seite unseres Kopierens und Im-Strom-Schwimmens ist bekannt. Auf körperlicher Ebene zeigt sie sich als Massenpanik bei Katastrophen. Verbal besteht sie im Nachplappern von Mehrheitsmeinungen und Gerüchten. Und sozial beginnt sie beim Mobben von Kollegen und endet mit Pogromen. Intuitiv synchronisieren wir uns mit dem Schwarm und blenden unseren prüfenden Verstand aus. Als Teil der Menge nämlich fühlen wir uns oft nicht entfernt so stark für unser Handeln verantwortlich wie als Einzelpersonen. Wo der sanfte Flügel der Masse weilt, werden alle Menschen Brüder und Schwestern – aber in gleichem Maße verlieren sie ihren Verantwortungssinn. Nichts anderes hatte der Schriftsteller und Sozialphilosoph Siegfried Kracauer (1889–1966) im Sinn, als er die ästhetische Faszination des »Ornaments der Masse« beschrieb. Je stärker wir uns in einer großen Formation aufgehoben fühlen, umso »wesentlicher« empfinden wir uns.[13] Und die bekannte Folge ist unsere Manipulierbarkeit.

Als soziale Tiere, die Gruppen und Horden bilden, haben Menschen uralte soziale Reflexe des Schwarmverhaltens. Sie helfen uns bei der unbewussten Orientierung im Alltag. Darüber hinaus aber manipulieren sie auch unser Sozialverhalten bis hin zu unseren moralischen Entscheidungen. In vielem orientieren wir uns an Vorga-

ben und am Verhalten anderer. Die Reichweite unserer moralischen Abwägungen im Alltag wird dadurch häufig verengt. Die Macht der Gewohnheit, unhinterfragte Mehrheitsgrundsätze und das Handeln uns nahestehender Menschen beeinflussen unsere Moral oft mehr, als uns bewusst ist.

Ohne Zweifel ist das Maß, wie sehr wir uns in moralischen Fragen am Schwarm orientieren, individuell verschieden. Vom Mitläufer zum Rebellen gibt es große Unterschiede. Und nicht alles, was andere tun, wird leichter Hand kopiert. »Großmut findet immer Bewunderer, selten Nachahmer, denn sie ist eine zu kostspielige Tugend«, amüsierte sich Johann Nepomuk Nestroy über die Grenzen unseres Kopierinstinkts. Doch dass wir ohne die Ausrichtung unseres Verhaltens auf die anderen Gruppenmitglieder gar nicht sozial verträglich und integrierbar wären, daran besteht kein Zweifel. Aber was ist eigentlich mit denen, die nicht zu unserer Bezugsgruppe gehören. Was ist mit den *anderen?*

• *Engstirniges Pfarrvolk:* Wir, die anderen und die ganz anderen

Engstirniges Pfarrvolk
Wir, die anderen und die ganz anderen

Am anderen Ufer sitzt einer, der von mir denkt:
Sieh an, da sitzt einer am anderen Ufer.

Guy Rewenig

Oskar ging drei Jahre lang in den Kindergarten. Seine Gruppe war die der *Igel*. Es gab auch eine zweite Gruppe, die *Strolche*. Häufig waren die beiden Gruppen getrennt. Nur ab und zu unternahmen sie etwas miteinander. Im letzten Kindergartenjahr, Oskar war fünf, erzählte er mir, dass er die *Strolche* nicht leiden könne. Keiner der *Igel* möge die *Strolche*. Die *Strolche* seien nämlich alle blöd, sie würden immer Streit anfangen. Nun ist Oskar ein cleveres Kind. Also fragte ich ihn, ob die *Strolche* das wohl genauso sehen. Oskar dachte nach, aber nicht lange. Nein, die *Strolche* würden das anders sehen. Sie glaubten, dass die *Igel* immer Streit anfangen. Einen Punkt für Oskar, dachte ich. »Und was stimmt nun«, fragte ich, »wer fängt den Streit an?« Mein Sohn blickte mich verwundert an. »Die *Strolche* natürlich!«, sagte er, irritiert über meine seltsame Nachfrage.

Doch kein Punkt für Oskar.

Aber vielleicht sollte ich nicht so hart mit ihm ins Gericht gehen. Denn das, was sich zwischen *Igeln* und *Strolchen* abspielt, ist nichts anderes als typisches Primatenverhalten. Fast alle Affen – eine Ausnahme bilden die Gibbons und Orang-Utans – leben in Horden. Und folglich denken sie nach den Gesetzen der Horde. Zwar kann man lange darüber nachdenken, ob Affen ein »Wir«-Gefühl haben und wie weit dieses Gefühl reicht. Aber eines gilt wahrscheinlich für alle Primaten: Wer nicht dazugehört, der gehört zu den *anderen*. Und wenn es Konflikte mit den anderen gibt, dann sind wir die Guten. Und sei es nur deshalb, weil wir eben *wir* sind und nicht die anderen.

Unser enormes Bedürfnis und unsere Fähigkeit, Gemeinschaften zu bilden, hat also auch einen gefährlichen Nachteil: Wer »wir« sagt, der kennt auch unweigerlich die, die nicht zu diesem »wir« gehören, also »die anderen«. Die Einwohner der Stadt Köln zum Beispiel kennzeichnen sich durch einen Lokalpatriotismus, der in Deutschland wohl beispiellos sein dürfte. Es gibt weit mehr Hymnen auf Köln als auf jede andere deutsche Stadt, einschließlich des viel bedeutenderen Berlins. Doch was wäre der sympathische Kölner Patriotismus ohne den unvermeidlichen Düsseldorfer, der den unglücklichen Deppen abgibt, neben dem der Kölner umso jovialer hervorleuchtet. (Vermutlich sieht der Düsseldorfer das Verhältnis genau umgekehrt. Allerdings völlig zu Unrecht, wie ich als Kölner betonen muss.)

Uns in Gruppen zusammenzuschließen ist ein Teil unseres natürlichen Verhaltens. Und die Existenz der »anderen« ist damit nicht etwa ein moralisches Missverständnis – sondern die »anderen« sind eigentlich unvermeidbar! Wen wir mehr mögen, den betrachten und bewerten wir anders als jemanden, den wir »außen vor« lassen. Im Regelfall bilden unsere nächsten Angehörigen unseren innersten Zirkel, wobei Ausnahmen die Regel bestätigen. Es gibt Eltern, die ihre Kinder vernachlässigen, und Kinder, die ihren Eltern zum schnellstmöglichen Zeitpunkt den Rücken kehren. Es gibt Geschwister, die sich hassen und den Kontakt zueinander abbrechen. Eine mathematische Regel, wonach unsere nächsten Angehörigen genau diejenigen sein müssen, denen unsere größte Sorge und Fürsorge gilt, gibt es nicht. Gleichwohl stehen unsere nächsten Verwandten uns weit häufiger nahe, als dass sie uns egal sind.

Ebenso in den engsten Dunstkreis der Gefühle und Mitgefühle gehören unsere Freunde. Auf der nächsten Stufe folgen unsere guten Bekannten und danach diejenigen Menschen, die uns weitgehend gleichgültig sind. Unser Mitgefühl ist nicht für die Menschheit gemacht. Oder mit Methusalix, dem übellaunigen Greis aus *Asterix* gesagt: »Nichts gegen Fremde. Einige meiner besten Freunde sind Fremde. Aber diese Fremden, die sind nicht von hier!« Verwandte, Fremde, die wir zu unseren Freunden zählen, und dann die, die »nicht von hier« sind – bestechender kann man die Abstufung unserer moralischen Sensibilität kaum beschreiben. Falls Sensibilität hier das richtige Wort sein sollte.

Für den Ökonomen Samuel Bowles, den Direktor des Santa Fe Institute in New Mexico, gleicht unsere Hordennatur dem Denken in einer ländlichen Pfarrei, einem *Parochus* (πάροχος). Seiner Herkunft nach bedeutet das griechische Wort eigentlich etwas Positives: Es heißt »darreichend, gebend«. Aber der Aspekt, den Bowles aus dem Leben in einer ländlichen Pfarrei herausliest, ist ein anderer. Die Menschen in einer kleinen Pfarrei sind sicher hilfsbereit zu ihren Gemeindemitgliedern. Aber sie sind zugleich engstirnig, beschränkt und misstrauisch gegen andere. Berühmt wurde der Begriff nicht nur, weil Bowles ihn prägte, sondern weil auch Ernst Fehr ihn für seine Forschungen übernahm. Für einen Mann wie ihn, der einmal Pfarrer werden wollte, eine nette Pointe.[1]

Menschen neigen zum »Parochialismus«, wenn auch in unterschiedlichem Maße. Wir sind nicht nur erkenntnistheoretische, sondern auch moralische Höhlenbewohner. So richtig wohl fühlen wir uns dauerhaft nur in einer kleineren Gemeinschaft nahe einer (imaginären) Feuerstelle. Erinnern wir uns an das Gerechtigkeitsexperiment im Schweizer Kindergarten (vgl. *Natur und Kultur. Wie wir Moral lernen*). Die Kinder sollten entscheiden, wie viel Süßigkeiten sie einem anderen, nicht-anwesenden Kind abgeben wollten. Dabei war es wenig überraschend, dass die Kinder einen erheblichen Unterschied machten, ob ihnen das Kind, mit dem sie teilen sollten, bekannt war oder nicht.[2]

Unsere Fürsorge und Hilfsbereitschaft sind also begrenzt. Und gemeinhin beziehen sie sich auf Menschen, die uns nahestehen. Selbstverständlich verhindert das nicht, dass wir uns unter der

Flagge einer moralischen Idee auch für ferne und fremde Menschen einsetzen. Wir können uns bei *amnesty international* für Gefangene engagieren, die wir nie gesehen haben. Wir können Geld für eine Wohltätigkeitsorganisation stiften und bekommen die Begünstigten unserer Hilfe nie zu Gesicht. Und wir können uns für Ideale einsetzen wie das Christentum, den Islam, den Kommunismus und so weiter, mit denen wir Menschen beglücken wollen, die wir nicht kennen. Doch all dies steht noch lange nicht in einem Widerspruch zu unserer urtümlichen Parochialität. Der gleiche Mensch, der sich für eine Hilfsorganisation einsetzt, muss nämlich noch lange nicht alle Menschen lieben und hochschätzen, die er kennt. Wäre dies die Voraussetzung, so hätten die Wohltätigkeitsorganisationen dieser Welt keine Mitglieder.

Die Pointe daran ist in etwa die: Man kann einige Menschen lieben und hochschätzen, die man kennt. Und man kann die Idee lieben und hochschätzen, alle Menschen hochzuschätzen. Aber alle real lebenden Menschen lieben und hochschätzen kann man nicht. Selbst die Religionen, die sich die Nächstenliebe auf die Fahne schreiben, wie das Christentum, schließen traditionell Menschen aus diesem Kreis aus – im Regelfall die Ungläubigen! Und je stärker eine Religion mit unmenschlichen, weil unrealistischen Geboten befrachtet ist, umso aggressiver tritt sie gemeinhin gegenüber anderen auf. Was man seinen Gemeindemitgliedern an Überforderung abnötigt, holen diese sich oft genug durch Arroganz gegenüber anderen wieder. Nicht immer verhalten sich religiöse und auch andere ideologische Eliten, Sekten und Bruderschaften nach diesem Prinzip – aber, wie es scheint, erschreckend oft. Und selbst viele Cliquen unserer Jugendlichen funktionieren nach diesem Muster. Altruismus ist eine begrenzte Ressource, die sich nicht immer und überall verteilen lässt. Wer immer und überall gut zu allen ist, ist schlecht zu sich selbst.

Um diese Logik zu erklären, gibt es heute ein ziemlich schlichtes biologisches Modell. Danach ist die Ablehnung anderer Gruppen der evolutionäre Kampfpreis, um dessentwillen sich unsere Kooperationsfähigkeit entwickelt hat.[3] Diese Theorie von Samuel Bowles ist zurzeit sehr in Mode. Doch ihre Grundlage ist völlig spekulativ. Anders als etwa Jürg Helbling nimmt Bowles an, dass unsere Vorfahren über alle Zeiten in heftige Kriege verstrickt waren. Er verweist auf die Funde von zerborstenen Schädeln und gebrochenen Armknochen. Doch müssen sie tatsächlich ein Resultat von Kriegen zwischen Gruppen und Kulturen sein? Reicht dafür nicht der ganz gewöhnliche Mord und Totschlag innerhalb einer Gruppe? Einem vor 10 000 Jahren zertrümmerten Schädel ist es nicht anzusehen, ob ihn die tödliche Axt eines Kumpanen traf oder eines Fremden und ob es sich um eine private Fehde handelte oder um einen Krieg.

Im zweiten Schritt spekuliert Bowles, dass es unseren Vorfahren nicht nur viele soziale Vorteile brachte, wenn sie untereinander kooperierten, sondern auch einen militärischen. Wer gut zusammenhält, der kann auch leichter fremde Territorien erobern, neue Weibchen schwängern und seine kriegerischen Gene weitergeben. Bowles verwendet dafür ungezählte Computersimulationen. Doch was er beweisen will, ist nicht eine völlig neue Theorie der menschlichen Kultur, sondern das alte Weltbild der evolutionären Psychologen wie Lorenz oder Ghiselin.

Der Erklärungswert von Computermodellen für menschliches Verhalten ist begrenzt. Und er wird gegenwärtig von vielen Forschern wohl stark überschätzt. Tatsächlich bleibt der direkte und notwendige Zusammenhang von Altruismus, Parochialität und Krieg nach wie vor eine sehr vage Spekulation. Denn sollte diese Dreieinigkeit eine feste Regel unserer Kultur sein, so fragt sich, warum es so viele Ausnahmen gibt. Was ist mit jenen Völkern, die mehr interne Kriege führen als gegen andere Völker? Und was läuft bei friedlichen Kulturen schief?

Wenn wir die Spekulation verlassen, so können wir etwas nüchterner festhalten: Die natürliche soziale Umwelt des Menschen ist seine Horde. Sie ist unsere emotional Welt, der Ort der Liebe, des Hasses, der Verständigung, der Zusammenarbeit, des

Tauschs und Austauschs, der Fürsorge und des Mitgefühls. Was außerhalb dieser Reichweite liegt, nehmen wir nur entfernt wahr. (Während ich diese Sätze schreibe, blicke ich aus dem Fenster auf die sonnenbeschienenen Häuser auf der anderen Seite der Straße. Ich kenne niemanden, der dort wohnt. Und ehrlich gesagt, interessiert es mich auch nicht besonders. Meine Welt ist zu klein, als dass sie sich beliebig erweitern ließe. Und die Pfarrgemeinde meines Mitgefühls bleibt überschaubar.)

Die Reichweite unserer Sympathie und unserer moralischen Zuständigkeit gleicht einem Stein, den man ins Wasser wirft. Um die Stelle, wo der Stein eintaucht, entstehen Kreise, die sich weiter ausdehnen. Der innerste Kreis sind unsere nächsten Angehörigen. Oft identifizieren wir diese Gruppe, zum Beispiel die Familie, sehr stark mit uns selbst. Und der Gruppenrand wird gleichsam zu einer »zweiten Haut«.

In meinem Buch *Wer bin ich – und wenn ja, wie viele* habe ich von einer Frage erzählt, die der Harvard-Psychologe Marc Hauser 300 000 Menschen in aller Welt gestellt hat. Die Befragten sollten sich vorstellen, sie stünden an einem Eisenbahngleis. Vor ihren Augen rollt ein führerlos gewordener Waggon heran. Wenn nichts passiert, fährt der Wagen geradeaus weiter und überfährt *fünf* Gleisarbeiter. Doch Sie können es verhindern! Wenn Sie die Weiche unmittelbar vor Ihnen umstellen, dann wird der Zug umgeleitet auf ein Nebengleis und überfährt dort nur *einen* Gleisarbeiter. Was würden Sie tun? Drei Viertel der Befragten in aller Welt antworteten, dass sie die Weiche umstellen würden. Denn fünf Menschenleben waren ihnen im Zweifelsfall mehr wert als eines.

An der Richtigkeit dieses Ergebnisses besteht kein Zweifel. Auch ich habe die Eisenbahnfrage inzwischen mehr als hundertmal gestellt. In verschieden Städten Deutschlands von Wilhelmshaven bis Singen, von Düsseldorf bis Cottbus. In Buchhandlungen und in größeren Sälen mit vielen hundert Menschen. Und das Ergebnis war fast immer das gleiche: Drei Viertel der Befragten würden die Weiche umstellen. Und nur ein Viertel würde es nicht tun. Das

Ergebnis änderte sich freilich schlagartig, wenn ich die Befragten aufforderte, ein Detail auszutauschen. Auf dem Gleis geradeaus befinden sich noch immer die fünf anonymen Gleisarbeiter. Aber auf dem Nebengleis steht niemand Unbekanntes, sondern dort spielt Ihr Kind! Wer würde nun den Weichenhebel umstellen, so dass statt der fünf Gleisarbeiter das eigene Kind stirbt? Wo auch immer ich die Frage gestellt habe, das Ergebnis war – niemand!

Deutlicher kann man sich den Unterschied zwischen einer allgemeinen Vernunftmoral und unserem subjektiven Moralempfinden kaum vergegenwärtigen. Zwar sind wir vermutlich alle der vernünftigen Einsicht, dass jedes Menschenleben prinzipiell gleich viel wert ist. Aber eben – nur prinzipiell. Tatsächlich machen wir sehr große Unterschiede zwischen dem Lebenswert von Menschen, die uns nahestehen, und jenen, die es nicht tun.

Kants kategorischer Imperativ, wonach unser moralisches Handeln immer darauf zielen soll, allgemeingültig zu sein, wird in der Realität durch unsere sozialen Instinkte unterlaufen. Und so richtig und überzeugend der kategorische Imperativ als Idee ist, so wenig hat er mit unserer alltäglichen Lebenspraxis zu tun. In einer schönen Formulierung Peter Sloterdijks: »Der Gebrauchswert des kategorischen Imperativs liegt in seiner Erhabenheit, die seine Unanwendbarkeit sicherstellt.«[4]

Wenn wir andere Menschen moralisch bewerten, so messen wir mit unterschiedlichem Maß. Und nicht die Vernunft spricht unser Urteil, sondern häufiger die Sympathie. Der evolutionäre Psychologe und Wissenschaftspublizist Eckart Voland (*1949), Professor an der Justus-Liebig-Universität Gießen, spricht in diesem Zusammenhang gerne von Doppelmoral: »Moral unterscheidet immer zwischen denen, die dazugehören, und den anderen. Sie ist strukturell immer Doppelmoral.«[5]

Hat Voland Recht? Versuchen wir uns darüber klarzuwerden, was Doppelmoral bedeutet. Gemeinhin verstehen wir darunter, dass jemand das eine predigt und das andere tut. Ein christsozialer Politiker, der öffentlich den unantastbaren Wert der Ehe und der Familie proklamiert und heimlich eine uneheliche Beziehung hat, erscheint uns als Doppelmoralist. Doch kann man den Begriff grundsätzlich auf all unsere Moral anwenden? Sicher, wir ziehen unsere eigenen Kinder anderen vor. Aber heißen wir es nicht dennoch gut, dass der Lehrer in der Schule sie prinzipiell gleich behandelt wie die anderen Kinder? Möglicherweise wäre es uns sogar unangenehm, wenn er sie deutlich bevorzugen würde. Mit dem Grundsatz »das eine predigen und das andere tun« hat das nicht viel zu tun. Doppelmoral dagegen wäre, die Fahne der Gleichheit und der Demokratie hochzuhalten und gleichzeitig zu erwarten, dass auch andere unsere Kinder vorziehen.

Dass wir uns nahestehende Menschen anders bewerten als Fremde, ist ein natürlicher Instinkt. Den Begriff »Doppelmoral« dafür zu verwenden aber ist irreführend. Wenn wir bei unseren Kindern mit zweierlei Maß messen, handeln wir nicht gegen eine erklärte Überzeugung. Denn wer würde bestreiten, dass seine Kinder, Eltern und Freunde für ihn nicht das Gleiche sind wie fremde Menschen?

Auch unsere Nachrichtensendungen in Fernsehen und Radio funktionieren nach diesem Prinzip. Ihre engste Gruppe ist – je nach Reichweite – die Region oder die Nation. Fast allesamt funktionieren sie nach dem Methusalix-Prinzip: wir, die anderen und die ganz anderen. Erst kommen die deutschen Nachrichten, dann die internationalen. Ein Ministerrücktritt in Deutschland ist wichtiger als ein Bürgerkrieg in Afrika. Nur Katastrophen, so scheint es, machen von dieser Regel eine Ausnahme. Aber auch hier gilt das Messen mit unterschiedlichem Maß. Ein Flugzeugabsturz in Deutschland ist eine ganz andere Sensation als ein Absturz in Turkmenistan – es sei denn, es sind »Deutsche unter den Toten«.

Das Eigentümliche daran ist, dass der Begriff der Nation oder eines Volkes eigentlich viel zu groß ist, um unser ernsthaftes Mitgefühl zu erlangen. Deutscher oder Franzose zu sein ist eher eine Scheinidentität. Zumindest liegt sie 500 000-fach über der Dunbar-Zahl. Im Alltag kennen wir überhaupt keine Deutschen, nicht einmal Kölner. Bei Streit mit einem Unbekannten auf der Straße ist es mir völlig egal, ob er Deutscher und Kölner oder Niederländer und Utrechter ist. Nur bei einem Sieg im Fußball fallen sich alle Kölner und Deutsche siegestrunken in die Arme. Und während man in Köln selten in andere Autos guckt, drückt man sich in Lappland die Nase platt, ob man die Leute in dem Auto mit dem K-Kennzeichen auf der Nebenspur nicht doch von irgendwoher kennt.

Die Reichweite unseres Zugehörigkeitsgefühls lässt sich in bestimmten Situationen ausdehnen. Aber nur kurz. Als das Fußball-Sommermärchen 2006 vorbei war, war auch der Partyotismus der vergangenen Wochen dahin. Von Abraham Lincoln stammt der Satz: »Man kann wenigen Menschen lange etwas vormachen. Und man kann vielen Menschen kurze Zeit etwas vormachen. Aber allen Menschen immer etwas vorzumachen ist unmöglich.« Etwas Ähnliches gilt gewiss auch für Gruppen. Man kann sich lange in kleinen Gruppen zusammenschließen. Und man kann sich kurze Zeit zu einer großen Gruppe zusammenschließen. Aber sich immer und dauerhaft zu einer großen Gruppe zusammenzuschließen ist Menschen nicht möglich.

Sechs Menschen, die aus der gleichen Stadt kommen und zufällig am gleichen Ort Urlaub machen, sind keine Gruppe. Wenn sie sich aber zusammenschließen und gemeinsame Aktionen machen, sind sie eine. Wechselseitiges Interesse und ein gewisses Maß an Solidarität sind der Kitt einer jeden Gruppenstruktur. »Wer nicht für uns ist, der ist gegen uns«, forcierte der US-amerikanische Präsident George W. Bush diese Primatenlogik in seinem sogenannten »Kampf gegen den Terror«. Ein sicherer Beweis dafür, dass man auch dann ins Schwarze treffen kann, wenn man ins Blaue redet.

Wer sich in Gruppen zusammenschließt, kennt immer »Fremde«. Dass er dafür auch zwingend »Feinde« braucht, ist keine feste Regel. Offensichtlich können sie der Gruppensolidarität jedoch oft nützlich sein. Wenn der Gruppenrand zu einer »zweiten

Haut« wird, markiert auch er eine wichtige Grenze meiner Identität. Die Geschichte der politischen Kultur von Menschen zeigt eindrucksvoll, wie Grenzen Identitäten schaffen. Grenzen des Territoriums, Grenzen der Sprache, Grenzen der Religion. Vielleicht ist es gerade deshalb so schwierig, Grenzen einzureißen. Denn wohin verschwinden die Grenzen? Vermutlich verschwinden sie nie. Sie werden immer wieder woanders aufgebaut, weil Menschen und Kulturen »die anderen« brauchen, um zu wissen, wer sie selbst sind. Nach dem Untergang des Staatssozialismus in Osteuropa wendete sich der »freie Westen« zur »westlichen Wertegemeinschaft«. Und während das Adjektiv »frei« die Grenze zum Sozialismus sein sollte, entdeckte man die »Werte« gegen den arabischen Fundamentalismus.

Als soziale Primaten schließen sich Menschen in Gruppen und Horden zusammen. Dabei trennen sie moralisch stark, wer dazugehört und wer nicht. Für die Mitglieder meiner Gruppe gilt ein anderes Maß der Beurteilung und der Wertschätzung als für andere. Unsere Primatennatur ist verantwortlich dafür, dass wir viele Probleme kaum wahrnehmen oder nicht an uns heranlassen, weil es nicht »unsere« sind. Statt die Nöte und Notwendigkeiten der Welt frei abzuwägen, folgen wir intuitiv den anderen und teilen den Bewusstseinsradius der Gruppe, der wir uns zugehörig fühlen.

Schwarmorientierung und Hordenmoral sind typisch menschliche Verhaltensweisen, die unsere Fähigkeit zum Mitgefühl einschränken und unserer alltäglichen Vernunft Grenzen setzen. Doch gerade hierin liegt zugleich eine der größten Bedrohungen unserer moralischen Urteilskraft: die *Konformität*. Und nur durch sie lässt sich erklären, dass ein und dieselben Menschen, die an roten Ampeln brav und vorbildlich stehen blieben, im Dritten Reich auf unvorstellbar grausame Weise Menschen ermordeten.

• *Ganz normale Mörder*. Auf dem Rangierbahnhof der Moral

Ganz normale Mörder
Auf dem Rangierbahnhof der Moral

Jedermanns privates Motto: Es ist besser, beliebt zu sein, als Recht zu haben. *Mark Twain*

»In aller Frühe wurden die Männer des Reserve-Polizeibataillons 101 am 13. Juli 1942 aus ihren Pritschenbetten geholt. Befehle schallten durch das große Schulgebäude, das ihnen in der polnischen Stadt Bitgoraj als Unterkunft diente. Die Männer stammten aus Hamburg, waren Familienväter mittleren Alters und kamen aus proletarischen oder kleinbürgerlichen Verhältnissen. Da sie als zu alt galten, um noch für die deutsche Wehrmacht von Nutzen zu sein, waren sie zur Ordnungspolizei eingezogen worden. Die meisten von ihnen hatten in den von Deutschland besetzten Gebieten noch keine Erfahrungen gesammelt. Als neue Rekruten waren sie erst knapp drei Wochen zuvor in Polen eingetroffen.

Es war noch ziemlich dunkel, als die Männer auf die wartenden Mannschaftslastwagen kletterten. An alle war zusätzliche Munition ausgegeben worden, außerdem hatten sie noch Munitionskisten auf die LKWs geladen. Die Polizisten waren zu ihrem ersten größeren Einsatz unterwegs, ohne bisher erfahren zu haben, was ihnen bevorstand.

Die Bataillonslastwagen rollten im Konvoi aus Bitgoraj in die Dunkelheit hinaus nach Osten. Auf der holprigen Schotterstraße ging es nur langsam voran. So dauerte es eineinhalb bis zwei Stunden, bis sie ihr kaum 30 Kilometer entferntes Ziel erreichten: die Ortschaft Józefów. Als der Konvoi vor dem Ort hielt,

begann es gerade hell zu werden. Józefów war eine typische polnische Gemeinde mit bescheidenen, strohgedeckten weißen Häusern. 1800 Einwohner waren Juden.
Im Ort war es völlig still. Die Männer des Reserve-Polizeibataillons 101 kletterten von ihren LKWs und sammelten sich im Halbkreis um Major Wilhelm Trapp, einen dreiundfünfzigjährigen Berufspolizisten, den seine Untergebenen liebevoll ›Papa Trapp‹ nannten. Nun war der Zeitpunkt gekommen, an dem sie von ihrem Kommandeur erfahren sollten, welchen Auftrag das Bataillon erhalten hatte.
Trapp war bleich und nervös, hatte Tränen in den Augen und kämpfte beim Reden sichtlich darum, seine Gefühle unter Kontrolle zu halten. Das Bataillon stehe vor einer furchtbar unangenehmen Aufgabe, erklärte er mit tränenerstickter Stimme. Ihm selbst gefalle der Auftrag ganz und gar nicht, die ganze Sache sei höchst bedauerlich, aber der Befehl dazu komme von ganz oben. Vielleicht werde ihnen die Ausführung leichter fallen, wenn sie an den Bombenhagel dächten, der in Deutschland auf Frauen und Kinder niedergehe.
Dann kam er auf die eigentliche Aufgabe zu sprechen. Die Juden hätten den amerikanischen Boykott angezettelt, der Deutschland geschadet habe, soll Trapp der Erinnerung eines beteiligten Polizisten nach gesagt haben. Zwei anderen zufolge soll er erklärt haben, dass es in Józefów Juden gebe, die mit den Partisanen unter einer Decke steckten. Das Bataillon habe nun den Befehl, diese Juden zusammenzutreiben. Die Männer im arbeitsfähigen Alter sollten dann von den anderen abgesondert und in ein Arbeitslager gebracht werden, während die übrigen Juden – Frauen, Kinder und ältere Männer – vom Polizeibataillon auf der Stelle zu erschießen seien. Nachdem Trapp seinen Männern auf diese Weise erklärt hatte, was ihnen bevorstand, machte er ein außergewöhnliches Angebot: Wer von den Älteren sich dieser Aufgabe nicht gewachsen fühle, könne beiseitetreten.«[1]
Die Ereignisse um das Massaker von Józefów gehören zu den

bestuntersuchten Verbrechen der Shoa. Der US-amerikanische Historiker Christopher Browning (*1944) von der University of North Carolina in Chapel Hill schrieb ein ganzes Buch nur über das Reserve-Polizeibataillon 101. Er wollte eine Antwort auf eine Frage, die ungeheuerlich, verstörend und beunruhigend war: Wie konnte es passieren, dass ganz normale Männer ein so fürchterliches Verbrechen begehen konnten wie den Judenmord von Józefów?

Nachdem Trapp seine Ansprache beendet hatte, trat ein Mann vor und gab seine Waffe ab. Der Hauptmann, aus dessen Kompanie er kam, bekam einen Wutanfall. Aber Trapp bedeutete ihm zu schweigen. Die Männer sahen, dass sie kein Risiko eingingen, wenn sie sich von dem Auftrag befreien ließen. Gleichwohl waren es nur zehn oder zwölf von fünfhundert, die sich verweigerten.

Die Mordaktion zog sich über den ganzen Tag hin. Die Polizisten durchkämmten die Häuser und trieben die Menschen zusammen. Flüchtlinge, Kranke und Kleinkinder sollten sofort erschossen werden. Mütter hielten ihre Säuglinge und Kleinkinder schützend an sich. Einige der Polizisten brachten es fertig, sie zu erschießen. Andere schossen vorbei, suchten sich Verstecke oder trieben sich unnötig lange in den leeren Häusern herum. Nur wenige baten ihre Vorgesetzten um die Erlaubnis, jetzt noch ausscheren zu dürfen. Am Waldrand wurden die Zusammengetriebenen im Minutentakt erschossen. Die vorgeschriebene »saubere« Tötung glückte nur den wenigsten. Mit zitternden Händen trafen viele Polizisten ihre Opfer falsch. Schädel zersprangen, Gehirnmasse und Knochensplitter flogen umher. Major Trapp blieb derweil im Klassenzimmer der Schule von Józefów und ging unruhig hin und her. Den Aussagen seiner Untergebenen nach weinte er bitterlich und verfluchte sein Schicksal. Am Abend, als alle Polizisten versammelt waren, wurde gesoffen. Trapp versuchte seine Männer zu beruhigen. Schließlich seien nicht sie schuld, sondern »höhere Stellen«. Die Stimmung blieb auf dem Tiefpunkt. Die meisten Polizisten waren aufgewühlt und entsetzt über sich selbst. Man verständigte sich darauf, niemals ein einziges Wort über das Geschehene zu verlieren.

Dass Angehörige eines Polizeibataillons in Polen und Russland Juden ermordeten, war nichts Ungewöhnliches. Und obwohl die Polizisten des Bataillons 101 nach dem Massaker von Józefów noch mehrfach an Deportationen und Erschießungen beteiligt waren, gehören ihre Verbrechen im Vergleich zu den Gräueltaten anderer Polizeieinheiten noch nicht einmal zu den allerschlimmsten.[2] Das Ungewöhnliche an dem Fall von Józefów ist etwas anderes: dass nämlich, im Unterschied zu fast allen anderen Massakern, die Männer die Möglichkeit gehabt hatten, sich zu entziehen.

Warum hatten so wenige diese Chance genutzt? Unter den Offizieren gab es junge scharfe SS-Leute, die Zyniker waren und Antisemiten. Aber der weitaus größere Teil der Männer war nicht als besonders antisemitisch aufgefallen. Nur die allerwenigsten hatten einen Hass an den Juden zu stillen. Die Polizisten hatten ihre prägenden Jahre vor der Nazi-Zeit gehabt. »Sie hatten«, wie Browning schreibt, »noch andere politische und moralische Normen als nur die der Nazis kennengelernt. Die meisten von ihnen kamen aus Hamburg, das im Ruf steht, zu den am wenigsten nationalsozialistisch ausgerichteten deutschen Großstädten gehört zu haben. Und die Mehrheit der Männer stammte aus einer sozialen Schicht, der eine antinationalsozialistische politische Kultur zu eigen gewesen war.«[3]

Auch andere naheliegende Erklärungen scheinen nicht zu passen. Der militärische Gehorsam, der bei einer solchen Aktion normalerweise abverlangt wird, wurde von Trapp ausdrücklich aufgehoben. Es durfte eine Ausnahme gemacht werden. Schwerwiegende Folgen waren nicht zu befürchten. Gewiss spielte auch der Mangel an Bedenkzeit eine Rolle. Den Männern fehlte die Möglichkeit, ihre Entscheidung zu überschlafen, sie mussten sich in Sekunden entscheiden. Doch was dann in der Sekundenschnelle der Entscheidung geschah, scheint die eigentliche Quintessenz der Geschichte zu sein. Kaum einer der Männer wollte vor seinen Kameraden als Feigling dastehen, der die anderen im Stich lässt: »... die meisten schafften es einfach nicht, aus dem Glied zu treten und offen nonkonformes Verhalten zu zeigen. Zu schießen fiel ihnen leichter.«[4] Im Ergebnis hieß dies: lieber ein Mörder als ein Kameradenschwein!

Niemand weiß, wie die Entscheidungen der Männer ausgefallen wären, wenn die Frage umgekehrt gestellt worden wäre. Wenn diejenigen hätten hervortreten sollen, die die Erschießung durchführen wollten. Wie sich im Verlauf des Massakers herausstellte, fühlte sich eine größere Zahl der Polizisten ihrer Mörderaufgabe nicht gewachsen, als sie sie tatsächlich vollzog. Aber dass viele es abgelehnt hätten mitzumachen, konnte sich Trapp nicht leisten. Stattdessen konnte er stillschweigend darauf setzen, dass nur die wenigsten sich im Angesicht ihrer Kameraden dem Auftrag entziehen würden.

Für Browning ist der gruppenpsychologische Prozess, der sich am frühen Morgen des 13. Juli 1942 vor Józefów abspielte, keine Ausnahme. Vielmehr ist er die hässliche Fratze eines Verhaltens, das sich in ähnlicher Form schon oft abgespielt hat und auch immer wieder geschehen kann. »In praktisch jedem sozialen Kollektiv übt die Gruppe, der eine Person angehört, gewaltigen Druck auf deren Verhalten aus und legt moralische Wertmaßstäbe fest. Wenn die Männer des Reserve-Polizeibataillons 101 unter solchen Umständen zu Mördern werden konnten, für welche Gruppe von Menschen ließe sich dann noch Ähnliches ausschließen?«[5]

Die Justiz, die nach dem Krieg über die Verantwortlichen des Polizeibataillons richtete, verfing sich hoffnungslos im Gewirr der Motive und Zuständigkeiten. Am Ende wurde überwiegend nach Hierarchie bestraft. Bataillonskommandeur Trapp wurde nach Polen ausgeliefert und nach einem Tag Verhandlung hingerichtet. 210 der ehemals 500 Angehörigen des Bataillons wurden zwischen 1962 und 1967 in Hamburg vernommen. Nur vierzehn wurden angeklagt. Kein Beteiligter des Massakers von Józefów saß länger als vier Jahre im Gefängnis.

So verbrecherisch die Taten des Polizeibataillons waren, so simpel scheint die Struktur, die aus ganz normalen Männern Massenmörder machte. Und so erschreckend es klingt: Der Druck zur Konformität kann in manchen Lebenssituationen ausschlaggebender sein als jeder andere soziale Instinkt und jeder grundsätzliche moralische Wert.[6]

Der Sozialpsychologe Harald Welzer (*1958), Professor am Kulturwissenschaftlichen Institut in Essen, verdeutlichte dies in einem Seminar mit seinen Studenten. Er forderte sie auf, sich die Situation, in der die Männer des Bataillons nach Trapps Ansprache gewesen waren, zu vergegenwärtigen.[7] Welche Motive sprachen für das Vortreten und Sichverweigern und welche sprachen dafür, im Glied zu bleiben? Als nach einer mehrstündigen Diskussion das Pro und Contra zusammengetragen wurde, ergab sich ein verstörendes Bild. Für das Vortreten fanden die Studenten nur drei Motive; »eine universalistische, philosophisch begründete Ethik, die das Töten grundsätzlich ablehnt, und eine christlich geprägte Moral, die das Töten verbietet, drittens so etwas wie eine antizipierte Empathie den Opfern gegenüber – und nach allem, was man weiß, sind derlei Haltungen und Orientierungen nur in seltenen Ausnahmefällen geeignet, gewaltsame Handlungen zu inhibieren (Einhalt zu gebieten), weshalb es übrigens auch im Zivilleben vorkommen soll, dass Pastoren ihre Ehefrauen erschlagen. Das Vorhandensein ethischer Grundüberzeugungen schließt ihre Verletzung nicht aus.«[8]

Man muss den leichten Zynismus, der in Welzers Aussage liegt, nicht teilen. Das dritte Motiv – »so etwas wie eine antizipierte Empathie« – kommt bei Welzers Liste ziemlich schwach daher. Tatsächlich aber gibt es in normalen Situationen bei den meisten Menschen einen sehr starken Instinkt, andere Menschen nicht zu töten. Ganz besonders keine Kinder und Kleinkinder. Dieser Instinkt lässt sich, wie gesehen, außer Kraft setzen. Aber er ist gleichwohl ein Teil unserer natürlichen Ausstattung als Mensch (von der Welzer sich und andere glauben machen möchte, dass es sie gar nicht gibt. Für ihn ist der Mensch »von Natur aus« nichts).

Auch die Schlussfolgerung, dass uns ethische Grundsätze »nur in seltenen Ausnahmefällen« davon abhalten, anderen Gewalt anzutun, ist etwas eilig. Denn wie wollen wir das eigentlich beurteilen? Wer kann schon von sich selbst immer genau sagen, was an seinem Verhalten Grundsatz ist und was Intuition? Kann sich das eine nicht über die Jahre und Jahrzehnte untrennbar mit dem anderen vermischen, wie Aristoteles hoffte? Die »Haltung«, die wir in einer moralischen Frage einnehmen, ist fast immer ein Mischprodukt.

Das Spannende an Welzers Liste ist nicht die etwas dünne Zusammenstellung der Motive für das Vortreten. Es ist die in der Tat beeindruckend lange Liste der Motive, die dafür sprechen, im Glied zu bleiben.[9] Denn wer ausschert, verhält sich nicht konform. Er verletzt Gruppennormen und Loyalitätsverpflichtungen gegenüber Vorgesetzten, Kameraden, vielleicht sogar Freunden. Er isoliert sich von der Gruppe und zeigt sich, je nach Interpretation, als feige, schwach oder gar als überheblich. In den Augen der anderen erzielt man keine Anerkennung (das, wonach wir alle streben), sondern man verliert an Achtung. Selbst wenn der Schritt nach vorn, dem Versprechen Trapps zufolge, keine unmittelbaren negativen Folgen hat, so hat er doch sicher langfristige. Man ist das Kameradenschwein, das sich damals gedrückt hat.

Der Nazimoral zufolge ist der Judenmord zudem eine »legitime« und »gerechte« Sache und wird sogar als »Notwehr« verkauft. Die Kameraden scheinen das ähnlich zu sehen, wenn sie fast alle im Glied bleiben. Wer leistet sich jetzt und hier schon eine Außenseitermeinung? Hatte Trapp nicht auch davon gesprochen, dass es mit der »Aktion« darum gehe, die Lieben daheim zu schützen? Gibt es nicht ein »wir«, das gegen »die« verteidigt werden muss? Und nicht zuletzt: Wie waren die Polizisten erzogen worden? Sie stammten allesamt aus autoritären Elternhäusern und wuchsen auf mit einem Männerbild, das kaum etwas mit dem heutigen mehr zu tun hat. Und in einem Schul- und Ausbildungssystem, das fast keine Diskussionen und eigenen Meinungen kannte, sondern Unterordnung, Konformität und Autoritätsgläubigkeit.

Von der Summe dessen, was den Männern des Bataillons durch den Kopf gegangen sein könnte, sprach allem Anschein nach tatsächlich mehr für das konforme Verhalten als das nichtkonforme. Und so entsetzlich und so unnachvollziehbar die Entscheidungen auf den ersten Blick sind, für die Polizisten waren sie wohl einigermaßen stimmig und plausibel.

Moralische Maßstäbe und Kriterien, das lehrt nicht nur dieses Beispiel, sind verschiebbar. Unsere Moral folgt nicht den einmal fest verlegten Schienen eines Regelverkehrs. Eher ist sie eine Lokomotive auf einem Rangierbahnhof. Sie fährt hin und her. Und wenn es notwendig ist, wechselt sie mitunter auch das Gleis. Nicht die Schienen bestimmen dabei unsere Richtung, sondern unser Auftrag und unser Fahrplan. Wer meint, dass er sich auf seine eigenen Grundsätze in *jeder* Lebenssituation verlassen kann, verrät entweder einen Mangel an Phantasie, oder er ist ein sehr erstaunlicher Mensch.

Auf drastische Weise zeigt das Beispiel des Polizeibataillons 101 ein nicht ganz ungewöhnliches menschliches Verhalten: dass wir in moralischen Entscheidungssituationen manchmal weder unseren Grundsätzen folgen noch unseren wohlverstandenen Interessen. Denn es ist gewiss nicht die Moral aus der Geschichte, dass die Polizisten ihre moralischen Prinzipien zugunsten ihrer Interessen über Bord warfen. Die These mancher Soziobiologen, dass wir, wenn es hart auf hart kommt, nur noch unseren Interessen folgen, bewahrheitet sich hier gerade nicht. Ein wohlverstandenes Eigeninteresse nämlich hätte darin bestanden, den geringstmöglichen Schaden an der eigenen Psyche zu nehmen. Die Männer folgten nicht ihren Interessen, sondern einem sozialen Reflex. Sie fügten sich dem Konformitätsdruck auf Kosten eines sehr hohen Preises. Und sie legitimierten ihr Verhalten nicht durch ihr Eigeninteresse, sondern dadurch, dass es auch für die anderen legitim zu sein schien.

Legitimation durch Konformität ist die Maxime, nach der wir unser moralisches Verhalten auch in Alltagssituationen ausrichten. Was alle tun, kann nicht ganz falsch sein. Und wenn es für meine Freunde und Kumpels in Ordnung ist zu rauchen, warum soll ich dann mir selbst gegenüber ein besserer Mensch als sie sein wollen? Gerade die Pubertät, das Alter, in dem wir uns aus der Bezugsgruppe unserer Familie lösen, ist die Phase unseres stärksten Konformitätsverhaltens gegenüber unseren Freunden (vgl. *Natur und Kultur. Wie wir Moral lernen*). Selbst der größte Nonkonformist sucht sich immer eine Bezugsgruppe. Im Zweifelsfall die gefühlte Verbundenheit mit anderen Nonkonformisten.

Schon Kinder lernen normalerweise schnell, dass sie Erfolg haben, wenn sie sich einigermaßen gruppenkonform verhalten. Wer immer aus der Reihe tanzt, kriegt schnell Schwierigkeiten. So ist es kein Wunder, dass wir uns antrainieren, unser Verhalten nach den Spielregeln unserer Bezugsgruppen auszurichten. In der Wahl seiner Kleidung zum Beispiel ist niemand ganz frei – es sei denn, er geht ein bewusstes Risiko ein. Wer als Junge ernsthaft meint, dass er genauso gut mit einem Rock in die Schule gehen könnte wie mit einer Hose, löst Irritationen und Gelächter aus. Und obwohl es zu den Spielregeln unserer westlichen Gesellschaft gehört, etwas Besonderes sein zu wollen, hält sich die Auswahl in sehr engen Grenzen. Wir variieren in einem viel kleineren Spielraum, als wir uns selbst oft bewusst sind. Ein Architekt, der eine etwas ausgefallene Brille trägt, verliert nicht seine Vertrauenswürdigkeit. In fleckigen Espadrilles dagegen kommt er uns schon verdächtiger vor. Unser Zahnarzt darf auch in jungem Alter eine modische Glatze, aber keine schmutzigen Fingernägel haben.

Wer wirklich ganz anders ist als die anderen, muss um seine

soziale Akzeptanz fürchten. Als ich in der Pubertät war, sparten meine Eltern das Geld für nahezu jede neue Kleidung für uns Kinder. Stattdessen wurde ich weitgehend mit Klamotten vom Flohmarkt eingekleidet. Ende der 1970er und Anfang der 1980er war das in gewisser Weise sogar *in*. Akzeptiert aber war bei Jugendlichen der Umwelt- und Friedensbewegung ein ganz bestimmter Flohmarktchic – und zwar seltsamerweise PLO-Tücher und Militärparkas –, aber nicht das, was ich vom Flohmarkt bekam: die Mode von vor fünf Jahren! Es gibt auch einen Konformismus der Nonkonformisten. Selbst Flohmarktklamotten sollten nach Stil aussehen und nicht so, als ob man die Mode dämlicherweise verpasst hätte.

Unser moralisches Verhalten wird immer auch von der Bezugsgruppe geprägt, in der wir uns – freiwillig oder unfreiwillig – bewegen. Mindestens ebenso wichtig wie unsere inneren Überzeugungen ist es, von unserer Bezugsgruppe akzeptiert zu werden. Wir antizipieren den Blick der anderen auf uns selbst und stimmen unsere Entscheidungen und unsere Handlungen damit ab. Moralisch betrachtet kann uns dieses Verhalten dabei helfen, uns im guten Sinn gruppenkonform zu verhalten. Ebenso leicht ist es aber auch möglich, dass wir uns durch Gruppenverhalten zu Handlungen hinreißen lassen, die unseren inneren Überzeugungen eigentlich widersprechen.

Die besondere Crux an unserem Gruppenverhalten ist, dass wir unsere Moral zumindest kurzfristig so verschieben können, dass wir dabei mitunter gegen unser eigenes Selbstbild handeln. Doch wie ist das möglich? Ist unser Selbstbild nicht gerade an ziemlich konstante Werte gebunden, an das, was wir prinzipiell für richtig, gut und wahr halten? Wie schaffen wir es, uns dabei zu überlisten?

- *Das Milgram-Experiment.* Wie wir Grenzen verschieben

Das Milgram-Experiment
Wie wir Grenzen verschieben

Die Annonce war ganz harmlos. In der Lokalzeitung von New Haven suchte ein junger unbekannter Professor Versuchspersonen. Vier US-Dollar und fünfzig Cent, das entspricht heute zwanzig oder dreißig Euro, standen als Lohn in Aussicht. Auch die Fahrtkosten wurden erstattet.

Als die Freiwilligen im Labor der Yale University eintrafen, hatten sie nicht die geringste Ahnung, was auf sie zukam. Doch in den kommenden Wochen schrieben sie Geschichte. Sie wurden Teilnehmer des wohl berühmtesten psychologischen Experiments aller Zeiten. Und ihr Verhalten erwies sich als verstörend, befremdend und erschreckend. Es löste eine Lawine aus.

Auf die Menschen, die sich auf die Annonce gemeldet hatten, wartete eine Aufgabe als »Lehrer«. Unter der Täuschung, dass auch ihr »Schüler« ein Freiwilliger sei – tatsächlich war es ein Schauspieler –, sollten die Lehrer den Schüler überprüfen. Während des Experiments befanden sich jeweils ein Lehrer und der Schüler in getrennten Räumen. Der auf einem Stuhl festgebundene Schüler setzte Wortpaare zusammen. Und der Lehrer kontrollierte im Nebenraum das Ergebnis. Machte der Schüler einen Fehler, so forderte der Versuchsleiter den Lehrer auf, den Schüler zu bestrafen: durch einen schwachen Stromstoß von 45 Volt. Bei jedem weiteren Fehler sollte der Lehrer die elektrische Spannung um 15 Volt erhöhen.

Die Versuchsreihe fand im Jahr 1961 statt. Menschen für einen psychologischen Versuch mit Elektroschocks zu quälen verstieß gegen das Gesetz und gegen jede ethische Konvention wissenschaftlicher Forschung in den USA. Und der Architekt des Versuchs, der gerade 28-jährige Stanley Milgram (1933–1984), war kein Sadist. Tatsächlich waren die Stromstöße eine Fiktion. Der als Schüler getarnte Schauspieler tat nur so, als ob er die Schläge erhielt. Nach einem genau festgelegten Schema drehte und wand er sich auf seinem Stuhl, schrie auf oder flehte den Lehrer an, ihn loszubinden und von dem weiteren Fortgang des Experiments zu befreien.

Die Versuche gingen ihren Gang. Die Lehrer stellten ihre Fragen, und der Schüler erhielt seine Bestrafungen, von denen die Lehrer annehmen mussten, dass sie echt waren. Wie weit würden sie gehen? Würden sie ihrem Schüler starke Stromstöße verabreichen?

Wie nicht anders zu erwarten, wurden die meisten Lehrer schnell unsicher, ob sie den Schüler tatsächlich mit immer höheren Dosen bestrafen sollten. Doch jetzt trat der Versuchsleiter (auch er ein Schauspieler) auf den Plan. Er pochte auf die ordnungsgemäße Durchführung des Experiments. Dabei sprach er die vier immer gleichen Sätze: »Bitte, fahren Sie fort!«, »Das Experiment erfordert, dass Sie weitermachen!«, »Sie müssen unbedingt weitermachen!«, »Sie haben keine Wahl, Sie müssen weitermachen!« Er versicherte dem Lehrer freundlich, aber bestimmt, dass die Schocks keinen bleibenden körperlichen Schaden hinterließen. Außerdem bekannte sich der Versuchsleiter zur vollen Verantwortung.

Die Manipulation der Lehrer durch den Versuchsleiter zeigte Früchte. Von vierzig Lehrern gingen 26 den vorgezeichneten Weg trotz Skrupeln bis zum bitteren Ende. Am Ende verabreichten sie ihrem Schüler Stromstöße der maximalen Spannung von 450 Volt – eine enorme Grausamkeit! Nur 14 wagten es, das Experiment entgegen den Anweisungen vor dem Ende abzubrechen. Und auch sie waren allesamt mindestens bis zu Stößen von 300 Volt gegangen.

Das Ergebnis war schockierend. Obwohl bereits das Versuchsinventar an einen elektrischen Stuhl erinnerte, wurde kein einziger Lehrer abgeschreckt, den harmlosen netten Schüler mit Stromstößen zu traktieren. Schlimmer noch, waren sie in der Mehrheit bereit gewesen, ihre Gewissensskrupel über Bord zu werfen und das zunehmend grausamere Experiment weiter durchzuführen. Milgram veröffentlichte diese Ergebnisse in einem angesehenen Fachmagazin.[1] Der Artikel sorgte für Furore. Die *American Association for the Advancement of Science* verlieh ihm 1964 ihren renommierten Preis.

Doch nicht alle reagierten so enthusiastisch. Milgram selbst wurde von erheblichen Skrupeln geplagt. In seinem Tagebuch fragte er sich, ob seine Tests nicht ethisch zu fragwürdig gewesen waren. Die US-amerikanische Psychologenvereinigung schloss den umstrittenen Nachwuchsprofessor sogar für ein Jahr als Mitglied aus. Forschungsprojekte, bei denen man mit der Gefahr spielte, Versuchspersonen zu traumatisieren, seien nicht akzeptabel.

Was hatte Milgram zu einem derart drastischen Experiment getrieben? Nun, auch der junge Psychologe wollte wissen, was in der Nachkriegszeit nahezu unerklärlich schien: Wie war der Holocaust möglich gewesen? Wie kam es, dass vermeintlich ganz normale Männer in enormer Zahl zu Massenmördern wurden? Die übliche Erklärung dafür war, dass Deutsche offensichtlich sehr merkwürdig veranlagt sind. Der deutsche Charakter sei viel höriger gegenüber Autoritäten als derjenige anderer Völker. Aber das überzeugte Milgram nicht. Seine Untersuchung bewies, dass ganz normale US-Amerikaner aus dem Bundesstaat Connecticut genauso manipulierbar waren wie die seltsamen Deutschen.

Das Ergebnis ließ Milgram keine Ruhe. Obwohl er sich mit seinen umstrittenen Experimenten um eine Professur an der ehrwürdigen Harvard University brachte, startete er zahlreiche ähnliche Versuchsreihen. Er fand heraus, dass Frauen als Lehrer genau die gleiche Folgsamkeit zeigten wie Männer. Ein großer

Unterschied zum ersten Test ergab sich erst dann, wenn der Versuchsleiter nicht persönlich anwesend war. Bekamen die Lehrer ihre Anweisungen nur über Telefon, begannen sie zu tricksen. Sie gaben vor, Stromstöße verabreicht zu haben, die in Wirklichkeit unterblieben. Und nur eine geringe Zahl brachte das Experiment bis zur Höchstgrenze von 450 Volt. Der Gehorsam nahm auch ab, wenn Schüler und Lehrer sich im gleichen Raum befanden. Je unmittelbarer die Lehrer mit den Folgen der Schocks konfrontiert waren, umso zögerlicher wurden sie mit den Stromstößen.

Als Professor am Graduate Center der City University of New York variierte Milgram den Versuchsaufbau. Bislang waren die Lehrer bei den Versuchen immer isoliert gewesen, beeinflusst allein vom Versuchsleiter. Nun testete Milgram den Einfluss der Gruppe, beziehungsweise der »Kameraden«. Saßen die Lehrer zu dritt im Raum, so veränderte dies maßgeblich das Verhalten. Die Kameraden waren zwei eingeweihte Studenten. Im einen Fall leisteten sie dem Versuchsleiter sichtbar Widerstand. Im zweiten Fall folgten sie gehorsam seinen Anordnungen. Und das Resultat? Im ersten Fall brachen neunzig Prozent der Lehrer das Experiment ab. Im zweiten Fall dagegen führten mehr als neunzig Prozent der Versuchspersonen die Sache bis zum letzten Ende – Legitimation durch Konformität.

Leichter hatten es die Lehrer, sich dem Druck zu entziehen, wenn sie es mit zwei Versuchsleitern zu tun hatten. Waren sich diese uneinig, brachen alle Lehrer das Experiment vor dem Ende ab. Auch wenn eine weitere Person, die nicht den Rang des Versuchsleiters hatte, sich als oberste Autorität aufspielte, war ihre Wirkung eher schwach. Nur ein Viertel der Lehrer war bereit, bis zum Ende auf jemanden zu hören, dessen hierarchischer Rang unklar war. Ein ähnlicher Effekt stellte sich ein, wenn der Versuchsleiter sich nicht als Wissenschaftler, sondern nur als ein freiwilliger Versuchsteilnehmer vorstellte, der das tue, was man ihm gesagt hätte.

Als Milgram 1984 im Alter von nur 51 Jahren an einem Herzinfarkt starb, waren seine Experimente bereits hundertfach in verschiedenen Ländern wiederholt worden. Dabei gab es kaum Abweichungen. Wo auch immer die Versuche gemacht worden waren, stets war eine große Zahl von Teilnehmern bereit, die höchstmögliche Dosis an Stromschlägen zu verabreichen. Nach Aussage der US-amerikanischen Psychologin Susan Fiske, Professorin an der Princeton University, gibt es heute rund 25 000 Studien mit insgesamt acht Millionen Versuchsteilnehmern, die zeigen, dass man normale Menschen durch entsprechende Umstände dazu bringen kann, unbeschreibliche Dinge zu tun. Das Gleiche beweise ja auch die Realität. Ob während des Zweiten Weltkrieges, in Vietnam oder in den Folterkammern des US-amerikanischen Gefangenlagers Abu Ghraib im Irak – stets griffen dabei die gleichen psychologischen Mechanismen.[2]

Wie Gehorsam sich gegen Gewissen durchsetzen kann, zeigte unlängst noch einmal der französische Filmemacher Christophe Nick.[3] Das Ziel seines Experiments war, eine ganz besondere Art der Autoritätsgläubigkeit zu demonstrieren. Er wollte zeigen, wie das Fernsehen die Franzosen manipuliert. Mithilfe eines Castings wählte Nick Freiwillige für eine Fernsehshow aus. Ihre Aufgabe war dabei die gleiche wie bei Milgram. Ein Kandidat musste sich Begriffe merken und wiedergeben. Und die Freiwilligen bestraften ihn bei Fehlern mit Stromschlägen von 20 bis 460 Volt.

An Freiwilligen bestand kein Mangel. Achtzig Menschen wurden nach und nach auf die Bühne geschickt. Eine hübsche Moderatorin leitete die Sendung, das Publikum applaudierte, und die Versuchspersonen verteilten ihre Stromstöße. Dem Kandidaten, der, versteckt unter einer Metallglocke, auf dem elektrischen Stuhl saß, ging es nicht anders als im Milgram-Experiment. Obwohl er bettelte, flehte und schrie, brachten die Moderatorin und das johlende Publikum achtzig Prozent ihrer Testpersonen bis zum Äußersten. Und obgleich der Kandidat schon bei 380

Volt verstummte, schickten ihm 16 Freiwillige sogar noch einen Schlag von 460 Volt hinterher.

Obwohl das Experiment viel Kritik hervorrief, wurde die Sendung am 18. März 2010 vom Sender France 2 ausgestrahlt. Für Nick ist sie ein Beweis für die furchterregende Macht des Fernsehens, ganz normale Menschen manipulieren zu können. Durch das Privatfernsehen so sehr an Gewalt und Voyeurismus gewöhnt, seien die Leute inzwischen so weit, dass man auf dem Bildschirm sogar eine Hinrichtung inszenieren könnte.

Immerhin waren viele der Freiwilligen im Anschluss an das TV-Experiment überrascht über sich selbst und bestürzt. Schon die Testpersonen von Milgrams erstem Versuch hatten verschiedene Phasen durchlaufen. Drängte der Versuchsleiter sie zum Weitermachen, so reagierten sie nervös. Sie fühlten sich unwohl und unsicher und verloren sichtbar ihr Selbstbewusstsein. Doch obwohl einige von ihnen einem Nervenzusammenbruch nahe waren, ließen sie sich überreden weiterzumachen. Als ihnen im Anschluss an ihren Test das ganze Experiment erklärt wurde, erschraken sie zumeist sehr über sich selbst. Bezeichnenderweise stimmten alle bis auf einen Freiwilligen trotzdem zu, dass ihr Beispiel veröffentlicht wurde. Offensichtlich hielten sie es für richtig, auch andere Menschen darüber aufzuklären, wie leicht Menschen in speziellen Situationen auf extreme Weise manipulierbar sind.

Fassen wir das Ergebnis der Versuche in der Manier der Milgram-Experimente noch einmal zusammen. Eine wichtige Quintessenz aller Tests ist, dass sehr viele Menschen in einer Drucksituation bereit sind, Dinge zu tun, die sie eigentlich für falsch, wenn nicht gar für verwerflich oder verabscheuungswürdig halten. Zu einer solchen Stresssituation gehören etwa Zeitdruck, eine Situation, auf die man nicht vorbereitet ist, und eine strenge Anweisung durch eine Autorität. Allesamt Umstände, wie sie auch beim Polizeibataillon 101 vor Józefów gegeben waren. In solch einer Lage sind ganz normale Menschen offensichtlich dazu fähig, ihre Gewissensnot dadurch zu lindern, dass sie ihre Verantwortung abgeben. Statt uns über die beunruhigenden Folgen unseres Handelns allzu viele Gedanken zu machen, brechen wir die Analyse der Situation lieber ab. Eher etwas Falsches tun, für das wir uns nicht schuldig fühlen müssen, als eine Situation auszuhalten, in der wir zutiefst hin- und hergerissen sind. Sich einem Befehl ganz und gar hinzugeben ist viel leichter, als damit zu hadern. Und je strenger eine Respektsperson etwas befiehlt, umso weniger erscheint mir das, was ich tue, als *mein* Werk.

Wenig überraschend ist aber auch, dass sich die Situation im Nachhinein ganz anders darstellt. Als Lebewesen, die ihrem Selbstbild verpflichtet sind, brauchen wir ein gewaltiges Arsenal an Ausreden und Ausflüchten, um später mit solchen Taten zu leben. Und häufig (wenn auch nicht immer) überkommt die Täter einer solchen Situation später Reue und Verzweiflung. Die Frage, die sich dem Täter stellt, ist dann häufig die gleiche wie die seiner Ankläger: Wie konnte es dazu kommen?

An dieser Stelle kommt noch eine zweite Quintessenz des Milgram-Experiments ins Spiel. Bekanntlich wurden die Lehrer vom Versuchsleiter dazu angehalten, den Schüler mit sehr geringen Stromstößen zu traktieren. Die Dosis steigerte sich erst allmählich und damit ganz offensichtlich auch das Maß, das die Lehrer noch für »normal«, für »vertretbar« oder »angemessen« halten konnten.

Für Phänomene, bei denen sich eine Grenze verändert, ohne dass wir es selbst oft richtig mitbekommen, gibt es in der Sozialpsychologie heute ein neues Wort: *shifting baselines*. Der Begriff ist schwer zu übersetzen. Sinngemäß meint er, dass sich die Anhaltspunkte, anhand derer wir etwas einschätzen, unmerklich verschieben können.

Machen wir uns das an einem einfachen Beispiel klar. Stellen Sie sich vor, Sie sitzen in einem Zug. Wenn Sie eine ungefähre Vorstellung davon bekommen wollen, wie schnell der Zug fährt, dann blicken Sie in die Landschaft. Sie beobachten, in welchem

Tempo Strommasten, Häuser und Menschen an Ihnen vorbeisausen. Doch was ist, wenn auf dem Nebengleis ebenfalls ein Zug in die gleiche Richtung fährt? Nun können Sie das eigene Tempo nur noch im Vergleich zum Tempo des anderen Zuges wahrnehmen. Sie merken, ob der andere Zug schneller oder langsamer ist. Aber was Sie nicht mehr merken, ist, ob beide Züge eher Tempo 100 oder 200 fahren.

Der Erste, der das Wort *shifting baselines* verwendete, war der französisch-amerikanische Fischereiwissenschaftler Daniel Pauly von der University of British Columbia in Vancouver.[4] Er stellte die Frage, wie man eigentlich verlässlich nachweisen will, ob ein Meer überfischt ist oder nicht. So leicht es ist festzustellen, wie viele Fische es heute gibt, so schwer ist es zu sagen, wie viele es früher waren. An welchem Richtwert für eine natürliche Population soll man sich orientieren? Mit Schmunzeln stellte Pauly fest, dass die meisten Forscher immer die Zahl der Fische für »natürlich« hielten, die sie zu Anfang ihrer Karriere irgendwo vorfanden. Das Maß der Dinge ist kein großer objektiver Wert, sondern eine ganz kleine persönliche Erfahrung. Und von einer Generation zur anderen verschiebt sich schnell und unmerklich die Grenze für das, was wir für normal halten.

Noch Anfang der 1980er Jahre reichte der Schutzfaktor von Sonnenmilch in der Regel von zwei bis sechs. Nur für die Lippen gab es bereits einen Stift mit Faktor zehn. Doch Umweltapostel prophezeiten, dass in Folge des Klimawandels irgendwann Schutzfaktoren von zwanzig oder dreißig nötig seien. Die meisten Leute hielten dies für Blödsinn. Und die, die es glaubten, fürchteten sich vor diesem Horrorszenario, einem brennenden Signal für den drohenden Untergang des Abendlandes durch ungehinderte Sonneneinstrahlung. Heute, im Jahr 2010, hat die durchschnittliche Sonnenmilch tatsächlich einen Schutzfaktor von zwanzig bis dreißig. Auch Produkte mit fünfzig und mehr sind auf dem Markt und für viele Mitteleuropäer offensichtlich erforderlich. Besonders beunruhigt aber ist kaum einer. Dass die

Sonneneinstrahlung zugenommen hat, nehmen wir längst als Fügung hin. Was wir früher für besorgniserregend gehalten haben, halten wir inzwischen längst für normal. Und wo der Schutzfaktor zehn früher als hoch galt, gilt er heute als niedrig.

Mein ganz persönliches Lieblingsbeispiel für *shifting baselines* ist der Körpergeruch. Wir halten es heute in unserem Kulturkreis für normal und angebracht, dass Frauen und Männer täglich duschen, im Sommer sogar mehrfach. Aber noch vor rund fünfzig Jahren gab es nicht einmal ein Deo. Frauen und Männer haben sich bereits einige Tausende oder Zehntausende von Jahren geküsst und miteinander geschlafen, lange bevor es Seife gab, Deos und Eau de Toilette. Und da unser Geruchssinn früher noch viel wichtiger war, waren ihre Nasen vermutlich nicht schlechter als heute. Selbst etwas so Elementares wie unser Geruchssinn lässt sich also gesellschaftlich manipulieren. In einer Stadt des 18. Jahrhunderts, wie Patrick Süskind sie in *Das Parfum* beschreibt, hielte es heute kaum ein Zivilisationskind mehr aus. Für die Menschen der damaligen Zeit aber waren starke Gerüche etwas so Normales, dass sich kaum jemand darüber aufregte. Eine Gestanksdebatte gab es in der westlichen Welt erst im Zusammenhang mit der Industrialisierung. Der Benzingeruch auf den Straßen zum Beispiel, den wir heute kaum mehr zur Kenntnis nehmen, galt vielen Menschen zu Anfang des 20. Jahrhunderts als abscheulich und unerträglich.

Unser moralischer Geruchssinn ist dabei genauso kontextabhängig und manipulierbar wie unser physischer. »In der gleitenden Gegenwart ist es schwer, zu entscheiden, ob man sich an einem kritischen Punkt einer Entwicklung befindet, ab welchem Niveau eine Entscheidung irreversibel wird oder in welchem Augenblick des Verfolgens einer Strategie eine Katastrophe entsteht.«[5] Wer beim Blick aus dem Zugfenster auf einen anderen Zug blickt, verändert sein Empfinden mit dem, worauf er sieht oder womit er sich vergleicht. »Menschen verändern ihre Werte, weil ihre Welt sich verändert, nicht umgekehrt.«[6]

Shifting baselines sind eine ganz normale Erscheinung in unserer Welt. Sie sind die Folge unserer bemerkenswerten Anpassungsfähigkeit. Dass wir unsere Grenzen der Normalität verschieben können, bewahrt uns immer wieder vor der Verzweiflung. Im hohen Alter vergleichen wir unseren körperlichen Zustand nicht mehr mit dem vor fünfzig Jahren, sondern wir haben uns an unsere Gebrechlichkeit »mehr oder weniger« gewöhnt. Auch mit chronischen Schmerzen geht es uns manchmal »unter den gegebenen Umständen« gut oder besser. Und in den Slums dieser Welt gibt es Menschen, denen es »alles in allem« gutgeht.

Das Gleiche gilt für unsere Moral. Das Milgram-Experiment ist ein eindrucksvolles Beispiel für das allmähliche Verschieben einer Grenze durch viele kleine Schritte. Ein normales Verhalten. Wenn ich als Kind in einer unbemerkten Stunde unerlaubt vom Kuchen klaute, schnitt ich mir nur ein hauchzartes Stück ab. Niemand würde den Unterschied bemerken. Der Erfolg der Täuschung und die Gier allerdings verleiteten mich dazu, noch ein weiteres hauchzartes Stück abzuschneiden. Und so weiter und so fort. Und während ich mich auf diese Weise brav selbst weiter täuschte, fiel meiner Mutter später auf, dass ein ordentliches Stück vom Kuchen fehlte.

Wer seine Grenze Schritt für Schritt verschiebt, verliert oft weitgehend die Fähigkeit, die Folgen der gesamten Handlungskette realistisch einzuschätzen. Und wenn wir, wie im Fall des Milgram-Experiments, die Grenzen nicht freiwillig verschieben, sondern unter Druck, können wir sogar völlig die Orientierung dafür verlieren, was normal ist: unsere ursprünglich gefühlten Normen oder die neu vorgegebenen Normen des Versuchsleiters. Nach Harald Welzer hatte vermutlich nur ein Bruchteil der Volksmassen, die Hitler 1933 zugejubelt hatten, den Holocaust in seinem ganzen horrenden Ausmaß tatsächlich gewollt. Doch die Nationalsozialisten begannen ihre Politik der Ausgrenzung und Verfolgung nicht mit der »Endlösung«, sondern mit den

Rassegesetzen von 1935. Im Jahr 1938 brannten die Synagogen in der Reichspogromnacht. Und der Vernichtungskrieg gegen die Juden begann im Sommer 1941. Wie bei Milgrams allmählicher Erhöhung der Voltzahl verschob in Deutschland fast ein ganzes Volk Stück für Stück seine Grenze für Recht und Unrecht.[7]

Shifting baselines begegnen uns in allen Teilen der Gesellschaft. Welche Bezahlung wir für eine bestimmte Arbeit für »normal« halten, hängt eng damit zusammen, was andere bekommen. Ein Hartz-IV-Empfänger in Deutschland wird sich nicht reich fühlen, auch wenn er es mit dem gleichen Geld in Mali oder Bangladesch wäre. Wie unsere Selbsteinschätzung, so folgt auch unser Handeln nicht einer übergeordneten Vernunft, sondern einer internen Logik. Auch die Terroristen der RAF glaubten, dass ihr Handeln sinnvoll sei. Sie verschoben in wenigen Jahren Stück für Stück die Grenze dessen, welche Mittel sie im Kampf gegen den Staat für legitim hielten. Und je weiter sie sich aus der Gesellschaft ausgrenzten, umso schlimmer kam sie ihnen vor. Nicht eine objektive Lage entscheidet dann darüber, was man tut, sondern die gefühlte Situation. Oder mit den US-amerikanischen Soziologen William Isaac Thomas (1863–1947) und Dorothy Swaine Thomas (1899–1977) gesagt: »Wenn Menschen eine Situation für real halten, dann ist diese in ihren Folgen real.«[8]

Gruppenverhalten und *shifting baselines* gehören häufig eng zusammen. Denn woher soll ich meine Anhaltspunkte für das nehmen, was »normal« ist, wenn nicht aus dem Verhalten der anderen, die ich beobachte? Für Ernst Fehr gehören Verschiebungen zu den Spielregeln unserer bedingten Kooperation: »Wenn der Glaube vorherrscht, dass die anderen kooperieren, dann ist die Kooperation jedes Einzelnen hoch; wenn der Glaube vorherrscht, dass die anderen nicht kooperieren, dann kooperiert tatsächlich keiner.«[9] Nach Fehr gilt dies für die Steuermoral ebenso wie für die Arbeitsmoral, den Sozialmissbrauch, die Korruption, die Kriminalität oder das Doping im Sport.

Stets verschieben wir unser Bewusstsein für »normales« Verhalten, und zwar abhängig von dem, was wir meinen, was die anderen tun.

Menschen richten ihr Verhalten danach aus, was sie erwarten, was andere tun oder was andere von ihnen wollen. Dabei sind sie in bestimmten Situationen sogar in der Lage, ihr Verhalten so stark zu verändern, dass sie sich von ihren Werten und Überzeugungen weit entfernen. Je unmerklicher diese Verschiebung erfolgt, umso leichter fällt uns die Veränderung. Auf diese Weise ist es möglich, dass uns selbst schwerwiegende Verfehlungen als »Anpassungen« erscheinen.

Ohne Zweifel ist unsere Fähigkeit, uns anzupassen, ein Teil des Geheimnisses für den Erfolg des Menschen in der Evolution. Doch Anpassung und Selbstbild passen mitunter nicht leicht zusammen. Während das Anpassen von uns verlangt, dass wir uns geschmeidig verändern, müssen wir für unser Selbstbild immer das Gefühl bewahren, dass wir dabei ein und dieselben bleiben. Doch wie geht das zusammen?

- *Nicht persönlich nehmen.* Wie wir uns vor uns selbst verstecken

Nicht persönlich nehmen
Wie wir uns vor uns selbst verstecken

Ich schwöre Ihnen ... sich seiner selbst zu sehr bewusst zu sein ist eine Krankheit, eine richtiggehende Krankheit.

Fjodor Dostojewski[1]

Betteln steht in der westlichen Kultur nicht hoch im Kurs. Es gilt als unwürdig. Selbst unsere Obdachlosen sollen sich nicht mehr wie Bettler vorkommen, sondern uns ihre Straßenzeitungen verkaufen: der Berber als Ich-AG. Mag uns der Bettler bei Sankt Martin auch wie ein edler Wilder vorkommen – normalerweise lehren wir unsere Kinder, dass sie bei anderen nicht um Süßigkeiten oder Geschenke betteln sollen. Tun sie es doch, so ist uns ihr Verhalten meist peinlich. Es sei denn, das Betteln ist ausdrücklich erlaubt. Wenn der ganze Schwarm bettelt und die Gruppenmoral das Betteln zum Ritual erklärt, ist es »in Ordnung«.

Deutsche Kinder dürfen zu Sankt Martin betteln. Und US-amerikanische Kinder zu Halloween. Doch auch sie sind und waren vor Beobachtungen nicht sicher. Anfang der 1970er Jahre geriet eine Schar bettelnder Mittelstandskinder in Kalifornien in das Visier zweier junger Nachwuchswissenschaftler: Thomas Shelley Duval von der University of Southern California und Robert Wicklund von der University of Texas in Austin.[1]

Die Frage, die sich die Psychologen stellten, war alles andere als schmeichelhaft für die lieben Kleinen. Nicht das Betteln war für sie interessant. Vielmehr wollten sie wissen: Unter welchen Bedingungen klauen Kinder Bonbons, und wann lassen sie es lieber bleiben?

Während die beobachteten Kinder arglos von einem fremden Haus zum anderen zogen und nach Bonbons fragten, manipulierten die Wissenschaftler hinter den Kulissen. Die Hausherrinnen gaben den Kindern nicht einfach ein paar Bonbons, sondern sie führten sie in Versuchung. Wenn die bettelnde Schar vor die Häuser trat, begrüßten die Frauen die Kinder. Doch statt ihnen etwas zu geben, zeigten sie auf einen Korb mit Bonbons vor der Eingangstür. Jedes der Kinder dürfe sich ein Bonbon daraus nehmen. Dann gingen die Frauen zurück ins Haus. Die Kinder blieben nun mit dem vollen Bonbonkorb alleine zurück. Was würden sie tun? Würden sie die Situation ausnutzen und sich die Taschen mit den Bonbons vollstopfen?

Nun, der Bonbonklau wurde durch ein wichtiges Detail beeinflusst. Bei einigen der Häuser sahen sich die Kinder beim Griff in den Bonbonkorb im Spiegel. Bei anderen nicht. Und das Resultat? Wenn sich die Kinder beim Klauen selbst beobachten mussten, schreckten sie häufig zurück. Fehlte der Spiegel, taten sie sich damit wesentlich leichter. (Als ich das erste Mal davon hörte, wurde mir schlagartig klar, warum meine »Vermögensberaterin«, die mir vor einigen Jahren meine Lebens- und Sachversicherungen verkaufte, sich bei unseren Treffen in einem Berliner Restaurant nie mit dem Gesicht, sondern immer mit dem Rücken zum Wandspiegel setzen wollte.)

Natürlich ist der Bonbonklau der kalifornischen Kinder auch ein Fall von Legitimation durch Konformität. Wenn einer klaute, dann fiel auch den anderen das Klauen leichter. Der Spiegel aber verhinderte dabei oft, dass überhaupt jemand den Anfang machte. Wer gezwungen ist, sich selbst bei etwas zu beobachten, handelt meist moralischer, als wenn er nicht viel über sich selbst dabei nachdenken muss. Wir verheimlichen unser Tun also nicht nur vor anderen, sondern gut und gerne auch vor uns selbst. Der Trick ist: Wir machen uns unsere Entscheidungen und unser Handeln nicht selbst *bewusst* und identifizieren sie nicht mit unserem Selbstbild. Wie viele Verkehrssünder etwa haben überhaupt kein Unrechtsgefühl. Und sei es nur deshalb, weil sie ihre Straftaten eben nicht bewusst ausgeführt haben. Auf diese Weise ist es allgemein nicht schwer, sich für besser zu halten, als man ist.

Thomas Shelley Duval nahm sich im Jahr 2002 das Leben. Robert Wicklund setzte seine Studien und Versuche bis heute an mehreren Universitäten, darunter auch in Bielefeld, fort. Die Erforschung der Mechanismen, wonach wir unserem Selbstbild mal mehr Aufmerksamkeit schenken und mal weniger, beschäftigt heute einen ganzen Wissenschaftszweig der Sozialpsychologie. Spiegeltests gibt es inzwischen Hunderte. Die kanadische Psychologin Kathleen Martin Ginis von der McMaster University in Ontario setzte zwei Gruppen von je 46 untrainierten Frauen zwanzig Minuten auf einen Heimtrainer.[2] Während die eine Gruppe vor einem Spiegel trainierte, schaute die andere nur auf eine Wand. Wie zu erwarten, erklärten diejenigen, die sich im Spiegel beobachten mussten, dass sie sich ziemlich unwohl gefühlt hätten. Sie meinten sogar, sie seien besonders erschöpft. Die Frauen, die vor der Wand trainierten, hatten diese Probleme weniger oder gar nicht. Während man sich ohne Spiegel ganz auf die Übung konzentrieren kann, neigen wir vor dem Spiegel dazu, uns ständig zu überprüfen. Sind wir zu unsportlich, zu dick, zu alt, zu hässlich? Unsere Wünsche in Bezug auf unser Selbstbild treten mit dem, wie wir uns wahrnehmen, in Konflikt. Ein Problem, dem wir im Alltag gerne ausweichen.

Der Blick in den Spiegel zeigt uns die Diskrepanz zwischen unseren Wünschen, Vorstellungen und Normen auf der einen und unserem Aussehen und Verhalten auf der anderen Seite. Nur wenige Menschen begegnen ihrem Spiegelbild mit großer Ruhe und Gelassenheit. Dabei steht unsere physische Attraktivität meist eher im Vordergrund als unsere moralische Integrität. Denn wenn wir über uns selbst nachdenken, dann vermutlich viel häufiger über unser Aussehen als über unsere sozialen Entscheidungen. Und auf dem Video, das ein Freund von uns gedreht hat, wundern wir uns mehr darüber, *wie* wir etwas sagen und tun – über unsere Stimme und unsere Bewegungen –, als über das, *was* wir tun.

Der Grund für unsere Irritation ist übrigens leicht gefunden. Normalerweise nämlich befinden wir uns im Alltag nur sehr selten in einem Zustand der Selbstaufmerksamkeit. Zwar ist der Mensch das einzige Tier, das sich beim Leben selbst beobachten kann – aber das bedeutet durchaus nicht, dass er davon besonders häufig Gebrauch macht. Stattdessen müssen wir moralische Höhlenbewohner lernen, dass unsere Selbstaufmerksamkeit eine ebenso flüchtige Sache ist wie unsere anderen Aufmerksamkeiten.

Wie oft denken Menschen über sich selbst nach? Diese Frage stellte der ungarische Psychologe Mihály Csíkszentmihályi (*1934) von der University of Chicago. Der Mann, dessen Name klingt wie die Tim-Struppi-Karikatur eines Osteuropäers, ist ein Enfant terrible der Zunft. Als Sohn des ungarischen Konsuls in Italien geboren, hat er eine bewegte Kindheit und Jugend.[3] Er erlebt den sozialen Abstieg seiner Eltern von Diplomaten zu Gastronomen in Rom, muss die Schule verlassen und schlägt sich mit diversen Jobs durch. 1956 emigriert Csíkszentmihályi in die USA und studiert Psychologie in Chicago. Seinen Lebensunterhalt verdient er dabei als Nachtportier in einem großen Hotel. Seine Begeisterung für die naturwissenschaftliche Ausrichtung der Psychologie in Chicago hält sich allerdings in Grenzen. Er lernt, wie Ratten ihren Nachwuchs identifizieren, aber nicht, was ihn wirklich interessiert: Warum sind Menschen so, wie sie sind? Warum sind sie so oft unglücklich? Und was hindert sie daran, anders zu sein?

Während seiner Doktorarbeit zu Anfang der 1960er Jahre entdeckt Csíkszentmihályi ein Phänomen, das ihn fasziniert. Ein Künstler, der an seinem Werk arbeitet und dabei voll in seiner Tätigkeit aufgeht, ist ohne Zweifel oft sehr glücklich. Ein Glück allerdings, das in keiner Glückstheorie der damaligen Zeit überhaupt nur erwähnt wird! Die Psychologen in Chicago definieren das Glück, wenn überhaupt, so wie heute die Soziobiologen. Glück sei die Erfüllung unserer biologischen Interessen nach Anerkennung, Ruhm, Macht, Geld, Sex und Liebe. Doch der Mensch, der in Trance seine Arbeit tut, das spielende Kind, der Bergwanderer, der Musiker, der begeisterte Hobbysportler – all diese Menschen erwarten in dem Moment keine höhere Form von Belohnung. Sie sind glücklich allein durch das, was sie tun. Sie vergessen, dass sie hungrig oder durstig sind, und denken über gar nichts nach außerhalb ihres Tuns.

Fast zwei Jahrzehnte lang bleiben Csíkszentmihályis Forschungen von der Öffentlichkeit fast unbemerkt. Und auch nur wenige Kollegen interessieren sich für das Phänomen des *Flow*. Erst in den 1990er Jahren kommt der große Durchbruch. Fast über Nacht wird der Ungar mit seinen seltsamen Forschungen zum Star. Ein Artikel über ihn im renommierten Magazin *Newsweek* bahnt ihm den Weg. 1990 schreibt er ein erstes populäres Buch. Die Mundpropaganda der Fans macht *Flow. Das Geheimnis des Glücks* zu einem internationalen Bestseller. Selbst der US-amerikanische Präsident Bill Clinton zählt es 1997 zu seinen Lieblingsbüchern.

Der Durchbruch Csíkszentmihályis in der Fachwissenschaft aber war schon rund zehn Jahre früher erfolgt. Zu Anfang der 1980er Jahre führt er ein neues Instrument in die Psychologie ein, das er *Pager* nennt. Und er erfindet zugleich eine neue Methode, um reale Erfahrungen zu sammeln. Wenn Psychologen wissen wollten, wie sich Menschen fühlen, so ließen sie sie zumeist Fragebögen ausfüllen. Doch Csíkszentmihályi war sich sicher, dass man auf diese Weise das Falsche maß – nämlich das, was die Menschen *im Nachhinein glaubten,* wie sie sich fühlten. Statt mit echtem Empfinden hatte man es mit einer Art Selbstbilanz zu tun. Doch beides ist verschieden. Csíkszentmihályi dagegen rüstet seine Versuchsteilnehmer mit elektronischen Funkempfängern aus und schickt ihnen in unregelmäßigen Abständen

Signale. Jedes Mal, wenn der Pager piept, sollen seine Testpersonen in einem Heft aufschreiben, was sie gerade tun, was sie fühlen und woran sie denken.

In einer seiner zahlreichen Versuchsreihen gingen Csíkszentmihályi und sein Mitarbeiter Thomas Figurski (auch der Name ist echt!) in fünf verschiedene Unternehmen.[4] Er fand 107 Angestellte im Alter zwischen 19 und 63 Jahren, die bereit waren, an dem Versuch teilzunehmen. Er motivierte sie dazu, eine Woche lang einen Pager zu tragen. Das Gerät piepste sieben- bis neunmal am Tag in willkürlichen Abständen. Und die Versuchsteilnehmer schrieben jedes Mal auf, was sie gerade machten, woran sie dachten und wie sie sich fühlten.

Eines der spektakulärsten Ergebnisse des Versuchs war, dass die meisten Menschen sich am Tag kaum Zeit nahmen, über sich selbst nachzudenken. Ihre Gedanken sprangen zwischen der Arbeit und ihrem Zuhause hin und her, sie dachten an Gesprächsfetzen, die ihnen noch nachhingen, hatten Tagträume oder redeten über ziemlich belanglose Dinge.

Erinnern Sie sich an die Vermutung, dass ein außerirdischer Verhaltensforscher, der uns studiert, zu dem Schluss kommen müsste, dass wir unser alltägliches Leben ziemlich wenig an unseren tatsächlichen Eigeninteressen ausrichten? (Vgl. *Das Prinzip Eigennutz. Wie viel Egoismus steckt im Menschen?*) Csíkszentmihályi bestätigt das Gleiche auch am Beispiel unserer Selbstaufmerksamkeit. Nur acht Prozent aller Gedanken der befragten Menschen drehten sich um ihr Selbst.[5] Die Versuchsteilnehmer meinten sogar viel häufiger, dass sie sich gerade »keine Gedanken« machten (auch wenn ich bezweifeln möchte, dass das geht. Ein Yogi würde vermutlich behaupten, dafür bedürfe es der Meditationserfahrung von Jahrzehnten).

Normale Menschen sind keine Moralphilosophen. Und statt von einer ständigen Selbstaufmerksamkeit sollten wir lieber von einer *ständigen Selbstunaufmerksamkeit* ausgehen. Ein großes Problem für unsere moralischen Handlungen besteht darin, dass wir uns deshalb oftmals gar nicht als den Verursacher unserer Handlungen wahrnehmen. Bereits der englische Philosoph John Locke (1632–1704) bemerkte, dass wir uns damit in moralischen Fragen oft erstaunlich schwertun. Im Kapitel »Über Identität und Verschiedenheit« seines »Versuchs über den menschlichen Verstand« (1689) betont er, dass Menschen zwar in der Lage dazu sind, ihr Verhalten sich selbst zuzurechnen. Doch was ist mit jenen, die dies nicht tun? Sind sie in vollem Umfang »schuldig«?

Zunächst einmal muss man zur Rechtfertigung unserer seltsamen Spezies einräumen, dass sie gewiss nicht dazu gemacht ist, fortwährend über sich selbst nachzudenken. Nach Dostojewskij wäre solch ein Verhalten sogar eine Krankheit. Und wer unausgesetzt über sich selbst nachdenkt, kommt vermutlich zu gar nichts. Eine besondere Pointe von Csíkszentmihályis Flow-Forschung liegt bezeichnenderweise ja auch darin, dass wir dann am glücklichsten sind, wenn wir uns möglichst gut konzentrieren. Aber nicht auf uns selbst, sondern auf unser Tun. Sich selbst immerfort zu beobachten kann sogar die Quelle eines dauerhaften Übels sein. Wir verpassen das Glück im Moment, stehen »neben uns«, auch wenn wir etwas Schönes erleben könnten. Und auf unsere Mitmenschen wirken wir dadurch nicht besser, sondern weniger authentisch. Wenn alles schiefläuft, werden wir hyperkritisch gegenüber uns selbst. Am Ende erleben wir uns als Fehlbesetzung im eigenen Film.

Die Kunst im Leben besteht ohne Zweifel im Weglassen. Wer nicht ausblenden kann, hat beste Chancen, verrückt zu werden. Nichts anderes gilt auch für unsere Selbstaufmerksamkeit. Gute Schauspieler trainieren ihre Rolle nicht vor dem Spiegel. Sie konzentrieren sich nicht auf das Bild, das sie abgeben, sondern auf die Figur, die sie verkörpern. Man kann es auch mit Yoga probieren oder mit Meditation, die uns helfen, unser reflektiertes Selbstbild auszublenden. Beliebter, weil einfacher, ist jedoch der schlichte Aufmerksamkeitsraub. Unsere ganze Unterhaltungsindustrie ist ein Hilfsmittel, um uns selbst wirkungsvoll zu vergessen. Wenn wir einen spannenden Film sehen, denken wir kaum über uns selbst nach. Ballerspiele am Computer kommen völlig ohne Selbstreflexion aus. Und wenn alles andere nicht hilft, ist auch Alkohol eine Lösung. Man kann sich Mädchen auch schöntrinken, sagt der Kölner. Viel wichtiger aber ist, dass man sich selbst schöntrinken kann. In einer Gesellschaft, die die Schönheit anbetet wie keine zweite zuvor, ist der verschwommene Blick auf sich selbst vielfach eine Gnade.

Mit der Selbstaufmerksamkeit ist es eine merkwürdige Sache. Eine Lehre aus dem täglichen Leben sagt uns, dass gewisse Defizite in der Selbstaufmerksamkeit uns viel nützen können. Je weniger wir uns selbst infrage stellen, umso entschlussfreudiger und durchsetzungsfähiger sind wir. Wer Spitzenpolitiker oder generell Chef werden will, tut gut daran, sich nicht über die Maßen selbst zu therapieren. Moralphilosophen dagegen erkennen den Reifegrad einer Person gerne an der Fähigkeit, über sich selbst reflektieren zu können. Für den Moralpsychologen Lawrence Kohlberg erreichen wir die höchste Stufe unserer Moralität, wenn wir unser Verhalten an allgemeingültigen ethischen Prinzipien ausrichten. Das aber setzt voraus, dass wir über uns selbst sehr viel und sehr gründlich nachdenken.[6]

Richtig ist: In der Moral kommen wir ohne Selbstaufmerksamkeit nicht aus. Darin liegt die Crux. Doch wie kann man sich antrainieren, was man sich aus gutem Grund im Leben sonst gerne abtrainiert?

Die Situation ist auf hartnäckige Weise vertrackt. Kein Wunder, dass sich in der Moralpsychologie zwei Schulen gegenüberstehen, die jeweils genau das Gegenteil voneinander behaupten. Die klassische Schule, die sich auf Piaget und Kohlberg beruft, hält insgesamt eher wenig von unseren sozialen Instinkten. Sie ist zufrieden, wenn es uns gelingt, unsere Selbstbeobachtung zu verbessern und so *analytisch* wie möglich zu werden. Nicht die Instinkte sollen uns bestimmen, sondern unsere Reflexion. Mehrere Moralpsychologen der Gegenwart dagegen setzen viel stärker auf unsere sozialen Instinkte. Geht es nach ihnen, so wissen wir im Regelfall *intuitiv* am besten, was moralisch zu tun ist.

Was also ist richtig? Müssen wir unserer Gefühle Herr werden und sie analytisch zähmen? Oder müssen wir wieder lernen, ihnen besser zu gehorchen? Mit einem Wort: Müssen wir stärker auf das hören, was andere sagen? Oder genügt es, in uns selbst hineinzuhorchen? Finden wir die richtige Entscheidung beim Blick in den Spiegel? Oder in der Meditation?

Psychologen unterscheiden in diesem Zusammenhang zwei verschiedene Typen der Motivation. Manchmal kommt der Ansporn, etwas zu tun, aus uns selbst. Das Kind, das mit heißen Wangen in sein Buch vertieft ist, tut dies aus eigenem Antrieb heraus. Seine Motivation ist *intrinsisch,* das heißt: von innen. Ein Kind, das in der Schule genötigt wird, seine Hausaufgaben zu machen, tut dies durch ein Motiv von außen, das heißt *extrinsisch.* Das beste Beispiel, um den Unterschied zu verstehen, stammt von Mark Twain: »In England gibt es reiche Gentlemen, die im Sommer tagtäglich zwanzig oder dreißig Meilen mit einem Vierspänner herumkutschieren, weil dieses Privileg sie eine beträchtliche Summe Geld kostet; würde man sie für diese Dienstleistung aber entlohnen wollen, würde Arbeit daraus, und sie würden darauf verzichten.«

Nicht anders ist es in der Moral. Dass wir unsere Arbeitskollegen nicht umbringen, liegt nicht an der Angst vor Strafen, sondern daran, dass ein normaler Mensch das auch gar nicht will (selbst wenn er es sich in Gedanken manchmal vorstellen mag). Die Motivation ist viel stärker intrinsisch als extrinsisch. Dagegen fehlt für das Zahlen von Steuern gemeinhin jedes intrinsische Motiv. Steuern zu zahlen ist kein arttypisches Verhalten des Menschen aus grauer Vorzeit. Von einem sozialen Instinkt kann deshalb nicht die Rede sein. Die Motivation ist extrinsisch. Wenn wir keine Steuern zahlen, haben wir Strafen zu fürchten.

Schon Aristoteles kannte diesen Unterschied zwischen intrinsischer und extrinsischer Motivation. Der besondere Clou seiner Ethik war eine raffinierte Versöhnung. Tugendhaft zu leben bedeute, die äußeren Motivationen so lange einzuüben, bis man sie in innere Motivationen überführt hat. Praktisch gesprochen meint dies: entweder viel Drill oder viel Selbstaufmerksamkeit, oder am besten beides.

Nicht ganz anders sah das auch Immanuel Kant und die von ihm inspirierten Psychologen und Pädagogen wie Piaget oder Kohlberg. Die höchste Stufe der Moral ist in dem Moment erreicht, wo wir uns selbst in unserem Handeln beobachten und unser Tun mit dem abstimmen, was wir grundsätzlich und allgemein für gut und richtig halten. Und je stärker die intrinsische und die extrinsische Motivation zusammenfließen, umso moralisch reifer sind wir. Zu Deutsch: Gute Menschen sind wir dann, wenn wir unsere moralischen Pflichten gerne erfüllen. Wenn wir das, was wir sollen, auch wollen.

So weit die schöne Idee. Vermutlich gibt es im wirklichen Leben jedoch nur sehr wenige Menschen, die so leben. In der Realität nämlich liegt die Taschenlampe der Selbstaufmerksamkeit äußerst unruhig in unserer Hand. Der US-amerikanische Soziologe Erving Goffman (1922–1982), Professor an der University of California in Berkeley und später an der University of Pennsylvania in Philadelphia, legte hier den Finger in die Wunde. Um unser Selbst mit durchgängiger Aufmerksamkeit zu beleuchten, müsste es ein solches Selbst überhaupt erst einmal geben. Doch das, was wir Identität nennen, zerfällt in Wahrheit in lauter verschiedene Rollen. Der Grund dafür ist ziemlich einfach: Als Lebewesen, die Absichten haben und Absichten bei anderen erkennen können, fühlen wir uns immer beobachtet. Oder mit Goffman gesagt: Wir sind nie völlig authentisch. Ob in der Gegenwart anderer oder auch allein, stets spielen wir uns etwas vor. Wir reden uns etwas ein, stellen uns als etwas dar und geben vor, etwas zu sein.

Tun und Sein, so Goffmann, sind in der Natur des Menschen

niemals das Gleiche. Für unsere Selbstaufmerksamkeit bedeutet dies, dass wir uns selbst immer aus der Perspektive einer Rolle beleuchten, die wir gerade spielen. Und die Pointe daran ist, dass wir uns dabei mehr mit der Rolle identifizieren als mit unserem Selbst. Anders ausgedrückt: Wenn wir uns selbst mit der Taschenlampe beleuchten, so identifizieren wir uns nicht so sehr mit dem, auf den das Licht fällt. Sondern wir identifizieren uns mit dem, der die Lampe hält!

Man kann sich dies an einem fürchterlichen Beispiel klarmachen. Im Prozess über das Polizeibataillon 101 gab einer der angeklagten Polizisten zu Protokoll: »Ich habe mich, und das war mir möglich, bemüht, nur Kinder zu erschießen. Es ging so vor sich, dass die Mütter die Kinder bei sich an der Hand führten. Mein Nachbar erschoss dann die Mutter und ich das dazugehörige Kind, weil ich mir aus bestimmten Gründen sagte, dass das Kind ohne seine Mutter doch nicht mehr leben konnte. Es sollte gewissermaßen eine Gewissensberuhigung für mich selbst sein, die ohne ihre Mutter nicht mehr lebensfähigen Kinder zu erlösen.«[7]

Ausschlaggebend für das Handeln des Polizisten war seine Rolle, die er als Angehöriger des Bataillons zu spielen hatte: Er sollte oder musste Menschen aufstöbern und erschießen. Da diese Rolle aber ganz offensichtlich nicht im Einklang mit jenen Werten stand, die er als Mensch für sich in Anspruch nahm, musste er eine Selbstausrede erfinden, die ihm sein Handeln leichter machte. Statt seine Rolle zu verlassen, veränderte er den Strahl der Taschenlampe, der ihm sein Selbstbild erträglicher machte. Und er brachte es auf diese Weise fertig, sich vor sich selbst und im Vergleich mit anderen noch einigermaßen »gut« zu fühlen.

Für Harald Welzer ist dies der Beweis dafür, dass die Mörder der Shoa sich mehrheitlich nicht völlig aus dem Korsett ihrer Erziehung und Moral gelöst hatten. Stattdessen waren sie darauf bedacht, sich mithilfe der Rollendistanz zu schützen, um ihr Selbstbild als »gute Menschen« nicht zu gefährden. »Es zeigt, dass es die Selbstvergewisserung über ihr *trotz allem* noch intaktes moralisches Vermögen war, die es ihnen erst ermöglichte, Morde zu begehen und sich dabei nicht als Mörder zu fühlen. Sie morden gewissermaßen nicht als Person, sondern als Träger einer historischen Aufgabe, hinter der ihre persönlichen Bedürfnisse, Gefühle, Widerstände notwendig zurückstehen mussten.«[8]

Dass wir unser Selbstbild immer aus einer bestimmten oder unbestimmten Rollendistanz wahrnehmen, macht die Sache der Moral ziemlich kompliziert. Denn die Rolle entscheidet sehr stark mit darüber, wie wir uns in einer Situation verhalten. So gibt es im Fall des Polizeibataillons 101 eine ganze Reihe von Rollennormen, die das Morden erleichterten. Bereits die Uniform eines Polizisten oder Soldaten kann dazu beitragen, unsere sozialen Instinkte außer Kraft zu setzen. Als Uniformträger sind wir auch in der Wahrnehmung anderer nur noch eingeschränkt Mensch. In erster Linie sind wir Träger einer Rolle oder Autorität. Aus Rüstungen wurden Uniformen nicht nur zur Unterscheidung von Heeren und Rangstufen, sondern auch dafür, Individualität zum Verschwinden zu bringen. Sie dienen der Anonymisierung des Gegners, aber eben auch zu einem bestimmten Teil der Selbstanonymisierung. Wenn wir uns als Träger einer Soldatenuniform in eine höhere Befehlsgewalt einreihen, betreiben wir eine Selbstcamouflage gegenüber unseren sozialen Instinkten. Und unter bestimmten Umständen macht der Abzug des Individuellen im Erscheinungsbild mich amoralischer – weil ich mich nicht mehr mit dem identifiziere, der ich *ansonsten* bin.

Nur selten finden wir uns im normalen Leben in Situationen wieder, in denen wir in dem Film, den wir von unserem Leben drehen, den Hauptdarsteller wechseln. Doch dass wir selbstbedrohende Informationen oder Ereignisse so uminterpretieren, dass sie uns weniger ausmachen, gehört zu nahezu jedem Leben dazu. Statt weiter nachzudenken, handeln wir lieber, wie im Fall des Milgram-Experiments. Oder aber wir reden uns die Dinge weniger schlimm, wie im ganz extremen Fall der Polizist des Bataillons, der davon sprach, die Kinder, die er ermordete, zu »erlösen«.

Menschen sind die vermutlich einzigen Tiere, die sich selbst aufmerksam beobachten können. Doch unsere Selbstaufmerksamkeit ist eine begrenzte Ressource, die wir nur begrenzt in Gebrauch nehmen. Darüber hinaus ist sie unserem Glück oft nicht zuträglich. In moralischer Hinsicht kennen wir viele Tricks, wie wir unsere Selbstaufmerksamkeit so an- und ausknipsen, dass es uns oft gelingt, vor uns selbst gut dazustehen.

Dass all dies ohne Spuren für unser Selbstbild bleibt, wird kaum jemand hoffen dürfen. Sich dauerhaft selbst etwas vorzumachen ist schwierig und hat Folgen. Selbst wenn wir uns noch so sehr belügen, uns austricksen und umgehen – an der Tatsache, dass jeder von uns seinem Selbstbild Rechenschaft abzulegen hat, kommen wir nicht vorbei. Jeder normale Mensch ist auf diese Weise gestrickt. Und wer diese Schwierigkeiten und Nöte nicht kennt, darf sich zu einer sehr fragwürdigen Minderheit zählen. Wer etwa andere abwertet, um sich selbst aufzuwerten – einer der häufigsten Tricks in unserem Leben –, rettet sich möglicherweise selbst in der Situation den Kopf. Er fühlt sich freier und besser. Langfristig und dauerhaft jedoch vermiest er sich mit solchen Mitteln die Chance auf ein glückliches und erfülltes Leben.

• *Der kategorische Komparativ.* Warum wir nie verantwortlich sind

Der kategorische Komparativ
Warum wir nie verantwortlich sind

Falls es stimmt, dass eine halbe Wahrheit schon eine halbe Lüge ist, muss logischerweise eine halbe Lüge schon eine halbe Wahrheit sein. Zwei halbe Lügen wären dann die volle Wahrheit.
Guy Rewenig

Luxemburg ist ein friedliches Land. Im Jahr 2008 aber schwappten die Emotionen zwischen Sauer und Mosel hoch wie selten zuvor. Pünktlich zum Autofestival hatte Umweltminister Lucien Lux eine neue Kampagne zum Schutz des Klimas vorgestellt. Autos, die einen geringeren CO_2-Ausstoß hatten, sollten beim Autokauf belohnt werden. Ganze 750 Euro schenkte der Staat jedem klimafreundlichen Autokäufer dazu. Im Gegenzug erhöhte der Minister die Steuern für besonders umweltschädliche Fahrzeuge. Schon seit dem 1. Januar 2007 berechnet der Staat die Autosteuern nicht mehr nach der Größe des Hubraumes, sondern nach dem CO_2-Emissionswert des Fahrzeugs.

Auch die Bevölkerung in Luxemburg hält den Klimaschutz für ein wichtiges Ziel. Man ist umweltfreundlich, und man kann es sich leisten. Der gebildete Luxemburger weiß auch, dass gerade der Individualverkehr in einem erheblichen Ausmaß das Klima belastet. Luxemburg ist ein Autoland. Der Kult ums eigene Blech ist noch größer als in den Nachbarländern. Das Benzin ist billig. Und was der Luxemburger nicht in die Luft bläst, das besorgen die Tanktouristen. Nach Angaben des Umweltministeriums haben sich die Schadstoffbelastungen zwischen 1990 und 2006 fast verdreifacht: von 2,7 Millionen auf 7,3 Millionen Tonnen CO_2.

Auch Luxemburg hat das Kyoto-Protokoll unterzeichnet. Es hat sich verpflichtet, seine CO_2-Emissionen bis 2012 gegenüber 1990 um 29 Prozent zu reduzieren. Eine Umfrage im Jahr 2006 hatte ergeben, dass sich 84 Prozent der Luxemburger Bürger einen Umweltminister wünschten, der ganz konkreten Klimaschutz betreibt. Doch als Lux die größten Umweltschädlinge unter den Fahrzeughaltern zur Kasse bat, blies ihm ein Sturm der Entrüstung entgegen. Wut, Protest und Häme breiteten sich aus. »Wenn mich in den vergangenen Jahren etwas enttäuscht hat«, beschwerte er sich, »dann der fehlende Mut der politischen Klasse in der Diskussion um die Autosteuer. Obwohl im Vorfeld ein breiter Konsens zu besagten Steuern herrschte, wurde am Ende von verschiedenen Seiten eine politische Debatte geführt, die schlicht unwürdig war.«[1]

Was war geschehen? Luxemburgs Autosteuern gehören zu den geringsten in Westeuropa. Und auch nach der Reform wird fast jedes zweite nach 2008 zugelassene Auto mit weniger als 100 Euro im Jahr besteuert. Nur acht Prozent zahlen mehr als 300 Euro im Jahr. Wie also konnten Teile der alles in allem ebenso wohlhabenden wie umweltfreundlichen Luxemburger Bevölkerung gegen eine Maßnahme Sturm laufen, die ihren besten Absichten und langfristigen Interessen entspricht?[2]

Nun ist der Luxemburger gewiss kein Sonderfall. Beim Auto, so darf man auch in anderen Ländern annehmen, hört die Moral auf. Unter der Schutzhülle des Blechs verlässt viele der soziale Instinkt unserer Ahnen, der unseren friedlichen Umgang mit anderen gemeinhin garantiert. Gepanzerte Außenhäute, gepardengleiche Geschwindigkeiten und ein ausgedehnter Platzbedarf von sechs Quadratmetern waren in unserer psychischen Evolution offenbar nicht vorgesehen. Doch auch im Umgang mit unserem vierrädrig erweiterten Selbst entflieht uns sichtbar die Vernunft. Zurechnungsfähige Menschen geben ihren Autos Namen. Und der Staat, der ihre persönliche Sicherheit garantiert, ihre Ausbildung und ihre Rente, erscheint als der natürliche Feind.

Luxemburgs Bürger können sich die neue Autosteuer leisten. Lebten sie in Deutschland, dürften sie sogar darüber jubeln, wie wenig sie zahlen müssen. Aber die protestierenden Luxemburger jubelten nicht. Sie sorgten dafür, dass ihr Umweltminister, der ihnen die schreckliche Zumutung beschert hatte, nicht wieder gewählt wurde. Ganz offensichtlich hatten sie sich nicht mit ihren europäischen Nachbarn verglichen, sondern einzig und allein mit dem Standard vor der Reform.

Das Land Luxemburg lebt, wie kein zweites in der Eurozone, von der internationalen Finanzwirtschaft. Und es ist hochgradig von ihr abhängig. Luxemburg ist eine Tropenhalle in einem Zoo. Öffnete man das Dach, so wäre das Biotop in kürzester Zeit dahin. Die Papageien darin aber würden kaum woandershin fliegen, weil sie zu lange schon mit der Hand gefüttert werden. Wie können gut ausgebildete erwachsene Menschen so seltsam sein? Wie gelingt es ihnen, die Augen vor der sie umgebenden Realität so fest zu verschließen? Wie kann ein geringfügig erhöhter Geldbetrag für die Autosteuer schlimmer sein als der Klimawandel?

Um diese Fragen zu beantworten, muss man verstehen, auf welche Art und Weise sich Menschen mit anderen vergleichen. Alles, was wir über uns selbst wissen, wissen wir im Austausch und im Vergleich mit anderen. Wir wissen, wer wir sind, weil wir wissen, was wir nicht sind. Und weil wir wissen oder ahnen, wie andere uns sehen. Um das Urteil der anderen einzuschätzen, müssen wir diese anderen wiederum vergleichen. Mit anderen anderen und mit uns selbst. Unser ganzes soziales Leben ist eine schier unendliche Abfolge von Vergleichen. Der kategorische Komparativ ist dem Menschen angeboren, der kategorische Imperativ nicht.

In einer idyllischen kleinen Nebenstraße im Stadtteil Lindenthal findet sich der Lehrstuhl für Sozialpsychologie der Kölner Universität. Das Gebäude ist frisch saniert, der Standard liegt weit über dem Niveau der meisten anderen Universitätseinrichtungen. Mein erster Vergleich an diesem Morgen. In dem

Institut, in dem ich vor fast zwanzig Jahren an der Kölner Uni gearbeitet habe, hatte es weniger komfortabel ausgesehen. Verabredet bin ich mit dem Lehrstuhlinhaber Thomas Mussweiler. Ein junger Professor mit einem Lächeln wie Dieter Nuhr. Die Vergleichsstatistik würde vermutlich auswerfen: Deutschlands renommiertester Sozialpsychologe, mindestens seiner Generation. Mussweiler ist gerade erst einundvierzig. Vor vier Jahren hat er den Gottfried-Wilhelm-Leibniz-Preis erhalten, die bedeutendste wissenschaftliche Auszeichnung im deutschsprachigen Raum.

Seit dieser Zeit ist Mussweiler eine feste Größe der Zunft. Erhalten hat er den Preis, weil er eine kleine Revolution auslöste und ein fast fünfzig Jahre altes Dogma kippte. Ziemlich lange hatten Sozialpsychologen angenommen, soziale Vergleiche hätten eine ziemlich schlichte Regel. Vergleiche ich mich mit Menschen, die ich als »schlechter« empfinde, geht es mir gut. Vergleiche ich mich mit »besseren«, fühle ich mich unwohl. Der Mechanismus ist auch jedem Nicht-Wissenschaftler vertraut. Wenn ich in der Schule eine Vier geschrieben hatte, habe ich meine Eltern immer gerne darauf verwiesen, wie schlecht die Arbeit insgesamt ausgefallen war. »Ihr solltet mal sehen, wer alles eine Fünf hat.« Das half mir. Die graue Vier färbte sich merklich heller. Die Politur meiner Worte frischte sie auf. Noch ein paar weitere Sätze, und sie würde anfangen zu glänzen. Schimmerte sie nicht bereits schon ein wenig? Mein Vater hingegen war wenig beeindruckt. Abfälliges Lächeln. Auch er hatte stets die besten Vieren seiner Klasse geschrieben. Ich brauchte mir also keine weitere Mühe zu geben, ihn zu überzeugen.

Auch Mussweiler kennt die Vorzüge und Nachteile von Auf- und Abwärtsvergleichen. Selbstverständlich gibt es Fälle, bei denen ein Vergleich nach unten erhebt und ein Vergleich nach oben deprimiert. Wer beim Fitnesstest an Michael Jordan denkt, ist leichter zu demotivieren, als wenn er sich dabei den Papst vorstellt.[3] Als junger Student hatte Mussweiler seine eigenen Erfahrungen damit gesammelt. Als einer der besten Matheschüler seines Jahrgangs hatte er nach dem Abitur angefangen, Mathematik zu studieren. Doch an der Uni wehte ein anderer Wind. Unter zahlreichen hochbegabten Mathegenies musste er seine Selbsteinschätzung revidieren. Drei Monate hielt er den Vergleich aus. Danach sattelte er um auf Psychologie. Die Arme hinter dem Kopf verschränkt, lächelt er sein Dieter-Nuhr-Lächeln: »Ich habe es nicht bereut, wahrscheinlich wäre ich sonst heute ein schlechter Versicherungsmathematiker.«

Mussweilers eigentliche Pointe aber ist, dass all diese Fälle keine feste Regel bilden. Denn auch Vergleiche »nach oben« können uns motivieren. Warum sonst gibt es Vorbilder, denen wir nacheifern? Die beste Chance für einen positiven Aufwärtsvergleich ist dann gegeben, wenn wir zwischen unserem Vorbild und uns selbst Ähnlichkeiten finden.[4] Jemand Ähnliches, der uns in bestimmter Hinsicht toller erscheint, ist ein ideales Vorbild. Ist er uns hingegen völlig fremd, werden wir ihm wohl nicht nacheifern.

Einen weiteren Beweis dafür lieferte Mussweilers US-amerikanischer Kollege Jonathon Brown von der University of Washington in Seattle.[5] Brown zeigte seinen weiblichen Versuchspersonen die Fotografien von Models. Anschließend bat er die jungen Frauen, ihre eigene Attraktivität einzuschätzen. Wie nicht anders erwartet, fiel das Ergebnis nicht allzu vorteilhaft aus. Bei einem weiteren Versuch ergänzte der Forscher ein Detail. Er erklärte den jungen Frauen, dass er für sie ein Model ausgewählt habe, das am gleichen Tag Geburtstag hätte wie sie. Und siehe da, die Versuchsteilnehmerinnen wurden durch die persönliche Übereinstimmung klar beflügelt. Die (fiktive) Gemeinsamkeit sorgte dafür, dass sie sich dem Model gleich ein wenig ähnlicher fühlten. Sie bewerteten sich selbst deutlich vorteilhafter als die erste Gruppe.

Die Regeln zu verstehen, nach denen wir uns vergleichen, bedeutet viel. Es erklärt uns weit mehr, als nur zu verstehen, wovon es abhängt, ob wir uns schön finden oder schlau. Die Auswirkungen auch für unser moralisches Handeln sind beträchtlich. Ob wir eine Spende von hundert Euro für viel halten, hängt maßgeblich davon ab, wie viel unsere Freunde oder unsere Familie spenden. Und ob die Polizisten des Reservebataillons 101 ihr Tötungshandwerk für »in Ordnung« hielten, bestimmte ebenfalls ihr Umfeld, mit dem sie sich verglichen. Man denke wiederum an den Polizisten, der sich zugutehielt, »nur« Kinder erschossen zu haben. Im Vergleich zu den Taten der anderen sollte dies für ihn »besser« gewesen sein. Der Kindermörder nahm sich seinen Kollegen als Anhaltspunkt, der in seinen Augen etwas Schrecklicheres tat als er – nämlich Mütter zu erschießen.

In der Sprache der Sozialpsychologie ist ein solcher Anhaltspunkt der *Standard* meines Vergleichs. Das drastische und schreckliche Beispiel zeigt, wie *relativ* unsere Moral häufig funktioniert. Der gleiche Mechanismus, mit dem ich mir meine Vier schöngeredet habe, gilt auch für den kindermordenden Polizisten: »Ich habe ja *nur* ... Die anderen dagegen haben ...«

Nicht jeder solcher Vergleichsprozesse ist uns bewusst. Die allermeisten Vergleiche, so Mussweiler, geschehen spontan und völlig unbewusst. Und wir reflektieren nur selten über den *Standard* und den Maßstab unseres Vergleichs. Oft vergleichen wir uns fast wahllos mit irgendjemandem in unserem Umfeld.[6] Natürlich kommt es vor, dass wir diese erste Einschätzung später korrigieren. Aber auch das machen wir seltener bewusst als unbewusst. Unsere Vergleichspunkte verschieben sich, und unsere Vorbilder wechseln wie unsere Feindbilder. Aber für das meiste davon brauchen wir nicht lange in uns hineinzuhorchen. Es geschieht gleitend und oft fast unmerklich.

Zum Wesen unseres permanenten Vergleichens gehört die Oberflächlichkeit. Nur sehr selten geraten wir in die Situation, dass wir uns ganz ausführlich und nach allen Regeln der Kunst vergleichen. Normalerweise reichen uns ein paar Anhaltspunkte völlig aus. Wer zu einem Model-Casting geht, vergleicht seine

Konkurrenz vermutlich weniger nach inneren Werten als nach äußeren Attributen. Bei einem Dichter-Wettlesen hingegen sind die Kriterien andere. Die meisten Menschen, denen wir im Alltag begegnen, sortieren wir ohnehin nur schematisch ein: »alte Frau«, »typischer Obdachloser«, »Polizist«, »penetrante Bedienung«, »netter Nachbar« und so weiter. Die Aufmerksamkeitskapazität unserer Gehirne ist begrenzt. Und als Höhlenbewohner müssen wir nur wissen, was tatsächlich zu unserer (Selbst-)Orientierung beiträgt.

Gleichwohl gibt es auch beim Vergleichen Angewohnheiten. Manches davon dürfte Erziehung sein, vieles ist über Jahre und Jahrzehnte trainiert. Vermutlich können wir die Menschen in unserer Umwelt recht schnell danach einteilen, ob sie eher zu Abwärtsvergleichen neigen oder zu Aufwärtsvergleichen. (Zumindest bei Literaturkritikern ist dies zumeist recht einfach. Die einen verspüren einen unaufhaltsamen Drang, ihr Ego dadurch zu stärken, dass sie bekannte Autoren abwerten. Die anderen dagegen erhöhen sich durch ein Lob, das Kennerschaft verraten soll.)

Das Ärgerliche bei der Moral allerdings scheint zu sein, dass wir gerade auf diesem Gebiet tatsächlich häufiger zu Abwärtsvergleichen neigen als zum Vergleich mit Vorbildern. Was uns beim Sport oder beim Klavierspielen leichtfällt, fällt uns in der Moral viel schwerer. Der Grund dafür liegt vermutlich darin, dass bestimmte Talente und Geschicke nur einen kleinen Teil unseres Selbstbildes ausmachen. Wenn wir uns hingegen moralisch infrage stellen, spielen wir eigentlich immer ums Ganze.

Moralische Vergleiche sind nicht gerade ein Lieblingsgebiet der Sozialpsychologie. Und sie sind vergleichsweise schlecht erforscht. Während es uns beim Sport leichtfällt zuzugeben, dass jemand etwas besser ist, ist dies bei der Moral deutlich schwerer. Viel lieber akzeptieren wir Menschen, die uns so unendlich »gut« erscheinen, dass wir gar nicht erst auf die Idee kommen müssen, ihr Handeln mit dem unseren zu vergleichen. Mutter Teresa und

Mahatma Gandhi stellen unser Selbstbild nicht infrage. Mein Bruder, der meint, dass er moralisch integerer sei als ich, dagegen schon. Wenn man es zynisch betrachtet, könnte man meinen, genau darin läge der psychologische Sinn von »Heiligen« in der katholischen Kirche: Je göttlicher ihre Taten erscheinen, umso weniger haben sie mit den meinen zu tun.

Ganz normale Menschen verbringen viel Zeit damit, tagtäglich ihr Ego zu stärken. Wir führen uns die Schwächen der anderen zu wie eine heilsame Medizin. Überall lauern Inkonsequenzen, Doppelmoral und niedere Instinkte. Und wir selbst? Wir stabilisieren unser Ego durch einen Pakt. Unter Freunden gehen wir die stillschweigende Verabredung ein, uns nicht wechselseitig moralisch zu verunsichern. Die Frage: »Wie viel Prozent deines Einkommens spendest du eigentlich?«, stellen wir schon deshalb nicht, weil ihre postwendende Antwort lautet: »Wie viel spendest du denn?« Auch die beste Freundschaft quittiert solche Anklagen in der Maske einer Frage mit Missstimmung.

Wir lassen uns nicht gerne verantwortlich machen. Wer darf uns dazu ermahnen, Geld für den Erhalt von Regenwäldern zu spenden? Wem hören wir zu, wenn er uns vorwirft, zu egoistisch zu sein? Von wem lassen wir uns sagen, dass wir bei der Erziehung unserer Kinder etwas falsch machen? Wer uns ins Gewissen reden will, braucht dafür eine besondere Lizenz, die wir oft genug nicht einmal unseren Ehepartnern ausstellen. Moralisieren ist ein Wort mit unangenehmem Klang. Und der »Moralapostel« ist kein gern gesehener Zeitgenosse.

Seit den 1990er Jahren schützt uns das Wort »Gutmensch« davor, allzu gut sein zu müssen. Zwar entstand der Begriff schon im Nationalsozialismus als Schimpfwort. Allgemeine Beliebtheit aber gewann er erst, als jüngere Kritiker gegen den moralischen Anspruch der 1968er-Bewegung zu Felde zogen. Mit einem Mal war man alle Sorgen los. Denn wer wollte schon so aufdringlich moralisch und naiv sein wie die »Gutmenschen«? Der Angriff auf die guten Absichten war so fundamental, dass sich die Ge-

geißelten noch nicht einmal fragten, ob ihre Kritiker denn nun ihrerseits das Gegenteil, nämlich »Bösmenschen« seien.

Wir leben heute in einer Gesellschaft, in der es üblich ist, »die Menschheit« zum Guten zu ermahnen. Aber wer ist das schon, die Menschheit? Trifft es uns selbst, so erinnern wir uns daran, dass wir keine kleinen Kinder mehr sind, die sich erziehen lassen müssen. Von wo aus bezieht der Moralist seine Autorität? Ist er denn tatsächlich ein besserer Mensch als wir? Unsere Vergleichsmaschine im Kopf findet sicher schnell etwas, das ihn entwertet. Und mit der Abwertung des Appellierers verblasst zugleich der Appell.

Vergleiche sind eine höchst willkürliche Sache. Und sie sind relativ. Wenn wir uns morgens im Spiegel betrachten, vergleichen wir uns nicht (oder doch nur sehr selten) mit unserem Gesicht von vor zehn Jahren. Normalerweise vergleichen wir uns mit unserem Gesicht »in der letzten Zeit«. Nicht anders in der Moral. Auch hier haben wir es bei unseren Vergleichen mit *shifting baselines* zu tun. Kein Mensch, den ich persönlich kenne, orientiert sich als Anhaltspunkt seiner Taten an Platons Idee des Guten oder am kategorischen Imperativ. Selbst unsere eigenen Maßstäbe aus früherer Zeit sind für uns nicht verpflichtend. Mit Grausen denkt der erfolgreich angepasste Alt-68er an den moralischen Furor seiner Jugend. Dass ein ehemaliger linker Fundamentalmoralist und Ökorebell wie Joschka Fischer heute als Lobbyist und *elder salesman* für Automobil- und Energiekonzerne durch die Welt tourt, ist ein Exempel für die *shifting baselines* unserer nicht nur moralischen Kontoführung. »Das Sein«, so erkannte bereits Fischers ehemaliges Idol Karl Marx, »bestimmt das Bewusstsein.«

Wir wollen nicht gut sein, sondern uns im Zweifelsfall lediglich besser fühlen als unsere Geschwister, Nachbarn, Arbeitskollegen oder Schwager. Die *Standards* sind dabei so irrational, wie unsere Anspruchshaltungen an uns und andere verschiebbar sind. Unsere Wünsche und Befürchtungen treiben uns durch die

Tage und Nächte. Und »Realität« ist die Art, wie wir uns die Welt dabei zurechtlegen: unsere persönlichen Neigungen. Die Dinge, an die wir glauben. Die Werte der Gesellschaft, die für uns gelten oder eben nicht. Die Verbote, an die wir uns mehr oder weniger halten. Und die Leistungsideale, die wir danach bewerten, inwiefern es uns gegeben ist, an ihnen teilzunehmen. Der Langzeitarbeitslose verlacht die Leistungsgesellschaft; der soziale Aufsteiger glaubt an sie. Der wohlhabende ungebildete Unternehmer schmunzelt über den armen Intellektuellen. Der arme Intellektuelle verachtet den ungebildeten Unternehmer. *Abstrakt* aber sehen wir fast alle in allem positive Werte: in Leistung, Bildung und Wohlstand.

Menschen definieren sich selbst dadurch, dass sie sich mit anderen vergleichen. Der weitaus größte Teil dieser Vergleiche geschieht spontan und unbewusst. Aufwärtsvergleiche können uns motivieren oder demotivieren – abhängig davon, ob wir es schaffen, uns mit unseren Vorbildern zumindest ein bisschen zu identifizieren. Abwärtsvergleiche dienen dazu, unser Selbstwertgefühl zu stabilisieren. Umso schlechter die anderen, umso relativ besser komme ich dabei weg. In der Moral dienen Abwärtsvergleiche der moralischen Entlastung. Warum soll ich gut sein, wenn es die anderen auch nicht sind? Auf diese Art und Weise gelingt es uns immer wieder, uns für sehr vieles nicht verantwortlich zu fühlen.

Vergleiche allerdings sind nur *ein* Instrument unserer moralischen Buchführung. Die anderen sind Verschieben, Vertagen und Verdrängen. Oder wir suchen uns einfach die passenden Worte und schaffen uns unsere psychischen Nöte damit weg ...

- *Moralische Buchführung.* Wie wir uns unser Selbstbild zurechtlügen

Moralische Buchführung
Wie wir uns unser Selbstbild zurechtlügen

Ich wusste es, aber ich habe es nicht geglaubt.
Und weil ich es nicht geglaubt habe, wusste ich es
auch nicht.
Raymond Aron

Die Säuberungsaktion begann über Nacht. Mitte März 2009 änderte die US-amerikanische Regierung ihren Sprachgebrauch.[1] Der »Krieg gegen den Terror«, eine Erfindung der Ära George W. Bush, verschwand im Giftschrank. Man verwende das Wort nicht mehr, erklärte die neue Außenministerin Hillary Clinton. Stattdessen sprach sie freundlich von *Overseas Contingency Operations,* von »Krisenfallmaßnahmen in Übersee«. Auch die *Enemy Combatants,* die »feindlichen Kombattanten« der Bush-Zeit, verschwanden hinter den Kulissen. Als spitzfindige Neuschöpfung hatten sie dazu gedient, Kriegsgefangene der USA der III. Genfer Konvention zu entziehen. Wer als sogenannter *Enemy Combatant* gefasst wurde, hatte im Gefangenenlager von Guantanamo keine Rechte.

Die US-Regierung von Präsident Obama beendete den Spuk im Wortumdrehen. Aus dem »Krieg« wurde ein bürokratisches Ungetüm. Denn was die USA im Irak oder in Afghanistan trieben, sollte nun so zivil klingen, dass es sich wie eine Aktion des Roten Kreuzes anhörte. Mit den Worten ändern sich die Gefühle, die Verantwortung und die Suggestionen. Und während die eine Regierung durch ihren kriegerischen Wortgebrauch eine Selbstverteidigungssituation heraufbeschwor, die es in dieser Form nie gab, versteckte die andere Regierung ihre Kriegsführung unter dem Deckmantel ziviler Maßnahmen. Der englische Dichter George Orwell hatte zu dem einen genauso wenig Zutrauen wie zu dem anderen. »Politische Sprache«, schrieb er 1956, »ist dazu geschaffen, Lügen wahrhaft und Mord respektabel klingen zu lassen.«

Politiker lügen mit Worten, die den Sinn dessen verschleiern, um was es geht. Jeder Rückzug der deutschen Wehrmacht geriet bei Propagandaminister Joseph Goebbels zu einer »Frontbegradigung«. Die Juden waren »Schädlinge«, die aber nicht vergast wurden, sondern »umgesiedelt«. Auch heute noch ist des Täuschens mit Worten kein Ende. Der Krieg der Bundeswehr in Afghanistan wird nicht als solcher benannt. Die Menschen werden nicht durch Bomben zerfetzt, sondern durch »Luftschläge«. Und Gesetze werden nicht korrigiert, sondern »nachgebessert«, nachdem man sie vorher »auf den Weg gebracht« hat wie Schulkinder.

Aber Politiker sind durchaus keine Ausnahme. Die Kunst, sich und andere durch Worte zu täuschen, ist eine urmenschliche Eigenschaft. Gemeinhin lernen wir sie bereits in der Grundschule. Und je besser es uns gelingt, andere davon zu überzeugen, dass unser Tun und Lassen richtig und harmlos war, umso mehr beruhigen wir uns damit selbst. Gut gesetzte Worte sind ein probates Mittel gegen das große Loch im Gewissen. Um unser Selbstbild von länger anhaltender Selbstkritik frei zu halten, schrecken wir vor wenig zurück. Im Krieg ist nahezu jedes Mittel gerechtfertigt, weil man nicht Menschen tötet, sondern *Feinde*. Der Feind ist dabei nicht etwa eine »Metapher«, ein »Bild« oder ein »Konstrukt«, sondern er *ersetzt* tatsächlich den Menschen.

Im Zivilleben haben wir viele vergleichbare Tricks. Die gleiche Vernunft, die uns in die Lage versetzt, über uns selbst und unser Handeln zu reflektieren, hilft uns auch dabei, uns zu entlasten, zu entschuldigen und zu beruhigen. »Wenn's drauf ankommt, eine Geliebte zu betrügen, da ist der Dümmste ein Philosoph«, meinte Johann Nepomuk Nestroy in seiner Komödie *Der Treulose*.

Je intelligenter Menschen im Lauf des Evolutionsprozesses wurden, umso wichtiger wurde ihnen die Frage nach ihrem Selbstbild und ihrem Gewissen. Dabei gehört es zu den wenig überraschenden Erkenntnissen der Sozialpsychologie, dass eine Art von Information uns ganz besonders interessiert: Informationen über uns selbst. Wenn uns zu Ohren kommt, was ein Freund, ein Bekannter oder ein Arbeitskollege Nettes oder weniger Nettes über uns gesagt hat, hören wir zumeist sehr genau hin. Jedenfalls mehr, als wenn es um deren Meinung über Fußball, Rotwein oder Urlaubsparadiese geht. Unser liebstes Thema sind wir selbst. Beim Test mit den Model-Fotografien genügte es den jungen Mädchen bereits, dass sie am gleichen Tag Geburtstag haben sollten wie die Models, um sich stärker mit ihnen zu identifizieren. Je mehr wir uns selbst irgendwo wiederfinden, umso wichtiger wird es uns.

Unser Selbstbild ist unser höchstes Gut. Doch die vielen Zehntausend Jahre des intellektuellen Reifungsprozesses gaben uns auch die Chance, wirksame Gegengifte zu entwickeln gegen die Gefahr dauerhafter Gewissensqualen. Wir können unsere Skrupel durch Abstraktionen entschärfen, wir können sie umschminken und umdeuten, wir können sie verdrängen und verschieben. Die erstaunliche Fähigkeit, die Welt aus verschiedenen Perspektiven zu betrachten, die uns von allen anderen Tieren zu unterscheiden scheint, ist ein Geschenk und ein Fluch. Wir können Ansichten entwickeln, und wir können diese Ansichten ändern. Wir können sogar zu ein und derselben Sache gleichzeitig verschiedene Ansichten haben. Unsere hochdifferenzierte Sprache erlaubt es uns, von einem bestimmten Lebensalter an die Dinge aus verschiedenen Blickwinkeln zu betrachten.

Je besser wir abstrahieren können, umso moralischer und unmoralischer können wir uns verhalten. Oder wie der englische Literaturwissenschaftler und Kulturphilosoph Terry Eagleton (*1943) von der University of Lancaster schreibt: »Wie das Feuer, so ist auch das Abstraktionsvermögen eine zwiespältige Gabe, schöpferisch und zerstörerisch zugleich. Sie erlaubt uns, über die Gemeinschaft als Ganze nachzudenken, aber auch, die Gemeinschaft als Ganze mit chemischen Waffen zu vernichten.«[2]

Wenn es richtig ist, dass nahezu alle Menschen ihrem Selbstbild verpflichtet sind, so verwundert es wenig, dass wir ein so großes Arsenal an Waffen entwickelt haben, um uns vor vernichtender Selbstkritik zu schützen. Wie die vielen Vergleiche mit unseren Mitmenschen, so dient auch unsere trickreiche moralische Buchführung dazu, uns selbst in ein vorteilhaftes Licht zu setzen. »Gemeinhin wollen wir ganz einfach glauben, dass wir vernünftige, anständige Leute sind, die richtige Entscheidungen treffen, sich nicht unmoralisch verhalten und redlich agieren. Kurz gesagt, wir wollen glauben, dass wir keine einfältigen, grausamen und absurden Dinge tun.«[3]

Der innere Gerichtshof, vor dem wir unser Tun und Lassen zu verantworten haben, ist bei weitem nicht so neutral, wie etwa Kant ihn sich erträumte. Stattdessen haben wir es zumeist mit einem bestochenen Staatsanwalt zu tun und einem ziemlich parteiischen Richter. Wie sonst wäre es möglich, dass sich die meisten Angeklagten des Polizeibataillons 101 vor Gericht unschuldig fühlten? Sie waren nicht für ihre Taten verantwortlich gewesen, die anderen hatten ja auch ... und außerdem hätten sie sich bei allem bemüht, das Schlimmste zu verhüten. Ein großes Haus an Rechtfertigungen auf einem schmalen Fundament an Moral.

Zu den erstaunlichsten Phänomenen unserer Alltagspsychologie gehört es, dass wir, wenn es hart auf hart kommt, fast nie schuld sind, sondern immer die Umstände. Beurteilen wir hingegen die Taten der anderen, so sind gerade nicht die Umstände schuld, sondern die Personen. Jemand anders ist dumm, weil er nicht gemerkt hat, dass ... Er ist ein Stümper, ein Idiot, ein Schwätzer, ein Lügner usw. Wir selbst hingegen sind nichts dergleichen. Wir reagieren nur gelegentlich falsch, weil wir in der Situation nicht anders konnten.

Man sollte es sich allerdings nicht zu leicht machen: All diese

Mechanismen des Verdrängens, Verschiebens und Schönredens haben natürlich auch ihre guten Seiten. Denn wer nicht verdrängen, verschieben und vertagen kann, wird vermutlich schnell an sich selbst und an der Welt irre. Spätestens seit jenen tragischen Momenten, in denen sich unsere Vorfahren in Savanne, Höhle, Wald und Steppe das erste Mal klarwurden, dass sie sterblich waren, entwickelte sich das Verdrängen und Schönreden zu einem Segen. Man legte den verstorbenen Angehörigen nützliche Grabbeigaben hinzu, in der Jungsteinzeit nicht anders als in Ägypten, als ob das Leben nach dem Tod einfach so weiterginge. Die Verdrängung nahm ihren Lauf. Und selbst jene Gesellschaften, die den Glauben an ein Leben nach dem Tod mehr und mehr verlieren, wie die unsere, haben ihre Verdrängung gefunden: Wir reden nicht drüber und versuchen so wenig wie möglich daran zu denken. Oder mit dem Kunsttheoretiker Bazon Brock gesagt: »Der Tod muss abgeschafft werden, diese verdammte Schweinerei muss aufhören. Wer ein Wort des Trostes spricht, ist ein Verräter.«

Verdrängen ist gesund. Und es erspart – zumindest kurzfristig – schlechte Laune. Was würde aus uns werden, wenn wir uns bei jeder Mahlzeit vergegenwärtigten, wie viele Menschen just zur selben Zeit verhungern? Wer könnte noch eine einzige »Tagesschau« beruhigt überstehen, wenn er sich das Elend der gezeigten Kriege tatsächlich ernst und tief vergegenwärtigte? Und wer möchte sich täglich für jede seiner Handlungen ausführlich vor sich selbst rechtfertigen?

»Das gute Gewissen«, meinte einst der Theologe und Urwaldarzt Albert Schweitzer, »ist eine Erfindung des Teufels.« Aber es ist ohne Zweifel eine notwendige Erfindung. Die Frage ist nicht, *ob* wir uns unser Gewissen schöntrinken dürfen, sondern nur: in welchem Ausmaß und unter welchen Umständen.

Versuchen wir uns zu vergegenwärtigen, was in unserem Gehirn geschieht. Die Arbeit unseres Geistes besteht fortwährend darin, in unseren Gefühlen und Gedanken für Ordnung zu sorgen. Wir bündeln die Eindrücke und Informationen, die wir aufnehmen. Und wir vereinfachen und vereinheitlichen sie. Bereits unsere Sinne filtern aus Millionen von Daten das für uns Sinnvolle heraus. Nicht anders als bei allen anderen Tieren. Aber im Gegensatz zu den anderen Tieren schaffen wir uns nicht nur ein Weltbild, sondern auch ein Selbstbild.[4] Kein anderes Tier dürfte derart intensiv damit beschäftigt sein, sich selbst aufzuräumen und zu entwirren. Dabei nutzen wir Schemata, die unser Denken erleichtern sollen. Sie sind die Grubenlampen in der Höhle. Mit ihrer Hilfe tasten wir uns vorwärts. Auch die Vorstellung, wer wir selbst sind, ist schematisch. Wir halten uns für intelligent, für gutmütig, für ungeduldig, hilfsbereit und so weiter. Die Adjektive, die wir für uns selbst finden, bündeln die unübersichtlichen Fäden unserer Psyche. Sie helfen uns nicht einfach nur, uns zu beschreiben. Vielmehr tragen sie dazu bei, uns selbst erst zu *erfinden*.

Was wir bei der Erfindung unseres Selbst am wenigsten vertragen können, sind starke Irritationen. Es tut uns gemeinhin nämlich sehr gut, die Illusion zu haben, uns in- und auswendig zu kennen. Und ebenso wichtig ist es, dass wir, soweit möglich, mit uns selbst im Reinen sind. Unser Gehirn hat ein untrügliches und sehr starkes Bedürfnis nach einer physiologischen und psychischen Balance.

Der Mann, der dies als Erster ausführlich untersuchte, war der US-amerikanische Sozialpsychologe Leon Festinger (1919–1989). Festinger war einer der Pioniere seines Fachs. Als Professor an mehreren führenden US-amerikanischen Universitäten machte er sich einen Ruf und die Sozialpsychologie zu einer anerkannten Wissenschaft.

Seinen Durchbruch erlangte er, als er sich Anfang der 1950er Jahre mit einer Schar von Weltuntergangspropheten befasste. Die selbsternannte Priesterin Marian Keech, die in Wisconsin ihr Unwesen trieb, behauptete, dass die außerirdische Sananda vom Planeten Clarion sie mit geheimen Botschaften versorgte.

Wie alle Weltuntergangsapostel verstieg sich Keech zu der narzisstischen Idee, dass ausgerechnet sie auserwählt sei, eine bevorstehende Apokalypse zu überleben. Eine neue Sintflut würde die Menschheit in Kürze davonspülen. Statt sich die naheliegende Frage zu stellen, warum Sananda sich berufen fühlte, ausgerechnet Mrs Keech zu retten, versammelte sie eine Kolonie von Sektenmitgliedern um sich. Betend und meditierend erwarteten sie das Weltenende und warteten auf Sanandas fliegende Untertassen.

Als die Katastrophe bedauerlicherweise ausblieb, hätte die Sekte eigentlich auseinanderstieben müssen. Doch nun geschah das wahrlich Unfassbare. Statt sich einzugestehen, dass man sich einen Mumpitz hatte einreden lassen, verfiel man in starren Trotz. Die Sektenmitglieder behaupteten nun, dass sie es waren, die den Weltuntergang verhindert hätten. Ihre Gebete seien von Gott erhört worden, worauf dieser beschlossen hatte, die Menschheit noch einmal zu begnadigen.

Festinger stellte sich die Frage, was wohl in den Köpfen der Sektenmitglieder vor sich gegangen war. Wenn Anspruch oder Selbstanspruch auf eine Realität treffen, und es gibt einen schrillen Missklang, ist das für nahezu alle Menschen äußerst unangenehm. Das Wort, das Festinger für diesen Missklang fand, wurde in der Psychologie weltberühmt. Er nannte ihn *kognitive Dissonanz*.[5]

Der Prototyp für eine kognitive Dissonanz ist bereits mehr als zweieinhalbtausend Jahre alt. Es ist die Fabel vom Fuchs und den Trauben des griechischen Dichters Äsop. Der Fuchs möchte zu gerne die Trauben fressen. Doch sosehr er sich auch darum bemüht sie zu erreichen, es gelingt ihm nicht. Die Trauben hängen zu hoch. Der Gefühlszustand des Fuchses ist äußerst unangenehm. Er kriegt nicht, was er will. Und eigentlich müsste er sich nun eingestehen, dass er unfähig ist, sein Ziel zu erreichen, weil er schlicht zu klein ist, nicht hoch genug springen kann und nicht fliegen. In dieser Lage greift der Fuchs zu einer Selbstüberlistung. Er fängt an, das Ziel seiner Wünsche zu entwerten. Sind die Trauben wirklich so begehrenswert? Nach einiger Zeit ist der Fuchs überzeugt, dass sich die Mühe eigentlich nicht lohnt. Ganz bestimmt sind die Trauben viel zu sauer, als dass man sich anstrengen müsste, sie zu bekommen.

Die Kunst, alles zu entwerten, was wir nicht beherrschen, ist unter Menschen sehr verbreitet. Und sie erleichtert das Selbstbewusstsein ganz beträchtlich. Gemeinhin nämlich sind kognitive Dissonanzen nur schwer zu ertragen. Wir lieben es überhaupt nicht, wenn wir unseren eigenen Ansprüchen nicht gerecht werden. Wir sind beunruhigt, wenn andere Menschen ein deutlich schlechteres Bild von uns haben als wir selbst. Wir sind frustriert, wenn wir uns eingebildet haben, etwas zu können, und plötzlich feststellen müssen, dass wir uns überschätzen. Und wir wehren uns höchst verärgert, wenn andere uns für dümmer oder moralisch schlechter halten, als wir uns selbst sehen.

In solcher Lage gibt es verschiedene Reaktionsmöglichkeiten. Am nächstliegenden wäre es, ein bestimmtes Verhalten zu ändern oder unser Selbstbild zu korrigieren. Doch genau das tun wir nur sehr selten. Viel lieber lassen wir denjenigen in Ungnade fallen, der unsere kognitive Dissonanz ausgelöst hat. Wer ist eigentlich derjenige, der es wagt, uns zu kritisieren? Ist er tatsächlich »besser« als wir? Was bildet sich dieser Mensch ein?

Ein häufig genanntes Beispiel dafür ist das Rauchen. Wir möchten gerne damit aufhören, weil wir wissen, dass es sehr schädlich für uns ist. Aber wir schaffen es nicht, uns zu überwinden und die Sucht zu besiegen. Ohne Zweifel eine kognitive Dissonanz. Tun und Wissen erzeugen einen Missklang. Was machen wir? Nun, wir können uns sagen, dass es bei uns schon nicht so schlimm werden wird und wir bestimmt keinen Krebs davon kriegen. Wir denken an Personen, die trotz Rauchens sehr alt geworden sind, und hoffen, bei uns wird das schon ähnlich gut klappen. Unter anderen Rauchern machen wir uns über den Gesundheitswahn und die Intoleranz der Nichtraucher lustig.

Wir fühlen uns als die letzten wahren *free spirits* und bilden ein Raucherethos aus. Und wenn jemand uns auffordert aufzuhören, empören wir uns, mit welchem Recht ausgerechnet dieser andere uns Vorhaltungen macht.

Unsere Intelligenz, unsere Attraktivität und unsere Integrität sind die Dinge, die wir am wenigsten gern infrage gestellt sehen. Bezeichnenderweise sind dumme Menschen oft auch so dumm, sich nicht für dumm zu halten. Und je unmoralischer wir sind, umso unmoralischer gehen wir oft mit unserer Unmoral um. Es gibt Menschen, die über Leichen gehen, nur um ihre kognitiven Dissonanzen zu kaschieren. Und für die Sektenmitglieder von Marian Keech war es viel leichter, sich in die noch abstrusere Idee zu flüchten, die Welt gerettet zu haben, als zuzugeben, dass sie einem Blödsinn aufgesessen waren.[6] Es ist, so scheint es, leichter an Ufos zu glauben, als sich die eigene Naivität einzugestehen.

Unsere moralische Buchführung ist ein guter Ort für unseren Egozentrismus. Schon der US-amerikanische Universalgelehrte und Politiker Benjamin Franklin (1706–1790) erkannte klug, dass unser Maß für Sympathie und Antipathie etwas überaus Selbstverliebtes hat. Wenn wir einem anderen Menschen einen Gefallen tun, so wird uns dieser Mensch fast zwangsläufig sympathischer. Das Stück Gute, das wir ihm von uns mitgeben, leuchtet uns von nun an aus seinen Augen an. Entscheiden wir uns aber dazu, dem anderen nicht zu helfen, so legitimieren wir unser Nichtstun fast immer durch eine Abwertung. Um vor uns selbst nicht als schlecht oder ungerecht dazustehen, reden wir uns noch einmal kräftig ein, dass der andere unserer Hilfe ja auch definitiv nicht würdig ist.

Wo ein soziales Handeln ist, sind auch eine Rechtfertigung und eine Selbstbestätigung. Und wenn wir es dabei nicht schaffen, unser Verhalten an unsere Überzeugungen anzupassen, wie zum Beispiel beim Rauchen, so passen wir eben unsere Überzeugungen an unser Verhalten an. Eine dritte Möglichkeit liegt darin,

Aspekte hinzuzuziehen, die nichts mit der Sache zu tun haben, uns aber helfen, uns wieder etwas besser zu fühlen. In der Pubertät erreichen solche Nebenkriegsschauplatz-Argumentationen ihren Höhepunkt. Aber es gibt sie ebenso bei Erwachsenen. Der Raucher, der es nicht schafft, von seinen Zigaretten loszukommen, kann sich zum Beispiel sagen: Immerhin trinke ich nicht besonders viel Alkohol. Gleich kommt er sich etwas gesünder vor. Und im Vergleich mit einigen Freunden, die deutlich mehr trinken als er, wertet er sich rasch auf. Ob diese Argumentation den heraufdämmernden Lungenkrebs überzeugen wird, nicht weiter zu wachsen, ist freilich eine andere Sache.

Ein schönes Beispiel einer solchen indirekten Rechtfertigung durch Verlagerung sind die »schwarzen Kassen« des damaligen Bundeskanzlers Helmut Kohl. Dass Kohl die Namen der Personen nicht nennen wollte, die ihm heimlich Parteispenden hatten zukommen lassen, erschütterte sein Ansehen zutiefst. Kohl selbst flüchtete sich in einen höchst zweifelhaften Ehrbegriff, wonach die Loyalität gegenüber den Spendern moralisch höherrangig sein sollte als seine Verpflichtung, dem deutschen Volk Rede und Antwort zu stehen. Die vielen Kommentatoren zu Kohls Parteispendenaffäre aber ließen es sich nicht nehmen, immer und immer wieder zu wiederholen: Was auch immer Kohl getan hätte, seine Verdienste um die deutsche Einheit könne ihm keiner nehmen! Was um alles in der Welt hatte das eine mit dem anderen zu tun? Der einzig berechtigte Grund, Kohls Verdienste um die Einheit an diesem Punkt ins Spiel zu bringen, wäre gewesen, wenn Kohl die deutsche Vereinigung *mit Hilfe* seiner schwarzen Kassen ermöglich hätte.

Nicht alle kognitiven Dissonanzen sind uns auch tatsächlich bewusst. Ansonsten sähe die Welt vermutlich anders aus. Wenn Politiker aus den angrenzenden Staaten zum Klimagipfel nach Kopenhagen mit dem Flugzeug fliegen und dabei Tonnen von Kerosin in die Luft blasen, illustrieren sie auf sinnfällige Art und Weise, dass sie ihr Thema offensichtlich nicht ernst nehmen. Und wo bleiben die Konsequenzen des kleinen Mannes, der von den Politikern erwartet, dass sie etwas gegen den Klimawandel tun? Hat er zumindest sein großes Auto gegen ein ganz kleines eingetauscht? Um hier tatsächlich eine kognitive Dissonanz zu erleben, bedarf es offensichtlich eines Zeigefingers von außen, der in unserem Selbstbild herumpult.[7]

Seit Festingers Forschungen aus den 1950er Jahren weiß die Sozialpsychologie um die immense Bedeutung von kognitiven Dissonanzen für unsere Psyche. Und sie kennt inzwischen all die Kniffe, mit deren Hilfe wir unsere Gefühle, unser Denken und unser Selbstbild wieder in Sicherheit bringen. Bedauerlicherweise aber haben sich Moralphilosophen nur selten damit beschäftigt. Vermutlich einerseits, weil Philosophen wenig sozialpsychologische Literatur lesen. Zum anderen wohl auch, weil die meisten der Kniffe, mit denen wir uns selbst zurechtrücken, unbewusst ablaufen. Das heißt: In den meisten Fällen merken wir gar nicht, wie sehr wir herumtricksen.

Würden wir uns selbst so gut überschauen, wie Aristoteles oder Kant sich den Menschen gewünscht hatten, so würden wir niemals so trotzig an Meinungen oder Weltanschauungen festhalten, wie wir es gerne tun. Gerade in der Politik sortieren wir, wie Jonathan Haidt gezeigt hat (vgl. *Gefühl gegen Vernunft. Wer trifft unsere Entscheidungen?*), alle Argumente stets danach aus, ob sie uns in den Kram passen. Und was nicht passend ist, wird passend gemacht. Hauptsache, wir müssen uns nicht völlig umorientieren und etwas dazulernen. Wer mit sechzig Jahren noch seine politische Meinung ändert, läuft immer Gefahr, sein eigenes Verhalten in den Jahren davor radikal in Frage stellen zu müssen. Man müsste zugeben, dass man sich jahrzehntelang etwas vorgemacht hat. Wer aber hat schon die Größe, so etwas zu tun?

Auch die Hirnforschung bestätigt heute die vielen unbewussten Mechanismen, die wir anwenden, um unsere kognitiven Dissonanzen trickreich auszugleichen. Der US-amerikanische Psychologe Drew Westen (*1959), als Professor an der Emory

University in Atlanta ein Kollege von Frans de Waal, untersuchte dazu das poltische Bewusstsein von US-Amerikanern.[8] Er wollte wissen, wie die Parteigänger der Republikaner und der Demokraten die Fernsehdebatte zwischen George W. Bush und seinem Herausforderer John Kerry im Jahr 2004 beurteilten. Wie nicht anders vermutet, sahen die Bush-Anhänger Bush vorn und die Kerry-Anhänger Kerry. Doch was passierte dabei in ihren Gehirnen? Westen beobachtete, wie die Emotionszentralen des Gehirns stets dafür sorgten, dass jede Irritation sofort beseitigt wurde, damit alles beim Alten blieb. Das Fazit bestätigt jeden üblen Verdacht: »Keine der Verschaltungen, die für das bewusste Denken zuständig sind, war sonderlich beteiligt ... Tatsächlich erscheint es, als ob Parteigenossen das kognitive Kaleidoskop herumwirbeln, bis sie die Schlussfolgerungen haben, die sie wollen. Jedermann ... akzeptiert ein emotional verzerrtes Urteil, wenn er ein persönliches Interesse daran hat, wie die ›Fakten‹ zu interpretieren sind.«[9]

Das beste Mittel, jemandes Einstellung zu ändern, ist deshalb vermutlich nicht, ihn zu bekämpfen oder ihm zu widersprechen. In dieser Situation werden kognitive Dissonanzen gar nicht erst zugelassen. Das beste Mittel ist der vergiftete Zuspruch. Zum Beispiel dadurch, dass ich eine Meinung mit völlig unsinnigen Argumenten freundlich unterstütze. Noch schlimmer ist es, wenn Menschen mir beipflichten, deren Weltbild mir völlig unsympathisch oder zuwider ist. Wer freut sich schon über Lob aus einer verdächtigen Ecke? In diesem Moment öffnet sich die Tür zur kognitiven Dissonanz, und es beginnt häufig das Nachdenken.

Unser Gehirn belohnt uns dafür, wenn wir es schaffen, Unstimmigkeiten und Missbehagen zu beseitigen und glattzubügeln. Was auch immer wir zu entscheiden haben, stets suchen wir nach einem Resultat, mit dem wir in Frieden leben können. Aus diesem Grund füllen wir unser moralisches Konto auch Stück für Stück wieder auf, wenn wir uns etwas zu Schulden haben kommen lassen.

Wir gehen moralisch regelmäßig über Los und streichen ausgleichende Summen ein. Und mit der Zeit schmelzen unsere moralischen Schulden oft dahin – jedenfalls die vielen kleinen. Statt mit einem objektiven Gerichtshof haben wir es bei unserem Gewissen eher mit einer Art doppelter Buchführung zu tun, die zahlreiche Tricks kennt, um ihre Bilanzen zu fälschen.

So parteiisch wir mit uns selbst umgehen, so willkürlich betrachten und behandeln wir auch die anderen. Während wir unseren Freunden fast alles verzeihen, verzeihen wir unseren Feinden fast nichts. Wir orientieren uns dabei nicht an einem »objektiven« Erkenntnisstand, sondern an Charakterbildern, die wir uns voneinander zurechtlegen. Unser Freundeskreis sieht uns anders als unsere Arbeitskollegen oder unsere Nachbarn. »Die jeweils begrenzten Kenntnisse anderer über unser Verhalten« stapeln sich dabei kaum zu einem Gesamtbild, »sie fließen selten in einer Hand zusammen. Die Gefahr einer Gesamtbilanz ist ziemlich gering.«[10] Mit anderen Worten: Da die Gefahr klein ist, dass andere Menschen uns je in unserer Gesamtheit kennenlernen und durchschauen, können wir verschiedene moralische Rollen spielen. Und je arbeitsteiliger und komplizierter eine Gesellschaft sich zergliedert, umso mehr Widersprüche können wir uns leisten.

• *Der Broker, der Kakao und die Kinder in Ghana.* Warum wir nie zuständig sind

*Der Broker, der Kakao und
die Kinder in Ghana*
Warum wir nie zuständig sind

Meinen Stiefsohn Matthieu beschäftigt eine Frage. Bei seinem Aufenthalt in einer Sprachschule in Cambridge zeigte die Lehrerin ihren Studenten eine BBC-Dokumentation über den Anbau und den Handel mit Kakao. Das Gezeigte hinterließ seine Wirkung. Mehr als zweieinhalb Millionen Kinder im Alter zwischen fünf und sieben Jahren arbeiten allein in Ghana auf den Kakaoplantagen unter zum Teil entsetzlichen Bedingungen. Das westafrikanische Land ist der zweitgrößte Kakaoproduzent der Welt. Schon früh angelernt, vergiften sich die Kinder mit Pestiziden. Ihre kleinen Körper werden mit großen Lasten beladen, sie erleiden Verletzungen und Wachstumsdeformationen. Das große Geschäft aber machen andere. Westliche Herstellerfirmen verdienen Millionen. Das nächste Bild: Ein New Yorker Broker erklärt lächelnd seine phantastischen Gewinne. Bis zu achtzig Dollar in der Minute bringt ihm die Spekulation mit der braunen Bohne. Die Reporter weisen ihn auf die Kinderarbeit in Ghana hin. Berührt ihn das denn gar nicht? Die Miene des Brokers verändert sich. Ein ernster Blick, eine traurige Grimasse. Ja, spricht er betrübt in die Kamera, persönlich stimme ihn das natürlich sehr traurig. Geschäftlich hingegen, fügt er hinzu, könne er sich solche Sentimentalitäten aber nicht leisten.

Wir sitzen im Garten in Luxemburg. Schwalben zersicheln die Luft, ein phantastischer warmer Abend, der Kirschbaum voll von weißem Blütenschnee. Ein Sommertag verirrt in den April, weit weg von Ghana, weit weg von New York. Matthieu wird bald für lange nach England gehen, um Wirtschaft zu studieren. Er greift zum Weinglas: »Was denkst du darüber? Was würdest du an der Stelle des Brokers machen?«

Die Antwort ist nicht leicht. Vielleicht muss man dafür ein bisschen weiter ausholen. Denn wie ist das eigentlich passiert? Wie kommt es, dass wir, ohne zerrissen zu sein, in zwei völlig getrennten Welten leben können? In der Welt unserer persönlichen Belange und Empfindungen und in einer Welt des Berufs, der Wirtschaftskreisläufe und Marktgesetze. Und wie schaffen wir es eigentlich, zwei einander widersprechende Dinge so im Bewusstsein zu speichern, dass sie dort nicht zusammentreffen? Denn ganz offensichtlich erlebt der Broker nicht einmal eine »kognitive Dissonanz«. Sein Selbstbild bewegte sich ohne Schuld und Reue in einer gespaltenen Welt.

Um zu verstehen, was das bedeutet, müssen wir zurückgehen. In die USA, in die Zeit nach dem Zweiten Weltkrieg. 1951 veröffentlichte der US-amerikanische Soziologe Talcott Parsons (1902–1979) ein Buch mit dem Titel *The Social System*.[1] Er entfaltete darin eine neue revolutionäre Idee. Parsons stellte fest, dass man Gesellschaften in der Moderne nicht mehr so beschreiben könne, als seien es einfache Hierarchien. Oben und unten, Adel, Klerus, Bürger und Arbeiter seien in keiner Weise mehr taugliche Begriffe für das 20. Jahrhundert. Die modernen Gesellschaften seien nicht nach Schichten sortiert. Sie sortierten sich nach *Funktionen*: Gottesdienste abhalten, Recht sprechen, Geld verleihen, Kinder unterrichten, Patienten versorgen oder Bilder malen. Jeder dieser verschiedenen Kontexte, in denen jemand etwas tut, bildet eine besondere *Struktur* aus. Bilanzen zum Beispiel haben einen festen Ort auf einer Aktionärsversammlung, Liebesgedichte eher nicht. Auf diese Weise zerfallen moderne Gesellschaften in ziemlich unabhängige *Systeme*.

Die meisten dieser Systeme sind relativ stabil. Es gibt feste Strukturen, die sich wechselseitig verstärken. Was auch immer wir im Leben tun, stets bewegen wir uns in einem solchen Rahmen; einem Spiel mit je eigenen Spielregeln. Soziale Systeme sind weitgehend festgelegt. Politik funktioniert anders als Fußball, Wirtschaft anders als Kunst. So lässt sich im Regelfall leicht erkennen, ob ein bestimmtes Verhalten aus Sicht des Systems funktional ist oder dysfunktional. Unser Ehepartner erwartet ein anderes Verhalten von uns als unser Chef. Und die Rolle, die ich gegenüber meinen Kindern spiele, ist nicht die gleiche wie bei einem Vortrag vor Publikum. Meinem Arzt sind meine Einsichten in das Leben egal, meiner Frau nicht. Es wäre nicht klug, all dies durcheinanderzuwerfen.

Unser Broker an der Börse in New York etwa ist darauf programmiert, Gewinne zu erzielen. Aus der Sicht des Finanzsystems ein völlig normales und funktionales Verhalten. Was er über die Kinderarbeit in Ghana und an der Elfenbeinküste denkt, geht das System nichts an. Seine moralischen Ansichten sind Teil seines persönlichen Systems, nicht seines Berufs. Soll er doch mit seiner Frau, den Kindern und Freunden darüber reden. An seinem Arbeitsplatz haben seine Maximen und Reflexionen über Kinderarbeit keinen Ort: strukturell nicht und wohl auch nicht psychologisch. Mit dem US-amerikanischen Schriftsteller Upton Sinclair (1878–1968) gesagt: »Es ist schwierig, einem Menschen etwas begreiflich zu machen, wenn sein Gehalt darauf beruht, es nicht zu begreifen.«[2]

Mit seiner Systemtheorie brachte Parsons die Soziologie enorm voran. Obwohl seine vielen Schemata und Tabellierungen wohl auch für ihn selbst verwirrend waren, war er der bedeutendste Soziologe in der Mitte des 20. Jahrhunderts. Und doch, so darf man vermuten, wäre er heute nicht mehr als ein Dinosaurier seines Fachs, wenn – ja, wenn nicht ein deutscher Verwaltungsbeamter aus Lüneburg 1960 für ein Jahr zu seinen Gasthörern in Harvard gezählt hätte. Parsons hatte gerade mit seinem jungen Assistenten Neil Smelser ein Buch über das Verhältnis von Wirtschaft und Gesellschaft geschrieben (*Economy and Society).* Die grundsätzliche Frage aber erschien gleichwohl ungelöst: Wenn es zutrifft, dass die Wirtschaft ein eigenständiges System mit völlig eigenen Spielregeln ist, auf welche Weise wird sie dann überhaupt von der Gesellschaft beeinflusst? Wie geschieht der Austausch?

Der Verwaltungsbeamte war Niklas Luhmann (1927–1998). Ein Stipendium hatte ihn nach Harvard geführt, nachdem er sich zuvor ohne erkennbaren öffentlichen Ehrgeiz ein enormes Wissen angelesen hatte. Nach Deutschland zurückgekehrt, baute Luhmann Parsons' System grundlegend um. Für ihn entstanden soziale Systeme wie Wirtschaft, Recht, Religion, Kunst, Wissenschaft und so weiter nicht, wie bei Parsons, durch *Handlungen.* Luhmann erklärte, wie soziale Systeme sich durch Austausch *(Kommunikation)* bilden, sich aneinander anschließen und ihre eigenen Regeln hervorbringen.[3] Um dies zu ermöglichen, brauchen die Systeme Symbole. Diese Symbole spielen die Rolle von Vermittlern *(Medien),* die den Austausch in Gang halten. Ein solches Medium ist im Wirtschaftssystem das Geld, in der Wissenschaft die Wahrheit, in der Politik die Macht, in der Religion der Glaube und so weiter.

Anders als bei Parsons spielt der einzelne Mensch bei Luhmann überhaupt keine Rolle mehr. Nicht Personen handeln, sondern Systeme funktionieren. Sie bewerten das, was in ihnen geschieht, danach, ob es akzeptabel ist oder nicht. In der Wirtschaft ist akzeptiert, was mir (berechtigterweise) zugeteilt ist, durch Kauf, Erbe, Gewinn, Besitz und so weiter. Im Rechtssystem ist akzeptiert, was Recht ist. Im Wissenschaftssystem gilt das, was wahr ist (oder zu sein scheint). Und in der Kunst gilt das Schöne im Gegensatz zum Hässlichen. Die Gültigkeit solcher Codes sorgt dafür, dass sich das jeweilige System fein unterteilt und auch tatsächlich Regeln ausbilden kann, nach denen es funktioniert.

Als Luhmann 1998 nach dreißigjähriger Lehrtätigkeit an der Universität Bielefeld starb, war er der weltweit bedeutendste Soziologe seiner Generation. Er hatte gezeigt, warum unsere sozialen Systeme so funktionieren, wie sie funktionieren. Statt einer »ganzheitlichen« Gesellschaft haben wir es immer nur mit Perspektiven auf die Gesellschaft zu tun. Und statt einer »ganzheitlichen« Moral immer nur mit Perspektiven auf die Moral. Genau dies unterscheidet eine moderne funktional differenzierte Gesellschaft von einem Totalsystem wie etwa dem christlichen Mittelalter. Heute dagegen gibt es nicht einmal ein eigenes Teilsystem namens »Moral« in der Gesellschaft. Moral kann eine gesellschaftliche Waffe sein, indem man jemanden moralisch diskreditiert. Oder sie ist eine ganz persönliche Sache, eine Frage psychischen Anstandes. Doch für das Funktionieren von Wirtschaft, Politik, Recht und so weiter ist Moral völlig irrelevant.

Die Verbindlichkeit eines Wirtschaftssystems wird durch die Spielregeln von Besitz, Tausch oder Geld hergestellt, nicht aber durch eine wie auch immer geartete Moral. Ob mein Arzt, mein Lehrer oder mein Bankberater »gute« Menschen sind, ist für ihre Rolle völlig egal. Ob nun im System des Rechts, der Wirtschaft, der Erziehung, der Gesundheit oder der Kunst – niemand wird deshalb besser bezahlt, weil er ein guter Mensch ist. Luhmann geht sogar so weit, die Aufgabe der Moralphilosophie darin zu sehen, »vor Moral zu warnen«. Je mehr Moral wir für unsere Gesellschaft einfordern, umso unzulässiger die Einmischung. Und umso empfindlicher würde das Funktionieren der Systeme gestört.[4]

Dass Luhmann mit dieser Pointe weit über das Ziel hinausschießt, steht außer Frage. Nur eingefleischte Luhmann-Fans mögen der These zustimmen, dass es die Aufgabe der Philosophie sei, darauf zu achten, dass niemand moralisiert. Der Grund für diese Polemik in der Maske einer soziologischen Schlussfolgerung ist leicht benannt. Luhmann hatte seine Systemtheorie in Deutschland gegen die Gesellschaftstheorie des Philosophen und Soziologen Jürgen Habermas (*1929) durchsetzen müssen. Anders als Luhmann aber hatte Habermas seine Theorie von

Anfang an mit einem moralischen Anspruch verknüpft. Einfach gesagt: Er wollte die Gesellschaft nicht nur erklären, sondern zugleich ein bisschen besser machen. Genau dagegen wendete sich Luhmanns Zynismus.[5] Die Soziologie mit Moral zu impfen, so sah es Luhmann, sei in etwa so aufrichtig und redlich wie Doping im Sport.

Wir müssen die Frage an dieser Stelle nicht entscheiden. Kommen wir lieber zurück auf unseren Broker. Von Luhmann können wir lernen, dass er in seinem Beruf für Moral definitiv nicht zuständig ist. Sollte er sich aus persönlichen Gründen dennoch dazu entscheiden, den gutbezahlten Job hinzuschmeißen, weil er ihn moralisch nicht mehr vertreten kann, so werden sich seine Kollegen sehr freuen. Sehr schnell wird sich jemand anders finden, der zu gern bereit ist, die achtzig Dollar pro Minute mit den Kakaobohnen zu verdienen. Und sollte sich – was völlig utopisch ist – tatsächlich niemand finden, der noch an der Börse mit Kakao handelt, so bräche der ganze Markt zusammen. Und in Ghana gäbe es eine Hungersnot.

Unsere moderne Lebenswelt konfrontiert uns in der Moral mit mindestens zwei Fragen. Die erste lautet: »Warum soll gerade ich etwas dafür tun, die Welt besser zu machen?« Und die zweite ist: »Kann ich, selbst wenn ich wollte, tatsächlich etwas ausrichten?« Sind die wohlfeilen Empfehlungen, dass jeder von uns das Seine dazu beitragen kann, das Leben auf diesem Planeten besser zu machen, letztlich nicht dumme Sprüche? In Wildbeutergesellschaften oder unter Schafzüchtern mögen solche Aufforderungen vielleicht sinnvoll sein. Aber in einer funktional differenzierten Gesellschaft erscheinen diese schlichten Rezepte als hoffnungslos unterkomplex.

Führen wir uns unser heutiges Leben nochmals vor Augen: Wir »zerfallen« in lauter unterschiedliche Rollen. Bereits mein Wikipedia-Eintrag zergliedert mich in lauter verschiedene Kategorien: »Autor, Literatur (20. Jahrhundert), Literatur (21. Jahrhundert), Literatur (Deutsch), Roman, Epik, Autobiographie,

Wissenschaftliche Prosa, Essay, Kolumnist, Publizist, Person (Solingen), Deutscher, Geboren 1964, Mann.« Und das ist natürlich nur eine sehr verengte Auswahl. Als »Mann« stehe ich in dieser Welt vor ganz anderen Nöten und Notwendigkeiten denn als »Kolumnist«. Und meine Kinder nehmen mich anders wahr als meine Freunde oder die Leute in einem Schwimmbad.

Die Zugehörigkeit zu mehreren sozialen Rollen erleichtert es mir beträchtlich, für das Große und Ganze dieser Welt nicht verantwortlich zu sein. Verantwortlich – das sind immer die anderen. Die Politiker zum Beispiel oder die Wirtschaftsbosse. Bedauerlicherweise zerfallen auch sie in lauter kleine Rollen. Und von Berufs wegen sind auch sie nicht dem großen Ganzen verantwortlich, sondern ihrer Wiederwahl beziehungsweise dem Gewinn ihres Konzerns.

Darüber hinaus leben wir in einer Welt, die so komplex ist, dass wir ständig Dinge erfahren, die uns nicht unmittelbar betreffen. Auch das mag in der Savanne oder in der Jungsteinzeit anders gewesen sein. Heute jedenfalls müssen wir die Fülle von Nachrichten und Informationen ständig filtern, um uns nicht mit einer Unmenge an Überflüssigem zu belasten. Die eigentliche menschliche Tätigkeit, so sah es Luhmann, ist das ständige »Reduzieren von Komplexität«. Dabei schweifen unsere Gedanken fortwährend ab. Wie Csíkszentmihályi gezeigt hat, verbringen wir viel Zeit damit, in Gedanken »woanders« zu sein. Unsere Gehirne leben durchaus nicht immer im »Hier und Jetzt«, sondern sie machen uns routiniert zu abwesenden Anwesenden. Unser Zeitempfinden ist dadurch immer höchst subjektiv. Es hängt davon ab, worauf wir uns gerade konzentrieren. Wir »haben keine« Zeit, spüren, dass die Zeit »nicht vergeht«, »nehmen uns« für etwas Zeit oder nicht, »schenken« jemandem Zeit und lassen uns ungern die Zeit »stehlen«. Und manchmal »schlagen« wir die arme Zeit einfach »tot«.

Verschieben und Verdrängen sind sehr menschliche Tätigkeiten. Sie gehören untrennbar zu unserem Leben dazu. Denn ganz im Hier und Jetzt leben kann eigentlich keiner, selbst wenn er es sich noch so fest vornimmt. Wir leben oft mehr in der Vergangenheit und in der Zukunft als in der Gegenwart. Und wir sind ganz bestimmt nicht darauf geeicht, in moralischen Fragen immer und überall aufmerksam zu sein. Auch unser Sinn für Moral und Verantwortung ist manchmal wach und manchmal ausgeschaltet, und zwar abhängig von unserer Erwartungshaltung. Wenn wir ein moralisches Problem erwarten, gehen wir viel sorgfältiger vor, als wenn wir im Alltag plötzlich überraschend damit konfrontiert sind. Fast alle Menschen halten es für geboten und richtig, einem Mitreisenden zu helfen, der von einem anderen in der U-Bahn überfallen oder verprügelt wird. Aber wie wir wissen, schreiten nur die wenigsten ein. Wir blockieren aus Angst und Überforderung. Viele ducken sich weg. Und das, obwohl wir Wegducken prinzipiell für falsch halten.

Um Verantwortlichkeit zu spüren, muss eine ganze Reihe von Kriterien erfüllt sein. Zunächst einmal müssen wir jemanden, dem wir vielleicht helfen sollten, überhaupt wahrnehmen. Zweitens müssen wir uns insoweit in ihn hineinversetzen, dass uns klar wird: Er braucht Hilfe. Dann müssen wir uns zuständig fühlen. Der andere braucht nicht nur Hilfe – er braucht *meine* Hilfe. Und ... Moment, muss ich nicht dringend den Zug erreichen? Und wenn ich ihn nicht rechtzeitig kriege, verpasse ich meinen Arzttermin ...

Unser Mitgefühl ist eine begrenzte Ressource, mit der wir gemeinhin sehr zögerlich umgehen. Das Gleiche gilt auch für unsere Selbstaufmerksamkeit und unsere Selbstkontrolle. All dies verbraucht so viel Energie, dass wir sie häufig nur im Stand-by laufen lassen.[6] Und je größer der Stress ist, in dem wir uns befinden, umso weniger Zeit bleibt für Mitgefühl und Selbstaufmerksamkeit. Statt fürsorglich zu sein, sind wir gereizt. Und statt uns Gedanken darüber zu machen, wie wir auf andere wirken, benehmen wir uns daneben. Und wer pausenlos Entscheidungen fällen muss, hat besonders wenig Zeit, über sich selbst nachzudenken – weshalb Spitzenpolitiker schon von Amts wegen nicht moralischer sein können als ihre Wähler. Erst als Expräsidenten und Altbundeskanzler kommen sie in dieser Hinsicht zu sich. Moralische Betrachtungen kann man nicht im Stress anstellen, sondern leichter beim Tee oder Wein in der Bibliothek oder am Strand bei Sonnenuntergang. Und je weiter man sich aus einem System entfernt, in dem man funktionieren muss, umso leichter lässt es sich moralisieren. Die Vorsilben Ex- und Alt- erleichtern dieses Geschäft beträchtlich.

Zu unserem normalen Leben in heutiger Zeit gehört es, nicht zuständig zu sein. Wenn uns etwas berührt, dann zumeist nur, wenn wir es unmittelbar sinnlich spüren. Und häufig tun wir auch nur dann etwas, wenn wir sehen oder spüren, dass andere auch etwas tun. Unsere gefühlte Zuständigkeit ist abhängig von der Sinnlichkeit und der Gruppenmoral. Wenn ein Freund von uns eine Party veranstaltet und dabei Geld für einen wohltätigen Zweck sammelt, sind wir dabei. Von alleine aber hätten wir wahrscheinlich nicht gespendet.

Diese Erkenntnis ist natürlich nicht neu. Bezeichnenderweise entstand sie nahezu parallel in der Sozialpsychologie und in der Biologie. Während Parsons sich in Harvard mit der Frage herumschlug, in wie viele Teilsysteme menschliches Handeln zerfällt, bastelte zur gleichen Zeit ein Naturwissenschaftler an einer ähnlichen Theorie für die Biologie.

George R. Price (1922–1975) war einer der schillerndsten Paradiesvögel in der Biologie des 20. Jahrhunderts. Der Sohn eines Elektrikers und einer Opernsängerin hatte in Chicago Chemie studiert. Schon mit Anfang zwanzig arbeitete er mit am Manhattan-Projekt zum Bau der US-amerikanischen Atombombe. Er forschte über Kernreaktoren und über medizinische Probleme, unter anderem zur Therapie von Leberschäden. Anfang der 1960er ging er zu IBM und kümmerte sich um neue graphische Datenverarbeitungssysteme. Schon jetzt zerfiel sein Profil in einen Chemiker, einen Kernphysiker, einen Mediziner und einen

Informatiker. 1966 erhielt er die Diagnose, an Krebs erkrankt zu sein. Die Entfernung des Tumors lähmte seine Schulter. Mit 45 Jahren ging er nach England, um ein neues Leben anzufangen.

Seine neue Passion wurde die Biologie. Price las die Veröffentlichungen von Bill Hamilton und studierte dessen Theorie der Gesamtfitness (vgl. *Das Tier, das weinen kann. Die Natur der Psychologie*). Sofort ging er daran, die Theorie mathematisch exakter und soziologisch wahrscheinlich zu machen. Die Evolution, so Price, musste Parsons' Gedanken Rechnung tragen, dass jede Gemeinschaft von Lebewesen in Teilsysteme zerfällt. Wenn man etwa erklären wollte, warum Lebewesen altruistisch handelten, reichte Hamiltons Gesetz der Verwandtschaft nicht aus. Menschen handeln auch dann mitunter altruistisch, wenn sie nicht miteinander verwandt sind. Price korrigierte Hamiltons Vorstellung, indem er ein neues Kriterium einführte: Nicht allein auf die Blutsverwandtschaft kommt es an, sondern auch auf den *Zusammenhalt*. Auch andere Lebewesen bilden demnach *Systeme*. Und sie handeln dann altruistisch, wenn sie in möglichst homogenen Gruppen leben. Je homogener die Gemeinschaft, umso lohnender der Altruismus. Und besonders altruistische Lebewesen, so vermutete Price, bringen auch altruistische Nachkommen hervor.

Nach drei Jahren in der Biologie glaubte Price ihr wichtigstes Problem gelöst zu haben. Mit 48 hatte er ein Erweckungserlebnis und wurde gläubiger Christ. Mit dem ihm eigentümlichen Furor korrigierte er einige Zeitangaben der Bibel. So versuchte er logisch nachzuweisen, dass die Ereignisse um Jesus' Tod in den Ostertagen deutlich länger gedauert haben müssen und die Bibel die Tage falsch zählte. Danach beschloss er, vor allem eines zu werden: ein guter Mensch. Sein Haus in London wurde zum Asyl für Obdachlose; Price selbst schlief meistens im Büro. 1975 schlitzte er sich mit einer Nagelschere die Kehle auf.

Price' Leistung war es, die Gruppenmoral neu in der Biologie zu verankern. Danach war Altruismus nicht die Folge von Verwandtschaft, sondern Verwandtschaft allenfalls die Folge von Altruismus. Wenn Lebewesen, die sich untereinander gut verstehen, Nachkommen miteinander bekommen, so lebt der Altruismus genetisch und kulturell weiter fort. Gegenüber Hamilton war dies ohne Zweifel eine Verbesserung. Ob sie allerdings von jener mathematischen Präzision ist, wie Price glaubte, sei dahingestellt.

Die richtige Pointe daran ist: Homogene Gruppen bilden einen stärkeren moralischen Zusammenhalt aus als weniger homogene. Bezeichnenderweise gilt dies ebenso für Familien und Vereine wie für die Mafia. Was Greenpeace zusammenhält, macht auch die Unterwelt erfolgreich. Denn je stärker ich in einen sozialen Verbund integriert bin, umso größer wird meine Zuständigkeit und Verantwortung. Selbst wenn es richtig ist, dass die Systeme der Wirtschaft, der Politik, des Rechts, der Erziehung und so weiter für ihr Funktionieren keine Moral brauchen, so bildet sie gleichwohl so etwas wie einen sozialen Kitt. In diesem Punkt war Luhmann notorisch blind, weil er die Moral unter allen Umständen aus seinem System entfernen wollte.[7] Auch für den Fall unseres Brokers ergeben sich daraus Konsequenzen und vielleicht sogar ein Lösungsansatz für sein Dilemma. Diesen Lösungsansatz werden wir uns im 3. Teil genauer ansehen.

Die meisten Menschen leben Anfang des 21. Jahrhunderts in funktional differenzierten Gesellschaften. Wichtig für ein System ist nur, was zum Funktionieren eines Systems beiträgt. Unsere sozialen Systeme sind dadurch nicht mehr in erster Linie moralische Systeme. Unser persönliches Moralempfinden und unser berufsmäßiges Handeln finden nur noch schwer zueinander. Vielmehr finden sie auf unterschiedlichen Ebenen statt. Wir leben in einer Welt der Sachzwänge, in der wir selten moralisch verantwortlich sind und schon gar nicht für das große Ganze. Aus diesem und noch aus einigen anderen Gründen haben wir es uns angewöhnt, moralisch nur selten für etwas zuständig zu sein.

Unsere Gesellschaft und unser Wirtschaften machen es uns schwer, uns für moralische Fragen zuständig zu fühlen. Dabei ergibt sich noch eine zusätzliche Schwierigkeit von enormer Bedeutung. Die meisten Austauschprozesse in unserer Welt werden mithilfe eines Mediums geführt, das nicht nur wertneutral ist, sondern auf eine ganz bestimmte Art und Weise Werte sogar zerstört – durch Geld.

- *Im Netz der Spinne*. Was Geld mit Moral macht

Im Netz der Spinne
Was Geld mit Moral macht

Ich hab' feste Grundsätz', fest bleib' ich dabei.
Nur wenn ich ein Geld seh', da änder' ich's glei.

Johann Nepomuk Nestroy

Die Szene ist rührend. Zweimal versucht der Mann mit dem Stapel Bücher in der Hand, die Schranktüren aufzumachen. Vergeblich! Da tritt das kleine, 14-monatige Kind, das alles aus der Ecke des Raumes beobachtet hat, hervor. Es geht zielstrebig zum Schrank und öffnet die Türen. Anschließend blickt es den Mann freundlich an. »Bitte schön«, scheint es zu denken, »deine Türen sind jetzt auf!«[1]

Das Video ist eines von vielen aus einer Versuchsreihe von Felix Warneken und Michael Tomasello.[2] Die beiden Forscher vom Max-Planck-Institut für Evolutionäre Anthropologie in Leipzig untersuchten dabei die spontane Hilfsbereitschaft von Kleinkindern und Schimpansen. Ob es darum ging, einen Textmarker aufzuheben oder einen Schwamm zurückzubringen – in allen Fällen zeigten sich die Kleinkinder und die Schimpansen spontan hilfsbereit.

Frappierender als in diesen Videos lässt sich die natürliche Kooperationsbereitschaft unserer Spezies und ihrer nahen Verwandten kaum zeigen. Für die Verfechter der Idee, dass wir unbedingte Gen-Egoisten sind, die nur ihre eigenen Interessen im Auge haben, eine hübsche Belehrung. Denn eine Belohnung für ihr Verhalten war weder für die Kleinkinder noch für die Schimpansen in Sicht. Doch wenn Kooperation und Hilfsbereitschaft so klar in unseren Genen zu liegen scheinen – warum machen wir als Erwachsene davon nur so einen dosierten Gebrauch?

Auch auf diese Frage fanden die Forscher eine Antwort.[3] In einer weiteren Versuchsreihe teilten sie zwanzig Monate alte Kleinkinder in drei verschiedene Gruppen. Jedes Mal, wenn ein Kind aus der ersten Gruppe sich hilfsbereit zeigte, erhielt es ein Spielzeug zur Belohnung. Waren die Kinder der zweiten Gruppe hilfsbereit, so wurden sie dafür ausführlich gelobt. Die Kinder der dritten Gruppe aber erhielten keine Belohnung für ihre Hilfe. Was passierte? Die Kinder aus der zweiten und dritten Gruppe blieben während der ganzen Versuchsreihe auf gleiche Weise hilfsbereit. Doch was geschah mit den Kindern, die mit einem Spielzeug belohnt wurden? Ihr angeborener Sinn für Hilfsbereitschaft wurde in kürzester Zeit fast völlig ruiniert! Sie halfen den Erwachsenen nämlich nur noch unter der Bedingung, dafür belohnt zu werden. Fiel die Belohnung flach, so unterließen die Kinder auch ihre Hilfe. Aus einer *unbedingten* Hilfsbereitschaft war eine *bedingte* Hilfsbereitschaft geworden.

Zu einem ähnlichen Ergebnis kam schon vor zwanzig Jahren der US-amerikanische Entwicklungspsychologe Richard Fabes von der Arizona State University.[4] Er ermunterte eine Gruppe von Kindern im zweiten bis fünften Schuljahr, einen dicken Stapel verschiedenfarbiger Papiere zu sortieren. Dies, so Fabes, würde einen Erlös für schwerkranke Kinder im Krankenhaus bringen. In einer anderen Gruppe stellte er die gleiche Aufgabe. Diesmal allerdings versprach er ein kleines Spielzeug als Belohnung. Beide Gruppen erledigten engagiert ihre Aufgabe. Einige Zeit später bat Fabes beide Gruppen erneut um ihre Hilfe beim Sortieren – allerdings ohne eine Motivationshilfe. Weder erzählte er der ersten Gruppe etwas von den kranken Kindern, noch stellte er der zweiten Gruppe eine Belohnung in Aussicht. Das Ergebnis war wie erwartet: Während die erste Gruppe genauso eifrig sortierte wie beim ersten Mal, wirkte die zweite Gruppe ziemlich demotiviert. Die Kinder gaben sich kaum Mühe und verloren schnell die Lust.

Die Botschaft ist unmissverständlich: Materielle Belohnungen verderben den Charakter. Wer darauf konditioniert wird, Dinge gegen materielle Entlohnung zu tun, der tut sich anschließend sehr schwer damit, bei gleichen Handlungen ohne sie auszukommen. Ganz offensichtlich ist die Verbindung von Hilfsbereitschaft und materieller Belohnung nicht von Natur aus in unserem Gehirn angelegt. Stattdessen werden wir in unserer Kindheit darauf konditioniert, so dass unser Gehirn diese Verbindung neu anlegt. Ist sie aber einmal da, so bildet sie einen nahezu automatischen Reflex. Mit anderen Worten: Wir werden nicht als Egoisten geboren – wir werden dazu gemacht.

Diese Erkenntnis hat etwas zutiefst Verstörendes. Denn beruht nicht unser ganzes Wirtschaftssystem auf einem solchen Tauschhandel? Wofür gehen wir denn morgens zur Arbeit, wenn nicht für materielle Belohnungen? Das Spielzeug aber, das den Kindern die Motivation zum Helfen und Arbeiten gibt und nimmt, ist für Jugendliche und Erwachsene das *Geld*.

Geld verändert den Charakter und unsere Gesellschaft. Aber wie und in welche Richtung? Der Mann, der wie kein Zweiter die Psychologie des Tauschs und die Wirkung des Geldes auf unsere Psyche und Gesellschaft untersuchte, war Georg Simmel. Wie gesehen, gehörte er zu den klugen Begründern einer »Moralwissenschaft« (vgl. *Soziales Schach. Wie viel Egoismus steckt im Menschen*). Sieben Jahre nach seinem Buch über die Moral veröffentlichte er im Jahr 1900 seine umfangreiche *Philosophie des Geldes*.[5]

Wie Sigmund Freuds gleichzeitig erschienene *Traumdeutung* war es ein prophetisches Buch mit weitreichendem Blick in das kommende Jahrhundert. Und ähnlich wie Freuds erstes Hauptwerk zur Psychoanalyse war es ein brillantes Werk, wie es wohl nur ein wissenschaftlicher Außenseiter schreiben konnte. Bescheiden formuliert, strotzt das Buch vor Ehrgeiz. Denn Simmel begriff die Philosophie als die Kunst, das Wissen der anderen Wissenschaften besser zu verstehen und zu interpretieren als diese selbst. Auf diese Weise wurde die *Philosophie des Geldes* das vielleicht bedeutendste ökonomische Werk deutscher Sprache neben Karl Marx' *Kapital*.

Simmels Fragestellung war völlig neu. Er wollte den psychologischen Einfluss des Geldes auf uns und unsere Kultur verstehen. Und umgekehrt den Einfluss der Kultur auf die psychologische Bedeutung des Geldes.[6] Es ging ihm darum, die wirtschaftlich-psychologischen Rückkoppelungseffekte zu beschreiben, die unser Leben ausmachen.

Wie nicht weiter verwunderlich, war Simmels Buch ein Werk, das die Ökonomen seiner Zeit sowohl irritierte wie überforderte (das gilt sicher auch für manche heutige Vertreter des Fachs). Ihre Einwände standen bereits fest, bevor sie auch nur die Einleitung zu Ende gelesen hatten. Erstens war Simmel kein studierter Volkswirtschaftler. Zweitens ist das Buch in einer ziemlich schwierigen Sprache geschrieben. Und drittens war die Ökonomie gerade dabei, jeden Verdacht, »philosophisch« zu sein, loszuwerden. Ihre Forschung sollte so objektiv wie möglich erscheinen: durch mathematische Formeln und Kurven, Statistiken und empirische Forschung.

Nichts davon findet sich in Simmels Buch. Was dem Verfasser der *Philosophie des Geldes* vorschwebte, war etwas sehr viel Progressiveres: eine Verhaltensökonomik oder Wirtschaftspsychologie, wie sie vor etwa dreißig Jahren wieder neu erfunden wurde und heute schwer en vogue ist. Doch im Gegensatz zu Bruno Frey, Ernst Fehr, Dan Ariely oder Daniel Kahneman, den heutigen Stars der Zunft, machte Simmel keine Experimente. Es ging ihm um etwas anderes. Er wollte *die kulturelle und moralische Veränderung unserer modernen Welt* durch den psychologischen Einfluss des Geldes verstehen und erklären. Während heutige Wirtschaftspsychologen mehrheitlich Mikroökonomen sind, bezog Simmel seine auf Mikroebene belauschten Erkenntnisse immer auf die Makroökonomie. Und die Makroökonomie ihrerseits war für ihn nur beschreibbar, indem man sie als einen Teil unserer Kultur verstand.

Simmels Ausgangspunkt ist die Veränderung des Lebens im Zeichen des Geldes im 19. Jahrhundert. Wo früher soziale Unterschiede, Traditionen, Milieus, Glaube, Standesdünkel, Zunftdenken und dergleichen die Spielregeln vorgaben, herrscht heute (also um 1900) eine alles kalkulierende Rationalität des Geldes. Wenn man dies liest, so ist man fast geneigt, noch einmal nachzuschauen, ob Simmel tatsächlich das Westeuropa des Jahres 1900 und nicht das des Jahres 2000 beschreibt. Die Qualität unseres Lebens wird in Geld gemessen, wie die Zeit mit der Uhr. Den Wert, den die Dinge für uns haben, schreiben wir ihnen nicht mehr nach ihrer Bedeutung für uns zu, sondern vielmehr nach ihrem Preis. Es ist die gleiche Zeit, in der Oscar Wilde in *Lady Windermeres Fächer* schreibt: »Ein Zyniker ist ein Mensch, der von allem den Preis und von nichts den Wert kennt.« Nach Simmel ist unsere ganze Lebenswirklichkeit in diesem Sinne zynisch geworden.

Wie eine Spinne webt das Geld das gesellschaftliche Netz. Und wo die klebrigen Fäden ausliegen, wird alles äußerlich und gleichgültig. Alles kann jetzt mit allem getauscht werden. Der Zweck des Geldes heiligt alle Mittel. Und was früher nach seiner Qualität bemessen wurde, bemisst sich nun nach der Quantität des Geldes. »Was gegen Geld fortgegeben wird, gelangt an denjenigen, der das meiste dafür gibt, gleichgültig, was und wer er sonst sei; wo andere Äquivalente ins Spiel kommen, wo man um Ehre, um Dienstleistung, um Dankbarkeit sich eines Besitzes entäußert, sieht man sich die Beschaffenheit der Person an, der man gibt.«[7] Nur was einen Geldwert besitzt, ist auf dem Markt wertvoll. Auf diese Weise wird das Geld in der Moderne zu einer neuen Religion. Es stiftet Sicherheit, Gewissheit und verspricht günstigenfalls auch eine gute Zukunft. Und in all diesen Funktionen trägt es zum Lebenssinn bei.

Statt einfach nur ein zweckdienliches Mittel zu sein – was es ohne Zweifel auch ist –, gewinnt das Geld eine seltsame Macht über uns. Indem wir nach dem Geld streben wie nach kaum etwas anderem, verlieren wir den Sinn für die feinen sozialen Unterschiede, die individuellen Qualitäten, für das Seltene und Flüchtige, für den Moment, für die Nähe und so weiter. Alles klingt farblos und indifferent, wo das Geld den Taktstock schwingt. Das Leben erscheint völlig versachlicht – so sehr, dass alles außer dem Geld an Bedeutung verliert.

Wer sich heute für zwanzig Euro einen Mozart auf CD ins Wohnzimmer kommen lassen kann, wo früher ein Hofstaat vonnöten war; wer in stiller Routine Lebensmittel aus aller Welt kaufen kann, die einstmals seltene Köstlichkeiten waren, und wer nicht mehr reisen muss, sondern nur ein Flugticket kaufen, um auf den Bahamas am Strand zu liegen – der erfüllt Phantasien, von denen noch vor hundert Jahren niemand zu träumen wagte. Nur dass sie nicht mehr entfernt die Bedeutung haben, die man damals in ihnen gesehen hätte.

Die Kommerzialisierung von nahezu allem ist eine zweischneidige Sache. Auf der einen Seite der Werteverlust, »die eigentümliche Abflachung des Gefühlslebens« – auf der anderen Seite eine »Tendenz zur Versöhnlichkeit, aus der Gleichgültigkeit gegen die Grundfragen des Innenlebens quellend«. Wo das Geld die Unterschiede einebnet, werden alle Menschen Brüder im Kommerz. Sie werden sich ähnlicher und zueinander weniger misstrauisch und feindselig: »Alles dies entspringt als positive Folge jenem negativen Zuge der Charakterlosigkeit.«[8]

Je charakterloser die Gesellschaft durch das Geld wird, umso leichter kommen die Menschen darin miteinander klar – das ist die Pointe. Aber sie zahlen zugleich einen hohen sozialen Preis dafür. Die Bedeutung der Gefühle im öffentlichen Leben schwindet immer mehr. Was für mich persönlich zählt, ist fast nur noch, was in der Gesellschaft allgemein zählt – und das bemisst sich am Geldwert. Mein Leben ist umzingelt von Dingen, die mir eigentlich fremd sind, die mir aber gleichwohl wichtig werden durch ihren Marktwert. Je mehr ich mit ihnen zu tun habe, umso mehr dringen sie dabei in mein Seelenleben ein.

Die Psychen der modernen Menschen sind angefüllt mit symbolischen Werten. Während wir immer weniger Symbole haben, mit denen wir uns die Welt erklären – keine Götter, keine Allegorien, keine Gleichnisse und keinen Kult –, schaffen wir uns zuhauf materielle Symbole. Je fortgeschrittener die Geldwirtschaft, umso differenzierter wird das Netz aus neuen materiellen Symbolen, mit denen wir unser Innenleben anreichern. Symbole, die uns helfen, uns in der schönen neuen Warenwelt zu orientieren.[9] Acht Jahre nach der Gründung von Coca-Cola und achtzig Jahre vor den ersten Lacoste-Krokodilen auf Poloshirts war diese Erklärung der Status-, Kult- und Markengesellschaft unserer Zeit eine brillante Prophetie.

Man kann sich vorstellen, was all dies für die Moral bedeutet. Durch das Geld halten wir heute eine Waffe in der Hand, die völlig charakterlos ist. Es ist die einzige Sache der Welt, deren Qualität sich allein nach der Quantität bemisst. Da wir inzwischen fast alles auf der Basis dieses charakterlosen Mittels bewerten, ebnen wir alle anderen Werte dadurch ein. So gesehen liegt es in der Natur des Geldes, den Charakter von Menschen durch seine ihm eigene Charakterlosigkeit zu verderben. Je wichtiger man das Geld nimmt, umso stärker drängt es den Lebensinhalt zusammen. Und statt bloßes Mittel zu sein, wird es zum Mittel der Mittel und dadurch zum Selbstzweck.

Hat Simmel Recht? Falls es noch eines zusätzlichen Beweises bedarf, wie sehr unsere Gehirne in der westlichen Kultur auf Geld programmiert sind, so erbringt ihn heute die so genannte Neuroökonomie. Wissenschaftler in vielen Ländern haben in den letzten Jahren mithilfe des Kernspintomografen untersucht, wie sehr unsere Gehirne auf finanzielle Belohnungen anspringen. Einer der Pioniere auf diesem Gebiet ist der US-amerikanische Neuropsychologe Brian Knutson von der Stanford University. Knutson untersuchte unsere Emotionsdynamik im limbischen System des Zwischenhirns.[10] Dazu wählte er zunächst äußerst drastische Mittel. Mit aller optischen Gewalt provozierte er starke Emotionen. Er zeigte seinen Versuchspersonen Fotos von nackten Menschen und beobachtete die Reaktionen im Zwischenhirn. Dann präsentierte er geköpfte Leichen. Wie nicht anders zu erwarten, riefen die Bilder starke Emotionen hervor. Die stärksten Reaktionen aber traten tatsächlich ein, als Knutson seinen Versuchspersonen Geld anbot. Das mesolimbische Belohnungssystem wurde gewaltig stimuliert, insbesondere der *Nucleus accumbens,* ein kleiner Kern, der unter anderem die Ausbildung von Suchtverhalten beeinflusst. Dazu sorgte der Neurotransmitter Dopamin für freudige Erregung.

Auch der Bonner Volkswirtschaftler Armin Falk, ein Schüler von Ernst Fehr, zeigt überzeugend, wie stark unser Belohnungszentrum im Zwischenhirn sich über Geld freut.[11] Je größer die Summe, umso größer die Freude. Bezeichnenderweise bemisst unser mesolimbisches System die freudige Erregung einzig und allein nach der Geldmenge, und zwar ziemlich unabhängig von ihrem realen Wert. Tausend Schweizer Franken lösen also in unserem Gehirn mehr Freude aus als 900 Euro – obwohl Letztere objektiv einen höheren Wert darstellen. Unsere Gehirne sind also nicht nur anfällig für Geld, sondern auch für »Geldillusion«: Die gefühlte Größe einer Summe dominiert über deren Realwert.

Wenn es ums Geld geht, besonders um große Beträge, geraten die meisten Menschen außer Kontrolle. Gehirnregionen, die für unsere Triebbefriedigung und für primitive Emotionen verantwortlich sind, übernehmen die Regie über unser Denken und bringen uns in einen Zustand der Gier. Ein nahezu unstillbares Verlangen setzt ein – ein Mechanismus, den schon Karl Marx präzise erkannt hatte, als er schieb: »Der Trieb der Schatzbildung ist von Natur maßlos. Qualitativ oder seiner Form nach ist das Geld schrankenlos, d.h. allgemeiner Repräsentant des stofflichen Reichtums, weil in jede Ware unmittelbar umsetzbar. Aber zugleich ist jede wirkliche Geldsumme quantitativ beschränkt, daher auch nur Kaufmittel von beschränkter Wirkung. Dieser Widerspruch zwischen der quantitativen Schranke und der qualitativen Schrankenlosigkeit des Geldes treibt den Schatzbildner stets zurück zur Sisyphusarbeit der Akkumulation. *Es geht ihm wie dem Welteroberer, der mit jedem neuen Land nur eine neue Grenze erobert.*«[12]

Die Beweise sind erdrückend. Geld ist in hohem Maße dazu geeignet, unsere Gier zu stimulieren und Suchtverhalten auszuprägen. Dabei beziehen sich die Gier und die Sucht bezeichnenderweise nur auf das Erwerben von Geld. Der Besitz dagegen löst kaum freudige Erregungen aus. Ganz im Gegenteil. Die vorherrschenden Gefühle sind hierbei ganz andere. Statt Lust und Gier dominieren Sicherheitsgefühle und Sicherheitsbedenken wie Angst und Misstrauen.

Es gibt viele Gründe, weshalb Geld unsere moralischen Instinkte und Maximen außer Kraft setzt. Die primitive Gier und die Suchtstruktur des *Nucleus accumbens* sind dabei nur einer von mehreren. Eine weitere Gefahr liegt in den sozialen Konsequenzen von Reichtum und Armut. Wer durch plötzlichen Wohlstand oder das schnelle Abrutschen in die Armut aus seinem gewohnten Umfeld gerissen wird, dem droht ein gefährlicher Orientierungsverlust. Wenn Simmel Recht hat, dass das Geld ein Spinnennetz des Sozialgefüges webt, so wird dieses Netz einer harten Belastungsprobe ausgesetzt. Denn wenn die materiellen Werte, die mich bislang orientierten, in kurzer Zeit entweder nahezu wertlos oder im Gegenteil unerschwinglich werden, gerät mein inneres Koordinatensystem durcheinander. Und je fragwürdiger das wird, was bisher materiell gegolten hat, umso stärker strahlt diese Unordnung auch auf mein Sozialverhalten ab. Nicht selten sind starke Verschiebungen des Einkommens an den Verlust sicher geglaubter Freundschaften und Ehen geknüpft.

Unser normales Leben vollzieht sich in zwei Wertungssystemen, die nur wenig miteinander zu tun haben. Wenn wir den Wert von Gegenständen oder Dienstleistungen einschätzen, dann bewerten wir nach einem anderen Maßstab, als wenn wir den Wert von Freundschaft, Liebe und Vertrauen einschätzen. Einem guten Freund Geld dafür anzubieten, dass er zum gemeinsamen Mahl eine Flasche Wein mitbringt, wäre eine Beleidigung. Wenn wir bei Freunden zum Essen eingeladen sind, legen wir nachher kein Geld auf den Tisch. Und auch unseren Ehepartner bezahlen wir nicht fürs Essen, für Sex oder für seine Unterstützung. So gesehen leben wir in unserem Alltag – zumindest dem Ideal nach – gleichzeitig in zwei verschiedenen Welten: in der Welt der *Sozialnormen* und der Welt der *Marktnormen*.

Auch in der Welt der Sozialnormen gibt es ohne Zweifel so etwas wie Bezahlung. Doch die Währung, in der wir tauschen, ist nicht (oder doch nur eingeschränkt) Geld, sondern Aufmerksamkeit. Besonders schwierig wird es, wenn sich beide Bereiche miteinander vermischen. Wenn wir zum Beispiel unseren Freunden Geld leihen, kommen wir auf ein unübersichtliches Terrain. Obwohl es dabei nicht primär um Marktnormen gehen soll, erwarten wir von unseren Freunden hier oft marktkonformes Verhalten. Wie viele Freundschaften sind schon aus eben diesen Gründen in die Brüche gegangen? (So dass die Konsequenz eigentlich nur sein kann, entweder kein Geld zu leihen oder, was wesentlich freundschaftlicher ist, kein marktkonformes Verhalten zu erwarten!)

Betrachtet man die Entwicklung, die sich in den Ländern der westlichen Welt in den letzten 200 Jahren vollzogen hat, so stellt man leicht fest, dass der Bereich der Sozialnormen stark zurückgegangen ist. Der Bereich der Marktnormen dagegen hat unausgesetzt zugenommen. Selbst unsere intimsten Lebensbereiche sind bereits davon unterwandert.[13] Liebesbeziehungen fallen nicht mehr wie der Regen vom Himmel, sondern wir »investieren« in unsere Partnerschaft. Und da die Ware schnell veraltet, sind wir heute auch ebenso schnell bereit, unser Risikokapital wieder abzuziehen für eine andere Beziehung, die sich mehr lohnt, weil wir stärker auf unsere Kosten kommen.

Der israelische Wirtschaftspsychologe Dan Ariely (*1968) vom Massachusetts Institute of Technology (MIT) in Boston kommt zu dem gleichen Ergebnis, wenn er schreibt: »Wenn eine soziale Norm mit einer Marktnorm kollidiert, verschwindet Erstere. Mit anderen Worten: Es ist nicht leicht, die sozialen Beziehungen wiederherzustellen. Wenn eine Rosenblüte vom Stock herabgefallen ist – wenn eine soziale Norm von einer Marktnorm übertrumpft wurde –, kommt nur selten eine neue nach.«[14] Das ist umso bedauerlicher, als »ein Leben mit weniger Markt- und mehr sozialen Normen befriedigender, kreativer, erfüllender wäre und mehr Spaß machen würde«.[15]

Die getrennten Welten von sozialer Logik und Marktlogik machen die Sache der Moral weitaus schwieriger, als Aristoteles und Kant sich dies hatten träumen lassen. Denn vor jeder Tugend und jeder ethischen Maxime steht heute zunächst die Frage, in welchen Bereich die Angelegenheit überhaupt fällt. Ein hübsches Beispiel dafür ist ein früherer Kölner Oberbürgermeister, dessen Namen ich hier nicht nenne, weil ich sicher bin, dass er nicht genannt werden möchte. Der Mann brachte es offensichtlich ohne Schwierigkeiten fertig, sich als sozialer Bürger für die Rechte von Obdach- und Mittellosen einzusetzen. Und gleichzeitig machte er sich im Aufsichtsrat der Kölner Stadtsparkasse dafür stark, solchen Personen den Antrag auf ein Konto abzuschlagen.

Natürlich ist mit alldem nicht gesagt, dass nicht auch unser Marktverhalten soziale Regeln kennt. Doch die Fairness-, Vertrauens- und Ehrlichkeitsverpflichtungen der Wirtschaftswelt leben nicht aus dem Geist von Sympathie, Mitgefühl und Interesse. Vielmehr sind sie ein Minimalkonsens zur Aufrechterhaltung der Spielregeln. Mit ethischen Motiven hat dies in etwa so viel zu tun wie Michael Ghiselins Raubtiermoral: »Kratz einen Altruisten, und du siehst einen Heuchler bluten« (vgl. *Wolf unter Wölfen. Das sogenannte Schlechte*).

Die Tatsache, dass wir in unserem Alltag unausgesetzt mit Geld umgehen und finanzielle Entscheidungen treffen, macht die Sache der Moral ziemlich schwierig. Geld zieht seine Qualität allein aus der Quantität und vernichtet somit leicht andere Werte. Die Eigenlogik der Geldwirtschaft, die Marktnormen, gehorcht anderen Spielregeln als die Sozialnormen. Da das Erwerben und Erstreben von Geld dazu ziemlich primitive Gelüste in unserem Gehirn weckt, verändern viele Menschen beim Geld ihren moralischen Maßstab bis zur Unkenntlichkeit. Was ansonsten gilt, gilt beim Geld oft nicht mehr.

Unsere Sozialnormen aber – und das macht die Sache ganz besonders schwierig – sind nicht nur durch das Geld und die Normen des Marktes bedroht. Eine weitere Crux liegt darin, dass ohnehin keine unserer Normen ohne Ausnahme bleibt und bleiben kann ...

• *Mord im Kleingarten.* Warum moralische Regeln nie ganz ernst zu nehmen sind

Mord im Kleingarten
Warum moralische Regeln nie ganz ernst zu nehmen sind

> Tolerant bin ich, wenn ich toleriere, dass andere meine Ansichten gutheißen. Würden sie meine Ansichten verwerfen, wären sie intolerant. Und mit Intoleranten tolerant zu sein, das kann keiner von mir verlangen.
>
> Guy Rewenig

Es gibt viele Gründe, jemanden umzubringen. Wenn er mein Leben bedroht zum Beispiel. Schlimmer noch: das Leben meiner Frau und meiner Kinder. Vielleicht auch einen Gewaltverbrecher, um zu verhindern, dass viele Unschuldige sterben müssen. Oder aber wegen Wegerechten, überhängenden Ästen und Grünschnitt.

Am Abend des 22. September 2008 erschlug der 65-jährige Rentner Wilfried Reinecke aus dem niedersächsischen Gifhorn drei Menschen auf Grund nicht ordnungsgemäß entsorgter Gartenabfälle: das Ehepaar Gisela und Hans Kaczmarek, 59 und 64 Jahre alt, und ihren 33-jährigen Sohn Martin.[1] Dabei schlug der Rentner mit einem Eichenknüppel so fest zu, bis die Schädel seiner Opfer zertrümmert waren. Anschließend warf er den Knüppel in die Aller und ging nach Hause. Als der Gerichtspsychiater ihn ein Jahr später fragte, was ihm auf dem Heimweg durch den Kopf gegangen sei, antwortete der Mörder: »Nichts.«

Reinecke ist kein passionierter Gewaltverbrecher, kein Asozialer und seinem Selbstempfinden nach kein Psychopath. Er ist ein Mann, der schlichtweg Recht hat. Und was Recht ist, das muss auch Recht bleiben. Als Besitzer einer Kleingartensiedlung hat er stets darauf geachtet, dass alles seine Ordnung hat. Und er fühlte sich zuständig. Jede Regel war bei ihm in guter Hand. Er überwachte die Straßenverkehrsordnung, das Kleingartengesetz der Bundesrepublik Deutschland und das des Landes Niedersachsen.

Kleingartengesetze gehören zu den strengsten Gesetzen der Nation. Die maximale Größe eines Kleingartens ist darin festgeschrieben, die Maximalgröße einer Gartenlaube und die maximale Höhe der Bäume von vier Metern. Selbst das Verhältnis von Zier- zu Nutzfläche duldet keine Unordnung.

Ein Paradies für ordnungsliebende Menschen wie Reinecke. 42 Jahre lang hat er bei VW gearbeitet, ein einfacher, korrekter, anständiger Mensch, immer pünktlich, immer pflichtbewusst. Seit er in Rente gegangen ist, hat er eine neue Lebensaufgabe gefunden: die Kleingartensiedlung. Von nun an hat er die Kolonie, die längst seinen Kindern gehört, Tag für Tag persönlich inspiziert und kontrolliert. So gründlich, dass dort bald fast niemand mehr hausen und gärtnern wollte. Die meisten gaben ihren Garten auf. Auch Familie Kaczmarek wäre fast weggezogen, als 2005 ihre Laube in Flammen aufging. Doch dann einigten sie sich mit ihrem Nachbarn und nutzten von nun an dessen Grundstück. Fatalerweise hockten sie nun in unmittelbarer Nachbarschaft von Reineckes selbstgenutzter Parzelle. Für ihn war es die Hölle. Die Kaczmareks brachten Unordnung in sein Leben. Sie parkten ihr Auto auf dem Grasweg zwischen den Parzellen, ihre Bäume beugten sich nicht der Vorschrift, und die Kaczmareks hielten Kaninchen.

Reinecke hätte sie gerne aus der Siedlung geschmissen. Er brauchte Ordnung. Die Kaczmareks aber lachten ihn aus. Reinecke baute eine Schranke vor den Grasweg und verwaltete die Schlüssel. Aber der junge Kaczmarek kletterte einfach drüber und zerstörte sie dadurch. Reinecke griff zu Pollern, unzerstörbar und massiv. Die Kaczmareks und die anderen Pächter parkten ihre Autos nun auf der Straße. Reinecke prüfte den Abstand zum Fahrradweg und erstattete haufenweise Anzeigen.

Fataler noch war aber die Sache mit der Grundstücksgrenze. Ihr genauer Verlauf war in keinem Dokument erfasst. Ein folgenreiches Versäumnis. Für Reinecke verlief sie dem eigenen Hörensagen nach auf der Mitte des Weges. Dieser gefühlten, geglaubten und geschätzten Grenze galt es Respekt zu verschaffen. Wer den Grasweg mähte, durfte dies nur bis zur Luftgrenze tun. Dahinter begann Reineckes unantastbares Reich der Gräser, Gänseblümchen und Wegeriche. Den unbefugten Mähern drohte er in einem Wutanfall an, sie totzuschlagen. Er streute Reisig aus, um die Rasenmäher zu schädigen, aber die Nachbarn fegten das Reisig einfach zur Seite. Reinecke verteilte es erneut. Die Nachbarn warfen es über den Zaun. Reinicke warf es zurück. »Wer sich mit mir anlegt«, drohte er finster, »der legt sich mit dem Teufel an, und wer sich mit dem Teufel anlegt, der muss durch die Hölle gehen.« Die Kaczmareks lachten. Reinecke blieb nur noch der Knüppel.

Am Abend des 22. September 2008 findet er einen provozierenden Reisighaufen direkt vor seinem Gartentor. Abgeladen hat ihn ein anderer Feind, aber Reinecke hat die Kaczmareks im Verdacht. Und tatsächlich trifft er Martin auf dem Grasweg. Vor Gericht wird er aussagen, den jungen Kaczmarek auf frischer Tat beim Reisigwurf ertappt zu haben. Reinecke lässt den Knüppel sprechen. Der Teufel tut sein Werk. Der Sohn bricht blutend zusammen. Als seine Eltern ihm zu Hilfe kommen, ereilt auch sie ihr Schicksal: »Ich habe zugeschlagen, bis sie zu Boden gegangen sind. Das ging ziemlich schnell. Das war's dann. Ein Abwasch.«

Für Reinecke war es Notwehr, psychisch wie physisch. Er hat nichts getan, nur sich verteidigt und das Recht: die Straßenverkehrsordnung, das Kleingartengesetz der Bundesrepublik Deutschland und das des Landes Niedersachsen. Vor dem Landgericht Hildesheim bemüht er eine höhere Instanz als die menschliche: »Ich bin kein Mörder und Totschläger. Eines Tages stehe ich vor dem Richterstuhl des Ewigen, und ich weiß, er spricht mich frei.«

Für den ermittelnden Staatsanwalt ist Reinecke ein Mörder und Verbrecher, ein Mann der »unbändigen Wut« und des »menschenverachtenden Vernichtungswillens«. Die Schuld wiege deshalb besonders schwer. Für den Psychiater ist er das Produkt einer unglücklichen Kindheit. Der Vater, ein Stalingrad-Kämpfer, war unberechenbar und gewalttätig. Die Mutter soll sich deswegen das Leben genommen haben. Aber Reinecke bekam sein Leben trotzdem in den Griff. Ein anständiger Beruf, eine anständige Ehe, ein anständiges Leben gaben ihm Halt. Vier Jahre vor dem Mord nahm ihm eine Prostataoperation die Potenz. Das hat ihn verbittert. Was jetzt noch Befriedigung gab, war der Kampf für Sitte, Recht und Ordnung. Da, so sagte er vor Gericht, sei er »ziemlich pingelig«.

Eine Pingeligkeit, die es als gutes Recht erscheinen lässt, drei harmlosen Menschen den Schädel einzuschlagen, ist ein Paradefall für die Moralpsychologie: von der streng reglementierten Gruppenmoral einer Kleingartensiedlung über Reineckes Autoritätshörigkeit zu dessen Vorurteilen gegenüber den Normverletzern. Und natürlich ist es ein Modellfall für *shifting baselines*, wenn die Wahl der Mittel gegen die »Feinde« in vielen kleinen Schritten ins Monströse abdriftet. Kurz gesagt: Das Beispiel zeigt, was passiert, wenn alles zusammenkommt, was die Moral unmoralisch macht.

Wollte man dem Mörder Reinecke von den Ufern der Aller sehr schmeicheln, so stellte man ihn in eine Reihe mit dem Mordbrenner Michael Kohlhaas von den Ufern der Havel aus Heinrich von Kleists gleichnamiger Novelle aus dem Jahr 1810. Der historisch verbürgte Kohlhaas verliert durch Willkür und Unrecht zwei Pferde und seinen Knecht an den Junker von Tronka. Je mehr er sich gegen das Unrecht auflehnt, umso schlimmer wird seine Situation. Als schließlich sogar Kohlhaas' Frau darüber zu Tode kommt, greift dieser zur Selbstjustiz. Aus dem rechtschaffenen Pferdehändler wird ein »fürchterlicher Mensch«, ein unversöhnlicher Mordbrenner. Am Ende verurteilt das Gericht den Junker von Tronka zur Rückgabe der Pferde. Kohlhaas aber wird wegen Landfriedensbruch zum Tod unter dem Rad verurteilt.

Die Pointe in Kleists Novelle ist perfide. Das unschuldige Opfer, das völlig im Recht ist, steht am Ende der Geschichte als schlimmerer Verbrecher dar als seine willkürlichen Peiniger. Der Philosoph Ernst Bloch nannte Kohlhaas dafür den »Don Quijote rigoroser bürgerlicher Moralität«. Für unsere heutige Gesellschaft ergibt sich daraus die gleiche Konsequenz wie zu Kohlhaas' Zeiten: Recht zu haben ist nur *ein* Wert in unserer Gesellschaft unter anderen Werten. Und es ist gewiss nicht der höchste. Natürlich sind Kohlhaas' Motive für Mord und Totschlag viel überzeugender als die Reineckes. Doch in beiden Fällen stellt sich die Frage nach dem Wert von (Rechts-)Normen in der Gesellschaft: Man sollte sie achten, aber man sollte sie nicht zu bitterernst nehmen.

Soziale Situationen *allein* im Namen einer höheren Ordnung zu entscheiden – eines Prinzips, einer Maxime, einer Norm – hat immer etwas Unmenschliches. Man denke nur an die radikalen Abtreibungsgegner in den USA, die in den letzten Jahren wiederholt ein vermeintliches Recht selbst in die Hand nahmen. Mehrere Ärzte, die Abtreibungen durchgeführt hatten, wurden von ihnen erschossen. Mit der grotesken Pointe, dass es nach Ansicht der Abtreibungsgegner legitim und gefordert sei, einen Menschen zu ermorden, um das Prinzip der Heiligkeit allen, auch des ungeborenen Menschenlebens zu verteidigen.

Ich bin gerade aufgestanden, um mir im Bistrowagen des Zuges einen Kaffee zu holen. Als ich ankam, führte der Schaffner, ein freundlicher gutmütiger Mann, gerade ein Gespräch mit einem Fahrgast. Der Mann beschwerte sich, lautstark und mit wichtigem Gesicht, darüber, dass der Zug auf dem letzten Bahnhof nicht vorschriftsmäßig eingefahren sei. Die Wagen befanden sich nicht auf dem vom Wagenstandsanzeiger vorgesehenen Platz. So hatte er sich durch drei Wagen zu seinem reservierten

Sitzplatz schieben und hangeln müssen. Eine Zumutung! Nun schrie er den Schaffner an und forderte mit rotem Gesicht wütend Schadensersatz. Die Kohlhaase und Reineckes lauern überall ...

Moralphilosophisch ist das ein merkwürdiger Befund: Es gibt Wichtigeres als die Gerechtigkeit! Man darf vielleicht noch weiter gehen und sagen: Es ist sogar alles in allem gut so, dass es in unseren menschlichen Gesellschaften keine absolute Gerechtigkeit gibt! Diese Behauptung mag zunächst verblüffend sein. Ist eine allumfassende Gerechtigkeit nicht ein Menschheitstraum? Der französische Aufklärer Marie Caritat de Condorcet schrieb sogar den Satz: Glück ist, »wenn das gesamte System der Gesellschaft auf der unwandelbaren Grundlage von Wahrheit und Gerechtigkeit gegründet« ist.[2] Aber vermutlich ahnte er noch nichts von der eigenwilligen Tücke von Normen und Normsystemen.

Normen sind eine seltsame Sache. Der Idee nach sind sie Regeln, die unser Zusammenleben leichter und besser machen sollen. Selbst die seltsamste Kleingartenregel hat darin ihren Sinn. Wer die Größe des Nutzgartenanteils nicht festlegt, der läuft Gefahr, dass ein Bauer die Parzellen mietet und in eine Obstplantage verwandelt. Und wer die Wuchshöhe nicht beschneidet, der provoziert die Verschattung der Nachbargärten. Jede dieser Regeln soll einem Konflikt vorbeugen. Die Frage ist nur: Wenn man jedem Konflikt vorbeugt, wie viel Spaß macht dann noch das Leben? Und man denke auch an den Verkehrsplaner Monderman: Zu viele Regeln schaden dem Selberdenken.

Das Ziel der Ethik ist nicht die größtmögliche Lebenssicherheit. Es ist die Chance auf ein erfülltes Leben für möglichst viele Menschen. Normen sollen uns dazu dienen. Keinesfalls ist es ihr Sinn, dass wir ihnen dienen. Das Schwierige an Normen ist nur, dass man sie, wenn sie einmal da sind, nur sehr schwer wieder abschaffen kann. Es ist viel leichter, Normen zu vermehren, als sie zu verringern. Selbst in unserer sehr freien Welt in den westlichen Ländern haben wir nicht weniger Normen als früher. Sie sind nur geschickter versteckt. Die Zahl der ausgesprochenen Regeln ist kleiner geworden, die der unausgesprochenen größer. Man denke nur an die stille Diktatur der *political correctness*, die alles übertrifft, was noch vor wenigen Jahrzehnten an Zensur und Selbstzensur denkbar war.

Normen lassen sich nicht ignorieren. Sie sind da, ob wir wollen oder nicht. Selbst Ihr Entschluss, eine Norm gar nicht zu beachten – über rote Ampeln gehen, niemals »bitte« und »danke« sagen, an Häuserwände urinieren, in Restaurants rauchen, im Garten des Nachbarn grillen, in einer Talkshow »Neger« sagen –, ist nicht wertneutral. Die anderen nämlich interpretieren dies nicht als ein schlichtes Ignorieren – sie sehen darin einen *Verstoß*. Unsere sozialen und auch unsere moralischen Entscheidungen fallen immer auf einem bereits besetzten Terrain. Unsere Sozialordnung gleicht einer Landkarte mit Territorien, und unsere Normen markieren die Grenzen. Aus diesem Grund können Sie sich nicht benehmen, als wenn Sie in einer Wüste wären. Wie im 1. Teil des Buches ausgeführt, geht es uns im Leben eher selten darum, unsere Interessen durchzudrücken. Den weit größeren Teil verbringen wir damit, uns gemäß von Normen zu verhalten. Wir wollen nicht dumm auffallen.

Selbstverständlich gibt es in unserer Gesellschaft gleichwohl Normverstöße. Wir alle wissen das. Und wenn wir uns auch darüber aufregen, so ist es doch gut, dass es sie gibt. Warum? Nun, erstens verstoßen auch wir das eine oder andere Mal gegen die *correctness*. Und zum anderen: Wer wollte in einem Land leben – außer Herr Reinecke –, in dem *jeder* Verstoß bemerkt und geahndet wird? Jeder moralische Grundsatz wird zu einem Gräuel, wenn er uneingeschränkt zur starren Regel erhoben wird. Immer ehrlich sein, immer gerecht, immer fair, immer mitfühlend, immer großzügig, immer dankbar und so weiter – wer möchte so sein? Ist dies tatsächlich ein erfülltes Leben? Oder wäre es nicht ein privater Gesinnungstotalitarismus, von dem wir froh sind, dass nicht alle so denken? Die Kunst, kein Egoist zu sein, besteht nicht darin, dass wir immer und jederzeit »gut« sind.

Ein hübsches Beispiel dafür, wie gefährlich es wäre, die Moral zu ernst zu nehmen, beschrieb der englische Dichter William Makepeace Thackeray (1811–1863). In seiner Glosse *On Being Found Out* aus dem Jahr 1861 widmete er sich der Idee eines Staates der völligen Wahrheit und Gerechtigkeit.[3] Einem Staat wie dem, von dem Condorcet geträumt hatte: »Stellen Sie sich einmal vor, dass jeder, der ein Unrecht begeht, entdeckt und entsprechend bestraft wird. Denken Sie an all die Buben in allen Schulen, die verbleut werden müssten; und darin die Lehrer und dann den Rektor. ... Stellen Sie sich den Oberbefehlshaber vor, in Ketten gelegt, nachdem er vorher die Abstrafung der gesamten Armee überwacht hat. Kaum hätte der Geistliche sein ›eccavi‹ gerufen, würden wir den Bischof ergreifen und ihm einige Dutzend verabreichen. Nachdem der Bischof dran war, wie wäre es mit dem Würdenträger, der ihn ernannt hat? ... Die Prügel sind zu schrecklich. Die Hand erlahmt, entsetzt über die vielen Rohre, die sie schneiden und schwingen muss. Wie froh bin ich, dass wir *nicht* alle entdeckt werden, ich wiederhole es – und, meine lieben Brüder, ich protestiere dagegen, dass wir bekommen, was wir verdienen.«

Nun, wir dürfen sicher sein, dass all das bei uns nicht geschieht. Eine Gesellschaft, wie Thackeray sie beschreibt, ist in keiner Hinsicht denkbar.[4] So wichtig es ist, dass wir einiges von anderen Menschen wissen, um mit ihnen umgehen zu können, so wichtig ist es zugleich, dass vieles im Dunkeln bleibt. Wie bereits gesagt, ist Allwissenheit in unserem Alltag weder möglich noch ein erstrebenswertes Ziel. Die Verhaltenskonten, die wir von anderen führen, sind ebenso unvollständig wie die der anderen von uns. Würde eine Instanz wie der Staat daran etwas ändern wollen, würden wir uns mit vollem Recht entrüsten – jedenfalls dann, wenn sie als strafende Macht auftritt. (Tatsächlich existiert die totale Transparenz durchaus in unserer Gesellschaft. Nämlich wenn Sie über Google im Internet recherchieren. Doch solange niemand damit rechnet, dass Google unsere Daten *öffentlich* macht, sind wir nicht allzu tief beunruhigt.)

Wenn jedoch jeder die Möglichkeit hätte, alles über jeden anderen zu wissen, bräche unsere Gesellschaft ohne Zweifel zusammen. Schon Thackeray vermutet, dass die größtmögliche Transparenz nicht zum sozialen Frieden führt, sondern zum Unfrieden: »Was für eine wundervolle, schöne Fürsorge der Natur, dass das weibliche Geschlecht meist nicht geschmückt ist mit der Begabung, uns zu entlarven ... Möchten Sie, dass Ihre Frau und Ihre Kinder Sie so kennen, wie Sie sind, und Sie präzis nach Ihrem Wert würdigen? Wenn ja – mein lieber Freund: Sie werden in einem tristen Hause wohnen, und frostig wird Ihr trautes Heim sein. ... du bildest dir doch nicht ein, dass du so *bist,* wie du ihnen erscheinst.«

Ein Kenner unserer heutigen Gesellschaft wie der Freiburger Soziologe Heinrich Popitz (1925–2002) gibt Thackeray dabei völlig Recht: »Kein System sozialer Normen könnte einer perfekten Verhaltenstransparenz ausgesetzt werden, ohne sich zu Tode zu blamieren. Eine Gesellschaft, die jede Verhaltensabweichung aufdeckte, würde zugleich die Geltung ihrer Normen ruinieren.«[5]

Popitz' Lob der Grauzone in unserem Verhalten ist gut begründet. Für ihn haben Normen »zwangsläufig etwas Starres, Unverbindliches, Fixiertes, etwas ›Stures‹, – und damit stets auch etwas Überforderndes, Illusionäres«. Kein Wunder, dass die moralische Kleingartensiedlung, in der wir alle leben, ab und zu Regelverstöße provoziert. Denn menschliches Verhalten lässt sich nicht normieren wie die Größe von Nägeln oder Schrauben. Und wer nicht gerade in Gifhorn in der falschen Gartenkolonie lebt, wird dafür oft genug nicht bestraft. So etwa wird der, der in Beirut über eine rote Ampel geht, von der Polizei dafür nicht belangt. In Bayreuth dagegen ist das Risiko höher. Der Grund dafür ist klar.

Würde sich die Polizei in Beirut um Verstöße bei Fußgängern kümmern, käme sie zu nichts anderem mehr. Auch Normen unterliegen dem Prinzip der *shifting baselines*. Wenn alle gegen die Norm verstoßen, wird der Normverstoß belangloser, als wenn alle anderen sich daran halten. Und je mehr wir über die Verstöße der anderen wissen, umso gerechtfertigter erscheint uns unser eigenes Fehlverhalten. Wenn es öffentlich wäre, wie viel andere bei ihrer Steuererklärung tricksen, führte dies gewiss nicht zu einer besseren Steuermoral. Gemäß unserer Vergleichslogik wäre es wohl eher der Anfang einer mutmaßlichen Abwärtsspirale.

All dies bedeutet nicht, dass Normen nichts taugen. Sie sind selbst dann wichtig, wenn sich nicht jeder daran hält. Würde man sie aufheben, so würde sich die Grenze gewiss weiter verschieben. Und doch leben wir gut und gerne mit einer Art »Unschärferelation des sozialen Lebens, die letztlich ebenso der guten Meinung dient, die wir voneinander, wie der, die wir von unserem Normensystem haben. Tiefstrahler können Normen nicht ertragen, sie brauchen etwas Dämmerung.«[6]

Falls es dazu noch eines Beweises bedurfte, so lieferte ihn zuletzt der Journalist Jürgen Schmieder.[7] Vierzig Tage lang verzichtete er auf jede Art von Lüge und sagte ausschließlich das, was er für die Wahrheit hielt. So etwa verriet er, dass sein bester Freund seine Freundin betrog, und wurde – sicher nicht zu Unrecht – dafür verprügelt. Auch seine Ehe ging durch schwere Zeiten.

Wer immer ehrlich gegen andere ist, verstößt unausweichlich gegen eine andere Norm: das Gebot der Höflichkeit. Schon Mephisto in Goethes »Faust« wusste davon, indem er meinte: »Wer im Deutschen höflich ist, der lügt!« Unser reales Leben jenseits moralphilosophischer Bücher verlangt immer wieder eine Entscheidung zwischen verschiedenen Normen. Diese Situation müssen wir aushalten. »Mit sich im Reinen sind nur die Doofen« – der Satz Martin Seels gilt auch für Gesellschaften. Und was für die Wahrheit gilt, das gilt auch für jede andere moralische Tugend: Man sollte sie ernst nehmen, aber nicht zu ernst. Man stelle sich nur einmal vor, wir unterzögen beispielsweise das hehre Prinzip der Leistung einem echten Belastungstest. Wie viel Leistungsgerechtigkeit verträgt unsere Gesellschaft? Wenn jeder verdient, was er tatsächlich leistet, entsteht vermutlich ein ähnliches Chaos in der Gesellschaft, als wenn jeder seine Strafe kriegt.

Natürlich ist auch dieses Beispiel völlig utopisch. Leistung lässt sich nicht objektiv messen. Und was ich leiste, ist nicht nur eine Frage meiner Verdienste, sondern ebenso ein Verdienst anderer. Meiner Eltern zum Beispiel, die mir Talente vererbt haben und mich durch ihre Erziehung prägten. Meiner Lehrer vielleicht noch und meines sozialen Umfeldes. Keiner ist seiner Leistung alleiniger Urheber. Der englische Soziologe Michael T. Young (1905–2002) wandelte 1958 auf Thackerays Spuren und erfand augenzwinkernd die Idee einer »Meritokratie« – einer »Herrschaft der Verdienste«.[8] Jeder Mensch sollte aufgrund seiner tatsächlichen Leistung beurteilt und entlohnt werden. Alle anderen Kriterien – Herkunft, Beziehungen, Protektion und Glück – gehörten eliminiert.

Eine gute Idee? Vermutlich nicht. Denn was würde nun geschehen? Die Einkommensverhältnisse organisierten sich völlig neu. Der eine fällt nach unten, der andere steigt auf. Diejenigen, die jetzt nach der Neuordnung ganz oben stehen, dürften sich mit allem Recht der Welt sagen, dass sie tatsächlich die Besten sind – die berechtigte Elite. Und wahrscheinlich würden sie unerträglich arrogant. Das größere Problem aber bildet die untere Hälfte. Wer sich dort wiederfindet, der muss sich sagen: »Ich stehe zu Recht hier unten. Ich bin eine Pflaume. Ich habe nichts drauf und leiste zu wenig.« Kennen Sie irgendeinen Menschen, der so von sich denkt? Wohl kaum. Noch der unterprivilegierteste Hartz-IV-Empfänger wird sich so kaum sehen. Vielmehr wird er denken, dass die Gesellschaft nicht fair zu ihm war und ist. Oder dass er im Leben viel Pech hatte und so weiter. Wir alle färben unser Selbstbild eben gerne schön oder legen und lügen uns etwas zurecht. Die nackte Wahrheit über sich will kaum jemand wissen. Doch die träte nun grell zutage und provozierte das Selbstwertgefühl von Millionen Menschen. Eine solche Menge ausfluchtsloser, zerknirschter Menschen kann unsere Gesellschaft nicht vertragen. Es gäbe Revolten und vielleicht einen Bürgerkrieg.

Unsere ethischen Grundsätze und Entscheidungen bewähren sich in einer weitgehend normierten Welt. An der Achtung vieler Normen führt kein Weg vorbei, selbst dann, wenn wir sie nicht schätzen. Dabei gilt: Jedes ethische Gebot und jede Verhaltensnormierung kennen Grenzen. Weder die Wahrheit noch die Gerechtigkeit, die Fürsorge oder die Friedfertigkeit gelten absolut. Wer eine ethische Maxime ohne Kompromisse verfolgt, geht eine große Gefahr ein, im Leben zu scheitern. Viel lieber leben wir mit Grauzonen in unserem Verhalten, weil wir trotz unserer Grundsätze wissen, dass sie uns im Leben helfen und weiterbringen.

Wir haben viele Mechanismen benannt, die dafür sorgen, dass sich das Gute in unserem Handeln oft verflüchtigt. Versuchen wir es an dieser Stelle mit einer kleinen Gesamtzusammenfassung:

Das Gute schlechthin gibt es nicht. Das Gute ist relativ. Als gut erlebe ich das, was ich tue, dann, wenn ich meine, dass mein Tun für andere wertvoll ist. Meine Vorstellungen über wertvolles Verhalten mischen sich aus sozialen Instinkten und den Einflüssen meiner Erziehung. Wir halten für gut, was wir als Kinder gelernt haben, was in unserem Umfeld als gut gilt und was besser zu sein scheint als das Verhalten der schlechtesten Gruppenmitglieder unserer Umgebung. Das Gute, was ich tue, strahlt auf mich zurück. Mein Gehirn belohnt mich dafür mit nachhaltig guten Gefühlen. Zusammen mit vielem anderen nimmt mein gutes Handeln Einfluss auf mein Selbstbild. Es ist mir wichtig, vor mir selbst gut dazustehen. Mein langfristiges Wohlbefinden ist davon stark abhängig. Doch mein Selbstbild entsteht nicht nur im Zwiegespräch mit mir selbst. Es prägt sich aus im Umgang mit anderen. Um akzeptiert zu sein, gut anzukommen und nicht dumm aufzufallen, bin ich mitunter bereit, meine Grundsätze zu verschieben, mal bewusst und mal unbewusst. Opportunismus und *flexible Grundsätze* sind ein Teil unserer sozialen Natur. Entstehen dabei kognitive Dissonanzen, so rücken wir unser Selbstbild mit vielen Tricks wieder zurecht. Wir machen kohärent, was nicht kohärent zu sein scheint: mit Vergleichen und Verdrängen, mit Abstraktionen und Worten bis hin zu Selbsttäuschungen. Es ist wichtiger, sich weiterhin zu mögen, als mit sich selbst schonungslos ins Gericht zu gehen. Und uns selbst zu bestätigen ist das zwingendere Gesetz als unsere Verpflichtung zur Wahrheit. Unsere moralischen Vorstellungen sind nicht absolut kohärent, sondern sie sind *willkürlich kohärent*.

Sollte all dies richtig sein und für die meisten Menschen zutreffen, so stellt sich die Frage, was man daraus lernen kann. Inwieweit trägt unsere Gesellschaft der Tücke des Subjekts Rechnung? Und welche realistischen Ziele kann man in Bezug auf die Moral in unserer Gesellschaft formulieren? Denn wenn nicht alles täuscht, so sind die Bedrohungen, vor denen die wirtschaftlich, sozial und letztlich auch moralisch so erfolgreichen Gesellschaften des Westens heute stehen, die wohl größten seit dem Ende des Zweiten Weltkriegs ...

Moral und Gesellschaft

Im Reich der Roten Königin
Woran unsere Gesellschaft krankt

Die Queen war not amused. Anfang November 2008 stellte sie Luis Garicano zur Rede, den Forschungsdirektor des Management Departments der London School of Economics. In Creme-Farben gekleidet und mit obligatorischem Hut war sie zum ersten Mal höchstpersönlich in das weltberühmte Institut gekommen, um ein neues Gebäude einzuweihen. Dabei wollte sie wissen, was ganz England bewegte: »Wie war es eigentlich möglich, dass eine so gewaltige Sache wie die Finanzkrise von niemandem vorausgeahnt worden war?« Wozu bezahlte das Vereinigte Königreich seine weltberühmten Experten?[1]

Das Interesse der Queen an Derivaten, Zertifikaten, Leerverkäufen und internationalen Finanztransaktionen kam nicht von ungefähr. Etwa 100 Millionen Pfund des Königshauses waren in Wertpapieren angelegt. Die Londoner Börse aber hatte gerade einen Einbruch von 25 Prozent zu verzeichnen. Die Antwort, die Garicano ihr gab, glich einem Offenbarungseid: »Auf jeder Ebene hat jemand auf jemand anderen vertraut, und alle dachten, dass sie das Richtige tun.« Auch eine bald darauf einberufene Konferenz an der LSE kam zum gleichen Ergebnis. Die Krise war möglich, weil niemand das Ganze überschaute. Selbst die Tausenden von Managern, die mit nichts anderem betraut waren, als die Risiken einzuschätzen, sahen immer nur einen kleinen Teil. Sie blickten sich nur in ihren Abteilen um. Jeder schaute nicht weiter als bis zum nächsten Wagen. Und niemand merkte, dass der ganze Zug auf einen Abgrund zufuhr.

Der Mangel an Überblick und die fehlende Perspektive von außen sind weit mehr als die Antwort auf die königliche Frage nach der Finanzkrise. Sie sind ein Merkmal unseres gesamten Wirtschaftens. Millionen Menschen in der westlichen Welt sorgen dafür, dass der Zug fährt. Und Zehntausende von Experten – Ökonomen, Juristen und Politiker – inspizieren die Waggons. Aber wer bestimmt die Richtung?

Die Frage, so seltsam es klingt, wird kaum gestellt. Und die Antwort ist ebenso stereotyp wie leer: Hauptsache, es geht weiter vorwärts, die Wirtschaft wächst, und die Menschen haben Arbeit. Der Gleichschritt von Vorwärtsbewegung, Wachstum und Arbeit erscheint uns dabei so selbstverständlich, dass wir leicht geneigt sind, ihn für den eigentlichen Sinn des Wirtschaftens zu halten: Gute Ökonomie ist, wenn es immer so weitergeht.

Ist das überzeugend? Die großen Denker der Wirtschaft von Adam Smith über David Ricardo, John Stuart Mill und Karl Marx bis zu John Maynard Keynes gaben eine ganz andere Antwort. Wichtig an der Wirtschaft ist, dass die Richtung stimmt. Und die Richtung, auch darin waren sie sich alle einig, ist die gleiche Richtung wie jene der Ethik: ein möglichst gutes Leben für möglichst viele Menschen. Ökonomie ist die Umsetzung von Moralphilosophie mit praktischen und finanziellen Mitteln.

Was ist ein gutes Leben und ein gutes Zusammenleben? Und auf welche Weise wird es erreicht? Hinter jeder Wirtschaftstheorie stehen eine Weltanschauung, ein Menschenbild und ein gesellschaftliches Ideal. Wirtschaftswissenschaften sind keine wertfreie Disziplin, keine Mathematik des Geldes, der Arbeitskräfte und Güter, auch wenn sie sich selbst oft auf solche Weise selbst missverstehen.

Die wichtigste Frage der Ökonomie ist die, was mit ihren Mitteln erreicht werden soll. »Wenn man wissen will, worum sich eine Gesellschaft oder eine Ideologie wirklich dreht, sollte man der Spur des Geldes folgen«, schreibt der US-amerikanische Informatiker und Künstler Jaron Lanier (*1960). Wenn das Geld zum Beispiel »in die Werbung fließt und nicht zu Musikern, Journalisten und Künstlern, dann befasst sich eine Gesellschaft mehr mit Manipulation als mit Wahrheit und Schönheit. Wenn die Inhalte wertlos sind, dann werden die Menschen irgendwann hohlköpfig und inhaltslos.«[2]

Im Prinzip ist das in Deutschland auch nicht umstritten: Die Aufgabe des Staates ist nicht Wirtschaftswachstum um jeden Preis. Sie ist, einer größtmöglichen Zahl von Bürgern ein zufriedenes oder gar erfülltes Leben zu ermöglichen – was auch immer darunter verstanden wird. In jedem Fall ist es eine Mischung aus materiellem und immateriellem Wohlstand, aus Gütern und Kultur, Waren und Befindlichkeiten. Materieller Wohlstand ist kein Selbstzweck, sondern eine zwar notwendige, aber nicht hinreichende Bedingung für das Wohlbefinden.

So weit die Welt des Prinzips. Doch wer in unserem Land wacht tatsächlich über die Richtung? Anders als im 18. Jahrhundert haben Philosophen heute keinen Einfluss mehr auf die Politik. An ihre Stelle sind die Ökonomen getreten, die großen Wirtschaftsführer und Lobbyisten, die Spin-Doctors, PR-Berater und Consultants. Ihr Thema freilich ist nicht die Zukunft: Es sind Markt-, Macht- und Karrierechancen. Und es ist der Erhalt des Status quo.

Die Richtung der Wirtschaft zu bestimmen bedeutet dabei nicht einfach, ihren Kreislauf in Gang zu halten. Es meint zugleich, Entscheidungen darüber zu treffen, *womit* man eine Gesellschaft befeuert. Welche Sinnbedürfnisse werden zuvorderst befriedigt und welche nicht? In unserer Gesellschaft und unserer Ökonomie ist dies in erster Linie der Konsum. Was auch immer wir uns unter Lebensfreude vorstellen, unter Freiheit, unter dem Bedürfnis, anders zu sein als andere, unter neuen Genüssen für das Auge, für Ohr, Leib und Magen – für alles gibt es Produkte, die man kaufen kann. Auch unsere Sicherheitsbedürfnisse erfüllen wir uns mit Produkten: mit Versicherungen und mit Gütern.

Je mehr wir den Sinn unseres Lebens »materialisieren«, umso

besser wird es uns gehen, meinte schon im 19. Jahrhundert der Journalist und Philosoph Max Stirner (1806–1856) in seinem Buch »Der Einzige und sein Eigentum«. Dabei wirbt er für einen Menschen, der seine innere und äußere Freiheit mehrt, indem er sich von allen erdenklichen Verpflichtungen frei macht. Das Einzige, was zählt, ist der unbeschwerte Egoismus. Oder mit Stirner gesagt: »Mir geht nichts über Mich.«[3]

Für einen zeitgenössischen Philosophen wie den Franzosen Pierre Bourdieu (1930–2002), den langjährigen Professor am College de France in Paris, war Stirner ein Prophet des 20. Jahrhunderts. Mit scharfem Blick aktualisierte er dessen Titel 1998 für die Gegenwart: »Der Einzige und sein Eigenheim«. Vor allem in Deutschland, so Bourdieu, erfüllt man Sinnbedürfnisse, indem man sich eine vermeintliche Sicherheit kauft, vorzugsweise durch ein Eigenheim.[4] Selbst Sozialdemokraten träumten seit Jahrzehnten vom gebauten Eigentum. Doch während sich der Hausbesitzer in dem Wahn sieht, Freiheit zu gewinnen, wird er in Wahrheit unfrei. Das Abzahlen der Kredite fesselt ihn eisern an sein Eigenheim, selbst wenn die Immobilie an Wert verliert. Und Ehen bleiben gegen jedes schlechte Gefühl zusammen, weil das Haus abbezahlt werden muss oder man es nicht verlassen will.

Wir können unsere materiellen Bedürfnisse in einem Ausmaß befriedigen, von dem die Generation unserer Großeltern nicht einmal zu träumen wagte. Aber es mehrt nicht unser Glück. Bereits 1971 fand diese Erkenntnis ihren Einzug in die Sozialpsychologie. Die beiden US-amerikanischen Psychologen Philip Brickman und Donald Campbell führten vor, dass sich, sobald sich die Umstände ändern, auch unsere Anspruchshaltungen verschieben. Was früher spektakulär war, wird innerhalb von kurzer oder mittlerer Zeit normal. Ein paar Jahre später bestätigte Brickman diese Erkenntnis anhand drastischer Beispiele. Sowohl das Glück eines Lottogewinners wie das Unglück eines Unfallopfers pendelten sich zwei Jahre nach dem freudigen oder schlimmen Ereignis wieder auf den ursprünglichen Pegel ein.[5] Nur psychische Rückschläge, wie etwa eine Scheidung oder ein Jobverlust, passen nicht unbedingt in das Muster.⁶

Für diesen Mechanismus prägte Brickman einen neuen Begriff: die Tretmühle des Glücks *(hedonic treadmill)*. So sehr wir uns auch abstrampeln, so treten wir doch langfristig meist auf der Stelle. Poetischer ausgedrückt bedeutet dies: Unsere ganze Gesellschaft funktioniert nach den gleichen Regeln wie das Reich der Roten Königin in Lewis Carrolls Roman »Alice hinter den Spiegeln«. Die Fortsetzung von »Alice im Wunderland« spielt in der Welt einer verrückten Schachpartie, und Alice ist ständig in Bewegung: »Nun sausten sie so schnell dahin, dass sie beinahe nur noch durch die Luft segelten und den Boden kaum mehr berührten, bis sie plötzlich, als Alice schon der Erschöpfung nahe war, innehielten, und im nächsten Moment saß Alice schwindlig und atemlos am Boden. Voller Überraschung sah sich Alice um. ›Aber ich glaube fast, wir sind die ganze Zeit unter diesem Baum geblieben! Es ist ja alles wie vorher!‹

›Selbstverständlich‹, sagte die Königin, ›hierzulande musst du so schnell rennen, wie du kannst, wenn du am gleichen Fleck bleiben willst.‹«⁷

Nicht ohne List kritisierte Carroll in diesem Satz den Ungeist des Viktorianischen Zeitalters, das Schneller, Höher, Weiter und Reicher des modernen Kapitalismus. Und was Carroll ahnte, wissen wir heute aus ungezählten Studien. Ab einem mittleren Lebensniveau macht die Mehrung von Besitz nicht mehr dauerhaft glücklich. Daran ändert auch nichts, dass es sehr vielen Menschen grundsätzlich Freude und Spaß macht, etwas zu kaufen. Aber Erwerben ist etwas ganz anderes als Besitzen. Schon Georg Simmel hatte in seiner »Philosophie des Geldes« erklärt, dass die Freude an gekauften Dingen nach einer Weile auf faszinierende Weise verfliegt.⁸ Ist der neue Mantel einmal nicht mehr neu, wenden wir unsere Aufmerksamkeit schnell von ihm ab. Und auch das neue Auto ist schon nach wenigen Monaten nicht mehr das, was es bei der ersten Fahrt war.

Materielle Glücksversprechen sind also immer eine flüchtige Sache. Dazu kommt, dass mit jedem Besitz die Summe an Abhängigkeiten wächst. Man muss Versicherungen abschließen, die Dinge in Ordnung halten. Und man sorgt sich vor Verlust, Zerstörung, Einbruch und Diebstahl. Aus diesem Grund darf es nicht verwundern, dass – obwohl die ganze politische Anstrengung darauf gerichtet ist – das Glück der Mittelschichten mit zunehmendem Besitz unterm Strich nicht ansteigt.

Das meiste, was wir uns kaufen, brauchen wir nicht wirklich. Aber wenn wir uns auf das beschränkten, was wir tatsächlich brauchen, bräche unser ganzer Binnenmarkt zusammen. Von Menschen, die nur vier Paar Schuhe besitzen und ein einziges Shampoo, kann unsere Wirtschaft nicht leben. Aus diesem Grund weckt sie das Verlangen nach immer neuen Dingen. Sie entfacht eine neue Gier, appelliert an unser Bedürfnis, uns als etwas Besonderes zu empfinden, oder daran, unser Umfeld beeindrucken zu wollen. Kurz gesagt: Sie verspricht uns einen Zugewinn an Anerkennung in den Augen der anderen – also genau das, wonach wir im Sozialen streben.

Unsere Wirtschaft erfüllt nicht unsere Sehnsüchte, sondern sie erzeugt sie erst. Videorecorder, Handys und iPhones sind Antworten auf Fragen, die niemand sich stellte, bevor es die Produkte gab. Heute dagegen können wir uns ein Leben ohne sie kaum noch vorstellen. Wir leben in einer Bedarfsweckungsgesellschaft statt in einer Bedarfsdeckungsgesellschaft. Und die Werbung flüstert uns Schmeicheleien in die Seele, damit wir unser Glück dort suchen, wo wir es nie zuvor vermuteten und langfristig wohl auch nur selten finden.

Das Zauberwort in diesem Spiel heißt *Status*. Er ist das ins Materielle verlagerte Bild unseres Selbst, die Art und Weise, wie wir uns darstellen. Status bestimmt darüber, wie andere uns spontan wahrnehmen und wie wir uns – über den Blick der anderen – selbst wahrnehmen. Sozialpsychologisch betrachtet ist Status der Schlüssel, warum unsere Wirtschaft so funktioniert, wie sie funktioniert, obwohl sie das Glück der Menschen nicht weiter erhöht. Für den Schweizer Ökonomen Mathias Binswanger (*1962) von der Fachhochschule Solothurn ist auch das Statusdenken eine Tretmühle.[9] Schon Grundschulkinder wissen, welche Dinge als Statussymbole gelten, und häufig beginnt das Statusdenken schon im Kindergarten.

Das Bezeichnende am Status ist, dass er in dem Moment erlischt, in dem ihn jeder erlangt. Seiner Natur nach ist Status exklusiv, das heißt, er schließt andere aus. Ein deutscher Markenturnschuh ist auf Kuba ein Statussymbol, in Deutschland schon lange nicht mehr. Was wäre ein Mercedes wert, wenn ihn jeder hätte? Status befriedigt kein absolutes Bedürfnis, sondern ein relatives. Worum es geht, ist ein »mehr« gegenüber anderen, ein Unterscheidungsgewinn. Schon Wilhelm Busch wusste, dass »Neid« die »aufrichtigste Form von Bewunderung ist«.

Nach Meinhard Miegel (*1939), dem langjährigen Leiter des Instituts für Wirtschaft und Gesellschaft Bonn, hat sich die »ganze Gesellschaft, vom Kindergartenkind bis hin zu den Bewohnern von Seniorenheimen … in einem gnadenlosen Statuskrieg verkämpft, der in der Regel in riesigen Materialschlachten ausgetragen wird«.[10] Arbeitskämpfe in Deutschland werden nicht mehr um die Existenz ausgetragen, sondern um Status. »Da ziehen sie dann los, trillerpfeifend und kampfentschlossen, um ihre gerechte Sache durchzusetzen, den Erhalt ihres Status: Lokomotivführer und Ärzte, Müllwerker und Lehrer, Metallarbeiter und Orchestermusiker, Kindererzieherinnen und Gebäudereiniger. Keiner von ihnen kann behaupten, er könne von dem, was er verdient und was ihm sonst noch zufließt, nicht ordentlich und auskömmlich leben. Und keiner von ihnen vermag zu sagen, was der angemessene, geschweige denn der richtige Lohn für einen Lokomotivführer oder einen Arzt ist. Den richtigen Lohn gibt es nämlich nicht. Die oft einzige Begründung, in einen Arbeitskampf einzutreten, lautet: Andere haben mehr.«[11]

Die enorme Bedeutung des Status in einer Gesellschaft trägt

allerdings mitnichten zu ihrem Glück bei. Denn je exklusiver die Güter, die über den Status bestimmen, umso größer die Zahl derjenigen, die ausgeschlossen bleiben und sich an den Schaufenstern der Luxusautoläden und Nobeluhrengeschäfte die Nase platt drücken. In solcher Lage nützt es der Wirtschaft wie der Gesellschaft, wenn Statussymbole sich schleichend entwerten, indem sie billiger (und gleichzeitig durch teurere ersetzt) werden. Wer die oft existenzielle Dimension von Flachbildschirmen für viele Hartz-IV-Empfänger in Deutschland verstehen will, muss realisieren, was mit Status gemeint ist: das Gefühl, dazuzugehören und nicht weniger wert zu sein als andere. Genau dies entscheidet über das soziale Klima in einem Land. Je mehr Menschen das Gefühl haben, dass sie »sich etwas leisten« können, umso besser ist es um den sozialen Frieden bestellt.

Das Merkwürdige ist freilich, dass oft schon die Illusion ausreicht, um Leute zufriedenzustellen. Dass Menschen Statussymbolen wie Autos oder Geräten der Unterhaltungselektronik einen enormen Wert beimessen, ist schon kurios genug. Doch darüber hinaus unterliegen sie auch hochgradig der Geldillusion. Wie im zweiten Teil gezeigt (vgl. *Im Netz der Spinne. Was Geld mit Moral macht*), sind Menschen dafür anfällig, Geldbeträge stets absolut wahrzunehmen und nicht relativ. Schon der bedeutende britische Ökonom John Maynard Keynes (1883–1946) hatte die große Bedeutung der Geldillusion genau erkannt. Vor einigen Jahren demonstrierte auch Ernst Fehr in Zürich, dass Menschen bei Löhnen und Preisen immer auf die absoluten Zahlen schauen, aber nicht auf die damit verbundene Kaufkraft. Faktoren wie Teuerung und Inflation werden kaum realistisch wahrgenommen. Fehr und sein Kopenhagener Kollege Jean-Robert Tyran fragten zudem zahlreiche Arbeitnehmer, welche der beiden Möglichkeiten sie eher akzeptieren würden: einen Lohnanstieg um zwei Prozent bei einer Inflationsrate von vier Prozent? Oder aber eine Lohnsenkung von zwei Prozent bei einer Teuerung von null Prozent? Obwohl das Resultat am

Ende das gleiche ist, entschied sich die Mehrheit spontan für den ersten Vorschlag.[12]

Im Zweifelsfall, so das Ergebnis, wollen die Leute lieber durch Geldillusion betrogen werden, als der Situation ins Auge zu sehen, Einbußen zu verzeichnen. Menschen haben große Probleme damit, etwas zu verlieren. Diese »Verlustaversion«, so Fehr, ist ein sehr wichtiger psychologischer Faktor unserer Volkswirtschaft, weil »Menschen Verluste viel stärker empfinden als Gewinne. Wenn man 1000 Franken weniger als erwartet bekommt, ist der damit verbundene Nutzenverlust ungefähr doppelt so groß wie der Nutzengewinn, den man erzielt, wenn man 1000 Franken über der Erwartung bezahlt wird. Verlustaversion ist eine wichtige psychologische Ursache für die bekannte Schwierigkeit, Reformen in Unternehmen und Politik durchzusetzen; der Widerstand der Reformverlierer ist oft viel stärker als die Unterstützung der Reform durch jene, die von der Reform profitieren.«[13]

Verlustaversion sorgt dafür, dass es sehr schwer ist, die Richtung der Wirtschaft entscheidend zu verändern. Gesellschaften, die sich seit Jahrzehnten daran gewöhnt haben, dass alles mehr wird, sind kaum bereit zu einem freiwilligen Verzicht. Wenn man den Menschen in Deutschland heute die Hälfte von dem wegnähme, was sie verdienen und besitzen, würden sie gewiss nicht wieder so glücklich wie 1970. Der Aufschrei wäre schrill und laut. Empörung und Entsetzen breiteten sich aus. Unsere Demokratie bräche mutmaßlich zusammen. Und vermutlich übernähmen in kürzester Zeit gefährliche Populisten die Macht.

Auch Anspruchshaltungen gehorchen dem Prinzip der *shifting baselines*. Statt sich darüber zu freuen, dass sie in einem der reichsten Länder der Welt leben, sind zahlreiche Berufsgruppen unzufrieden mit ihren Löhnen. Ihre Kollegen aus den 1950er Jahren dagegen gerieten vor Begeisterung über ein solches Lohnniveau völlig aus dem Häuschen. Doch unsere Bedürfnisse orientieren sich nicht an den Vergleichswerten von vor fünfzig Jahren, sondern sie passen sich der Umwelt an. Was eine Gesellschaft für »normal« hält, ist das, was sie tagtäglich erlebt und kennt, und nicht das, was sie nie erlebt hat. Und was auch immer wir in der Zukunft erwirtschaften werden: An der gefühlten Armut und dem gefühlten Reichtum wird sich nicht allzu viel ändern.

So gut informiert wir auch sind über den Klimawandel, die Grenzen des Wachstums, die gewaltigen ökologischen Folgekosten unseres Handelns – so wenig sind die meisten Menschen bereit, ihr Verhalten freiwillig zu ändern. Jedenfalls nicht, solange andere nicht ebenfalls dazu bereit sind. Und solange die anderen – alle anderen – nicht auch auf weiteren Wohlstand verzichten, so lange tun wir das auch nicht. Zumal wir allein ja ohnehin nichts ändern können.

Der allgemeine Misstrauensverdacht gegen die anderen kommt dabei nicht von ungefähr. Er ist eine Folge unserer Wirtschaftsideologie. Wer durch Werbung, Wettbewerb und öffentliche Meinung tagtäglich darauf konditioniert wird, sich Vorteile gegenüber anderen zu verschaffen, verliert leicht sein Solidaritätsgefühl. Aus dieser Perspektive erscheint selbst das verantwortungslose Handeln von Bankern in der Finanzkrise nicht als Auswuchs oder Krebsgeschwür der Gesellschaft. Vielmehr ist es ihr Symptom. Wie viele Menschen in Deutschland, in den USA oder anderswo hätten genauso gierig und kurzsichtig gehandelt wie die maßlosen Ritter vom Gold? Nur dass sie nicht über deren Mittel verfügen. Wer bei der Steuererklärung dem Staat jeden Cent abtrotzt, den besten Handytarif abzockt und auch überall sonst nach Schnäppchen giert – der spürt (vielleicht) eine Restscham, den Großmeistern der Maßlosigkeit ihre Mentalität vorzuwerfen. Dem kurzen Aufschrei über die Abfindungsmilliarden der Banker wohnt noch die stille Bewunderung inne, die die Folgenlosigkeit sicherstellt.

Aus diesem Grund, so scheint es, ist die Empörung über die Finanzwelt alles in allem so verhalten, so privat und so wenig organisiert. Wie sollte den Bankern unrecht sein, was so vielen anderen recht ist?

Der gesellschaftliche Preis, den wir im Reich der Roten Königin zahlen, ist hoch: Das Verhältnis von Sozialnormen zu Marktnormen in unserer Lebenswelt läuft schon lange aus dem Ruder. Nicht nur in Deutschland, sondern nahezu überall in den Staaten des Westens. Von den Asozialgemeinschaften vieler Schwellenländer gar nicht zu reden. Der psychische Ausverkauf der Seelenreservate an die Unerbittlichkeit des Marktes ist weiter fortgeschritten, als wir wahrhaben wollen. Nicht nur die Unterwäsche, auch jene unseres Bewusstseins ist mit Markennamen bestickt. Die Psychen nicht nur unserer Kinder sind ein Parcours von Jingles und Werbespots. Das Habenwollen ist wichtiger als das Seinwollen.

Aus Bürgern sind User geworden und aus Wählern Kunden. Und der Anteil des Staates daran ist unübersehbar. Er findet sich sichtbar in den Fehlattributionen der Schröder-Zeit. Die Bundesanstalt für Arbeit tat jahrzehntelang ihren Dienst, bis sie eine »Agentur für Arbeit« werden musste, um unseren kapitalistischen Seelen besser Rechnung zu tragen. Selbst die Arbeitslosen als Nichtteilnehmer des Arbeitsmarktes sollten sich in dem Gefühl sonnen dürfen, im marktwirtschaftlichen Spiel mitzumischen, wenn auch auf Kosten eines Schwindels: Eine Agentur kostet Geld, sie verlangt Provision. Der Bund dagegen tut dies bekanntlich nicht. Er ist keine Agentur, und er unterhält auch keine. Clownesker noch die Erfindung der »Ich-AG«. Was nach Markt und Börse klang, sollte gut klingen. Was kümmerte es die Sachwalter des Scheins, dass der auf sich selbst gestellte Handlanger mit einer Aktiengesellschaft etwa so viel zu tun hatte wie eine Vorstadtspielothek mit dem Paradies.

Wer tagtäglich indoktriniert wird, sich Vorteile gegenüber anderen zu verschaffen, genießt eine staatsbürgerliche Erziehung von zweifelhaftem Zuschnitt. Ein Milliardenaufwand an Werbegeldern bombardiert die wackeligen Behausungen unserer Werte: die Moral der Kindheit, ein kleiner, meist winziger Rest Religion und ein bisschen Demokratieverständnis aus der Schulzeit. Ein ungleicher Kampf. Niemand fragt heute mehr, ob sein Premiumtarif gegenüber anderen fair ist.

Diese mangelnde Solidarität ist die Folge unseres Wirtschaftens. Wenn jeder anders als die anderen sein will, gibt es kein Wir mehr. »Wir« – das sind immer die anderen. Markt- und Markenwirtschaft erzeugen kein Zusammengehörigkeitsgefühl, sondern moralische Zeitarbeiter ohne Milieubindung. Das Merkwürdige daran ist: Der Wohlstand, nach dem sich viele Menschen sehnen, ist genau das Gegenteil! Es ist ein Mehr an Lebensqualität durch mehr Muße, mehr Freizeit, weniger Stress, einen erfüllenden Beruf und mehr Zeit für Freunde und Familie. Denn wie wir eigentlich alle wissen: Wir brauchen nicht mehr Zeug, sondern mehr Zeit.

Die Krise unserer Zeit ist mehr als nur eine Finanz- oder Wirtschaftskrise. Sie ist eine Gesellschaftskrise. Unsere Wirtschaft, die uns in vielen Dingen weit nach vorn gebracht hat, hat uns in anderen geschadet. Noch nie zuvor war eine Gesellschaft so sehr auf Materielles fixiert, ohne dadurch glücklicher zu werden. Unsere Mentalität ist sehr weitgehend eine Konsummentalität geworden. Doch die Tretmühlen des Glücks lassen uns nicht vorankommen. Stattdessen müssen wir beobachten, wie der soziale Zusammenhalt in unserer Gesellschaft schlechter wird.

Das Hamsterrad, in dem wir uns abstrampeln, ist die Folge unserer Ideologie, dass das materielle Wachstum unser Glück mehrt. Doch warum sind wir so darauf fixiert?

- *Vom Glück, ein Bhutaner zu sein.* Warum wir unseren Wohlstand falsch messen

Vom Glück, ein Bhutaner zu sein
Warum wir unseren Wohlstand falsch messen

Das »Land des Donnerdrachens« hat 700 000 Einwohner und den weltweit höchsten Berg, der noch nie von einem Menschen bestiegen wurde. Bergsteigen oberhalb von 6000 Metern ist in Bhutan verboten. Die schneeumtosten Gipfel des Himalaya gehören den Göttern und Geistern; Menschen haben dort nichts zu suchen.

Auch sonst geht in Bhutan vieles einen anderen Gang als bei uns. Die Menschen leben bescheiden von dem, was ihre Äcker hergeben. Das höchste Staatsziel ist nicht das Wirtschaftswachstum, sondern der Natur- und Umweltschutz. Bhutan ist das vermutlich ursprünglichste Land der Welt. Zwei Drittel bestehen aus unberührtem oder nachhaltig bewirtschaftetem Wald. Der Bildungsetat ist sieben Mal höher als die Militärausgaben.[1] Das Rauchen ist im privaten Umfeld erlaubt, aber es gibt keinen Tabak. Und über alles wacht die Staatsreligion, der Vajrayana-Buddhismus: die Philosophie von der Einheit allen Seins vor jeder Unterscheidung von Ich und Welt, Begehren und Objekt. Die Lehre vom höchsten Gut des Mitgefühls.

Bhutan ist einer von sehr wenigen Staaten der Welt, die ihrem Bruttoinlandsprodukt (BIP) wenig Bedeutung beimessen. Über den Platz 113, den das Land gegenwärtig in der Weltrangliste einnimmt, können die Bhutaner nur lächeln. Seit 1972 nämlich gilt für Bhutan ein ganz anderer Index: das »Bruttonationalglück« *(gross national happiness)*.[2] Anlass für diese Innovation war ein Artikel in der *Financial Times*. Der Autor hatte bemängelt, dass es um das Wirtschaftswachstum im Land schlecht bestellt sei. Jigme Singye Wangchuck, der König von Bhutan, war wenig erfreut. Eigenhändig griff er zum Füller und erklärte der Zeitung, dass man in den USA offenbar nichts kapiere. Nicht Wirtschaftswachstum, sondern Glück sei das Ziel der bhutanischen Regierung. Um seinen Worten Taten folgen zu lassen, bildete der König eilig eine Kommission für das Bruttonationalglück. Ihre Aufgabe: die statistische Erfassung und Berechnung des Lebensstandards einschließlich aller psychologischen und spirituellen Faktoren des Glücks.

»Wachstum«, erklärte unlängst noch einmal die Chefin von Bhutans Planungskommission, Karma Tshiteem, »sollte auch das bezeichnen, was die Menschen wünschen«, Aspekte wie Umwelt, Kultur und Tradition.[3] Die Regierung befindet sich in einem ständigen Austausch mit der Bevölkerung und misst deren Wohlergehen. Was auch immer sich die Politik für Programme ausdenkt, stets werden sie darauf überprüft, ob sie dem Glück der Bevölkerung zuträglich sind. Und immerhin: Mehr als zwei Drittel der Bhutaner meinte 2008, dass sie ein glückliches Leben führten.

Das Messinstrument für den Wohlstand der Gesellschaft in der Bundesrepublik Deutschland ist nicht das Glück. Es ist das BIP: der Gesamtwert aller Waren und Dienstleistungen, die innerhalb eines Jahres von unserer Volkswirtschaft hergestellt wurden. Jede neu produzierte Tonne Stahl, jede Taxifahrt, jeder Zoobesuch und jede Röntgenaufnahme tragen zum BIP bei. Gemessen wird, mit einem Wort, die Summe aller in Geld bezahlten wirtschaftlichen Aktivitäten. Und je höher das BIP, umso erfolgreicher wähnt sich die Politik.

So weit die Idee. Und so absurd. Denn mit dem BIP misst man nicht Wohlstand, sondern nur Wachstum. Der Unterschied ist leicht erklärt: Wenn unsere Kommunen ihre Stadtwälder abholzen und an ihrer Stelle Wohnsiedlungen bauen würden – steigert dies das BIP. Wenn wir Autobahnen durch Naturschutzgebiete und Wohngebiete bauen – steigert dies das BIP. Wenn aufgrund von Lärmbelästigung, Stress und Unzufriedenheit Millionen von Menschen zum Arzt oder zum Psychiater gehen – steigert dies das BIP. Wenn eine Stadt ihre Parkplätze abschafft und jeden zur Kasse bittet, der sein Auto öffentlich abstellt – steigert dies das BIP. Wenn unsere Müllberge anschwellen und neue Mülldeponien und Verbrennungsanlagen erfordern – steigert dies das BIP. Wenn unsere Gefängnisse überfüllt sind und neue gebaut werden – steigert dies das BIP. Selbst eine Ölkatastrophe wie jene an der Südküste der USA wirkt sich vermutlich positiv auf das BIP aus.

Was für einen Unsinn legen wir eigentlich als Maßstab an für den Erfolg unserer Wirtschaft und unserer Politik? Und wie viel von dem, was das tatsächliche Wohlbefinden einer Gesellschaft ausmacht, fällt unter den Tisch? Wo bleibt bei dieser Berechnung die unbezahlte Arbeit der Mütter und Väter, Großeltern und Menschen im Ehrenamt? Und was sagt das BIP über den Nutzen? »Das BIP pro Kopf (pro Person) misst zum Beispiel, wie hoch unsere Ausgaben für das Gesundheitswesen sind, aber nicht den Erfolg, den wir mit diesen Ausgaben erzielen – unseren Gesundheitszustand, wie er sich zum Beispiel in der Lebenserwartung widerspiegelt. Während unser Gesundheitssystem immer ineffizienter wird, kann das BIP also weiter ansteigen, obwohl sich der allgemeine Gesundheitszustand der Bevölkerung verschlechtert«[4], schreibt der US-amerikanische Ökonom und Nobelpreisträger Joseph Stiglitz (*1943) von der Columbia University in New York.

Mit dem BIP treffen wir keine Aussagen über das Wohlbefinden der Menschen – das eigentliche Ziel der Ökonomie. Sauberes Trinkwasser wird ebenso wenig erfasst wie gute Lehrer, freundliche Nachbarn, eine gute Sozialversicherung oder eine ausgeglichene Verteilung des Wohlstandes. Und eine Diktatur mit einer Willkürjustiz schneidet keinen Deut schlechter ab als eine funktionierende Demokratie. Lebensqualität bleibt ebenso unberücksichtigt wie Gerechtigkeit. Alles Wesentliche ist ungemessen und vermutlich auch unmessbar. Dennoch wird unverdrossen so getan, als ob es auf nichts so sehr ankäme wie das BIP. »Wissenschaft und Politik gleichen Ärzten, die mit Hilfe von Thermometern den Blutdruck zu bestimmen versuchen.«[5]

Die Art und Weise, wie wir unseren Wohlstand messen, verwechselt Qualität mit Quantität. Den Sozialwissenschaftlern, Soziologen und Ökonomen ist dies schon lange bekannt. Nur die Politik, so scheint es, hinkt dieser Entwicklung hinterher. Einer der wenigen Staatschefs der westlichen Welt, die dieses Problem offensichtlich ernst nehmen, ist der französische Präsident Nicolas Sarkozy. Im Februar 2008 berief er die beiden Nobelpreisträger Joseph Stiglitz und Amartya Sen (*1933) zu sich. Gemeinsam gründeten sie eine »Arbeitsgruppe zur Verbesserung der Messung wirtschaftlicher Leistung und gesellschaftlichen Fortschritts«.

Vor allem Sens Erfahrung sollte dem Präsidenten helfen, das Wohlbefinden seines Volkes genau zu erfassen. In vielerlei Hinsicht ist der indische Ökonom ein würdiger Nachfolger des Marquis de Condorcet. Wie der französische Aufklärer des 18. Jahrhunderts, so glaubt auch Sen an den unbeirrbaren Fortschritt der Menschheit durch die Demokratie. Seiner Überzeugung nach entscheiden sich nahezu alle menschlichen Gemeinschaften vernünftig, solange man sie nicht manipuliert. Und als Schlüssel des Wohlstands erkennt er nicht die Summe der produzierten Waren, sondern Werte und Bildung.

Ende der 1980er Jahre veranlasste Sen die Vereinten Nationen dazu, einen neuen Index zur Messung des Wohlstands zu schaffen. Der *Human Development Index* soll das messen, was Aristoteles von der Moral, der Politik und der Wirtschaft verlangte: die Chancen auf ein gutes Leben für möglichst viele Menschen. »Entwicklung« in diesem Zusammenhang bedeutet nicht nur Wirtschaftswachstum, sondern auch die Qualität der Ernährung, die allgemeine Gesundheitslage, die Bildungs- und Freizeitmöglichkeiten sowie die Chancen des Einzelnen, politisch mitzubestimmen. An der Spitze der aktuellen Bilanz (2009) stehen die Länder Norwegen und Australien; Deutschland liegt auf Rang 22, die glücklichen Bhutaner nur auf 132, und am Ende liegen Afghanistan und Niger.

Als Vorsitzende von Sarkozys Kommission kommen Stiglitz und Sen zu der Ansicht, dass jede weitere Messung von Wirtschaftsleistungen abbilden muss, ob ein Staat nachhaltig und vorausschauend wirtschaftet. Wer Güter misst, der muss auch Müll messen. Und wer Produktionskraft misst, der muss auch die verbrauchten Ressourcen benennen. Mit anderen Worten gesagt: Jedes Wachstum der Gesellschaft muss sich danach bemessen lassen, ob es sich angesichts aller ökologischen und sozialen Folgekosten für die Bevölkerung lohnt oder nicht.

Dass ein solches Messinstrument sehr schwer zu entwickeln ist, steht außer Frage. Doch wie es bisher ging, kann es definitiv nicht weitergehen. »Die Messung des BIP in den Vereinigten Staaten hat uns kein aussagekräftiges Bild der wirtschaftlichen Vorgänge vor dem Platzen der Blase geliefert. Amerika glaubte, es ginge ihm besser, als es ihm in Wirklichkeit ging, und das taten auch andere Länder. Spekulativ überhöhte Preise blähten den Wert von Investitionen in Immobilien sowie die Unternehmensgewinne auf.«[6] Die Quantität besagt also viel weniger, als die Politik ihr gerne unterstellt. »Ein größerer Kuchen bedeutet nicht, dass jeder – oder auch nur die meisten – ein größeres Stück bekommt.«[7]

Viele Wirtschaftswissenschaftler bezweifeln heute, dass sich Wohlstand mit Wachstum gleichsetzen lässt. Doch was dabei hinterfragt wird, ist mehr als ein Messinstrument. Es ist eine Weltanschauung: der Glaube, dass es in unserer Gesellschaft materiell immer weiter vorwärtsgehen müsse, koste es, was es wolle. Wie beim Staatssozialismus ordnet die Weltanschauung den Menschen einer Ideologie unter. Nicht um den einzelnen Bürger geht es – es geht ums Wachstum um jeden Preis.

Weil die westliche Welt dies jahrzehntelang immer nur so gesehen hat und nicht anders, fühlt sie sich ökonomisch auch nur für das Wachstum zuständig und nicht für die Menschen. Der Hunger in der Welt? Kein Problem der Weltwirtschaft, zuständig sind Hilfsorganisationen wie »Brot für die Welt«. Die Privatisierung natürlicher Ressourcen wie das Wasser in der Dritten Welt? Nun, das sind die Gesetze des »freien Marktes«. Die Weltwirtschaft geht das nichts an. Die Richtung zu bestimmen, in die unsere Wirtschaft galoppiert, ist nicht die Aufgabe heutiger Ökonomen. Aber es ist auch und schon lange nicht mehr die Aufgabe der Politiker. Es ist die Aufgabe von niemandem.

Für Wirtschaftsphilosophen aller Couleur ist dies das Eingeständnis einer Ohnmacht. Wenn niemand darüber wacht, dass und wie die Ökonomie ihre Kernaufgabe erfüllt, herrscht das Prinzip des Fortwurstelns. Und da tatsächlich niemand eine Richtung vorgibt, lässt sich mit Recht sagen, dass es »die Weltwirtschaft« eigentlich gar nicht gibt, sondern nur die Einzelinteressen von Staaten und Konzernen.

Die Richtung, in die unsere Wirtschaft fließt, mehrt unser Glück nicht. Belege dafür gibt es hundertfach. Die berühmteste Untersuchung über den Wohlstand und das Lebensglück der Nationen ist der *World Values Survey*.[8] Die Wissenschaftler untersuchten 82 verschiedene Länder. Überall wollten sie wissen, wie glücklich sich die Menschen fühlten. Das Ergebnis: Bis zu einem durchschnittlichen Jahresverdienst von etwa 15 000 Dollar steigt das Glück mit dem Einkommen an. Wer jedoch mehr als 15 000 Dollar im Jahr verdient, wird mit allen weiteren Einkünften nicht mehr glücklicher. So etwa zeigen Langzeitstudien aus den USA, dass sich das Lebensglück des durchschnittlichen US-Amerikaners seit 1946 nicht vergrößert hat.[9] Und das, obwohl das Durchschnittseinkommen heute drei Mal so hoch ist wie damals.

Die Ergebnisse für Deutschland sprechen eine ähnliche Sprache. Nach Erkenntnissen des Allensbacher Instituts für Demoskopie stieg das Lebensglück in Deutschland nur so lange mit dem Lebensstandard, solange die Bevölkerung ziemlich arm war. Doch seit Ende der 1960er Jahre nimmt das Glück der Deutschen nicht mehr zu. Eine Studie aus dem Jahr 1970 zeitigt demnach das gleiche Ergebnis wie im Jahr 2002: Etwa sechzig Prozent der deutschen Bevölkerung meinen, dass sie mit ihrem Leben zufrieden oder sehr zufrieden sind. Seit 1970 hat sich die Wirtschaftsleistung der Bundesrepublik mehr als verdoppelt. Und während der durchschnittliche Deutsche 1970 umgerechnet auf die Kaufkraft 16 000 Euro im Jahr verdiente, sind es heute etwa 25 000 Euro. Das Glück jedoch blieb konstant auf dem gleichen Niveau.

Die Anstrengung, die die Ökonomie 1970 für unser Lebensglück aufbieten musste, war nur halb zu groß wie heute. Am Maßstab des Glücks gemessen sind wir heute wirtschaftlich nur noch halb so erfolgreich wie damals: der doppelte Aufwand für das gleiche Resultat.

Dass Wohlstand nicht gleich Wohlbefinden ist, wissen die meisten Menschen in unserem Land auch. Trotzdem streben viele nach einem materiell höheren Lebensstandard. Allerdings nicht um jeden Preis. Die Gier der Wirtschaft nach Wachstum ist viel größer als die Summe der Wohlstandsgier ihrer Bevölkerung. Bei einer Umfrage im Jahr 2007 erklärte weniger als ein Drittel (27 Prozent) der befragten Bundesbürger, dass sie nach mehr materiellem Besitz strebten.[10] Mehr als die Hälfte (59 Prozent) meinte, dass sie mit dem, was sie hat, zufrieden ist. Und zehn Prozent der Bevölkerung konnte sich auch ein erfülltes Leben mit weniger Einkommen und Besitz vorstellen. So gesehen, schreibt Miegel, »kennen die allermeisten Maß und Ziel. Sie wissen, wann sie genug gegessen und getrunken haben, ihre Kleiderschränke voll und ihre Wohnwünsche befriedigt sind. Ist das der Fall, steigern zusätzliche materielle Güter ihre Lebenszufriedenheit nicht mehr. Keiner möchte hungern und frieren. Aber nur wenige fühlen sich glücklicher, wenn sie einen Zobelpelz tragen oder einen Maybach fahren.«[11]

Obwohl sich nahezu alle einig sind, dass materieller Wohlstand und Wohlbefinden nicht identisch sind, hängt unsere Gesellschaft psychologisch fest an der Idee, den materiellen Wohlstand weiter zu mehren. Mag sein, dass Sie während eines Urlaubs, sagen wir in Bhutan, das ein oder andere Mal denken, dass es wichtiger ist, etwas für die Seele zu tun und spirituelle Kraft zu tanken, als weiter im Hamsterrad der Wohlstandsmehrung zu treten. Doch wenn eine Partei oder die Regierung Ihnen die Hälfte Ihres Einkommens und Besitzes nimmt, verfliegt Ihnen die Himalaya-Romantik im Geldumdrehen.

Das, was viele prinzipiell für richtig halten – ein Leben in Zufriedenheit, geistiger Erfüllung und im Einklang mit den eigenen Werten –, halten wir eben nur prinzipiell für richtig. Doch mit Prinzipien ist das in unserem Leben so eine Sache. Wie im zweiten Teil gezeigt, sind sie nur selten handlungsleitend. Denn wie die Sozialpsychologen Harald Welzer und Claus Leggewie, der Direktor des Kulturwissenschaftlichen Instituts in Essen, in ihrem klugen Buch »Das Ende der Welt, wie wir sie kannten« schreiben, können Menschen »zwischen ihr Bewusstsein und ihre Handlungsoptionen Welten legen«, ohne dass sie »das geringste Problem damit haben, die eklatantesten Widersprüche mühelos zu integrieren und im Alltag zu leben. Dass uns das wundert, liegt an dem Menschenbild, das sich aus Moralphilosophie und -theologie, vermutlich besonders aus deren protestantischer Prägung, in unsere Vorstellungswelt eingeschlichen hat und das davon ausgeht, dass Menschen Widerspruchsfreiheit anstreben. Verhält sich jemand offensichtlich entgegen seinen Einstellungen, attestiert man ihm umgehend »Schizophrenie« oder einen wenig festen Charakter. Die Vorstellung allerdings, dass die Motive für Handlungen ihre Ursache in der Persönlichkeitsstruktur von Menschen haben und dass Einstellungen handlungsleitend sind, ist nicht sehr realistisch.«[12]

Was wir grundsätzlich für richtig halten und wie wir tatsächlich leben – das sind sehr verschiedene Dinge. Schon die Polizisten des Hamburger Bataillons hielten es nicht für grundsätzlich richtig, Frauen, Kinder und Säuglinge zu ermorden, und taten es schließlich doch. In Bezug auf die Probleme unserer Gesellschaft haben wir es zudem mit sehr abstrakten Sorgen zu tun. Der Klimawandel ist ebenso unsichtbar wie die schonungslose Ausplünderung von Ressourcen in der Dritten Welt. Dass unsere sozialen Sicherungssysteme bedroht sind, wissen wir, aber wir spüren es (noch) nicht. Dass die Schere zwischen Arm und Reich weiter auseinandergeht, bekommen wir im Alltag nur selten mit. Und außerdem: Was können denn ausgerechnet wir dagegen tun?

Die größten Probleme unseres Wirtschaftens sind vergleichsweise unsichtbar. Wie gezeigt (vgl. *Der moralische Tunnelblick. Tierische Gefühle, menschliche Verantwortung*), haben Menschen kein biologisch eingebautes Fernlicht, sondern bewegen sich in der Regel eher tastend vorwärts. Im Alltag entscheiden wir fast nie nach einer grundsätzlichen moralischen Überzeugung, sondern immer nach dem, was uns gerade in der Situation am besten erscheint. Wir fliegen mit dem Flugzeug von München nach Berlin, obwohl wir wissen, dass dies ökologisch nicht vertretbar ist, aber die Bahnfahrt dauert uns nun wirklich zu lange. (Als ich unlängst im Zusammensein mit einigen Managern erwähnte, dass ich es fast immer vermeide, innerhalb Deutschlands zu fliegen, warfen sich die Herren vielsagende Blicke zu, denen leicht zu entraten war, was sie meinten. Offensichtlich war ich im Gegensatz zu ihnen nicht so gehetzt, beschäftigt und ausgelastet, dass ich mir ein solches Gutmenschentum leisten konnte …)

Wie Welzer und Leggewie zeigen, hält uns nicht der Mangel an Vernunftfähigkeit davon ab, im Großen verantwortlich zu sein, sondern es sind die vielen vernünftigen Entscheidungen im Kleinen: »Das Pathos des Weltuntergangs, der Weltgemeinschaft und der Betroffenheit durch den Klimawandel, die an Ländergrenzen nicht haltmacht, hat kaum Handlungsrelevanz – man kann es nicht auf die erlebte soziale Wirklichkeit herunterbrechen. Es dient lediglich dazu, dass man sich weiter ostentativ wundern darf, wieso die Menschen so unvernünftig sind.«[13]

Nicht anders verhält es sich mit den Gesetzen unserer Wachstumsideologie. Selbst wenn viele sich einig sind, dass es auf diese Weise mit unserer Ökonomie nicht weitergehen kann, ziehen sie daraus keine persönlichen Konsequenzen. Nur die wenigsten ändern ihr Leben, um die Ressourcen unseres Planeten zu schonen, und kaufen freiwillig ein kleineres und umweltfreundliches Auto. Wer verzichtet aus ökologischen Gründen auf den Flug ins Urlaubsparadies? Wer nimmt sich Zeit für die Familie und verzichtet dafür auf einen weiteren Karriereschritt? Und wer befolgt tatsächlich die hübsche Idee, dass es zum Lebensglück eines Deutschen nicht allzu vieler Konsumgüter bedarf, nicht anders als für das eines Bhutaners?

Unsere Politik und unsere Wirtschaft orientieren sich an einem sehr fragwürdigen Ziel: der Steigerung des BIP. Das Glücksversprechen der Gesellschaft liegt darin, dass unser materieller Wohlstand kontinuierlich wachsen soll. Dabei wissen wir längst, dass ein weiteres Wirtschaftswachstum und ein Mehr an Konsumgütern unser Wohlbefinden nicht dauerhaft steigert.

Die Kunst, kein Egoist zu sein, besteht also zunächst darin, dass wir unsere Bedürfnisse von unserem Bedarf zu unterscheiden lernen. Aber ist so eine Vision wirtschaftlich überhaupt sinnvoll? Sind wir nicht zum Wachstum um jeden Preis verdammt?

- *Grüße von der Osterinsel.* Warum unser Wohlstand nicht mehr wächst

Grüße von der Osterinsel
**Warum unser Wohlstand
nicht mehr wächst**

Die Osterinsel im Südpazifik ist berühmt für ihre bis zu neun Meter großen Steinstatuen, die *moai*. Mehr als hundert dieser eindrucksvollen Gebilde stehen auf der kargen Insel. Einem heutigen Besucher erscheinen sie so seltsam und fremd in die Landschaft gesetzt, dass der Schweizer Phantast Erich von Däniken nur eine Antwort auf die Frage fand, wie sie dort hingekommen waren: Außerirdische Besucher aus dem Weltall mussten sie geschaffen haben. Den Polynesiern der Insel jedenfalls traute Däniken eine solche Leistung nicht zu. Auch der norwegische Entdecker Thor Heyerdahl hielt sie für das Werk von Fremden, vermutlich einer südamerikanischen Hochkultur.

Die Statuen erregen Erstaunen, und sie stimmen nachdenklich. Schon als der niederländische Seefahrer Jacob Roggeveen am Ostersonntag 1722 nach 17-tägiger Fahrt von der chilenischen Küste durch den Pazifik seinen Fuß auf die einsam gelegene Insel setzte, stand er vor einem Rätsel. Um Skulpturen wie die *moai* zu bauen, brauchte man Baumstämme für Schlitten, Kanuleitern und Hebel. Aber die Insel war unbewaldet, der größte Baum, den Roggeveen fand, war nicht einmal drei Meter hoch. Und die Polynesier auf der Insel präsentierten sich als ein völlig unkultiviertes Volk mit kleinen lecken Kanus. Irgendwas war hier schiefgelaufen, und zwar verdammt schief!

Tatsächlich war die Osterinsel ursprünglich bewaldet gewesen. Mit der Ankunft der Polynesier um 900 vor Christus begannen sie den Wald als Ressource zu nutzen. Richtigen Raubbau aber betrieben sie erst, als die rivalisierenden Häuptlinge der Insel versuchten, sich mit ihren Statuen zu übertrumpfen. Und umso schwieriger die ökonomische Lage durch den massiven Holzeinschlag wurde, umso kostbarer und gigantischer wurden die Statuen. Sie waren der religiöse Fetisch der herrschenden Klasse geworden und das Statussymbol, das alle Mittel rechtfertigte. Als die botanischen Ressourcen immer knapper wurden, entwickelten sich die Osterinsulaner zu Fleischessern. Sie rotteten erst die Delphine vor der Küste aus, als Nächstes die Landvögel und dann die Seevögel. Am Ende ernährten sie sich fast nur noch von Ratten. Es kam zur Hungersnot, die Kultur brach zusammen, die Bevölkerung schwand, zuletzt auch durch den Kannibalismus.

Erst als der letzte Baum gerodet, das letzte wilde Tier gejagt, der letzte Fisch gefangen war, so ließe sich frei nach der ominösen »Weissagung der Cree« sagen, stellten die Osterinsulaner fest, dass sie ihre Statuen nicht essen konnten. Voll Ingrimm stürzten sie ihre Skulpturen um, wie die Bevölkerung Bagdads das Denkmal von Saddam Hussein. Aber es war zu spät. Neunzig Prozent der Einwohner waren gestorben, die Überlebenden fristeten ein karges Los.

Wie hatte es dazu kommen können? Und warum verhinderte niemand den sich anbahnenden ökologischen Selbstmord einer ganzen Zivilisation? Warum erkannte keiner auf der Osterinsel, dass mit dem Holzfällen ganz schnell Schluss sein musste? Und wenn er es erkannte, warum wurde er nicht gehört? »Was mag«, fragt der Evolutionsbiologe Jared Diamond (*1937) von der University of California in Los Angeles, »derjenige gedacht haben, der auf der Osterinsel den letzten Baum gefällt und damit den unaufhaltsamen Untergang einer 700 Jahre lang erfolgreichen Kultur besiegelt hat?«[1] Die Antwort auf diese Frage, die Diamond sich selbst gibt, ist so schlicht wie realistisch: »Wahrscheinlich, dass Bäume schon immer gefällt wurden und dass es völlig normal sei, wenn auch der letzte fällt.«

Nach Arthur Schopenhauer durchläuft jede gesellschaftliche Frage auf dem Weg der Anerkennung drei Stufen. Erst wird sie verlacht, dann wird sie bekämpft, und am Ende gilt sie als selbstverständlich. Vielleicht war es auf der Osterinsel einst genauso. Erst nahm niemand die Mahner ernst. Dann versuchte man ihre Meinung gewaltsam zu unterdrücken, und am Ende dachte eine ganze Gesellschaft: »Jetzt ist es sowieso egal. Man kann ja nichts mehr ändern.«

Natürlich sind die Vorgänge auf der Osterinsel ein hervorragendes Beispiel für *shifting baselines*. Da der Wald im Laufe mehrerer Jahrhunderte schwand, wurde die neue Generation stets in eine andere ökologische Situation hineingeboren. Wer mit einem Baumbestand von zwanzig Prozent des ursprünglichen aufwächst, den irritiert nicht allzu sehr, dass es im fortgeschrittenen Lebensalter nur noch 15 Prozent sind. Und der Holzfäller, der irgendwann im 17. Jahrhundert den letzten Baum fällte, war bereits auf einer fast baumlosen Insel geboren worden. Auf diese Weise dürfte nicht verwundern, dass wohl nur die wenigsten die Situation als außergewöhnlich dramatisch wahrnahmen, selbst als man nur noch Seevögel verzehrte. Die verbliebenen Osterinsulaner des 18. Jahrhunderts lebten übrigens sehr bescheiden von der Hühnerzucht. Vermutlich, weil sie von Kindesbeinen an gelernt hatten, dass man in ihrer Heimat Vögel aß.

Das Beispiel der Osterinsel ist deshalb gewählt, weil es frappierende Parallelen zeigt zu unserer industrialisierten Gesellschaft. Nach Diamond ist unsere Erde ebenso im Weltall isoliert wie die Osterinsel im Ozean. In einiger Hinsicht sei die Situation sogar noch viel schlimmer: »Wenn es nur einiger tausend Menschen mit Steinwerkzeugen und Muskelkraft bedurfte, um ihre Umwelt und damit auch ihre Gesellschaft zu zerstören, wie können dann mehrere Milliarden Menschen mit Metallwerkzeugen und Maschinen vermeiden, noch Schlimmeres anzurichten?«[2]

Seit Beginn des 19. Jahrhunderts leben die Menschen der industrialisierten Welt in der Vorstellung, dass ihre Wirtschaft wachsen und ihr Leben dadurch komfortabler und somit besser wird. Von wenigen Rückschlägen abgesehen, wurde dieses Versprechen lange erfüllt. Die Anzahl der Hungernden und Bitterarmen reduzierte sich von der Bevölkerungsmehrheit zu einer verschwindenden Minderheit. Gegenüber dem Jahr 1800 hat sich das BIP weltweit in etwa verachtzigfacht. Und die Weltbevölkerung wuchs von unter einer Milliarde auf annähernd sieben Milliarden Menschen. Doch was für eine Welt müsste das sein, die diesen Anstieg an Menschen, Gütern und Diensten noch weitere hundert Jahre aushielte? Woher sollen die Ressourcen für dieses Wachstum kommen? Wer repariert die ökologischen Schäden? Und wer möchte in den Megacitys mit 40 Millionen und mehr Menschen leben mit ihrer verschmutzten Luft und ihren Müllgebirgen?

Vor diesem Hintergrund gerät man in kopfschüttelndes Staunen, wenn eine deutsche Bundeskanzlerin erklärt, das wichtigste Ziel der Regierung für die nächsten vier Jahre sei Wachstum.[3] Ihre Berater in den Wirtschaftsinstituten, Universitäten und Konzernen fordern ein Wachstum von mindestens zwei, besser noch drei Prozent. Ansonsten, so der Verdacht, sei unser Lebensstandard nicht aufrechtzuerhalten, die Bürger würden unzufrieden, und die regierenden Parteien verlören Wähler.

Für Miegel ist eine solche Politik nicht weise und vernünftig, sondern ein gefährlicher Wachstumswahn: »Was hier postuliert wird, ist nicht weniger als die Verdopplung der Güter- und Dienstmenge alle 23 Jahre beziehungsweise die Vertausendfachung innerhalb von 234 Jahren. ... Große Teile der Welt – an ihrer Spitze die frühindustrialisierten Länder Europas, Nordamerika, Japan, Australien und einige andere – hängen am Wirtschaftswachstum wie Alkoholiker an der Flasche oder Drogensüchtige an der Nadel. Stockt der Nachschub auch nur kurzzeitig, werden sie von Panikattacken befallen und von existenziellen Ängsten geplagt. Bloß keine Unterbrechung der Gewohnheiten! Immer weiter und möglichst immer mehr – das muss einfach sein.

Die Wirtschaft muss wachsen, fortwährend wachsen. Wächst sie einmal nicht, ist das ein Drama, eine ›Rezession‹; schrumpft sie gar, ist das eine Tragödie, eine ›Depression‹. Dann schrillen die Alarmglocken, werden mit breitem Pinsel düstere Zukunftsszenarien gemalt und ist kein historischer Vergleich bedrückend genug, um den Ernst der Lage angemessen zu beschreiben. Die Weltwirtschaftskrise der frühen dreißiger Jahre des 20. Jahrhunderts, weltweite Hungerepidemien, das Elend von vielen hundert Millionen – das alles war schlimm und ist schlimm, relativiert sich jedoch in Anbetracht der Nöte von Völkern, die für ein Weilchen den Schinkenspeck aufs Butterbrot ein wenig dünner schneiden müssen.«[4]

Wer sagt, dass unsere Wirtschaft möglicherweise nicht mehr wächst und auch nicht zu wachsen braucht, enthüllt sich in den Augen der Öffentlichkeit häufig noch immer als Spinner, Träumer oder Schwarzmaler. Wenn alle in die falsche Richtung fahren, erscheint der Mahner als Geisterfahrer, ob auf der Osterinsel oder heute bei uns.

Doch warum halten wir so eisern am Wachstum fest, wenn es doch gar nicht unser eigentliches Ziel ist, sondern die Lebenszufriedenheit? Die gleiche Frage stellte sich bereits im 19. Jahrhundert der bedeutende britische Philosoph und Ökonom John Stuart Mill (1806–1873). Sein wirtschaftliches Ideal war nicht die Expansion um jeden Preis, sondern eine »stationäre Wirtschaft«. Nicht das rein materielle, sondern das immaterielle Wachstum entscheide über das Glück der Gesellschaft. Oder anders gesagt: Ein gutes Wachstum ist nicht in erster Linie quantitativ, sondern qualitativ. Und nicht Konkurrenz mache den Menschen glücklich, sondern Kooperation: »Als der beste Zustand für die menschliche Natur erscheint einer, in dem, während keiner arm ist, niemand reicher zu sein wünscht und niemand Grund zur Besorgnis hat, dass er durch die Bestrebungen anderer, die sich vorwärtsdrängen, zurückgeschoben wird.«[5]

Mill vermutete, dass eine Wirtschaft sich dann umstellen müsse, wenn ihr Wachstumsziel erreicht ist. Sind die Bedürfnisse einmal befriedigt, die Armut beseitigt, die Bildung demokratisiert, der Lebensstandard gesichert, so brauche die Wirtschaft materiell auch nicht weiter zu wachsen. Aller weitere Fortschritt sei nun ein immaterieller Fortschritt des Wissens, der Kultur und der Intellektualität. In solch einer Lage brauchen die Menschen nicht mehr Geld. Sie können sich erlauben, weniger zu arbeiten. Und die Bevölkerung muss auch nicht mehr wachsen. Wer jetzt noch nach Wachstum giere, der sei nicht weise, sondern Opfer einer Sucht. Und je besser wir diese Sucht loswürden, umso größer sei der kulturelle und moralische Fortschritt der Gesellschaft.

Für Mill sind Materialismus und Wachstum kein Lebensinhalt, sondern eine Art Zwischenstufe auf dem Weg zu einer moralischen Gesellschaft. Nicht anders sah es auch Keynes in den 1920er Jahren. Und diese Gedanken erscheinen so aktuell wie nie zuvor. Dass wir längst genug Zeug haben, ist heute das Credo nahezu aller schlauen Bücher zur Lage des Kapitalismus: weniger Wachstum, mehr Soziales, mehr Regulierung, weniger Spekulation, mehr Anstand, weniger Gier. Mit Ausnahme einiger Lobbyisten im Gewand von Mahnern, die in der Maske der Empörung noch immer zu bewahren suchen, was an Falschem längst erkannt ist,[6] sind sich die meisten einig.

In Deutschland waren alle Voraussetzungen für einen »stationären Zustand« Ende der 1960er Jahre sehr weitgehend erfüllt. Die Wirtschaft stagnierte, und die offenen Wünsche der Gesellschaft betrafen weniger das Wirtschaftswachstum als den Zuwachs an Freiheitsrechten. Das Bildungssystem wurde stärker demokratisiert, die Mitbestimmung in den Betrieben eingeführt und die Sexualmoral liberalisiert. Doch der Staat lebte nur schwer mit den sinkenden Wachstumsraten und befeuerte die Wirtschaft mit Steuergeldern. Amüsanterweise gerade nach einem Rezept des Wachstumskritikers Keynes, das dieser nur in Krisenzeiten für statthaft hielt. Bei einem einmal erreichten »stationären Zustand« dagegen, hatte Keynes gemeint, seien staatliche Aufputschmittel für die Wirtschaft nicht mehr nötig. Die Bundesrepublik aber dopte nun unverdrossen mit Wachstumshormonen und verschuldete sich dafür in bisher ungekanntem Maß. Statt über die möglichen ökologischen und sozialen Folgekosten der vielen Autos nachzudenken, wurden Autobahnen und Schnellstraßen gebaut. Dass eine von Abgasen verpestete und mit Autos zugestellte Stadt an Lebensqualität verliert, kam erst zehn Jahre später das erste Mal ins Bewusstsein. Die GRÜNEN entstanden und forderten tatsächlich so etwas wie eine stationäre Gesellschaft: mehr immateriellen Wohlstand durch nachhaltiges Wirtschaften und weniger materiellen Wohlstand auf Kosten der Umwelt. Sie wurden dafür verlacht, dann bekämpft, und heute gelten viele ihrer Ideale als selbstverständlich. Gleichwohl nehmen wir sie im Alltag kaum wichtiger als unsere anderen moralischen Überzeugungen auch. Die Erfahrung zeigt, dass die meisten Menschen ihre Ideale nur für wenige Minuten oder Stunden ernst nehmen – auf einem Berggipfel oder nach einer aufrüttelnden Reportage –, aber sie bestimmen selten ihr Handeln. Wir verdrängen und verschieben oder beruhigen uns damit, dass wir die Gefahren unseres gesellschaftlichen und persönlichen Wirtschaftens zwar kennen (ja, ja, ich weiß ...), aber eben nicht davon lassen können wie von einer schädlichen Zigarette.

Mehr Wirtschaftswachstum ist aus der Sicht der Bürger der Bundesrepublik eigentlich nicht nötig, allenfalls eine gerechtere Verteilung der Güter. Das Durchschnittseinkommen eines deutschen Haushalts liegt bei 3250 Euro; wenig ist das nicht. Sollte sich ihr Lebensstandard in den nächsten Jahrzehnten halten lassen, wären die meisten vermutlich zufrieden. Denn was nützt ein weiteres Auto, wenn man damit zu Stoßzeiten kaum durch die Stadt kommt und keinen Parkplatz findet? Müssen wir die Qualität unserer CD-Spieler, Fernseher und Handys tatsächlich noch steigern und werden dadurch dann glücklicher? Und welchen Vorteil bringt es den Kommunen, weitere Großinvestoren für Einkaufscenter anzulocken, wenn dadurch der Einzelhandel ruiniert wird? Wie viele neue Autobahnen wollen wir uns auf Kosten der Umwelt noch leisten, bis wir uns eingestehen, dass wir eigentlich genug haben?

Um diese Frage zu beantworten, muss man zwei Dimensionen voneinander trennen: die psychologische und die ökonomische. Eine beliebte psychologische Antwort auf die Frage lautet: Menschen strebten »von Natur aus« nach mehr. Und wer das Gefühl der Stagnation ertragen muss, wird unglücklich, wie etwa die Menschen in den Ländern des früheren Ostblocks.

Es darf allerdings vermutet werden, dass es auch im Realsozialismus alles in allem zufriedene Menschen gab, denen es nicht viel ausmachte, dass ihr Lebensstandard in den 1980er Jahren nicht mehr anstieg. Aber man muss das Blickfeld gar nicht so sehr verengen. Wenn sich der Wohlstand durchschnittlicher Menschen von der Jungsteinzeit bis zum Anfang des 19. Jahrhunderts kaum merklich gesteigert hat, beschleichen einen leise Zweifel, dass es schon immer in unser aller Natur lag, den Hals nicht voll genug zu bekommen. Noch meine Großeltern hatten kaum nennenswerte materielle Gelüste und lebten ziemlich zufrieden in ihrer kleinen Genossenschaftswohnung. Nach einem »mehr« stand ihnen kaum der Sinn. Nicht anders sahen es viele berühmtere Zeitgenossen meiner Großeltern wie die Kapitalismuskritiker Siegfried Kracauer, Theodor W. Adorno, Ernst Bloch und Walter Benjamin. Für sie war die unersättliche kapitalistische Gier nicht ein Ausdruck der Menschennatur; vielmehr war sie eine Ideologie, »eine reine Kultreligion, vielleicht die extremste, die es je gegeben hat«.[7] Denn was wir heute für so selbstverständlich halten, dass wir es unserer Natur anlasten, war Menschen über Jahrtausende völlig fremd gewesen.

Auch der eine oder andere Volkswirt würde dem vielleicht Recht geben. Die Natur des Menschen ist eine komplizierte Sache und nicht einfach auf materielle Gier zu reduzieren. Aber dann würde er uns mit tiefem Blick anschauen und erklären, dass es trotzdem nicht anders geht. Unsere Wirtschaft, wird er sagen, muss nämlich weiter wachsen, ob wir wollen oder nicht. Ökonomie sei wie Schwimmen gegen den Strom. Wenn man sich nicht mehr müht, vorwärtszukommen, driftet man automatisch zurück, und alles triebe über kurz oder lang den Bach runter. Nicht für das Leben wirtschaften wir, sondern für die Wirtschaft!

Stimmt das? Die prominenten Anwälte dieser Vorstellung stammen aus allen politischen Lagern. Aus genau dieser Sicht hatte schon Karl Marx Mills »stationären Zustand« als romantische Illusion attackiert. Der Kapitalismus, so Marx, sei zum Wachstum verdammt, weil sonst die Profitraten tendenziell fielen und das System zusammenbräche. Mit ähnlichen Argumenten erklären heutige Ökonomen, dass die Wirtschaft wachsen muss, weil sonst viele Menschen arbeitslos würden. Nur Wachstum, so die Idee, sichere Beschäftigung und garantiere unsere Versorgung im Alter. Aber warum?

Auf diese Frage gibt es erstaunlich wenig gute Antworten.[8] Eine davon stammt von dem Schweizer Volkswirtschaftler Hans Christoph Binswanger (*1929) von der Universität St. Gallen. Binswanger ist der vielleicht wichtigste Pionier und Anreger für den Umbau der Industriegesellschaften zu einer ökologisch nachhaltigeren Wirtschaftsform. Und er ist der Doktorvater von Josef Ackermann, dem Vorstandsvorsitzenden der Deutschen Bank. Doch während sein weit vom Stamm gefallener Apfel noch vor kurzem ein Wachstum der Renditen von 25 Prozent für sein Geldinstitut anstrebte, meint Binswanger: Es geht auch ohne Wachstum.

Um sich vom Wachstumswahn zu befreien, muss man verstehen, warum es ihn gibt. Die Erklärung, so Binswanger, sei eigentlich ganz schlicht. In seinem Buch »Die Wachstumsspirale« fasste er seine Theorie 2006 zusammen.[9] Danach funktioniert das Spiel so: Um neue Produkte zu entwickeln und ihre Herstellung zu finanzieren, braucht ein Unternehmen Geld. Da es diese Beträge im Regelfall nicht auf der hohen Kante hat, muss es sich Geld bei einer Bank leihen. Für dieses Geld zahlt das Unternehmen Zinsen. Damit sich das Ganze rechnet, müssen die Gewinne des Unternehmens höher sein als die Summe der Zinsen. Gewinne kann ein Unternehmen aber nur dann machen, wenn seine Produkte auch gekauft werden. Die Produkte können aber nur dann erworben werden, wenn die Kaufkraft der Bevölkerung steigt. Die Kaufkraft der Bevölkerung aber steigt nur dann, wenn die Unternehmen höhere Löhne zahlen. Und um höhere Löhne zu zahlen, muss das Unternehmen neu investieren und sich Geld leihen für künftige Gewinne und so weiter und so fort.

Die spannende Frage ist nun: Wie lässt sich diese Wachstumsspirale vermeiden? Indem man vorne anfängt, meint Binswanger, bei der Aufnahme von Krediten. Wenn jede Bank so viele Kredite verteilt, wie sie für richtig hält, kommt immer mehr Geld in die Volkswirtschaft und treibt die Spirale weiter. Bekanntlich besitzen Banken das Geld nicht, das sie verleihen, sondern nur einen winzigen Bruchteil davon. Jeder Kredit ist eine zusätzliche und weitgehend unkontrollierte »Erfindung« neuer Summen. Doch damit müsse Schluss sein. Wer dem Wachstumswahn entfliehen will, der muss die Macht der privaten Banken drastisch verkleinern. Nicht sie, sondern nur noch die Zentralbank dürfe weiterhin Kredite verteilen, zu ziemlich geringen Zinsen. Die privaten Banken dagegen würden degradiert zu reinen Verwaltern von Guthaben. Auf diese Weise würde der unkontrollierte Geldfluss reguliert, eine Inflation nahezu ausgeschlossen und der Wachstumszwang gebremst. Denn wo kein neues Geld entsteht, kann auch keines eingefordert und verteilt werden.

Wie realistisch es ist, gegen alles heute geltende nationale und internationale Recht, die Macht der Banken auf Zwergenformat zu reduzieren, sei einmal dahingestellt. Vermutlich hängt es vom weiteren Krisenverlauf der Finanzwirtschaft ab. Wenn Geldinstitute bei zukünftigen Crashs nicht mehr gerettet werden können, ohne dass es die Volkswirtschaft völlig ruiniert, werden sich viele Banken wahrscheinlich selbst entmachten und damit einen völlig neuen Markt schaffen. Doch ob dieser dann tatsächlich mit weniger Wachstum auskommt, steht in den Sternen.

Im gegenwärtigen Bewusstsein von Ökonomen und Politikern erscheinen Binswangers Ideen so klug wie weltfremd. Denn an einen Ausstieg aus dem Wachstumswahn vermögen selbst diejenigen kaum zu glauben, die ihn durchschauen. Natürlich wissen wir, dass wir unser materielles Wachstum nicht nur teuer, sondern viel zu teuer bezahlen. Wir vergiften die Atmosphäre, plündern im Wettlauf mit den anderen immer schneller die Ressourcen des Planeten und verfuttern im Eiltempo das Erbe künftiger Generationen. Und das alles, um Dinge zu produzieren, die wir vielfach nicht brauchen und die unser Glück nicht mehren, manchmal sogar behindern oder verkleinern.

Auch viele Politiker würden dem zustimmen, um sich Stunden später mit neuen Wachstumsprogrammen zu befassen. Jetzt müssen dringende aktuelle Wirtschaftsprobleme gelöst werden. Für das große Ganze ist keine Zeit. Wenn es um die Zukunft von Opel geht, muss das Klima warten. Immerhin steht etwas viel Wichtigeres auf dem Spiel: Arbeitsplätze und damit Wählerstimmen! Und so dreht sich, wie Leggewie und Welzer schreiben, alles um einen »altindustriellen Komplex« statt um die Zukunft. Besonders eklatant ist dies bei der Automobilindustrie, die »in Zukunft gar nicht mehr die Rolle spielen *darf,* die sie in der Vergangenheit einmal hatte. Wer die Automobilindustrie päppelt (und dann auch noch mit so unsinnigen Maßnahmen wie mit einer Verschrottungsprämie), gibt für Überlebtes Geld aus, das für die Gestaltung einer besseren Zukunft nicht mehr verfügbar ist. Solche Rettungspläne folgen der Auto-Suggestion, eine Welt mit mehr als neun Milliarden Bewohnern könnte so aussehen wie Europa heute, mit achtspurigen Straßen und ausufernden Parkplätzen.«[10]

Niemand in der industriellen Welt ist der Zukunft juristisch ernsthaft verpflichtet. Wie am Beispiel der Katastrophe im Golf von Mexiko ersichtlich, dürfen wir Öl im Meer fördern, obwohl wir im Schadensfall keine Mittel haben, um ein Desaster aufzufangen, geschweige denn die Schäden zu beheben. Das Gleiche gilt für Tanker, für Kernkraftwerke und vieles mehr. Warum besteht unsere Gesellschaft nicht darauf, dass wir nur diejenigen Ressourcen ausbeuten dürfen, bei denen wir dem Schadensfall auch gewachsen sind? Keine Versicherung haftet weltweit für Kernkraftwerke, weil sie den Katastrophenfall nicht bezahlen könnte. Die Bevölkerung dagegen müsste ihn bezahlen, und das nicht nur mit Geld.

Die Gesellschaften der Industriestaaten stehen heute vor der größten Herausforderung ihrer Geschichte. Unsere Art zu wirtschaften ist auf dreifache Weise an ihre Grenzen gestoßen. Erstens bekommt der Westen global immer mehr Konkurrenz im Kampf um die Märkte und die Ressourcen. Der Kuchen wird kleiner, die Mitesser werden mehr. Zweitens wächst der ökologische Schaden, den wir für unseren Wachstumswahn anrichten, so erschreckend an, dass nachfolgende Generationen mit kaum etwas anderem so zu kämpfen haben werden wie mit Überlebensstrategien und Reparaturen. Und drittens macht uns die ganze Veranstaltung nicht glücklicher, sondern gebiert sogar immer mehr Unzufriedenheit.

Wenn es richtig ist, dass weiteres Wachstum in den westlichen OECD-Ländern das Glück nicht weiter mehrt, warum ist es dann gleichwohl so schwierig, den Kurs zu wechseln und umzulenken? Warum lassen wir im Namen des Wachstums Exzesse zu wie einen moralischen Verfall in der Wirtschaftswelt? Und warum gehen unsere Banken finanzielle Risiken ein, die sie für unser allgemeines Glück eigentlich gar nicht eingehen müssten?

• *Mythen, Märkte, Wirtschaftsmenschen.* Was die Wirtschaft antreibt ...

Mythen, Märkte, Wirtschaftsmenschen
Was die Wirtschaft antreibt …

Was ein ehrbarer Kaufmann ist, daran ließ Johann Buddenbrook, der Gründer des Lübecker Handelshauses, gegenüber seinem Sohn Jean keine Zweifel aufkommen: »Mein Sohn, sey mit Lust bey den Geschäften am Tage, aber mache nur solche, dass wir bey Nacht ruhig schlafen können.«[1]

Für Thomas Mann, den Autor der Buddenbrooks, war der ehrbare gleich dem hanseatischen Kaufmann. Ein Ehrenmann, der zwar zielstrebig ist und geschäftstüchtig, der knallhart kalkuliert und seinen Nutzen abwägt – der aber niemals die Grenzen des Anstands überschreitet. Als Mitglied einer Gemeinschaft fühlt er sich verantwortlich für seine Beschäftigten wie für seine Stadt. Und als kluger Geschäftsmann weiß Johann Buddenbrook ganz genau: Gute Geschäftsbeziehungen sind eine soziale und eine langfristige Sache. Der schnelle, gerissene Vorteil zahlt sich nicht aus. Und die Basis des Geschäfts ist eine sehr nachhaltige Währung: Vertrauen.

Die Idee ist nicht neu. Schon der Theologe und Mathematiker Luca Pacioli (1445–1514) – der Erfinder der doppelten Buchführung – wusste, was gutes Wirtschaften sein sollte. Im Jahr 1494 erklärte er in seiner *Summa* den Ehrencodex eines italienischen Kaufmanns der Renaissance: »Es gilt nichts höher als das Wort des guten Kaufmanns, und so bekräftigen sie ihre Eide, indem sie sagen: Bei der Ehre des wahren Kaufmanns.«[2] Doch auch Pacioli, so scheint es, war sich der Tücke des Subjekts bewusst. Als Lehrer der Söhne eines venezianischen Händlers seufzte er, dass es viel schwieriger sei, einen ehrlichen Kaufmann auszubilden als einen cleveren Juristen.

Wer sich in der heutigen Wirtschaftswelt nach ehrbaren Kaufleuten umschaut, ist leicht geneigt, Pacioli Recht zu geben. Nicht, dass es heute keine ehrbaren Kaufleute mehr gäbe, aber sie gehören zu einer bedrohten Spezies. Aus der doppelten Buchführung ist eine vielfache geworden. Manipulierte Bilanzen, Insolvenzbetrug, gezielte Falschmeldungen zur Steigerung des Aktienkurses, Insider-Geschäfte, Korruption, Selbstbedienungsmentalität und Verantwortungslosigkeit sind keine Seltenheit mehr. Das Vertrauen in die Ehrbarkeit unserer Ökonomie hat schweren Schaden erlitten, nicht nur wegen der jüngsten Finanzkrise.

Doch woran liegt das? Die drei wichtigsten Gründe für den Niedergang des ehrbaren Kaufmanns sind schnell benannt. Seinem Idealtyp nach ist er kein Angestellter, sondern ein Eigner und Besitzer, also letztlich ein mittelständischer Kaufmann. Die Zahl der ehrbaren Kaufleute in dieser Schicht ist auch heute nicht gering. Die meisten Manager dagegen sind nicht selbständig, sondern nur eingeschränkt verantwortlich. Als Topmanager wechseln sie mitunter alle zwei bis drei Jahre den Konzern, der nichts anderes von ihnen verlangt als schnelle Erfolge in Form von erfreulichen Quartalsbilanzen. Denken wir auch zurück an den Broker mit den Kakaobohnen, dessen persönliches Gewissen und tatsächliches Tun nahezu nichts miteinander zu tun haben. Der Verlust der Verantwortung und der Verlust von langfristigen nachhaltigen Geschäftsbeziehungen sind die Folge von Großkonzernen, Aktiengesellschaften und schwer überschaubaren globalen Märkten mit fragwürdigen Zuständigkeiten. Der dritte Grund liegt dann in der Eigendynamik, mit der sich das Gefühl für das, was man tut, und das, was man nicht tut, so unmerklich wie schnell verschiebt. Ein Fall von *shifting baselines*. Wenn die anderen gegen die guten Sitten verstoßen, dann tue ich das auch. Im Vergleich mit ihnen fühle ich mein Verhalten so gerechtfertigt, dass ich trotz meiner Geschäfte am Tage in der Nacht ruhig schlafen kann.

Wann immer sich die Anhaltspunkte verschieben, schlägt die Stunde von neuen Mythen. Der erste dieser Mythen ist die Erzählung vom »freien Markt«. Als der schottische Moralphilosoph Adam Smith (1723–1790) in seinem Buch »Der Wohlstand der Nationen« 1776 vom freien Markt sprach, da meinte er Großbritannien. Er meinte die Handwerker und Manufakturen, die Baumwollhändler und die Grubenbesitzer. Niemand sollte sie durch Zölle und Handelsbeschränkungen drangsalieren. Eine »unsichtbare Hand«, wie er an einer Stelle schrieb, werde den Markt schon regulieren, so dass jeder zu Seinem kommt.[3] Mit den Marktnormen würden sich auch die Sozialnormen ausbreiten. Und aus der Freiheit des Handels resultiere die Freiheit des Handelns.

Die größten Probleme des kapitalistischen Realismus blieben 1776 noch ungeahnt. Eine globale Wirtschaft war zu Smiths Zeiten so unvorstellbar wie ökologische Katastrophen, wie Migrationsströme und kulturelle Konflikte, wie Stresskrankheiten, wie Milliardäre und Global Player, wie internationale Börsenspekulanten, Derivate, Zertifikate und Leerverkäufe.

Immerhin, auch Smith sah, dass es ganz ohne den Staat nicht ging. Denn wer garantiert den freien Markt? Und wer schützt ihn gegen seine Feinde? Wer wacht über die Fairness der Marktteilnehmer? Für all dies brauchte es auch für Smith einen starken Staat. Als Kenner der Materie wusste der Moralphilosoph genau, dass es mit dem freien Markt nicht anders ist als mit der Gerechtigkeit: von allen gefordert, aber von den wenigsten geliebt. Denn wenn man erst einmal die Gelegenheit dazu bekommt, giert man schnell danach, die fairen Regeln des freien Marktes auszuhebeln: »Geschäftsleute des gleichen Gewerbes kommen selten, selbst zu Festen und zu Zerstreuungen, zusammen, ohne dass das Gespräch in einer Verschwörung gegen die Öffentlichkeit endet oder irgendein Plan ausgeheckt wird, wie man die Preise erhöhen kann.«[4]

Im real existierenden Kapitalismus sind freie Märkte eine Ausnahme. Zu unterschiedlich sind die Kräfte, zu unvergleichbar die Werbebudgets, die politischen Einflussmöglichkeiten, die Standortvor- und -nachteile, die Herkunftsbedingungen, Bildungschancen und so weiter. Der Markt ist nicht fair, er ist nicht zwangsläufig wohlstandsfördernd für alle, und er ist nicht unfehlbar. Und was zu Smiths Zeiten galt, gilt heute noch sehr viel mehr. »Eine mächtige Firma ist weit davon entfernt, sich den Marktgegebenheiten zu unterwerfen; sie hat den Markt nach besten Kräften den eigenen Planungszielen dienstbar gemacht. Preise, Kosten, Produktion und die sich hieraus ergebenden Erlöse werden nicht vom Markt, sondern von der Planung der Firma festgelegt.«[5] Kein Kapitalist liebt den Markt, allenfalls seine beherrschende Stellung darin.

Die Freiheit des Marktes und ihre zwangsläufigen Segnungen sind ein modernes Märchen. Und der Staat ist nicht das Problem, wie viele Verfechter des Neoliberalismus in den letzten dreißig Jahren meinten, sondern die Lösung. Ohne einen starken Staat keine Freiheit des Marktes. Ein Garten, der nicht sorgsam bewirtschaftet wird, blüht nicht auf, sondern er verkommt. Und wo vorher hundert Arten ihre Nische fanden, bleiben am Ende nur Brennnesseln, Knöterich und Klee. Gleichwohl zeigten sich die Gärtner unserer Volkswirtschaften als töricht. Das Unkraut wurde nicht mehr gejätet, sondern auch noch gedüngt: »Fast alle Behinderungen und Kontrollen der weltweiten Kapitalströme wurden abgeschafft. ... Immer mehr Kapital floss in die Spekulation statt in den Auf- und Ausbau von Unternehmen und Volkswirtschaften. Viele Regierungen förderten den Wahnsinn: indem sie die im Kasino erzielten Gewinne nicht länger besteuerten. ... Um Kapitalisten anzulocken, verringerten oder beseitigten etliche Staaten die Steuern aufs Kapital, namentlich die Kapitalgewinn-, Spekulations-, Vermögens- und Erbschaftssteuern.«[6]

Der freie Markt regelt sich nicht selbst, sondern er wird mehr oder weniger verantwortlich betreut und gepflegt. Ohne einen

Staat, der die Verhältnisse regelt, kann er nicht funktionieren. Schon im 18. Jahrhundert entstand der freie Markt ja nicht aus sich selbst heraus, sondern freie Märkte wurden von den meisten Staaten eingeführt. Und auch die Freiheit der Bürger entstand nicht aus dem Markt, sondern sie wurde wie in den USA und in Frankreich in revolutionären Zeiten »von oben« verordnet. Wer dies übersieht und den Staat zurückdrängen will, gleicht einem verzogenen Kind, das immer nur sieht, wie seine Eltern seine Freiheit beschneiden. Was es aber nicht sieht, ist, dass sein schönes Leben ohne seine Eltern gar nicht möglich wäre.

Seine psychologische Rechtfertigung erhält der Mythos des freien Marktes durch einen zweiten Mythos: der Vorstellung vom *homo oeconomicus,* dem Wirtschaftsmenschen, der jede Entscheidung danach kalkuliert, ob sie ihm einen materiellen Vorteil bringt.[7] Geboren wurde dieser knallharte Egoist in den ökonomischen Lehrbüchern des 19. Jahrhunderts. Seinen Namen jedoch erhielt er erst von einem seiner schärfsten Kritiker, dem irischen Dichter und Ökonomen John Kells Ingram (1823–1907). In seinem Buch »A History of Political Economy« (1888) amüsierte er sich über das verengte Menschenbild der Wirtschaftswissenschaften. Für Ingram war der *economic man* eine irreführende Fiktion, die mit dem Verhalten realer Personen nur wenig zu tun hat. Nicht anders hatte schon John Stuart Mill kopfschüttelnd festgestellt: »Politische Ökonomie berücksichtigt in nichts die gesamte Natur des Menschen, wie sie durch den sozialen Status verändert wird, noch das gesamte Verhalten in der Gesellschaft. Sie beschäftigt sich mit ihm ausschließlich als ein Wesen, das danach strebt, Reichtümer zu besitzen, und das dazu im Stande ist, in einem Effizienzvergleich die Mittel zu beurteilen, um dieses Ziel zu erreichen.«[8]

Die Vorstellung vom *homo oeconomicus* unterschätzt den Menschen psychologisch und überschätzt ihn zugleich rational. Wie gezeigt (vgl. *Soziales Schach. Wie viel Egoismus steckt im Menschen?*), hat der »Wirtschaftsmensch« mit unserem tatsächlichen Verhalten nicht allzu viel zu tun. Wir kalkulieren nicht fortwährend den Nutzen unseres Tuns. Und wir sind mit vielen anderen Dingen beschäftigt als nur mit unserem direkten Vorteil. Gleichwohl lebt dieses Phantom der wirtschaftswissenschaftlichen Theorie noch immer in vielen Fachbüchern fort.

Schon ein kleiner Blick ins Leben belehrt unmissverständlich, dass es mit dem *homo oeconomicus* nicht weit her ist. Denn wer seine Vorteile tatsächlich rational kalkuliert, der ist zum Beispiel nicht allzu sehr abhängig vom Status. Das Geld für den Mercedes investiert er lieber in ein gewinnbringendes Objekt. Statusdenken hat weniger mit echten Vorteilen zu tun als vielmehr mit unserem wenig rationalen Streben nach Anerkennung. Wir fühlen uns besser, wenn andere uns aufgrund unseres Autos, unseres Hauses oder unserer Sonnenbrille für reich oder wichtig halten.

Auch die Vorgänge an den Finanzmärkten sind kaum der Ausdruck eines millionenfachen klugen Kalküls. »Die Krise der Ökonomie ist entstanden«, meint Friedrich Schneider (*1949), Professor für Volkswirtschaft an der Johannes-Kepler-Universität in Linz, »weil wir viele Verhaltensweisen des Menschen nicht in unsere Modellwelten integriert haben. Den Herdentrieb an den Finanzmärkten zum Beispiel oder Gier oder mangelnde Fairness im Wirtschaftsleben. Wir haben mathematisch teilweise sehr ausgeklügelte Modelle, die uns wichtige Erkenntnisse liefern. Aber sie beschreiben nur einen Teil der Realität, viele blenden wichtige Aspekte aus.«[9] Nicht anders sehen das Wirtschaftspsychologen wie Bruno Frey und Ernst Fehr, aber auch die US-amerikanischen Koryphäen George A. Akerlof, Robert J. Shiller und Nouriel Roubini.[10]

Der Blick auf die jüngste Finanzkrise zeigt: Leute, die mit Wertpapieren handeln, die sie nicht ansatzweise verstehen, und damit Banken, Märkte und Volkswirtschaften bedrohen oder gar in den Ruin treiben, kennen keine kluge und damit langfristige Rationalität, sondern allenfalls eine kleine schnelle Logik des Augenblicks. Menschen sind keine Rechen-Computer und keine kaltblütigen Vulkanier wie Mr Spock aus dem Raumschiff *Enterprise*. Wären sie rational kalkulierende Menschen, würden sie Entscheidungen treffen, die nachhaltig sind, und nicht Finanzmärkte ruinieren und das natürliche Erbe unserer Kinder verheizen.

Für Wirtschaftspsychologen ist der *homo oeconomicus* längst zu den Akten gelegt. Wo eine kühle Vernunft walten sollte, haben wir es in Wahrheit mit beschränkten Aufnahmemöglichkeiten, spontanen Gefühlen und einfachen Faustregeln zu tun. Umso ärgerlicher ist es, dass das Phantom des Wirtschaftsmenschen noch immer als Ausrede bemüht wird, um Exzesse des Marktes zu rechtfertigen. Wenn Managergehälter in den Bereich von Phantastillionen anschwellen, zucken die Kolumnisten von Wirtschaftsseiten in den Zeitungen gerne die Achseln: Das ist halt der freie Markt. Und außerdem sei der Mensch eben so: Bei allem, was er tut, kalkuliert er schlau seinen Vorteil. Warum also nicht bei Gehältern, Prämien und Boni?

Tatsächlich haben die übersteigerten Gehälter von Topmanagern weder allzu viel mit dem freien Markt zu tun noch mit dem *homo oeconomicus*. In der Bundesrepublik Deutschland hat sich die Freiheit des Marktes seit den Tagen von Ludwig Erhard nicht prinzipiell geändert; die Managergehälter jedoch schon. Was ist passiert? Wer sich die Entwicklung von Spitzengehältern anschaut, macht schnell eine interessante Entdeckung. Noch im Jahr 1989 verdienten die Vorstände der DAX-Unternehmen im Schnitt etwa das 14-fache eines durchschnittlichen Beschäftigten in ihrem Unternehmen. Und kein deutscher Topmanager erhielt mehr als eine Million DM im Jahr.[11] Die Million war eine magische Anstandsgrenze, die keiner überschritt, obwohl es niemandem verboten war. In den 1990er Jahren begann eine Welle großer internationaler Fusionen wie etwa jene von Mercedes Benz mit dem US-amerikanischen Automobilhersteller Chrysler. Da die CEOs US-amerikanischer Unternehmen deutlich mehr verdienten als ihre deutschen Kollegen, glichen diese die Differenz nach oben aus und zogen gleich eine ganze Lawine nach sich. Nach Angaben des *Manager Magazins* verdiente Daimler-Chrysler-Chef Jürgen Schrempp im Jahr 2002, drei Jahre nach der Fusion, mindestens 10,8 Millionen Euro im Jahr, inklusive Aktienoptionen. Das durchschnittliche Jahreseinkommen eines DAX-Vorstands lag 2007 beim 52-fachen eines normalen Angestellten, das entspricht 3,33 Millionen Euro. Im Krisenjahr 2009 erhöhte es sich weiter auf 3,37 Millionen.[12]

Wie konnte es dazu kommen? Der erste Grund dafür ist, dass die Explosion der Gehälter *gesellschaftlich* möglich war, weil niemand sie ernsthaft bekämpfte. Das Bild des Managers, speziell des Finanzmanagers, stand in strahlendem Glanz. Und die Gesellschaften des Westens glaubten auf nahezu religiöse Weise an ein märchenhaftes Wirtschaftswachstum und steigenden Wohlstand für jedermann. Warum sollten diejenigen, die in der ersten Reihe standen, nicht am meisten davon profitieren? Wo früher Anstand und Scham das Schlimmste verhinderten, fielen diese Grenzen einfach weg.

Der zweite Grund lag in den Spielregeln des Vergleichs. Auch in den USA, woher die Unsitte horrender Gehälter für Spitzenmanager stammt, gibt es so etwas wie ein Gefühl für Anstand. 1993 schlug die US-amerikanische Börsenaufsicht Alarm. Im Jahr 1976 hatte ein Topmanager das 36-fache eines Arbeiters verdient; im Jahr 1993 war es bereits das 131-fache. Der Aufsichtsbehörde war dies zu viel. Hartnäckig zwang sie die Manager dazu, ihre Gehälter öffentlich zu machen. Und die Managermagazine druckten nun jährlich ein Ranking ab, wer wie viel verdiente. Was passierte? Im Jahr 2007 waren die Gehälter ins schier Unermessliche geschossen. Ein Topmanager erhielt nun gegenüber einem Arbeiter das 369-fache. Den Vogel schoss Stephen Schwarzman vom Finanzinvestor Blackstone ab: mit einem Jahresverdienst von 729 Millionen Dollar.[13]

Amüsant an diesem bösen Spiel ist, dass der Streit um Managergehälter oft als eine »Neiddebatte« bezeichnet wird. Die, die dagegen protestierten, seien ja nur neidisch. Tatsächlich aber ist es eine »Neiddebatte« in ganz anderer Hinsicht, nämlich in Bezug auf den Neid der Manager untereinander. Die Gehälter in den USA stiegen an, weil sich die Manager nach Veröffentlichung der Summen auf neidvolle Weise untereinander verglichen. Nach dem Gesetz der *shifting baselines* blickten sie jetzt sehr genau auf das Tempo der vorbeifahrenden Züge und hielten das Tempo des eigenen Zuges für zu langsam. Das Gefühl dafür, was eine normale Spitzenbezahlung ist, veränderte sich in atemberaubender Zeit, während es den handelnden und verhandelnden Personen völlig »normal« vorkam.

Dass es vielleicht doch nicht normal ist, zeigt ein Blick nach Japan. Im Land der aufgehenden Sonne verdient kein Spitzenmanager mehr als das 20-fache des Durchschnittsverdienstes seiner Firma, also maximal 800 000 Euro im Jahr.[14] In Deutschland, erst recht in den USA, unterstellt man bei solchen Anstandsregeln schnell ein Motivationsproblem. Doch »was für eine Gesellschaft ist das«, empört sich Joseph Stiglitz, »in der ein Vorstandsvorsitzender sagen kann: ›Wenn ich nur fünf Millionen Dollar bekomme, werde ich nicht mein Bestes geben. Damit ich mich mit aller Kraft einsetze, müsst ihr mich am Gewinn beteiligen.‹«[15]

Vorstandsvorsitzende und Geschäftsführer, die Millionen verdienen müssen, um motiviert zu sein, haben in der Tat ein Motivationsproblem und sind sicher keine gute Besetzung für Spitzenpositionen. Und ein Konkursbanker, der seine Boni vom Staat einfordert, wie mehrfach geschehen, beweist nicht seine Qualität, sondern seine soziale Unzurechnungsfähigkeit. Was für seltsame Gewächse hat die Gesellschaft um Adam Smiths willen hier eigentlich gezüchtet?

Über die Gehaltsforderungen mancher Manager sollte man sich nicht ärgern (denn das bedeutet bereits Akzeptanz), sondern lachen: Wer meint, dass seine Leistung mehr als das 20-fache wert ist von dem, was ein durchschnittlicher Angestellter verdient, der hat ein gefährliches Problem mit seinem Selbstbild und gehört entlassen – aus Mangel an Realitätssinn, Selbsteinschätzung, Anstand und sozialer Kompetenz.

Bei aller Kritik an den Managergehältern sollte man allerdings nicht übersehen: Sie sind mit Sicherheit nicht das größte Problem unserer Art zu wirtschaften, sondern nur ein Krankheitssymptom. Denn selbst wenn alle deutlich weniger verdienten – bedenklich wäre die Entwicklung unserer Gesellschaft noch immer. Schon das bekannte Hauptwerk von Karl Marx, das in seinem dritten Teil den Exitus des Kapitalismus aufgrund von »fiktivem Kapital« prognostizierte, heißt »Das Kapital« und nicht »Die Kapitalisten« ...

Unsere Wirtschaftswelt ist durchtränkt mit Mythen und Fiktionen wie dem »freien Markt« oder dem *homo oeconomicus*. Mit den tatsächlichen Vorgängen in der Wirtschaft haben beide nicht viel zu tun. Gleichwohl dienen sie als Argumente, um den Staat zurückzudrängen oder die Gier von Managern als logisch und »naturgegeben« zu rechtfertigen.

Dass unsere Art zu wirtschaften sich in eine gefährliche Richtung entwickelt hat, daran besteht wenig Zweifel. Doch gibt es dazu eine Alternative? Liegt es in der Natur des Kapitalismus, dass seine dunklen Seiten sich durchsetzen und verselbständigen, oder ist es denkbar, dass man ihn gleichwohl zivilisiert?

- *Die Rückfahrt nach Freiburg* ... und was sie antreiben sollte

Die Rückfahrt nach Freiburg
... und was sie antreiben sollte

Als die Geschäfte zu unübersichtlich geworden waren, die Transaktionen so global, dass sich ein Großteil in einem annähernd rechtsfreien Raum abspielte, das Führungspersonal die Bodenhaftung und den Anstand verlor und keiner keinem mehr traute, brach das ganze System zusammen. Den Scherbenhaufen aus Misswirtschaft, undurchsichtigen Geschäften, korrupten Machenschaften, unverantwortlichen Risiken und Fehlspekulation aber bekam der Staat vor die Füße gelegt. Alles noch Übriggebliebene wurde verstaatlicht, und die Schulden wurden Nationalschulden. Am Ende haftete der Steuerzahler.

Die Rede ist von der Niederländischen Ostindien-Kompanie (VOC), der ersten Aktiengesellschaft der Geschichte und dem alles dominierenden Global Player des 17. und 18. Jahrhunderts.[1] Im Jahr 1602 gegründet, verfolgte sie eine ganz neue Strategie, um aus Konkurrenz Kooperation zu machen. Statt sich weiter zu bekämpfen, beschlossen mehrere niederländische Handelshäuser zusammenzuarbeiten. Für jedes einzelne von ihnen war das Geschäftsfeld, der Handel mit Gewürzen aus Indonesien, Indien und dem Fernen Osten, zu kostspielig und riskant. Zusammen aber liefen sie innerhalb kürzester Zeit den Portugiesen den Rang ab und erreichten ein spektakuläres Handelsmonopol.

Der niederländische Staat unterstützte die Kompanie nach Kräften und stattete sie mit einer nie zuvor gekannten Autonomie aus. Die VOC führte selbständig Kriege und entzog sich fast jeglicher Kontrolle durch die Politik. In den zwei Jahrhunderten ihres Bestehens trugen etwa 4700 Schiffe ihre Flagge. Der niederländische Staat avancierte zur mächtigsten Handelsnation der Welt. Und die politische Freiheit der Bürger zog Kaufleute, Wissenschaftler und Künstler aus ganz Europa in die Niederlande.

Doch worin genau bestand das Geheimnis des Erfolgs? Die neue Form einer Aktiengesellschaft zeigte sich als das überlegene Geschäftsmodell, wenn es darum ging, ein waghalsiges Riesenprojekt anzugehen und neues Terrain zu erschließen. Mit beschränktem Risiko für den einzelnen Geschäftsmann und der geballten Finanzkraft der vielen wurden ungeahnte Geschäfte möglich und eine Monopolstellung erreicht, die bis dahin einzigartig war. Auf dem Höhepunkt ihrer Macht manipulierte die Kompanie Regierungen, führte fortwährend Handelskriege und begann mit reinen Finanzgeschäften. Man kaufte günstiges Silber in Ostasien und veräußerte es gewinnbringend in Europa.

Doch in der zweiten Hälfte des 18. Jahrhunderts begann der Niedergang. Der vierte Seekrieg mit den Engländern, den stärksten Rivalen, ging verloren. Geschwächt aber war die Kompanie schon länger. *Vergaan onder corruptie* (Untergang durch Korruption) veralberten die Zeitgenossen den Namen der VOC. Die Gewinne brachen dramatisch ein, die Gesellschaft brauchte neue Kreditgeber und konnte sie nicht mehr finden. Im Jahr 1798 marschierten die Franzosen in die Niederlande ein und besiegelten den Untergang.

Einer der wichtigsten Beobachter dieses Verfalls war Adam Smith. Da er die VOC erst in der zweiten Hälfte des 18. Jahrhunderts studierte, kam er zu einem harschen Urteil. Gesellschaften mit beschränkter Haftung, so Smith, seien ein Modell von vorgestern ohne Bedeutung in der Zukunft. In seinem Buch über den Wohlstand der Nationen lässt er an Aktiengesellschaften kein gutes Haar. Da die Aktionäre vom Geschäft nicht genug verstünden, begäben sie sich in die Hände der Direktoren. Diese wiederum benähmen sich fast immer leichtsinnig und verantwortungslos, da es ja nicht ihr eigenes Geld sei. »Daher müssen Nachlässigkeit und Verschwendung in der Geschäftsführung einer solchen Gesellschaft stets mehr oder weniger vorherrschen.«[2]

Smiths Vermutungen bestätigten sich nicht. Aktiengesellschaften waren keine aussterbende Gattung, sondern ihnen gehörte die Zukunft. Sie entfesselten eine nie gekannte Wachstumsdynamik und waren die erfolgreichste Unternehmensform bei der Erschließung globaler Märkte. Doch ihr Erfolg hatte und hat einen zweifelhaften Charakter. Denn mit der Moral eines ehrbaren Kaufmanns haben Aktiengesellschaften kaum etwas zu tun. Wer in einer solchen Firma mit beschränkter Haftung sollte denn der ehrbare Kaufmann sein? Für Moral ist in einer AG niemand persönlich zuständig, allenfalls für die Bilanzen. Der US-amerikanische Schriftsteller Ambrose Bierce brachte dies schon Ende des 19. Jahrhunderts auf den Punkt: »Eine Aktiengesellschaft ist für die persönliche Bereicherung zuständig, aber nicht für die persönliche Verantwortung.«

Die Idee der beschränkten Haftung wurde zur Leitidee der globalen Wirtschaft und ist es noch heute. Das imperialistische Europa, das sich in aller Welt Kolonien zusammenraubte, tat dies unter den Regeln der beschränkten Haftung. Für die Ausplünderung der Dritten Welt waren Handelsgesellschaften zuständig, die völlig außerhalb der Verantwortung blieben für die sozialen und ökologischen Folgen. Und noch die großen Banken, die die jüngste Finanzkrise verursachten, taten dies mit einer so beschränkten Haftung, dass nicht sie, sondern die Staaten für die Schäden und Schulden aufkommen müssen. Nicht anders ihre Manager und Vorstandsvorsitzenden, denen keine Entschuldigung über die Lippen kam, geschweige denn, dass sie mit ihren Privatvermögen hafteten.

So gesehen war und ist die Finanzkrise tatsächlich eine moralische Krise. Nicht nur stellt sie die moralische Ausbildung und Statur unseres wirtschaftlichen Führungspersonals in Frage. Vielmehr zwingt sie zum Nachdenken darüber, wie ein Mehr an Verantwortung und Haftung in unser Wirtschaftssystem kommen könnte. Der Natur unserer Psychologie nach bieten Gesellschaften mit beschränkter Haftung eine ideale Spielwiese für moralischen Missbrauch. Denn wofür wir nicht haften, dafür sind wir auch nicht verantwortlich. Und wofür wir nicht verantwortlich sind, dafür sind wir auch nicht zuständig. In meinem eigenen Garten lasse ich keinen Abfall herumliegen, im Garten meiner Bekannten eigentlich auch nicht. Ich räume ihn weg, jedenfalls wenn er von mir stammt. Im Stadtwald ärgere ich mich darüber, wenn dort jemand seinen Müll liegen lässt, den ich aber mit großer Sicherheit nicht wegräume.

Dass modernes kapitalistisches Wirtschaften und gesellschaftliche Moral und Verantwortung es miteinander nicht leicht haben – diese Erkenntnis stand bereits im Zentrum der sogenannten »Freiburger Schule« aus den 1930er bis 1950er Jahren und ihrem Umfeld. In der idyllischen Umgebung von Breisgau und Schwarzwald dachten in den wenig idyllischen Jahren 1932/33 drei Männer getrennt und gemeinsam über die Frage der optimalen Mischung aus privater Macht und sozialverantwortlicher Gesellschaft nach: der Ökonom Walter Eucken (1891–1950) sowie die Juristen Franz Böhm (1895–1977) und Hans Großmann-Doerth (1894–1944).[3]

Das Problem war nicht ganz neu. Schon John Stuart Mill hatte sich lange den Kopf darüber zerbrochen, wie sich die beiden wichtigsten Grundwerte der Politik miteinander vereinbaren lassen: die Idee des *Liberalismus* und die Idee der *Demokratie*. Obwohl wir bis heute in beidem etwas Positives sehen, so gehen sie doch nicht miteinander Hand in Hand. Um tatsächlich zu funktionieren, setzt Demokratie ein hohes Maß an Gleichheit voraus: ein gleiches Wahlrecht, eine gleiche Rechtssicherheit, einen gleichen Zugang zu Bildungsmöglichkeiten, Informationen, staatlichen Versorgungsleistungen und so weiter. Der Liberalismus dagegen kennt als oberstes Prinzip die Freiheit und damit immer auch die Chance, sich gegenüber anderen wirtschaftliche oder politische Vorteile zu verschaffen.

Für die drei Freiburger und auch für ihre geistigen Weggefährten Wilhelm Röpke, Alfred Müller-Armack und Alexander von Rüstow ließ sich das Problem nur durch eine Voraussetzung lösen: die Wirtschaft bedurfte in moralischer Hinsicht eines starken Staates. Denn nur wenn der Staat seiner Funktion nachkam, die Wirtschaft »ordnungspolitisch« zu kontrollieren, konnten die »freien Märkte« sich frei entfalten. Wer ein faires Spiel der Kräfte gewährleisten will, überlässt diese nicht sich selbst, sondern er mischt sich ein. Der Staat spielt den Schiedsrichter, er pfeift ab, wenn es unfair wird, er bestraft mit gelben und roten Karten, und er achtet sorgsam auf den Schutz der besonders verletzungsanfälligen Spieler.

Ein neues Wort, das die Freiburger Schule prägte, war der »Neoliberalismus«. Ganz im Gegenteil zu heute meinte »neoliberal« damals allerdings nicht weniger, sondern mehr Staat als im klassischen Liberalismus! Anders als viele heutige Ökonomen, die sich für Moralfragen lange nicht zuständig sahen, suchten die Freiburger dabei nach einer optimalen Synthese aus Markt und Moral. Allesamt erlebten sie (in höchst unterschiedlichen Positionen) das Dritte Reich und zogen daraus eine wichtige Schlussfolgerung: dass die Art und Weise, wie ein Volk wirtschaftet, sich unmittelbar auf seine Gesellschaftsordnung niederschlägt. Und umgekehrt bestimmt die Gesellschaftsordnung die Kultur der Wirtschaft. Markt und Moral lassen sich nicht trennen.

Aber wie ist es mit ihrem Verhältnis beschaffen? Die vielleicht wichtigste Erkenntnis in diesem Zusammenhang formulierte Wilhelm Röpke (1899–1966).[4] Sie lautet: *Die freiheitliche marktwirtschaftliche Ordnung beruht auf Voraussetzungen, die sie nicht selbst erzeugen kann.* Oder einfacher ausgedrückt: »Erst kommt die Kultur und dann der Handel, nicht andersherum.«[5]

Wer gewinnorientiert und zweckrational handelt, verhält sich zwar ökonomisch schlau, aber er erzeugt damit keine Moral. Ganz im Gegenteil verbraucht er ein großes Kontingent an Moral, das er in der Gesellschaft vorfindet. Er nutzt die Regeln der Fairness. Er fordert Vertrauen ein und vertraut. Und er geht von der Wahrhaftigkeit seiner Geschäftspartner aus, zum Beispiel, dass sie ihre Waren auch tatsächlich liefern, ihre Kredite zurückzahlen können und so weiter. Doch all dies wird nicht vom Markt selbst geschaffen, sondern bereits vorausgesetzt, damit der Markt funktionieren kann. Auf die Dauer gerechnet wird Marktwirtschaft für eine Gesellschaft deshalb zu einer Belastung und Gefahr. Je zweckrationaler die Menschen ihren Nutzen kalkulieren, umso ungesünder wird das gesellschaftliche Klima. Der Markt ist ein »Moralzehrer«, der unsere moralisch-sittlichen Reserven verbraucht. Wer unausgesetzt nach seinem persönlichen Vorteil giert, zerstört langfristig das Gemeinwesen.

Was tun? Röpke war weit davon entfernt, den Kapitalismus grundsätzlich infrage zu stellen, und sah auch nirgendwo eine Alternative. Das Einzige, was blieb, war ein Staat, der unausgesetzt gegen die Strömung steuerte, um den sittlichen Verfall seiner Bürger in Markt und Wettbewerb zu verhindern. Für Röpke war der Markt kein absolutes Prinzip, sondern lediglich ein mitunter gefährliches, aber doch alternativloses Mittel. Das sogenannte »Individualprinzip« als elementarer Kern der Marktwirtschaft sollte deshalb mit einem durchdachten »Sozial- und Humanitätsprinzip« in Balance gehalten werden. »Soziale Marktwirtschaft«, ein Begriff von Röpkes Kollegen Alfred Müller-Armack, war also nicht nur eine Marktordnung, sondern ein gesellschaftliches Erziehungs- und Bildungsmodell. In dieser Hinsicht waren Röpke und seine Mitstreiter Utopisten. Nicht nur eine gute Gesellschaftsordnung, sondern gute Menschen waren ihr Ziel, ein »ökonomischer Humanismus«. Von der Politik bis zur Zentralbank sollte das gleiche Credo gelten: das Einschwören der Gesellschaft auf die »richtigen« Werte von Fairness und Anstand, Rücksicht und Fürsorge, Ehrlichkeit und Vertrauen.

Pragmatischer, aber nicht grundsätzlich anders, sah es der aus dem Zigarren-Dunstkreis der Freiburger Schule stammende deutsche Wirtschaftsminister Ludwig Erhard (1897–1977). In der Frühphase der Bundesrepublik mit ihrer eigentümlichen Mischung aus Schuld, schlechtem Gewissen, Kriegsgräberfürsorge, Katholizismus, Anti-Kommunismus, langen Arbeitszeiten, Wiederaufbau und Wirtschaftswunder war das zunächst nicht schwer. Die Werte der Moral und die Werte des Wohlstands passten hier eigentümlich zusammen.

Doch die moralische Selbstbindung an »bürgerliche« Tugenden und der Gleichklang von Freiheit, Verantwortung und Haftung währten nicht allzu lange. Bereits Anfang der 1970er Jahre diagnostizierte der US-amerikanische Soziologe Daniel Bell (*1919) von der Harvard University das Wertedilemma der westlichen Gesellschaften.[6] Das Zeitalter der Ideologien, stellte Bell fest, sei zwar innerhalb des Westens passé, aber es hinterließe einen höchst ungereimten Zustand. Der westliche Mensch zerfalle heute in zwei Teile, die nicht mehr zusammenpassen. Die Wirtschaft benötige einen egoistischen Hedonisten und unersättlichen Konsumenten, der nie zufrieden ist, disziplinlos in seiner Gier nach mehr. Die Gesellschaft dagegen brauche einen anständigen und bescheidenen Mitbürger, hilfsbereit und zufrieden. Wie soll man bei solchen Voraussetzungen seine Kinder erziehen? Wie soll man ein klares und überzeugendes Ideal formulieren? Was sind unter diesen Umständen die Leitwerte?

Moralisch betrachtet ist die ökonomische Rationalität, die die westliche Welt seit zwei Jahrhunderten auf beispiellose Weise materiell vorangebracht hat, parasitär. Unausgesetzt nagt sie an unseren gesellschaftlichen Fundamenten und züchtet mit enormem finanziellem Werbeaufwand harte Egoisten. Falls es dazu noch eines Beweises bedarf, so lieferte ihn schon zur vorletzten Bundestagswahl das Magazin *Focus:* »Wen würde Ihr Geld wählen?« lautete der Titel. Wählen allein nach monetären Interessen – auffälliger lässt sich die Aufkündigung der Solidarität nicht plakatieren. Am Ende steht eine Gesellschaft, wie Stiglitz sie im Hinblick auf die jüngste Finanzkrise beschreibt:

»Zu viele Menschen haben andere ausgenutzt. Vertrauen ging in die Brüche. Fast jeder Tag bescherte uns neue Berichte über das Fehlverhalten von Menschen im Finanzsektor – Schneeballsysteme, Insiderhandel, betrügerische Kreditvergabe und eine Vielzahl unlauterer Kreditkartenpraktiken, die allein darauf abzielten, den Kartennutzer auszupressen wie eine Zitrone ... Wir haben eine Gesellschaft geschaffen, in der der Materialismus über moralische Bindungen obsiegte, in der das Wachstum, das wir erreicht haben, weder ökologisch nachhaltig noch langfristig gesellschaftlich tragfähig ist, in der wir nicht als Gemeinschaft handeln, um unsere gemeinsamen Bedürfnisse zu befriedigen – unter anderem, weil ein radikaler Individualismus und ›Marktfundamentalismus‹ jeglichen Gemeinschaftssinn unterhöhlt.«[7]

Wie gezeigt, hatten die Denker der Freiburger Schule die Entgleisungen und den Verfall der Sitten bereits befürchtet. Und je älter Röpke wurde, desto pessimistischer wurde er. Statt des ersehnten »Liberalismus von unten« sah er bereits 1958 überall gigantische Marktkräfte am Werk, eine entfesselte Wirtschaft, die das freie Spiel zerstörte.[8] Aus den »gesunden« Werten der Bescheidenheit, des einfachen Lebensstils, der Familienbande und -traditionen war eine Welt des Maßlosen geworden. Auch auf europäischer Ebene sah er die Wirtschaft schief zusammenwachsen, aneinandergeschweißt allein durch finanzielle Interessen und ohne echte Werte.

Dabei blieben Ende der 1950er Jahre viele Entwicklungen nur dunkel geahnt, die inzwischen längst explodiert sind: Die Wirtschaft hat sich in vielen Bereichen zum globalen Markt gewandelt, aber eine globale Ordnungspolitik, die diesen Namen verdient, gibt es nicht. Die Wirtschaftswissenschaften haben ihr Kerngeschäft, die Ethik, beiseitegeschoben in dem Wahn, eine exakte Wissenschaft sein zu wollen wie die Mathematik, was sie aber nicht sind und nie sein werden.[9] Das Internet hat die internationalen Geschäfte in zweifacher Hinsicht abstrakter und damit verantwortungsloser gemacht: Wenn Millionenbeträge nur durch einen schnellen Tastendruck am Computer ihren Besitzer wechseln, findet der ehrbare Kaufmann keinen Sitzplatz mehr. Geschäfte, wie sie heute in der internationalen Finanzwelt üblich sind, kennen keine Zeit zum Abwägen und keine Gesichter. Psychologische Spielregeln und soziale Übereinkünfte verlieren damit enorm an Einfluss. Ein Apotheker, der ein zweifelhaftes Medikament verkauft, muss fürchten, dass ihn der Kunde später zur Rede stellt oder gar seinen Ruf ruiniert. Ein gesichtsloser Medikamentenvertreiber im Internet kommt um dieses Risiko leicht herum. Nicht anders erklärt sich die Entwicklung an den globalen Finanzmärkten. Aus einer Welt des Zwischenmenschlichen ist eine Welt der Zahlen geworden, der Symbole und flüchtigen Gewinne.

Wenn es darum geht, eine neue alte Fairness wiederherzustellen, sind sich alle einig. Politiker, Ökonomen und Journalisten fordern unisono, dass es jetzt und in Zukunft vor allem um eines gehe: dass man das Vertrauen zurückgewinnt. Die Frage ist nur: auf welcher Grundlage? Wenn unsere Art zu wirtschaften sich nicht in vielen wesentlichen Dingen ändert, ist Vertrauen sicher naiv und Misstrauen überaus berechtigt. Wir brauchen nicht nur ein paar neue Banker und einen Katalog guter Absichten und Vertrauensbeschwörungen – wir brauchen ganz konkrete Eingriffe in das vorherrschende System von Wirtschaft und Finanzwelt. Um nicht als Osterinsulaner zu enden, müssen wir unsere Wachstumsvorstellungen korrigieren. Und um nicht zu Hobbes'schen Wölfen zu werden, müssen wir unsere auf Status programmierte Gesellschaft neu justieren.

Für viele Menschen gerät man noch immer leicht in den Verdacht, esoterisch oder weltfremd zu sein, wenn man davon redet, dass ein Mehr an materiellem Wohlstand nicht sein muss und auch nicht sein darf. Man steht als naiv da, als ein schöngeistiger Idealist. Denn man weiß ja, der Mensch ist eben nicht so. Er ist aufs Wachstum programmiert, biologisch sozusagen. Doch genau das ist nicht Menschenkenntnis, sondern Unwissenheit –

man denke an das einseitige Menschenbild des Manns von der Buchmesse (vgl. *Wolf unter Wölfen. Das sogenannte Schlechte*).

In der Ökonomie haben wir es, wie gezeigt, mit dem genau gleichen Vorurteil zu tun wie in der Moral: Der Mensch könne sich »von Natur aus« nicht bescheiden. Dabei ist das mit der Menschennatur und ihren auch von Ökonomen oft beschworenen *animal spirits* so eine Sache. Sie müssen nicht zwangsläufig die sozialen Instinkte des Egoisten sein, sondern sie gebären, wie gezeigt, auch den Altruismus. Schon Keynes, als er den Begriff 1936 in die Wirtschaftswissenschaften einführte, sprach davon, dass sie uns auch und vor allem zu Entscheidungen verführen, »irgendetwas Gutes zu tun«.[10]

Doch selbst wenn es zumindest stimmen sollte, dass uns unsere Gier nach Befriedigung nie zur Ruhe kommen lässt (das Leben meiner Großeltern spricht, wie gesagt, eine andere Sprache), so muss das Ziel meines Strebens ja nicht zwangsläufig ein Mehr an Geld und Gütern sein. Wie aus den vielen zitierten Statistiken ersichtlich, sehnen sich die Menschen in der Bundesrepublik stärker nach einem Mehr an Zeit, Liebe, Aufmerksamkeit, Geborgenheit und Zufriedenheit als nach einem Mehr an Besitz.

Strenges und hartes Nutzenkalkül, Rücksichtslosigkeit und Gier sind nicht die Haupttriebkräfte des Menschen, sondern das Ergebnis einer gezielten Züchtung. »Den Ursprung des Egoismus durch kapitalistische Zuchtwahl« könnte man diesen Prozess nennen in Anlehnung an das berühmte Hauptwerk von Charles Darwin.[11] Wie diese funktioniert, haben Ernst Fehr und seine Mitarbeiter in zwei Jahrzehnten so ausführlich untersucht, dass sich ein solches Buch tatsächlich schreiben ließe. Danach gibt es in vielen – wenn auch nicht in allen – Menschen die Neigung, sich fair zu verhalten. In ungezählten Kooperationsexperimenten hat sich herausgestellt, dass Fairness und Unfairness flexibel gehandhabt werden können, und zwar abhängig von den Umständen. Wo Egoisten den Ton angaben, besannen sich auch die fairen Versuchsteilnehmer auf ihren Egoismus, um nicht völlig unterzugehen. Spielten alle fair, so sah kein Spieler, der über die Neigung zur Fairness verfügte, eine Veranlassung, unfair zu sein. Die Gruppe bestimmt über die Gruppenmoral, in einem wirtschaftspsychologischen Spiel nicht anders als beim Hamburger Polizeibataillon in Polen.

Ob wir uns wie Wölfe verhalten oder wie Schafe, ist häufig eine Frage des Umfeldes. Im Gefängnis gelten andere Spiregeln als unter Sozialarbeitern, unter Bankern andere als unter Nonnen. Mit Ernst Fehr gesagt: »Sie können Umgebungen schaffen, die Menschen in ihren altruistischen Anlagen bestärken – oder diese abtöten. Ein Kollege hat zwei Fahrradkurierfirmen verglichen. In der einen bekommen die Leute Stundenlöhne, in der anderen werden sie für geleistete Aufträge bezahlt. Bei einem Experiment ähnlich dem Vertrauensspiel erwiesen sich die Kuriere der Firma mit den Stundenlöhnen als weit altruistischer als ihre Kollegen, die unter Akkord arbeiteten. Anscheinend hatten sich Letztere einfach daran gewöhnt, dass jeder sich selbst der Nächste ist.«[12]

Wer einseitig auf Konkurrenz setzt und die Kooperation vernachlässigt, gebiert keine netten Menschen. Wer gesättigte Märkte mit staatlichen Finanzspritzen aufputscht, um die Status-Gier zu beflügeln, der pult am sozialen Kitt unserer Gesellschaft. Wer tatenlos zusieht, wie sogenannte Spitzenmanager die Gehalts- und Bonusschraube ins Unermessliche drehen, der gefährdet das Gefühl für Sitte und Anstand. Und wer das Spiel der Kräfte in der Wirtschaft nicht reguliert, zerstört den freien Markt.

Moral entsteht durch Vorleben und Abgucken, durch Nachahmen und Identifizieren. Die Vorbilder jedoch, die uns von den Titelseiten der Managerzeitschriften oder aus der Jury von Casting-Shows angrinsen, bedrohen das, was die Gesellschaft im Innersten zusammenhält. So gesehen war und ist die Finanzkrise weniger ein Unfall als ein Symptom unserer Zeit. »Es ist bequem, auf Einzelne zu zeigen – der Sache gerecht wird es nicht. Die jetzt Gebrandmarkten sind keine Außerirdischen. Sie gingen in unsere Kindergärten, Schulen und Universitäten«.[13] Unsere gesamte westliche Gesellschaft bewegt sich seit längerem in eine höchst problematische Richtung. »Zu wenig Markt«, schreibt der Schweizer Publizist Roger de Weck, »schwächt die Leistung und mithin den Erhalt der Gesellschaft.« Doch »zu viel Markt schwächt ihren Zusammenhalt«.[14]

»Soziale Marktwirtschaft« ist kein fertiger Zustand. Vielmehr muss sie immer wieder neu ausbalaciert werden. Ihre beiden Grundprinzipen, der Liberalismus und die Demokratie, ergänzen und befruchten sich nur unter günstigen Umständen. Unter weniger günstigen Umständen, wie etwa durch den Einfluss der unbewältigten Globalisierung, verschieben sie sich automatisch. Die Marktkräfte arbeiten nun gegen die demokratischen Kräfte und bedrohen unser Gemeinwohl. Ohne starke Eingriffe des Staates gerät das Wirtschaftsleben außer Kontrolle und entwickelt eine gefährliche Eigendynamik. Es verzehrt seine gesellschaftlichen Voraussetzungen und unterspült unsere Kultur und Moral.

Doch wie sind solche Eingriffe möglich? Welche sind wünschenswert? Und wie radikal muss dieser Umbau sein, um die liberale Dynamik so zu zivilisieren, dass sie der großen Mehrheit der Bevölkerung nutzt und ihr nicht fortschreitend schadet?

- *Der Ackermann und die Armen.* Wie Verantwortung in die Wirtschaft kommt

Der Ackermann und die Armen
**Wie Verantwortung
in die Wirtschaft kommt**

Die Zukunft hängt von uns selbst ab, und wir sind von keiner historischen Notwendigkeit abhängig.

Karl Popper

Manchmal, da sorgt sich auch Josef Ackermann darum, dass man ihn für kalt und herzlos hält.

In einer ARD-Dokumentation des Grimme-Preis-Trägers Hubert Seipel erläutert der Chef der Deutschen Bank, dass auch er ein Mensch aus Fleisch und Blut sei, ein Mensch mit Mitgefühl.[1] Noch heute könne er »schlecht an jemandem vorbeigehen, der um Geld bittet«.

So weit, so barmherzig. Nur, so erklärt der Filmautor aus dem Off, gäbe es da wohl ein kleines Problem: Ackermann gehe an keinen Armen mehr vorbei. Er fährt. Zum nächsten Termin, des Geldes wegen. Die Kamera zeigt den Top-Banker im Fond seiner schwarzen Mercedes-Limousine, mit *Financial Times* und Business-Handy.

Es geht bei diesem Beispiel nicht um den Charakter von Josef Ackermann. Denn selbst wenn er den größten Teil seines Jahreseinkommens von 9,55 Millionen Euro (2009) den Armen spenden würde, das entscheidende Problem bleibt das gleiche. In der Welt des Josef Ackermann kommen nicht nur keine Armen vor. Es kommen überhaupt fast nur Reiche und Mächtige vor, Banker, Konzernchefs und Politiker. Alles andere ist alles andere. Das System der Hochfinanz funktioniert nach dem einen und einzigen Maßstab der Vermehrung von Gewinnen. Der Rest ist, mit

Niklas Luhmann gesagt, »Umwelt« (vgl. *Im Netz der Spinne. Was Geld mit Moral macht*).

Ein Verantwortungsgefühl für die Gesellschaft, den Gesamtprozess, die Moral in unserem Land ist hier nicht nur hinderlich – es taucht gar nicht erst auf. »Ich habe Frau Merkel immer klar gesagt, dass ich Angestellter der Deutschen Bank bin, und ich kann nicht gegen die Interessen der Deutschen Bank Rat geben«, sagt Ackermann im Film. »Banken, besonders private und börsennotierte Institute, haben keine Verpflichtung, das Gemeinwohl zu fördern«, erklärt im gleichen Sinne Alexander Dibelius, der Deutschland-Chef von Goldman Sachs.[2]

Der Satz von Dibelius ist falsch. Richtig und ehrlich wäre er gewesen, wenn der Banker gesagt hätte: »Banken, besonders private und börsennotierte Institute, *fühlen* keine Verpflichtung, das Gemeinwohl zu fördern.« Doch dass Banken keine Verpflichtung haben sollen, ist Unsinn. Wie unser ganzes Wirtschaftssystem, so lebt auch die Finanzwirtschaft von Voraussetzungen, die sie nicht selbst erzeugen kann. In diesem Punkt verhalten sich die Bankchefs, wie gesagt, wie pubertierende Kinder, die glauben, ihre Eltern nicht zu brauchen und ihnen nichts schuldig zu sein. Nur in einer Kultur des Vertrauens, der Fairness und der Wahrhaftigkeit kann sich die Finanzwelt überhaupt entfalten – selbst dann, wenn sie unausgesetzt dagegen verstoßen sollte oder verstößt. Stärker als jeder andere Wirtschaftszweig sind Banken »Moralzehrer« im Sinne Röpkes. Wer glaubt, dass er sich von den Spielregeln der Gesellschaft abkoppeln und nur seiner eigenen Logik des Geldverdienens folgen kann, wird dauerhaft sehen, dass er beides ruiniert: die Gesellschaft, der er sich nicht mehr verpflichtet fühlt, *und* seine eigenen Geschäfte. Die Erfahrung der Finanzkrise, wo »unabhängige« Banker plötzlich nach dem starken Staat schrien, um ihre Verluste zu sozialisieren, spricht eine deutliche Sprache.

Doch wer öffnet den pubertären Kindern unseres Wirtschaftssystems die Augen? Wer hat überhaupt die Macht dazu? Sind sie nicht längst viel mächtiger als Eltern, Onkels, Großeltern und Lehrer zusammen? In seinem Film über Ackermann erklärt Autor Hubert Seipel, dass auch Bundeskanzlerin Angela Merkel das Gleiche lernen musste wie ihre Vorgänger: »Sie dachte, sie sei an der Macht, dabei ist sie nur an der Regierung.«

Die Vorschläge zum Umbau unserer Gesellschaft werden auf einem Markt verhandelt, auf dem nicht die Münze des besseren Arguments zählt, sondern die Währung von Macht und Einfluss. Vor jeder Verhandlung jedoch stehen Überzeugungen und Willensbildung. Was die Interessen privater Banken anbelangt, ist dieser Wille ziemlich eindeutig. Was die Überzeugungen der Regierung anbelangt, allerdings nicht. Fast jeden Tag, so sagte mir unlängst ein Mitglied der für die Bankenaufsicht zuständigen Regulierungskommission, erhalte er neue Anweisungen. Mal sollen die Regeln verschärft werden und mal nicht – je nach Konjunkturdaten, Kassenlage und Tagespolitik.

Die Orientierungskrise der Politik in allen westlichen Ländern ist groß. Seit dem Ende des Kalten Krieges Anfang der 1990er Jahre bewegten sich die Gesellschaften konsequent in die gleiche Richtung, und zwar völlig unabhängig davon, ob ihre Regierungen sich als »rechts« oder »links« deklarierten. Vorbild für alle war das anglo-amerikanische Wirtschaftsmodell, das mit der Präsidentschaft Ronald Reagans und mit der Regentschaft Margaret Thatchers begonnen hatte: weniger Staat und mehr Freiraum für die Wirtschaft, insbesondere die Finanzwirtschaft. Öffentliche Güter wie Eisenbahn, Telekommunikation, Strom- oder Wasservorsorgung wurden kommerzialisiert und teilweise privatisiert. Kommunen, Länder und Staaten verscherbelten ihr Tafelsilber an den Meistbietenden oder diejenigen mit den erfolgreichsten Lobbys. Freie Wirtschaft ist in jedem Fall besser als Staat, lautete die allgemeine Losung.[3] Und was den Unternehmen nützte, sollte auch dem durchschnittlichen Bürger nützen. Auf dem Höhepunkt der Entwicklung Ende der 1990er Jahre durften sich Millionen kleiner Leute sogar selbst als Kapitalisten fühlen. Sie erwarben Aktienpakete und spekulierten auf Gewinne mit aktienfondsgebundenen Renten- und Lebensversicherungen: »Wir«, so konnte man frei nach Friedrich Schiller dichten, »wollen sein ein einig Volk von Aktionären.«

Dieser Traum ist heute geplatzt. Alles in allem haben Kleinanleger im letzten Jahrzehnt netto überwiegend Geld verloren.[4] Die Bank, so scheint es, gewinnt eben immer. Die Kommerzialisierung der Energieversorgung hat die Preise nicht gesenkt, sondern horrend steigen lassen, und viele kommerzialisierte Serviceleistungen, die früher öffentlich-rechtlich erbracht wurden, haben sich arg verschlechtert. Dafür aber ging in nahezu jedem westeuropäischen Land die Schere zwischen Arm und Reich weiter auf.

Dieses sich als »neoliberal« selbst missverstehende Finanz-, Wirtschafts- und Denkmodell ist heute bankrott. Die Finanzkrise belehrt ebenso unmissverständlich darüber wie der moralische Notstand unseres Wirtschaftssystems. Die wahren Vordenker des Neoliberalismus, Männer wie Eucken, Rüstow oder Röpke, würde er das Gruseln lehren. So nämlich war die Sache mit der sozialen Marktwirtschaft nie gemeint gewesen. Doch zu spät: Der Neoliberalismus ist nicht nur mit der Moral-Kasse durchgebrannt, er hinterlässt auch einen Scherbenhaufen in Kommunen, Ländern und Volkswirtschaften; einen Berg an Schulden und einen Ausverkauf an gesellschaftlichem Besitz. Rüstow und Eucken aber, den wohlmeinenden, besonnenen und mahnenden Vorvätern der Idee, ergeht es nicht anders als den Statuen von Marx und Engels auf dem gleichnamigen Forum am Alexanderplatz in Berlin. Geistreiche Witzbolde hatten ihnen nach dem Zusammenbruch der DDR den Satz auf den Rücken gesprüht: »Wir sind unschuldig!«

Dass der heute so beschriebene »Neoliberalismus« keine Lösung ist, sondern das Problem, hat sich inzwischen weit herumgesprochen bis hinein in Europas liberale Parteien. Der Ruf nach »weniger Staat«, der bis zur Finanzkrise in jeder Talkshow zu hören war, ist verstummt. Wenn wir unsere Gesellschaft besser machen wollen, als sie ist, dürfen wir sie nicht dem Spiel der Marktkräfte ausliefern, sondern wir müssen eingreifen, mitplanen und regulieren.[5]

Wo noch vor kurzem irgendwelche reinen Gesetze des Marktes wirken sollten, geht es heute darum, dass der Staat Richtung und Verlauf der Wirtschaft wieder stärker mitbestimmt. In den Worten des Konstanzer Philosophen Jürgen Mittelstraß (*1936) heißt dies: »der gesellschaftlichen und sozialen Entwicklung ihre wirtschaftlichen Dimensionen und der wirtschaftlichen Entwicklung ihre gesellschaftlichen und sozialen Dimensionen zurückzugewinnen.«[6]

Was sich dabei abzeichnet, ist kein Richtungsstreit, sondern vor allem ein hoch spannender Machtkampf. Es ist nicht nur eine Frage des Umdenkens und des Wollens, sondern auch eine Frage der Interessen derjenigen, die sich von den nötigen Veränderungen keinen finanziellen Vorteil versprechen, selbst wenn diese allen anderen nützen. Wie viel Kraft besitzen die Regierungen der westlichen Welt, um ihre allzu mächtig gewordenen *Global Player* der Wirtschafts- und Finanzwelt in die Schranken zu weisen? Ist dieser durch Steuerrecht und Vorteilsnahmen begünstigten Konzentration an wirtschaftlicher Macht mit demokratischen Mitteln überhaupt noch beizukommen? Dieser Kampf findet heute sowohl innerhalb der Nationalstaaten statt wie zwischen den Staaten, und er betrifft die Energieversorgung einer Kleinstadt ebenso wie die globalen Verhandlungen um Klimaziele und Bankenaufsicht. In allen Fällen geht es um »die Entwicklung rechtlich verbindlicher Verhaltenskodizes, die sicherstellen, dass die globalen Operationen der Wirtschaft mit anderen sozialen Interessen und Anliegen versöhnt werden.«[7]

Die Überlegungen, die ich dazu im Folgenden anstelle, folgen der Idee eines »liberalen Paternalismus«, wie er auch von führenden Wirtschaftspsychologen international gewünscht und gefordert wird. Die grundsätzliche Forderung lautet: *Mehr Regulierung von oben und mehr Freiheit von unten.*

Auf Ebene des Staates und je nach Möglichkeit auch auf der von internationalen Staatengemeinschaften gilt es, das *Prinzip der Nachhaltigkeit* in den Mittelpunkt der Wirtschaftspolitik zu stellen. »Gut leben statt viel haben« lautet die Losung, die auch Felix Ekardt (*1972), Professor für öffentliches Recht und Rechtsphilosophie an der Universität Rostock, ausgibt.[8] Die Kühnheit seiner Thesen wendet er auf sich selbst an, wenn er vegetarisch lebt, keinen Führerschein besitzt, kein Handy, keinen Fernseher und fast nie ein Flugzeug besteigt. Doch allein durch vorbildliches Verhalten von Einzelnen, das weiß auch Ekardt, wird sich unser Wirtschaftssystem nicht grundlegend verbessern.

Eine solche allgemeine Agenda zum Umbau verfasste der US-amerikanische Ökonom, Politologe und Soziologe Herman Daly von der University of Maryland in College Park. Daly war ökologischer Chefberater der Weltbank, engagierte sich für Umweltschutzprojekte in Südamerika und erstellte dabei Richtlinien für einen verbindlichen Umweltschutz. Wie Hans Christoph und Mathias Binswanger, Meinhard Miegel und Felix Ekardt, so ist auch Daly ein scharfer Kritiker unserer Wachstumsideologie. Schon in den 1970er Jahren begeisterte er sich für John Stuart Mills Idee, wie man einen »stationären Zustand« zum Glück aller oder der meisten gestalten könnte.[9] Später erarbeitete er dazu ein Zehn-Punkte-Programm.[10]

Für eine umweltgerechtere Wirtschaft formulierte Daly 2008 vier grundlegende Managementregeln der Nachhaltigkeit. Die erste Regel: Ressourcen, die sich selbst erneuern, wie etwa Wälder oder Fischbestände, dürfen nicht stärker genutzt werden, als sie nachwachsen können. Die zweite: Ressourcen, die sich nicht erneuern, wie Erdöl oder Kohle, dürfen nur in den Mengen verbraucht werden, in denen man sie über kurz oder lang auch durch erneuerbare Energien ersetzen kann. Die dritte: Stoffe und Energien, die unsere Umwelt belasten, dürfen nicht in größerem Maße freigesetzt werden, als sie von der Natur verkraftet werden können, ohne schädliche Veränderungen herbeizuführen.

Die vierte: Risiken und Gefahren, die die Menschheit im großen Ausmaß potentiell gefährden, wie zum Beispiel die Kernenergie, sind nicht vertretbar.[11]

So weit die guten Absichten. Was sie in der Praxis taugen, erfährt man, wenn man sich ausmalt, einen Vertreter der OPEC-Länder dazu aufzufordern, weniger Öl zu fördern. Man kann auch den Versuch machen, dem russischen Präsidenten die Erdgas-Fördermengen vorzuschreiben oder den Indern und Chinesen die Kernenergie madig zu machen. Schon die Begrenzung der Fangflotten beim Kabeljaufang erweist sich als ein zähes und schwieriges Scharmützel. Und die Abholzung der Regenwälder in Südamerika, Südostasien und Afrika schreitet bekanntlich ebenfalls immer weiter voran.

Dass alle Länder der Welt sich auf Dalys Regeln verständigen, ist ausgeschlossen. Was bleibt, ist allein der Versuch, selbst mit gutem Beispiel voranzugehen in der Hoffnung auf den einen oder anderen Nachahmungseffekt. Doch auch in umweltbewussten Ländern wie Skandinavien, den Benelux-Ländern, Deutschland und der Schweiz ist es schon schwer genug, das künstlich befeuerte Wachstumsrad zum Stillstand zu bringen.

Selbstverständlich ist Wachstum nicht in jeder Hinsicht schädlich, etwa als Zuwachs bei regenerativen Energien. Auch neue Technologien und Werkstoffe können ihren Beitrag dazu leisten, dass es Wachstum gibt, das nicht darauf beruht, nicht-nachwachsende Energien schonungslos auszuplündern und die Umwelt zu belasten. Gleichwohl kommt man auch durch viel technischen Fortschritt nicht daran vorbei, die gesamte Wachstumsdynamik zu bremsen. Eine Wirtschaft, die die Kosten für Umweltschäden und ihre Regeneration tatsächlich in ihre Preise und Rechnungen mit aufnimmt, statt sie einfach zu verdrängen und künftigen Generationen zu überlassen, wird definitiv nicht mehr weiterwuchern können wie bisher.

Doch wie kommt diese Nachhaltigkeit in Wirtschaft und Politik? Die Palette der Vorschläge reicht weit. Wichtig wäre eine tatsächlich ökologische Steuerreform und nicht ein Etikettenschwindel unter diesem Namen. Denkbar wäre auch ein »Ökologischer Rat« aus unabhängigen Sachverständigen mit einem Vetorecht gegen Regierungsentscheidungen. Viel ehrgeiziger noch erscheint Hans Christoph Binswangers Vision, direkt in den Wirtschaftsprozess einzugreifen und etwa Aktiengesellschaften aufzulösen und durch Organisationen von höherer Verantwortung zu ersetzen, zum Beispiel durch Stiftungen oder Genossenschaften. Ob sein ehemaliger Schüler Josef Ackermann und Alexander Dibelius das wohl einsehen …?

Fast sämtliche Vorschläge zu einem Umbau unserer Wirtschaft bewegen sich auf vermintem Terrain. Während die einen in der ökologischen, der finanziellen oder sozialen Krisensituation allenfalls Schönheitschirurgie betreiben wollen, geht dies anderen noch lange nicht weit genug. Großkritiker unseres gesamten Wirtschaftssystems halten dieses schon lange nicht mehr für reformierbar. In ihren Phantasmen träumen sie von einer gewaltigen Umverteilung und einer Verstaatlichung der Banken und »Schlüsselbetriebe«. Keinem Kommunismus nach realsozialistischem Modell reden sie zwar das Wort, aber einem *commonism* (von *common* = allgemein), der die natürlichen Ressourcen der Welt wie Wald, Bodenschätze und Luft zu Allgemeingut erklärt, das niemand privat besitzen und ausbeuten darf. Auch Bildung, Internet und soziale Sicherung gehören nach ihrer Ansicht zu den durch Privatwirtschaft unantastbaren Gemeingütern. Da dies unter den gegenwärtigen kapitalistischen Wirtschafts- und Machtverhältnissen nicht realisierbar ist, fordern sie auf zu einer sozialen und ökologischen Radikalerneuerung. Doch wie diese in unserer realen Welt auf demokratischem Weg erfolgen soll, sagen sie nicht. Und eine Revolution ist auch nicht in Sicht, zumal wirklich überzeugende Gegenentwürfe zum Kapitalismus bislang auch nirgendwo auf dem Tisch liegen.

Der springende Punkt ist: Realistische Veränderungen sind gegenwärtig nur dort zu erwarten, wo sich ein echtes Verantwortungsgefühl einstellt. Jede Einstellungsänderung ist eine Frage der Gruppenmoral. Und die Gruppenmoral ist die Summe aller Einstellungsänderungen.

Ein erster Schritt, um Verantwortungsgefühl dauerhaft in Unternehmen und Banken zu verankern, wäre die Einführung eines *Bonus- und Malus-Systems*. Trotz vieler Diskussionen gibt es hier bislang wenig Erfolge.[12] Immerhin: Im Herbst 2008 beschloss der Verwaltungsrat der wegen Fehlspekulationen in Milliardenhöhe in die Schlagzeilen gekommenen UBS, der größten Schweizer Bank, von nun an ein Bonus-Malus-System für ihre Manager einzuführen.[13] Zunächst einmal schaffte die UBS jeden Bonus für den Präsidenten des Verwaltungsrates ab, damit dieser künftig nicht mehr den gleichen Anreizen erliegt wie die Konzernleitung, sondern mehr kritische Distanz zu ihr wahrt. Die Boni der Manager werden nur noch zu maximal einem Drittel sofort ausbezahlt. Der Rest verbleibt drei Jahre auf einem Sperrkonto und wird nur dann freigegeben, wenn die Bank und ihre Unternehmensbereiche auch in den folgenden Jahren erfolgreich sind.

Um das Prinzip des verantwortlichen Wirtschaftens weiter voranzutreiben, wären darüber hinaus noch eine ganze Reihe von neuen Regeln denkbar. Man könnte anfangen bei Lohnobergrenzen für Manager, die sich in einem zumindest halbwegs nachvollziehbaren Verhältnis bewegen zu den Einkünften der Belegschaft. Argument dafür ist der Verstoß gegen die guten Sitten, der den Beteiligten, aber auch der Gesellschaft allgemein überzogene Anreize bietet und falsche Vorbilder schafft. Welche Vorstandsprivilegien sind tatsächlich nötig, und was bedient auf ungesunde Art die Eitelkeit? Wie viele Vergünstigungen und Werkzeuge des Neids muss ein gestandener und verantwortungsbewusster Manager für sein Selbstwertgefühl haben? Hier zeigt sich, ob die bei Manager-Schulungen gepredigten Werte von Fairness, Kooperation, Teamgeist und Rücksichtnahme ernst genommen werden oder nicht. Für extreme Risikobranchen empfiehlt sich neben dem Bonus-Malus-System auch eine Eigenkapitalhaftung von Top-Managern – mit Sicherheit eines der wirksamsten Mittel gegen Fehlspekulation überhaupt.

Worum es hierbei geht, ist, eine neue Haltung, ein *Ethos* auszubilden, das in vielem das Gegenteil ist zum anglo-amerikanischen Angeber-Modell der beiden letzten Jahrzehnte. Ein anständiger Manager tritt bescheiden auf und verzichtet auf grelle neureiche Symbole und Privilegien, wie einst der »ehrbare Kaufmann« etwa in der hanseatischen Tradition. Gefordert ist eine *andere Anerkennungskultur,* die neu bewertet, welches Verhalten sie achtet und welches sie ächtet.

Wem dies zu vage und zu wenig erfolgversprechend erscheint, der möge sich daran erinnern, welche gewaltigen Mentalitätswandel die Bundesrepublik und mit ihr große Teile Westeuropas seit dem Zweiten Weltkrieg mitgemacht haben. Gar nicht zu sprechen von den an Systemwechsel gekoppelten kollektiven Gesinnungswandeln zwischen Kaiserreich, Weimarer Republik und Drittem Reich. Aber auch ohne Systemwechsel unterschied sich die deutsche Mentalität der 1950er Jahre gravierend von der der 1970er und diese wiederum von jener der 1990er Jahre.

Erfolgreich wird dieser Mentalitätswandel allerdings nur sein, wenn er vom Staat unterstützt und vorangetrieben wird. Um »anständig« zu wirtschaften, können nicht nur die Banken und Konzerne, sondern auch Staat und Privathaushalte nicht mehr so weitermachen wie bisher. Deutschlands Unternehmen sind alles in allem mehr als doppelt so hoch verschuldet wie unser Staat. Dessen Schulden belaufen sich (März 2010) auf 1 682 700 000 000 Euro, Tendenz weiterhin stark steigend.[14] Bei der Zinsen, jene von Staat *und* Wirtschaft, zahlen die Bürger durch Steuern und durch die Verbraucherpreise. Und dieser Betrag, den ein durchschnittlicher deutscher Steuerzahler im Jahr für Staatszinsen, Wirtschaftszinsen und Privatzinsen ausgibt, liegt immerhin bei 9500 Euro.

Kein Wunder, dass sich die Wut vieler Kritiker gegen das allgemeine Kreditwesen, auf das Zinssystem und die Banken richtet. Die Abhängigkeit gegenüber den Banken wächst unausgesetzt, die Freiräume werden kleiner, und die Bankenmacht, Krise hin oder her, steigt und steigt. Die Zahl der Menschen, die in Deutschland vom Zinssystem profitieren, liegt unter zehn Prozent. Bei knapp zehn Prozent der Bevölkerung hält sich die Rechnung die Waage. Die Zahl der Zins-Verlierer aber liegt bei über achtzig Prozent.[15] Dass diese Entwicklung so nicht mehr weitergehen kann, ist klar. Doch was ist die Alternative?

Angesichts solch gespenstischer Verhältnisse wäre es zum Beispiel nötig, viele Menschen vor sich selbst zu schützen. Bei abstrakten Vorgängen wie Geldgeschäften und Zinsen setzt unser steinzeitliches Vorstellungsvermögen leicht aus (vgl. *Im Netz der Spinne. Was Geld mit Moral macht*). Die Dinge sind so abstrakt, dass wir verdrängen, statt zu begreifen. Wenn wir eine gefundene Brieftasche an denjenigen zurückgeben, der sie verloren hat, stimuliert dies unser Belohnungssystem im limbischen System. Doch Menschen, die andere mit ihrer Computertastatur um Milliardenbeträge bringen, haben dabei ganz offensichtlich keine negativen Stimulationen im Zwischenhirn. Genau aus diesem Grund brauchen Bankengeschäfte keine lascheren, sondern strengere Regeln als andere Wirtschaftsvorgänge.

Ein besonders erschreckendes Beispiel ist die flächendeckende Einführung von Kreditkarten Ende der 1980er und Anfang der 1990er Jahre. Was auf den ersten Blick einfach nur praktisch ist, erweist sich als eine Zeitbombe im Miniaturformat. Wer keine echten Scheine in der Hand hat, verliert sehr leicht das Gefühl für den Wert des Geldes. Bereits im Jahr 1990 hatten die US-amerikanischen Kartennutzer einen Schuldenberg von 199 Milliarden Dollar angehäuft.[16] Das entspricht 3431 Dollar pro Kopf. Heute besitzt jeder US-Amerikaner im Durchschnitt zwölf Kreditkarten, und die Banken bewerben weiterhin mit greller bunter Werbung und scheinbar immer günstigeren Konditionen den Markt. Im Jahr 2007 betrug die Gesamtschuld der Kartennutzer bereits 961 Milliarden Dollar; eine Pro-Kopf-Verschuldung von 10678 Dollar. Fast sieben Prozent aller Kreditkarteninhaber können ihre Schulden definitiv nicht mehr bezahlen, nicht einmal mehr ihre monatliche Abrechnung.

Dramatischer noch ist die Situation in Kanada. Der durchschnittliche Kanadier ist mit 80000 kanadischen Dollar verschuldet.[17] Etwa die Hälfte der Kartennutzer sind nicht mehr in der Lage, die Ausgaben, die sie über ihre Kreditkarte tätigen, zu begleichen. Für viele Menschen in Kanada, in den USA und auch in Deutschland sind Kreditkarten Selbstvernichtungswerkzeuge, denen sie nicht gewachsen sind. Ähnlich wie bestimmte Lust- und Spielhöllenterminals des Internets überfordert die Nutzung ihre Psyche mit erschreckenden Folgen nicht nur für den Einzelnen, sondern für die Gesellschaft. Schon drohen den trickreichen und gierigen Kreditkarten-Banken Milliardenverluste. Wenn die Miete auf der Schlossallee keiner mehr zahlen kann, wird das Spiel auch für den Hotelbesitzer sinnlos. Und wenn alles schiefläuft, bezahlt am Ende der Steuerzahler den Wahnsinn der Banken und Konsumenten.

In dieser Lage richtet sich die Kritik gegen beide, gegen die Banken, die Gier schüren, ebenso wie gegen die leichtfertigen Konsumenten. Die auf Konsum um jeden Preis dressierten Kunden wieder zu Bürgern zu machen, die ihre echten Bedürfnisse von falschen Bedarfsvorstellungen trennen können, ist ein wichtiges politisches Ziel.

Natürlich bedarf es dazu Kreativität und Phantasie. Wenn es richtig ist, dass den meisten Menschen Sparen sehr schwerfällt, dann wirkt sich dies auch auf die Alterssicherung aus. Wenn nichts geschieht, wird die Altersarmut in der Bundesrepublik gewaltig ansteigen. Was kann der Staat tun? Nun, eine wirtschaftspsychologisch durchdachte Lösung zum Beispiel besteht darin, die betriebliche Altersvorsorge zu flexibilisieren. Statt Lohneinbußen für die Alterssicherung hinzunehmen, verpflichten sich die Beschäftigten der Unternehmen, einen Teil ihrer künftigen Gehaltszuwächse zu sparen. Nach den Gesetzen der Geldillusion fällt es mir wesentlich leichter, Geld zu sparen, das ich nie sehe und in dessen Besitz ich mich nicht fühle, als etwas konkret abgezogen zu bekommen oder zu überweisen.[18]

Selbstverständlich befreit das kluge Training zur Selbsterziehung von Konsumenten den Staat nicht davon, das gefährliche Spiel der Banken durch scharfe Regeln zu zivilisieren. Was in dieser Hinsicht zu tun ist, wurde in den letzten zwei Jahren heftig, ausgiebig und vielerorts diskutiert.[19] Die wichtigsten Regeln sind:

- die deutliche Erhöhung der Eigenkapitalquote der Banken bei Kreditgeschäften
- das Verbot von Hedgefonds, Leerverkäufen und Derivaten
- die Wiedereinführung der in Deutschland 1991 abgeschafften Börsenumsatzsteuer
- die Begrenzung von Managergehältern und Einführung eines Bonus-Malus-Systems
- realistische statt optimistische Kriterien für die Bonität der Banken
- die Harmonisierung der internationalen Finanzaufsicht
- eine stärkere Haftung der Aktionäre bei Insolvenzen
- das Verbot der Veröffentlichung von Quartalsberichten der Banken und Unternehmen, um kurzfristige Spekulationen zu unterbinden
- Firmen und Banken, die staatliches Geld oder Bürgschaften in Anspruch nehmen, sind diesem uneingeschränkt rechenschaftspflichtig
- die Erstellung einer Liste der nach Ansicht des Staates »systemrelevanten« Unternehmen
- die Zahlung von »Versicherungsgebühren« dieser systemrelevanten Unternehmen an den Staat als Rücklage für den Fall ihrer Insolvenz

Wie viele dieser Forderungen sich national und international durchsetzen lassen werden, daran muss jede Politik in Deutschland und in Europa sich messen lassen. Doch nur wenn der Staat auf diese oder ähnliche Weise gegen Missbrauch vorgeht und Fairness und sozialen Ausgleich garantiert, gibt es Aussichten auf eine positive Zukunft, die die Kunst kultiviert, nicht auf Kosten der anderen zu leben.

Unternehmen und Bürger stehen aber auch selbst in der Pflicht, an einer Gesellschaft mitzuarbeiten, in der sie gerne leben wollen. Im zweiten Teil des Buches hatte ich die Frage aufgeworfen, was der Broker, der an der Börse mit Kakao handelt, für die Kinder in Ghana tun kann (vgl. *Der Broker, der Kakao und die Kinder in Ghana. Warum wir nie zuständig sind*). Nun, es ist das Gleiche, was Josef Ackermann für die Armen tun kann. So etwa kann er sich mit seinen Kollegen dazu verabreden, einen festgelegten Prozentsatz der Gewinne einem in Ghana tätigen Kinderhilfswerk zur Verfügung zu stellen.[20] Vielleicht fahren sie eines Tages gemeinsam nach Ghana und sehen sich die Arbeit in den Plantagen an. Und vielleicht können sie gut damit leben, dass ihre Gewinnspanne sinkt, aber das gute Gefühl sie erhebt, das Leben der Menschen in Ghana besser und glücklicher gemacht zu haben.

Warum machen Unternehmen, ein mittelständischer Betrieb, ein Konzern oder auch eine Sparkasse, es nicht zu einer Einstellungsvoraussetzung, dass sich der Lehrling oder auch ein Angestellter in einem vom Betrieb ausgewählten Partnerprojekt engagiert? Dies kann in der Freizeit geschehen, aber auch in einem konkreten Zeitfenster des beruflichen Alltags. Englische Elite-Universitäten legen großen Wert auf das soziale Engagement ihrer Studenten. Warum nicht auch deutsche Unternehmen? Ein Ethos frei nach Bill Gates: »Natürlich hätte ich das Geld, das ich durch meinen Erfolg mit Microsoft verdient habe, meinen Kindern schenken und es für Yachten oder andere Dinge ausgeben können. Aber ich habe mich entschieden, das Geld für die Ärmsten zu verwenden. Das ist die Freiheit unseres ökonomischen Systems. Und ich hoffe, dass mehr Menschen meinem Beispiel folgen. Mit anderen reichen Spendern teile ich ein wunderbares Gefühl: Ich genieße es zu helfen. Diese Aufgabe ist sehr erfüllend.«[21] Anfang August 2010 startete Gates mit seinem Milliardärskollegen Warren Buffet eine Initiative, bei der vierzig US-amerikanische Milliardäre sich bereit zeigten, mindestens die Hälfte(!) ihres Vermögens dem Gemeinwohl zu spenden.

Sollte sich dieses erfüllende Gefühl in Deutschland nicht freiwillig einstellen, besteht immer noch die Möglichkeit, dass der Staat den DAX-Konzernen dabei hilft. Eine zusätzliche Zehn-Prozent-Steuer auf den Netto-Gewinn als Spende für das Gemeinwohl könnte denen helfen, die ihre Verpflichtung bislang noch nicht fühlen. Und Josef Ackermann bräuchte dann auch nicht mehr an den Armen vorbeigehen – er hat ihnen ja schon gegeben ...

Unsere Weise zu wirtschaften muss nachhaltiger und verantwortungsvoller werden. Dieses Umdenken betrifft den Staat, die Unternehmen, Banken und Bürger gleichermaßen. Gefordert ist ein neues unternehmerisches *Ethos*. Auf allen Ebenen müssen Instrumente wirksam werden, welche die Spielräume für Fahrlässigkeit, Gier und Missbrauch verkleinern und die soziale Verantwortung fördern.

Ob in Unternehmen oder in der Gesellschaft – das Ziel ist es, moralisch fühlende und denkende Milieus zu etablieren, die zur Nachahmung anregen. Aber wie geht das?

• *Die Wiederkehr der Tugend*. Wie sich Bürgersinn fördern lässt

Die Wiederkehr der Tugend
Wie sich Bürgersinn fördern lässt

Die Grenze verläuft nicht zwischen den Völkern, sondern zwischen Unten und Oben.
Transparent an der Köpenicker Str. in Berlin-Kreuzberg

Die Grenze verläuft nicht zwischen Unten und Oben, sondern zwischen Dir und mir.
Auf einer Häuserwand nahebei

Der Rathenauplatz ist der wohl schönste Park der Stadt Köln. Eingekeilt von Altbauten der Gründerzeit liegt er wie ein kleines Stück Pariser Grünfläche mitten im Kwartier Lateng, dem Kölner Studentenviertel. Rundherum entfernen sich sternförmig die Straßen. Das geschachtelte Hellgrün der Platanen filtert das Licht, die Stämme gescheckt mit ewigem Rost. Im Sommer überschreien spielende Kinder die Vögel. Ungezählte Menschen sitzen an Gartentischen. Ein Dunst von Kölsch und Gelassenheit umhüllt die Gesichter. Und am Abend beleuchten bunte Lichterketten die nicht müde werdenden Kinder und die entspannten Seelen ihrer Eltern.

Der Rathenauplatz ist ein Ort der Nachbarschaft, der Zusammengehörigkeit, der Komplizität. Das war nicht schon immer so. Der Platz hat viel hinter sich. Gleich zu Anfang einen Streit um seinen Namen. Eigentlich sollte er nach dem preußischen Monarchen Friedrich Wilhelm IV. heißen. Aber die Kölner, die nicht viel von den Preußen hielten, einigten sich schlicht auf »Königsplatz« – nach welchem König auch immer. 1923 wurde er zum

Rathenauplatz, im Gedenken an den ermordeten Außenminister, im Dritten Reich zum Horst-Wessel-Platz, und dann ging es wieder zurück zu Rathenau. In den 1980er Jahren war der Platz ein dunkles verwahrlostes Gelände mit Gestrüpp, Ratten und einer Springbrunnenruine; eine Oase für Obdachlose und Fixer.

Die Anwohner schrieben der Stadt Briefe. Sie baten darum, den Park wieder herzurichten, so dass man ihn auch bei Nacht gefahrlos betreten könne. Die Stadt ignorierte die Bürger. Eine Bürgergemeinschaft entstand gegen den Hundedreck und die Rattenplage. Und aus der Initiative erwuchs ein Verein. Viele Bewohner des Viertels wirkten dabei mit, dass der Park hergerichtet wurde. Sie organisierten ihre Bürgerinteressen selber, erarbeiteten Vorschläge und machten der Stadt Druck. Zwei Kinderspielplätze entstanden, Beete, ein separater Hundebereich und vieles mehr. Obwohl die Stadt die Bürgschaft verweigerte, eröffnete der Verein vor zehn Jahren eine schmucke, inzwischen preisgekrönte Sommergastronomie im Park. Die Stadt beteiligte sich nicht einmal an den dafür notwendigen Toiletten.

Die Erlöse des Biergartens gehen nicht nur in den Park, sondern auch in die vielen anderen nachbarschaftlichen Projekte des Vereins. Eine Seniorengruppe spielt, neben Klön und Kaffeeklatsch, Theater und kümmert sich um Kinder in der benachbarten Schule, indem sie den Kindern nachmittags vorliest. Ein Geschichtsarbeitskreis hat die hundertjährige Geschichte des Viertels dokumentiert und ein Buch herausgebracht. Ein Bouleverein ist entstanden und veranstaltet Turniere. Ein Aktionsbündnis kämpft gegen Vermieterwillkür und Wohnungsleerstand im Viertel. In den Räumen des Vereins treffen sich Arbeitskreise, Elterngruppen und ein Nachbarschaftshilfeprojekt.

Wie war all dies möglich geworden? Wie konnten Bürger aus einem verwahrlosten Park eine nachbarschaftliche Stadtoase schaffen? Die erste Voraussetzung dafür war ohne Zweifel die dürftige finanzielle Situation der Stadt Köln. Ginge es der Stadt wirtschaftlich besser, so hätte sie sich vermutlich selbst um den

Platz gekümmert. Die Ohnmacht und Schlamperei der Kommune förderte damit ungewollt das soziale Engagement ihrer Bürger. Die zweite Voraussetzung hat etwas mit dem Geist von 1968 zu tun, der sich in nur wenigen deutschen Städten so heimisch fühlte wie in Köln. Die Stadt ist ein Tummelfeld von Bürgerinitiativen und Bürgerzentren in Selbstverwaltung, geboren aus dem Klima des gesellschaftlichen Umbruchs Ende der 1960er Jahre bis hin zur Umweltbewegung. Die dritte Voraussetzung war und sind engagierte und furchtlose Streiter, die in den zähen Verhandlungen mit der Stadt vorangehen und andere mitrissen und mitreißen. Von einem bestimmten Punkt an entwickelte sich am Rathenauplatz ein fast flächendeckendes Wir-Gefühl mit einer entsprechenden Gruppenmoral des »leben und leben lassen«. Kein abschließbares Tor grenzt jemanden aus dem Park aus, und auch die Obdachlosen finden hier noch immer ihre Bank. In der Sprache des Vereins heißt dies: »Köln als globales Weltdorf lebt durch seine Viertel und Plätze, und Weltbürger sind zuerst Viertelsbewohner.«[1]

Die Idee, sich im eigenen Interesse freiwillig zusammenzuschließen und sich nachbarschaftlich zu engagieren, findet sich in vielen Kulturen der Welt. Sie hat ihre Tradition im Liberalismus wie im Sozialismus und folgt keinem Schema von »rechts« oder »links«, konservativ oder progressiv. Die Bürger, die im Deutschland des 19. Jahrhunderts Botanische und Zoologische Gärten gründeten, Stiftungen, Museen, Armenhäuser und Sparkassen, waren zumeist keine Revoluzzer. Doch auch der Sozialismus brachte freiwillige Kooperativen hervor, zum Beispiel in der Idee des *Subbotnik,* dem russischen Wort für Sonnabend.

Wer sich in der DDR am Samstag zum freiwilligen und unbezahlten Arbeitseinsatz traf, war oft wesentlich motivierter als bei seiner Alltagsschicht. Als Neunjähriger erlebte ich 1974 in Köthen, wie sich die Familienväter am Samstag trafen, um einen öffentlichen Weiher zu reinigen. All dies bleibt mir tief in Erinnerung, einschließlich des Grillfestes nach getaner Arbeit am

Abend. Selbst wenn die Teilnahme am Subbotnik von behördlicher Seite sorgsam beobachtet wurde und zu Vergünstigungen führen konnte, war dies eine der besseren Ideen des Realsozialismus. Mit dem Siechtum der DDR in den 1980er Jahren war allerdings auch mit den Subbotniks vielerorts Schluss. Die freiwilligen Kollektive gaben ihren sozialen und sozialistischen Geist auf. Immerhin besinnen sich einige ostdeutsche Städte inzwischen wieder der guten Tradition wie etwa in Potsdam, in Berlin-Weißensee oder im thüringischen Kappellendorf.

Dass es uns oft glücklich und zufrieden macht, wenn wir die Dinge selbst in die Hand nehmen und uns für die Gemeinschaft einsetzen, kommt im Alltag meist selten ins Bewusstsein. Oft brauchen wir andere, die uns motivieren. Unsere Routinen und Gewohnheiten halten uns häufig in einem Käfig gefangen, obwohl wir ihn mit etwas Phantasie leicht verlassen können. Wie viele Abende vor dem Fernseher verschaffen uns die nachhaltige Befriedigung, die wir verspüren, wenn wir mit anderen Eltern einen Abenteuerspielplatz gebaut, mit Anwohnern den Park gereinigt, ein Nachbarschaftsfest organisiert haben? Die häufigere Zeit aber folgen wir kommerziell vorgezeichneten Glückswegen, die oft nur kurzfristig, mitunter gar nicht halten, was sie versprechen, und züchten damit unsere Unzufriedenheit.

Das Eigentümliche daran ist, dass viele Menschen dies im Grunde wissen, aber trotzdem wenig daran ändern. Alles in allem mangelt es in der Bundesrepublik weniger an der grundsätzlichen Bereitschaft, sich zu engagieren, als an der konkreten. Menschen, die sich bürgerschaftlich einsetzen, sind oft durch einen Zufall oder durch eine Freundschaft dazu gekommen und nicht aufgrund prinzipieller Überlegungen oder aufgrund einer moralischen Maxime. Denn wer mit dem Prinzip anfängt, weiß oftmals gar nicht, wie er es umsetzen soll. Für welches Engagement soll er sich entscheiden? Bürgerinitiative, Rotes Kreuz, Terre des hommes, Essen auf Rädern, Greenpeace?

Doch freiwillige Nachbarschaftshilfe und bürgerschaftliches

Engagement sind nicht nur auf Freizeitaktivität beschränkt. Ein echter Bürgersinn geht, wie am Beispiel des Rathenauplatzes gezeigt, weit darüber hinaus. Etwa, dass sich der Verein gegen Mietwucher und Immobilienspekulation im Viertel zur Wehr setzt. Man kann auch darauf hinarbeiten, die Bewohner eines Viertels dazu zu bringen, kollektive Verträge mit einem ökologisch vorbildlichen Stromversorger abzuschließen.

Ein politisch wichtiges Ziel – eines der wichtigsten überhaupt – wäre es, die Bewohner von Stadtvierteln mithilfe von Volksentscheiden viel mehr selbst bestimmen zu lassen – nämlich überall dort, wo es um unmittelbare Lebensqualität geht. Spätestens seit Anfang der 1980er Jahre diskutiert die Gesellschaft über autofreie Innenstädte. Das Ergebnis ist deutschlandweit gesehen eher dürftig. Wenn überhaupt, so nehmen die Kommunen hierbei auf den Tourismus Rücksicht oder auf verkehrstechnische Widrigkeiten, die sich ohne den Abriss alter Gemäuer nicht beseitigen lassen. Viel schöner und weitaus demokratischer wäre es jedoch, die Bewohner von Stadtvierteln per Mehrheitsentscheid selbst bestimmen zu lassen, ob sie den Autoverkehr in ihrem Stadtteil haben möchten oder nicht.

Würde dies ermöglicht, so ist durchaus denkbar, dass Stadtteile wie das Kwartier Lateng und das Belgische Viertel in Köln oder der Prenzlauer Berg in Berlin und viele mehr bald autofrei wären (mit Ausnahme von Polizei, Krankenwagen und Feuerwehr). Gerade für die heutige Elterngeneration, die ihre Kindheit in einer Welt voller Autogefahren und Abgasen verbracht hat, wäre dies vielfach eine Vision, ins Leben gefallen wie aus einem idyllischen Kinderbuch: den Nachwuchs mitten in der Stadt einfach so – gefahrlos – über die Straße gehen lassen zu können! Die Stühle und Tische der Sommergastronomie auf die neuen Boulevards stellen, wie in Bologna! Was für ein Gewinn an Lebensqualität!

Tatsächlich ist unsere automobile Gesellschaft nicht nur ein Segen, sondern zugleich ein Fluch. Auf jede neue Freiheit folgte eine neue Unfreiheit. Um den Anforderungen des Straßenverkehrs zu genügen, musste die Lebensqualität in den Städten verringert werden. Kaum eine europäische Großstadt kennt nicht Plätze, die nach dem Zweiten Weltkrieg zu Kreuzungen und Betonwüsten umgebaut wurden. Lebensqualität sollte jetzt Mobilität sein und nicht mehr Ruhe, gute Luft und eine nachbarschaftliche Infrastruktur. Die Vision von der mobilen Gesellschaft, aus den USA importiert, lockte in den 1960er und 1970er Jahren den Mittelstand aus den Innenstädten in die neuen uniformen Einfamilienhaus-Ghettos am Stadtrand und auf den Feldern. Die Verschuldungswelle mit ihren neuen Abhängigkeiten zwang die Bewohner zum Pendeln um jeden Preis. Der Staat baute neue laute Zubringerstraßen in die Landschaft. Mehr als zwei Stunden Stau und Verkehrsstress waren keine Seltenheit mehr. Und zum Einkaufen in den neuen Lebensmittelcentern benötigte die Gattin ebenso einen Zweitwagen wie für die Fahrt zum Tennisclub.

Die ganze Entwicklung, die ohne den Massenverkauf von Autos nicht möglich gewesen wäre, steigerte das BIP. Sie steigerte aber auch die Umweltverschmutzung, die Zersiedelung der Landschaften, den Status-Wettkampf, das Anwachsen der Scheidungsraten und die kollektive Geburt der *midlife crisis*. Kein Wunder, dass unter solchen Vorzeichen das Glück der Gesellschaft schon lange nicht mehr wächst.

Das Sein bestimmt das Bewusstsein. Und während wir über Jahrzehnte fast nur die vermeintlichen Vorteile unseres neuen Lebenswandels vor Augen hatten, entdecken wir nun allmählich den gezahlten Preis. Was für die Ökologie gilt, gilt auch für das Soziale. Viel zu lange haben wir nur auf die eine Seite der Medaille geschaut. Wir haben mehr Freiheit und Sicherheit gewonnen, aber »um den Preis erheblicher Verzichtsleistungen, die gar nicht mehr die Schwelle des Bewusstseins erreichen, weil sie zu den selbstverständlichen Hintergrundvoraussetzungen gehören, zu den vielen Dingen, die einfach so sind, wie sie sind«.[2]

Der freiwillige Verzicht auf Dinge, die wir mit größter Selbstverständlichkeit beanspruchen, fällt jedoch schwer. Nimmt man uns etwas weg, so fällt uns plötzlich unsere Freiheit ein, die wir uns um nichts in der Welt beschneiden lassen wollen. Ein hübsches Beispiel dafür ist das öffentliche Rauchverbot in Innenräumen. Jahrzehntelang trauten sich die Politiker der westlichen Welt an dieses heikle Thema nicht heran. Erst als einige EU-Länder vorpreschten, trat der Dominoeffekt ein, freilich nicht ohne massive Proteste der Bevölkerung. Keine drei Jahre später können sich auch viele Raucher beim besten Willen nicht vorstellen, »dass ›früher‹ in Restaurants am Nebentisch geraucht wurde, während man gerade sein Menü serviert bekam«.[3]

Es gibt Wichtigeres als uneingeschränkte Freiheitsrechte; jedenfalls dann, wenn diese auf Kosten der Allgemeinheit gehen. Jeder Autofahrer, der durch die Stadt fährt, macht nicht nur von seinem Freiheitsrecht Gebrauch, er zwingt auch andere Menschen dazu, sich so achtsam zu verhalten, dass ihnen im Straßenverkehr nichts passiert. Vieles von dem, was auf den ersten Blick als Chance erscheint, wie etwa die automobile Gesellschaft, erweist sich langfristig als Zwang. Und umgekehrt wird oft nur als Zwang wahrgenommen, was eine Chance ist. Ein Baustopp für weitere Autobahnen zum Beispiel wird wohl kaum einen Menschen tatsächlich unglücklich machen, insofern der öffentliche Nahverkehr entsprechend ausgebaut ist. Wenn es keine weiteren Schnellstraßen mehr gibt, passen sich die Bürger ziemlich schnell schon an. Nicht anders dürfte es mit autofreien Stadtteilen und Innenstädten sein. Wer sie einmal real erlebt, wird darüber nachdenken, ob Gleiches nicht auch in seinem eigenen Viertel möglich ist.

Doch nicht alle Umbauten der Gesellschaft sind eine Sache des Staates. Gerade im Sozialen werden wir es in den nächsten Jahrzehnten nicht mit mehr Fürsorge, sondern mit einem spürbaren Rückzug von Staat und öffentlicher Hand zu tun haben. Für einen Bürger, der in die soziale Symmetrie der Bundesrepublik hineingewachsen ist, ist das noch immer kaum vorstellbar. Seit Kindesbeinen sind wir daran gewöhnt, dass unser Sozialleben vom Staat geregelt und bezahlt wird. Wofür zahlen wir schließlich Steuern und entrichten unsere Sozialabgaben? Dass wir unseren Stadtpark, unser Freibad, bald auch unseren Zoo und eines Tages vielleicht sogar unsere Schulen mehr und mehr selbst organisieren müssen, durch Spenden oder durch tatkräftige Hilfe, kommt vielen noch völlig utopisch vor. Der nüchterne Blick auf die Einnahmen der Kommunen, die Verschuldung der öffentlichen Hand von den Städten über die Länder zum Staat aber belehrt eines Schlechteren. Unsere sozialen Sicherungssysteme werden mit an Sicherheit grenzender Wahrscheinlichkeit keine zwanzig Jahre mehr bestehen. Ein Großteil der sozialen Wärme, der Fürsorge und der Pflege muss dann von uns selbst und unseren Kindern geleistet werden, nicht anders als noch in den 1950er Jahren.

Die Stadt Köln, die ihren Park verkommen ließ, ist ein kleines Beispiel für das, was dann passieren wird. Entweder die allgemeine Entwicklung driftet ab in Unfrieden und Resignation, oder aber wir legen selbst Hand an. Positiv formuliert heißt dies: »Menschen können wieder unmittelbar aufeinander zugehen, Familienverbände vermehrt wirtschaftliche und soziale Funktionen übernehmen, Städte und Gemeinden sich verstärkt auf ihre Bürger stützen. Zwischenmenschliches und gesellschaftliches Solidarverhalten, das generationenlang von anonymen staatlichen Zahlungsströmen überflutet wurde, kann wieder an die Oberfläche treten.«[4] Negativ betrachtet muss man davon ausgehen, dass sich die Bürger am Rathenauplatz vielleicht wechselseitig durchbringen werden; die Bürger der sozialen Brennpunkte in den anonymen Wohnsilos wohl nicht.

Mehr bürgerschaftliches Engagement ist ein Schritt in die richtige Richtung. Es wird darum gehen, das »Ich im Wir« wiederzufinden, wie der Frankfurter Sozialphilosoph Axel Honneth (*1949) es schön formuliert hat, und damit auch das »Wir im Ich«.[5] Aber natürlich ist man damit weit davon entfernt, alle sozialen Probleme der Gegenwart und der Zukunft lösen zu können. Mehr Einsatz und mehr Gestaltungsspielräume des Bürgertums zu fordern bedeutet nicht, sozialromantisch vernebelt zu sein. Viele Menschen, vor allem in den ärmeren Vierteln, werden sich kaum zu Gemeinschaften zusammenschließen wie die Bürger vom Rathenauplatz. Verwahrloste Stadtbezirke, in denen die Verlierer der Wohlstandsgesellschaft neben Migranten aus den ärmeren Teilen der Welt leben, haben eine deutlich hoffnungslosere Sozialstruktur. Wer mit Integrationsproblemen kämpft oder sich schlicht nicht integrieren möchte, wer viele »bürgerliche« Werte unserer Gesellschaft nicht nur nicht teilt, sondern mitunter auch bekämpft, bringt unserem allgemeinen Zusammenleben wenig Nutzen.

Doch selbst wenn die erhöhte Verantwortung der bürgerlichen Mittelschichten nicht alle Probleme löst – letzten Endes wird es gleichwohl in fast jeder Hinsicht auf diese Schicht ankommen, den Staat zu erhalten und seine Lasten zu schultern. Weder die Oberschicht noch die Unterschicht bildet das Rückgrat unserer Gesellschaft; die eine, weil sie im Zweifelsfall jederzeit woanders leben könnte und lebt, die andere, da sie sich nicht zuständig fühlt, weil nicht zugehörig. Mit jeder Aufgabe, die der Staat in Zukunft nicht mehr finanzieren kann, muss die bürgerliche Mittelschicht einspringen und ihren Anteil leisten. Pathetisch formuliert ist dieses Engagement der Dank der Bürger an den Staat für die historisch außergewöhnliche Wohlstandsentwicklung der letzten Jahrzehnte. Pragmatisch ist es ein unverzichtbares Mittel, um unsere Gesellschaft auch in Zukunft in der Breite lebenswert zu erhalten.

Die gute Nachricht dabei ist: An engagierten Bürgern besteht eigentlich kein Mangel. Nach Angaben des Freiwilligensurveys und der Enquete-Kommission zum bürgerschaftlichen Engagement ist in etwa jeder dritte Bundesbürger über 14 Jahren ehrenamtlich im Einsatz. Ein Großteil davon fällt auf Sportvereine. Aber auch ohne sie ist das Engagement sehr beträchtlich. Eine vergleichbare, junge Entwicklung ist dabei der Einsatz des gebildeten Bürgertums, sich um die Kinder aus sozial wenig privilegierten Schichten zu kümmern. Dabei steht völlig außer Frage, dass es sich hierbei um eine der brennendsten und wichtigsten Aufgaben überhaupt handelt.

Im Jahr 2003 zum Beispiel gründete der Buchhändler Otto Stender in Hannover das Projekt »Mentor – Die Leselernhelfer«.[6] Die Idee dahinter ist so einfach wie bestechend. Ehrenamtlich engagierte Bürger gründen in ihrer Stadt einen Ableger des Projekts und suchen sich Kooperationspartner unter den Schulen. Mit Anzeigen oder im Freundes- und Bekanntenkreis finden sich häufig schnell Bürger, oft sind es Rentner und Pensionäre, die sich nach kurzer professioneller Schulung um »Problemkinder« in den Schulen kümmern. Sie bringen ihnen nachmittags das Lesen bei, wählen mit ihnen Bücher aus und unterhalten sich darüber. Dass die Kinder Lesekompetenz erwerben, ist der erste Schritt zur Bildung. Und nur Bildung kann diesen Kindern helfen, aus ihrem sozialen Umfeld und dessen oft problematischen Werten herauszuwachsen. Mittlerweile gibt es Mentor-Projekte in zahlreichen deutschen Städten mit rund 6000 betreuten Kindern. Nach einer Kontroll-Erhebung von Mentor Hamburg e.V. gelang es den Lesehelfern innerhalb eines Jahres, 64 Prozent der Kinder zu flüssigerem und besserem Lesen zu verhelfen. Und nur vier Prozent der Kinder machten keine Fortschritte.[7]

Dass hier vor allem die ältere Generation angesprochen ist, ist durchaus verständlich. Unsere Rentner und Pensionäre gehören der »goldenen Generation« dieser Republik an mit sicheren Alterseinkünften und hoher Lebenserwartung. In dieser unglaublich komfortablen Situation, die sie nicht allein aus eigener Leistung geschaffen haben, stehen sie durchaus in einer moralischen Bringschuld. Langfristig gesehen freilich müssen alle Generationen die Lücke füllen, die der zunehmend überforderte Staat offen lässt. Seine Rolle in diesem Spiel ist dabei durchaus nicht immer glücklich. Engagierte Bürger, wie jene am Rathenauplatz, treffen allzu oft auf öffentliche Stellen, die ihnen ihren Einsatz nicht leichter machen, sondern schwerer. Ein kleinlicher Hickhack um Zuständigkeit und Macht, der freilich nichts als ein Übergangsphänomen sein wird. In Zukunft nämlich werden Staat und Kommunen froh sein müssen um vieles, was ihnen erleichtert oder abgenommen wird.

Überlegungen wie diese stoßen in Politik und Gesellschaft noch immer auf ein geteiltes Echo. Traditionell wird bürgerschaftliches Engagement besonders stark von der FDP und den GRÜNEN unterstützt und von der SPD und den Linken am argwöhnischsten betrachtet. Das Gegenargument besorgter Sozialdemokraten und der Linkspartei lautet: Politiker und Parteien, die mehr bürgerschaftliches Engagement fordern, drücken sich um ihre soziale Verantwortung. Statt die Bürger freiwillig in die Pflicht zu nehmen, fordern »linke« Parteien höhere Steuern und größere Sozialetats.

Die erste größere Diskussion um die Frage entstand bereits in den 1990er Jahren im Zusammenhang mit dem neuen Wort »Kommunitarismus«. Führende US-amerikanische Philosophen wie Charles Taylor, Michael Sandel oder Alasdair MacIntyre hatten es zuvor geprägt. Seinem Ursprung nach ist der »Kommunitarismus« ein Gegenentwurf zu den Überlegungen des liberalen Philosophen John Rawls.[8] Wie gezeigt (vgl. *Die Katze des Yogis. Ist Moral überall gleich?*), lehnen Rawls' Kritiker es ab, Moral auf abstrakte Prinzipien zurückzuführen. Ihr Kerngedanke lautet stattdessen: Moral ist ein durch und durch soziales Phänomen, geprägt durch ein konkretes Umfeld. Haben Taylor, Sandel und MacIntyre Recht, so besteht die Aufgabe der Gesellschaft darin, moralische Milieus zu schaffen und Fürsorge und Engagement durch »Ansteckung« zu verbreiten.

In der Zeit seiner Entstehung in den 1980er Jahren war der Kommunitarismus eine Gegenbewegung zur Gesellschaftspolitik der Regierung Ronald Reagans, einem nahezu bedingungslosen Wirtschaftsliberalismus. Die Sozialausgaben wurden dramatisch gekürzt, und der Markt sollte alles regeln. Die Kosten für das Gemeinwohl waren unübersehbar. Während die Reichen reicher wurden, wurden die Armen ärmer. Gegen diese Kultur des Egoismus stellten Sandel, Taylor und MacIntyre die Tugendethik des Aristoteles. Sie appellierten an den Gemeinschaftsgeist, an den gesellschaftlichen Zusammenhalt und forderten einen »sozialen Patriotismus«.

In Deutschland allerdings wurde die Debatte ganz anders aufgenommen. Der Grund dafür ist die völlig unterschiedliche staatsbürgerliche Kultur in der Bundesrepublik und in den USA. Viele Aufgaben, die in den Vereinigten Staaten von Bürgern mit »republikanischen Tugenden« übernommen werden müssen, regelt bei uns auf ziemlich vorbildliche Art und Weise der Sozialstaat. Von dieser Warte erschien der Kommunitarismus bei uns in einem zunächst geradezu gegenteiligen Gewand als in den USA. Statt als Bürgen einer umfassenden Solidarität betrachtete man ihn als einen Angriff auf das staatlich garantierte Solidaritätsprinzip. Kommunitaristen – das waren in den Augen ihrer deutschen und auch französischen Kritiker Bildner von elitären Cliquen mit einem Verantwortungsgefühl von begrenzter Reichweite; ein Rückschritt ins 19. Jahrhundert in die Zeit vor Bismarcks Sozialgesetzgebung – eine Epoche, die die USA bis heute noch nicht wirklich überwunden haben.

Angesichts der gegenwärtigen und erst recht der zukünftigen Probleme unserer Gesellschaft erscheint diese Freund-Feind-Stellung als überholt. Wer heute an den »sozialen Patriotismus« der Bürger appelliert, der möchte nicht den Sozialstaat zurückbauen oder die Steuern der Besserverdienenden senken. Kommunitarismus und Steuererhöhungen sind kein Widerspruch. Jede Sozialleistung, die der Staat noch gut und ordentlich bringen kann, ist und bleibt ein Gewinn. Die Frage ist nur, wie viele dies in zehn oder zwanzig Jahren noch sein werden. Man sollte die Diskussion über ein Mehr oder Weniger an Staat nicht weiter so führen, als hätte man es hier mit allzu vielen Optionen zu tun. Ähnlich wie bei der Diskussion um das Wirtschaftswachstum geht es schon lange nicht mehr darum, ob man das will – sondern darum, was in Zukunft überhaupt noch möglich sein wird.

Eine Gesellschaft, deren materielles Wachstum nicht weiter fortschreitet und auch nicht fortschreiten darf, muss sich in wesentlichen Punkten umorganisieren. Formen des Engagements wie Selbsthilfe und freiwillige Kooperation bekommen dadurch einen ganz neuen Stellenwert. Anstelle des materiellen Egoismus, wie er in Deutschland seit den Tagen des Wirtschaftswunders, erst recht aber seit den 1980er Jahren eingeimpft und eingeübt wurde, muss ein sozialer Patriotismus treten. Er appelliert an unseren sozialen Instinkt, das Verantwortungsgefühl für die »Horde«, der man sich zugehörig fühlt.

Mit nachbarschaftlicher Hilfe und sozialem Engagement allein ist es freilich nicht getan. Um die neue Bürgergesellschaft auf die veränderten Lebensbedingungen der Zukunft einzustellen, müssen viele Bereiche des Lebens neu organisiert werden, die Belohnungssysteme für gesellschaftliche Akzeptanz ebenso wie der Fiskus, die Arbeitswelt oder die Familie ...

- *Glückliche Steuerzahler.* Vom Umgang mit Belohnungen

Glückliche Steuerzahler
Vom Umgang mit Belohnungen

Der zuständige Beamte beim Finanzamt hat mir noch nie einen Kaffee angeboten. Wir kennen uns nicht einmal, haben uns noch nie gesehen. Meine Steuern zahle ich nach Termin und den wenig freundlichen Aufforderungsbriefen des Amtes. Das Finanzamt ist Teil des Staates, in dem ich lebe. Staaten wie die Bundesrepublik Deutschland sind nicht etwas Böses, Finsteres und Diktatorisches. Sie sind die Repräsentation ihrer Bürger, von Menschen also wie Sie und ich.

Die meisten Bürger, die zu den sogenannten Besserverdienern gehören, haben kein entspanntes Verhältnis zum Finanzamt. Einmal ärgern sie sich über die hohen Beträge, die sie abführen müssen. In Deutschland liegt der Spitzensteuersatz bei 45 Prozent. Das ist nahezu die Hälfte des Verdienstes. Zum anderen betrifft es die Art und Weise, wie das Finanzamt, also der Staat, sie behandelt. Besserverdienende sind häufig Selbstständige und müssen ihre Steuern im Voraus bezahlen. Die Schätzung macht ein ihnen unbekannter Finanzbeamter.

Wie hoch die Schätzung ausfällt, berechnet das Amt; der Steuerzahler selbst wird nicht gefragt. Da sitzen nicht zwei Menschen beieinander, geben sich die Hand, überlegen, scherzen und beratschlagen. Da greift eine kalte Macht von oben anonym und autoritär ans heiße Portemonnaie. Eine Bank, die so mit ihren Kunden umginge, wäre längst pleite. Die meisten Selbstständigen, erst recht die Besserverdienenden, hassen ihre Steuerbescheide, verachten das Finanzamt, schimpfen auf den Staat, suchen nach

Schlupflöchern und wählen eine Partei, die ihrer offenkundigen Seelenpein Linderung verspricht.

Ein Verhalten des Staates, das seine Bürger gegen ihn aufbringt, ist weder intelligent noch geschickt. Vielmehr erscheint es als eine der letzten Bastionen ungeschminkten Preußentums, ein überkommener Rest obrigkeitsstaatlicher Machtdemonstration. Und die verbreitetste Form des Umgangs der Steuerbehörde mit dem Steuerzahler ist nicht Vertrauen, sondern Misstrauen – häufig der Beginn einer sich selbst erfüllenden Prophezeiung: aus Misstrauen wird Abneigung. Die Abneigung wiederum begünstigt Steuerflucht und Betrug. Und der gleiche Staat, der den Wohlstand seiner Bürger sichert, die Ausbildung seiner Kinder garantiert und sich um ihre Sicherheit auf der Straße und anderswo kümmert, wird zum Feind. »Der Staat ist nicht die Lösung, er ist das Problem«, dichtete schon ein Redenschreiber Ronald Reagans in den 1980er Jahren.

Was läuft hier schief? Als der französische Schriftsteller und Utopist Louis-Sébastien Mercier (1740–1814) sich im Jahr 1771 ausmalte, wie die Menschen in Westeuropa im Jahr 2440 leben könnten, da dachte er nicht nur an eine moderne Infrastruktur, an reparierte Seine-Brücken in Paris, an moderne Krankenhäuser und Universitäten, einen zollfreien europäischen Binnenmarkt und eine auf das Allernötigste verkleinerte Armee. Er dachte auch dran, dass ein jeder Bürger in diesem fürsorglichen und gerechten Staat gelassen und gerne seine Steuern zahlt.[1]

Von den Prophezeiungen Merciers ist dies die einzige, die offensichtlich eine Utopie blieb. Die gesellschaftliche Wertschätzung des Steuerzahlens erscheint ebenso gering wie die gefühlte Wertschätzung des Steuerzahlers durch die Behörden. Wirtschaftspsychologisch betrachtet läuft hier nahezu alles schief. Wer etwas gibt, der wünscht sich dafür in der Regel Dank oder Anerkennung als Lohn, selbst dann, wenn diese Gabe nicht freiwillig erfolgt. Sowohl die Verkäuferin wie der Kunde im Geschäft bedanken sich aus guten Gründen wechselseitig beim

Brötchenkauf. Auch der Staat hat dies in vielerlei Hinsicht verstanden. Unsere Polizei ist alles in allem viel netter als noch vor zwanzig Jahren. Anonymität und Kasernenton sind einem meist freundlichen Umgang gewichen.

Gesellschaftlich betrachtet besteht die Kunst, keine Egoisten zu züchten, darin, die positiven sozialen Instinkte der Menschen anzusprechen. Eigensinn lässt sich verstärken oder abschwächen, je nachdem, welche Rahmenbedingungen die Gesellschaft schafft. Auch Wirtschaftspsychologen wie Ernst Fehr sehen darin das wichtigste Ziel der Politik. Und auch für ihn entscheidet sich viel durch den Umgang der Bürger mit ihren Steuern: »Die Politik muss die Steuermoral über den Kooperationsgedanken verbessern.« Denn »mehr Kooperation bringt auch mehr Geld in die Staatskasse«.[2]

Ein besserer Teamgeist zwischen Finanzamt und Steuerzahler beruhigt möglicherweise auch Gemüter wie dasjenige des Philosophen Peter Sloterdijk (*1947), der sich im Juni 2009 in der FAZ öffentlich darüber aufregte, vom Finanzamt zu sehr geschröpft zu werden.[3] Für Sloterdijk ist der moderne Steuerstaat »ein funktionales Äquivalent zur sozialistischen Enteignung, mit dem bemerkenswerten Vorzug, dass sich die Prozedur Jahr für Jahr wiederholen lässt – zumindest bei jenen, die an der Schröpfung des letzten Jahres nicht zugrunde gingen«. Gegen diesen Ungeist forderte Sloterdijk eine »Revolution der gebenden Hand«, also eine Revolte der Steuerzahler und speziell der Besserverdienenden. Denn die »plausibelste Reaktion darauf« sei der »antifiskalische Bürgerkrieg«.

Seinen unmittelbaren Niederschlag fand dieser Steuerkrieg bei den anschließenden Bundestagswahlen im Herbst und ihrem Rekordergebnis für die FDP. Deren Hauptbotschaft waren Steuersenkungen gewesen. Kein Bundesbürger sollte einen höheren Einkommensteuersatz zahlen als 35 Prozent.[4] Zum gegenwärtigen Zeitpunkt ist davon nicht mehr die Rede. Und auch die Stimmung unter den Besserverdienenden hat sich in Rekordzeit dramatisch verändert. Nach einer Forsa-Studie im Auftrag des STERN waren im Juni 2010 42 Prozent der wohlhabenden Deutschen mit einem monatlichen Haushaltsnettoeinkommen über 4000 Euro dazu bereit, höhere Steuern zu zahlen. Noch etwas höher war die Bereitschaft in der Gruppe von Einkommen zwischen 3000 und 4000 Euro monatlich (43 Prozent). Und selbst ein Drittel der Bürger, die weniger als 3000 Euro netto verdienen, fand sich angesichts der hohen Staatsverschuldung dazu bereit, höhere Steuern zu zahlen.[5]

Wie alle Moral, so ist auch die Steuermoral abhängig von den Rahmenbedingungen und von Stimmungen. Als Steuerzahler ist der Mensch nicht mehr *homo oeconomicus* als in allen anderen Lebensbereichen auch; entscheidend ist die emotionale Motivation aufgrund des Umfeldes und der Bedingungen.

Um die Motivation zu erhöhen, wäre es sinnvoll, den psychologisch so wichtigen Aspekt von Freiwilligkeit in unserem Steuersystem zu verankern. Selbstverständlich nicht in Form der provokativ lustigen Idee Sloterdijks, die Einkommenssteuer abzuschaffen und in freiwillige Geschenke an die Allgemeinheit zu verwandeln. Pragmatisch denkbar wäre es aber, die Steuern der Besserverdienenden von einem Einkommen von 250 000 Euro im Jahr an mit einer Pflichtabgabe von fünf Prozent zu erhöhen. Die besondere Pointe läge in dem Zusatz, dass die Steuerzahler selbst darüber entscheiden, wofür diese Fünf-Prozent-Abgabe eingesetzt werden soll. Zu diesem Zweck gibt der Staat eine Liste vor, die von militärischen Auslandseinsätzen der Bundeswehr bis zur Schaffung von neuen Kindergärten reicht. Durch die persönliche Entscheidung des Steuerzahlers gewinnt die Pflichtabgabe den psychologischen Charakter einer Spende. Und statt als Dukatenesel missbraucht, fühlt man sich als ein großzügiger Spender, der weiß, dass er ganz persönlich mit dafür gesorgt hat, dass in Deutschland neue Kindergärten gebaut, Schulen modernisiert oder Sozialarbeiter eingestellt werden.

Der Unterschied lässt sich auch an einem anderen Beispiel

klarmachen. Wer in Köln das erste Mal in ein Brauhaus geht, wundert sich unter Umständen sehr, dass der Wirt – der »Köbes« – jedes leer getrunkene Kölsch unaufgefordert durch ein neues ersetzt. Dazu macht er auf dem runden Bierdeckel einen Strich mit dem Bleistift. Zu vorgerückter Stunde nach zahlreichen Kölsch kommt es mit ungeübten Brauhausgästen immer wieder zu handfesten Streits. Bei der Abrechnung fühlt sich der Gast betrogen. Dabei geht es ihm nicht um den Betrag, sondern um die vielen Striche auf dem Deckel, von denen er nicht weiß, ob jeder Markierung tatsächlich ein Kölsch entsprochen hat. Hat der Köbes die getrübte Aufmerksamkeit ausgenutzt und den Gast hintergangen? (In Wahrheit betrügen kölsche Köbesse natürlich nicht. So etwas würde ein Köbes nie tun.)

Am Zionskirchplatz in Berlin dagegen gibt es eine Kneipe, wo der Kellner gar nichts aufschreibt. Man bekommt ein Glas und lässt es sich mit einem Getränk nach Wahl auffüllen. Am Ende des Abends bittet der Kellner den Gast, den Betrag zu zahlen, den dieser für angemessen hält. Da die Kneipe schon länger existiert, darf man vermuten, dass die Rechnung für die Kneipe aufgeht. Wer als Gast so viel Vertrauen entgegengebracht bekommt, gibt sich im Regelfall viel Mühe, dieses Vertrauen nicht zu enttäuschen, und zahlt eher mehr als weniger.

Der Clou der Berliner Kneipe liegt darin, dass sie eine extrinsische Motivation (seine Getränke bezahlen zu *müssen*) in eine intrinsische Motivation *(von sich aus* einen angemessenen Betrag zu geben) überführt. Und dass der Gast einem Kredit an Fairness mit einer oft höheren Rückzahlung begegnet. Wogegen die Gewohnheiten des Brauhauses leicht einen Unfairness-Verdacht gegenüber dem Köbes schüren.

Wie im zweiten Teil des Buches gezeigt, ist das, was wir für fair oder unfair halten, für angemessen oder unangemessen, eine Frage der Umgebung und der Gruppenmoral. Wenn unsere Arbeitskollegen für einen wohltätigen Zweck viel spenden, weichen wir ungern stark nach unten ab. Nicht anders verhält es sich letztlich auch bei den Steuern. In der Regierungszeit von Helmut Kohl lag der Spitzensteuersatz bei der Einkommenssteuer bei 52 Prozent, bevor die rot-grüne Regierung ihn auf 42 Prozent senkte. 2007 hob man ihn dann für »Reiche« mit 250 000 Euro und mehr Jahresverdienst eher kosmetisch auf 45 Prozent an. Die Anzahl der Unzufriedenen aber, so scheint es, ist gar nicht abhängig von den absoluten Zahlen, sondern vom gesellschaftlichen Klima. In Großbritannien akzeptieren die Spitzenverdiener wohl oder übel sogar sechzig Prozent Einkommenssteuer, ohne dass es deswegen zu Unruhen kommt.

Die Psyche des Menschen funktioniert nicht nach absoluten Zahlen. Und ein erheblicher Teil der Kulturleistungen der Menschheit bemisst sich auch nicht nach dem Schema von finanziellem Gewinn, Kosten und Nutzen. Wenn die intrinsische Motivation stimmt, ist die extrinsische nicht mehr allzu wichtig. Hervorragende Wissenschaftler, die als Privatdozenten ohne festes Professorengehalt an unseren Universitäten arbeiten, tun dies für zum Teil weniger als 1500 Euro brutto im Monat, obwohl ihre Entlohnung zum Himmel stinkt!

Schon der heilige Bonifatius hatte offenbar nicht nach seinen Kosten gefragt, als er die Germanen missionierte (und dabei umkam). Heute dagegen schließt die Kirche vielfach Gemeinden und Dienste mit dem Hinweis, dass es sich finanziell nicht mehr lohnt. Seit wann ist es eigentlich die Aufgabe der Kirche, wirtschaftlich gut dazustehen? Wer alles in der Welt nach materiellen Kosten und Nutzen kalkuliert, zerstört, was uns aus guten Gründen heilig und wertvoll ist. Marktnormen haben in der Kirche wenig verloren. Fragt man einen Kriegshelden, ob er lieber einen Orden hätte oder den doppelten Materialwert in Form von vierzig Euro?

Die gleichen Überlegungen gelten auch im Bildungsbereich oder im Gesundheitswesen. Eine humanistische Bildung lässt sich nicht in Geld aufwiegen und nicht umrechnen in den unmittelbaren materiellen Nutzen für Wirtschaft und Gesellschaft. Doch ohne humanistisch gebildete Bürger senkt sich das Bildungsniveau mit einem sichtbaren Schaden für die Lebensqualität vieler Menschen. Auch öffentliche Krankenhäuser führt man nicht nach einer schlichten Kosten-Nutzen-Rechnung, ohne Verrat zu begehen an den sozialen Spielregeln der Gesellschaft.

Die Vernachlässigung intrinsischer Motivationen durch die schon von Georg Simmel so benannte »Monetarisierung von fast allem« beschäftigt auch Jürgen G. Backhaus (*1950), Professor für Finanzwissenschaften und Finanzsoziologie an der Universität Erfurt. Seine Beispiele betreffen vor allem die Systemwechsel-Erfahrungen von ehemaligen DDR-Bürgern: »Der Offizier der Nationalen Volksarmee, der an seinen Eid gebunden seine Pflicht erfüllt, erfährt diesen Dienst und die damit verbundene Besoldung, die Ehrungen und den Respekt, der ihm gezollt wird, gänzlich anders als derselbe Mitarbeiter einer privaten Unternehmung zur Sicherung von Gebäuden und Transporten, selbst wenn jede einzelne seiner täglichen Handlungen gänzlich mit seinem früheren Dienst übereinstimmt. Umgekehrt fühlt sich der Mitarbeiter eines ehemals volkseigenen Betriebs, der auf eine Fülle von Sozialleistungen selbstverständlich zurückgreifen konnte, wenn er sich politisch korrekt verhielt, in seinen Erwartungen enttäuscht, wenn die jährliche Urlaubsreise, der Gang zum Arzt oder die Sicherung eines Kindergartenplatzes jeweils erhebliche geldliche Aufwendungen erfordern, wo früher Wohlverhalten gegen diese Leistungen getauscht wurde.«[6]

Eine neue Belohnungskultur, die die intrinsische Motivation weckt, ist mehr als nur psychologische Kosmetik. Vermutlich ist sie unverzichtbar, wenn es darum geht, sich auf die neue Arbeitswelt der Zukunft einzustellen. Doch wie weckt man intrinsische Motivationen?

Dass die meisten Menschen in unserer Gesellschaft »von sich aus« ganz genau wissen, was sie wollen, ist vermutlich eine Legende. Wahrscheinlicher ist, dass viele nicht genau wissen, was sie wollen, bevor man ihnen eine Vorstellung davon gibt und ihre Phantasie kanalisiert. Nicht ohne Grund legen Spielzeughersteller in der Vorweihnachtszeit ihre Kataloge als Beilagen in die Zeitungen, um bei Kindern Begehrlichkeiten überhaupt erst zu wecken. Nicht anders verhält es sich oft bei Erwachsenen. Eine Bedarfsweckungsgesellschaft lenkt die Phantasie auf immer neue Dinge und erfüllt Wünsche, die es zuvor gar nicht gab. Auch soziale oder moralische Begehrlichkeiten funktionieren nach diesem Muster. Das Lebensziel, bis ins hohe Alter romantisch geliebt zu werden, ist keine Idee abseits von kulturellen Leitbildern. Vielmehr ist sie ein (oft utopisches) Programm unserer westlichen Gesellschaft seit nicht einmal hundert Jahren. Und auch die kulturell manipulierte Idee, Erfüllung im Heldentod zu finden, vernebelte im Dritten Reich oder in einigen islamistischen Gruppierungen vielen Menschen den Verstand so sehr, dass sie sie für eine intrinsische Motivation hielten und halten: »Ja, ich will das!«

»Die Menschen« sind viel anpassungsfähiger, als sich viele Politiker dies aus Angst vor den kurzfristigen und lauten Reaktionen von Boulevardmedien oft vorstellen können. Denn unsere materiellen und sozialen Bedürfnisse lassen sich nur im Zusammenhang verstehen. Und veränderte Zusammenhänge begünstigen ein anderes Fühlen und Denken. Selbst unser völlig überzogenes Statusdenken ist nicht ein Teil unserer Natur, sondern das Produkt täglicher Indoktrination durch Reklame. Werbung ist der Gottesdienst unserer Welt, das ritualhafte Einschwören darauf, etwas zu kaufen. Wie sollen Menschen unter solchen Bedingungen herausfinden, was sie wollen und was sie wirklich brauchen? »Ihnen geht es wie denen, die seit frühester Kindheit nur geschmacklich verfälschte Nahrungsmittel verzehrt haben – zu süß, zu salzig, ›geschmacksverstärkt‹ – und die nunmehr die feinen Nuancen naturbelassener Produkte nicht mehr schmecken können. ... Ihr Konsumverhalten – das ›was‹ und das ›wie viel‹ – wurde ihnen anerzogen. Sie sind das Produkt von

Prägungen, die sie von Dritten erhalten haben und die so oder anders sein könnten.«[7]

Ob ich meine Energie und meinen Wunsch nach Erfüllung darein setze, ein teures Auto zu fahren oder einen Platz mitzugestalten, ist nicht schlicht eine Frage von mehr oder weniger egoistischer Veranlagung. Vielmehr ist es ein Produkt meiner Erziehung und meines Umfeldes. Sozialverhalten und moralische Gruppenstandards sind das Ergebnis von »Ansteckungen«, die mich oft nur vermeintlich »aus mir selbst heraus« motivieren.

Mehr als alles andere ist die Förderung intrinsischer Motivationen deshalb eine Aufgabe unserer Schulen und unseres Bildungssystems. Ob ein Kind Gleichungen mit zwei Unbekannten lösen oder alle europäischen Hauptstädte benennen kann, die Kirchhoff'schen Regeln kennt oder einen Daktylus von einem Trochäus unterscheidet, ist völlig belanglos im Vergleich zu der Fähigkeit, sich seine Neugier zu erhalten und sich im Leben zu etwas Eigenständigem zu motivieren. Dagegen funktioniert unser Schulsystem nach dem verhängnisvollen Schema von Felix Warnekens und Michael Tomasellos Versuchen mit Kleinkindern (vgl. *Im Netz der Spinne. Was Geld mit Moral macht*). Wer eine Schranktür öffnet, bekommt so lange eine Belohnung, bis er die Tür nur noch öffnet, *um* eine Belohnung zu kriegen. Die Belohnung in den Schulen sind die Zensuren. Und so wie man in der Schule extrinsisch für Zensuren arbeitet, arbeitet man später im Berufsleben extrinsisch für Geld. Die wahrhaft wertvollen Mitglieder einer Gesellschaft jedoch sind die intrinsisch motivierten. Und ein beträchtlicher Teil von ihnen wird fatalerweise frühzeitig aussortiert.

Die extrinsische Motivation, berufliche Anstrengungen nach der Menge des Geldes zu bemessen, ist auch deshalb so gefährlich, weil sie im bisher gekannten Maß vielfach gar nicht mehr funktionieren wird. Unsere Kinder sind in eine Gesellschaft hineingeboren, die in Zukunft wohl nicht mehr, sondern weniger Geld verteilen wird als bisher. Sollte dies stimmen, so dürfte damit möglicherweise auch eine Umorientierung verbunden sein – nämlich, dass Geld in Zukunft immer weniger als Maßstab taugt für den gesellschaftlichen Erfolg und das damit verbundene Ansehen. Ein erfülltes Leben nach dem Einkommen zu bemessen ist und war das Stigma einer Zeit, in der es jedem offiziell möglich sein sollte, sich im Laufe seines Lebens finanziell kontinuierlich zu verbessern. Ein erfülltes Leben heute und in Zukunft dagegen könnte gerade darin bestehen, sich von den Zwängen und Exzessen der Wohlstandsgier weitgehend zu befreien, um sein Leben freier und sozialer zu gestalten.

Die neue Arbeitswelt zeigt die Tendenz, dass die Anzahl derjenigen, die angestellt arbeiten, geringer werden wird; die Anzahl der Freiberufler größer. Die Freiheit steigt, allerdings auf Kosten der staatlich garantierten sozialen Sicherheit. Wer sozial sicher leben möchte, der muss sich diese Sicherheit in Zukunft verstärkt mit Phantasie und mit sozialer Kompetenz schaffen: durch private Netzwerke aus Freunden, Bekannten und Gleichgesinnten. Und das alles nicht etwa deshalb, weil der Staat sich, aus welchen politischen oder ideologischen Überlegungen auch immer, aus diesen Bereichen zurückziehen *soll*. Sondern weil nahezu unvorstellbar ist, wie er aufgrund der demografischen Entwicklung seine Sozialleistungen in zwanzig oder dreißig Jahren noch aufrechterhalten *kann* – selbst dann, wenn alle Besserverdienenden der Republik einen Spitzensteuersatz von achtzig Prozent zahlten.

Unterstützung für eine solche veränderte Arbeitswelt bekäme man selbst dort, wo viele sie kaum erwarten würden: beim jungen Karl Marx (1818–1883). Im Exil in Brüssel brachte er gemeinsam mit seinem neu gewonnenen Freund Friedrich Engels 1845 seine erste Vision zu Papier, wie er sich eine künftige »kommunistische« Gesellschaft vorstellte. Eine Gesellschaft nämlich, wo »jeder sich in jedem beliebigen Zweige ausbilden kann, die Gesellschaft die allgemeine Produktion regelt und mir eben dadurch möglich macht, heute dies, morgen jenes zu tun, morgens zu jagen, nachmittags zu fischen, abends Viehzucht zu treiben, nach dem Essen zu kritisieren, wie ich gerade Lust habe, ohne je Jäger, Fischer, Hirt oder Kritiker zu werden«.[8]

Für den jungen Marx war es gerade die Arbeitsteilung, das Zerfallen des Menschen in unterschiedliche »Funktionen«, was seiner Selbstbestimmtheit und seinem Glück entgegensteht. Was uns seit Adam Smith wirtschaftlich erfolgreich gemacht hat, mache uns privat unglücklich, so Marx' Vermutung. Ohne Zweifel geriet seine hübsche Phantasie ein ganzes Stück zu romantisch. Die Berufswelten des Jägers, Fischers und Hirten stammen aus einem vor-bürgerlichen feudalistischen Zeitalter. Doch die Pointe von der selbstbestimmten Freiheit wirkt nahezu zeitlos anziehend. Kein Geringerer als der bedeutende liberale deutsch-britische Soziologe Ralf Dahrendorf (1929–2009) gewann ihr noch zu Anfang der 1950er Jahre einen Reiz ab, als er darüber seine Doktorarbeit schrieb.[9] Für Dahrendorf steht beim jungen Marx nichts so sehr im Zentrum wie die Freiheit. Und die erstrebte Utopie sei nicht das stillgestellte Glück einer gleichmacherischen Diktatur, sondern eine »Freiheit der Gleichen«.

Die zukünftige Wirtschaft in den westlichen Ländern, so scheint es, entwickelt sich tatsächlich allmählich zu einer neuen Form von Dienstleistungsgesellschaft mit ganz neuen Arbeitsbegriffen. Neben der Lohnarbeit wird auch die Erziehungsarbeit von Eltern oder ihre Pflegearbeit gegenüber Eltern und Großeltern als »Arbeit« gewertet werden müssen. Auch Job-Sharing, Teilzeitarbeit und Elternzeiten prägen Teile dieser neuen Arbeitswelt. Und viele Menschen haben nicht nur einen Job, sondern mehrere.

Der weltgeschichtlich einmalige Ausnahmezustand, wobei Menschen in der Bundesrepublik in den letzten Jahrzehnten immer weniger gearbeitet haben und parallel dazu auch noch immer wohlhabender wurden, ist vorbei. Diese Zeit zum Maßstab dafür zu machen, wie wir auch in Zukunft leben wollen, ist so borniert wie absurd. Schon jetzt schleppen wir soziale Sicherungssysteme mit uns herum, die sich niemand zu reformieren traut, obwohl jeder weiß, dass sie schon in naher Zukunft nichts mehr taugen werden. Wer als junger Normalverdiener in die gesetzliche Rentenversicherung einzahlt, bekommt eine Rente, von der er nicht leben können wird, falls er denn überhaupt eine bekommt. Nicht anders sieht es mit den gesetzlichen Krankenversicherungen aus, die ihm im Alter keinen menschenwürdigen Krankenhausaufenthalt mehr garantieren.

Um dieser Entwicklung etwas entgegenzusetzen, ist es mit einem trotzigen »Weiter so!« nicht getan. Und die Rezepte der Linken, die Kassen mit neuen Steuern und neuen Schulden zu füllen, sind ebenso hilflos wie die kosmetischen Einsparungen, die der gegenwärtigen Regierung dazu einfallen. Worum es geht, ist ein grundlegender Umbau unserer Gesellschaft. Vermutlich müssen unsere sozialen Sicherungssysteme vom Faktor Arbeit entkoppelt werden. Wie ein solcher Umbau erfolgen könnte, dazu gibt es einen ganzen Katalog von Ideen, der von unseren Parteien unvoreingenommen diskutiert werden sollte: Ein mit geschickten Motivationen begleitetes bedingungsloses Grundeinkommen gehört ebenso dazu wie die Verlängerung von Arbeitszeiten in vielen Berufsfeldern. Konzepte wie diese bedürfen einer ausgiebigen Diskussion nicht nur im kleinen Kreis, sondern mit der Bevölkerung.

Im Gegenzug dazu sollte die Verantwortung des Einzelnen steigen, ebenso wie seine Chance auf echte Mitbestimmung in Unternehmen, in Parteien und in den Kommunen. Anders als in den Utopien von Marx geht es nicht darum, materielle Werte zu sozialisieren – was letztlich nur zu neuen Ungleichheiten und neuem Missbrauch führt –, sondern um die Sozialisierung von Verantwortung.

Das Ziel einer neuen gesellschaftlichen Moral besteht darin, die Bürger unserer Demokratie rechtlich, politisch und sozial besser an den Staat zu binden. Auf der anderen Seite brauchen sie mehr Freiheiten, um sich auch unabhängig vom Staat zu organisieren

und den sozialen Zusammenhalt und die Selbstverantwortung zu stärken. Geschickte Motivations- und Belohnungssysteme können dabei helfen, Teilhabe und Mitbestimmung attraktiver zu machen, so dass sich mehr Menschen für die Geschicke der anderen verantwortlich fühlen.

Zweifellos geht dies nur, wenn bestehende gesellschaftliche, politische und juristische Strukturen verändert werden. Doch welche Instanzen müssen gestärkt, welche verringert werden?

- *Stadt, Land, Staat.* Welchen Horizont brauchen wir?

Stadt, Land, Staat
Welchen Horizont brauchen wir?

»Einer der schönsten Rathausbalkone, die es gibt.« Torsten Albig tritt auf die Waschbetonterrasse. Man blickt auf rote Klinker. »Aber zugegeben, ich war auch noch auf keinem anderen.« Der kahlköpfige Mann im blau-weiß gestreiften Hemd ist kein Architekt. Er ist Berufspolitiker und doch wieder nicht. Er war Landesfinanzschulleiter in Malente und in Frankfurt Konzernsprecher einer großen Bank. In Berlin saß er im Leitungsstab des Finanzministeriums, war Ministerialdirektor und Pressesprecher und überlebte drei sozialdemokratische Minister. Seit letztem Sommer ist der 47-Jährige Oberbürgermeister in Kiel.

In dieser Zeit hat Albig gelernt, die Welt mit anderen Augen zu sehen. Dass es den Kommunen in Deutschland schlechtgeht, hat er auch vorher gewusst. Aber dass die Lage so schlimm ist, das begreift man erst, wenn man es erlebt. Wenn man tagtäglich durch die Stadt geht und hinter die Kulissen sieht, die Schlaglöcher auf den Straßen zählt, wahrnimmt, wie es auf den Schultoiletten riecht. »Was wir hier sind«, sagt Albig, »ist ein gesellschaftliches Endlager für Probleme, der Stollen, in dem die Politik ihre ganze kontaminierte Brühe versteckt.«

Wie so viele deutsche Städte, so hat auch Kiel seit Anfang der 1970er Jahre keinen ausgeglichenen Haushalt mehr. Die Gewerbesteuereinnahmen sind fast kontinuierlich zurückgegangen, die Sozialausgaben sind explodiert. Die Stadt sitzt in der Schuldenfalle. 500 Millionen Euro Kassenkredite und 400 Millionen Euro langfristige Schulden drücken auf den Etat; Rettung ist nicht in Sicht. Und die Probleme werden immer größer. Viele Schulen müssen dringend saniert werden, aber das Geld fehlt. Ein einziges Stadtviertel mit 30 000 Einwohnern verschlingt jedes Jahr 100 Millionen Euro für Langzeitarbeitslose und Sozialfälle. Ein Zehntel eines jeden Schülerjahrgangs verlässt die Schule ohne Abschluss und kostet möglicherweise bis ans Lebensende 80 Millionen Euro im Jahr, Jahrgang für Jahrgang. Mit diesem Geld ließen sich jedes Jahr ein großes Schulzentrum bauen oder vier Schwimmhallen.

»Natürlich«, sagt Albig, »ist es besser, 15 neue Erzieher einzustellen, als sich damit abzufinden.« Aber auch für die Pädagogen und Sozialarbeiter fehlt das Geld. Dabei ist Kiel noch lange nicht der schlimmste Fall. Die Stadt Duisburg drücken Schulden in Höhe von 1,4 Milliarden Euro. Jahr um Jahr kommen weitere 250 Millionen dazu. Alles noch zu überbieten: In Köln beträgt die Differenz aus Einnahmen und Ausgaben zwischen 400 und 500 Millionen Euro im Jahr.

In ihrer Not suchen die Kommunen nach Sparmöglichkeiten und finden Freibäder und Bibliotheken. Die Einsparungen sind minimal; ein hilfloser Versuch, mit der Luftpumpe die Windrichtung zu ändern. Solange der Verteilungsschlüssel nicht verändert wird, werden zahlreiche deutsche Städte über kurz oder lang bankrott sein. Gegenwärtig gehen 43 Prozent der Einnahmen aus der Einkommenssteuer an den Bund, 34 Prozent an die Länder und nur 13 Prozent an die Kommunen. Für Albig brauchen die Kommunen dringend eine Soforthilfe von mindestens sechs Milliarden Euro. Und geht es nach ihm, so entrichteten die Bürger ein Viertel ihrer Steuerlast in Zukunft gar nicht erst an den Bund, sondern direkt an ihre Stadt oder ihren Kreis.

»Stadt statt Staat« heißt Albigs Devise. Denn wenn die Städte verarmen, schwindet auch unsere Lebensqualität. Doch was passiert mit dem Bund und den Ländern, deren Einnahmen geringer werden? Einer der wichtigsten Vorschläge Albigs ist es, die Zahl der Bundesländer zu reduzieren, wenn nicht gar, die

Bundesländer abzuschaffen. Der Gedanke ist bedenkenswert: Wozu braucht der deutsche Mensch Nordrhein-Westfalen oder Sachsen-Anhalt? Sind sie uns wirklich so viele Milliarden wert, dass wir unsere Städte auf ihre Kosten verlottern lassen müssen? Allein die enormen Beträge, die die Bundesländer verbrauchen, nur um sich selbst zu verwalten, könnten eine neue Renaissance unserer Städte einleiten, ihre Schulden tilgen und die Kommunen aufblühen lassen.

Zur Erinnerung: Die Macht der Bundesländer in Deutschland ist nicht der Ausdruck eines Volkswillens oder einer übermäßigen Identifikation (Bayern vielleicht ausgenommen); sie ist das Ergebnis eines Krisenmanagements. Um die Ausbreitung eines erneuten Nationalsozialismus zu verhindern, gaben die Alliierten den Bundesländern die Macht über Kirche, Bildung, Medien und Polizei. Aus der damaligen Zeit heraus war das durchaus verständlich. Doch wozu braucht man im Jahr 2010 noch ein solches Krisen-Ventil? Ist es nicht höchste Zeit, unsere Bildungspolitik dem Staat zu überlassen und die Schulen den Kommunen, damit das ewige, unsägliche und unnötige Gezänk der Kultusminister ein Ende hat? Auch die Kirchenpolitik wäre beim Bund in guten Händen ebenso wie die Polizei und die Medienpolitik. Was übrig bliebe, wären Bundesländer als reine Verwaltungseinheiten für Denkmalschutz, Bergbau und so weiter – eine in allen Ländern nach gleichem Recht funktionierende Auskunfts- und Regelungsbehörde. Auch der Bundesrat erübrigte sich auf diese Weise, ersetzt durch einen »Regionalrat«, besetzt mit direkt vom Volk gewählten Landräten und Bürgermeistern.

Doch wie setzt man vernünftige Ideen wie diese durch? Wie soll man, ganz praktisch gesprochen, ein System reformieren, wenn man dabei erwartet, dass jemand sich selbst entmachtet?

Wo Macht umverteilt wird, gehen Menschen leer aus, die vorher etwas hatten: ein Amt, ein Gehalt, Privilegien. Aus diesem Grund sind demokratische Systeme in strukturellen Fragen nur sehr schwer reformierbar. Dabei wären Zusammenlegungen oder Abschaffungen von Bundesländern juristisch betrachtet nicht wirklich schwer. Nach Artikel 29 Absatz 2 des Grundgesetzes können Teile des Bundesgebietes neu gegliedert werden, sofern ein Volksentscheid sie bestätigt.[1] Um solche Entscheidungen nicht zur Abstimmung über Folklore zu machen, bedarf es allerdings einer weitreichenden Informationskampagne. Es wäre wichtig, eine Stimmung zu erzeugen, die die Parteien unter Druck setzt. Wenn sie sich nicht mehr unterdrücken lässt, gewinnt derjenige, der sich den »Genossen Trend« als Erstes auf die Fahnen schreibt, um damit Wahlen zu gewinnen. Auch ein Bundespräsident, der den Mut, die Inspiration und die Passion besitzt, seine moralische Autorität ernsthaft in die politische Waagschale zu legen, könnte dem Wandel dienen und ihn hilfreich begleiten. So etwa plädierte der Bundespräsidentschaftsbewerber Joachim Gauck dafür, die »überfällige« Diskussion über die Zusammenlegung von Bundesländern endlich zu beginnen. Auch er hält eine Neugliederung schon aus ökonomischen Gründen für erforderlich.[2]

Um den Ernst der Lage zu verstehen: Bei der Frage nach den Bundesländern handelt es sich nicht um eine akademische Diskussion, um juristische Gedankenexperimente oder um den Sinn bundeslandsmannschaftlicher Folklore. (Man kann noch immer saarländischer Meister im Kegeln werden!) Vielmehr ist es der Versuch, ein leckgeschlagenes Schiff vor dem Untergang zu bewahren!

Ein Blick in die deutschen Städte, etwa im Osten der Republik, belehrt auf erschreckende Weise darüber, was seit Jahrzehnten schiefläuft. An allen Orten geht der qualifizierte Einzelhandel zurück. Wo früher Mittelständler ihre Geschäfte führten, finden sich globale Firmen mit ihren Ladenketten. Und die Stadtväter und Stadtmütter ködern jeden obskuren Großinvestor mit günstigen Bedingungen und verkaufen ihm ihr Tafelsilber in der verzweifelten Hoffnung auf Gewerbesteuern.

Die Folge sind unsere seelenlos selbstverbauten Innenstädte mit ihren Mega-Kaufhäusern, Ramsch-Stores und Fastfood-Läden und ihrem nahezu ausgerotteten Einzelhandel. Wo in den 1960er Jahren eine individuelle Stadtkultur blühte, sieht heute fast jede Stadt aus wie die andere mit ihrem Disneylandpflaster, ihren Blumenkübeln aus Waschbeton, ihren ungezählten Apotheken und ihren Gerüchen nach Backfisch, Parfüm und Bratwurst. Drumherum aber vergammeln die Schulen, werden Freizeiteinrichtungen geschlossen und wachsen die sozialen Ghettos. Haben wir das alles genau so gewollt? Sehen wir darin Sinn und Schönheit, Freude und Lebensqualität? Oder ist dies die desaströse Folge einer Fehlentwicklung im Würgegriff multinationaler Großinvestoren, das Ergebnis von Konkurrenz und Erpressung?[3]

Die Welle des »Neoliberalismus« der letzten zwanzig Jahre hat unsere Kommunen geradezu überrollt. Oft hilflos und überfordert sahen sich die Stadtväter und -mütter mit der Idee eines »New Public Management« konfrontiert, die sie im Grunde kaum verstanden. Clevere Unternehmer boten ihnen an, ihre Haushaltslage und Bilanzen zu verbessern durch Kommerzialisierungen, Privatisierungen und Teil-Privatisierungen. Dass die Städte dabei häufig über den Tisch gezogen wurden, wie die Bürger der ehemaligen DDR beim Nachwende-Kauf von Rheumadecken und Lebensversicherungen, steht heute wohl außer Frage. Naiv verfielen sie der allgemeinen Stimmung, dass private Unternehmen gleichsam von Natur aus alles besser könnten, was vorher Beamte und Angestellte der Stadt gemacht hatten. In ihrem verunsicherten Selbstbewusstsein bewiesen sie ihre unternehmerische Inkompetenz dann tatsächlich durch zum Teil abenteuerliche Verträge mit mehr oder weniger windigen Unternehmen, ohne sich über die finanziellen und vor allem aber sozialen Folgen dieses Ausverkaufs Gedanken zu machen. Wie eine lästige Eiche, die einer Schnellstraße im Weg steht, fällten sie im Eiltempo das über mehr als hundert Jahre gewachsene Ethos des Beamten und Staatsdieners. Und mit ihm einen beträchtlichen Teil an allgemeiner Verantwortung. Ein Teufelskreis entstand, der zur selbsterfüllenden Prophezeiung geriet. Denn wenn staatliche Institutionen, Regierungen und Kommunalverwaltungen »immer mehr Aktivitäten an private Unternehmer auslagern, verlieren ihre Beamten tatsächlich die Kompetenzen in den Bereichen, für die nun private Firmen zuständig sind, in Feldern, auf denen bislang niemand die Kompetenz der Staatsdiener in Frage stellte. Wenn sie zu bloßen Maklern werden, die zwischen öffentlichen Auftraggebern und privaten Auftragnehmern vermitteln, gehen das professionelle und das technische Wissen an Letztere über.«[4]

Heute, zwanzig Jahre nach dem Beginn dieser bedenklichen Entwicklung, erkennt man, worum es sich beim »New Public Management« tatsächlich handelte: um einen Anschlag auf das Bürgertum. Und die alten falschen Freund-Feind-Linien von »Rechts« und »Links« sollten nicht darüber hinwegtäuschen, dass mit der Kommerzialisierung vieler öffentlicher Aufgaben ein Grundprinzip bedroht ist, auf dem unsere bürgerliche Gesellschaft steht: dass nämlich jeder Bürger in unserem Land ein garantiertes Grundrecht auf Leistungen hat, die schon im 19. Jahrhundert aus guten Gründen nicht der Logik des Marktes ausgesetzt worden sind. So wie man das Recht nicht kaufen oder ersteigern muss, bei der Wahl ein Kreuzchen zu machen, so gibt es ein nicht-kommerzialisierbares Grundrecht auf Gesundheitsfürsorge, soziale Alterssicherung, auf gute Kindergärten und Schulen für jeden. Auch Wasserversorgung, Müllbeseitigung und öffentlicher Nah- und Fernverkehr sind klassische Domänen der öffentlichen Hand. Die Funktion besteht *grundsätzlich* nicht darin, Gewinne zu erwirtschaften, sondern sie befriedigen Grundbedürfnisse und erfüllen damit Bürgerrechte.

Was zur Daseinsvorsorge der Bürger einer Stadt gehört, darf nicht in die Hand von multinationalen Unternehmen gelangen. Schon als sie im späten 19. und im frühen 20. Jahrhundert gegründet und etabliert wurden, war es nicht der Sinn des öffentlichen Nahverkehrs, der Gas-, Wasser- und Elektrizitätsversorgung, der Abwasserbeseitigung, der Müllabfuhr, der Bildungseinrichtungen und der Krankenhäuser, dass man damit reich werden sollte. Sie waren die Basis, auf der Wirtschaft und Stadtkultur sich entfalteten. Dass Teile dieser Grundversorgung zum Spielball werden konnten, folgt keiner wirtschaftlichen Vernunft. Vielmehr ist es Ausdruck von Panik und Not sowie einer gehörigen Portion Marktideologie.

Ein besonders abschreckendes Beispiel für das, was passieren kann, wenn öffentliche Grundleistungen kommerzialisiert werden, ist die Privatisierung der Eisenbahn *(British Rail)* in Großbritannien.[5] 1994 in rund 100 Unternehmen zerschlagen, verteuerte sich der Fahrpreis zum höchsten in Europa. Die Sicherheitsrisiken nahmen zu, es kam zu spektakulären Unfällen, weil die neuen Betreiber nicht bereit waren, in die Sicherheit zu investieren. Nach Jahren des Gewinns ging die Firma *Railtrack*, die das Schienennetz erstanden hatte, plötzlich in Konkurs – es standen umfassende Sanierungen der maroden Gleise, Signale, Tunnel und Brücken an. Und dem geprellten Staat blieb keine andere Möglichkeit als die Wiederverstaatlichung des defizitären Schienennetzes. Vor dem Hintergrund solch böser Possen erscheint es als ein Segen für die Allgemeinheit, dass der Börsengang der Deutschen Bahn in letzter Minute durch die Finanzkrise (vorerst) verhindert wurde.

Erfahrungen wie jene des britischen Staates mit ihrer Privatisierung der Bahn kennen auch nahezu alle größeren deutschen Kommunen. »Public-Private-Partnerships« führen gemeinhin dazu, dass private Unternehmen sich die Filetstückchen herauspicken, während die Kommune vor allem das weiter betreibt, was sich nicht lohnt. Um sich diesem Raubbau an unserer Stadtkultur nicht weiter aussetzen zu müssen, brauchen unsere Kommunen viel Geld, ein neues Selbstbewusstsein und den Einsatz ihrer Bürger. »Rekommunalisierung« lautet der Trend in vielen Bereichen. Städte, die in den 1980er und 1990er Jahren im kollektiven Wahn ihre Stadtwerke privatisierten oder ihre Abfallentsorgung, kämpfen heute zum Teil vehement darum, diese wieder zurückzugewinnen. Viele Serviceleistungen haben sich durch die Privatisierung stark verschlechtert, und die Stadt verlor zunehmend die Kontrolle über ihren regionalen Arbeitsmarkt. Statt geregelter Arbeitsverhältnisse fanden sich nun fast überall prekäre Zeitverträge, von denen Städte, Länder und Staat keine Steuereinkünfte bekommen.

»Demokratientleerung« nennt der Bielefelder Soziologe Wilhelm Heitmeyer (*1945) diesen gefährlichen Prozess.[6] Um diese aufzuhalten, muss durchaus überlegt werden, welche der bestehenden Instanzen und Verwaltungseinheiten tatsächlich erhaltenswert sind. Wichtige Einheiten unserer Demokratie sind in allererster Linie diejenigen, mit denen wir tatsächlich emotional etwas verbinden. Köln, sagt der Kölner gerne, ist keine Stadt, sondern ein Gefühl; Nordrhein-Westfalen dagegen nicht. Gäbe es keine Bundesländer mehr, so ließe sich der emotionale Verlust vermutlich verschmerzen; jedenfalls dann, wenn es dazu beiträgt, die Kommunen flächendeckend zu entschulden und eine Renaissance einzuleiten.

Die vielen positiven Folgen wären unübersehbar. Man denke nur an das komplizierte Gefilz von Kräften und Zuständigkeiten in der Bildungspolitik, das sich damit entwirren lassen könnte. Man denke an 16 Landtagswahlen, die damit überflüssig würden. Die Bundespolitik müsste sich nun nicht vor immer neuen »Superwahljahren« fürchten und sich mit diesem Vorwand davor drücken, überfällige Reformen einzuleiten. Und die Bürger könnten sich stattdessen politisch stärker um jene Belange kümmern, die sie tatsächlich interessieren: in ihrem Viertel, ihrem Stadtteil, ihrer Stadt oder ihrem Landkreis.

Es geht also nicht um Kosmetik, sondern darum, Selbstblockaden unseres demokratischen Systems im Zeichen veränderter und neuer Probleme abzubauen. Eine Gesellschaft, die ohne weiteres Wirtschaftswachstum auskommen und ganz neue nachhaltige und soziale Formen des Zusammenlebens entwickeln muss, braucht nicht nur weniger egoistische Menschen; sie braucht auch Verhältnisse, die es diesen Menschen ermöglichen, ihre soziale Phantasie auszuleben und die Dinge umzugestalten. Durch kommunale Volksentscheide zum Beispiel, die nicht nur blockieren sollen, sondern auch eigene Ideen vorstellen und durchsetzen. Viele dieser basisdemokratischen Elemente sind kein ferner Wunschtraum. In der Schweiz sind sie schon lange vorbildlicher Alltag.

Dagegen stehen die Posten, Einflussmöglichkeiten und Pensionsansprüche von Landespolitikern und eine Landesbürokratie, die niemals freiwillig das Feld räumen werden. Dagegen steht der Bundesrat, der gerne und häufig als ein liebgewonnenes strategisches Blockade-Instrument im Parteiengeklüngel dient. Erinnern wir uns an den Satz von Upton Sinclair: »Es ist schwierig, einem Menschen etwas begreiflich zu machen, wenn sein Gehalt darauf beruht, es nicht zu begreifen.« Der Kampf um die Bundesländer, so darf man vermuten, wird in dieser Hinsicht zur Nagelprobe einer neuen Bürgergesellschaft. Gewinnt sie ihn, so setzt sie damit ein Zeichen für ihre neue Kraft.

Auch weitere Prozesse der Demokratisierung lassen sich dadurch beflügeln, etwa eine Blockade gegenüber der ungebrochen »neoliberalen« Politik der Europäischen Union, insbesondere der Europäischen Kommission. Spätestens seit Inkrafttreten des Vertrages von Amsterdam im Jahr 1999 greift die sogenannte »Liberalisierung« und »Deregulierung« mit klarer Marschroute in das Leben unserer Städte ein und kratzt am Selbstbestimmungsrecht. Denn wenn jeder kommunale Konzessionsvertrag europäisch ausgeschrieben werden muss, können unsere Städte kaum noch sinnvolle Standortpolitik betreiben. Was als freier Markt innerhalb Europas deklariert wird, kennt am Ende nur noch wenige Große, die sich den Markt aufteilen.

In Punkten wie diesen geht die Europäische Union schon lange viel zu weit. *Dieses* Europa brauchen die Bürger weder in

Deutschland noch in Portugal oder Rumänien. Auch hier haben wir es mit einer Demokratieentleerung zu tun, und zwar durch den unnötigen Verlust von Kompetenzen. Statt eines »Europas der Regionen« mit einer starken Ordnungspolitik in Brüssel gibt es heute ein Europa der großen Konzerne mit einer nach wie vor gefährlichen Religion des vermeintlich freien Marktes. Wer aus der Finanzkrise und dem Irrglauben des Neoliberalismus die richtigen Lehren zieht, der muss auch Europa reformieren und neu justieren.

Der Widerstand in vielen Ländern der EU ist längst da. Er richtet sich vielfach gegen das »Allgemeine Abkommen über den Handel mit Dienstleistungen« *(General Agreement on Trade in Services,* GATS) der Welthandelsorganisation (WTO). Das 1995 verabschiedete Vertragswerk regelt den grenzüberschreitenden Handel mit Dienstleistungen und drängt überall auf Liberalisierung, vom Strom- bis zum Bildungsmarkt. 400 Gemeinden und Regionen in Frankreich haben sich bereits zu GATS-freien Zonen erklärt, weil sie diese Einmischung nicht wollen. Den gleichen Weg gingen 280 Gemeinden in Österreich. In Göttingen verabschiedete der Rat der Stadt 2002 eine Erklärung gegen die Privatisierung öffentlicher Dienste der Daseinsvorsorge. Bürgerinitiativen in deutschen Städten und Dörfern verhinderten und verhindern erfolgreich dubiose Cross-Border-Leasing-Geschäfte mit ausländischen Unternehmen bei kommunalen Klärwerken, U-Bahnen, Messehallen, Kanalsystemen, Heizkraftwerken und so weiter. In Hamburg-Altona verhinderten im Rahmen der Kampagne »Gesundheit ist keine Ware« die Bürger der Stadt die Privatisierung eines Krankenhauses. Und bei der Wasserversorgung gelang es bis zum Jahr 2004 siebenundzwanzig Mal, durch Bürgerbegehren eine Privatisierung zu verhindern.[7]

Viele Entscheidungsstrukturen in den Bundesländern, im Staat und in Europa müssen dezentralisiert werden, damit die Bürger mehr Mitspracherecht bekommen und mehr Möglichkeiten, an der Demokratie teilzuhaben. Dafür ist es wichtig, die Eigenverantwortung und die finanziellen Mittel der Kommunen zu stärken und neu über die Kompetenzen der Städte, der Bundesländer und des Staates nachzudenken. Die von der Europäischen Union propagierte »Liberalisierung« der kommunalen Märkte muss hinterfragt und gegebenenfalls rückgängig gemacht werden.

Doch sind solche gewaltigen Strukturveränderungen tatsächlich realistisch? Um diese Frage zu beantworten, müssen wir einen näheren Blick darauf werfen, wie es um unsere Demokratie gegenwärtig bestellt ist ...

- *Die entfremdete Republik.* Woran unsere Demokratie leidet

Die entfremdete Republik
Woran unsere Demokratie leidet

Ein Passagierdampfer kreuzt im Mittelmeer. Kein Luxusschiff, sondern ein Dampfer wie vor vielen Jahrzehnten. Der einzige Luxus auf dem Schiff sind die Liegestühle an Deck. Mal sind sie belegt, ein anderes Mal hat man Glück und ergattert einen. Wochenlang ist es das gleiche Schauspiel. Doch eines Tages ändert sich alles. In einer Hafenstadt steigt eine große Gruppe zu, Menschen, die sich untereinander kennen. Sofort kapern sie alle verfügbaren Liegestühle und breiten sich aus. Muss einer von ihnen von Deck fort, so halten die anderen ihm die Liege mit einem Handtuch frei. Was vorher prinzipiell jedem zugänglich war, wird nun unverfügbar. Ein paar Passagiere empören sich darüber. Die Mitglieder des Liegestuhl-Clans reagieren gemischt. Die einen motzen zurück. Die anderen aber unterbreiten den Unzufriedenen einen Deal. Sie bieten ihnen an, dass einige der bislang Ausgeschlossenen bei der Bewachung der Liegestühle helfen sollen. Zum Lohn dürfen sie die Liegestühle in der Zwischenzeit benutzen. Der eine oder andere lässt sich auf dieses Geschäft ein.

Wo es vorher nur eine gleichberechtigte Gruppe mit gleichen Zugangsmöglichkeiten an Bord gab, gibt es jetzt drei Gruppen: die Liegestuhl-Besitzer, ihre Bediensteten, die ein wenig mit profitieren, und die von den Liegen Ausgeschlossenen. Eine Revolution gegen diese Ordnung erscheint völlig unmöglich. Nicht nur die Liegestuhlbesitzer, sondern auch ihre Angestellten wissen dies zu verhindern.

Diese kleine feine Geschichte stammt aus den 1980er Jahren.

Ausgedacht hat sie der Soziologe Heinrich Popitz (vgl. *Mord im Kleingarten*. Warum moralische Regeln nie ganz ernst zu nehmen sind).[1] Und ihre Pointe ist sonnenklar. Wenn niemand eine demokratische Ordnung überwacht, so entstehen über kurz oder lang Strukturen der Macht, die diese Demokratie aushebeln. Und wo vorher Gleichberechtigung herrschte, regiert dann eine Oligarchie. Hat dieses Beispiel etwas mit uns zu tun? Der Idee nach setzen Demokratien, wie jene in der Bundesrepublik, den Willen der Mehrheit eines Volkes um. Sie leben vom Interesse einer Bevölkerung am Gemeinwohl. Sie sind, pathetischer formuliert, die politische Entsprechung einer aufgeklärten Ethik seit den Tagen des Aristoteles: die Chance auf ein erfülltes Leben für so viele Menschen wie möglich. Ist dieses Versprechen in unserem Land eingelöst?

Irgendetwas mit den Liegestühlen und ihrer Verteilung scheint nicht zu stimmen. Einer Studie der Friedrich-Ebert-Stiftung zufolge findet jeder dritte Deutsche, unsere Demokratie funktioniere nicht gut. Im Osten des Landes meinen dies sogar 61 Prozent.[2] Eine Umfrage des STERN aus dem Jahr 2009 kommt zu einem ähnlichen Ergebnis. Danach meinen gerade 36 Prozent der deutschen Bevölkerung, unsere Demokratie funktioniere »im Großen und Ganzen gut«. Und ein Drittel findet gar: »Wir leben gar nicht wirklich in einer Demokratie, in der das Volk zu bestimmen hat.«[3]

Kritischer waren diese Werte in der Geschichte unseres Landes vermutlich nie. Doch das Zeugnis, das viele Menschen der Demokratie in der Bundesrepublik ausstellen, ist nicht der Ausdruck eines Stimmungstiefs. Vielmehr ist es die Bescheinigung einer zunehmenden Entfremdung. Und diese Entfremdung lässt sich erklären: Die parlamentarische Demokratie in der Bundesrepublik traut dem Volk aus historisch schlechter Erfahrung nicht richtig über den Weg: kaum Volksbegehren, keine Direktwahl bei hohen Ämtern, kein imperatives Mandat. Aber während das politische System und sein Personal in diesem Misstrauen verharren, hat sich die Bevölkerung längst gewandelt. Der durchschnittliche Deutsche in den fünfziger Jahren war kein überzeugter Demokrat, aber zufrieden. Heute ist der durchschnittliche Deutsche ein überzeugter Demokrat – und unzufrieden.

Vermutlich wäre dieser Widerspruch nicht so auffällig und verstörend, hätte unser System nicht eine ganze Reihe von Schwierigkeiten, die die Fortsetzung des Altbewährten nicht nur in Frage stellen, sondern definitiv unmöglich machen.

Das erste Problem ist die Zukunft des Sozialstaates. Er ist längst an seine finanziellen Grenzen gestoßen. Der soziale Frieden in unserem Land aber ist so untrennbar mit dem Sozialstaat verbunden, dass sich kaum ein Politiker traut, öffentlich über einen grundlegenden Umbau nachzudenken. Und während das Vertrauen der Bürger in die sozialen Sicherungssysteme berechtigterweise schwindet, verspricht die Politik fast unisono die Fortsetzung des Bestehenden. Die Folge ist eine Glaubwürdigkeitskrise. Die meisten Menschen wissen längst, dass man ihnen etwas vormacht. Der große Konsens über die soziale Marktwirtschaft wandelt sich in einen Dissens über ihre Fortsetzung. Wie ist es möglich, dass die Schere zwischen Arm und Reich seit einiger Zeit immer dramatischer auseinanderklafft? Was muss anders verteilt werden oder umverteilt? Und wie viele Trittbrettfahrer kann sich unser System eigentlich (noch) leisten?

Die Entfremdung der Bürger von den Politikern ist also mehr als nur eine Frage von verweigerter Mitbestimmung. Sie ist auch ein Protest gegen den immer trotzigeren Versuch, eine Politik von gestern zu bewahren, in der Form und im Inhalt. Ihren stärksten Ausdruck findet sie, wie gezeigt, in einem zweiten Problem – der Ideologie des Wachstums, die uns glauben machen möchte, dass wir weiterhin die Umwelt zerstören und Ressourcen aufbrauchen müssen, um noch mehr Konsumgüter zu erzeugen. Tatsächlich aber fördert das Wirtschaftswachstum, wie gesehen, nicht einfach den Wohlstand, sondern es ruiniert ihn auch.

Doch warum steuern unsere Politiker nicht gegen, wenn die

mit Wachstumshormonen gedopte Gesellschaft mit Volldampf nach Absurdistan fährt? Die Antwort verweist auf das zweite Problem: weil niemand dafür zuständig ist! Das Problem der Politik ist somit das gleiche wie das der Wirtschaft. Die Gesamtrichtung zu bestimmen und zu verändern ist nicht die Aufgabe von Staatssekretären oder Ministern. Die Nöte und Notwendigkeiten der Ressorts folgen nicht einer übergeordneten Vernunft, sondern festgelegten Verfahren.

Das dritte Problem erklärt diese achselzuckende Lethargie. Bis in die frühen 1970er Jahre wähnten sich Menschen mit ihren politischen Hoffnungen oder Illusionen dazu im Stande, ein Wirtschaftssystem wie das unsere grundlegend verändern zu können. Im Zeitalter der internationalen Finanzströme, der Global Player und der Europäischen Union sind solche Vorstellungen entzaubert und ermattet. Nicht Regierungen, sondern die Launen der Weltwirtschaft bestimmen heute maßgeblich über Konjunktur und Rezession. Die wirtschaftlichen Gestaltungsspielräume der Nationalstaaten sind immer geringer geworden und damit zugleich auch die politischen. Das ganze System der Europäischen Union basiert auf dem Versuch, den gegenwärtigen Status quo der Marktwirtschaft so verbindlich zu machen, dass Abweichungen und Alleingänge unmöglich werden. Ein solches Wirtschaftseuropa wünscht sich keine sozialen Experimente, sondern es unterbindet sie. Doch was als *eine* gemeinsame Sandburg gedacht war – die sozialen, auf Solidarität gebauten Nationalstaaten *und* das sie umfließende Meer des konkurrenzorientierten »freien« europäischen Marktes –, droht zu zerfallen. Die Fluten nagen an den Mauern und unterspülen sie. Immer weniger hält das »*und*« beides zusammen, und zwar sowohl im Umgang der Staaten miteinander wie auch innerhalb der Länder selbst.

In solcher Lage fehlt der Politik der Glaube daran, etwas ändern zu können, und damit zugleich auch der Wille. Das politische Führungspersonal unterscheidet sich in dieser Hinsicht leider oft kaum von den Bankern der Konkurswirtschaft, die noch mitnahmen, was sie kriegen konnten: ein paar letzte Privilegien, ein bisschen Machtgefühl, die Versorgungsansprüche.

Das Hauptziel eines Politikers ist nicht der Umbau unserer Gesellschaft, sondern seine Wiederwahl. Und statt neue Ideen in die Gesellschaft zu tragen, buhlt er um den leichtesten Konsens. Mit Visionen und großen Gestaltungsideen hat das nichts zu tun. Kein Wunder, dass sich die Parteien dadurch immer ähnlicher werden. Auf sie kommt es immer weniger an, jedenfalls nicht wirklich. Kein Ort nirgends für eine parteipolitisch gebundene Weltanschauung. Und dieses Phänomen ist nicht auf Deutschland beschränkt. In anderen westeuropäischen Ländern sieht es nicht anders aus.

Doch warum machen das Volk oder die Menschen das alles noch weiter mit? Weil niemand »das Volk« oder »die Menschen« ist, sondern im Zweifelsfall nur ein Fernsehzuschauer, der sich nach jeder Talkshow vornimmt, dass er sich das nun wirklich nicht mehr antut. Und zur Wahl geht er oft auch nicht mehr, weil er sich nicht repräsentiert fühlt. Keine Partei ist so stark in Deutschland wie die der Nichtwähler. Sie ist die neue Volkspartei. Politiker können damit leben – unsere Demokratie kann es nicht. Doch wenn die Regierung und die Regierenden den Willen des Volkes offensichtlich nicht mehr abbilden, fragt sich, woher sie ihre Legitimität beziehen. Wie niedrig muss die Wahlbeteiligung werden, bis die Regenten sich nicht mehr als Repräsentanten fühlen – vierzig Prozent, dreißig oder zwanzig?

Natürlich darf man sich nichts vormachen. Nicht jeder Nichtwähler ist ein desillusionierter Idealist. Viele, die unserer Demokratie die Zustimmung durchs Wahlkreuz verweigern, suchen schon lange nicht mehr nach Weltanschauungen. Was sie sich wünschen, ist maximal eine verlässliche Rating-Agentur für die Sicherheit von Lebensperspektiven. Und Parteien spielen dabei heute noch eine untergeordnete Rolle, so sehr sie sich für diese Rolle auch anbieten und anbiedern. Doch wen der Staat dazu ermuntert, ihm seine Alterssicherung nicht mehr zuzutrauen, wer seine Leiden keiner »gesetzlichen« Krankenkasse mehr überlässt und wer seine Kinder, wenn er kann, auf Privatschulen und Elite-Unis schickt, der traut dem Staat auch sonst nicht mehr über den Weg. Nur die sozial Schwachen vertrauen auf den Staat – weil sie müssen.

Die Privatisierung von Lebenssicherheiten wird noch immer unterschätzt. Ihr Resultat ist der maulende Wähler, politikverdrossen und unzufrieden, angestachelt von der bösen Illusion, den Staat kaum noch zu brauchen. Bei Umfragen gibt er zu Protokoll, dass er nicht mehr an die Demokratie glaubt, an den Parteien lässt er kein gutes Haar, und den Politikern wirft er vor, was längst auch für ihn selbst gilt: dass sie nur noch an sich denken. Statt staatsbürgerlicher Ethik verpflichtet zu sein, begreift er sich mehr und mehr als moralische Briefkastenfirma mit einem festen Wohnsitz im Irgendwo.

Sind solche zunehmend amoralisierten Bürger regierbar? Gibt es, so fragt de Weck, eine Politik für Menschen, die »die Erderwärmung ebenso fürchten wie den Anstieg der Benzinpreise«?[4] Die die Abwrackprämie volkswirtschaftlich für falsch halten, sie aber trotzdem kassieren? Für Wähler, die von der Politik eine Ehrlichkeit fordern, die sie im Zweifelsfall selbst nicht haben? Für Kunden, die tagtäglich hören, dass sie ihren Vorteil nutzen sollen, und nach Vorzugsprämien gieren? Man kann natürlich auch einmal umgekehrt fragen, wie viel Spaß es unseren Politikern eigentlich macht, die Gunst von Premiumkunden zu gewinnen, denen man nicht auch noch versprechen kann, »Premiumwähler« zu sein? »Mit der Wahl dieser Partei erhalten Sie einen Vorzugstarif bei der Steuer, eine Pay-back-Card für Ihre Stimme und ein First-Class-Handy von Ihrem Exklusiv-Abgeordneten ...«

Was früher Weltanschauung war, ist heute weitgehend ein Kosten-Nutzen-Kalkül geworden und aus moralischen und sozialen Wahl-Heimaten eine Sache von Stimmungen und Trends. Befeuert wird dieser Prozess durch Nachrichtensendungen und Polit-Magazine, die Politik längst als Yellow-Press-Thema behandeln: wer mit wem, warum und warum nicht – ein nur mäßig interessantes Unterhaltungsprogramm mit wenig attraktiven Darstellern. Doch während das Publikum diesen Daily Soaps kaum noch einen Reiz abgewinnt, halten die politischen Seriendarsteller ihre mediale Rolle für die Realität und ihr Bild für sich selbst. Politiker interessieren sich in erster Linie für andere Politiker – für Konkurrenten und Verbündete, Parteimitglieder und andere Feinde, für Zweckbündnisse und Proporzgemeinschaften.

Ein solcher Politiker beschäftigt sich nicht mit »dem Volk«. Er braucht sich auch nicht damit zu beschäftigen, allenfalls mit dessen Kondensat in den Meinungsumfragen der Demoskopen. Im Tagesgeschäft nimmt er die Bevölkerung nicht wahr, weil nichts und niemand ihn dazu verpflichtet, außer vielleicht bei einer Wahlkampftour. Das Demokratie-Theater ließe sich letztlich auch ohne Zuschauer spielen. Parteien, Politiker, PR-Berater und Meinungsforscher – alle zusammen und gegeneinander stellen sie ihre Scheinwerfer auf und verschmutzen das Licht moralischer Erkenntnis. Wie Metropolen bei Nacht schaffen sie ihren eigenen Lichtkegel, der es unmöglich macht, den bestirnten Himmel zu sehen. Nicht Demokratie, sondern »Postdemokratie« nennt der britische Politikwissenschaftler und Soziologe Colin Crouch (*1944) von der University of Warwick dieses Theater.[5]

Was fehlt, ist das Zusammenspiel, die Erfrischung, der Austausch, die Erdung, die Langfristigkeit und der soziale Sinn für die Wirklichkeit. Statt mit der Bevölkerung im Austausch zu bleiben, reagieren Spitzenpolitiker auf eine Medien-Fiktion dessen, was »das Volk« denkt. Auf eine vermeintliche Empörung in den Boulevardmedien oder auf »Trends«, von denen niemand genau sagen kann, ob nicht diejenigen sie schaffen, die sie als Volkswille behaupten.

Die Einflüsterungen, denen Spitzenpolitiker normalerweise den größten Sachverstand zutrauen und das höchste Vertrauen entgegenbringen, sind die der Lobbyisten. Im Regelfall stammen sie aus der gleichen sozialen Schicht wie der Politiker selbst, essen in den gleichen Restaurants und gehen zu den gleichen Veranstaltungen. Im Gegensatz zum abstrakten Volk sind Lobbyisten richtige Menschen mit klaren Zielen und Vorstellungen. Und wer ihnen nützt, dem nützen auch sie – ein lupenreiner Fall von Robert Trivers' »reziprokem Altruismus«. Die Spitzenvertreter der Verbände und der großen Vereine, der Gewerkschaften und der Arbeitgeber und auch die Chefredakteure der Zeitungen und Sender – gemeinsam bilden sie die soziale Umwelt eines Politikers; sie sind die Horde, in der er sich orientieren muss, seinen Platz erstreiten und behaupten. Neben derjenigen in seiner Partei kommt es auf seine soziale Stellung in *dieser* Welt an, nicht in irgendeiner anderen.

Anschaulicher, aber nicht grundsätzlich anders, lässt sich dies am Beispiel der Politik in den USA betrachten. Warum werden so viele soziale Probleme der Supermacht nicht angegangen und gelöst? Warum tut sich das reichste Land der Welt so schwer damit, seinen Bürgern eine menschenwürdige Sozial- und Krankenversicherung zu garantieren? Warum ist das Umweltbewusstsein so erschreckend schlecht entwickelt? Der Nobelpreisträger Joseph Stiglitz findet dazu klare Worte: »Viele der diskutierten Probleme sind seit langem bekannt, und dennoch hat es bei ihrer Bewältigung kaum Fortschritte gegeben. Weshalb kann ein Land mit so vielen begabten Menschen ... diese Probleme hier auf der Erde nicht besser lösen?« Das Hauptproblem, so Stiglitz, sind die »Interessengruppen, die maßgeblichen Einfluss auf die amerikanische Wirtschafts- und Sozialpolitik nehmen ... die Finanz-, die Pharma-, die Mineralöl- und die Bergbauindustrie. Ihr politischer Einfluss macht eine rationale Politikgestaltung praktisch unmöglich. Bei vielen Schlüsselfragen haben Lobbyisten sich in einer Weise verhalten, die wenig mehr war als unverblümte Geldgier.«[6]

Die oft viel zu enge Verflechtung von Politik und Wirtschaft ist eines der größten Probleme gegenwärtiger Politik in den westlichen Demokratien. Und wie bei Managergehältern, so sind auch hier die Schamgrenzen fast völlig verschwunden. Finanzpolitik in den USA wurde und wird nicht von Politikern betrieben, sondern von den Bankern selbst. »Die amerikanische Hochfinanz, die mehr Freiheiten genoss denn je«, schreibt de Weck, »bemächtigte sich des Staats: kraft ihrer Geltung, ihres Reichtums und dank Wahlkampfspenden. Durch den guten alten ›Korridor Wall-Street-Washington‹ entsandte der Geldadel seine Statthalter in die amerikanische Hauptstadt. Bill Clintons Finanzminister Robert Rubin, George W. Bushs Finanzminister Henry Paulson, sein Stabschef Joshua B. Bolten und der Verwalter des 700-Milliarden-Rettungsfonds Neel Kashkari kamen alle von der Investmentbank Goldman Sachs.«[7]

Doch nicht nur die Wall Street oder das Italien des Silvio Berlusconi sind Schauplätze einer solchen »Postdemokratie«. Vorgänge wie diese ereignen sich auch ganz banal in Deutschland. Ein schlagendes Beispiel für Politik, Filz und Lobbyismus ist die Ministererlaubnis des damaligen Wirtschaftsministers Werner Müller im Jahr 2002. Als ehemaliger Energiemanager der VEBA AG übernahm Müller 1998 das Bundesministerium für Wirtschaft und Technologie. In dieser Zeit wollte die E.ON AG, die Nachfolgegesellschaft von Müllers ehemaligem Arbeitgeber VEBA, die Ruhrgas AG übernehmen. Aufgrund der enormen Marktstellung des beabsichtigten neuen Energiekonzerns schritt das Bundeskartellamt ein und verbot die Übernahme. Müller jedoch setzte sich über das Verbot des Kartellamtes hinweg und erteilte der Übernahme eine rechtlich mögliche Ministererlaubnis, und zwar aus »Gründen des überragenden Interesses der Allgemeinheit«. Sein Staatssekretär Alfred Tacke focht die Sache des Ministers bis zum für den Gas-Kunden bitteren Ende durch. Die Gaspreise stiegen in der Folgezeit bekannterweise stark an, vermutlich »im überragenden Interesse der Allgemeinheit«. Tackes Entlohnung ließ nicht lange auf sich warten. Er wurde 2004 Vorstandsvorsitzender des Stromversorgungsunternehmens STEAG, einer hundertprozentigen Tochter der Ruhrkohle AG. Deren Vorstandschef war seit 2003 der ehemalige Minister Müller. Und einer der Hauptaktionäre der Ruhrkohle AG ist – E.ON.

Wie kommt es, dass solche Amtswechsel, Karrieren und Geschäfte möglich sind? Nicht nur Stiglitz fordert, dass das »Drehtürsystem«, bei dem Menschen zwischen Wirtschaft und Politik ungebremst hin und her wechseln können, ein schnelles Ende haben muss, und zwar im überragenden Interesse der Allgemeinheit. Moral in die Politik zu implementieren bedeutet, zu verhindern, dass eine kleine Schar von Cleveren sich wechselseitig die Liegestühle freihält, wie bei unserem Beispiel mit dem Dampfer. Es bedeutet, die Spielräume für Missbrauch kleiner zu machen und dafür zur sogen, dass nicht Unfairness, sondern Fairness die allgemeinen Spielregeln bestimmt.

In diesem Sinne ließe sich das Drehtürproblem leicht lösen. Ein paar klare Regeln könnten es Spitzenpolitikern, wie etwa Ministern, verbieten, nach dem Ende ihrer Amtszeit in einen Wirtschaftszweig zu wechseln, der deutliche Berührungspunkte mit ihrer vorhergehenden Tätigkeit im Namen des deutschen Volkes hat. Die jüngste Mode, wonach Spitzenpolitiker inzwischen schon in den vergleichsweise jungen Jahren von Anfang fünfzig ihren vom Volk verliehenen Einfluss dazu nutzen, lukrative Jobs in der Wirtschaft zu übernehmen, wäre damit passé. Und Elder Statesmen wären wieder Elder Statesmen und nicht Elder Salesmen.

Im Rückblick auf die Geschichte der Bundesrepublik ist es schon erstaunlich, in welch kurzer Zeit hier überall die Dämme brechen konnten. Während es in den ersten vierzig Jahren des Landes nur sehr wenigen Spitzenpolitikern in den Sinn kam, Politik als Durchgangsposition zu besser bezahlten Jobs zu nutzen, scheint dieses Verhalten heute völlig normal und weit verbreitet. Doch die Gefahren, die damit verbunden sind, sind offensichtlich. Wie sollen Wähler Spitzenpolitikern Vertrauen entgegenbringen, wenn sie nicht wissen, ob deren Entscheidungen nicht durch Versprechungen für nebenher und nachher – also durch legale Korruption – beeinflusst sind? Dass diesem Vertrauensverlust mit deutlichen Maßnahmen entgegengewirkt werden muss, in diesem Punkt sind sich vermutlich alle einig – mit Ausnahme der Politiker selbst und derjenigen, die von ihnen finanziell profitieren.

Das Verbot schneller Drehtüren scheitert sicher nicht daran, dass die Bevölkerung sich in dieser Frage besonders uneinig wäre. Vielmehr wird ein solches Gesetz deswegen nicht gemacht, weil viele Politiker hier ganz andere Interessen haben als ihre Wähler. Doch gerade für solche Gefahren benötigt unsere Demokratie eine Möglichkeit zur Korrektur.

Lobbyisten bekommen in Deutschland vielfach die Politik, die sie wollen, sei es durch eine Parteispende, durch beharrliche Freundlichkeit oder eben durch lukrative Jobangebote. Kein Wunder, dass viele wichtige Weichenstellungen in die Zukunft, ja nahezu der gesamte ökologische Umbau der Industriegesellschaft, immer wieder behindert und blockiert werden. Schon die Ökonomen der Freiburger Schule witterten diese Gefahr. Ihr Gegenrezept allerdings war heillos romantisch. Danach sollte der Staat nicht in größerem Stil als Auftraggeber für die Wirtschaft auftreten, um sich auf diese Weise unabhängig zu halten. Doch wer soll die Züge für die Bahn bauen, die Autos für die Müllabfuhr? Wer errichtet unsere Schulen und stattet unsere Krankenhäuser aus?

Die Sorgen Walter Euckens vor der Übernahme des Staates durch die Lobbyisten der führenden Wirtschaftsunternehmen und der Hochfinanz waren berechtigt, die vorgeschlagenen Mittel dagegen eher hilflos. Mehr noch als Berlin trägt Brüssel heute das Etikett einer »Welthauptstadt des Lobbyismus«. Nach Angaben von ALTER-EU, dem Dachverband der in Brüssel ansässigen Bürgerrechtsorganisationen, der sich für mehr Demokratie und Transparenz einsetzt, nahmen im Jahr 2009 insgesamt 286 Beratungsfirmen Einfluss auf die EU-Politik.[8] Mehr als die Hälfte davon sind nicht offiziell registriert. Doch ob es um Umweltpolitik oder Energiepolitik geht, um Konsumenten-

schutz oder Agrarpolitik – die Lobbys sind wesentlich mächtiger als die Wähler.
Der zähflüssige Bernstein schlechter Gewohnheiten konserviert vieles, aber er legitimiert es nicht. Und die unseligen Gebräuche, die sich inzwischen überall in der westlichen Welt ziemlich schamlos verbreitet haben, setzen nicht ihre Fortsetzung ins Recht. Doch wie lange lassen sich die Bürger das Gleiche gefallen wie die Passagiere des Dampfers den Verlust der Liegestühle?»Überall müssen sich Autorität und Tradition die Frage nach der Rechtfertigung gefallen lassen. Weder die christlichen Kirchen mit ihren Glaubensaussagen und Ordnungen noch der Staat mit seinen verfassungsmäßigen Organen wie etwa den Parlamenten, noch Sitte und Moral als solche ... sind heute von bohrenden kritischen Fragen ausgenommen. Nicht weniger, sondern mehr Demokratie – das ist die Forderung, das ist das große Ziel, dem wir uns alle und zumal die Jugend zu verschreiben haben.«[9] Der das sagte, war ein großer Bundespräsident: Gustav Heinemann. Seine Worte gelten noch immer und wieder neu.

Die Entfremdung von Politik und Bürgern ist heute größer als je zuvor in der Geschichte der Bundesrepublik. Die neoliberale Welle hat auch die Politik geschwächt. Aus unserer Demokratie ist weitgehend ein Demokratie-Theater geworden und offenbart Parteien ohne Gestaltungskraft. Doch diese Lethargie und Phantasielosigkeit, die keine neue Politik wagt, die Selbstbezüglichkeit der Parteien und der Lobbyismus zehren die Moral auf, die unser politisches System trägt und stabilisiert.

Wenn dies aber alles richtig sein sollte – was kann man dann konkret tun? Gibt es Möglichkeiten zur Fehlerkorrektur? Ist unsere Demokratie überhaupt noch zu retten?

- *Die Konkordanz der Bürger.* Wie die Demokratie reformiert werden könnte

Die Konkordanz der Bürger
Wie die Demokratie reformiert werden könnte

Berlin. Regierungsviertel. Im August 2010. Auf der Wiese vor dem Reichstag spielen Migrantenkinder Fußball, Journalisten lümmeln sich auf Liegestühlen im Sand, am Spreebogen dösende Rucksacktouristen im Schatten des Kanzleramtes, neugierige Passanten inspizieren den Garten des Schlosses Bellevue. Eine Allegorie der Ruhe und des Friedens; das Idealbild einer blühenden Zeit.

Alles gut im Staate Deutschland? »Es könnte durchaus sein«, schreiben Leggewie und Welzer, »dass Historiker in hundert Jahren den Beginn des Untergangs der Demokratien und die Abwicklung des Kapitalismus auf 1989 datieren und die weltweite Finanzkrise nur 19 Jahre später als die nächste Stufe auf dem lange zuvor eingeläuteten Abstieg deuten. Jedenfalls zeigt sich, dass Stabilitätserwartungen etwa an das System der Bundesrepublik nicht schon dadurch gerechtfertigt sind, dass es sechzig Jahre gutgegangen ist.«[1]

Was wie eine ruhige und zufriedene Zeit aussieht, ist vermutlich der Beginn des größten Umbruchs in der jüngsten Geschichte. Das Land hat die mutmaßlichen Grenzen seiner wirtschaftlichen Expansion erreicht. Sparzwänge und Verteilungskämpfe nie gekannten Ausmaßes werden das Klima in der Bundesrepublik verändern. Die Luft wird dünner, der Tonfall rauer. Die Wahlbeteiligungen sinken dramatisch, das Ansehen unserer Politiker ist auf einem Tiefstand. Unsere politische Führungskaste, versteckt hinter den schönen neuen Märchenhecken des Regierungsviertels, wird immer weniger als Lösung betrachtet, sondern als das Problem. Warum steuert niemand dagegen? Vieles, so scheint es, erklärt sich auch hier durch *shifting baselines* – die allmähliche Verflüchtigung von Realität beim Regieren: der Zug, der gefühlte hundert fährt, kurz bevor er aus der Kurve fliegt. Das Politiksystem, das fast nur noch die Zweckrationalität des Machterhaltes kennt, weil es sich selbst nicht mehr in ein wohlverstandenes Verhältnis setzt zu den Menschen, um die es geht. Die DDR ist an eben diesem Phänomen zugrunde gegangen: an der Torheit von Regierenden, die ihr Volk aus den Augen verloren.

Die Wachsamkeit, die bundesdeutsche Politik bis 1990 auszeichnete, ist dahin. Unsere Demokratie ist so selbstverständlich, dass sie nicht mehr reflektiert wird. Bei Glaubens- und Meinungsmonopolen, so schrieb John Stuart Mill im Jahr 1859, werde der Glaube oder die Meinung schnell zur nicht mehr gelebten Phrase: »Sowohl Lehrer wie Jünger schlafen auf ihrem Posten ein, sobald kein Feind in Sicht ist.«

Der »Feind« ist längst da. Er schwenkt keine Fahnen, dröhnt keine Parolen und droht nicht mit Armeen. Er kommt auf den leisen Sohlen des moralischen Zerfalls. Nach Mill braucht eine Demokratie auf der obersten Führungsebene ausgewiesene und unbestechliche Experten. Nur wenn die Besten der Besten regierten, sei vertretbar, dass nicht das Volk selbst das Zepter der Macht schwinge. Die Experten in der Realität bundesdeutscher Demokratie aber finden sich gut getarnt und verschüttet hinter Stapeln ungelesener Expertisen, predigen in Büchern, die kein Politiker liest, oder versinken im Arbeitsalltag unserer Universitäten. Natürlich ist die Idee des Expertenstaates von Platons »Philosophenherrschern« bis zu Mills geistigen und moralischen Eliten weder zeitgemäß noch wünschenswert. Doch mehr Transparenz, mehr Phantasie und mehr Austausch zwischen Politik und Expertentum sind gleichwohl dringend erforderlich. Wozu eigentlich leistet sich unser Land seine Heerscharen an Professoren, die über die Gesellschaft nachdenken, wenn man sie nicht regelmäßig befragt? Wie kann es sein, dass die flüchtige Arbeit der Meinungsforscher mehr politisches Gewicht hat als die vielen langfristigen und klugen Untersuchungen von Soziologen, Sozialpsychologen und Sozialphilosophen? Warum gibt es zwar Wirtschaftsweise, aber keine »Gesellschaftsweisen«? Noch nie in der Geschichte hat es so viel brachliegende Intelligenz gegeben und so viel politisch ignoriertes Wissen. Die Verdrängung der wirklich wichtigen, großen und langfristigen Probleme ist ein Stigma unserer Zeit und die Crux unseres politischen Systems.

Verstärkt wird diese Ignoranz durch die Art und Weise, wie das System altert. Denn Demokratien, auch die bundesdeutsche, altern kaum weniger schlecht als andere Systeme auch. Die angelsächsischen Länder und Frankreich sprechen eine deutliche Sprache von der Herausbildung undemokratischer Eliten. In die Jahre gekommene Demokratien werden intransparenter und weniger durchlässig, die Schichten etablieren sich, der Austausch erlahmt. Und am Ende sind fast alle Liegestühle auf dem Dampfer dauerhaft reserviert.

Das Risiko dabei ist offensichtlich: Was für die Wirtschaft gilt, gilt ebenso sehr für die Politik. Auch sie ist an Voraussetzungen gebunden, die sie nicht selbst erzeugen kann. Politik setzt ein Interesse an der Demokratie voraus, ein Vertrauen in die Regierenden und die Annahme von Wahrhaftigkeit: dass ein jeder sich müht, nicht zu seinem eigenen Besten, sondern zum Besten des Landes. Die Zweckrationalität des Regierens jedoch folgt einer ganz anderen Logik – das Kanzleramt ist nicht Deutschland. An der Macht zu bleiben verlangt nicht Wahrhaftigkeit und Fairness. Regieren gebiert keine Solidarität, sondern es verzehrt sie. Erneuernde Wechsel, die mehr sind als ein »Weiter so …« unter anderen Fahnen, sind deshalb unumgänglich.

Keiner scheint mehr für die Demokratie zuständig zu sein. Die Gleichgültigkeit gegenüber den gefährlichen Symptomen und das Festhalten an überkommenen Ritualen zeigt dies deutlich.

Gemeint sind die vollmundigen Versprechungen bei Wahlkämpfen, von denen Politiker *und* Wähler wissen, dass sie nicht gehalten werden. Da ist das Garantieren einer sozialen Sicherheit, das schon mittelfristig niemand einhalten kann, was den Politikern aber nicht schadet, weil sie beim Eintreffen der Katastrophen nicht mehr im Amt sind. Das ist die überkommene Rhetorik von »Rechts« und »Links«, die nicht mehr zu den Problemen unserer Zeit passen will.

Der Jargon, mit dem unsere Parteien sich von anderen unterscheiden wollen, ist heute schlichtweg albern. Gleichwohl spielt er nicht nur in Wahlkämpfen eine Rolle, sondern suggeriert den Parteien Identität und etabliert weiterhin überkommene Freund-Feind-Linien. Im politischen Alltag spielen diese Voreingenommenheiten zumeist nur eine hinderliche Rolle. Wenn Schuldirektoren ihren Posten nach politischem Proporz bekommen und ein Bundesminister den seinen, weil er evangelisch und Franke ist, wird die Absurdität offensichtlich.

Doch warum bleiben solche überholten Rituale und Gewohnheiten bestehen? Der US-amerikanische Ökonom und Wirtschaftshistoriker Douglass North (*1920) von der Washington University in St. Louis etablierte dafür Anfang der 1990er Jahre das Wort »Pfadabhängigkeit«.[2] Seiner ursprünglichen Verwendung nach beschreibt der Begriff, wie neue Technologien neue festgeschriebene Verhaltensweisen hervorbringen. Ein hübsches Beispiel dafür ist die klassische Tastatur der Schreibmaschine, die QWERTY-Tastatur. Keine Logik und kein Orientierungs-Nutzen erklärt, warum die Tasten einer Schreibmaschine so angeordnet sind, wie wir sie überall vorfinden. Tatsächlich war die Tastatur (neben einigen sinnvollen Überlegungen) eine Verlegenheitslösung. Der US-amerikanische Buchhalter Christopher Latham Sholes, der die QWERTY 1868 erfand, ordnete die Tasten so an, dass besonders häufig aufeinanderfolgende Buchstaben möglichst nicht nebeneinander standen. Die Gefahr war, dass sich die Typenhebel der Schreibmaschine sonst zu oft verhakten. Zwar hat sich dieses Problem schon seit der Einführung der elektrischen Schreibmaschine erledigt. Doch hunderte Millionen Menschen, die an die QWERTY (oder die QWERTZ) gewöhnt sind, wollten und sollten sich nicht umorientieren. Sie folgen weiterhin einem Pfad, der logisch und auch ergonomisch nicht sinnvoll ist, aber offensichtlich nicht verlassen werden kann.

North untersuchte die enorme Bedeutung von Pfadabhängigkeiten in der Wirtschaft und erhielt dafür 1993 den Nobelpreis. Institutionen, so North, zeigen eine auffallende Ähnlichkeit mit Tastaturen und Schreibmaschinenbenutzern. Die vorgeschriebenen Wege und ihre Nutzer bilden eine »institutionelle Matrix«, die sich unausgesetzt selbst verstärkt. Nicht die tatsächlichen Probleme geben damit die Relevanz vor, sondern die Art ihrer Wahrnehmung und Verarbeitung durch Institutionen.

Nicht anders ist es in der Politik. Parteien greifen Themen nicht deshalb auf, weil sie relevant sind, sondern weil sie sich davon Vorteile für sich selbst versprechen. Dabei folgen sie abgeschauten Mustern. Als in den 1950er Jahren die ersten afrikanischen Staaten unabhängig wurden, setzten sie einen Erdrutsch in Gang. Ende der 1960er Jahre war fast jedes afrikanische Land dekolonialisiert. In den 1970er Jahre erlebten viele Staaten in Westeuropa genau parallel eine Welle der Liberalisierung von Frauen- und Minderheitenrechten. Als Ende der 1990er Jahre klar wurde, dass die gesetzliche Rentenversicherung für die jüngere Generation nicht ausreichen würde, warben die »konservativen« und »sozialistischen« Regierungen Westeuropas nahezu gleichzeitig für eine Mischkalkulation aus gesetzlich und privat nach dem »niederländischen Modell«.[3]

Fast alle gesellschaftlichen Umbauten erscheinen erst dann legitim, vernünftig und praktikabel, wenn ein anderer sie vormacht. Ungeschützt dagegen wagen sich die wenigsten aus der Deckung. Verwunderlich ist das nicht. Wer recht oder schlecht bewährte Pfade verlässt, muss immer mit starken Reaktionen rechnen, mit Ärger und Empörung, Widerstand und Blockaden,

Organisationsschwierigkeiten und Orientierungsverlust. Im Zweifelsfall verlässt sich das ängstliche Gemüt deshalb lieber auf das Altbewährte und fällt weiter Bäume wie auf der Osterinsel. Einmal eingeschliffene Mängel und Fehler bleiben erhalten wie die QWERTY-Tastatur. Und von der sozialen Phantasie an unseren Universitäten, den Alternativmodellen von Grundeinkommen und Bürgergeld oder zum ökologischen Umbau unserer Städte und Landwirtschaft kommt kaum etwas an.

Aus Sicht von Spitzenpolitikern erscheint dieses weitreichende Desinteresse überaus verständlich. In der Welt ihrer Routinen und Standardprozeduren, der festgezurrten Netzwerke und vorausschauenden Rücksichtnahmen, der Verantwortlichkeitsdomänen und Zuständigkeitsscharmützel haben Visionen keinen Platz. Utopien von einem besseren Leben gewinnt man im Regelfall nicht in der Politik, sondern vorher oder außerhalb.

Den institutionalisierten Beschränkungen in der Welt der Politik steht heute in Deutschland eine Bevölkerung gegenüber, die – allen Unkenrufen zum Trotz – die vermutlich gebildetste und via Internet bestinformierte in der Geschichte der Menschheit ist. Ihr Selbstbewusstsein ist höher als je zuvor. Noch nie in diesem Land waren Generationen so frei von Angst vor Autoritäten und so sehr darin trainiert, ihre Meinung zu äußern. Menschen in Deutschland werden heute auch zu allem gefragt und dürfen sich vieles aussuchen: vom Handy bis zu Bahntarifen – als Kunde lebt jeder Deutsche in der Illusion von Teilhabe oder Mitbestimmung. Im Internet darf er den gekauften Fotoapparat genauso bewerten wie den Einsatz in Afghanistan. Und im Chat kann er sich über eine Freundin aufregen wie über Angela Merkel.

Unser demokratisches System dagegen ist noch immer das gleiche wie zu Anfang der Bundesrepublik 1949. Vieles, was die Verfassungsväter festlegten, erscheint noch heute sinnvoll und richtig, anderes dagegen ist überholt. Man behandelt erwachsene Kinder auch dann nicht wie Kleinkinder, wenn man manches Verhalten und manche Meinung noch immer albern findet.

Nach einer Umfrage von »Omniquest« vom Juli 2010 befürworten 81,5 Prozent der Bundesbürger Volksentscheide auf Landesebene. Und knapp die Hälfte dieser Befürworter will dabei nicht nur über einfache Gesetze abstimmen, sondern auch über Verfassungsänderungen. Mehr als zwei Drittel (69 Prozent) befürworten Volksentscheide auch auf Bundesebene – etwa über die Wehrpflicht oder über Weichenstellungen in der Energiepolitik.[4] Mit welchem Recht wird den Bürgern diese Teilhabe heute verwehrt? Ist es nicht Bequemlichkeit, Pfadroutine, Misanthropie und intellektueller Hochmut zu glauben, dass man »dem Volk« nicht trauen darf? Wer der sogenannten Politikverdrossenheit in unserem Land entgegentreten will, der kann nur eines tun: Er muss, mit Willy Brandt gesagt, »mehr Demokratie wagen«. In dieser Hinsicht sprechen Leggewie und Welzer inzwischen sogar von einer APO 2.0, einer neuen außerparlamentarischen Opposition: »Die APO 2.0 ist grundverschieden von den für Aufbrüche und Aufstände stilbildenden 68er- und 89er-Zeiten. Sie wird nicht von ausformulierten Gesellschaftsmodellen beseelt sein, die Glück für alle verheißen – derlei haben die Kommissare und Kader der totalitären Utopien des 20. Jahrhunderts für alle Zeit erledigt. ... Die APO 2.0 ist nicht nur in der Lage, Volksvertreter unter Rechtfertigungs- und Innovationsdruck zu setzen, sie kann mit kollektiven Lernerfahrungen ›von unten‹ auch jenes Identitätsgefühl entstehen lassen, das erst zu definieren ermöglicht, welche Art von Gesellschaft man in Zukunft *sein* möchte.«[5]

Wer persönliche und gesellschaftlich festgezurrte Egoismen überwinden will, der muss auch unser politisches System danach befragen, wo es die Spielräume des »Guten« verengt und diejenigen des »Schlechten« kultiviert. Doch die Barrieren gegen jede Transformation sind hoch. Keine einzige parlamentarische Initiative für mehr Bürgerentscheide fand bisher die laut Grundgesetz erforderliche Zweidrittelmehrheit im Bundestag. Und auch der amtierende Bundestagspräsident spricht sich auf seiner Homepage gegen Volkentscheide aus, weil er »die Einführung plebiszitärer Elemente auf Bundesebene nicht für ein Allheilmittel gegen Politikverdrossenheit« hält. Vielmehr seien »hier deutliche Zweifel angebracht: Obwohl in den letzten Jahren die direkt-demokratischen Elemente auf der Ebene der Kommune und Länder systematisch ausgebaut wurden, hat dies nicht zu einer stärkeren Beteiligung bei Kommunal- und Landtagswahlen geführt. Im Gegenteil: Im Vergleich mit den Bundestagswahlen, wo die Wahlbeteiligung seit mehreren Wahlen konstant um die achtzig Prozent schwankt, hat sie in den Kommunen und Ländern tendenziell stark abgenommen. In der Schweiz, wo es traditionell Volksentscheide auf nationaler Ebene gibt, liegt die Wahlbeteiligung an den Nationalratswahlen seit einem Vierteljahrhundert konstant unter fünfzig Prozent.«[6]

Die Argumentation ist ein schönes Beispiel für Pfadabhängigkeit. Um Volksentscheide auf Bundesebene zuzulassen, müssten sie mindestens ein »Allheilmittel« sein und nicht weniger. An welches andere politische Verfahren wird so ein gigantischer Maßstab angelegt? Die QWERTY-Tastatur darf nur dann verändert werden, wenn die neue Tastatur *alle* Probleme löst und rundherum *perfekt* ist. Der zweite Teil der Argumentation im Namen des Bundestagspräsidenten misst den Erfolg direkter Bürgerbeteiligungen rein *quantitativ* und nicht qualitativ. Der Einfall, die Abnahme der Wahlbeteiligung in den Bundesländern auf mehr direkte Demokratie zurückzuführen (!) und nicht etwa auf ein zunehmendes Desinteresse der Bürger an den Bundesländern, ist ebenfalls sehr bezeichnend. Und wenn sich in der Schweiz viele Bürger an Volksentscheiden beteiligen (die oft eine eingehende Beschäftigung mit dem Thema voraussetzen), warum ist es dann allzu schmerzlich, dass die Nationalratswahlen den Schweizern nicht mehr ganz so wichtig sind? Auch hier erstaunt die aus deutscher Sicht arg verengte Wertung.

In diesem Zusammenhang dürfte es sich lohnen, auch unsere Konkurrenzdemokratie auf den Prüfstand zu stellen. Bekanntlicherweise führen hierbei nur jene Voten zum Erfolg einer Regierungsbeteiligung, die die stärkste Partei oder eine mit ihr gebildete Koalition gewählt haben. Der Rest bleibt außen vor. Doch erscheint es nicht zeitgemäßer, die Parteien *prozentual zu den erworbenen Stimmen* an der Regierung zu beteiligen? Die Idee der Mehrheitsdemokratie entstammt einer Zeit, als unsere Parteien noch durch klare Weltanschauungen und zum Teil unterschiedliche Systemvorstellungen voneinander getrennt waren. Doch wo sind solche Unterschiede noch in allem pragmatischen Ernst gegeben?

In der Schweiz besteht die Regierung seit 1959 aus sieben Mitgliedern, zusammengesetzt nach der Stimmzahl der wichtigsten Parteien. Das Prinzip ist das einer »Konkordanzdemokratie« (von *concordare* = übereinstimmen). Der Vorteil liegt auf der Hand. Statt sich von morgens bis abends in der Arbeit zu blockieren und alle Energie darauf zu verwenden, dem anderen zu schaden, sind die Parteien gezwungen zusammenzuarbeiten und miteinander klarzukommen. Lassen sich strittige Fragen beim besten Willen nicht entscheiden, so bleibt – je nach Zuschnitt des Themas – das Mittel des Volksentscheids.

Der renommierte US-amerikanisch-niederländische Politikwissenschaftler Arend Lijphart (*1936) von der University of California in San Diego unterzog beide Demokratie-Formen über drei Jahrzehnte einer ausgiebigen Analyse. Danach erweist sich die Konkordanzdemokratie gegenüber der Konkurrenzdemokratie in vielerlei Hinsicht als das überlegene Modell.[7] Gleichwohl ist kaum abzusehen, dass in Deutschland ernsthaft darüber nachgedacht werden wird. »Zu langsam« oder »zu langweilig« sind schnell herbeigezogene Vorurteile, um sich der lästigen Diskussion nicht zu stellen.

Dagegen steht die Vision, was tatsächlich möglich wäre, wenn unsere Parteien gezwungen wären zusammenzuarbeiten statt gegeneinander. Viele lange aufgeschobene Probleme, wie der Umbau unserer sozialen Sicherungssysteme, der weitere Fortschritt zu einer ökologisch nachhaltigeren Wirtschaftweise, der Abbau der enormen Staatsverschuldung und so weiter, könnten nun endlich beherzt angegangen werden.

Man mache sich das einmal an dem wichtigen Nahziel klar, unsere Städte innerhalb der nächsten zehn Jahre von Kraftfahrzeugen mit Verbrennungsmotoren zu befreien. Technisch stellt eine solche Umstellung auf Elektroautos kein größeres Problem dar. Dass der Umbau trotzdem nicht erfolgt, liegt an der Blockade der Automobilindustrie, am ADAC und weiteren Verbänden, die uns tatsächlich weismachen wollen, die »Freiheit« der Autofahrer mit Verbrennungsmaschinen sei gesellschaftlich wichtiger als die Freiheit aller anderen sowie die Freiheit zukünftiger Generationen, in einer gesunden Umwelt zu leben. Gegen diese Lobby ist eine Konkurrenzdemokratie bislang völlig machtlos. Keine Partei, nicht einmal die GRÜNEN, wagt es, lautstark und ernsthaft dafür zu kämpfen. Wer setzt gegen die jeweilige Opposition durch, dass auch die ökologisch überaus schädlichen Billigflieger Steuern auf ihr Benzin zahlen sollen? Nicht zuletzt, um mit diesen Erlösen das Bahnfahren billiger zu machen. Wer unterbietet den Versprechungswettkampf der Parteien an sozialen Wohltaten für ihre Wähler, der mit immer neuen Schulden bezahlt wird?

Wenn ein System sich von innen heraus als nicht reformfreudig erweist, schaut man nach Lösungen von außen. Eine Möglichkeit in diesem Zusammenhang bestünde darin, den von Amts wegen unparteiischen Bundespräsidenten direkt vom Volk wählen zu lassen. Die Mehrheit der Bundesbürger ist bekanntlich dafür – in einer Demokratie eigentlich kein ganz unwesentlicher Faktor. Natürlich fürchtet die Regierung völlig zu Recht, der einzige hohe Volksvertreter, den das Volk auch selbst direkt gewählt hätte, erlangte damit einen enormen Gewinn an Bedeutung. Und genau das ist es auch, was wir brauchen: eine überparteiliche Kontrolle und eine interessenunabhängige moralische Führungsfigur. Jemanden, der die Gemüter in diesem Land mit frischen neuen Ideen versorgt, statt den Status quo zu verwalten. Niemand, der beruhigt, sondern der die Beunruhigung der

Menschen ernst nimmt. So etwa könnte er eine Kommission einberufen, in der Experten, die nicht im Verdacht des Lobbyismus stehen, versammelt sind. Gemeinsam können sie die grundlegenden Strukturveränderungen vorschlagen, die die Parteien aus bekannten Gründen von sich aus nicht entwickeln und durchsetzen. Die Vorschläge wären zwar nicht bindend, hätten also keine legislative Gewalt. Doch es bedarf sehr guter Gründe von Seiten der Parteien, ihnen zu widersprechen, beziehungsweise ihre Umsetzung zu blockieren.

Gegen Vorschläge dieser Art steht die Angst vor Experimenten. So als hätten die Väter und Mütter der bundesdeutschen Verfassung in den Jahren 1948 und 1949 ein völlig zeitloses Modell entwickelt, das in jeder Hinsicht für alle Zeiten optimal ist. Politischer Leerlauf und Blockade, Politikverdrossenheit und schwindende Wahlbeteiligungen, Ansehensverluste der politischen Klasse – alles das soll unsere Demokratie vertragen können, Änderungen hingegen nicht.

Um unsere Demokratie in Bezug auf die langfristigen und zukünftigen Probleme der Gesellschaft fit zu machen, bedarf es Umbauten, die mehr Mitbestimmung und direkte Demokratie ermöglichen. Bisher bestehende »Pfadabhängigkeiten«, die den Umbau blockieren, müssen dabei durchbrochen werden. Dazu wären Elemente einer Konkordanzdemokratie vorstellbar, aber auch eine Direktwahl des Bundespräsidenten.

Um Ideen zu grundlegenden Reformen unseres politischen Systems zu verbreiten, bedarf es der Massenmedien. Aber sind unsere Medien für eine solche Transformation überhaupt geeignet? Müssen sie nicht selbst transformiert werden? Und wenn ja, welche Medien und in welcher Hinsicht …?

• *Speakers' Corner.* Der Verlust der öffentlichen Verantwortung – und wie wir sie zurückgewinnen müssen

Speakers' Corner
Der Verlust der öffentlichen Verantwortung – und wie wir sie zurückgewinnen müssen

Am allerlautesten sind die, die nichts zu sagen haben.

Gisbert zu Knyphausen

Am nordöstlichen Ende des Hyde Park, in der Nähe des *Marble Arch*, liegt *Speakers' Corner*, die »Ecke der Redner«. Für London-Touristen ist der Wettstreit skurriler und geltungssüchtiger Selbstdarsteller eine Attraktion. Jedes Wochenende sieht man Männer auf Bierkisten unter Platanen stehen, viele aus dem islamischen Kulturkreis. Umringt von einer Traube von Menschen machen sie sich in alle Winde geltend. Und wer den größtmöglichen Unsinn am lautesten und unterhaltsamsten vorträgt, lenkt den Schwarm zu sich und dominiert das Spektakel.

Was heute mit Worten wie »peinlich« und »albern« nett umschrieben ist, war einst eine gute Idee. Der Legende nach hielten hier die Verurteilten unter dem Galgen von Tyburn ihre letzten Reden; eine Geschichte, etwas zu heroisch, um wahr zu sein. Den Galgen gab es, von der Tradition der letzten freien Rede weiß nur die farbige Erzählung. Im Jahr 1855 versammelten sich aufgebrachte Arbeiter im Hyde Park. Sie empörten sich gegen das Verbot, am Sonntag kaufen und verkaufen zu dürfen, dem einzigen Tag, an dem sie überhaupt Gelegenheit dazu hatten. Von nun an rissen die Versammlungen von Arbeitern im Park nicht mehr ab. Ihre Forderung auf das »Recht der freien Rede« verhallte nicht ungehört. Nach ungezählten Scharmützeln überließ das Parlament 1872 der Parkverwaltung, darüber zu entscheiden, wer im Hyde Park reden durfte und über was.

Seitdem galt *Speakers' Corner* als der Platz der freien Rede. Persönlichkeiten wie Karl Marx, Lenin und George Orwell schärften hier ihre rhetorischen Klingen. Und zahlreiche lokale Redner wurden innerhalb Londons weltberühmt. Heute hingegen ist *Speakers' Corner* schlechte Folklore. Kein Pathos der freien Rede, kein Hauch einer gelebten Meinungsvielfalt, kein Geist einer lebendigen Demokratie strahlt unter den Bäumen hervor. Was heute mit der Glut des Apostels vorgetragen wird, bringt die steinernen Verhältnisse schon lange nicht mehr zum Tanzen. Konserviert ist vor allem eines: das Recht auf die ungestrafte Verbreitung von Blödsinn.

Reden an einer Straßenecke zu halten ist heute ein Anachronismus. Die wahren Redner von heute finden sich längst in den Nachmittagstalkshows des Fernsehens und vor allem: in den Meinungsforen des Internets. Hier darf jeder (fast) alles sagen, was er will. Er kann sich austauschen, sich belustigen und bekriegen, er darf Meinungen verbreiten, bewerten und loben, bekämpfen, pöbeln und verreißen. In diesem Sinne ist das Internet gelebte Demokratie – wenn auch vielleicht nur in diesem Sinne.

Ist unsere Demokratie durch die neuen Medien demokratischer geworden? Gibt sie uns die Möglichkeit zu mehr Mitbestimmung? Erhöht das Internet den sozialen Zusammenhalt und das gesellschaftliche Verantwortungsbewusstsein? Oder sorgen die neuen Medien ganz im Gegenteil für mehr Egomanie und Narzissmus? Verstärkt sich das Gemeinsame oder das Trennende? Helfen sie uns, mit einem Wort, weniger egoistisch zu sein, oder kultivieren sie den Egoismus?

Um diese Fragen zu beantworten, muss man zunächst schauen, wozu unsere Massenmedien allgemein gut sind. Ihre wichtigste soziale Funktion ist es, Öffentlichkeit herzustellen. Wo sich ehedem im alten Athen auf der Agora, im Forum Roms oder auf den Piazzen der Renaissance die Menschen zum Austausch über ihr Leben und ihre Gesellschaft zusammenfanden, informieren in unserer komplexen Welt vor allem die Massenmedien darüber, was »wichtig« ist. Öffentlichkeit in diesem Sinn meint eigentlich nichts anderes, als dass viele über das Gleiche reden. Um zu wissen, in welcher Gesellschaft und in was für einer Welt ich lebe, reicht mein Umgang mit anderen Menschen kaum aus. Und was auch immer mein Bild der Welt bestimmt, ohne Massenmedien wie Bücher, Zeitungen, Radio, Fernsehen oder Internet wüsste ich darüber so gut wie nichts.

Ein »Thema« aber wird eine Sache noch nicht allein dadurch, dass ich davon lese oder höre. Ein Thema entsteht, indem mehrere Menschen über das Gleiche reden. Ohne Massenmedien gäbe es in unserer komplexen Welt keine Öffentlichkeit. Und ohne Öffentlichkeit kein von vielen mehr oder weniger ähnlich gesehenes Bild von unserem Leben und vom Leben der anderen. Massenmedien sichern, mit Niklas Luhmann formuliert, die »Anschlussfähigkeit von Kommunikation«.

Demokratie ist nicht nur der Austausch verschiedener Interessen und Ansichten, als die sie oft missverstanden wird.[1] Denn um diese Meinungen überhaupt austauschen zu können, muss man zunächst einmal im gleichen Film mitspielen. Mit dem US-amerikanischen Philosophen Donald Davidson (1917–2003) gesagt: Um in einer Sache unterschiedlicher Ansicht zu sein, muss man in sehr vielen anderen Dingen übereinstimmen. Ansonsten nämlich würde man sich gar nicht erst verstehen! Man muss die gleiche Sprache sprechen, einen gemeinsamen Ort für den Austausch finden, gewisse Spielregeln teilen, die gleichen Werte zumindest kennen, die Rhetorik des anderen begreifen und seine Haltungen auch dann nachvollziehen können, wenn man sie nicht teilt. Gerade in diesem Sinne sind Massenmedien ein wichtiger Kitt, der unsere Gesellschaft zusammenhält.

Inwiefern sie, allen voran das noch immer wichtigste Leitmedium Fernsehen, diese soziale Funktion zufriedenstellend erfüllen, darüber gibt es höchst kontroverse Ansichten. Der durchschnittliche Deutsche sieht heute 103 Stunden im Monat fern, das sind mehr als drei Stunden am Tag. Doch hinsichtlich Nutzen und Nachteil dieses Treibens für die Herstellung von Öffentlichkeit und Gesellschaft scheiden sich seit jeher die Geister. Seit Einführung des Fernsehens wird über dessen Bildungs- oder Verblödungskraft gestritten. Zuletzt im großen Stil, als Mitte der 1980er Jahre das Privatfernsehen auf den Markt drängte und Inhalte verbreiten durfte, die zwar »durchaus nicht im Neandertal entstanden«, ihm aber »stark verpflichtet geblieben« sind.[2] Das Ende der Monopolstellung des öffentlich-rechtlichen Rundfunks gewann Züge einer Apokalypse, »größer als Gorleben«, wie Niedersachsens Ministerpräsident Ernst Albrecht meinte, und in den Augen Helmut Schmidts »gefährlicher als Kernenergie«.[3] Einen ernsthaften Versuch, die Entwicklung aufzuhalten, gab es gleichwohl nicht. Alle anderen westeuropäischen Länder machten es auch. Und Schwarmverhalten, Pfadabhängigkeit und Lobbyismus ließen zwingend erscheinen, was nicht zwingend war.

Die Folgen sind bekannt. Das deutsche Fernsehen ist heute in der Spitze so gut wie noch nie und in der Breite unvorstellbar schlecht. Während Spielfilmproduktionen im Konkurrenzdruck immer perfekter wurden, passten sich die Öffentlich-Rechtlichen in vielen anderen Segmenten den Privaten an: von den Nachrichtensendungen bis zum Nachmittagsprogramm. Politiksendungen wandelten sich in Tratsch und Glamour, Geschichtsdokumentationen zu Sensationsgetrommel, Sportsendungen zu Füllseln für Werbeblöcke. In dieser Hinsicht war die Einführung des »Dualen Systems« der Beginn einer Abwärtsspirale, eines Unterbietungswettbewerbs durch Trivialisierung und Beschleunigung. Die Werbeästhetik trat ihren Siegeszug in alle Programmsparten an, der Trailer-Rhythmus unterband das Nachdenken, die Quote wurde zum einzigen ernsthaften Erfolgsmesser. Und da alles nach dem Prinzip von *shifting baselines* funktionierte, geschah es weitgehend ohne gefährlichen Protest. Kein Fernsehzuschauer aus den 1980er Jahren kam in die Verlegenheit, sich am nächsten Tag das Programm von 2010 anzusehen – zum Glück für die Macher.

Um zu verstehen, wie dieser Prozess möglich war, muss man sich vor Augen führen, was die Vision der 1980er und 1990er Jahre war: die Idee, den Wohlstand und das Wachstum unserer Gesellschaft weniger auf der Produktion von Kohle und Stahl aufzubauen als auf der Produktion von Sinn und Unsinn.[4] Weiter hinaus träumte man zudem vom Verschmelzen von Unterhaltungs- und Informationstechnologie in einer schönen bunten Welt aus Fernsehen *und* Internet mit ungezählten neuen Arbeitsplätzen. Gegen diese Vision erschienen alle Bedenken klein und rückwärtsgewandt. Die Frage, ob diese Utopie dem sozialen Zusammenleben förderlich sei, wurde zwar gestellt, aber kaum von Wirtschaft und Politik.[5]

Aus heutiger Sicht wissen wir, wie maßlos überzogen die Erwartungen an Gewinne und Arbeitsplätze waren. Volkswirtschaftlich handelte es sich um Antworten auf nicht gestellte Fragen. Was an Werbekunden ins Privatfernsehen wechselte, fehlte Zeitungen und Zeitschriften. Gleichwohl machten bis heute nur zwei der größeren Privatsender mit ihren Programmen Gewinne. Für das Abwechslungsbedürfnis des durchschnittlichen Fernsehkonsumenten braucht es ohnehin nur eine überschaubare Zahl an Kanälen, der Rest ist der Rest. Wenn sich dieser Markt jetzt und in Zukunft wieder gesundschrumpft, geht nichts verloren, dem sich nachzutrauern lohnt.

Auf der schwer einschätzbaren Seite der Rechnung steht die Frage nach dem sozialen Nutzen. Ohne Zweifel haben die privaten Sender in den vergangenen 25 Jahren viel geleistet für die örtliche Betäubung von Gehirnen. Arbeitslose sitzen heute kaum noch auf der Straße, sondern vielmehr vor dem Fernseher und dem Computer, dazu Rentner, Kinder und Einsame. Und ebenso zweifellos hinterlässt diese Befriedung durch Befriedigung Spuren: zwar keine Erfüllung, aber zumindest weitgehende Ruhe.

Wie hoch das Empörungspotential der Zu-kurz-Gekommenen in unserer Gesellschaft wäre, gäbe es dafür keine Ablenkungsindustrie, will man lieber gar nicht wissen.

Die wohl wichtigste Folge aber ist eine andere: dass das gesamte Fernsehen, einschließlich der Öffentlich-Rechtlichen, einen enormen Verlust an Verantwortungsgefühl erlitten hat. Auf dem Markt der Medien wird, wie auf allen übrigen Märkten, alles nach Geld und Quote berechnet. Die Marktnormen haben die Sozialnormen hier definitiv verzehrt. Als Wächter über ihre Quoten sehen sich auch die öffentlich-rechtlichen Intendanten als Unternehmer und nicht wie noch in den 1980er Jahren als Pädagogen. Ein paar Feigenblätter für den Bildungsauftrag einmal ausgenommen, halten sie in erster Linie für werthaltig, was viel nachgefragt wird. Nicht-ökonomische Werte haben massiv an Bedeutung verloren. Daran ändert auch nichts, dass die Einflussnahme der Politik auf Personal und Programminhalte im Gegenzug stark angestiegen ist.

Wenn die Vermittlung demokratischer, gesellschaftlicher, kultureller und ökologischer Werte nicht mehr Grundlage des öffentlich-rechtlichen Fernsehens ist – bei den Privaten war sie es ja ohnehin nie –, so darf man sich eigentlich über das Internet freuen. Für den Medienromantiker verbindet es sich mit der Vision eines enormen Zuwachses an Demokratie. Menschen aller Herren und Damen Länder vernetzen sich als Nutzer in sozialen Netzwerken, Blogs oder anderen Plattformen des Web 2.0, tauschen sich aus und informieren sich frei und fernab der gelenkten Kanäle anderer Massenmedien. Eigentlich eine großartige Sache. Wo früher Programmmacher und Chefredakteure die Welt filterten und hierarchisch vorstrukturiert präsentierten, herrschen heute Freiheit, Demokratie und der Austausch auf Augenhöhe. Das Internet als Ort wohltuender Anarchie – das ist die eine Seite der Medaille.

Betrachtet man die andere Seite, so fragt sich, ob Anarchie eigentlich gleich Demokratie ist. Heißt »mehr Demokratie wagen« tatsächlich nur, die Meinungs- und Informationsvielfalt zu erhöhen? Wer für ein Mehr an Demokratie, etwa durch Volksentscheide, wirbt, weiß gleichwohl, dass Demokratie abhängig bleibt von Hierarchien. Über die Verfassungsmäßigkeit unserer Gesetze stimmen aus gutem Grund nicht Millionen User ab, sondern ein »elitäres« Bundesverfassungsgericht. Und demokratisch legitimierte Hierarchie ist nichts per se Schlechtes. Eine Gesellschaft ganz ohne Hierarchien wäre vermutlich viel undemokratischer als eine mit Hierarchien. Anarchie ist die Herrschaft der Lautesten, der Rücksichtslosesten und vermutlich auch der Kriminellsten. Eine solche Anarchie wünschte sich nicht einmal der Anarchist Pjotr Kropotkin.

Dass Menschen sich über Plattformen und Blogs weltweit miteinander frei austauschen können, ist etwas Gutes und Schönes. Aber aus Sicht der Demokratie handelt es sich dabei sowohl um einen Zugewinn wie um einen Verlust. Nicht anders sieht dies der Philosoph Jürgen Habermas (*1929), wenn er feststellt, das Internet fragmentarisiere das »gleichzeitig auf gleiche Fragestellung zentrierte Massenpublikum«.[6] Denn vorerst »fehlen im virtuellen Raum die funktionierenden Äquivalente für die Öffentlichkeitsstrukturen, die die dezentralisierten Botschaften wieder auffangen, selegieren und in redigierter Form synthetisieren«.[7]

Die Schelte, die Habermas für seine Kritik der neuen Medien hat einstecken müssen, ist immens. Einem Generationenkonflikt gleich attestieren ihm die Verteidiger des Netzes, hoffnungslos veraltet zu sein. Solche Thesen, so der Tenor, könne nur schreiben, wer die neuen Regeln und Gesetze, die Gewohnheiten und Gebräuche des Internets nicht verstanden habe. Was Habermas früher über die alte Öffentlichkeit klug geschrieben habe, leiste nun der israelisch-US-amerikanische Jurist Yochai Benkler (*1964) von der Harvard Law School für das Internetzeitalter. Er gebe die Regeln vor, nach denen das Internet heute sehr wohl eine gemeinsame Öffentlichkeit herstelle.[8] Für Benkler wird das Netz dann zu einem Segen, wenn alle Zugang zu ihm haben, verdächtige Akteure herausgefischt werden, gute Vernetzungsmöglichkeiten eine »öffentliche Meinung« befördern und sichergestellt wird, dass Regierungen dabei nicht manipulieren können.

Hat Benkler Recht, so besteht zwischen der hochpersönlichen Form, in der wir uns im Internet informieren, und dem Herausbilden einer öffentlichen Meinung kein Widerspruch. Denn die Summe aller hochpersönlichen Sortimente ergebe am Ende durchaus ein funktionierendes Warenhaus. Die alten Medien mit ihrer altmodischen Rhetorik, ihren inszenierten Ritualen, ihrer staatstragenden Bedächtigkeit und ihren eitlen Meinungsmachern wirkten dagegen schal und überholt. Kein Wunder, dass vor allem die jüngere Generation diesem Meinungstheater nicht mehr viel abgewinne. Sie lebe nicht mehr in dieser alten Schwarz-Weiß-Welt, sondern auf den vielen neuen bunten Spielplätzen einer neuen mehrdimensionalen Welt der *Noosphäre* (von altgriechisch *nous* = Geist), dem Raum aller denkbaren Gedanken.

So weit, so richtig. Und so romantisch. Doch wie jede große gesellschaftliche Vision, so überschätzt auch diese den Menschen ganz gewaltig. Die erste Fehleinschätzung betrifft unser *psychologisches Aufnahmevermögen*. Während die alten Massenmedien Informationen bündelten, wie Eisenspäne in einem Magnetfeld, müssen und dürfen wir dies im Netz selber tun. Die Auswahl ist zwar freier und größer, aber unsere Aufmerksamkeitskapazität bleibt die gleiche. Auch die neuen Medien bringen keinen neuen *Homo sapiens* hervor und kein neues Gehirn; sie beanspruchen es nur etwas anders. Die Komplexität der Welt, die wir nicht nur wahrnehmen, sondern begreifen können, wandelt sich überhaupt nicht. Und je mehr wir im Netz sehen, umso stärker müssen wir es zugleich filtern.

Nach Ansicht von David Gelernter (*1955), Professor für Informatik an der Yale University und einer der führenden Köpfe der Medien-Revolution, ändert sich unser Informations-Zustand bei der Internet-Nutzung nicht im Umfang. Der »Rockstar« des Computerzeitalters, der die Entstehung des Internets bereits 1991, fünf Jahre vor seiner Einführung, prophezeit hatte, sieht nur einen wirklich wesentlichen Unterschied zwischen alten und neuen Medien. Die Nutzer des Internets »wissen ums Jetzt. Die Netzkultur ist eine Kultur der Jetztigkeit. Das Internet lässt uns wissen, was unsere Freunde und die Welt jetzt gerade treiben, wie Geschäfte und Märkte und das Wetter jetzt gerade sind, wie die öffentliche Meinung, die Trends und Moden jetzt aussehen.«[9] Keine Generation war so sehr auf die Gegenwart konzentriert wie die heutige der jungen Menschen. Und sie interessieren sich für Dinge in aller Welt, weil sie sich nur noch mit dem beschäftigen, was heute geschieht und nicht gestern geschehen ist. Das Ergebnis aber, so Gelernter, sei nicht Vielfalt, sondern paradoxerweise Gleichheit: »Nach und nach hat sich die Aufmerksamkeit der westlichen Welt von dem engen Raum einer Familie oder Ortschaft und ihrer Geschichte auf eine größere Gemeinschaft, eine ganze Nation, die ganze Welt gerichtet. Der Starkult, der Einfluss von Meinungsumfragen, die schwindende Bedeutung geschichtlichen Wissens, die Uniformität der Meinungen und Einstellungen unter Akademikern und anderen gebildeten Eliten – all dies ist Teil desselben Phänomens.«[10]

Das Internet macht uns also nicht durchgängig schlauer als andere Medien, sondern es fördert eine bestimmte Form der Schlauheit mit all ihren Risiken und Nebenwirkungen. Es verzerrt unsere Wahrnehmung der Welt zugunsten des Jetzt. Viel differenzierter sind wir dadurch vermutlich nicht geworden. Das Bedürfnis durchschnittlicher Menschen danach, sich mit fremden und abweichenden Meinungen zu beschäftigen, liegt vermutlich seit längerer Zeit auf einem konstant gleichen Niveau. Und »das Internet, wie es heute ist, ist im Grunde eine Maschine zur Stärkung unserer Vorurteile. Je größer das Angebot an Informationen ist, desto pingeliger entscheiden wir uns mitunter für genau das, was uns zusagt, und ignorieren alles andere. Das

Netz gewährt uns die Befriedigung, nur Meinungen zur Kenntnis zu nehmen, mit denen wir bereits konform gehen, nur Fakten (oder angebliche Fakten), die wir schon kennen.«[11]

Der zweite Fehler der neuen Medienromantik ist, dass sie die *wirtschaftliche Dynamik* des Internets offensichtlich fehleinschätzt. Enthusiastische Schwärmer der neuen Medienwelt im Netz sehen dort schon deshalb mehr Demokratie, weil auch all die Menschen zu Wort kommen können, die keine kommerziellen Absichten haben. Ging es Medienunternehmern in der Vergangenheit (mit Ausnahme des öffentlich-rechtlichen Fernsehens) auch oder vor allem um Gewinne, so tummeln sich im Netz heute die reinen und netten Idealisten. Einem weiteren Internet-Pionier, dem US-Amerikaner Jaron Lanier, einem der Väter des Web 2.0., entlocken solche Thesen nur ein trauriges Lächeln. Mit Sehnsucht blickt der Schöpfer des Begriffs »virtuelle Realität« in die Zeit, als er selbst in Silicon Valley von solchen Phantasien träumte. Heute dagegen sieht er seine Visionen verraten und verkauft: »Bedauerlicherweise wird nur ein einziges Produkt seinen Wert behalten können ... Am Ende des Regenbogens der offenen Kultur wartet der ewige Frühling der *Werbung*. Die offene Kultur erhöht die Werbung ... und stellt sie in den Mittelpunkt unseres Universums.«[12]

Lanier und seine Gefährten zerstörten nicht die Werbung, den »schlimmsten aller Teufel des kommerziellen Fernsehens«. Stattdessen glichen sie dem unseligen Professor Abronsius aus Roman Polanskis Film »Tanz der Vampire«, der das Böse, das er so sehr bekämpfte, mit sich hinaus in die Welt trug. Das Internet, so Lanier, ist eine gewaltige kommerzielle Maschine, die letztlich nichts anderes tut als das: Kultur in Werbung zu verwandeln. »Es ist absurd, wie entscheidend Werbung für die neue digitale Schwarm- oder Bienenstockökonomie ist, und noch absurder, dass von diesem Umstand nicht mehr Aufhebens gemacht wird.«[13]

Nach Lanier lässt sich der Schaden durch das Absterben der alten Medien für unsere Demokratie nur schwerlich übertreiben.

Zur psychischen Unterwanderung unseres Bewusstseins durch Reklame kommen Missbrauchsmöglichkeiten, die subtiler und perfider kaum sein können. Portale und Blogs sind längst von Firmen unterwandert, die dort Meinungen bilden und Produkte anpreisen. Interessen und Kaufgewohnheiten sind und werden in bisher ungekanntem Maß ausspioniert.

Wenn man vergisst, neue Menschen zu erfinden, warum sollen die Gefahren des Internets dann geringer sein als bei den anderen Massenmedien? Hat das Privatfernsehen tatsächlich zu einem Mehr an Freiheit und Vielfalt geführt, wie ursprünglich beschworen? Oder hat es ein Mehr an Unfreiheit verursacht, durch Werbemanipulation und gern angenommene Verblödung? Und auch in der schönen neuen Welt des Netzes werden Porno-Seiten noch immer weit mehr gesichtet als *Wikipedia*.

Schon als in den 1990er Jahren Bill Clinton und sein Vizepräsident Al Gore die Entwicklung des Internets vorantrieben, war zumindest Gore nicht frei von persönlichen kommerziellen Interessen. Schon vor seinem Amtsantritt mit der Hightech-Informationsindustrie verbandelt, verdient der Prophet einer neuen und demokratischeren Internet-Demokratie nach Angaben des US-Senders ABC heute mehr als 100 Millionen Dollar im Jahr mit einer Computerfirma.[14]

Doch die Vision krankt schon ohne falsches Pathos: Besteht eine demokratischere Demokratie tatsächlich darin, dass alle mit allen über alles chatten können und sich die Informationen und Bilder herbeiholen, wie sie möchten? In einem Land wie China oder dem Iran mag dies so sein. In den westlichen Ländern hingegen fügt das Prinzip des Internets der Demokratie noch lange nicht *grundsätzlich* etwas hinzu. Es verhindert keinen postdemokratischen Regenten wie Silvio Berlusconi, es solidarisiert nicht die Unzufriedenen, es unterbindet nicht den Lobbyismus oder führt zu echter Mitbestimmung.

Was also tun, um den alten Geist von *Speakers' Corner* wiederzubeleben für die heutige Zeit? Wie macht man die Massenmedien zum Ort von konstruktiven Ideen, die tatsächlich auf die Gemeinschaft einwirken? Wie etabliert man die Kunst, kein Egoist zu sein, medial? Die Antwort fällt im gleichen Spannungsfeld wie jene in Wirtschaft und Politik. Die Wirtschaftsdynamik auf der einen Seite braucht als Widerpart eine am Gemeinwohl orientierte Gegenmacht – halb Staat und halb Engagement von unten. Es bedarf einer doppelten Anstrengung. Übernimmt diese Aufgabe der Staat allein, mündet die gute Absicht in einer fragwürdigen »Erziehungdiktatur«; wird sie nur von unten angegangen, bleibt das Engagement fragmentarisch.

Was die alten Medien anbelangt, so ist ihre Krise unübersehbar. Nicht nur schwimmen ihnen an vielen Orten die wirtschaftlichen Grundlagen weg – Zeitungen gehen nach und nach in Konkurs und ebenso private Sender.[15] Auch ihre weltanschaulichen Fundamente, auf denen Zeitungen ihre Leser, öffentlichrechtliche Sender ihre Zuschauer versammelten, sind einer neuen Beliebigkeit gewichen. Die meisten Chefredakteure in Print wie Fernsehen verfechten heute ein entschiedenes »Sowohl-als-auch«. Opportunismus scheint heute erste Redakteurspflicht, und wirklich mutiger Journalismus ist selten. Die klassischen Leitmedien dienen, wie der Publizist Mathias Greffrath (*1945) schreibt, »kaum noch als ›vierte Gewalt‹. Mit der wachsenden Gestaltungsschwäche des Staates bündeln sie nicht länger politische Energien, sondern folgen dem Zug zur Personalisierung alternativloser Politikmatadore, zur beliebigen Darstellung von Symptomen, zur Informationsdienstleistung. Hinzu kommt, was von Jahr zu Jahr immer ärgerlicher wird: Die Journalisten als intellektuelle Träger der ›vierten Gewalt‹ sind von der Unentschlossenheit einer – ihrer – Mittelschicht angesteckt, die den anstehenden radikalen Reformen bestenfalls ambivalent gegenübersteht, weil sie ihre Lebenslagen und Privilegien ankratzen.«[16]

Wie öffentlich-rechtliches Fernsehen »Öffentlichkeit« zusammenschweißt, das zeigt sich erfolgreich bei dem mit einem dreistelligen Millionenbetrag bezahlten Gemeinschaftserlebnis »Fußballweltmeisterschaft«. Dagegen bringt es kaum etwas hervor, das über den Eventcharakter hinaus langfristige Perspektiven fördert für unser Zusammenleben. Und statt des dringend geforderten gemeinsamen Nachdenkens mit der und für die Bevölkerung etabliert das öffentlich-rechtliche Fernsehen immer mehr Talkshows mit der Parole: »Tagesaktualität«. Der anstehende Strukturwandel unserer Demokratie wird dadurch nicht unterstützt, sondern blockiert.

Um aus dieser Schieflage herauszukommen, bedarf es einer Loslösung der – in Zukunft selbstverständlich werbefreien! – Sender aus dem immer festeren Würgegriff der Politik. Eine solche Rebellion müsste von den Intendanten und Chefredakteuren selbst angeführt werden, den »unkündbaren Lokomotivführern der Anstalten. Mit paritätischer Mitbestimmung der Journalisten in den parteifreien Rundfunkräten, renommierten und ausstrahlenden Journalistenschulen der ARD, wirksamen Redaktionsstatuten, anständigen Frequenzen für den nationalen Hörfunk.«[17] Ob die unter den gegebenen Umständen in ihr Amt gekommenen Chefredakteure dieses leisten werden, bleibt zwar fragwürdig – aber wo wäre die Alternative? Ein öffentlich-rechtliches Fernsehen, das weiter hinter den Privaten herläuft, verwirkt über kurz oder lang seine verfassungsrechtliche Garantie.

Auch für die neuen Medien wird es in Zukunft um einen ganz bewusst ausbalancierten Spagat gehen zwischen ökonomischer und gesellschaftlicher Vernunft. Wer diese Aufgabe nicht übernimmt, der sieht zu, wie das Internet in vielen Teilen verkommt wie *Speakers' Corner:* zu einer Bühne zunehmend lauterer und schrillerer Selbstdarsteller ohne Relevanz, unterstützt von Firmen, die das Spektakel durch Reklame finanzieren.

Wenn es richtig ist, dass ein Mehr an wirtschaftlicher Freiheit zwangsläufig zu einem Mehr an neuen Unfreiheiten führt, so lassen sich Eingriffe in das Marktgeschehen durchaus als freiheitswirksame Leistungen betrachten. Öffentlichkeit und Gemeinsinn stellen sich im Internet nicht, wie oft herbeigewünscht, von alleine ein. Aber man kann sie natürlich fördern. Zwar wird das »Internet nie eine neue Ökonomie hervorbringen, die auf freiwilliger statt auf bezahlter Arbeit beruht; aber es kann dazu beitragen, die beste Wirtschaft aller Zeiten entstehen zu lassen, in der neue Märkte, zum Beispiel ein freier Bildungsmarkt, die Welt verändern«.[18]

Schon jetzt ist das Internet hilfreich dabei, Kampagnen, wie etwa unlängst jene für den Bundespräsidentschaftskandidaten Joachim Gauck, zu verstärken. Zur Verbreitung von Ideen ist es dabei in der Tat oft hilfreicher als die übervorsichtigen Leitmedien. Plattformen wie *utopia.de* informieren über strategischen Konsum und die Zusammenhänge von Ökologie und Weltwirtschaft. Das Portal *compact.de – Demokratie in Aktion* organisiert Online-Kampagnen zu den wichtigsten Gegenwarts- und Zukunftsfragen. Und mit *glocalist.com* gibt es eine mehrfach preisgekrönte Tageszeitung für Wirtschaftsethik, Nachhaltigkeit und soziale Verantwortung, die neben düsteren auch gute Nachrichten verbreitet. Mit solchen Mitteln können die neuen Medien den bevorstehenden Wandel zu einer aktiveren und demokratischen Bürgergesellschaft zwar begleiten und mit organisieren, aber sie sind deshalb noch nicht diese Bürgergesellschaft selbst.

In der Geschichte der Menschheit diente die Technik dem Menschen zum Überleben, die Kultur dem Zusammenleben. Heute dagegen dient die Technik mehr und mehr dem Zusammenleben. Und man hat gute Gründe zu fragen: Sichert die Kultur das Überleben? Das Überleben unserer Werte, unserer Öffentlichkeit, unserer Gesellschaft? Die Technik wird diese Fragen nicht von alleine lösen durch ein stetiges Anwachsen von Information. Nur wenn wir die Leitwerte unserer Kultur in der Welt des technischen Zusammenlebens dauerhaft und immer wieder neu verankern, wird ihre Rolle eine heilsame sein und nicht eine, die unsere Gesellschaft zersplittert und unseren Gemeinsinn zerstört.

Nachwort

Ich freue mich, dass Sie diesen großen Rundgang mit mir gegangen sind: von Platons Idee des Guten über die biologischen Ursprünge unserer Moralfähigkeit, die Belohnungsstrukturen des Gehirns, die Selbstbelohnungsideen des Aristoteles, über unser Schwarm- und Gruppenverhalten und unsere Vergleichsstandards bis zu den aktuellen moralischen Problemen der westlichen Gesellschaften heute.

Dabei erscheint mir eines als das gemeinsame Merkmal: Menschen streben im Sozialen nach Anerkennung. Und sie sind in der Lage, sich selbst etwas Gutes zu tun, indem sie anderen Gutes tun. Wie und ob sie davon Gebrauch machen, ist weniger eine Frage höherer Einsichten und Prinzipien, sondern eine Frage des Umfeldes, das sie prägt und von dem sie sich prägen lassen. Erinnern wir uns an Edward Westermarck, der meinte: »Die Gesellschaft ist der Geburtsort des moralischen Bewusstseins.«

Eine gute Gesellschaft ist eine, die, frei nach Aristoteles, möglichst vielen Menschen die größtmögliche Chance auf Anerkennung bietet, ohne anderen dabei zu schaden. Viele wichtige Probleme blieben dabei in diesem Buch unbeleuchtet: die Frage nach einer globalen Verteilungsgerechtigkeit, die Frage nach Gesundheit, Umwelt- und Tierschutz und vor allem die Fragen der Erziehung und der Bildung. Sie sind der Stoff für viele weiterführende Betrachtungen.

Meine Gedanken zu Wirtschaft und Politik sind in erster Linie *Vorschläge* auf dem verminten Terrain bestehender Strukturen und Systeme mit ihren Stärken und Schwächen. Nicht jeder von ihnen mag geteilt werden, ohne dass man an der grundsätzlichen Idee zweifeln muss: Wir brauchen mehr Verantwortung von *oben* und von *unten*. Ich wünsche mir keine grundsätzlich andere Demokratie, aber wir müssen die gegenwärtige verbessern, um nicht zuzusehen, wie sie weiterhin ihr eigenes Fundament untergräbt. Und wir brauchen dazu eine Wiederbelebung bürgerlicher Tugenden. Wir müssen wieder lernen, mehr individuelle Verantwortung zu übernehmen, und einen »sozialen Patriotismus« ausbilden, der vielen von uns verloren gegangen ist.

Manchen mag diese Vision zu unrealistisch erscheinen und sogar naiv. In einigen sozialen Milieus unserer Gesellschaft ist ein solcher Wandel denkbar oder sogar bereits im Gange, in anderen dagegen bleibt er auf lange Sicht schwer vorstellbar. Doch mein Plädoyer ist nicht der Ausdruck einer falschen Romantik, die nicht sieht, wie es in den Trabantenstädten und Sozialghettos um unsere Gesellschaft bestellt ist. Sondern es entspringt aus *einer* Frage und Überlegung: Was passiert, wenn nichts passiert? Und wenn nicht diejenigen damit beginnen, die derzeit überhaupt dazu in der Lage sind?

Denken wir dabei noch einmal an Schopenhauers Treppe. Wenn ein gesellschaftliches Problem entsteht, wird es zunächst verlacht, dann bekämpft, und am Ende gilt es als selbstverständlich. Auch die moralischen Probleme unserer Gesellschaft gehen über diese Treppe. Doch was wird am Ende selbstverständlich sein? Die »Ist-mir-doch-egal«-Mentalität, die Gleichgültigkeit, mit der wir die sozialen und ökologischen Fehlentwicklungen hinnehmen und dabei das Erbe unserer Kinder aufbrauchen und zerstören? Oder das Verantwortungsbewusstsein, dass wir selbst (und nicht nur die anderen, die Politiker usw.) dafür zuständig sind, diese Gesellschaft besser zu machen, als sie ist und als sie ohne unsere Hilfe sein wird?

Schon vor langer Zeit, in der Mitte des 19. Jahrhunderts, unterschied der Physiker und Philosoph Gustav Theodor Fechner die »Tagesansicht« von der »Nachtansicht«. Die eine ließe ihn das Leben hell und optimistisch erscheinen, die andere dunkel und pessimistisch. Auf die pastellfarbenen Häuserfassaden vor meinem Fenster fällt fahl das Morgenlicht. Entscheiden wir uns für die Tagesansicht.

Anhang

Einleitung

1 Josef Kirschner: *Die Kunst ein Egoist zu sein*, Droemer-Knaur 1976.
2 *The Letters of David Hume*, 2 Bde., hg. von J.Y.T. Greig, Oxford University Press 1931/32, hier Bd.1, S. 32f.
3 Edward O. Wilson: *Sociobiology. The New Synthesis* (1975), 25th Anniversary Edition, Belknap-Press of Harvard University Press 2000, S. 562.
4 Matt Ridley: *Die Biologie der Tugend. Warum es sich lohnt, gut zu sein*, Ullstein 1997, S. 340.

Gut und Böse

Platons Talkshow
Was ist das Gute?

1 Zu Platons Biografie vgl. Michael Erler: *Platon*, C.H. Beck 2006, S. 15–26.
2 Vgl. dazu Ursula Wolf: *Die Suche nach dem guten Leben. Platons Frühdialoge*, Rowohlt 1996.
3 Platon diskutiert die Konkurrenz von Lust und Vernunft in fünf Texten: im *Protagoras*, im *Gorgias*, im *Phaidon*, in der *Politeia* und im *Philebos*. Dabei kommt die Lust im Vergleich zu den anderen Texten in der Spätschrift *Philebos* am besten weg. Lust und Vernunft erscheinen hier nicht als Antagonisten, sondern als notwendige Ergänzung eines gelingenden Lebens – wobei der Anteil der körperlichen Lust an dieser Lebenskonzeption unklar bleibt.
4 Platon: *Sämtliche Werke 3, Phaidon, Politeia*, Rowohlt 1958, S. 67–310.
5 Ebd. VI. Buch, Kap.19 (508a–509b).
6 Ebd. VI. Buch, Kap.18 (506 d–e).

7 Zum Streit um die »ungeschriebene Lehre« vgl. Rafael Ferber: *Die Unwissenheit des Philosophen oder warum hat Plato die »ungeschriebene« Lehre nicht geschrieben?* Academia-Verlag 1991; Konrad Gaiser: *Platons ungeschriebene Lehre.* Klett-Cotta, 1998.

8 Platon: *Sämliche Werke 4, Phaidros, Parmenides, Thaeietos, Sophistes,* Rowohlt 1958, S. 25 f. (246a–247a).

Rivalen der Tugend
Das Gute gegen das Gute

1 Platon, *Sämtliche Werke 2,* Rowohlt 1958, S. 111–126, hier S. 57 (292e).
2 Isaiah Berlin: *Freiheit. Vier Versuche,* Fischer Taschenbuch Verlag 2006, S. 251.
3 Vgl. Peter Singer: Praktische Ethik, 2. Aufl. Reclam 1994, S. 283–284.
4 Zu Platons spätem Wirken in Athen und zum Umfeld der Akademie siehe Konrad Gaiser: *Philodems Academica,* Frommann-Holzboog 1988.
5 Albert Einstein: *Mein Weltbild* (1934), Neuauflage Europa Verlag 1953.
6 Vgl. dazu Gilbert Ryle: *Der Begriff des Geistes,* Reclam 1986.

Wolf unter Wölfen
Das sogenannte Schlechte

1 Zu Leben und Werk von Thomas Hobbes vgl. Herfried Münkler: *Thomas Hobbes,* Campus 2001, Wolfgang Kersting: *Thomas Hobbes zur Einführung,* Junius 2002; Otfried Höffe: *Thomas Hobbes,* C.H. Beck 2010.
2 Zitiert nach Iring Fetscher (Hg.): Thomas Hobbes: *Leviathan,* Berlin 1966, Einleitung S. XI.

3 Vgl. dazu das 13. Kapitel des Leviathan: »Sooft daher zwei ein und dasselbe wünschen, dessen sie aber beide nicht teilhaftig werden können, so wird einer des anderen Feind, und um das gesetzte Ziel, welches mit der Selbsterhaltung immer verbunden ist, zu erreichen, werden beide danach trachten, sich den anderen entweder unterwürfig zu machen oder ihn zu töten.« (Thomas Hobbes: *Leviathan,* Reclam 1970, S. 113 f.).
4 Thomas Henry Huxley: *Zeugnisse für die Stellung des Menschen in der Natur. Drei Abhandlungen,* Vieweg 1863.
5 Winwood Reade: *Savage Africa: being the narrative of a tour in Equatorial, South Western, and North Western Africa; with notes on the habits of the gorilla ...,* Smith, Elder and Co 1863.
6 Thomas Henry Huxley: *Evolution and Ethics* (1894), Princeton University Press 1989.
7 Leonard Huxley: *The Life and Letters of Thomas Henry Huxley,* 2 Bde., Macmillan 1900, 2. Bd., S. 285.
8 Vgl. dazu die maßgebliche Biografie von Adrian Desmond: *Huxley,* Bd.1: *The Devil's Disciple* und Bd. 2: *Evolution's High Priest;* Joseph 1994 und 1997. Zu Huxleys psychischer Erkrankung siehe Bd. 2.
9 Zitiert nach Peter Singer: *Moral, Vernunft und die Tierrechte,* in: Frans de Waal: *Primaten und Philosophen,* Hanser 2008, S. 160.
10 Charles Darwin: *Die Abstammung des Menschen und die geschlechtliche Zuchtwahl,* Kröner 2002, S. 122.
11 Frans de Waal: *Primaten und Philosophen,* S. 28.
12 Vgl. Konrad Lorenz: *Die Rückseite des Spiegels. Versuch einer Naturgeschichte menschlichen Erkennens,* Piper 1973.
13 Konrad Lorenz: *Das so genannte Böse,* Piper 1984, S. 223.
14 Michael Ghiselin: *The Economy of Nature and the Evolution of Sex,* University of California Press 1974, S. 247 (Übersetzung R.D.P.).
15 Jane Goodall: *Wilde Schimpansen. Verhaltensforschung am Gombe-Strom* (1971), Rowohlt Taschenbuch 1994.

Der Fürst, der Anarchist, der Naturforscher und sein Erbe
Wie wir miteinander kooperieren

1 Peter A. Kropotkin: *Memoiren eines Revolutionärs*, Bd.2, Unrast 2002, S. 319.
2 Peter A. Kropotkin: *Memoiren eines Revolutionärs*, Bd.1, S. 192 f.
3 Julius Hermann von Kirchmann: *Ueber den Communismus der Natur. Ein Vortrag gehalten in dem Berliner Arbeiter-Verein im Februar1866*, 2. Aufl. L. Heimann's Verlag 1872.
4 Peter Kropotkin: *Gegenseitige Hilfe in der Entwickelung*, Theodor Thomas 1904, S. 77 f.
5 Thomas Henry Huxley in: *Nineteenth Century* (1888), S. 165
6 Aus diesem Grund kann Kropotkin folgern, dass nicht erst das Fressen kam und dann die Moral, sondern umgekehrt. Vor jeder gemeinsamen Jagd steht die Moral, nämlich die Kooperation. Vgl. ders.: *Die Eroberung des Brotes* (1892), Edition Anares 1989. Zur Relevanz von Kropotkin für die Welternährungsfrage heute siehe die Analyse von Hans Werner Ingensiep und Marc Meinhardt: *Food Ethics in a Globalized World – Reality and Utopia*, in dies. und Franz-Theo Gottwald (Hg.): *Food Ethics*, Springer 2010.
7 Kropotkin (1904), S. 119.
8 Kropotkin (1904), S. 307.
9 Wolfgang Köhler: *Intelligenzprüfungen an Menschenaffen* (1917), 2. Aufl. Springer 1921; ders. *Aus der Anthropoidenstation in Teneriffa. Zur Psychologie des Schimpansen. Sitzungsbericht der preußischen Akademie*, Akademie der Wissenschaften 1921.

Die Evolution der Absicht
Warum wir uns verstehen

1 Zum Wiener Kreis siehe Hans Jörg Dahms: *Philosophie, Wissenschaft, Aufklärung: Beiträge zur Geschichte und Wirkung des Wiener Kreises*, De Gruyter 1985; Friedrich Stadler: *Studien zum Wiener Kreis. Ursprung, Entwicklung und Wirkung des Logi-*

schen Empirismus im Kontext, Suhrkamp 1997; Michael Stöltzner und Thomas Uebel: *Wiener Kreis: Texte zur wissenschaftlichen Weltauffassung von Rudolf Carnap, Otto Neurath, Moritz Schlick, Philipp Frank, Hans Hahn, Karl Menger, Edgar Zilsel und Gustav Bergmann*, Meiner 2009.

2 Die wichtigsten Schriften von Paul Grice sind: *Meaning*, in: Philosophical Review, 64, S. 377–388, 1957; *Logic and conversation*, in: P. Cole und J.L. Morgan (Hg.): *Syntax and Semantics*, Bd.3 Speech Acts, Academic Press 1975, Auf Deutsch in: G. Meggele (Hg.): *Handlung, Kommunikation, Bedeutung*, Suhrkamp 1979; *Further Notes on Logic and Conversation*, in: P. Cole (Hg.), *Syntax and Semantics 9*: Pragmatics, Academic Press 1978.

3 Zur Bedeutung des Kontextverstehens siehe auch: Erving Goffman: *Forms of Talk*. University of Pennsylvania Press 1981; John J. Gumperz: *Discourse Strategies. Studies in Interactional Sociolinguistics 1*, Cambridge University Press 1982; Stephen C. Levinson: *Pragmatics*, Cambridge University Press 1983; Hans Joas: *Die Kreativität des Handelns*. Suhrkamp 1992; Alessandro Duranti und Charles Goodwin (Hg.), *Rethinking Context*, Cambridge University Press 1992.

4 Vgl. zum Folgenden: Michael Tomasello: *Die kulturelle Entwicklung des menschlichen Denkens: Zur Evolution der Kognition*, Suhrkamp 2006; ders. *Die Ursprünge der menschlichen Kommunikation*, Suhrkamp 2009.

5 Michael Tomasello: *Die Ursprünge der menschlichen Kommunikation*, Suhrkamp 2009, S. 16.

6 Harry J. Jerison: *Evolution of the Brain and Intelligence*, New York Academic Press 1973; vgl. auch ders. *Palaeoneurology and the Evolution of the Mind*, Scientific American 1976; ders. und Irene Jerison: *Intelligence and Evolutionary Biology*, Springer 1988.

7 Terrence Deacon: *The Symbolic Species, The Co-evolution of Language and the Brain*, Norton & Co 1997.

8 Philip Lieberman und P. Crelin: *On the speech of the Neandertal Man*, in: Liguistic Inquiry 2, 1971, S. 203–222; Philip Lieberman: *On the Origins of Language*, Macmillan 1975.
9 Vgl. W. T. Fitch: *Comparative Vocal Production and the Evolution of Speech: Reinterpreting the Descent of the Larynx*, in: A. Wray (Hg.): *The Transition to Language*, Oxford Universtiy Press 2002; A. M. MacLarnon und G. P. Hewitt: *The evolution of human speech: The role of enhanced breathing control*, in: American Journal of Physical Anthropology 109, 1999, S. 341–361; Ruth Berger: *Warum der Mensch spricht. Eine Naturgeschichte der Sprache*, Eichborn 2008.
10 Vgl. Noam Chomsky: *Language and Mind*, Harcourt Brace & World 1968, dt. *Sprache und Geist*, Suhrkamp 1999. Vgl. aus entwicklungspsychologischer Sicht die Kritik von: Stanley I. Greenspan und Stuart G. Shanker: *Der erste Gedanke. Frühkindliche Kommunikation und die Evolution menschlichen Denkens*, Beltz 2007.

Das Tier, das weinen kann
Die Natur der Psychologie

1 Entgegen allen weit verbreiteten Gerüchten begehen Lemminge in der Arktis nicht willentlich eine Selbsttötung, wenn sie sich zu Tausenden ins Meer stürzen. Vielmehr handelt es sich um Risiken, die die Tiere eingehen, um sich neue Nahrungsquellen zu erschließen.
2 Martha Nussbaum: *Menschliches Tun und soziale Gerechtigkeit. Zur Verteidigung des aristotelischen Essentialismus*, in: Holmer Steinfath (Hg.): *Was ist ein gutes Leben? Philosophische Reflexionen*, Suhrkamp 1998, S. 208.
3 Jane Goodall: *Wilde Schimpansen. Verhaltensforschung am Gombe-Strom*, Rowohlt 1994, S. 41.
4 Zum Überblick über die Erforschung von Kooperation unter Primaten siehe Joan B. Silk: *The Evolution of Cooperation in Primate Groups*, in: Herbert Gintis, Samuel Bowles, Robert Boyd

und Ernst Fehr (Hg.): *Moral Sentiments and Material Interests. The Foundations of Cooperation in Economic Life,* MIT Press 2005, S. 43–73.

5 Es ist sehr erstaunlich zu sehen, wie lange die Betrachtung der psychologischen Evolution des Menschen von einer Art technizistischer Soziobiologie dominiert wurde. Offensichtlich motivierte die rasante Entwicklung des technischen Fortschritts in der ersten Hälfte des 20. Jahrhunderts diese einseitige Sichtweise. Beispiele für diesen Technizismus sind Leslie White: *The Evolution of Culture: The Development of Civilization to the Fall of Rome,* McGraw-Hill 1959, der einseitig festlegt:»Soziale Systeme werden von technischen Systemen bestimmt.« Danach lässt sich der Fortschritt einer Gesellschaft an nichts anderem so sicher erkennen wie am Energieverbrauch(!). In die gleiche Richtung zielt Gerhard Lenski mit seinen Büchern: *Power and Privilege. A Theory of Social Stratification,* McGraw-Hill 1966 und: *Human Societies: A Macrolevel Introduction to Sociology,* McGraw-Hill 1970. Auch Lenski ordnet alle kulturellen Entwicklungen dem technischen Fortschritt unter.

6 Robert Trivers: *The evolution of reciprocal altruism,* in: Quarterly Review of Biology 46, 1971, S. 35–57.

7 Zur Diskussion um das Lausen vgl. Robin Dunbar: *Primate Social Systems,* Croom Helm 1988; ders.: *The functional significance of social grooming in primates,* in: Folia Primatologica 57, 1991, S. 121–131.

8 Vgl. Ronald Clark: *JBS: The Life and Work of J.B.S. Haldane,* Hodder and Stoughton 1968.

9 Zur Theorie der Gesamtfitness siehe: William Donald Hamilton: *The moulding of senescence by natural selection,* In: Journal of Theoretical Biology 12, 1966, S. 12–45; ders. *Selfish and spiteful behaviour in an evolutionary model,* in: Nature 228, 1970, S. 1218–1220; *The geometry of the selfish herd,* in: Journal of Theoretical Biology 31, 1971, S. 295–311; *Altruism and related phenomena, mainly in social insects,* in: Annual Review of Eco-

logy and Systematics 3, 1972, S. 193–232; *Narrow Roads in Gene Land,* Bd.1 und Bd. 2, Oxford University Press 1996 und 2002.
10 Vgl. Joan Silk: *The Evolution of Cooperation,* S. 41.
11 Vgl. dazu Jane Goodall: *The Chimpanzees of Gombe. Patterns of Behavior,* Belknap Press 1986.
12 J. Burkart, E. Fehr, C. Efferson und C.P. van Schaik: *Other-regarding preferences in a nonhuman primate: Common marmosets provision food altruistically,* in: PNAS 104 (50), 2007. Van Schaik geht dabei so weit, dass er auch beim Menschen einen genetischen Fürsorgesinn annimmt. Altruismus wäre demnach so etwas wie die Verlängerung von Brutpflegeinstinkten. Dass unsere Vorfahren ihre Nachkommen arbeitsteilig und gemeinsam aufzogen, bleibt allerdings eine wilde Spekulation. Unsere nächsten Verwandten, die Menschenaffen, zeigen dabei kein einheitliches Bild. Auch wäre zu fragen, warum der Brutpflegeinstinkt bei Männern im Lauf der Kulturgeschichte so unsicher war. Über viele Jahrhunderte hinweg zeigten sich Männer für die Aufzucht der Kinder überhaupt nicht zuständig. Wogegen der Brutpflegeinstinkt der Männer in deutschen Großstädten zurzeit geradezu explosionsartig ansteigt. Welche der beiden Verhaltensweisen ist »arttypisch« für Männer?
13 I.S. Bernstein: *The correlation between kinship and behaviour in nun-human primates,* in: P.G. Hepper: *Kin Recognition,* Cambridge University Press 1991, S. 6–29.
14 C. Boesch, C. Bolé, N. Eckhardt, H. Boesch: *Altruism in Forest Chimpanzees: The Case of Adoption,* in: PLoS ONE, January 26, 2010; http://dx.plos.org/10.1371/journal.pone.0008901.
15 Martin Seel: *Theorien,* Fischer 2009, S. 63.
16 Peter J. Richerson und Robert Boyd: *Not by Genes Alone. How Culture Transformed Human Evolution,* University of Chicago Press 2006.
17 Barbara McClintock: *The origin and behavior of mutable loci in maize,* in: Proceedings of the National Academy of Science, Bd. 36, 1950. Zur Rezeption von McClintock in der Biologie vgl.

Nathaniel C. Comfort: *The real point is control: The reception of Barbara McClintock's controlling elements*, in: Journal of the History of Biology 32, 1999, S. 133–162.
18 Eric Kandel: *Genes, nerve cells, and the remembrance of things past*, in: Journal of Neuropsychiatry and Clinical Neuroscience 1, 1989, S. 103–125.
19 Einen guten Überblick über Forschungsstand und Diskussion der Epigenetik gibt Christian Schwägerl: *Ein Dogma fällt*, in: GEO 04/2007, S. 152–166.
20 In dieser Lage konstruierte Richard Dawkins bereits 1976 einen scheinbaren Ausweg. Da sich der Einfluss der Kultur auf die Evolution des Menschen nicht leugnen ließ, erfand er etwas, was er »Meme« nannte. (Vgl: ders.: *Das egoistische Gen*, Jubiläumsausgabe SPEKTRUM 2007, S. 316–334.) Meme, so Dawkins, sind unsere Gedanken und Kulturleistungen. Der besondere Clou ist, dass sie sich im Lauf der Evolution *auf die gleiche Art und Weise* kopieren, vervielfältigen und damit weiterleben wie unsere Gene. Für manche Biologen und auch für viele Laien war das Problem damit gelöst. Tatsächlich aber vernebelt das Mem-Konzept den entscheidenden Unterschied zwischen biologischer und kultureller Evolution. Zum einen sind Gedanken keine begrenzten Einheiten wie Gene. Wie es der Natur unserer Sprache entspricht, denken wir immer unscharf. Wir formulieren halbe Gedanken, doppelsinnige Gedanken, missverständliche und unklare Gedanken. Auch werden Gedanken nicht einfach kopiert und gegebenenfalls korrigiert, sondern gedeutet, beschwichtigt, verschärft und so weiter. Nur geistig eingeschränkte Menschen nehmen jeden Gedanken wörtlich. Die Idee, dass Menschen ihr Wissen auf eine prinzipiell gleiche Weise weitergeben wie ihre Gene, ist ein hübscher Einfall – allerdings ohne jeglichen wissenschaftlichen Wert.
21 Vgl. ebd. S. 102–132.
22 Birute M.F. Galdikas: *Meine Orang-Utans. Zwanzig Jahre unter den scheuen »Waldmenschen« im Dschungel Borneos*, Scherz 1995.

23 Vgl. das Interview von Manuela Lenzen mit Frans de Waal: *Der Engel im Affen. Frans de Waal findet Bausteine der Moral auch bei unseren Verwandten,* in: DIE ZEIT (52) vom 17.12.2003.

Kreischende Kapuziner
Ist Fairness angeboren?

1 Vgl. Frans de Waal: *Chimpanzee Politics: Power and Sex among Apes,* Johns Hopkins University Press 1982. (dt. *Unsere haarigen Vettern. Neueste Erfahrungen mit Schimpansen,* Harnack 1983); ders. *Peacemaking among Primates,* Harvard University Press 1989 (dt. *Wilde Diplomaten. Versöhnung und Entspannungspolitik bei Affen und Menschen,* Hanser 1991).
2 S. F. Brosnan und Frans de Waal: *Monkeys reject unequal pay,* in: Nature 425, 2003, S. 297–299.
3 Frans de Waal: *Primaten und Philosophen. Wie die Evolution die Moral hervorbrachte,* Hanser 2008, S. 67 f.
4 Ebd. S. 68.
5 Frans de Waal in: DIE ZEIT (52) vom 17.12.2003.
6 John Stuart Mill: *Der Utilitarismus,* Reclam 1976, S. 83.
7 Dominique de Quervain, Urs Fischbacher, Valerie Treyer, Melanie Schellhammer, Armin Schnyder, Alfred Buck und Ernst Fehr: *The Neural Basis of Altruistic Punishment,* in: Science 305, 2004, S. 1254–1258.
8 Zum Ultimatumspiel siehe Werner Güth, Rolf Schmittberger, and Bernd Schwarze: *An Experimental Analysis of Ultimatum Bargaining,* Journal of Economic Behavior and Organization, 3/4 (Dezember) 1982, S. 367–388. Zu den neueren Forschungen von Ernst Fehr mithilfe des Ultimatumspiels: Karl Siegmund, Ernst Fehr, Martin A. Nowak: *Teilen und Helfen / Ursprünge sozialen Verhaltens,* in: Spektrum der Wissenschaft, Dossier, Heft 5/2006, S. 55; Ernst Fehr und Klaus M. Schmidt: *A Theory of Fairness, Competition, and Cooperation,* in: Quaterly Journal of Economics 114, 1999, S. 817–868; Ernst Fehr, Simon Gächter, Georg

Kirchsteiner: *Reciprocity as a Contract Enforcement Device: Experimental Evidence,* in: Econometrica 65, 1997, S. 833–860.

9 Das Ergebnis gilt allerdings vornehmlich für Studenten an westeuropäischen und US-amerikanischen Universitäten. In einem großräumigen Feldversuch untersuchten Joseph Henrich, Robert Boyd, Samuel Bowles, Colin Camerer, Ernst Fehr und Herbert Gintis das Spielverhalten in fünfzehn verschiedenen Kulturen. Das Angebot, das der erste Spieler dem zweiten machte, variierte je nach Kultur von durchschnittlich 26 Prozent (eine Kultur in Südamerika) bis zu 58 Prozent (eine Kultur in Asien) der Summe. Vgl. dies.: *Foundations of Human Sociality: Economic Experiments and Ethnographic Evidence From Fifteen Small-Scale-Societies,* Oxford University Press 2004. Die Bedeutung dieser Großstudie ist allerdings umstritten. Aus ethnologischer Sicht lässt sich zu Recht einwenden, dass die befragten indigenen Völker möglicherweise mehr Rücksicht auf die Erwartungen der Forscher nahmen, als dass sie ihre eigenen Fairness-Vorstellungen vorführten. Auch die Bedeutung des Geldes ist in diesen Kulturen verschieden, ebenso wie das kulturell eingeschliffene Spielverhalten. Aus dem Ultimatumspiel Rückschlüsse auf tatsächliche Fairness-Präferenzen bei indigenen Völkern zu ziehen ist also eine ziemlich heikle Angelegenheit von eingeschränktem wissenschaftlichem Wert.

10 Zum Diktatorspiel vgl: R. Forsythe, J. Horowitz, N.E. Savin and M. Sefton: *Fairness in Simple Bargaining Experiments,* in: Games and Economic Behavior, 6, 1994, S. 347–369.

Gefühl gegen Vernunft
Wer trifft unsere Entscheidungen?

1 David Hume: *Eine Untersuchung über den menschlichen Verstand,* hg. von Jens Kulenkampff, 12. Aufl. Meiner 1993.

2 David Hume: *My Own Life,* in: ders.: *The philosophical works*, 2. Aufl. 1882, Neudruck Scientia 1964, 3. Bd, S. 1 ff. Zu Humes Leben und Werk vgl. Gerhard Streminger: *Hume,* Rowohlt 1986;

Jens Kulenkampff: *David Hume*, Beck 2003; Heiner F. Klemme: *David Hume zur Einführung*, Junius 2007.
3 Die Kritik erschien anonym in *The History of the Works of the Learned* 1739 (November: S. 353–390; Dezember: S. 391–404).
4 Vgl. hierzu und im Folgenden: Gerhard Streminger: *Hume*, Rowohlt 1986
5 David Hume: *Mein Leben*, in: ders. *Eine Untersuchung über den menschlichen Verstand*, S. LVIII.
6 Immanuel Kant: *Reflexionen zur Anthropologie*, in: Akademie-Ausgabe XV, S. 592. Vgl. auch *Prolegomena*, Vorwort IV, 255: »Ich gestehe frei: die Erinnerung des David Hume war eben dasjenige, was mir vor vielen Jahren zuerst den dogmatischen Schlummer unterbrach und meinen Untersuchungen im Felde der speculativen Philosophie eine ganz andre Richtung gab. Ich war weit entfernt, ihm in Ansehung seiner Folgerungen Gehör zu geben, die blos daher rührten, weil er sich seine Aufgabe nicht im Ganzen vorstellte, sondern nur auf einen Theil derselben fiel, der, ohne das Ganze in Betracht zu ziehen, keine Auskunft geben kann. Wenn man von einem gegründeten, obzwar nicht ausgeführten Gedanken anfängt, den uns ein anderer hinterlassen, so kann man wohl hoffen, es bei fortgesetztem Nachdenken weiter zu bringen, als der scharfsinnige Mann kam, dem man den ersten Funken dieses Lichts zu verdanken hatte.«
7 Vgl. Francis Hutcheson: *Eine Untersuchung über den Ursprung unsere Ideen von Schönheit und Tugend: Über moralisch Gutes und Schlechtes* (1725), Meiner 1986; Adam Smith: *Theorie der ethischen Gefühle* (1759), Meiner 2010.
8 Gerd Gigerenzer: *Bauchentscheidungen. Die Intelligenz des Unbewussten und die Macht der Intuition*, 3. Aufl. Goldmann 2008; Marc Hauser: *Moral Minds. How Nature Designed Our Universal Sense of Right and Wrong*, Abacus 2008.

9 Jonathan Haidt: *The emotional dog and its rational tail: A social intuitionist approach to moral judgement,* in: Psychological Review, 108 (4), 2001, S. 814–834; vgl. auch ders.: *The new synthesis in moral psychology,* in: Science, 316, 2007, S. 998–1002.
10 Jonathan Haidt, S. Koller und M. Dias: *Affect, culture, and morality, or is it wrong to eat your dog?,* In: Journal of Personal and Social Psychology, 65, 1993, S. 613–628.
11 Zum Unfall und zum Leben von Phineas Gage vgl. Malcolm MacMillan: *An Odd Kind of Fame: Stories of Phineas Gage,* MIT Press 2000, John Fleischmann: *Phineas Gage: a Gruesome But True Story about Brain Science,* Mifflin 2004. Zur Gehirnuntersuchung am Schädel von Phineas Gage vgl. Antonio Damasio: *Descartes' Irrtum. Fühlen, Denken und das menschliche Gehirn,* List Taschenbuch 2004.
12 Joshua Greene: *The Terrible, Horrible, No Good, Very Bad Truth About Morality and What To Do About It,* Department of Philosophy, Princeton University 2002.
13 A.S. Shenhav und Joshua Greene: *Utilitarian calculations, emotional assessments, and integrative moral judgments: Dissociating neural systems underlying moral judgment* (unveröffentlicht); Joshua Greene, K. Lowenberg, L.E. Nystrom, J.D. Cohen: *Neural dissociation between affective and cognitive moral disapproval* (unveröffentlicht).
14 Christine Korsgaard, in: Herlinde Pauer-Studer (Hg.): *Konstruktionen praktischer Vernunft,* Frankfurt a.M. 2000, S. 65f.

Natur und Kultur
Wie wir Moral lernen

1 Kiley Hamlin, Karen Wynn & Paul Bloom: *Social evaluation by preverbal infants,* in: Nature, 450, 2007, S. 557–559.
2 Hoffman, Martin L.: *Empathy and moral development: Implications for caring and justice,* Cambridge University Press, New York 2000.

3 Vgl. Jean Piaget: *Das moralische Urteil beim Kinde* (1932), 2. Aufl. Suhrkamp 1976; ders.: *Sprechen und Denken des Kindes* (1924), Schwann 1972; Lawrence Kohlberg: *Zur kognitiven Entwicklung des Kindes* (1969), Suhrkamp 1974; ders.: *Zur Psychologie der Moralentwicklung,* Suhrkamp 1995; Robert L. Selman: *Zur Entwicklung des sozialen Verstehens. Entwicklungspsychologische und klinische Untersuchungen,* Suhrkamp 1984.

4 Zum Mitgefühl bei 18 Monate alten Kleinkindern siehe auch die Untersuchung von Felix Warneken und Michael Tomasello: *Altruistic Helping in Human Infants and Young Chimpanzees,* in Science 3, Bd. 311, 2006, S. 1301–1303. Die Forscher beobachteten dabei, wie die Kleinkinder versuchten, Menschen zu helfen, die sich bemühten, eine Schranktür zu öffnen. Ganz offensichtlich erkannten sie die Absicht und zeigten sich ganz spontan und ohne Aufforderung hilfsbereit. Demonstrierten die Erwachsenen dagegen, dass sie die Tür selbst öffnen konnten, unterließen die Kleinkinder ihre Hilfe.

5 Dale F. Hay und S. Pawlby: *Prosocial development in relation to children's and mother's psychological problems,* in: Child Development, 74, 2003, S. 1314–1327; Dale F. Hay, S. Pawlby, A. Angold, G.T. Harold, D. Sharp: *Pathways to violence in the children of depressed mothers,* in: Developmental Psychology, 39, 2003, S. 1083–1094; D.F. Hay, A.J. Payne, A.J. Chadwick: *Peer relations in childhood,* in: Journal of Child Psychology and Psychiatry, 45, 2004, S. 84–108. Vgl. auch Doris Bischof-Köhler: *Spiegelbild und Empathie,* Huber 1989; Ervin Staub: *Entwicklung prosozialen Verhaltens,* Urban & Schwarzenberg 1982; Reinhard Tausch und Annemarie Tausch: *Erziehungspsychologie. Begegnung von Person zu Person,* Hogrefe 1991; Jutta Kienbaum: *Entwicklungsbedingungen prosozialer Responsivität in der Kindheit,* Pabst Science Publishers 2003.

6 Zu Ernst Fehrs Biografie vgl. *Was ist gerecht?* Der Wirtschaftswissenschaftler Ernst Fehr über unser angeborenes Bedürfnis nach Fairness, selbstlose Einzelkinder und die Frage, wie viel Ungerech-

tigkeit eine Gesellschaft aushält. Ein Gespräch mit Stefan Klein, in: DIE ZEIT, Nr. 31, ZEITmagazin, 23.7.2009.
7 Ernst Fehr, Bettina Rockenbach, Helen Bernhard; *Egalitarianism in young children*, in: Nature 454, 2008, S. 1079.
8 Ming Hsu: *The Right and the Good: Distributive Justice and Neural Encoding of Equity and Efficiency*, in: Science Express, 8. Mai 2008.
9 Zum Vertrauensspiel vgl. Ernst Fehr und Simon Gächter: *Altruistic Punishment in Humans*, in: Nature, 415, 2002, S. 137–140.
10 Daria Knoch, A. Pascual-Leone, K. Meyer V. Treyer, Ernst Fehr: *Diminishing reciprocal fairness by disrupting the right prefrontal cortex*, in: Science, 314, 2006, S. 829–832; vgl. auch: Daria Knoch, Fréderic Schneider, Daniel Schunk, Martin Hohmann, Ernst Fehr: *Disrupting the prefrontal cortex diminishes the human ability to build a good reputation*, in: Proceedings of the National Academy of Sciences of the USA, 2010, doi: 10.1073/pnas.0911619106.
11 Michael Kosfeld, Markus Heinrichs, Paul J. Zak, Urs Fischbacher und Ernst Fehr: *Oxytocin increases trust in humans*, in: Nature, 435, 2005, S. 673–676.
12 Jay N. Giedd und andere: *Brain Development during childhood and adolescense: A longitudinal MRI study*, in: Nature Neuroscience 2/10, 1999, S. 861–863. Verantwortlich für den Wachstumsschub im Gehirn von Heranwachsenden ist das Myelin, das die weiße Gehirnsubstanz bildet. Myelin ist eine Art Superleiter. Werden die Axone, die langen fadenartigen Fortsätze der Nervenzellen damit ummantelt, so erhöht sich die Geschwindigkeit der Signalübertragung zwischen den Nervenzellen bis auf das 30-Fache. Im Alter zwischen zehn und zwanzig Jahren verdoppelt sich die Zahl dieser Ummantelungen. Eigentlich eine gute Nachricht – aber die neu ummantelten Gehirnverbindungen haben auch einen Nachteil. Je besser umhüllt unsere Axone sind, umso starrer werden sie zugleich. Einmal gelegte Verbindungen sind jetzt nicht mehr so flexibel. Viele Hirnforscher sehen darin zum Bei-

spiel den Grund dafür, dass Kleinkinder viel besser und intuitiver Sprachen lernen als Kinder im Alter von über zehn Jahren. Was auf der einen Seite nützt, bringt auf der anderen Seite Nachteile. Allgemein wird allerdings angenommen, dass die Dicke der Ummantelungen ein guter Anhaltspunkt ist, um die Intelligenz von Menschen zu messen. Je dicker die Myelinschicht, umso schneller arbeitet das Gehirn – allerdings, wie gesagt, auf Kosten der Flexibilität. Könnte es deshalb sein, dass die Schüler, die in der Schule am schnellsten und präzisesten den Anforderungen ihrer Lehrer genügen, nicht unbedingt die kreativsten sind?

13 Robert McGivern, Julie Andersen, Desiree Byrd, Kandis L. Mutter, Judy Reilly: *Cognitive efficiency on a match to dample task decreases at the onset of puberty in children,* in: Brain Cognition 50 (1), 2002, S. 73–89.

14 Yasuko Minoura: *A sensitive period for the incorporation of a cultural meaning system: A study of Japanese children growing up in the United States,* in: Ethos, 20, 1992, S. 304–339.

Soziales Schach
Wie viel Egoismus steckt im Menschen?

1 Richard Alexander: *The Biology of Moral Systems,* Aldine Transaction 1987; Robert Wright: *Jenseits von Gut und Böse. Die biologischen Grundlagen unserer Ethik,* Limes 1996; Robert Frank: *Passions within Reasons. The Strategic Role of the Emotions,* Norton 1988; Matt Ridley: *Die Biologie der Tugend. Warum es sich lohnt, gut zu sein,* Ullstein 1997, S. 194.

2 Matt Ridley: *Die Biologie der Tugend,* S. 194.

3 Jürgen Kaube: *Weibchen,* in: FAZ Nr. 256, 4.11.2009.

4 Die Formulierung »Survival of the nicest« wird heute sowohl von Vertretern der Egoismus-Theorie wie von ihren Kritikern in Anspruch genommen. Die älteste mir bekannte Ausarbeitung des Konzepts stammt von Elliott Sober und David Sloan Wilson:

Unto Others: The Evolution and Psychology of Unselfish Behavior, Harvard University Press 1999.
5 Christine Korsgaard, in: Frans de Waal: *Primaten und Philosophen*, Hanser 2008, S. 118.
6 Georg Simmel: *Einleitung in die Moralwissenschaft. Eine Kritik der ethischen Grundbegriffe*, 2 Bde., 2. Ausg. Cotta 1911, 1. Bd. S. 86.
7 Eine sehr anschauliche Tabelle, die die Rationale Gesinnungsethik der Philosophen und ihre Vorstellungen von »Egoismus« und »Altruismus« den Definitionen der Evolutionären Erfolgsethik entgegensetzt, findet sich in: Eckart Voland, Paul Winkler und Hans Werner Ingensiep: *Evolution des Menschen (4). Evolution des Verhaltens – biologische und ethische Dimensionen*, Studienheft des Deutschen Instituts für Fernstudien an der Universität Tübingen, 1990, S. 112.
8 Ebd. S. 87.

Gute Gefühle
Warum wir gerne nett sind

1 Sigmund Freud: *Das Ich und das Es: Metapsychologische Schriften*, 12. Aufl. Fischer Taschenbuch 1992.
2 Daniel Kahneman und Alan Krueger: *A Survey Method for Characterizing Daily Life Experience: The Day Reconstruction Method*, in: Science 306, 2004, S. 1776–1780; dies. *Developments in the Measurement of Subjective Well-Being*, in: Journal of Economic Perspectives, 20 (1), 2006, S. 3–24.
3 Jaak Panksepp und J. Burgdorf: *50k-Hz chirping (laughter?) in response to conditioned and unconditioned tickle-induced reward in rats: effects of social housing and genetic variables*, in: Behavioral Brain Research, 115, 2000, S. 25–38.
4 Jaak Panksepp: *Beyond a joke: From animal laughter to human joy*, in: Science 308, 2005, S. 62.

5 Jaak Panksepp: *Affective Neuroscience: The Foundations of Human and Animal Emotions,* Oxford University Press 1998; ders.: *The Archaeology of Mind, Neural Origins of Human Emotion,* Norton & Company 2010.
6 H.A. Hofmann, M.E. Benson, Russell D. Fernald: *Social status regulates growth rate: consequences for life-history strategies,* in: Proceedings of the National Academy of Science, 96, 1999, S. 14171–76.
7 Thomas Insel, Russell D. Fernald: *How the Brain Processes Social Information: Searching for the Social Brain,* in: Annual Review of Neuroscience, 27, 2004, S. 697–722.
8 Harry F. Harlow, M.K. Harlow: *Psychopathology in monkeys,* in: H.D. Kimmel (Hg): *Experimental Psychology, Recent Research and Theory,* Academic Press 1971.
9 Ernst Fehr, Urs Fischbacher, Michael Kosfeld: *Neuroeconomic Foundations of Trust and Social Preferences,* in: American Economic Review, Papers & Proceedings, 95 (2), 2005, S. 346–351.
10 Joachim Bauer: *Prinzip Menschlichkeit. Warum wir von Natur aus kooperieren,* 3. Aufl. Heyne 2008, S. 37.
11 Ebd. S. 39.
12 Jorge Moll, Jordan Grafman u.a.: *Human Fronto-Mesolimbic Networks Guide Decisions About Charitable Donation,* in: Proceedings of the National Academy of Sciences, Bd. 103(42), 2006, S. 15623–15628. Jorge Molls Ambitionen gehen allerdings weit über diese Versuchsreihe hinaus. Von allen Hirnforschern wagt er heute das ehrgeizigste und umfassendste Modell, um unser moralisches Fühlen, Entscheiden und Handeln erklärbar zu machen. Die Theorie nennt sich *Event-feature-emotion-complex framework* (EFEC). Danach entstehen moralische Empfindungen aus einer Kombination von drei Elementen: dem strukturierten Ereigniswissen (*structured-event-knowledge*), den sozial wahrnehmenden und funktionellen Eigenschaften (*social perceptual and functional features*) und aus zentralen Motivationszuständen (*central motive states*). Der Vorgang im Gehirn verteilt sich demnach auf

drei Bereiche: Unser Stirnhirn (der präfrontale Cortex) prägt sich unsere Erfahrungen ein und entwickelt daraus bestimmte Reaktionsschemata. Wenn dies oder das passiert, was ich bereits so oder ähnlich kenne, reagiere ich jedes Mal auf die gleiche oder ähnliche Weise. Die sozial wahrnehmenden und funktionellen Eigenschaften sind Filter, die in jeder Situation aus der Fülle von einströmenden Erfahrungen das für uns Wesentliche herausfiltern: eine Mimik, ein Lächeln, eine Bewegung, aber auch einen mutmaßlichen Hintersinn bei dem, was jemand tut. Die Gehirnregion, die hieran besonders beteiligt ist, ist die oberste Furche des Temporallappens (Sulcus Temporalis Superior). Die zentralen Motivationszustände stammen nicht aus den höheren Hirnfunktionen, wie die beiden erstgenannten Komponenten. Vielmehr sitzen sie im Zwischenhirn, im limbischen System und hier besonders im Hypothalamus. Emotionen wie Hunger, Aggression, sexuelle Erregbarkeit, Müdigkeit usw. werden hier gebildet. Der Ablauf einer moralischen Empfindung und Entscheidung sähe danach wie folgt aus: Meine wahrnehmenden und funktionellen Eigenschaften nehmen etwas Augenfälliges war. Ich sehe jemanden, der mir leidtut, oder ein Handeln, das mich verärgert. Mein strukturiertes Ereigniswissen versorgt mich dabei mit übergreifenden Informationen, die es mir aus Erfahrung ermöglichen, die Situation einzuschätzen. Ist etwas Schlimmes passiert? Muss ich eingreifen? Soll ich mich heraushalten oder einmischen? Bin ich direkt zum Handeln aufgefordert oder nicht? Aus dem limbischen System drängen dazu schallverstärkende Gefühle hervor: Trauer, Angst, Wut und so weiter. Für die klinische Behandlung bringt dieses Modell Vorteile, denn Beeinträchtigungen einer der drei Funktionen erklären sehr gut, warum manche Menschen in ihren sozialen und moralischen Handlungen »unzurechnungsfähig« erscheinen, zum Beispiel Autisten. Ob das EFEC allerdings dazu beitragen kann, die Frage nach der Priorität von Gefühl versus Vernunft zu klären, sei dahingestellt.

Das Gute & Ich
Wie unser Selbstbild uns verpflichtet

1 Martin Seel: *Theorien,* S. 34.

Freund meiner selbst
Was ein gutes Leben sein könnte

1 Zu Leben und Werk des Aristoteles vgl. Otfried Höffe: *Aristoteles,* 3. Aufl. Beck 2006; ders.: *Die Nikomachische Ethik,* 2. Aufl. Akademie-Verlag 2006; Christof Rapp: *Aristoteles zur Einführung,* Junius 2007.

2 Gemeint ist: Helmut Jungermann, Hans-Rüdiger Pfister, Katrin Fischer: *Die Psychologie der Entscheidung,* 2. Aufl. Spektrum 2005.

3 Der Vergleich mit dem Liebhaber stammt nicht von Aristoteles, sondern von mir. Oder genauer von meinem Vater. Noch genauer vom Mathematiklehrer meines Vaters. Dessen Weisheit lautete: Der Unterschied zwischen Können und »Wissen, wie es geht« ist ganz einfach. Ein Eunuch weiß auch, wie es geht. Aber er kann trotzdem nicht.

4 Die Studie zum Einfluss von Lärm auf unsere Hilfsbereitschaft stammt von K. E. Matthews und L. K. Cannon: *Enviromental Noise Level as a Determinant of Helping Behaviour,* in: Journal of Personality and Social Psychology 32 (1975), S. 571–577.

5 Vgl. dazu Aristoteles' Abhandlung über die Freundschaft in der *Nikomachischen Ethik* (EN), Buch IX.

6 EN I 9, 1099a31–1099b6.

7 EN VII 13, 1153a14f.; X 4, 1174b33.

8 An diesem Punkt stimmen Aristoteles und Kant durchaus überein. Anders als etwa der Utilitarismus, bei dem die Frage nach dem Selbstbild unzulässigerweise ausgeklammert wird und für die Motivation des Handelns gar keine Rolle spielen soll. Sowohl für Aristoteles wie für Kant geht es darum, die konkreten Handlungen in Übereinstimmung zu bringen mit der prinzipiell für gut

und richtig erachteten Handlungsweise. Diese Handlungsweise ist für Aristoteles das tugendhafte Ideal, für Kant die Maxime. Eine Ethik hingegen, die unseren Spagat zwischen Ideal und Handlung nicht nachverfolgt und auch nicht die psychologischen Spannungen, die sich daraus ergeben, trifft nicht den Kern des Problems.

Die Katze des Yogis
Ist Moral überall gleich?

1 Zitiert nach Peter Knauer: *Handlungsnetze. Über das Grundprinzip der Ethik,* Books on demand GmbH, 2002, S. 12.
2 Vgl. Edward Westermarck: *The Origin and Development of the Moral Ideas,* 2 Bde., Macmillan 1906/1908, hier Bd.1, S. 3: »It will, moreover, appear that a moral estimate often survives the cause from which it sprang.«
3 Edward Westermarck: *The History of Human Marriage,* Macmillan 1891, dt. *Geschichte der menschlichen Ehe,* Costenoble 1893.
4 Edward Westermarck: *Ethical Relativity,* Kegan Paul 1932, S. 147, Anm. 60: »Could it be brought home to people that there is no absolute standard in morality, they would perhaps be somewhat more tolerant in their judgments, and more apt to listen to the voice of reason.«
5 Eine moderne Variante dieser Idee versucht Michael Schmidt-Salomon: *Jenseits von Gut und Böse. Warum wir ohne Moral die besseren Menschen sind,* Pendo 2009. Danach brauchen wir keine »Moral« im Sinne einer vorgegebenen Ordnung, sondern nur eine »Ethik« im Sinne von minimalen praktischen Regeln.
6 »He embodied, with an exceptional, militant power, a current of thought which renewed our social and moral understanding, and out of which grew the first efforts to develop a comprehensive description of mankind.« Zitiert nach: Edward Westermarck: *The History of Human Marriage. With a New Introduction of Prof. Yogesh Atal,* Logos Press 2007, S. IX.

7 Zu Murdocks Liste vgl. Christoph Antweiler: *Heimat Mensch. Was uns alle verbindet,* Murmann 2009, S. 15 f.
8 Das auch unter Anthropologen weit verbreitete Missverständnis von der »Universalität der romantischen Liebe« verdankt sich einer umfangreichen Studie von William Jankowiak und Edward Fisher aus den späten 1980er und den 1990er Jahren. Sie befragten 168 Kulturen nach vier Elementen der Liebe: 1. das Singen von Liebesliedern; 2. nach Liebenden, die gegen den Willen ihrer Eltern durchbrennen; 3. kulturellen Informationsträgern, die von persönlichem Schmerz und der Sehnsucht nach einem geliebten Menschen berichten und 4. volkskundlichen Hinweisen auf romantische Verbindungen. (Zusammengefasst in: William Jankowiak: *Intimacies. Love and Sex Across Cultures,* Columbia University Press 2008). Dabei kamen die Forscher zu dem fragwürdigen Ergebnis, dass die »romantische Liebe« keine Erfindung der westlichen Kultur sei, sondern universal. Zur Kritik an diesem Schnell-Schluss vgl. die Einwände von Anm. 9 in dem Kapitel »Kreischende Kapuziner«, S. 110 dieses Buches. Vgl. auch meine Kritik in: *Liebe. Ein unordentliches Gefühl,* Goldmann 2009.
9 »Society is the birthplace of the moral consciousness«, Edward Westermarck: *The Origin ...,* Bd. 2, S. 740.
10 Kwame Anthony Appiah: *Ethische Experimente. Übungen zum guten Leben,* C.H. Beck 2009, S. 76.

Ausflug nach Shangri-La
Warum Kriege nicht sein müssen

1 Selbstverständlich empfinden sich die Mangyan selbst nicht als Bewohner eines realen Shangri-La, dafür leben sie wirtschaftlich zu bescheiden. Wenn ihr materielles Los gleichwohl nicht allzu schlecht ist, so liegt dies weitgehend an den Missionaren und NGOs, die sich um sie kümmern.
2 James Hilton: *Lost Horizon* (1933), dt. *Irgendwo in Tibet,* Reichner 1936.

3 Zur Kultur der Mangyan siehe Jürg Helbling: *Verwandtschaft, Macht und Produktion. Die Alangan-Mangyan im Nordosten von Mindoro, Philippinen,* Dietrich Reimer Verlag 1996.
4 Zu den Zahlen vgl. Christoph Antweiler: *Heimat Mensch,* Murmann 2009, S. 102.
5 Ebd. S. 110. Die Liste der friedlichen Völker findet sich auf: www.peacefulsocieties.org (die Mangyan fehlen hier allerdings).
6 Im Ernst behauptete dies der US-amerikanische Anthropologe Napoleon Chagnon. Bei der Untersuchung der südamerikanischen Yanomani-Indianer kam er zu dem Ergebnis: »Männer, die mordeten, hatten mehr als zweimal so viele Frauen und dreimal so viele Nachkommen wie Nicht-Mörder«, in: ders: *Yanomamo. The fierce people,* Rinehart & Winston, 1968. Dass diese These so spekulativ wie haltlos ist, zeigten Brian Fergueson: *Yanomani welfare: a political history,* Sante Fe School of American Research 1995 und Patrick Tierney: *Darkness in El Dorado,* Norton & Company 2000.
7 So etwa Eckart Voland im Interview der Süddeutschen Zeitung am 19.2.2009: »Die Menschheitsgeschichte war stets ein Prozess der Gruppenkonkurrenz um bessere Lebenschancen, und in vielen Naturvölkern sieht man noch heute: Sie kennen keine neutrale Begegnung. Hat der Nachbar das bessere Territorium, wird konkurriert, auch gewaltsam.« Dass Gruppenbildung zwangsläufig zu Konkurrenz führt, ist eine Idee Thomas Henry Huxleys. Wie an Volands Behauptung ablesbar, ist sie für manchen durch keine neue Erkentnis erschütterbar.
8 Vgl. dazu die Feldbeobachtungen von Joseph H. Manson und Richard W. Wrangham: *Intergroup aggression in chimpanzees and humans,* in: Current Anthropology 32, 1991, S. 369–390. Siehe auch Stephen Le Blanc: *Constant Battles: The Myth of the Peaceful Noble Savage,* St.Martin's Press 2003, der vom Aggressions-Verhalten von Schimpansen ziemlich schlicht auf das Kriegsverhalten von Menschen schließt.

9 Richard Gabriel: *The Culture of War: Invention and early development*, Greenwood Press 1990, S. 4 f.
10 Jürg Helbling: *Tribale Kriege. Konflikte in Gesellschaften ohne Zentralgewalt*, Campus 2006, S. 105 f.
11 Nach Helbling gilt dieser »Mechanismus zur Vermeidung von Gewaltkonflikten auch zwischen Individuen: Diese können ebenso ohne wirtschaftliche Nachteile die Gruppe wechseln, was sie auch häufiger tun. Gentausch scheint hingegen kein Grund für Gruppenwechsel zu sein. Die Gene sind den Wildbeutern, wie auch den meisten anderen Menschen, weitgehend wurscht« (persönliche Mitteilung).
12 Jürg Helbling: *Tribale Kriege*, S. 166.
13 Nach Helbling folgen viele Kriege der Struktur des von Albert William Tucker von der Princeton University sogenannten »*Gefangenendilemmas*«: Zwei Personen, die beschuldigt werden, ein Verbrechen begangen zu haben, werden von der Polizei verhaftet. Die Polizei kann den beiden jedoch nur geringere Verstöße gegen das Waffengesetz beweisen, nicht jedoch den gemeinsam begangenen Raub. In dieser Situation greift die Polizei zu einem Trick: Sie verhört beide Gefangenen getrennt und macht beiden folgendes Angebot: Wenn der eine Gefangene gesteht, kommt er nicht ins Gefängnis, sein Komplize jedoch 5 Jahre lang. Gestehen beide, kommen beide 4 Jahre ins Gefängnis. Gesteht keiner von beiden, kann die Polizei ihnen eben nur den Verstoß gegen das Waffengesetz nachweisen, und sie müssen beide für ein Jahr ins Gefängnis. Das beste Ergebnis erzielen beide Gefangenen, wenn sie schweigen (jeder ein Jahr, d. h. zusammen zwei Jahre Gefängnis). Wenn der erste Gefangene (A) vermutet, dass der andere (B) schweigt, hat A den größten Vorteil, wenn er B verrät. Das Gleiche gilt erst recht dann, wenn A vermutet, dass B ihn verpetzt. So gesehen erscheint es für beide Gefangene unabhängig voneinander am besten, einander zu verraten. Obwohl es für *beide zusammen* günstiger ist zu schweigen. Nach Helbling gilt diese Situation auch für viele Kriege. Unter anarchischen Bedingungen erscheint es häufig günsti-

ger, den anderen anzugreifen, damit man nicht angegriffen wird. Erst eine Zentralgewalt verhindert diese Eskalation und richtet (idealerweise) nach dem Gesichtspunkt, was für beide insgesamt das Beste ist. Und das wäre wohl oft, den Krieg zu vermeiden. So gesehen lässt sich sagen, dass anarchische Bedingungen den Einzel-Egoismus (eines Menschen, einer Gruppe, eines Volkes) stärken, wogegen Zentralgewalten den Gesamt-Egoismus (mehrerer Personen/Gruppen/Völker) fördern – ein Argument für eine (nationale und internationale) Demokratie mit Hierarchien und gegen den Anarchismus.
14 Jürg Helbling: *Tribale Kriege*, S. 166.

Wollen und Tun

Der moralische Tunnelblick
Tierische Gefühle, menschliche Verantwortung

1 Günther Anders: *Die Antiquiertheit des Menschen*. Band I: Über die Seele des Lebens im Zeitalter der zweiten industriellen Revolution, 7. Aufl. C. H. Beck 1988, S. 264.
2 Thomas Metzinger: *Der Ego-Tunnel. Eine neue Philosophie des Selbst: Von der Hirnforschung zur Bewusstseinsethik*, Berlin Verlag 2009, S. 21.
3 Martin Seel: *Theorien*, S. 22.
4 Gerd Gigerenzer: *Bauchentscheidungen*, S. 45.
5 Ebd. S. 150.
6 Zur neueren Forschung über Selbst-Aufmerksamkeit im Handeln siehe auch: C. S. Carver und M. F. Scheier: *Attention and self-regulation: A control theory approach to human behavior*, Springer 1981; R. F. Kidd und L. Marshall: *Self-Reflection, Mood, and Helpful Behavior*, in: Journal of Research in Personality, 16, 1982, S. 319–334; F. X. Gibbons und Robert A. Wicklund: *Self-focused and helping behavior*, in: Journal of Personality and

Social Psychology, 43, 1982, S. 462–474; F. X. Gibbons: *Self-attention and behavior: A review and theoretical update,* in: M. P. Zanna, (Hg.), *Advances in Experimental Social Psychology,* 23, 1990, S. 249–303, Academic Press; P. M. Gollwitzer und Robert A. Wicklund: *Self-symbolizing and the neglect of others' perspectives,* in: Journal of Personality and Social Psychology, 48, 1982, S. 702–715; B. O. Stephenson und Robert A. Wicklund: *Self-directed attention and taking the other's perspective,* in: Journal of Experimental Social Psychology, 19, 1983, S. 58–77; Robert A. Wicklund und M. Eckert: *The self-knower: A hero under control.* Plenum 1992; S. P. Sinha und P. Nayyar: *Crowding effects of density and personal space requirements among older people: The impact of self-control and social support,* in: Journal of Social Psychology, 140(16), 2000, S. 721–728; W. B. Mendes, J. Blascovich, S. Hunter, B. Lickel, J. T. Jost: *Threatened by the Unexpected: Physiological Responses During Social Interactions With Expectancy-Violating Partners,* in: Journal of Personality & Social Psychology, 92, 2007, S. 698–716.

Die Moral der Horde
Warum Kopieren vor Kapieren kommt

1 John R. G. Dyer, Anders Johansson, Dirk Helbing, Iain D. Couzin und Jens Krause: *Leadership, consensus decision making and collective behaviour in humans,* in: Philosophical Transactions of the Royal Society, 364, 2009, S. 781–789.
2 Culum Brown, Kevin Laland, Jens Krause: *Fish Cognition and Behavior,* BBC Audiobooks 2006.
3 I. D. Couzin, Jens Krause, R. James, G. D. Ruxton, N. R. Franks: *Collective memory and spatial sorting in animal groups,* in: Journal of Theoretical Biology, 218, 2002, S. 1–12.
4 Ein bekanntes Phänomen ist, dass es mitunter genügt, etwas zu sehen oder an etwas zu denken, um es auch tatsächlich zu tun. Dieser unbewusste Prozess, der früher als *Carpenter-Effekt* be-

zeichnet wurde und heute meist als *ideomotorischer Effekt*, ist heute neurobiologisch recht gut erforscht. Ganz offensichtlich ist die Verschaltung zwischen den geistigen Impulsen und den Handlungsneuronen, die unsere Muskelbewegungen ausführen, mitunter erstaunlich kurz und schnell.

5 Zu den Spiegelneuronen vgl. Giacomo Rizzolatti, Corrado Sinigaglia: *Empathie und Spiegelneurone: Die biologische Basis des Mitgefühls*, Suhrkamp 2008.
6 Das Kleinhirn hat primär keine höheren kognitiven Funktionen, ist aber für Lernprozesse zuständig, die unser Körper automatisiert. Wenn wir mit den Augen zwinkern oder unsere Finger sich auf der Tastatur eines Klaviers oder eines Computer »wie von selbst« zu orientieren scheinen, ist dies eine Leistung des Kleinhirns. Seit zwei Jahrzehnten mehren sich allerdings die Indizien für die Beteiligung des Kleinhirns an kognitiven Aufgaben wie dem visuell-räumlichen Denken oder sogar beim Sprechen und Spracherkennen. So etwa wird Dyslexie heute mit einem Funktionsausfall im Kleinhirn erklärt.
7 Zur Dunbar-Zahl vgl. Malcolm Gladwell: *The Tipping Point*, Little Brown 2000.
8 Vgl. dazu James Surowiecki: *Die Weisheit der vielen: Warum Gruppen klüger sind als Einzelne*, Goldmann 2007.
9 Zu Craig Reynolds Definition des Schwarmverhaltens siehe dessen Homepage: www.red3d.com.
10 Martin Seel: *Theorien*, S. 139.
11 Ebd. S. 140.
12 Vgl. dazu: Joachim Bauer: *Warum ich fühle, was du fühlst. Intuitive Kommunikation und das Geheimnis der Spiegelneurone*, Hoffmann und Campe 2005, S. 57–61.
13 Siegfried Kracauer: *Das Ornament der Masse*, Essays, Suhrkamp 1963, S. 59.

Engstirniges Pfarrvolk
Wir, die anderen und die ganz anderen

1 Samuel Bowles, Herbert Gintis: *Optimal Parochialism: The Dynamics of Trust and Exclusion in Networks,* University of Massachusetts 2000; Helen Bernhard, Urs Fischbacher und Ernst Fehr: *Parochial altruism in humans,* in: Nature, 442, 2006, S. 912–915; Ernst Fehr und Herbert Gintis: *Human Nature and Social Cooperation: Analytical and Experimental Foundations,* in: Annual Review of Sociology, 33, 2007, S. 43–64.
2 Ernst Fehr, Bettina Rockenbach, Helen Bernhard; *Egalitarianism in young children,* in: Nature 454, 2008, S. 1079.
3 Samuel Bowles: *Conflict: Altruism's midwife. Generosity and solidarity towards one's own may emerged only in combination with hostility towards outsiders,* in: Nature, 456, 2008, S. 326–327.
4 Peter Sloterdijk: *Im Weltinnenraum des Kapitals,* Suhrkamp 2005, S. 102.
5 Interview mit Eckart Voland in Süddeutsche Zeitung 19.2.2009.

Ganz normale Mörder
Auf dem Rangierbahnhof der Moral

1 Christopher R. Browning: *Ganz normale Männer. Das Reserve-Polizeibataillon 101 und die »Endlösung« in Polen,* 5. Aufl. Rowohlt 2009, S. 21–22.
2 Insgesamt haben die 500 Angehörigen des Bataillons rund 38 000 Menschen ermordet und 45 000 in das Vernichtungslager Treblinka deportiert.
3 Browning, S. 70.
4 Browning, S. 241.
5 Browning, S. 246–247.
6 Zu diesem Ergebnis kam auch der Sozialpsychologe Solomon Asch in einem klassischen Experiment. In einer Gruppe angeblich zufälliger Versuchsteilnehmer ging es darum, die Länge einer Li-

nie im Vergleich zu drei anderen Linien einzuschätzen. Schätzten die anderen Versuchsteilnehmer die Länge der Linie (absichtlich) geschlossen falsch ein, so ließ sich der Proband auch zu diesem falschen Urteil hinreißen. Offensichtlich dachte er, die Mehrheit könne sich wohl nicht irren. Vgl. Solomon Asch: *Effects of group pressure upon the modification and distortion of judgment*, in: H. Guetskow (Hg.): *Groups, leadership, and men*, Carnegie Press 1951, S. 76–92.
7 Harald Welzer: *Täter. Wie aus ganz normalen Menschen Massenmörder werden*, 3. Aufl. Fischer 2009, S. 117.
8 Ebd. S. 117.
9 Vgl. ebd. S. 116–117.

Das Milgram-Experiment
Wie wir Grenzen verschieben

1 Die Erstveröffentlichung seiner Ergebnisse lieferte Milgram in dem Aufsatz: *Behavioral study of obedience*, in: Journal of abnormal and social psychology 67, 1963, S. 371–378; vgl. auch ders.: *Obedience to Authority: An Experimental View*, HarperCollins 1974; dt. *Das Milgram-Experiment*, Rowohlt 1974.
2 Siehe: *Could Abu Ghraib happen again? Psychologists call for greater attention to role of peers and superiors in prison scandal*, auf Susan Fiskes Homepage: http://www.princeton.edu/pr/news/04/q4/1125–fiske.htm.
3 S. Ulrich: *Fernsehspiel mit dem Tod*, in: Süddeutsche Zeitung, 18.3.2010.
4 Daniel Pauly: *Anecdotes and the shifting baseline syndrome of fisheries*, in: Trends in Ecology and Evolution (10) 1995, S. 430.
5 Harald Welzer: *Klimakriege. Wofür im 21. Jahrhundert getötet wird*, Fischer 2008, S. 211.
6 Ebd. S. 233.
7 Ebd. S. 221–231.

8 William Isaac Thomas und Dorothy Swaine Thomas: *The Child in America,* Knopf 1928, S. 572.
9 Ernst Fehr: *Die psychologische Wende in der Ökonomik,* auf: http://www.iew.uzh.ch/institute/people/fehr/publications/stgallen02.pdf.

Nicht persönlich nehmen
Wie wir uns vor uns selbst verstecken

1 Thomas Shelley Duval, Robert A. Wicklund: *A theory of objective self-awareness,* Academic Press 1972; Thomas Shelley Duval, V. Duval, R. Neely: *Self-focus, felt responsibility and helping behavior,* in: Journal of Personality and Social Psychology, 37, 1979, S. 1769–1778; Thomas Shelley Duval, P. J. Silvia, N. Lalwani: *Self-awareness and causal attribution: A dual-systems theory,* Kluwer Academic Publishers 2001.
2 Kathleen Martin Ginis, S. M. Burke, L. Gauvin: *Exercising with others exacerbates the negative effects of mirrored environments on sedentary women's feeling states,* in: Psychology and Health, 22, 2007, S. 945–962.
3 Zur Biografie vgl. Annette Schäfer: *Mr. Flow und die Suche nach dem guten Leben,* in: Psychologie heute 3/2005, S. 42–48.
4 Csíkszentmihályi und Figurski: *Self-awareness and aversive experience in everyday life,* in: Journal of Personality, 50, 1982, S. 15–28.
5 Die Bewertung dieser acht Prozent Selbstbezug ist umstritten. Für den Sozialpsychologen Thomas Mussweiler sind acht Prozent nicht wenig: »Stellt man in Rechnung, wie sehr unsere Gedankeninhalte strukturell vorgegeben sind (Arbeit, Routinetätigkeiten), so erscheint mir acht Prozent durchaus erheblich« (persönliche Mitteilung).
6 Lawrence Kohlberg: *Die Psychologie der Moralentwicklung,* Suhrkamp 1996.

7 Christopher R. Browning: *Ganz normale Männer.* Rowohlt 2009, S. 107.
8 Harald Welzer: *Täter,* Fischer 2009, S. 38.

Der kategorische Komparativ
Warum wir nie verantwortlich sind

1 Lucien Lux *au sujet de son mandat, son état d'esprit et son bilan personnel,* in: Luxemburger Wort vom 30.1.2009.
2 Der Unterschied zwischen prinzipieller Einstellung und tatsächlichem Verhalten ist die Grundlage der *Theory of reasoned action* von Martin Fishbein und Icek Ajzen: *Belief, Attitude, Intention, and Behavior,* Addison-Wesley 1975.
3 Thomas Mussweiler, Katja Rüter, Kai Epstude: *The man who wasn't there. Subliminal social standards influence self-evaluation,* in: Journal of Experimental Social Psychology, 40, 2004, S. 689–696.
4 Vgl. Thomas Mussweiler und Fritz Strack: *The »Relative Self«: Informational and Judgmental Consequences of Comparative Self-Evaluation,* in: Journal of Personality and Social Psychology, 79, 2000, S. 23–38; ders. und Katja Rüter, Kai Epstude: *The Ups and Downs of Social Comparison: Mechanisms of Assimilation and Contrast,* in: Journal of Personality and Social Psychology, 87, 2004, S. 832–844; ders. und Kai Epstude: *What you feel is how you compare: How comparisons influence the social induction of affect,* in: Emotion, 9, 2009, S. 1–14.
5 Jonathon D. Brown, N.J. Novick, K. Lord, J.M. Richards: *When Gulliver travels: Social context, psychological closeness, and self-appraisals,* in: Journal of Personality and Social Psychology, 62, 1992, S. 717–727. Vgl. auch Penelope Lockwood und Ziva Kunda: *Superstars and Me: Predicting the Impact of Role Models on the Self,* in: Journal of Personality and Social Psychology, 73, 1997, S. 91–103.

6 Thomas Mussweiler und Katja Rüther: *What Friends Are For! The use of Routine Standards in Social Comparison*, in: Journal of Personality and Social Psychology, 85, 2003, S. 467–481.

Moralische Buchführung
Wie wir uns unser Selbstbild zurechtlügen

1 Vgl. Andrian Kreye: *Bushs Kriegsrhetorik hat ausgedient*, in: Süddeutsche Zeitung 1.4.2009.
2 Terry Eagleton: *Der Sinn des Lebens*, Ullstein 2008, S. 27.
3 Elliot Aronson, Timothy D. Wilson, Robin M. Akert: *Sozialpsychologie*, 6. Aufl. Pearson Studium 2008, S. 163.
4 Vgl. dazu Russ H. Fazio: *Self-perception theory: A current perspective*, in: M.P. Zanna, J.M. Olson, C.P. Herman (Hg.): *Social influence: The Ontario Symposium*, Bd. 5, Erlbaum 1987, S. 129–250. Fazios Forschungsthema ist es, zu zeigen, wie wir Informationen danach bewerten, wie sehr sie uns selbst dienlich sind und unser Selbstwertgefühl bestätigen. Personen, die gut in Mathe sind, sehen mathematische Fähigkeiten z.B. als viel zentraler für Intelligenz an als Personen, die nicht gut in Mathe sind.
5 Leon Festinger: *A Theory of Cognitive Dissonance*, Stanford University Press 1957; dt.: *Theorie der kognitiven Dissonanz*, hg. von Martin Irle und Volker Möntmann, Hans Huber-Verlag 1978.
6 Vgl. dazu Leon Festinger, H.W. Riecken und Stanley Schachter: *When Prophecy Fails*, University of Minnesota Press 1956.
7 Vgl. dazu die Forschungen von Festingers Schüler Elliot Aronson: *Applying social psychology to prejudice reduction and energy conservation*, in: Personality and Social Psychology Bulletin, 16, 1990, S. 118–132; ders.: *The social animal*, Worth/Freeman, 8. Aufl. 1999.
8 Drew Westen: *The Political Brain. The Role of Emotion in Deciding the Fate of the Nation*, Public Affairs 2008.
9 »None of the circuits involved in conscious reasoning were particularly engaged ... Essentially, it appears as if partisans twirl the

cognitive kaleidoscope until they get the conclusions they want ... Everyone ... may reason to emotionally biased judgments when they have a vested interest in how to interpret ›the facts‹.« (Übersetzung R.D.P.), auf: http://www.nytimes.com/2006/01/24/science/24find.html.

10 Heinrich Popitz: *Soziale Normen*, Suhrkamp 2006, S. 162.

Der Broker, der Kakao und die Kinder in Ghana
Warum wir nie zuständig sind

1 Talcott Parsons: *The Social System*, Free Press 1951.
2 Upton Sinclair: *I, Candidate for Governor: And How I Got Licked* (1935), Neuauflage, University of California Press 1994, S. 109.
3 Niklas Luhmann: *Soziale Systeme: Grundriss einer allgemeinen Theorie*, 13. Aufl. Suhrkamp 1987.
4 Vgl. Niklas Luhmann: *Paradigm Lost. Über die ethische Reflexion der Moral*, Suhrkamp 1989.
5 Vgl. dazu Niklas Luhmann und Stephan Pfürtner (Hg.): *Theorietechnik und Moral*, Suhrkamp 1978.
6 Vgl. dazu R.F. Baumeister und T.F. Hetherington: *Self-regulation failure: An overview*, in: Psychological Inquiry 7, 1996, S. 1–15; R.F. Baumeister und K.D. Vohs: *Handbook of self-regulation: Research, theory and applications*, Guilford 2004.
7 Zu Luhmanns Kampf mit der Moral siehe auch sein posthum erschienenes Spätwerk: *Die Moral der Gesellschaft*, hg. von Detlef Horster, Suhrkamp 2008.

Im Netz der Spinne
Was Geld mit Moral macht

1 Das Video findet sich auf http://email.eva.mpg/~warneken/ideo.htm.
2 Felix Warneken und Michael Tomasello: *Altruistic helping in human infants and young chimpanzees*, in: Science, 311 (3), 2006,

S. 1301–1303; Felix Warneken, F. Chen und Michael Tomasello: *Cooperative activities in young children and chimpanzees,* in: Child Development 77 (3), 2006, S. 640–663; Felix Warneken, B. Hare, A.P. Melis, D. Hanus und Michael Tomasello: *Spontaneous altruism by chimpanzees and young children,* in: PLoS Biology, 5 (7), 2007, S. 1414–1420; Felix Warneken und Michael Tomasello: *Helping and cooperation at 14 months of age,* in: Infancy, 11(3), 2007, S. 271–294.

3 Felix Warneken und Michael Tomasello: *Extrinsic rewards undermine altruistic tendencies in 20–month-olds,* in: Developmental Psychology, 44(6), 2008, S. 1785–1788.

4 Richard Fabes, J. Fulse, N. Eisenberg: *Effects of rewards on children's prosocial motivation: A socialization study,* in: Developmental Psychology 25, 1989, S. 509–515.

5 Georg Simmel: *Philosophie des Geldes* (1900/1907), Neudruck Anaconda Verlag 2009.

6 Vgl. ebd. S. 15: Der erste Teil des Buches »soll das Wesen des Geldes aus den Bedingungen und Verhältnissen des allgemeinen Lebens verstehen lassen, der andere aus der Wirksamkeit des Geldes« und S. 14: »Die geschichtliche Erscheinung des Geldes, deren Idee und Struktur ich so aus Wertgefühlen, der Praxis den Dingen gegenüber und den Gegenseitigkeitsverhältnissen der Menschen als ihren Voraussetzungen zu entfalten suche, verfolgt nun der zweite, synthetische Teil in ihren Wirkungen auf die innere Welt: auf das Lebensgefühl der Individuen, auf die Verkettung ihrer Schicksale, auf die allgemeine Kultur.«

7 Ebd. S. 698.
8 Ebd. S. 692.
9 Ebd. S. 189.
10 Brian Knutson, G.W. Fong, S.M. Bennett, C.S. Adams und D. Hommer: *A region of mesial prefrontal cortex tracks monetarily rewarding outcomes: Characterization with rapid event-related FMRI,* in: NeuroImage, 18, 2003, S. 263–272. Vgl. auch ders., P. Winkielman, M. Paulus, J.L.Trujillo: *Affective influence*

on judgments and decisions: *Moving towards core mechanisms*, in: Review of General Psychology, 11, 2007, S. 179–192; ders., J. Bhanji, , R.E Cooney, L. Atlas, I.H. Gotlib: *Neural responses to monetary incentives in major depression*, in: Biological Psychiatry, 63, 2008, S. 686–692.

11 Armin Falk, Bernd Weber, Antonio Rangel und Matthias Wibral: *The medial prefrontal cortex exhibits money illusion*, in: Proceedings of the National Academy of Sciences , Bd. 106 (13), 2009, S. 5025–5028.

12 Karl Marx: *Das Kapital. Kritik der politischen Ökonomie*, Erster Band, 39. Aufl. Dietz Verlag 2008, S. 147.

13 Vgl. dazu auch Eva Illouz: *Der Konsum der Romantik. Liebe und kulturelle Widersprüche im Kapitalismus*, Suhrkamp 2007.

14 Dan Ariely: *Denken hilft zwar, nützt aber nichts. Warum wir immer wieder unvernünftige Entscheidungen treffen*, Droemer 2008, S. 105.

15 Ebd. S. 117.

Mord im Kleingarten
Warum moralische Regeln nie ganz ernst zu nehmen sind

1 Die Version folgt Hans Holzhaider: *Ein Gärtner pflegt den Hass*, in: Süddeutsche Zeitung 6.5.2009.

2 Marie-Jean-Antoine-Nicolas Caritat marquis de Condorcet: *Discours prononce á l'assemblée nationale, au nom de l'académie des sciences*, in: ders.: Œuvres (12 Bde. 1847–1849), Reprint Frommann-Holzboog 1968, Bd.1, S. 511.

3 William Makepeace Thackeray: *On Being Found Out*, in: ders., Werke, Bd. 20, London 1869, S. 125–132.

4 Vgl. zum Folgenden: Heinrich Popitz: *Soziale Normen*, Suhrkamp 2006, S. 159–174.

5 Ebd. S. 164.
6 Ebd. S. 167.

7 Jürgen Schmieder: *Du sollst nicht lügen! Von einem, der auszog, ehrlich zu sein*, C. Bertelsmann 2010.
8 Michael T. Young: *The Rise of Meritocracy 1870–2033*, Thames and Hudson 1958; dt. *Es lebe die Ungleichheit. Auf dem Wege zur Meritokratie*, Econ 1961.

Moral und Gesellschaft

Im Reich der Roten Königin
Woran unsere Gesellschaft krankt

1 Vgl. dazu: *The Queen asks why no one saw the credit crunch coming*, in: Daily Telegraph vom 5. November 2008. Vgl. auch: Wolf Lepenies: *Auf der Suche nach dem wahren Fortschritt*, in: DIE WELT vom 27. Oktober 2009.
2 Jaron Lanier: *Warum die Zukunft uns noch braucht*, in: FAS vom 17. Januar 2010.
3 Max Stirner: *Der Einzige und sein Eigentum*, Reclam 1972, S. 5.
4 Pierre Bourdieu u. a.: *Der Einzige und sein Eigenheim*, Vsa 1998.
5 Philip Brickman, D. Coates und R. J. Janoff-Bulman: *Lottery Winners and Accident Victims: Is Happiness relative?*, in: Journal of Personality and Social Psychology 36, 1978, S. 917–927.
6 Richard E. Lucas: *Adaptation and the Set-Point Model of Subjective Well-Being. Does Happiness Change After Major Life Events*, in: Current Directions in Psychological Science, 16, 2007, S. 75–79.
7 Lewis Carroll: *Alice hinter den Spiegeln*, Insel 1963.
8 Georg Simmel: *Philosophie des Geldes*, Anaconda 2009, S. 464 ff.
9 Mathias Binswanger: *Die Tretmühlen des Glücks*, Herder 2006.
10 Meinhard Miegel: *Exit. Wohlstand ohne Wachstum*, 3. Aufl. Propyläen 2010, S. 52.
11 Ebd. S. 52–53.

12 Ernst Fehr und Jean-Robert Tyran: *Limited Rationality and Strategic Interaction – The Impact of the Strategic Environment on Nominal Inertia*, University of St. Gallen Department of Economics, working paper series 2002.
13 Ernst Fehr: *Mit Neuroökonomik das menschliche Wesen ergründen*, in: NZZ vom 25./26. Juni 2005.

Vom Glück, ein Bhutaner zu sein
Warum wir unseren Wohlstand falsch messen

1 In Deutschland (2010) ist der Verteidigungsetat (31,1 Milliarden) drei Mal so hoch wie die Bildungsausgaben (10,8 Milliarden).
2 Auch Ecuador (2008) und Bolivien (2009) haben inzwischen im Rückgriff auf ihre indianische Tradition den Begriff des »guten Lebens«(Sumak kawsay) in ihre Verfassungen aufgenommen.
3 *Bhutan will das Bruttonationalglück messen*, in: DER TAGESSPIEGEL vom 23.3.2008.
4 Joseph Stiglitz: *Im freien Fall. Vom Versagen der Märkte zur Neuordnung der Weltwirtschaft*, Siedler 2010, S. 355 f.
5 Ebd. S. 161.
6 Ebd. S. 355.
7 Ebd. S. 356.
8 Im Internet zu finden unter www.worldvaluessurvey.com.
9 Vgl. Richard A. Easterlin: *Will Raising the Incomes of All Increase the Happiness of All?*, in: Journal of Economic Behaviour and Organization 27, 1995, S. 35–47.
10 Zitiert nach Meinhard Miegel: *Exit. Wohlstand ohne Wachstum*, Propyläen 2010, S. 31.
11 Ebd. S. 30.
12 Claus Leggewie und Harald Welzer: *Das Ende der Welt, wie wir sie kannten. Klima, Zukunft und die Chancen der Demokratie*, Fischer 2009, S. 74.
13 Ebd. S. 81.

Grüße von der Osterinsel
Warum unser Wohlstand nicht mehr wächst

1 Jared Diamond: *Kollaps. Warum Gesellschaften überleben oder untergehen*, 4. Aufl. Fischer Taschenbuch Verlag 2010, S. 103–153.
2 Ebd. S. 153.
3 Der Wortlaut von Angela Merkel: »(Der Weg) ... lautet in einem Satz: Ich will, dass wir alles versuchen, jetzt schnell und entschlossen die Voraussetzungen für neues und stärkeres Wachstum zu schaffen. Wachstum zu schaffen, das ist das Ziel unserer Regierung.« www.bundesregierung.de/Content/ DE/Regierungserklärung/2009/2009-11-10-merkel-neue-Regierung.html.
4 Meinhard Miegel: *Exit*, S. 11.
5 John Stuart Mill: *Grundsätze der politischen Ökonomie*, 3. Bd., 4. Buch, 3. dt. Ausgabe Fues (Reisland) 1869, S. 60.
6 Gemeint sind Hans-Olaf Henkel: *Die Abwracker: Wie Zocker und Politiker unsere Zukunft verspielen*, Heyne 2009; Wolfgang Clement und Friedrich Merz: *Was jetzt zu tun ist: Deutschland 2.0.*, Herder 2010.
7 Benjamins prophetische Passage lautet: »Im Kapitalismus ist eine Religion zu erblicken, d.h., der Kapitalismus dient essentiell der Befriedigung derselben Sorgen, Qualen, Unruhen, auf die ehemals die sogenannten Religionen Antwort gaben. Der Nachweis dieser religiösen Struktur des Kapitalismus, nicht nur, wie Weber meint, als eines religiös bedingten Gebildes, sondern als einer essentiell religiösen Erscheinung, würde heute noch auf den Abweg einer maßlosen Universalpolemik führen. Wir können das Netz, in dem wir stehen, nicht zuziehn. Später wird dies jedoch überblickt werden.« Walter Benjamin: *Kapitalismus als Religion (Fragment)*, in ders.: *Gesammelte Schriften*, Bd. 6, Suhrkamp 1991, S. 100–102.
8 Zu den bekanntesten Wachstumstheorien gehören das keynsianistische Harrod-Domar-Modell (1942), wonach Wachstum aus den Gesetzen der *Nachfrage* der Wirtschaft nach Investiti-

onsgütern und der Nachfrage der Konsumenten nach Konsumgütern bestimmt wird. Stärker am *technischen Fortschritt* als an der Nachfrage orientiert sich das Solow-Swan-Modell (1956). Davon gehen auch so genannte endogene Wachstumstheorien aus, die allerdings die Innovationskosten des technischen Fortschritts miteinbeziehen. Danach setzt jede technische Erfindung und ihr Einsatz in der Produktion voraus, dass sich die Investition durch künftige Überschüsse bezahlt macht. Genau hieran knüpft auch Binswanger an.

9 Hans Christoph Binswanger: *Die Wachstumsspirale. Geld, Energie und Imagination in der Dynamik des Marktprozesses*, Metropolis 2006. Vgl. auch ders. (Hg.): *Geld & Wachstum. Zur Philosophie und Praxis des Geldes*, Weitbrecht 1994; ders.: *Die Glaubensgemeinschaft der Ökonomen. Essays zur Kultur der Wirtschaft*. Gerling 1998.

10 Claus Leggewie und Harald Welzer: *Das Ende der Welt ...*, S. 12–13.

Mythen, Märkte, Wirtschaftsmenschen
Was die Wirtschaft antreibt ...

1 Thomas Mann: *Buddenbrooks*, Fischer 2007, 2. Teil, 4. Kapitel, S. 174.
2 Luca Pacioli: *Abhandlung über die Buchhaltung (1494)*, Schäfer-Poeschel 2009, S. 88 f.
3 Adam Smith: *Der Wohlstand der Nationen*, Anaconda 2009, 4. Buch, Kapitel 2.
4 Ebd. 1. Buch, Kapitel 10.
5 Roger de Weck: *Nach der Krise. Gibt es einen anderen Kapitalismus?*, Nagel & Kimche 2009, S. 21.
6 Ebd. S. 11–12.
7 Vgl. dazu: Gebhard Kirchgässner: *Homo oeconomicus – Das ökonomische Modell individuellen Verhaltens und seine Anwendung in den Wirtschafts- und Sozialwissenschaften*, 3. Aufl. Mohr Sie-

beck, 2008; Reiner Manstetten: *Das Menschenbild in der Ökonomie – Der homo oeconomicus und die Anthropologie von Adam Smith.* Karl Alber, 2. Aufl. 2002; Niels Goldschmidt u.a.: *Vom homo oeconomicus zum homo culturalis.* Handlung und Verhalten in der Ökonomie, Lit-Verlag 2009.

8 »(Political economy) does not treat the whole of man's nature as modified by the social state, nor of the whole conduct of man in society. It is concerned with him solely as a being who desires to possess wealth, and who is capable of judging the comparative efficacy of means for obtaining that end.« (Übersetzung R.D.P.), in: John Stuart Mill: *On the Definition of Political Economy, and on the Method of Investigation Proper to It,* in: ders.: *Essays on Some Unsettled Questions of Political Economy,* Longmans, Green, Reader & Dyer 1874, S. 38–48.

9 Friedrich Schneider: *Wir sind alle sprachlos,* in: Financial Times Deutschland vom 2.3.2009.

10 Vgl. George A. Akerlof und Robert J. Shiller: *Animal Spirits. Wie Wirtschaft wirklich funktioniert,* Campus 2009; Nouriel Roubini u.a.: *Das Ende der Weltwirtschaft und ihre Zukunft,* Campus 2010.

11 Zitiert nach Meinhard Miegel: *Exit,* S. 181.

12 Kölner Stadt-Anzeiger vom 31. Juli/1. August 2010.

13 Vgl. dazu Dan Ariely: *Denken hilft zwar, nützt aber nichts. Warum wir immer wieder unvernünftige Entscheidungen treffen,* Droemer 2008, S. 39–40.

14 Vgl. *Kein Manager ist 50 Millionen wert,* auf stern.de vom 11.12.2007.

15 Joseph Stiglitz: *Im freien Fall. Vom Versagen der Märkte zur Neuordnung der Weltwirtschaft,* Siedler 2010, S. 347.

Die Rückfahrt nach Freiburg
... und was sie antreiben sollte

1 Zur VOC siehe: Jürgen G. Nagel: *Abenteuer Fernhandel. Die Ostindienkompanien*, Wissenschaftliche Buchgesellschaft 2007; Roelof van Gelder: *Das ostindische Abenteuer*, Convent 2004.
2 Adam Smith: *Der Wohlstand der Nationen*, 5. Buch, 1. Kapitel, Teil 3.
3 Vgl. dazu Michael S. Aßländer und Peter Ulrich: *60 Jahre soziale Marktwirtschaft, Illusionen und Reinterpretationen einer ordnungspolitischen Integrationsformel*, Haupt 2009.
4 Vgl. Wilhelm Röpke: *Die Lehre von der Wirtschaft*, Julius Springer 1937; ders. *Gesellschaftskrise der Gegenwart* (1942), 6. Aufl. Haupt 1979.
5 *Die Zivilisation ist bedroht*, Interview mit Jeremy Rifkin in der TAZ vom 1. September 2000.
6 Daniel Bell: *Die nachindustrielle Gesellschaft*, Campus 1976.
7 Joseph Stiglitz: *Im freien Fall*, S. 345-346.
8 Wilhelm Röpke: *Jenseits von Angebot und Nachfrage* (1958), 2. Aufl. Haupt 1979. Im gleichen Sinne desillusioniert sieht sich auch der US-Ökonom Charles Edward Lindblom in seiner an Röpke angelehnten Studie: *Jenseits von Markt und Staat*, Klett-Cotta 1980.
9 Parallel dazu verabschiedeten sich dann auch noch die Geisteswissenschaften, die Philosophie und die Politologie fast vollständig von ihrer Zuständigkeit für wirtschaftswissenschaftliche Themen, so dass tatsächlich ein Vakuum enstand.
10 John Maynard Keynes: *The General Theory of Employment, Interest and Money*, Macmillan 1936, S. 161-162: »Even apart from the instability due to speculation, there is the instability due to the characteristic of human nature that a large proportion of our positive activities depend on spontaneous optimism rather than mathematical expectations, whether moral or hedonistic or economic. Most, probably, of **our decisions to do something posi-**

tive, the full consequences of which will be drawn out over many days to come, can only be taken **as the result of animal spirits** – a spontaneous urge to action rather than inaction, and not as the outcome of a weighted average of quantitative benefits multiplied by quantitative probabilities.«

11 Gemeint ist Charles Darwin: *Über die Entstehung der Arten durch natürliche Zuchtwahl* (1859).
12 Ernst Fehr im Gespräch mit Stefan Klein: *Was ist gerecht?*, in: ZEITmagazin, 22. 9. 2009.
13 Meinhard Miegel: *Exit*, S. 15.
14 Roger de Weck: *Nach der Krise*, S. 24 f.

Der Ackermann und die Armen
Wie Verantwortung in die Wirtschaft kommt

1 Hubert Seipel: *Die Welt des Josef Ackermann*, ARD 2. 8. 2010.
2 Hans von Hagen: *Gottes Werk und Dibelius' Beitrag*, in: Süddeutsche Zeitung vom 15. Januar 2010.
3 Eine glasklare Analyse dieser Illusion leistet Ronald Dore: *Stock Market Capitalism: Welfare Capitalism*, Oxford University Press 2000.
4 So auch die These des Brokers Dirk Müller: *Weltwirtschaft oder Jahrhundertchance: Wie Sie das Beste aus Ihrem Geld machen können*, Droemer/Knaur 2010.
5 Einen solchen starken Staat, der stärker vorausplanend in die Wirtschaft eingreift, fordert auch der Vordenker des britischen Liberalismus, Anthony Giddens, in seinem Buch: *The Politics of Climate Change*, John Wiley & Sons, 2009.
6 Jürgen Mittelstraß: *Wirtschaft und Ethos*, in: FAZ vom 9. Oktober 2009.
7 Colin Crouch: *Postdemokratie*, Suhrkamp 2008, S. 140.
8 Felix Ekardt: *Das Prinzip Nachhaltigkeit. Generationengerechtigkeit und globale Gerechtigkeit*, C. H. Beck 2005.

9 Herman Daly: *Towards a Steady-State Economy*, Freeman & Company 1973; ders.: *Steady-State Economics* (1977), 2. Aufl. Island Press 1991; ders. *Wirtschaft jenseits von Wachstum*, Pustet 1999.
10 Herman Daly: *A Steady-State Economy* (2008), auf: steadystaterevolution.org/files/pdf/Daly_UK_Paper.pdf.
11 Herman Daly: *Big Idea. A Steady-State-Economy*, in: Adbuster 81, 17.12. 2008.
12 Ganz im Gegenteil: So etwa erhöhte der Softwarehersteller SAP im vergangenen Jahr trotz leicht gesunkenen Gewinns die Boni um knapp 80 Prozent. Bei Heidelberg Cement ist der Jahresbonus um 70 Prozent gestiegen, obwohl der Jahresüberschuss um mehr als 90 Prozent gesunken ist. Auch Adidas und Beiersdorf haben die Boni erhöht, obwohl die Gewinne gesunken sind.
13 swissinfo und Agenturen 17.11.2008.
14 Quelle: Wikipedia. Staatsverschuldung.
15 www.helmut-creutz.de.
16 Anette Dowideit: *Kreditkarten bringen die Banken in Bedrängnis*, in: Die Welt vom 26. September 2008.
17 www.epochetimes.de.
18 Vgl. Hanno Beck: *Angriff auf den Homo oeconomicus*, in: FAZ vom 2. März 2009.
19 Vgl. u.a. Hans-Werner Sinn: *Kasino-Kapitalismus. Wie es zur Finanzkrise kam, und was jetzt zu tun ist*, Ullstein 2010; Peter Bofinger: *Ist der Markt noch zu retten? Warum wir jetzt einen starken Staat brauchen*, Ullstein 2010; Heiner Flassbeck: *Gescheitert. Warum die Politik vor der Wirtschaft kapituliert*, Westend 2009. Die präzisesten Vorschläge macht Roger de Weck: *Nach der Krise. Gibt es einen anderen Kapitalismus?*, Nagel & Kimche 2009.
20 Die Idee hierzu entstand bei einer Tagung der Geberit GmbH & Co KG insbesondere durch Anregungen von Herrn Karl Spachmann.
21 Bill Gates in DER SPIEGEL 26/2009, S. 78.

Die Wiederkehr der Tugend
Wie sich Bürgersinn fördern lässt

1 www.buergergemeinschaft-rathenauplatz-ev.de.
2 Claus Leggewie und Harald Welzer: *Das Ende der Welt ...,* S. 180.
3 Ebd. S. 202.
4 Meinhard Miegel: *Exit,* S. 205.
5 Axel Honneth: *Das Ich im Wir. Studien zur Anerkennungstheorie,* Suhrkamp 2010, hier vor allem S. 261–279.
6 www.mentor-leselernhelfer.de.
7 www.mentor-hamburg.de.
8 Alasdair MacIntyre: *Der Verlust der Tugend. Zur moralischen Krise der Gegenwart,* Suhrkamp 1995; Charles Taylor: *Wieviel Gemeinschaft braucht die Demokratie? Aufsätze zur politischen Philosophie,* Suhrkamp 2001; Michael Sandel: *Liberalism and the Limits of Justice,* Cambridge University Press 1998. Zur Diskussion um den Kommunitarismus siehe den Sammelband von Axel Honneth: *Kommunitarismus – Eine Debatte über die moralischen Grundlagen moderner Gesellschaften,* Campus 1993. Siehe auch: Michael Haus. *Kommunitarismus: Einführung und Analyse,* VS-Verlag für Sozialwissenschaften 2003; Christel Zahlmann: *Kommunitarismus in der Diskussion,* Rotbuch 1994.

Glückliche Steuerzahler
Vom Umgang mit Belohnungen

1 Louis-Sébastien Mercier: *Das Jahr 2440. Ein Traum aller Träume,* Suhrkamp 1982.
2 Zitiert nach: *Fair spielen, mehr gewinnen,* in: brand eins 01/2002.
3 Peter Sloterdijk: *Die Revolution der gebenden Hand,* in: FAZ vom 13. Juni 2009.
4 Vgl. *Die Mitte stärken. Deutschlandprogramm der FDP 2009:* »Unser einfacher und verständlicher Drei-Stufen-Tarif von 10, 25 und 35 Prozent senkt die Steuerbelastung und schafft den drin-

gend benötigten finanziellen Spielraum für Bürger und Unternehmen (S. 5) ... Dazu erhält jeder Bürger – ob Erwachsener oder Kind – einen Grundfreibetrag von 8004 Euro. Darüber hinaus gilt für Einkommen bis 20 000 Euro ein Steuersatz von 10 Prozent, für Einkommensteile zwischen 20 000 Euro und 50 000 Euro ein Steuersatz von 25 Prozent, für Einkommsteile ab 50 000 Euro ein Steuersatz von 35 Prozent.« www.deutschlandprogramm.de.
5 www.stern.de/politik/deutschland/stern-umfrage-gutverdiener-wuerden-mehr-steuern-zahlen-1576480.html.
6 http://arno.unimaas.nl/show.cgi?fid=621.
7 Meinhard Miegel: *Exit*, S. 172.
8 Karl Marx / Friedrich Engels: *Werke* (MEW), Bd. 5, Dietz 1959, S. 22.
9 Ralf Dahrendorf: *Marx in Perspektive. Die Idee des Gerechten im Denken von Karl Marx*, Dietz 1952.

Stadt, Land, Staat
Welchen Horizont brauchen wir?

1 Der vorerst letzte Versuch – die geplante Fusion der Länder Berlin und Brandenburg im Jahr 1996 – scheiterte nicht an der Politik, sondern an den Bürgern in Brandenburg, die diesen Schritt nicht mitgehen wollten. Die Fusion eines Stadt-Bundeslandes mit einem Bundesland ist allerdings auch ein besonders heikler Fall. Nicht zu Unrecht durften die 2,5 Millionen Brandenburger befürchten, zum Umland der Hauptstadt (3,4 Millionen Einwohner) degradiert zu werden, wogegen ihnen die finanziellen Vorteile kaum deutlich gemacht wurden. Die ganze Fusions-Debatte wurde überwiegend unter der Frage geführt, wie man das hoch verschuldete Berlin finanziell besserstellen könnte.
2 dpa 17. 6. 2010.
3 Zur Analyse der Kommerzialisierung öffentlicher Leistungen vgl: Klaus König und Angelika Benz (Hg.): *Privatsierung und staatliche Regulierung. Bahn, Post und Telekommunikation, Rundfunk,*

Nomos 1997; Markus Kajewski: *Public Services and Trade Liberalization: Mapping the Legal Framework*, in: Journal of International Economic Law 6 (2), 2003, S. 341–367; Roland Atzmüller und Christoph Hermann: *Liberalisierung öffentlicher Dienstleistungen in Österreich und der EU. Auswirkungen auf Beschäftigung, Arbeitsbedingungen und Arbeitsbeschäftigungen*, FORBA-Studie 2004; *Ausverkauft. Wie das Gemeinwohl zur Privatsache wird*. Edition Le Monde diplomatique, Nr. 6, 2009.

4 Colin Crouch: *Postdemokratie*, S. 127.

5 Vgl. *Die Lektion British Rail*, in: *Ausverkauft*, S. 4.

6 Wilhelm Heitmeyer: *Autoritärer Kapitalismus, Demokratieentleerung und Rechtspopulismus. Eine Analyse von Entwicklungstendenzen*, in: Wilhelm Heitmeyer u. a.: (Hg.): *Schattenseiten der Globalisierung*, edition suhrkamp 2001, S. 497–534.

7 Vgl. Barbara Dickhaus und Kristina Dietz: *Öffentliche Dienstleistungen unter Privatisierungsdruck. Folgen von Privatisierung und Liberalisierung öffentlicher Dienstleistungen in Europa*, WEED-Arbeitspapier 2004, unter www.kommunale-info.de, S. 69.

Die entfremdete Republik
Woran unsere Demokratie leidet

1 Heinrich Popitz: *Phänomene der Macht*, Mohr Siebeck, 2. Aufl. 2004, S. 187 f.

2 Friedrich-Ebert-Stiftung (Hg.): *Persönliche Lebensumstände, Einstellungen zu Reformen, Potenziale der Demokratieentfremdung und Wahlverhalten* (2008).

3 www.neon.de/kat/krisenumfrage.

4 Roger de Weck: *Nach der Krise*, S. 42.

5 Colin Crouch, *Postdemokratie*, S. 10: »Der Begriff bezeichnet ein Gemeinwesen, in dem zwar nach wie vor Wahlen abgehalten werden, Wahlen, die sogar dazu führen, dass Regierungen ihren Abschied nehmen müssen, in dem allerdings konkurrierende Teams professioneller PR-Experten die öffentliche Debatte während der

Wahlkämpfe so stark kontrollieren, dass sie zu einem reinen Spektakel verkommt, bei dem man nur über eine Reihe von Problemen diskutiert, die die Experten zuvor ausgewählt haben. Die Mehrheit der Bürger spielt dabei eine passive, ja sogar apathische Rolle, sie reagieren nur auf die Signale, die man ihnen gibt. Im Schatten dieser politischen Inszenierung wird die reale Politik hinter verschlossenen Türen gemacht: von gewählten Regierungen und Eliten, die vor allem die Interessen der Wirtschaft vertreten.«

6 Joseph Stiglitz: *Im freien Fall*, S. 367.
7 Roger de Weck: *Nach der Krise*, S. 32.
8 Die Presse.com 27.4.2010.
9 Matthias Rensing: *Geschichte und Politik in den Reden der deutschen Bundespräsidenten 1949–1984*, Waxmann 1996, S. 114.

Die Konkordanz der Bürger
Wie die Demokratie reformiert werden könnte

1 Claus Leggewie, Harald Welzer: *Das Ende der Welt ...*, S. 86 f.
2 Douglass C. North: *Institutionen, institutioneller Wandel und Wirtschaftsleistung*, Mohr 1992; ders. *Economic Performance Through Time*, in: The American Economic Review 84 (3), 1994, S. 359–368.
3 Jelle Visser und Anton Hemerijck: *Ein holländisches Wunder? Reform des Sozialstaates und Beschäftigungswachstum in den Niederlanden*, Campus 1998.
4 Tobias Peter: *Lauter Ruf nach mehr Demokratie,* in: Kölner Stadt-Anzeiger vom 29. Juli 2010.
5 Claus Leggewie, Harald Welzer: *Das Ende der Welt ...*, S. 229.
6 www.direktzu.de/bundestagspraesident/messages.
7 Arend Lijphart: *Patterns of Democracy: Government Forms and Performance in Thirty-Six Countries*, Yale University Press 1999; vgl. auch ders.: *Democracy in Plural Societies: A Comparative Exploration*, Yale University Press, 1977; ders.: *Democracies: Patterns of Majoritarian and Consensus Government in Twenty-One*

Countries, Yale Universitiy Press 1984; *Thinking about Democracy: Power Sharing and Majority Rule in Theory and Practice,* Chapman & Hall, 2007.

Speakers' Corner
Der Verlust der öffentlichen Verantwortung – und wie wir sie zurückgewinnen müssen

1 So etwa Stefan Münker in seiner Replik auf meine Rede bei den Münchner Medientagen 2009: »Dabei gestaltet sich die Öffentlichkeit vor allem auch als eine Sphäre zur Artikulation abweichender Meinungen und partikularer Interessen. Eben damit wird sie zum Lebenselixier demokratischer Gesellschaften, die nicht zufällig der Freiheit, gegen politische oder ökonomische Widerstände Kritik öffentlich und medial äußern zu dürfen, eine so wichtige Stellung einräumt.« *Für die gleiche Augenhöhe,* unter www.perlentaucher.de.
2 So der Schriftsteller Hans Wollschläger in seinem Essay *Tiere – Rechte – Ethik. Kleines Parlando über die großen Dinge,* in: ders.: »*Tiere sehen dich an*«. Essays, Reden, Wallstein 2002, S. 253.
3 Zitiert nach Mathias Greffrath: *Hamlet zur Primetime,* in: *Ausverkauft. Wie das Gemeinwohl zur Privatsache wird.* Edition Le Monde diplomatique, Nr. 6, 2009, S. 65.
4 Vgl. dazu meine beiden Essays in DIE ZEIT Nr. 33, 1997: *Die Invasion der Bilder. Niemand stellt Fragen, das Digitalfernsehen antwortet* und Nr. 27, 1998: *Die Ware Vision.*
5 Zur Medienkritik der 1980er Jahre vgl. Neil Postman: *Wir amüsieren uns zu Tode. Urteilsbildung im Zeitalter der Unterhaltungsindustrie,* Fischer 1985; Klaus von Bismarck, Alexander Kluge, Ferdinand Sieger: *Industrialisierung des Bewußtseins. Eine kritische Auseinandersetzung mit den »neuen« Medien,* Piper 1985; Hans Magnus Enzensberger. *Mittelmaß und Wahn,* Suhrkamp 1988.
6 Jürgen Habermas: *Ach, Europa,* Suhrkamp 2008, S. 162.

7 Ebd. S. 162.
8 Yochai Benkler: *The Wealth of Networks. How Social Production Transforms Marktes and Freedom,* Yale University Press 2007.
9 David Gelernter: *Wie wir mit unserem Leben in Verbindung bleiben,* in: FAS vom 28. Februar 2010.
10 Ebd.
11 Ebd.
12 Jeron Lanier: *Warum die Zukunft uns noch braucht,* in FAS vom 17. Januar 2010.
13 Ebd.
14 Abcnews.go/GMA/Story?id=3281925.
15 In Bezug auf die ökonomische Bedrohung von Qualitätszeitungen scheint es durchaus sinnvoll, darüber nachzudenken, sie durch öffentlich-rechtliche Fonds vor dem Konkurs zu bewahren, wie unter anderem auch Habermas vorschlägt.
16 Mathias Greffrath: *Hamlet zur Primetime,* S. 66.
17 Ebd. S. 67.
18 David Gelernter: *Wie wir mit unserem Leben in Verbindung bleiben.*

Personenregister

Ackermann, Josef 371, 397 ff., 404, 410 f.
Adorno, Theodor W. 370
Aischylos 42, 45
Akerlof, George A. 380
Albig, Torsten 21, 438 f.
Albrecht, Ernst 475
Alexander der Große 175 f.
Alexander, Richard 142, 145, 147, 156
Allen, Woody 213
Anders, Günther 211, 221
Appiah, Kwame Anthony 194
Aquin, Thomas von 15
Ariely, Dan 317
Aristoteles 18, 36, 174–183, 193 f., 199, 250, 274, 299, 324, 356, 423, 450, 487
Aron, Raymond 289
Assisi, Franz von 45
Astaire, Fred 154

Backhaus, Jürgen G. 431
Batson, Daniel 220
Bauer, Joachim 160
Bell, Daniel 391
Benjamin, Walter 370
Benkler, Yochai 478 f.
Bense, Max 75
Berlin, Isaiah 44
Berlusconi, Silvio 457
Bhagwan 32
Bierce, Ambrose 387
Binswanger, Hans Christoph 371 ff., 402, 404
Binswanger, Mathias 347, 402
Bloch, Ernst 330, 370
Böhm, Franz 388
Bolten, Joshua B. 457
Bonifatius, heiliger 430

Bourdieu, Pierre 344
Bowles, Samuel 236, 238
Boyd, Robert 97
Brandt, Willy 467
Braun, Eva 181
Brecht, Bertolt 20, 117
Brickman, Philip 344
Brock, Bazon 293
Brosnan, Sarah 103 f.
Brown, Jonathon 283
Browning, Christopher 246 ff.
Buddha 32, 45
Buffet, Warren 411
Burkart, Judith 94
Busch, Wilhelm 34 f., 347
Bush, George W. 219, 242, 289, 300, 457

Campbell, Donald 344
Candler, Asa Griggs 101
Carroll, Lewis 345
Chomsky, Noam 85
Cleghorn, William 112
Clinton, Bill 270, 457, 482
Clinton, Hillary 289
Collier, John 59
Condorcet, Jean Antoine Nicolas de Caritat 331, 333, 356
Cromwell, Oliver 54
Crouch, Colin 455
Csíkszentmihályi, Mihály 269 ff., 308

Dahrendorf, Ralf 435
Dalai Lama 32
Daly, Herman 402 f.
Däniken, Erich von 363
Darley, John 220
Darwin, Charles 56, 58 f., 65, 67 ff., 70 f., 102, 198, 394

Davidson, Donald 474
Dawkins, Richard 98
Deacon, Terrence 83, 228
Descartes, René 53, 77
Diamond, Jared 101, 364 f.
Dibelius, Alexander 398, 404
Dionysios I. 46
Dostojewskij, Fjodor 266, 272
D'Sa, Francis X. 186
Dürrenmatt, Friedrich 65
Dunbar, Robin 228, 241
Duval, Thomas Shelley 266, 268

Eagleton, Terry 291
Eibl-Eibesfeldt, Irenäus 101, 198
Einstein, Albert 48
Ekardt, Felix 402
Elizabeth II. 341
Engels, Friedrich 400, 434
Erhard, Ludwig 381, 391
Eucken, Walter 388
Euripides 42, 45

Fabes, Richard 315
Falk, Armin 321
Fechner, Gustav Theodor 488
Fehr, Ernst 129 f., 135, 160, s36, s64, 317, 321, 348, 380, 395, 427
Fernald, Russell 159
Festinger, Leon 294 f., 299
Feyerabend, Paul 65
Figurski, Thomas 271
Fischer, Joschka 287
Fiske, Susan 258
Flint, Larry 178
Fossey, Dian 101
Frank, Robert 142, 146, 156
Franklin, Benjamin 297
Freud, Sigmund 65, 102, 154, 316
Frey, Bruno 317, 380
Friedrich Wilhelm IV. 412

Gabriel, Richard 201
Gage, Phineas 119
Galilei, Galileo 53
Gandhi, Mahatma 181, 286
Garicano, Luis 341
Gassendi, Pierre 53
Gates, Bill 410 f.
Gauck, Joachim 441, 485
Gelernter, David 479 f.
Ghiselin, Michael T. 62 ff., 238, 324
Giedd, Jay 137
Gigerenzer, Gerd 114, 217 ff.
Goebbels, Joseph 151, 290
Goethe, Johann Wolfgang von 18, 231, 335
Goffman, Erving 275
Goodall, Jane 63, 90, 101
Gore, Al 482
Gould, Stephen Jay 101
Grafman, Jordan 161
Greene, Joshua D. 121 f.
Greffrath, Mathias 483
Grice, Herbert Paul 78
Grimm, Gebrüder 216
Großmann-Doerth, Hans 388
Güth, Werner 109

Habermas, Jürgen 306, 478
Haidt, Jonathan 115 ff., 119, 121, 134, 179, 219, 299
Haldane, John Burdon Sanderson 92
Hamilton, William Donald 93 f., 102, 142, 199, 311
Hamlin, Kiley 126
Harlow, Harry 160
Hauser, Marc 114, 119, 179, 239
Hay, Dale 129
Heinemann, Gustav 460
Heitmeyer, Wilhelm 445
Helbling, Jürg 21, 196, 202, 204 f., 238

Herder, Johann Gottfried 60
Heyerdahl, Thor 363
Hilton, James 196
Hitler, Adolf 181
Hobbes, Thomas 16, 53 ff., 67, 69 f., 191, 204, 393
Hoffman, Martin 127 f.
Homer 172, 216
Honneth, Axel 419
Hsu, Ming 133
Hume, David 15, 111–117, 122 f., 134, 189
Husserl, Edmund 213 f.
Hutcheson, Francis 114
Huxley, Aldous 92, 155
Huxley, Julian 101
Huxley, Thomas Henry 56 ff., 68 ff, 198

Ingensiep, Hans Werner 21
Ingram, John Kells 379
Insel, Thomas 158 f.

Jauch, Günter 229
Jerison, Harry 82, 228
Jesus Christus 26 ff., 45, 144
Jolie, Angelina 218
Jouffroy, Théodore 51

Kaczmarek, Gisela 326 ff.
Kaczmarek, Hans 326 ff.
Kaczmarek, Martin 326 ff.
Kahneman, Daniel 157
Kandel, Eric 98
Kant, Immanuel 102, 113, 166, 182 f., 189, 191, 196, 215, 219, 231, 275, 292, 299
Karadzic, Radovan 151
Karl II. 54
Kashkari, Neel 457
Kaube, Jürgen 148
Keech, Marian 294 f., 297
Kerry, John 300

Kessler, Karl 67
Keynes, John Maynard 342, 348, 368, 394
Khomeini 41
Kirchmann, Julius Hermann von 69
Kirschner, Josef 13
Kleist, Heinrich von 329 f.
Knutson, Brian 320 f.
Knyphausen, Gisbert zu 472
Kohl, Helmut 298, 430
Kohlberg, Lawrence 128, 273, 275
Köhler, Wolfgang 73
Korsgaard, Christine 124, 150
Kracauer, Siegfried 222, 232, 370
Krause, Jens 21, 222 ff.
Kropotkin, Pjotr Alexejewitsch 65 ff., 75, 81, 91, 202, 478

Lanier, Jaron 342
Latham, Christopher 464
Le Corbusier (Charles-Edouard Jeanneret) 48
Leggewie, Claus 360 f., 373, 461, 467
Lenin, Wladimir Iljitsch 73, 473
Lévi-Strauss, Claude 190
Lieberman, Philip 83 f.
Liepmann, Hugo Karl 226
Lijphart, Arend 469
Lincoln, Abraham 242
Linné, Carl von 87 f.
Locke, John 102, 272
Lorenz, Konrad 61, 64, 101, 198, 238
Luhmann, Niklas 305 ff., 312, 398, 474
Lux, Lucien 279 f.

MacIntyre, Alasdair 192 ff., 422 f.
Mann, Thomas 375
Martin Ginis, Kathleen 268

Marx, Karl 65, 102, 287, 317, 321, 342, 371, 384, 400, 434 f., 473
McClintock, Barbara 98
McDonagh, Martin 120
McGivern, Robert 138
Menke, Christoph 21
Mercier, Louis-Sébastien 426
Merkel, Angela 398, 466
Metzinger, Thomas 211
Miegel, Meinhard 347, 359, 366, 402
Milgram, Stanley 254–260, 263 f., 277
Mill, John Stuart 108, 342, 367 f., 371, 379, 388, 402, 462
Minoura, Yasuko 138
Mittelstraß, Jürgen 401
Moll, Jorge 161
Möller, Martin 21
Monderman, Johannes 189 f.
Morris, Desmond 101
Müller, Werner 457 f.
Müller-Armack, Alfred 389 f.
Murdock, George Peter 190
Musil, Robert 60, 143
Mussweiler, Thomas 21, 282 f.
Mutter Teresa 144, 181, 285

Naegeli, Harld 65
Napoleon III. 68
Nestroy, Johann Nepomuk 7, 233, 290, 314
Nick, Christophe 258
Nietzsche, Friedrich 60, 65, 214
North, Douglass 464 f.
Nuhr, Dieter 282 f.
Nussbaum, Martha 90

Obama, Barack 289
Orwell, George 290, 473

Pacioli, Luca 375 f.
Panksepp, Jaak 158 f.

Parsons, Talcott 303 ff., 310 f.
Paulson, Henry 457
Pauly, Daniel 261
Perikles 26
Peters, Achim 21
Philipp II. 175
Piaget, Jean 127 f., 275
Pinochet 41
Pitt, Brad 218
Platon 18, 25–50, 172 ff., 177 ff., 287, 462, 487
Plautus 55
Pol Pot 181
Polanski, Roman 481
Popitz, Heinrich 334, 450
Popper, Karl 397
Price, George R. 310 ff.

Queen Elizabeth 341

Ramón y Cajal, Santiago 65
Rawls, John 191 f., 422
Reade, Winwood 57 f.
Reagan, Ronald 399, 422, 426
Reinecke, Wilfried 326 ff.
Rewenig, Guy 38, 45, 234, 279, 326
Reynolds, Craig 230
Ricardo, David 342
Richerson, Peter 97
Ridley, Matt 142, 147, 156
Rizzolatti, Giacomo 227
Rogers, Ginger 154
Roggeveen, Jacob 363
Röpke, Wilhelm 389 f., 392, 398
Roubini, Nouriel 380
Rousseau, Jean-Jacques 65, 216
Rubin, Robert 457
Rüstow, Alexander von 389, 400
Ryle, Gilbert 49

Saddam Hussein 364
Sandel, Michael 191 ff., 422 f.

Sarkozy, Nicolas 356f.
Sartre, Jean-Paul 214
Schaik, Carel van 94
Schlick, Moritz 77
Schmidt, Helmut 475
Schmieder, Jürgen 335
Schmittberger, Rolf 109
Schneider, Friedrich 380
Schönherr, Dietmar 25
Schopenhauer, Arthur 156, 217, 365, 488
Schrempp, Jürgen 382
Schwarze, Bernd 109
Schwarzman, Stephen 382
Schweitzer, Albert 293
Seel, Martin 95, 173, 211, 231, 335
Seipel, Hubert 397, 399
Sen, Amartya 356f.
Seneca 161
Shaw, Bernard 188
Shiller, Robert J. 380
Simmel, Georg 150f., 188, 316ff., 320, 322, 345, 431
Simon, Paul 180
Sinclair, Upton 304, 446
Singer, Peter 44
Sloterdijk, Peter 240, 427f.
Smelser, Neil 304
Smith, Adam 16, 87, 114, 342, 377f., 383, 386f.
Sokrates 25–37, 176
Sophokles 42, 45
Stalin, Josef 181
Stearn, William Thomas 88
Stender, Otto 421
Stiglitz, Joseph 355ff., 383, 391, 456, 458
Stirner, Max 344
Süskind, Patrick 262

Tacke, Alfred 457
Taylor, Charles 192f., 422f.

Thackeray, William Makepeace 333f., 336
Thatcher, Margaret 399
Theophrastos 175
Thomas, Dorothy Swaine 264
Thomas, William Isaac 264
Tolstoj, Leo 67
Tomasello, Michael 79ff., 314, 433
Trapp, Wilhelm 245f., 248ff.
Trivers, Robert 92, 102, 143, 156, 456
Tshiteem, Karma 354
Twain, Mark 274
Tyran, Jean-Robert 348

Victoria (Königin) 68
Voland, Eckart 240
Voltaire (François Marie Arouet) 87

Waal, Frans de 60, 100–108, 300
Wangchuck, Jigme Singye 354
Warneken, Felix 314
Watzlawick, Paul 82
Weck, Roger de 396, 454
Welzer, Harald 249f., 263, 276, 360f., 373, 461, 467
Westen, Drew 299
Westermarck, Edward 188ff., 193, 487
Wicklund, Robert 266f.
Wilde, Oscar 163, 318
Wilhelm I. 68
Wilson, Edward O. 16, 101
Wittgenstein, Ludwig 76, 140
Wright, Robert 142, 147, 156

Young, Michael T. 336

Zumwinkel, Klaus 170